古文字與中華文明傳承發展工程專項資助集刊
中文社會科學引文索引（CSSCI）來源集刊

鄔文玲　戴衛紅　主編

簡帛研究

二〇二二·秋冬卷·

中國社會科學院簡帛研究中心
中國社會科學院古代史研究所秦漢史研究室

廣西師範大學出版社
GUANGXI NORMAL UNIVERSITY PRESS
·桂林·

簡帛研究
JIANBO YANJIU

圖書在版編目（CIP）數據

簡帛研究．二〇二二．秋冬卷 / 鄔文玲，戴衛紅主編．-- 桂林：廣西師範大學出版社，2023.1
ISBN 978-7-5598-6019-4

Ⅰ.①簡… Ⅱ.①鄔… ②戴… Ⅲ.①竹簡—中國—文集 ②帛書—中國—文集 Ⅳ.①K877.54-53②K877.94-53

中國國家版本館 CIP 數據核字（2023）第 087534 號

廣西師範大學出版社出版發行
（廣西桂林市五里店路 9 號　郵政編碼：541004
網址：http://www.bbtpress.com）
出版人：黄軒莊
全國新華書店經銷
廣西廣大印務有限責任公司印刷
（桂林市臨桂區秧塘工業園西城大道北側廣西師範大學出版社集團有限公司創意産業園内　郵政編碼：541199）
開本：889 mm × 1 194 mm　1/16
印張：27.5　　字數：550 千
2023 年 1 月第 1 版　　2023 年 1 月第 1 次印刷
印數：0 001～1 200 册　定價：118.00 元

目　録

商周時期“作”樂器與樂詩的三重含義*

□ 清華大學人文學院歷史系　周秦漢

内容提要　傳世文獻記載周武王“作庸”“作《頌》”,可以同卜辭、金文互證,這與商周之際的重要史事和祭祀典禮密切相關。對“作”具體含義的理解,還關係着對清華簡《耆夜》《周公之琴舞》文獻性質及相關詩篇作者的判斷。商周時期“作”庸、豐、鐘、鼓等樂器的“作”應訓爲“奏”,指演奏樂器。所謂作樂、作頌、作歌、作誦、作毖的“作”未必專指製作、創作。“作”還可訓爲“興”“起”“奏”,即指演奏,具體還可指歌唱。“作”字是一個表義較爲籠統的動詞,具體可引申出多重複雜義項,最多可兼表製作、演奏、歌唱三重含義,其具體所指要依據辭例與語境來判斷。

關鍵詞　作　作庸　天亡簋　《耆夜》　《周公之琴舞》

古文字的“乍(作)”見於晚商甲骨、西周銅器、戰國楚簡,其材料可謂豐富。傳世文獻也曾記載周武王“作庸”“作《頌》”,可以同古文字材料互證,這與商周之際的重要史事和祭祀典禮密切相關。另一方面,對“作”具體含義的理解,還關係着對清華簡《耆夜》《周公之琴舞》文獻性質及相關詩篇作者的判斷。

前輩學者對“乍(作)”字已有專題研究,先後有朱歧祥、[①]曾憲通、[②]陳英傑、[③]張玉金、[④]

* 本文係2019年度國家社科基金冷門“絶學”和國別史等研究專項基金“新出簡帛與戰國古史系統研究”(項目編號:19VJX006)的階段性成果。

① 朱歧祥:《釋乍》,《甲骨學論叢》,臺北:臺灣學生書局,1992,155-178頁。

② 曾憲通:《“作”字探源——兼談耒字的流變》,《古文字研究》第19輯,北京:中華書局,1992,408-421頁。

③ 陳英傑:《西周金文作器用途銘辭研究》,北京:綫裝書局,2008,114-127頁。

④ 張玉金:《出土戰國文獻“作”研究》,《古文字研究》第31輯,北京:中華書局,2016,529-533頁。

普鳴（Michael Puett）等先生，[①]總結了"作"字的多重義項。此外，連同《甲骨文字詁林》《甲骨文字詁林補編》《金文詁林》《金文詁林補》《古文字詁林》《古文字譜系疏證》所收"乍""作"字的早期研究，未見有訓爲"奏"者。將"作"訓爲"奏"較早見於裘錫圭、李學勤先生的研究。隨着對甲骨、金文、楚簡的合證，這一問題的研究空間將得到一定程度上的拓展。

本文并不嘗試論定"作"字本義，[②]而將關注點集中於作樂器（鐘鼓豐鏞等）、作樂、作頌、作歌、作誦、作毖等記載，考察"作"在具體辭例與語境中的確切含義。青銅器銘文有大量"作某器"的辭例，典籍文獻也多言"制禮作樂"及"作某詩"，學者多將其與"作"樂詩、樂器一并理解爲製作、創作。但實際上一些"作"可訓爲"奏"，即演奏之義，還可引申指歌唱。

一　傳世文獻"作"字可指演奏或歌唱

《説文》："作，起也。"[③]王引之言："作，起也，興也。"[④]郭店簡《性自命出》"禮作於情，或興之也"即義近并用之例。[⑤] 又如《禮記・樂記》"禮自外作"；[⑥]清華簡《保訓》"翼翼不懈，用作三降之德"；[⑦]上博簡《恒先》"氣是自生自作"；[⑧]皆可訓"興起"。私意本有其物，伏而未發，興而起，可謂之"作"。故可將"興起"視爲商周"作"字的義項之一。

"奏"亦可稱"奏興""起奏"。可見奏、興、起、作，四字義近。《禮記・仲尼燕居》"興羽籥，作鐘鼓，然後謂之樂乎"，[⑨]皆指演奏。與"制禮"并言的"作樂"確實應訓爲"製作"，一些"作樂"也確實專指"製作樂章"。[⑩] 然《孟子・梁惠王下》載齊景公"召大師曰：'爲我作君臣相説之樂'"，[⑪]此并非命樂師現場創作，而是令其擇取并演奏一曲已備好的樂篇，此乃"作"訓"奏"的明證。又《論語・八佾》："樂其可知也：始作，翕如也。"[⑫]是言"音樂演奏初始"。

---

① ［美］普鳴（Michael Puett）：《"作"字探源》，收入普鳴著，楊起予譯，唐鶴語校《作與不作：早期中國對創新與技藝問題的辯論》，北京：生活・讀書・新知三聯書店，2020，303–314頁。

② 學界對"乍（作）"的造字本義至今似尚無定論。普鳴先生對此做出反思，反對將"乍（作）"字本義歸結爲一種具體的、單一的含義，反對在研究中預設字義演變是"從單一本義到多重引申義""從具體到抽象，從簡單到複雜"的"進化論模式"。普鳴：《"作"字探源》，《作與不作：早期中國對創新與技藝問題的辯論》，308–309頁。

③ ［漢］許慎撰，［宋］徐鉉校定：《説文解字》第八上，北京：中華書局，2013，162頁。

④ 王引之：《經義述聞》，上海古籍出版社，2018，857頁。

⑤ 荆門市博物館編：《郭店楚墓竹簡》，北京：文物出版社，1998，179頁。

⑥ ［漢］鄭玄注，［唐］孔穎達等正義：《禮記正義》卷三七《樂記》，［清］阮元校刻《十三經注疏》，北京：中華書局，1980，1529頁。

⑦ 李學勤主編：《清華大學藏戰國竹簡（壹）》，上海：中西書局，2010，143頁。

⑧ 馬承源主編：《上海博物館藏戰國楚竹書（三）》，上海古籍出版社，2003，289頁。

⑨ ［漢］鄭玄注，［唐］孔穎達等正義：《禮記正義》卷五〇《仲尼燕居》，［清］阮元校刻《十三經注疏》，1615頁。

⑩ 如《墨子・三辯》載商湯"因先王之樂，又自作樂，命曰《護》，又脩《九招》"。［清］孫詒讓：《墨子閒詁》卷一《三辯》，北京：中華書局，2001，40頁。此"作""脩"并用，故知"自作"當訓"始製作"。

⑪ ［漢］趙岐注，［宋］題名孫奭疏：《孟子注疏》卷二上《梁惠王下》，［清］阮元校刻《十三經注疏》，2676頁。

⑫ ［魏］何晏注，［宋］邢昺疏：《論語注疏》卷三《八佾》，［清］阮元校刻《十三經注疏》，2468頁。

古文字“奏”會兩手共持某物之意;“作”亦有从攴、乍聲之形,“攴”會手持棍棒敲打之義。蓋鐘鼓多爲打擊樂器,故“作”“奏”義近。

奏樂與歌詩常常相伴而行,故“作”還可能指“歌唱”。文獻不乏以“作歌”“作誦”指“創作詩歌”。《史記・伯夷列傳》“及餓且死,作歌”可能兼指創作與歌唱。①《説苑・至公》載:“國人聞之……乃相與作歌。”②并非言國人一同創作歌謠,而是一同傳唱。此文可能是抄撮東周古書,故保留了“作歌”舊義。《尚書・益稷》載夔演奏樂器,“簫韶九成……帝庸作歌”。③《史記・夏本紀》作“帝用此作歌”④。此“作”字不僅可能指即興創作,而且還是指舜伴隨着音樂,親自唱歌。故“作”字在具體辭例與語境中又可理解爲“歌唱”。

至此,回顧普鳴先生所言,可能不無道理。他强調“要避免簡單地從某一詞族中挑選幾個特定意義,視之爲這一詞族的詞源基礎”;進而以“作”字的“真正本義是一種含義廣泛的抽象動作”。⑤ 商周時的“作”字可能確實是一個表義較爲籠統的動詞,具體可引申出多重複雜義項,前輩學者曾總結出“作”字的數十種義項,其情況近似於英文中的“do”“make”與“play”。所以考察“作”具體表達的確切含義,必須深入到具體的辭例與語境當中。

二　商代甲骨文所見“作豐庸”

商代卜辭中有“作庸”(《合集》20592、30270);⑥“作豐”(《合集》26914、31067、31180、32557、34609、《花東》501);⑦“作豐庸”(《合集》27137、30961);“作美庸”(《合集》27352)。經裘錫圭先生考證,庸、豐即大鐘(大鐃)、大鼓;卜辭“作某樂器”與《仲尼燕居》“作鐘鼓”皆指奏樂;“万其作庸”(《合集》31018)是言以樂舞爲職的萬人演奏鏞。⑧ 宋鎮豪先生則將“乍豐庸”的“作”釋爲“建置、設置”。⑨ 王子楊先生考釋甲骨文“作𦘺十終”(《合集》36775)意指“奏‘𦘺’這種樂曲十節”。⑩

---

① 《史記》卷六一《伯夷列傳》,北京:中華書局,1959,2123 頁。

② [漢]劉向撰,向宗魯校證:《説苑校證》,北京:中華書局,1987,360 頁。

③ [漢]題名孔安國傳,[唐]孔穎達等正義:《尚書正義》卷五《益稷》,[清]阮元校刻《十三經注疏》,144 頁。

④ 《史記》卷二《夏本紀》,81 頁。

⑤ 普鳴:《“作”字探源》,《作與不作:早期中國對創新與技藝問題的辯論》,310、313 頁。

⑥ 郭沫若主編、胡厚宣總編輯:《甲骨文合集》,北京:中華書局,1999。下文簡稱《合集》。

⑦ 中國社會科學院考古研究所編著:《殷墟花園莊東地甲骨》,昆明:雲南人民出版社,2003,1507 頁。此外另有一例“作豐”見於焦智勤《殷墟甲骨拾遺(續五)》,王宇信、宋鎮豪、徐義華主編《紀念王懿榮發現甲骨文 110 周年國際學術研討會論文集(2009 中國福山)》,北京:社會科學文獻出版社,2009,249 頁。

⑧ 裘錫圭:《甲骨文中的幾種樂器名稱——釋“庸”“豐”“鞀”》,《中華文史論叢》1980 年第 2 輯,修訂後收入《裘錫圭學術文集》第 1 卷《甲骨文卷》,上海:復旦大學出版社,2012,36-47 頁。本文所引裘錫圭先生觀點皆出自此文,下文不再標注。

⑨ 宋鎮豪:《殷墟甲骨文中的樂器與音樂歌舞》,李宗焜主編《古文字與古代史》第 2 輯,臺北:“中研院”歷史語言研究所,2009,50 頁。

⑩ 王子楊:《甲骨文中值得重視的幾條史料》,《文獻》2015 年第 3 期。

卜辭還有一條載“王乍[illegible]奏”(《合集》3256),裘先生讀爲“王作庸奏”。“作”“奏”見於同一句話,或可證兩字義近,可互訓。晚商文字還有“王饗酒,奏庸”(迦尊)[①]、“奏庸”(《合集》31023)、“庸用”(《合集》27459)、“置庸”(《合集》30693,《集成》9894)。[②] 私意“用”“置”“作”“奏”四個動詞可能指同一套禮儀流程,而側重不同。裘先生認爲“用”字用於“卜問祭祀祖先時是否用庸用豐”。“置”字强調布置陳列,以備祭祀;裘先生認爲“以樂器事鬼神時往往用‘置’字”,進而認爲是一種祭名。“作”可能指將平時儲置的樂器奏興起來。“奏”有進獻之義,[③]故可能是强調演奏過程的進獻與娱神性質。

三　周武王“作庸”與“作《頌》《武》”

晚商文字中的“(王)奏庸”亦見於《逸周書 · 世俘》:“王奏庸大享一終,王拜手稽首。王定,奏庸大享三終。”[④]顧頡剛、李學勤等先生皆以《世俘》是西周文獻。[⑤] 于省吾先生等已指出此篇可與所謂“天亡”簋互相印證,“同是記載武王克殷西歸宗周後祭告上帝和文王之事”。[⑥] 其銘文有一句曰:“不(丕)顯王乍(作)眚,不(丕)肆王乍(作)庸。”(《集成》4261)裘錫圭、李學勤先生皆以“乍眚”“乍庸”假借爲“作笙”“作鏞”,與《仲尼燕居》“作鐘鼓”類似。[⑦] 多方對照可知,《世俘》與簋銘屬同義换讀,“作庸”“奏庸”指同一件事,即武王祭祀時的奏樂環節。

《世俘》進而載:“王佩赤白旂,籥人奏《武》。”[⑧]可與《左傳》宣公十二年載“武王克商……作《武》”對讀。[⑨] 此又是“奏”“作”兩相對照,或屬同義换讀,是言武王命樂師演奏《武》之樂。《吕氏春秋 · 古樂》又載:“武王即位,以六師伐殷……克之於牧野。歸,乃薦俘

---

① 御雅居:《吉金御賞(伍):商邑翼翼——商代青銅器》,香港:日動藝術印刷有限公司,2016,130頁。

② 商晚期万刹(剥)方彝,舊稱戍鈴方彝,其銘文載:“置庸,舞九律舞。”裘先生理解爲萬人“置鏞作樂”。中國社會科學院考古研究所編:《殷周金文集成》(修訂增補本),北京:中華書局,2007。下文簡稱《集成》。

③ 《説文》:“奏,進也。”毛傳:“獻,奏也。”《左傳》隱公五年載“初獻六羽”,孔穎達疏:“獻者,奏也,奏進聲樂以娱神也。”《逸周書 · 世俘》:“籥人奏《武》。王入,進《萬》,獻《明明》三終。”依次引自[漢]許慎撰,[宋]徐鉉校定:《説文解字》第一〇上,214頁;[漢]毛公撰,[漢]鄭玄箋:《毛詩正義》卷一五《小雅 · 瓠葉》,[清]阮元校刻《十三經注疏》,498頁;[晉]杜預注,[唐]孔穎達等正義:《春秋左傳正義》卷三《隱公五年》,[清]阮元校刻《十三經注疏》,1726頁;黄懷信、張懋鎔、田旭東撰:《逸周書彙校集注》卷四《世俘解》,上海古籍出版社,2007,428頁。

④ 黄懷信、張懋鎔、田旭東撰:《逸周書彙校集注》卷四《世俘解》,427頁。

⑤ 顧頡剛:《〈逸周書 · 世俘〉篇校注、寫定與評論》,《顧頡剛古史論文集》第9卷,北京:中華書局,2010,204-267頁。李學勤:《〈世俘〉篇研究》,《史學月刊》1988年第2期,1-6頁。另有趙光賢先生不以全篇爲西周文獻,而將《世俘》分爲周初部分、存疑部分、改竄部分。趙光賢:《説〈逸周書 · 世俘〉篇并擬武王伐紂日程》,《歷史研究》1986年第6期,92-94頁。

⑥ 于省吾:《關於“天亡簋”銘文的幾點論證》,《考古》1960年第8期,34頁。

⑦ 李學勤:《“天亡”簋試釋及有關推測》,《中國史研究》2009年第4期。

⑧ 黄懷信、張懋鎔、田旭東撰:《逸周書彙校集注》卷四《世俘解》,427-428頁。

⑨ [晉]杜預注,[唐]孔穎達等正義:《春秋左傳正義》卷二三《宣公十二年》,[清]阮元校刻《十三經注疏》,1882頁。

餓於京太室，乃命周公爲作《大武》。""爲作"二字，有版本作"作爲"，[1]屬同義連用，明是製作之義。舊説以《武》的作者有"武王説"與"周公説"相矛盾。現在看來，文獻記載并無矛盾：《大武》應是周公奉命製作；《左傳》"武王作《武》"是指下令演奏，而非武王親自製作。[2]

《左傳》宣公十二年載："武王克商，作《頌》。"[3]所載《頌》諸句見於今本《周頌·時邁》，又見於《國語·周語上》祭公謀父所引"周文公之《頌》"。[4] 漢儒還有"周公以《時邁》美成王"之説。[5] 舊儒多將"作"訓爲"製作"，遂誤以《左傳》《國語》記載矛盾。所謂"某人之某篇"的辭例明確是説周公是此《頌》的製作者。由《周語》《古樂》可知兩詩皆爲周公制作。故《左傳》言武王"作《頌》""作《武》"應一并訓爲"奏"，即武王命人演奏。周公後來又以此《頌》稱美成王，故諸記載實無分歧。

《世俘》《左傳》《古樂》及天亡簋的記載雖互有參差異同，但所記事件性質相近，皆是武王克商後舉行的祭祀典禮。李學勤先生以簋銘記載武王"禘祀文王時奏樂之事"。[6] 裘錫圭先生認爲簋銘表現武王"有資格取代殷王而奉祀上帝及神祇"。在重大典禮上演奏歌唱詩樂自然不能臨場發揮，故《時邁》與《武》應是樂師等官以周公名義編排（同時不排除周公親自編排的可能），提前製作完備。故周代文獻所見武王"作庸""作《武》""作《頌》"皆應訓爲"奏"，是言武王在祭祀過程中，以自己的名義，下令樂師演奏已製作備好的詩樂，還可能親自歌唱詩文。此與卜辭所見"王作庸奏"（《合集》3256）性質相同，可見殷周兩代禮樂政治傳統的因襲。

四　清華簡所見"作歌"與"作毖"

清華簡《耆夜》載武王"作歌一終曰《樂樂旨酒》""作歌一終曰《輶乘》"，周公"作歌一終曰《贔贔》""作祝誦一終曰《明明上帝》"，然後"周公秉爵未飲，蟋蟀趨降于堂，周公作歌一終曰《蟋蟀》"。[7] 這種君臣相對而"作"的形式還見於清華簡《周公之琴舞》成王與周公之間，

① ［戰國］吕不韋著，陳奇猷校釋：《吕氏春秋新校釋》卷五《古樂》，上海古籍出版社，2002，289－290、310 頁。《爾雅》："作、造，爲也。"［晉］郭璞注，［宋］邢昺疏：《爾雅注疏》卷三《釋言》，［清］阮元校刻《十三經注疏》，2581 頁。上博簡《容成氏》載："契既受命，作爲六律六郘（吕）。"即製作之義。馬承源主編：《上海博物館藏戰國楚竹書（三）》，273 頁。

② 《莊子·天下》所謂"武王、周公作《武》"則是籠統的説法。王叔岷：《莊子校詮》卷五《天下》，北京：中華書局，2007，1302 頁。

③ ［晉］杜預注，［唐］孔穎達等正義：《春秋左傳正義》卷二三《宣公十二年》，［清］阮元校刻《十三經注疏》，1882 頁。

④ 徐元誥：《國語集解》第一《周語上》，北京：中華書局，2002，2 頁。

⑤ 《後漢書·李固列傳》注引《韓詩·薛君傳》云《周頌·時邁》"薄言振之，莫不震疊"是"美成王能奮舒文武之道而行之，則天下無不動而應其政教"。《後漢書》卷六三《李固列傳》，北京：中華書局，1965，2077 頁。

⑥ 李學勤：《"天亡"簋試釋及有關推測》，《中國史研究》2009 年第 4 期。

⑦ 李學勤主編：《清華大學藏戰國竹簡（壹）》，150 頁。

《尚書·益稷》舜與皋陶之間。[1] 有學者將“作”默認爲“創作”，據此以爲周公恰逢蟋蟀而即興創作，由此引發周公創作同毛詩《唐風》、安大簡《魏風》的牴牾。《耆夜》諸“作”字應保持一致，若《蟋蟀》爲周公所創作，前四首詩也應分由武王、周公創作，這種可能性不大。周公“作”《蟋蟀》應理解爲恰逢蟋蟀跳出，周公遂令樂師演奏舊詩以助興。[2]

《耆夜》言“作歌”“作祝誦”皆緊接“一終”。清華簡《周公之琴舞》載“周公作多士儆毖，琴舞九絉(卒)”“成王作儆毖，琴舞九絉(卒)”。整理者言：“作，製作。”《芮良夫毖》亦載“芮良夫乃作毖再終”“吾用作毖再終”。[3] 類似辭例還見於晚商𨙶尊“奏庸……鼬十终”、[4]甲骨文“作䖵十終”(《合集》36775)以及傳世文獻的“籥人九終……王奏庸大享一終……奏庸大享三終”“歌《鹿鳴》三終……管《新宫》三終”“簫韶九成”“廣樂九奏萬舞”等，[5]次數後皆連接表演奏樂詩的單位，則很可能有演奏、歌唱之義。如《吕氏春秋·音初》載有娀氏“二女作歌一終，曰‘燕燕往飞’，實始作爲北音”，[6]即兼有創作與歌唱之義。

芮良夫“創作”詩文見於傳世文獻，《逸周書·芮良夫》載：“厲王失道，芮伯陳誥，作《芮良夫》。”[7]《周書序》云：“芮伯稽古作訓……作《芮良夫》。”[8]《詩·桑柔》詩小序：“《桑柔》，芮伯刺厲王也。”[9]《左傳》文公元年載秦穆公稱其“周芮良夫之詩”。[10] 可見此説淵源有自。清華簡《芮良夫毖》更言“再終”，知其有演奏之事。鑒於簡文主體爲毖文，芮伯欲陳諫於厲王，故需歌唱。故《芮良夫毖》“作毖再終”可能兼有創作、演奏、歌唱三重含義。

在《耆夜》《周公之琴舞》的辭例與語境中，“作”皆應訓爲“奏”，即武王、成王、周公在朝

---

① 《尚書·益稷》篇末載：“帝庸作歌曰……乃歌曰……皋陶拜手稽首，颺言曰……乃賡載歌曰……又歌曰……帝拜曰……”[漢]題名孔安國傳，[唐]孔穎達等正義：《尚書正義》卷五《益稷》，[清]阮元校刻《十三經注疏》，144頁。

② 劉光勝先生曾將《耆夜》的“作”訓爲“演奏”，并指出諸詩“由樂官提前配以樂曲、編輯好……武王、周公届時吟唱、演奏而已，其形式如同現在領導致辭，并非即興創作”。劉光勝：《清華簡〈耆夜〉考論》，《中州學刊》2011年第1期。

③ 李學勤主編：《清華大學藏戰國竹簡(叁)》，上海：中西書局，2012，133－134、145－146頁。

④ 相關研究可參見吴鎮烽《𨙶尊銘文初探》，復旦大學出土文獻與古文字研究中心網站，2014年7月29日；朱鳳瀚《新見商金文考釋(二篇)》，復旦大學出土文獻與古文字研究中心編《出土文獻與古文字研究》第6輯，上海古籍出版社，2015，127－128頁。

⑤ 黄懷信、張懋鎔、田旭東撰：《逸周書彙校集注》卷四《世俘解》，423、427頁。[漢]鄭玄注，[唐]賈公彦疏：《儀禮注疏》卷一七《大射》，[清]阮元校刻《十三經注疏》，1033－1034頁。《史記》卷二《夏本紀》，81頁。《史記》卷四三《趙世家》，1787頁。

⑥ [戰國]吕不韋著，陳奇猷校釋：《吕氏春秋新校釋》卷六《音初》，338頁。

⑦ 王念孫據《群書治要》本增補此句。[清]王念孫：《讀書雜志》，上海古籍出版社，2014，71頁。黄懷信、張懋鎔、田旭東撰：《逸周書彙校集注》卷九《芮良夫解》，998頁。

⑧ 黄懷信、張懋鎔、田旭東撰：《逸周書彙校集注》卷一〇《周書序》，1135頁。

⑨ [漢]毛公撰，[漢]鄭玄箋：《毛詩正義》卷一八《大雅·桑柔》，[清]阮元校刻《十三經注疏》，558頁。

⑩ [晉]杜預注，[唐]孔穎達等正義：《春秋左傳正義》卷一八《文公元年》，[清]阮元校刻《十三經注疏》，1837頁。

堂以各自名義,讓樂工演奏已創作好的樂詩,并親自歌唱,以呈獻給畢公等在座者。這種借詩言志,與春秋時代的“賦詩”屬於一以貫之的政治傳統。

至於《耆夜》《周公之琴舞》是實録還是假托,則是另一議題。兹不贅述,僅簡述私意。宋鎮豪先生考證甲骨文樂器已有20多種。① 李守奎先生則指出“没有任何其他確鑿的證據顯示春秋以前有琴”,古文字的“琴”最早見於戰國楚文字;故《周公之琴舞》開篇叙述歷史背景的文字應撰寫於戰國,符合“戰國人以‘琴’代表弦樂的習慣説法”。② 對於《耆夜》諸詩,雖然可能是從西周春秋時期流傳而來,但學者大多承認其文句經過戰國人改動。③ 故簡文叙事部分很可能屬擬古假托,非周初實録,一些詩篇在商周之際未必已被創作出來。故《蟋蟀》的早期淵源還應依從毛詩的《唐風》説與安大簡的《魏風》説,即出自唐地。《蟋蟀》與周公的關係可能是後世《耆夜》編撰者有意僞作的,流傳程度不廣,將諸詩虚構安排給周王、周公,其目的在於抬高諸詩的地位。不過《耆夜》開篇言武王征耆,酬畢公,可能有真實歷史背景,可能是《耆夜》編撰者依據了一定的史料資源。

綜上所論,商周時期“作”庸、豐、鐘、鼓等樂器的“作”應訓爲“奏”,指演奏樂器。根據卜辭、金文、典籍合證,所謂作樂、作頌、作歌、作誦、作毖的“作”未必專指製作、創作;還可訓爲“興”“起”“奏”,即指演奏,具體還可指歌唱。“作”字是一個表義較爲籠統的動詞,具體可引申出多重複雜義項,其最多可兼表製作、演奏、歌唱三重含義,其具體所指要依據辭例與語境來判斷。《武》《時邁》是周公在克商之際命樂師製作的。武王在典禮上命樂師演奏已提前準備好的這兩篇《頌》,甚至親自歌唱。周公後來又以《時邁》稱美成王。《耆夜》《周公之

---

① 宋鎮豪:《殷墟甲骨文中的樂器與音樂歌舞》,李宗焜主編《古文字與古代史》第2輯,39-55頁。

② 李守奎先生指出:“《周公之琴舞》是戰國時期整理的寫本,詩前兩段叙述語言……是戰國人的改寫或題記,其性質與毛詩《序》相互類似。”李守奎:《先秦文獻中的琴瑟與〈周公之琴舞〉的成文時代》,《吉林大學社會科學學報》2014年第1期。

③ 學界對簡本《蟋蟀》年代的研究,李鋭先生已有詳細評介;并提出“族本”説,認爲其“形成或許是長時段的,我們不應該苛求簡本《蟋蟀》在短時段上的形成時間”。李鋭:《清華簡〈耆夜〉再探》,清華大學出土文獻研究與保護中心編《清華簡研究》第2輯,上海:中西書局,2015,119-126、129頁,後修訂爲《清華簡〈耆夜〉續探》,收入其著《同文與族本:新出土簡帛與古書形成研究》,上海:中西書局,2017,190-200、204頁。陳致先生考證“簡本《蟋蟀》至少是經過戰國時代的文人加以編輯改定的”;《耆夜》的詩“不可能是西周晚期以前的作品”。陳致:《清華簡所見古飲至禮及〈郜夜〉中古佚詩試解》,《出土文獻》第1輯,上海:中西書局,2010,29-30頁。季旭昇先生指出將“從”字釋爲“自”“由”,“在整個西周到春秋中期未見這種用法”,故認爲“《耆夜》可能是經過東周人改動過的材料,不是西周初年的原貌”。季旭昇:《〈清華簡(壹)·耆夜〉研究》,李宗焜主編《古文字與古代史》第3輯,臺北:“中研院”歷史語言研究所,2012,323-326頁。

琴舞》的"作"皆應訓爲"奏",簡文假托武王、成王、周公在朝堂以各自名義,讓樂工演奏已創作好的樂詩,并親自歌唱,以此抬高諸詩地位。

附記 本文先後蒙北京師範大學李鋭教授、清華大學方朝暉教授、王子楊教授審閱。又曾在慶星大學韓國漢字研究所主辦"第四屆漢字學國際冬令營"青年論壇上宣讀,忝列優秀獎。匿名審稿專家也提出重要建議,謹致謝忱!

清華簡《四告》穆王部分試説

□ 清華大學出土文獻研究與保護中心
□ “古文字與中華文明傳承發展工程”協同攻關創新平臺　　馬楠

内容提要　清華簡《四告》穆王部分較爲繁難,其中可能存在脱文。簡【三七】簡首五字應移至簡【三四】簡首,簡文“好守足,不則剥𢝔厥家”,“其好傲,不則失厥堵”兩句,“不則”用於分句句首表示遞進,是“甚至”的意思。《四告》穆王部分、召虎部分都出現了“我不敢知……;我亦不敢知……”句型,通過與《尚書·召誥》《君奭》相同句型比對,可知這種句型所接兩分句文義應當正相反。

關鍵詞　四告　穆王

清華簡第十輯整理報告刊布的《四告》是一篇重要文獻,其中第一部分即周公部分與《立政》密切相關,結構、文句多有相似之處;第二部分是伯禽初封於魯,祈求不愆於儀、無有庶戾的禱辭;第四部分則是召虎因望鴟來集,祈求禳去災禍、長保邦家的禱辭,上述三部分内容相對易於整体把握。唯第三部分即周穆王部分,大致内容是穆王心好野,盤於游田,因而祝禱“以止王心”,但全篇主語多次轉换,非常不好理解,以致於學者或以爲穆王滿爲太子時所作,或以爲邏輯混亂、係托名擬作。[①] 這里僅就若干文句提出一些意見,供各位專家批評,希望對此部分理解能够起到推動作用。

《四告》穆王部分(不需討論部分徑以通行字轉寫,需要討論部分以“____”標出):[②]

① 趙平安:《清華簡〈四告〉的文本形態及其意義》,《文物》2020 年第 9 期。程浩:《清華簡〈四告〉的性質與結構》,《出土文獻》2020 年第 3 期。

② 清華大學出土文獻研究與保護中心編、黃德寬主編:《清華大學藏戰國竹簡(拾)》,上海:中西書局,2020,120–122 頁。下同。

曾孫滿拜手稽首，敢截告：嗚呼哀哉，我周文王武王克敬于天，明德威儀，不湿（墜）于非彝，唯邦遺老【二六】黎民是恭厥明型，智（知）厥若否，用克恭皇天，達殷受大命。

（疑有闕文）獄訟無得瞻顧，慆于非彝，心好野，用【二七】告三神，勿畋（徹）哉！燮懿朕心，毋慆于非彝、野德，野德多不歸厥吉。封豕不在服，遠往遊習，不則【二八】捷之習，不石（度）兹事，淫于非彝、愆德，好獸（守）跂（足），不則剥達（撻）厥家。

嗚呼哀哉，寵懿朕心，毋慆于【二九】非常，事曷唯有不勑，鬼神是求，求台（以）畋（徹）厥心，不秉懿德，兹好野。余弗敢智（知），曷唯有庶人是不【三〇】用厥典圖，虞悲（非）厥心，以歸于野。余亦弗敢智（知），今多不得德之閒，不智（知）言之初終，唯野。

爰兹【三一】用册告，毋興慆朕心，于常任："余焉在辟司以崇懿德，用乂庶艱，以恪夙夜股肱王身，以厥辟【三二】心，以型先任之辟事先王。"傅不胥王身以光保之德，若農夫之秉畝不終，其好傲，不則失【三三】［厥堵（堵），用敢懋］□□□□□□朕身萛鰥，余小子未得德之行，余畏作文王羞，用克自諶，諶懿朕【三四】心之在兹服，畏天非諶，弗乏文王若彝德，用匀安静心……【三五】人于四方民，揚爾文，自遠邇，不得邦，唯德用畀（？）余，厲安害（曷）糞，大莫不誨威儀，保光朕身之【三六】（厥緒，用敢懋）□□□□□逖之不祥，野心懋則不獲兹彝，拜手稽首，尚安寧在服嗣，宜爾祜福。【三七】

其中簡【二六】【二七】前半説文武敬天受命，不墜非彝，後半説自己"心好野""慆于非彝"，是《尚書》中較爲常見的正反設辭，但中間没有"越厥後王後民"一類的句子進行過渡，也没有"今至于曾孫滿""在今後嗣王滿"，作爲"獄訟無得瞻顧"以下的主語，存在底本文字脱落的可能。

而簡【三二】"余焉在辟司以崇懿德，用乂庶艱，以恪夙夜股肱王身，以厥辟【三二】心，以型先任之辟事先王"一句是大臣的口吻，下句"傅不胥王身以光保之德"云云，又回到了天子的口吻。① 我們認爲，此句連上文應該是説"爰兹【三一】用册告于常任，毋興慆朕心：'余焉在辟司以崇懿德'"云云，册告對象"于常任"後置。"常任"是西周職官，見《尚書·立政》，漢人一般比附爲侍中，認爲是天子近官，侍從之臣。② 這句是穆王册告常任，要以"在辟司以崇懿德""夙夜股肱王身"云云爲己任，這樣《四告》第三部分就可以理解爲全部是穆王當政時的口吻了。

一　不則

《尚書》《逸周書》中的"否則"，一般表示轉折關係，略同於"不然"：

---

① 整理者在本篇説明中認爲"是周穆王滿爲太子時的告辭"，應當是由於這句的緣故。

② 參看馬楠、王天然《西周三事大夫考》，《中國史研究》2015年第3期。

格則承之庸之，否則威之。（《皋陶謨》）

德則民載，否則民讎。（《逸周書・芮良夫》）①

《經傳釋詞》指出，《尚書》《逸周書》中的一些"否則""丕則"猶云"於是"。② 我們在王引之説的基礎上更推進一步，認爲王氏所指出的"丕則""否則"猶云"於是"的文例其實都存在遞進關係，相當於"甚至""乃至"：

王曰："嗚呼。封，敬哉。無作怨，勿用非謀非彝蔽時忱。丕則敏德，用康乃心，顧乃德，遠乃猷，裕乃以民寧，不汝瑕殄。"（《康誥》）

周公曰："嗚呼。君子所其無逸。先知稼穡之艱難，乃逸，則知小人之依。相小人，厥父母勤勞稼穡，厥子乃不知稼穡之艱難，乃逸，乃諺既誕，否則侮厥父母曰：昔之人，無聞知。"（《無逸》）

周公曰："嗚呼。繼自今嗣王，則其無淫于觀、于逸、于游、于田，以萬民惟正之供。無皇曰：'今日耽樂。'乃非民攸訓，非天攸若，時人丕則有愆。"（《無逸》）

周公曰："嗚呼。我聞曰：'古之人猶胥訓告，胥保惠，胥教誨；民無或胥譸張爲幻。'此厥不聽，人乃訓之，乃變亂先王之正刑，至于小大。民否則厥心違怨，否則厥口詛祝。"（《無逸》）

嗚呼，天子，監于夏商之既敗，不則亡遺後。【一四】（清華簡《祭公》）③

而"不則"與疑問代詞"何""曷"連用，則相當於《吕刑》"何擇非人"的"非"，强調"非""不則"後所引出的對象：

余一人曷假，不則職知之聞之言；余【二六】曷假，不則高奉乃身，亦余一人永安在位。（清華簡《攝命》）④

總之，除了名詞化用法以外，"不則""否則""丕則"用於分句句首，表示遞進關係。《四

① ［漢］孔安國傳，［唐］孔穎達正義：《尚書正義》，［清］阮元校刻《十三經注疏》，北京：中華書局，2009，298 頁。黄懷信：《逸周書校補注譯》，西安：三秦出版社，2006，363 頁。《吕氏春秋・適威》引《周書》曰"民善之則畜也，不善則讎也"，與之類似。許維遹：《吕氏春秋集釋》，北京：中華書局，2009，527 頁。

② ［清］王引之：《經傳釋詞》，南京：江蘇古籍出版社，2000，100 頁。

③ ［漢］孔安國傳，［唐］孔穎達正義：《尚書正義》，［清］阮元校刻《十三經注疏》，436、470、472、473 頁。清華大學出土文獻研究與保護中心編、李學勤主編：《清華大學藏戰國竹簡（壹）》，上海：中西書局，2010，174 頁。

④ 清華大學出土文獻研究與保護中心編、李學勤主編：《清華大學藏戰國竹簡（捌）》，上海：中西書局，2018，111 頁。

告》簡【二九】同樣如此:

不度兹事,淫于非彝、愆德,好獸(守)跌(足),不則剥達(撻)厥家。

文義大概是不度兹事,淫於不常、過惡,結果是僅止於守成,甚至於剥落其家。

二 我不敢知曰

《尚書·召誥》《君奭》共有三組"我不敢知曰……我不敢知曰",分别是:

我不可不監于有夏,亦不可不監于有殷。

我不敢知曰,有夏服天命,惟有歷年;我不敢知曰,不其延,惟不敬厥德,乃早墜厥命。

我不敢知曰,有殷受天命,惟有歷年;我不敢知曰,不其延,惟不敬厥德,乃早墜厥命。

今王嗣受厥命,我亦惟兹二國命,嗣若功。(《召誥》)

弗弔天降喪于殷,殷既墜厥命,我有周既受。我不敢知曰,厥基永孚于休若天棐忱;我亦不敢知曰,其終出于不祥。(《君奭》)①

《四告》第四部分即召虎部分也有:

小子弗聞,唯上帝命其孚于戾。【四三】小子亦弗聞,唯上帝命其孚于若。②

《召誥》文義是我不敢知夏代是多歷年所還是早墜厥命,我不敢知商代是多歷年所還是早墜厥命。《君奭》文義是我不敢知我周受命長久還是至於不祥。《四告》召虎部分文義是我不知上帝命望鵖來集,是順是戾。可見"我不敢知曰……我不敢知曰"這種句型之後所接兩分句文義應當正相反,與甲骨對貞的結構相類似,可能是陳述句,也可能是是非疑問句。③

這樣再看《四告》穆王部分的兩句:

① [漢]孔安國傳,[唐]孔穎達正義:《尚書正義》,[清]阮元校刻《十三經注疏》,452、474頁。

② 清華大學出土文獻研究與保護中心編、黄德寬主編:《清華大學藏戰國竹簡(拾)》,123頁。

③ 參考裘錫圭《關於殷墟卜辭的命辭是否問句的考察》,《裘錫圭學術文集》第1卷《甲骨文卷》,上海:復旦大學出版社,2015,334頁。

余弗敢智(知),曷唯有庶人是不【三〇】用厥典圖,虞悲(非)厥心,以歸于野。
余亦弗敢智(知),今多不得德之閒,不智(知)言之初終,唯野。

文義大概是我不知道爲什麽有些人一定要田獵逸游,是因爲不用常典嘉猷,還是因爲修德不能始終。

三　受厥堵 失厥堵

《四告》簡【三三】有:

傅不胥王身以光保之德,若農夫之秉畝不終,其好傚,不則失【三三】□□□□□□□□□□□□□朕身……【三四】

簡【三四】上端殘缺,長度大概可以容納11-12字。而簡【三七】簡首"厥堵(堵)。用敢懋"五字與下面"逊之不祥,野心懋則不獲兹彝"茬口并不密合,文義也不連屬。因而我們試將殘簡"厥堵,用敢懋"遥綴在簡【三四】簡首,也就是:

傅不胥王身以光保之德,若農夫之秉畝不終,其好傚,不則失【三三】[厥堵(堵)。用敢懋]□□□□□□□朕身……【三四】

句讀方面,也根據上文"不則"用於分句句首表遞進的認識,將"不則失厥堵"理解爲一句。所謂"堵(堵)"字作"",與叔夷鍾、鎛(《集成》272-285)"處禹之堵"的堵字字形""一致,又《四告》第二部分伯禽部分簡【二〇】有"式文受我厥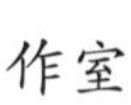(堵)"。堵(堵)本義爲牆垣,引申有邊界疆域的意思,穆王部分的"失厥堵"與伯禽部分的"受厥堵"文義正相反。①

《尚書》中周初文獻往往以父子相繼菑田、播種比喻王業的賡續,比如:

若考作室,既底法,厥子乃弗肯堂,矧肯構?厥父菑,厥子乃弗肯播,矧肯獲?……若穡夫,予曷敢不終朕畝?(《大誥》)

惟曰:若稽田,既勤敷菑,惟其陳修,爲厥疆畎。若作室家,既勤垣墉,惟其涂塈茨。

---

① 清華大學出土文獻研究與保護中心編、黄德寬主編:《清華大學藏戰國竹簡(拾)》,117頁。整理報告讀爲"緒",可能是受到王國維先生説"'處禹之堵'亦猶《魯頌》言'纘禹之緒'也"的影響。(王國維《古史新證——王國維最後的講義》,北京:清華大學出版社,1994,5-6頁)但二者文義是有區别的,詳姚小鷗、李永娜《〈魯頌·閟宫〉"纘禹之緒"解讀》,《文藝評論》2013年第6期。

若作梓材，既勤樸斲，惟其涂丹雘。(《梓材》)[①]

《大誥》云其父菑田開荒，其子不肯播種收穫，即所謂“不終朕畝”，顯然與簡文“秉畝不終”文義相同。而簡文“其好傲，不則失[三三]厥堵”也存在文義上的遞進，是説農夫不能終竟父祖墾田的功業，游敖矜慢，甚至於失去田地。與之相反，《梓材》“既勤敷菑”而“爲厥疆畎”，則是終竟父祖的功業，能够保有田地的疆域。

附記　本文初稿完成於2020年11月17日，并於11月22日南京大學主辦的“漢語史研究的材料、方法與學術史觀國際學術研討會(第二届)”會上宣讀，論文修改過程中與吉林大學單育辰老師往返討論，在此一并致謝。

① [漢]孔安國傳，[唐]孔穎達正義：《尚書正義》，[清]阮元校刻《十三經注疏》，423、442頁。

清華簡《筮法》札記四則

□ 四川大學古籍整理研究所 馬明宗

内容提要 清華簡《筮法》中的“數”,就是指的筮數大小。“數出”是指内部的筮數大於外部的筮數,其勢外出;“數入”是指外部的筮數大於内部的筮數,其勢内入;“[illegible]數”是指下部的筮數大於上部的筮數,其形勢如同倒覆。《筮法》中的“𣁋”是指駢列的兩組卦畫中左側的兩個八經卦,右側的兩個八經卦應當就是文獻中所説的“貞”,“貞”和“悔”是指駢列的左右兩組卦,與《周易》中“貞”和“悔”的涵義有所區别。《筮法·卦位圖》中八卦對應四行(木、火、金、水),四正之卦與其順時針相鄰的一卦對應相同的四行,因此不能分割,這是《筮法·得》中將《卦位圖》從乾、離至巽、坎間作一隔綫分爲左右的依據。《筮法·祟》一節性質與《周易》的爻題相似,并且能够轉化成爻題的書寫形式,這對我們研究《周易》爻題的來源具有重要借鑒意義。

關鍵詞 《筮法》 數 𣁋 左右 爻題

一 淺説《筮法》的“數”

清華簡《筮法》一篇中,有幾處提到“數”。該字在《筮法》中作“[illegible]”,隸定爲“譽”,从“[illegible]”,从“言”,讀爲“數”。在戰國文字中,該字常見,如中山王譽鼎銘文:“方譽(數)百里,剌(列)城譽(數)十。”(《集成》02840)①又如好蚉壺銘文:“枋(方)譽(數)百里。”(《集成》9734)②

① 中國社會科學院考古研究所編:《殷周金文集成》(修訂增補本),北京:中華書局,2007,1532頁。
② 中國社會科學院考古研究所編:《殷周金文集成》(修訂增補本),5137頁。

在《筮法》中,整理者認爲“數”與兑卦的出現位置有關。我們將《筮法》中出現“數”的卦例列出來,以便於對“數”進行進一步的研究。卦例如下:

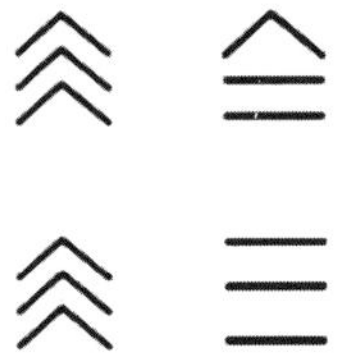

吕(凡)攴,嚳(數)而出,乃述(遂)。

吕(凡)攴,嚳(數)而内(入),乃復(復)。①

(卦例一:第四節《攴》)

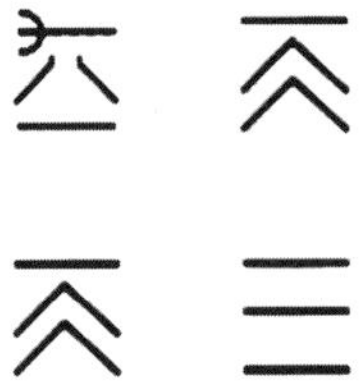

槑(標)肴(淆),䳡(售)。嚳(數)出,乃亦䳡(售)。②

(卦例二:第七節《䳡》)

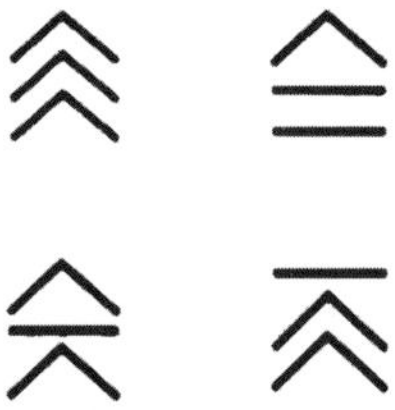

吕(凡)雨,尚(當)日才(在)下,嚳(數)而内(入),雨。尚(當)日才(在)上,嚳(數)而出,乃尚(旱)。③

(卦例三:第十一節《雨旱》)

① 李學勤主編,清華大學出土文獻研究與保護中心編:《清華大學藏戰國竹簡(肆)》,上海:中西書局,2013,86頁。

② 李學勤主編,清華大學出土文獻研究與保護中心編:《清華大學藏戰國竹簡(肆)》,89頁。釋文亦參考賈連翔《出土數字卦文獻輯釋》,上海:中西書局,2020,222頁。

③ 李學勤主編,清華大學出土文獻研究與保護中心編:《清華大學藏戰國竹簡(肆)》,94頁。

吕(凡)行,𦥯(數)出,述(遂);𦥯(數)内(入),𢓜(復)。[①]

(卦例四:第十三節《行》)

整理者認爲,"數"似乎與兑卦的出現有關。這個説法也得到了部分學者的支持。整體來分析,這種説法是不嚴謹的。首先,卦例二中提到"數出",但該卦例中并没有兑卦出現,整理者衹能解釋爲:"如果以兑卦代替左上角的離卦,結果仍爲能售。"[②]之所以説"兑卦代替左上角的離卦",是因爲提到"出"的情況大多都與上卦有關,下爲内,上爲外,"數出"即是兑卦在外。另外,卦例三中"凡雨,當日在下,數而入,雨;當日在上,數而出,乃旱"和卦例四"凡行,數出,遂;數入,復",[③]其實是提到了"數出"和"數入"兩種情況,但是在卦例中却衹出現一個兑卦。因此,整理者將"數"和"兑卦"結合起來,衹是一種權宜的解釋。也有學者已經注意到了這種解釋的不足,進而認爲"數"其實是與"兑卦"和"艮卦"兩者的出現有關係。[④]誠然,這種説法相較於《筮法》整理者的説法要相對周全,但這種説法仍然具有很大的經驗判斷成分,而欠缺合理性的論證。

其實,《筮法》中的"數"似乎就應該從字面來理解,就是指筮數大小。《筮法》第十六節《戰》和第二十三節《果》的解卦思路存在一定的共性,兩者可以進行對比研究。而《果》一節中有"數而出"和"數而入"的表達,可以爲我們理解"數"提供一定的借鑒。兩節如下:

第二十三節《果》:

外事𦥯(數)而出,乃果;内事𦥯(數)而内(入),亦果。[⑤]

第十六節《戰》:

① 李學勤主編,清華大學出土文獻研究與保護中心編:《清華大學藏戰國竹簡(肆)》,97 頁。

② 李學勤主編,清華大學出土文獻研究與保護中心編:《清華大學藏戰國竹簡(肆)》,89 頁。

③ 考慮到行文和閲讀方便,在文中出現的引文,采用寬式隸定。

④ 賈連翔:《從清華簡〈筮法〉看〈説卦〉中〈連山〉、〈歸藏〉的遺説》,清華大學出土文獻研究與保護中心編《出土文獻》第5輯,上海:中西書局,2014,140-144 頁。

⑤ 李學勤主編,清華大學出土文獻研究與保護中心編:《清華大學藏戰國竹簡(肆)》,110 頁。

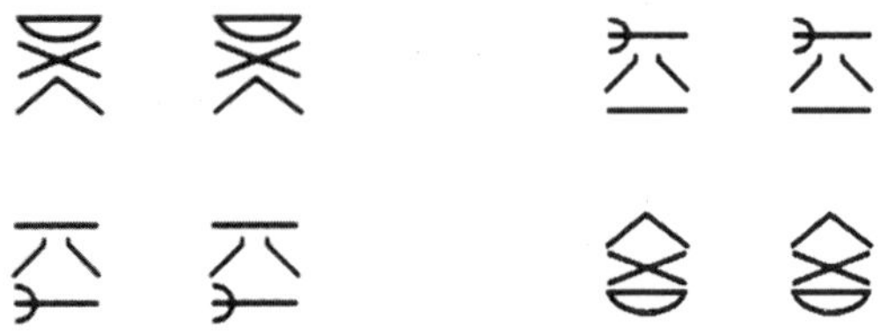

吕(凡)是,内戰(勝)外。　　吕(凡)是,外戰(勝)内。①

(卦例五:第十六節《戰》)

上述兩節的解卦原理存在一定的相似性。仔細觀察《戰》一節,第一個卦例,筮數從内到外依次是“九”“八”“七”“六”“五”“四”,内部的筮數大,外部的筮數小,因此結果是“内勝外”,其實也就是《果》一節中所説的“數而出”“外事果”。第二個卦例,筮數從外向内依次是“九”“八”“七”“六”“五”“四”,外部的筮數大,内部的筮數小,因此結果是“外勝内”,其實也就是《果》一節所説的“數而入”“内事果”。由此我們推斷,“數出”就是内部的筮數大於外部的筮數,趨勢是外出的;“數入”就是外部的筮數大於内部的筮數,趨勢是内入的。

我們將從《戰》和《果》兩節對比中得到的結論,放到出現“數”的卦例中進行驗證。

卦例一中第一個卦解説爲“數而出”,該卦例右下爲乾卦,筮數爲“七七七”,右上爲兑卦,筮數爲“七七六”,左下爲坤卦,筮數爲“六六六”,左上爲坤卦,筮數爲“六六六”。整體而言,下邊筮數大,上邊筮數小,符合“數而出”的説法。卦例一中第二個卦解説爲“數而入”,該卦例右下爲坤卦,筮數爲“六六六”,右上爲艮卦,筮數爲“六六七”,左下爲兑卦,筮數爲“七七六”,左上爲乾卦,筮數爲“七七七”。無論是將左右看爲一個整體,或者左右分開看,都是上邊的筮數要大於下邊的筮數,符合“數而入”。

卦例二中提到“標淯,饑。數出乃亦饑”。其卦例左側出現筮數“八”“九”,區别於“六”和“七”的卦體,因此説是“淯”。右下是乾卦,筮數是“七七七”,右上是艮卦,筮數是“六六七”,下側筮數大於上側筮數,因此是“數出”。

卦例三中提到“凡雨,當日在下,數而入,雨。當日在上,數而出,乃旱”。其卦例右下是艮卦,筮數爲“六六七”,右上是兑卦,筮數爲“七七六”,筮數上側大於下側,是“數而入”。卦例左側,上爲坤卦,筮數爲“六六六”,下爲坎卦,筮數爲“六七六”,下側筮數大於上側筮數,因此是“數而出”。

卦例四中提到“凡行,數出,遂;數入,復”。其卦例右側,右下爲乾卦,筮數爲“七七七”,右上爲兑卦,筮數爲“七七六”,筮數下側大於上側,是“數出”。

由此看來,“數”是指筮數,“出”是指内部筮數大於外部筮數,“入”是指外部筮數大於内部筮數,是完全符合卦例一、二、三,以及卦例四中右側卦例的。這應當就是《筮法》中“數”

① 李學勤主編,清華大學出土文獻研究與保護中心編:《清華大學藏戰國竹簡(肆)》,102 頁。

的正解。

當然我們同樣也看到,在卦例四的左側卦例中,下是艮卦,筮數是“六六七”,上是坤卦,筮數是“六六六”,内部筮數大於外部筮數,而解説却是“數入”,筮數情况與“數入”的解卦言辭是不合的。但是,毕竟絶大多數的卦例都符合這個道理,僅有這一處不相符合,因此我們有理由認爲,此處的不合,很可能是卦畫抄寫錯誤或者解説辭與卦畫對應不嚴謹導致的。①

另外,在《筮法》中還有“□數”的説法,也能支持我們“數”是指筮數的觀點。關於“□數”,李學勤先生釋“□”爲“丁”,認爲《筮法》第二十五節《天干與卦》中兑爲丁,并且認爲在《筮法》中凡是言“數”,都似乎與兑卦出現的位置有關。② 郭永秉先生認爲此字或許是“山”字的倒形,釋爲“覆”字。③《筮法》整理者由此認爲“見覆數”可能是指左側上爲兑卦,下爲巽卦,兩者卦畫互相反復。④ 趙平安先生認爲此字當釋爲“亭”,讀爲“頂”,“見頂數”是説兑卦出現在最上面。⑤ 侯乃峰先生基本認同郭永秉先生的説法,但認爲該字形不是因爲“山”字倒過來而爲“覆”,而可能就是“阜”字,讀爲“覆”。⑥

見□譽(數),乃亦㝵(得)。⑦

(卦例六:第二節《得》)

筆者大體贊同郭永秉先生和侯乃峰先生的説法,“□”字具體的來源,我們暫且不爭論,但“□”應當就是表示“覆”的涵義,是倒置的意思。從上文中得出的《筮法》中“數”是指“筮數”的思路來看,“□數”的説法也是符合的。

在《筮法》的解卦思路中,“六”“一”之外的筮數作爲非常見筮數,它們的出現往往具有特殊的指示作用。這里的“□數”應該就是指左上側的一個卦。卦例六左上側筮數從下到

---

① 在《筮法》一篇的原簡中,卦例四處於一節的邊緣位置,抄寫的版面非常緊湊。卦例四雖然僅僅衹有兩組四個八經卦,但相較於上下的卦例,已經是多占據了一簡的位置。因此卦例四也很有可能是出於版面布局的考慮,衹抄寫了“數出”的卦例,而没有抄寫“數入”的卦例,纔導致了卦下之辭與卦例的不相吻合。

② 李學勤:《初識清華簡》,上海:中西書局,2013,186-188 頁。

③ 郭永秉:《釋清華簡中倒山形的“覆”字》,清華大學出土文獻研究與保護中心編《清華簡研究》第 2 輯,上海:中西書局,2015,143 頁。

④ 李學勤主編,清華大學出土文獻研究與保護中心編:《清華大學藏戰國竹簡(肆)》,83 頁。

⑤ 趙平安:《再論所謂倒山形的字及其用法》,《深圳大學學報(人文社會科學版)》2014 年第 2 期。

⑥ 侯乃峰:《戰國文字中的“阜”》,《貴州師範大學學報》2017 年第 1 期。

⑦ 李學勤主編,清華大學出土文獻研究與保護中心編:《清華大學藏戰國竹簡(肆)》,83 頁。

上依次爲“九五四”，從下到上依次減小，如同倒覆。我們把這一組數列排列開來，就更清楚地看到，這組數字排列正像倒覆的器皿（圖 1）。該卦例筮數分布形態與“□”字的字形也是相合的，這也就是“□數”的涵義。[①] 由此，也可以再次佐證，《筮法》中的“數”指的就是“筮數”。

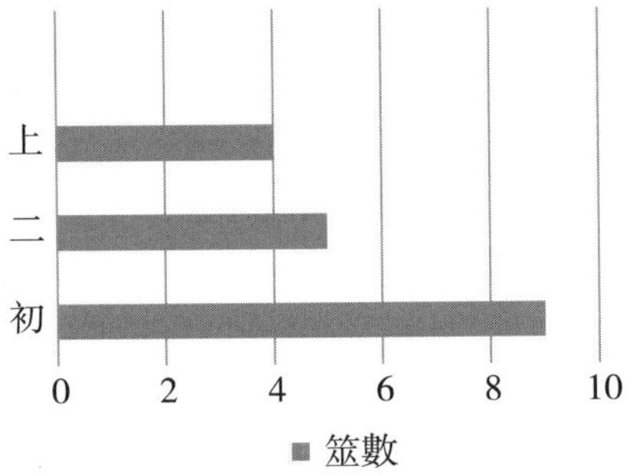

圖 1　卦例六中“□數”横條圖

資料來源：《清華大學藏戰國竹簡（肆）》

二　淺説《筮法》“女在䇲上”與卦之“貞”“悔”

關於卦之貞悔，學術界多以内卦爲貞，外卦爲悔。《説文解字》曰：“䇲，易卦之上體也。”[②]在一卦之中，内卦爲貞，外卦爲悔，這種説法在傳世文獻中早有提到。《左傳·僖公十五年》載：

> 秦伯伐晉，卜徒父筮之吉。涉河，侯車敗，詰之，對曰：“乃大吉也，三敗，必獲晉君，其卦遇《蠱》，曰：‘千乘三去，三去之餘，獲其雄狐。’夫狐蠱，必其君也。《蠱》之貞，風也；其悔，山也。歲云秋矣，我落其實而取其材，所以克也。實落材亡，不敗何待。”[③]

杜預注：“内卦爲貞，外卦爲悔。”[④]《蠱》卦，下爲巽，上爲艮，巽爲風，艮爲山，下風上山，風爲貞，山爲悔。《左傳》所載卜徒父解卦即是以内卦爲貞，外卦爲悔。

因爲先秦時期存在多種卜筮系統，卦的貞悔有更廣泛的涵義，應當區别對待，具體分析。在先秦古籍中，還有用貞和悔表示先後兩個六十四卦的例子，如《國語·晉語四》記載：

---

① 當然，“□數”，也可能是指卦例左側上下的兩個三爻卦，筮數從下而上依次是“六”“七”“七”“九”“五”“四”，也正像一個倒覆的器皿。從下而上依次是器口、器腹、器底。

② ［漢］許慎撰，［宋］徐鉉校訂：《説文解字》三篇下，北京：中華書局，2013，64 頁。

③ ［晉］杜預注，［唐］孔穎達疏：《春秋左傳正義》卷一四《僖公十五年》，［清］阮元校刻《十三經注疏》，北京：中華書局，2009，3919 頁。

④ ［晉］杜預注，［唐］孔穎達疏：《春秋左傳正義》卷一四《僖公十五年》，［清］阮元校刻《十三經注疏》，3919 頁。

> 公子(重耳)親筮之,曰:“尚有晉國。”得貞《屯》悔《豫》,皆八也。筮、史占之,皆曰:“不吉,閉而不通,爻無爲也。”司空季子曰:“吉,是在《周易》,皆利建侯。不有晉國,以輔王室,安能建侯?我命筮曰‘尚有晉國’,筮告我曰‘利建侯’,得國之務也,吉孰大焉!”[1]

韋昭注:“内曰貞,外曰悔。震下坎上,《屯》;坤下震上,《豫》。得此兩卦,震在《屯》爲貞,在《豫》爲悔。”[2]韋昭認爲震在《屯》卦爲貞,在《豫》卦爲悔,因此是“貞《屯》悔《豫》”。清代易學家李道平反駁韋昭的注説:“韋氏止知内卦爲貞,外卦爲悔;不知遇卦亦爲貞,之卦亦爲悔,今遇《屯》之《豫》,故曰貞《屯》、悔《豫》也。”[3]韋昭認爲,卦的貞和悔衹能是針對一個六十四卦(六爻卦)的上下卦而言,因此以“震在《屯》爲貞,在《豫》爲悔”注解《國語》的“貞《屯》悔《豫》”。李道平則認爲遇卦爲貞,之卦爲悔,不再局限於一個六十四卦之中。李道平的説法較有説服力,但仍然無法脱離用《周易》中本卦和之卦的思維來解釋“貞”和“悔”。

仔細分析,《國語》中記載的此卦例,先是卜筮得到“貞《屯》悔《豫》,皆八”的結果,筮、史占之,皆曰不吉,然後司空季子纔用《周易》解之。可見“貞《屯》悔《豫》,皆八”的卜筮結果并不是使用《周易》筮得的。貞《屯》䷂悔《豫》䷏,《屯》爲貞,《豫》爲悔,《屯》之六二、六三、上六不變,其餘三爻皆變,此爲三爻變之卦例。在《左傳》《國語》記載的卜筮卦例中,明確提到以《周易》卜筮的,皆爲一爻變,未有多爻變的。如《左傳》宣公六年《豐》䷶之《離》䷝、宣公十二年《師》䷆之《臨》䷒、襄公二十五年《困》䷮之《大過》䷛、襄公二十八年《復》䷗之《頤》䷚、昭公五年《明夷》䷣之《謙》䷎、昭公七年《屯》䷂之《比》䷇、昭公二十年《坤》䷁之《比》䷇、哀公九年《泰》䷊之《需》䷄。《左傳》《國語》中凡是明言用《周易》筮卦的,皆爲一爻變,[4]并且也不會有“皆八”的表達,由此也證明“貞《屯》悔《豫》”的卜筮結果和形式并不屬於《周易》系統。

清華簡《筮法》是不同於《周易》而有自己解説體系的筮書,《筮法》駢列前後兩組四個八經卦,兩組卦并非變卦關係,而衹是單純的駢列關係。在《筮法》一篇中提到“昪”,這爲我們的研究提供了新材料和新思路。《筮法》第七節《讎》(如卦例七):“凡讎,三男同女,女在昪上,妻夫相見,讎。”其所列卦例右上爲艮,右下爲乾,左上爲兑,左下爲震,艮、乾、震,皆爲男,

---

① 徐元誥集解:《國語集解》卷一〇《晉語四》,北京:中華書局,2002,340-341頁。

② 徐元誥集解:《國語集解》卷一〇《晉語四》,340-341頁。

③ [清]李道平:《周易集解纂疏》,北京:中華書局,1994,753頁。

④ 關於多爻變的卦例,《國語》中所載的一例“遇《乾》之《否》”三爻變的卜筮實例和《左傳》中所載的一例“《艮》之《隨》”五爻變的卜筮實例,要麼是完全不用《周易》卦爻辭解卦,要麼是先得到卦再用《周易》解釋。從文意中即可推知,其使用的筮法本不是《周易》系統的,衹是爲了闡釋需要,纔用《周易》來解釋的。

唯兑爲女，是“三男同女”之象，兑居左邊一組卦的上部，謂“女在𣏌上”。《筮法》整理者引《説文解字》“𣏌，易卦之上體也”來解釋，因爲兑卦在這兩組卦的上體，所以稱爲“女在𣏌上”。[①] 若按照“卦之上體謂𣏌”的解釋，則《筮法》中“女在𣏌上”，其實可以直接表達爲“女在上”或者“女在𣏌”，而不必稱“女在𣏌上”。按照《筮法》全篇的慣例，在兩組卦的上部都稱爲“在上”，在兩組卦的下部都稱爲“在下”，没有稱爲“在𣏌上”的。如《筮法》第一節《死生》（如卦例八）：“筮死妻者，相見在上，乃曰死。”所謂“相見在上”是指長男震和長女巽一男一女相見於的上部。又如《筮法》第十一節《雨旱》（如卦例九）：“金、木相見在上，陰；水火相見在下，風。”按照《筮法》一篇中的《卦位图》來講，兑在西方屬金，巽在東南屬木，“金、木相見在上”是指兑卦和巽卦在卦的上部；艮在東北屬水，坎在南方屬火，“水火相見在下”是指艮卦和坎卦在卦的下部。又如《筮法》第二十九節《爻象》：“凡爻，如大如小，作於上，外有吝；作於下，内有吝；上下皆作，邦有兵命、慶忌、風雨，日月有食。”[②]在觀察爻的出現位置時，也是衹提上下，不言貞悔。仔細分析，《筮法》第七節《雠》所言“女在𣏌上”是説兑卦居左邊一組卦之上部，“𣏌”是指左邊一組卦，“𣏌上”即左邊一組卦的上部。

在《筮法》中雖然衹出現了“𣏌”，而没有出現“貞”，但這裏的“𣏌”應該是與後來所言的“貞悔”中的“悔”是一回事。“𣏌”是左邊的一組卦，是後卜得的卦；“貞”是右邊一組卦，是先卜得的卦。《國語》所載“貞《屯》悔《豫》，皆八也”中作爲“貞”和“悔”的《屯》和《豫》也應當是兩個先後筮得的卦，或者先後筮得的兩組卦，而并非是李道平所言的遇卦與之卦的關係。

吕（凡）雠（售），參（三）男同女=（女，女）才（在）𠂤（𣏌）上，妻夫相見，雠（售）。[③]

（卦例七：第七節《雠》）

① 李學勤主編，清華大學出土文獻研究與保護中心編：《清華大學藏戰國竹簡（肆）》，89頁。

② 李學勤主編，清華大學出土文獻研究與保護中心編：《清華大學藏戰國竹簡（肆）》，120頁。釋文亦參考賈連翔《出土數字卦文獻輯釋》，250頁。

③ 李學勤主編，清華大學出土文獻研究與保護中心編：《清華大學藏戰國竹簡（肆）》，89頁。

箬(筮)死妻者,相見才(在)上,乃曰死。[1]

(卦例八:第一節《死生》)

金、木相見才(在)上,侌(陰);水火相見才(在)下,風。[2]

(卦例九:第十一節《雨旱》)

貞和悔的用法最開始就應該是應用在《筮法》一類駢列兩組卦的卜筮系統中的。貞,《説文解字》云:“卜問也。”[3]𠭃,《説文解字》云:“易卦之上體也,《商書》曰:‘曰貞曰𠭃’。”[4]鄭玄注云:“悔之言晦,晦猶終也。”[5]貞是問,𠭃是終,這種貞悔的組合,其實是在一問一答,其形式類似甲骨卜辭中的命辭與占辭。先秦時期卜與筮互相影響借鑒,這種駢列卦畫的形式或許就從龜卜中借鑒而來。《周易》作爲六十四卦的系統,上下六爻本作爲一個整體,本没有上下卦的區分。衹是受到三爻卦(八經卦)系統的影響,而融合了八經卦解卦的方法。作爲六爻卦的六十四卦也被分爲上下。而在卜筮過程中,先筮得下卦,再筮得上卦,貞悔之名也就自然地分屬下上二卦了。

三　淺説《筮法》的“左右”

清華簡《筮法》第二節《得》中有兩個卦例,提到“左”和“右”的問題。如下:

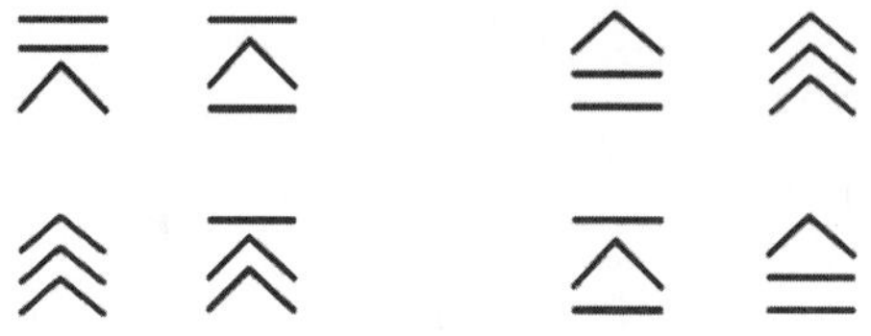

参(三)右(左)同右,乃导(得)。　　参(三)右同右(左),乃导(得)。[6]

(卦例十:第二節《得》)

① 李學勤主編,清華大學出土文獻研究與保護中心編:《清華大學藏戰國竹簡(肆)》,80 頁。
② 李學勤主編,清華大學出土文獻研究與保護中心編:《清華大學藏戰國竹簡(肆)》,94 頁。
③ [漢]許慎撰,[宋]徐鉉校訂:《説文解字》三篇下,64 頁。
④ [漢]許慎撰,[宋]徐鉉校訂:《説文解字》三篇下,64 頁。
⑤ [漢]孔安國傳,[唐]孔穎達疏:《尚書正義》卷一二《洪範》,[清]阮元校刻《十三經注疏》,405 頁。
⑥ 李學勤主編,清華大學出土文獻研究與保護中心編:《清華大學藏戰國竹簡(肆)》,81 頁。

整理者提到，依據《筮法》第二十四節《卦位圖》，於乾、離至巽、坎間作一隔綫（如圖2），則第一卦例離、艮、巽均在左，左下之坤在右，因此是“三左同右”；第二卦例中，坤、兑在右，離在左，因此是“三右同左”。[①] 其説甚是。但整理者對在乾、離到巽、坎中間畫一條隔綫來分隔左右的原理却没有解釋。爲何是從乾、離至巽、坎，而不是離、艮到坤、坎之間作一條間隔的直綫呢？整理者語焉不詳，也鮮有學者關注，這個問題遂擱置而得不到解釋。

圖2　卦位圖左右分别示意圖

筆者認爲這個問題與八卦、四行、四季、四方的配屬有關。在《筮法》的《卦位圖》中，四方、四色、四行是結合起來的：“東方也，木也，青色；南方也，火也，赤色也；西方也，金也，白色；北方也，水也，黑色也。”[②]但四方、四色、四行的對應又似乎與四正之卦是有所脱鈎的。或許是八卦與四行的數量不相等，并且正好是倍數關係，這樣就會導致每一行都對應兩個卦。而在這種對應關係中，離和艮是一個整體，震和巽是一個整體，坎和坤是一個整體，兑和乾是一個整體。也就是四正之卦與其順時針旋轉相鄰的卦對應相同的四行。對於這一點，《筮法》第十一節《雨旱》中有所體現：

金、木相見才（在）上，侌（陰）；水火相見才（在）下，風。[③]

（卦例十一：第十一節《雨旱》）

該卦例上邊是巽卦和兑卦，兑爲金，巽爲木。下邊是艮卦和坎卦，坎爲火，艮就是水。如果按照四正之卦和四行的嚴格對應，對應木的應該是震，對應水的應該是離，而這裏得到的結論是艮也對應水，巽也對應木。由此也就可以推知，《卦位圖》中四正之卦與其按順時針方

① 李學勤主編，清華大學出土文獻研究與保護中心編：《清華大學藏戰國竹簡（肆）》，82頁。
② 李學勤主編，清華大學出土文獻研究與保護中心編：《清華大學藏戰國竹簡（肆）》，111頁。
③ 李學勤主編，清華大學出土文獻研究與保護中心編：《清華大學藏戰國竹簡（肆）》，94頁。

向相鄰的下一卦對應相同的四行。很有可能，坎爲火，坤也應該對應火，兑卦對應金，乾卦也應該對應金。由此而言，離和艮、震和巽、坎和坤、兑和乾，四組相鄰的卦是成對的，其屬性是相同的。[①] 這也是不能從離、艮到坤、坎中間進行間隔分開左右的原因，因爲這樣分割就會把同一屬性的離和艮、坤和坎分到左右兩邊了。因此也衹有從乾、離至巽、坎間作一隔綫進行左右的分割了。

四 淺説《筮法》之《祟》與《周易》爻題

清華簡《筮法》中《祟》一篇，講如何利用八經卦中筮數出現的情況來判斷“祟”的具體所指，即災禍發生的具體對象。其中多利用低概率筮數“四”“五”“八”“九”來作爲判斷的主要標誌。[②] 重要的是，《祟》一篇能够反映出低概率筮數作爲特殊作用爻已經有向爻題演變的趨勢，這對我們研究《周易》爻題的性質和形成具有重要意義。丁四新先生已經敏鋭地注意到了這一點，他認爲《筮法》也已經具備了“經爻”（“本爻”或者“體爻”）和“用爻”（“占爻”或者“變爻”）的概念，并將《筮法》的六個筮數稱爲“六象”，其學術眼光非常敏鋭。但是其主要目的還是論證“六”“七”兩個筮數的符號化，并没有將《筮法》與《周易》進行深入對比研究。[③] 清華簡《筮法》中有“四”“五”“六”“七”“八”“九”六個筮數，因此《筮法》中分析各爻的情況相對《周易》更加複雜，但仔細分析《筮法》中《祟》一節，其中已經藴含着如同《周易》的爻題形式了，《祟》一節出現筮數情況所繫的吉凶判斷，其作用正與《周易》的爻辭相似，我們完全可以將《祟》中的記爻方式轉换成類似於《周易》的爻題形式，如表1。

雖然《祟》一節中還有諸多訓詁上的不同説法。但整體來看，通過這種轉寫，完全可以把《祟》一節轉寫爲《周易》爻題的形式。其中值得注意的是，乾祟有純、五、九三種情況，臾祟有純、四、八三種情況，三種情況都是三爻筮數都相同。在《筮法》中衹有乾祟、臾祟會出現這種情況，這與《周易》中的《乾》卦“用九”和《坤》卦“用六”性質是相同的，三爻（或者《周易》中的六爻）筮數完全相同，衹會出現在《乾》《坤》中。《周易》《乾》卦的“用九”性質相當於乾祟的“五”“九”，《筮法》《祟》乾祟中的“五”“九”即是“用五”“用九”的意思；[④]《周易》《坤》卦當中的“用六”性質相當於臾祟中的“四”“八”，《筮法》《祟》坤祟中的“四”“八”即是“用四”“用八”。《周易》爻題形式和《筮法》《祟》兩者性質相同，衹是形式有所差别。之所以會有這種差别，其原因有幾點：1、《筮法》有“四”“五”“六”“七”“八”“九”六個筮數，而《周易》

---

① 當然，乾坤二卦有可能具有特殊的安排，而不與四正之卦具有相同的屬性。

② 劉光勝：《從清華簡〈筮法〉看早期易學的演進》，《歷史研究》2015年第5期。

③ 丁四新：《從出土文獻論〈周易〉卦爻畫的性質和來源》，丁四新主編《楚地簡帛思想研究》第6輯，長沙：嶽麓書社，2015，28頁。

④ 《周易》“用九”“用六”，中“用”是“皆”“全”的意思，“用”之本字爲“通”，“通九”即是六爻筮數皆爲“九”，“通六”即是六爻筮數皆爲“六”。參見廖名春《〈周易〉經傳與易學史新論》，北京：中國人民大學出版社，2014，7頁。

衹有“六”“七”“八”“九”四個筮數;2、《筮法》系統陰陽爻是“六”“七”轉變而來,《周易》系統陰陽爻是“七”“八”轉變而來;3、《筮法》《祟》是利用三爻的八經卦,而《周易》是利用六爻的六十四别卦。但是這種差别是形式上的,兩者在原理上是一致的。另外,《筮法》之《祟》還有“純”,這種表述在《周易》中是没有的,“純”相當於《周易》《乾》卦六爻皆筮得“七”,《坤》卦六爻皆筮得“六”,其實也就是《文言》傳所説《乾》卦卦體“剛健中正,純粹精也”。之所以在《周易》中出現“用九”“用六”,在《筮法》乾祟中特别提到“純”“五”“九”,與祟中特别提到“純”“四”“八”,這絶不是偶然,因爲各爻都相同在卜筮中是具有特别兆示作用的,并且也衹能在《乾》《坤》中出現。

通過對比研究,我們認識到《周易》爻題中的“九”和“六”本來就是筮數,因爲“九”“六”出現概率低而具備了占卜吉凶的作用,《周易》中“九”“六”的爻題衹是爲了方便而采取的一種記録筮數的方式。① 而《祟》之所以没有采用《周易》爻題的方式,是因爲《筮法》《周易》兩者所屬的《易》學體系不同,并且《筮法》筮數較多、爻位較少,不便於采用較爲規範的爻題。

另外,我們還發現《祟》篇中的筮數形態與具體的祟之間有着緊密的聯繫,其中尤以筮數“四”爲明顯。在坤祟中提到“四乃縊者”,勞祟和離祟中也都提到“四,縊者”,巽祟中提到“四,非狂乃縊者”,都將“四”和“縊”聯繫起來,在《祟》一篇中,“縊”是指被縊死或者自縊死的人。而筮數“四”作“”,正是圓環繩索狀,也因此將“縊”和筮數“四”聯繫了起來。在《周易》中,爻辭也與筮數形態有緊密聯繫,譬如《乾》卦中,爻辭龍的取象就是來源於筮數“九”的。② 這説明筮數(或者是爻)的象與爻辭之間的確有緊密的聯繫。《筮法》之《祟》篇也確與《周易》具有參互研究的重要價值。

整體上來看,《筮法》中《祟》和《爻象》兩節以及《周易》都利用爻的作用來指示吉凶,《爻象》是將變爻聯繫到具體的物象,《祟》是將爻特定的組合聯繫到祟的特定情况,而《周易》則是將“爻”與“辭”聯繫在一起。它們在根本上都是相同的,都是以爻的變化作爲指示標杆。③ 因爲《筮法》采用三爻的八經卦,筮數多,爻位少,因此就發展出了複雜的爻象,還有强調八經卦中少數爻的決定作用;而《周易》采用六爻的六十四别卦,爻位多,筮數少,因此就没有過分地强調爻象,而充分利用了爻位的上下尊卑,并且繫爻以辭,這是《筮法》中《爻象》和《祟》皆不具備的,説明“辭”和“位”是《周易》系統一個重要的標誌。

---

① 在《左傳》中還有用某卦之某卦來記爻的方式,這也説明當時存在多種爻題記録的方式。

② 馬王堆帛書《衷》篇也提到:“九也者,六肴(爻)之大也。爲九之狀,浮首兆下,蛇身僂曲(曲),亓(其)爲龍類也。”見裘錫圭主編,湖南省博物館、復旦大學古文字與出土文獻研究中心編纂《長沙馬王堆漢墓簡帛集成(叁)》,北京:中華書局,2014,101 頁。

③ 爻是變爻的特指,而通常意義上我們往往把爻理解爲陰陽化的卦體。參見馬明宗《清華簡〈筮法〉與“爻”的本義——兼論〈周易〉的“象”與〈筮法〉的“屯”》,《出土文獻》2021 年第 2 期。

表 1 《筮法》之《祟》篇及其爻題形式轉寫表

	原文	轉寫
䡅(乾)祟	屯(純)、五,㝗(滅)宗。九乃山。肴(淆),乃父之不殜=(葬死)。莫屯(純)乃室中,乃父。	純(初七、七二、上七):㝗(滅)宗。 初五、五二、上五:㝗(滅)宗。 初九、九二、上九:乃山。 肴(淆):乃父之不殜=(葬死)。 莫屯(純):乃室中,乃父。
臾祟	門、行。屯(純)乃母。八乃㚢(奴)㠯(以)死,乃西祭。四乃𦯓(縊)者。	門、行。 純(初六、六二、上六):乃母。 初八、八二、上八:乃㚢(奴)㠯(以)死,乃西祭。 初四、四二、上四:𦯓(縊)者。
艮祟	隶(殔)。九乃祟(虡)。五乃㭿𢿡。	隶(殔)。 上九:乃祟(虡)。 上五:乃㭿𢿡。
兑祟	女子大面端𧆞(嚇)死、長女爲妾而死。	女子大面端𧆞(嚇)死、長女爲妾而死。
裳(勞)祟	風、長殤(殤)。五,伏鐱(劍)者。九,戊(牡)祟(虡)。四,𦯓(縊)者。弌(一)四弌(一)五,乃殆(辜)者。	風、長殤(殤)。 五二:伏鐱(劍)者。。 九二:戊(牡)祟(虡)。 初四:𦯓(縊)者。 上四:𦯓(縊)者。 初四、五二:乃殆(辜)者。 五二、上四:乃殆(辜)者。
羅(離)祟	竇(竈)、𠂆(溺)者。四,𦃇(縊)者。一四一五,長女殤(殤)。二五夾四,殆(辜)者。	竇(竈)、𠂆(溺)者。 四二,𦃇(縊)者。 初五、四二:長女殤。 四二、上五:長女殤。 初五、四二、上五:辜者。
䡈(震)祟	日出,東方。代(食)日,監天。昊(昃)日,天。莫日,雨市(師)。五,乃痓(狂)者。九,乃户。	日出,東方。代(食)日,監天。昊(昃)日,天。莫日,雨市(師)。初五:乃痓(狂)者。 初九:乃户。

續表

	原文	轉寫
巽祟	孛(字)殤(殤)。五、八乃晉(巫)。九,柆、兹子。四,非瘥(狂)乃緋(縊)者。	孛(字)殤(殤)。 五二:乃晉(巫)。 上五:乃晉(巫)。 初八:乃晉(巫)。 九二:柆、兹子 上九:柆、兹子。 初四:非瘥(狂)乃緋(縊)者。

資料來源:《清華大學藏戰國竹簡(肆)》《出土數字卦文獻輯釋》。①

附記　小文寫作過程中,得到導師曹錦炎先生的指導,也得到同門的建議。小文還承蒙賈連翔先生、鄔可晶先生、王挺斌先生的指正。賈連翔先生在提出一些具有啓發性的看法後,還惠賜大作《出土數字卦文獻輯釋》,使本人在寫作修改過程中得以參考。本文又承蒙匿名審稿專家提供中肯的意見,修正了不少内容。在此對師友們和專家們的幫助致以真摯的感謝!

① 李學勤主編,清華大學出土文獻研究與保護中心編:《清華大學藏戰國竹簡(肆)》,115 頁。釋文亦參考賈連翔《出土數字卦文獻輯釋》,244-245 頁。

清華簡《心是謂中》中的心説、知論與身命觀*

□ 清華大學出土文獻研究與保護中心
□ "古文字與中華文明傳承發展工程"協同攻關創新平臺

賈連翔

内容提要 清華簡《心是謂中》明確提出"心"對"四相""百體"具有統率作用,并將這種心與身的關係聯繫到君臣關係。"心"由統率"四相"而獲得察知能力,這又涉及中國古代"知論"問題。人由"心"獲得"知"之後,再由"心"去指導"身"的行動,進而形成了所謂"身命",這是"天命"觀在向世俗化發展過程中形成的對立概念,因此不可避免地帶有現實政治關懷的特點。同時《心是謂中》與《子産》同編爲一卷,《子産》中所論的政治主張,似可理解爲對《心是謂中》所表現出的政治關懷特徵的進一步闡釋。簡文不少内容可與《孟子》《五行》《管子》和《荀子》等相參看,可據之推測其思想形成早於荀子時代,更接近於孟子時代,成篇約在公元前四世紀初至中葉。

關鍵詞 心説 知論 身命 《心是謂中》 《子産》

清華簡《心是謂中》是一篇闡發思想的先秦佚書,原無篇題,此題係整理者摘簡文所擬。該篇簡長約 44.6 釐米,共有 7 支簡,内容基本完整,僅第 6 簡尾殘缺一字,可據文義補全。竹簡原無順序編號,但簡背有刻劃痕迹,且文義邏輯關係清楚,故在簡序編排上也無問題。[①] 文中明確指出了"心"的重要作用,涉及了"知論"的問題,并提出了與"天命"并列的"身命"的概念,爲先秦時期哲學思想研究提供十分珍貴的材料。整理者的釋文注釋已作了很好的基礎,簡文發表後又有不少學者對其進行了深入討論,本文試在已有研究的基礎上就篇中幾個

* 本文爲北京市社科基金重點項目"清華簡古文字資料庫建設與相關問題研究"(20YYA001)的階段性成果。

① 清華大學出土文獻研究與保護中心編,李學勤主編:《清華大學藏戰國竹簡(捌)》,上海:中西書局,2018,下册 148-152 頁。本文所引《心是謂中》釋文和整理者意見皆出於此,不再贅注。與原整理報告不同的意見,我們隨文説明。

哲學思想内容及本篇成書時間等進行探討,不當之處懇請大家批評指正。

一　《心是謂中》中的“心説”

簡文開篇申明要旨,其文曰:

> 心,中尻(處)身之中以君之,目、耳、口、綎(從)四者爲𩠞(相),①心是胃(謂)中。心所爲媺(美)亞(惡),复(復)何若倞(影),心所出少(小)大,因名若𩐫(響)。②[一]心欲見之,目古(故)𥄂(視)之;心欲䎽(聞)之,耳古(故)聖(聽)之;心欲道之,口古(故)言之;心欲用之,綎(從)古(故)與之。心情母(無)又(有)所至,百體[二]四𩠞(相)莫不䨓(逸)湰(沉)。

前九字整理者原句讀作“心,中。尻(處)身之中以君之”,③被很多學者所采信。我們認爲句中的“中處某之中”應連讀,這其實是一個强調性句式,類似的句子還見於清華簡《晉文公入于晉》簡4“以吾晉邦之間處仇讎之間”,④“間處某之間”與“中處某之中”是相似的結構。故而開篇出現的第一個“中”字是不能作引申理解的,它和第二個“中”字同屬位置詞,第三個“中”字纔可作引申理解,其含義可參看《史記·樂書》“情動於中,故形於聲”,《正義》:“中猶心也。”⑤首句尤其强調了“心”的中央地位。

簡文此段不僅説明了“心”對“四相”“百體”具有統治作用,在其後的“心欲見之,目故視之;心欲聞之,耳故聽之;心欲道之,口故言之;心欲用之,從故與之”這段中,也明確顯現出了“心”是人體的“思維器官”。

先秦思想作品中有關“心”的論述并不很多,⑥比較早的内容可舉儒家的曾子在《大學》中所言:“心不在焉,視而不見,聽而不聞,食而不知其味。”⑦而對“心”進行專論的内容,則可追溯至《孟子》,如《孟子·告子》云:“耳目之官不思,而蔽於物。物交物,則引之而已矣。心之官則思,思則得之,不思則不得也。”⑧孟子認爲心與耳、目等都屬器官,衹是職任不同,耳、

---

① 綎,原讀爲“肢”,今改讀爲“從”,義指肢體。目、耳、口在清華簡《厽不韋》中又被稱爲“三末”。

② 倞,原讀爲“諒”,今從陳偉先生的意見改讀,參看其著《〈心是謂中〉“心君”章初步研讀》,簡帛網,2018年11月17日。

③ 參見沈建華《初讀清華簡〈心是謂中〉》,清華大學出土文獻研究與保護中心編《出土文獻》第13輯,上海:中西書局,2018,136-141頁。

④ 清華大學出土文獻研究與保護中心編,李學勤主編:《清華大學藏戰國竹簡(柒)》,上海:中西書局,2017,下册101頁。

⑤ 《史記》卷二四《樂書》,北京:中華書局,1959,1181-1182頁。

⑥ 張岱年先生曾對“心之諸説”作過總結,參見其著《中國哲學大綱》,南京:江蘇教育出版社,2005,225-239頁。

⑦ [漢]鄭玄注,[唐]孔穎達等正義:《禮記正義》卷六〇《大學》,[清]阮元校刻《十三經注疏》,北京:中華書局,2009,3634頁。

⑧ [漢]趙岐注,[宋]孫奭疏:《孟子注疏》卷一一《告子上》,[清]阮元校刻《十三經注疏》,北京:中華書局,2009,5990頁。

目等器官不能思，心則是能思之官，這是天所給與的。而感官、肢體的行爲，在孟子看來屬於天性，并未將其與"心"的作用關聯起來，如《盡心》篇稱："口之於味也，目之於色也，耳之於聲也，鼻之於臭也，四肢之于安佚也，性也。有命焉，君子不謂性也。"①在《告子》中，孟子又曾引孔子語以論述心的特點，稱："孔子曰：'操則存，舍則亡。出入無時，莫知其鄉。'惟心之謂與？"②這如同説，心思則存，不思則亡。總的看來，《孟子》中的"心説"尚未道破心的統率作用。

明確提出"心"是感官統率的内容見於郭店簡和馬王堆帛書的《五行》篇，如郭店簡《五行》曰："耳、目、鼻、口、手、足六者，心之所役也。心曰唯，莫敢不唯；心曰諾，莫敢不諾；心曰進，莫敢不進；心曰退，莫敢不退；心曰深，莫敢不深；心曰淺，莫敢不淺。"③馬王堆帛書《五行》還有針對這段内容的説解。學者普遍認爲《五行》屬思孟學派的作品，甚至被認爲是"子思唱之，孟軻和之"，④可見孟子是可以接觸到這種思想的，衹是并没有被吸納入《孟子》中。

相比而言，與《心是謂中》最爲近似的"心説"見於《管子》。⑤《管子·心術上》云："心之在體，君之位也。九竅之有職，官之分也。心處其道，九竅循理。嗜欲充益，目不見色，耳不聞聲。"⑥清華簡《管仲》亦有類似的論述，心所統率的範圍既包括感官，也包括肢體，與《心是謂中》是極爲接近的。其文曰："從人之道，趾則心之本，手則心之枝，目、耳則心之末，口則心之竅。趾不正則心卓，心不靜則手躁。心無圖則目、耳逸，心圖無守則言不道。"⑦這裏反映出的"心説"，既有心對感官、肢體的主導作用，又有感官、肢體對心的反作用。

荀子在很大程度上承襲了《管子》這種對"心"的認識。如《荀子·天論》稱："耳目鼻口形能，各有接而不相能也，夫是之謂天官；心居中虚以治五官，夫是之謂天君。"⑧《解蔽》篇言："心者，形之君也，而神明之主也，出令而無所受令。自禁也，自使也，自奪也，自取也，自行也，自止也。"⑨這是對"心"的主宰作用做了進一步的闡發。荀子認爲"心"還可以控制情欲，如《正名》篇曰："欲不待可得，而求者從所可。欲不待可得，所受乎天也；求者從所可，受

① ［漢］趙岐注，［宋］孫奭疏：《孟子注疏》卷一四《盡心下》，［清］阮元校刻《十三經注疏》，6039 頁。
② ［漢］趙岐注，［宋］孫奭疏：《孟子注疏》卷一一《告子上》，［清］阮元校刻《十三經注疏》，5986 頁。
③ 荆門市博物館：《郭店楚墓竹簡》，北京：中華書局，1998，151 頁。
④ 参看陳來《竹簡〈五行〉篇與子思思想研究》，杜維明主編《思想·文獻·歷史：思孟學派新探》，北京大學出版社，2008，39 頁。
⑤ 簡文發表後許多學者對此都有共識，參見曹峰《清華簡〈心是謂中〉的心論與命論》，《中國哲學史》2019 年第 3 期；陳民鎮《清華簡〈心是謂中〉首章心論的内涵與性質》，《中國哲學史》2019 年第 3 期；朱君傑《從清華簡〈心是謂中〉看戰國儒家心性觀的演變》，《廣西社會科學》2019 年第 6 期；郭倩《清華簡〈心是謂中〉與諸子文獻之比較研究》，《史學理論與史學史學刊》2019 年第 2 期。
⑥ 黎翔鳳撰，梁運華整理：《管子校注》卷一三《心術上》，北京：中華書局，2004，759 頁。
⑦ 清華大學出土文獻研究與保護中心編，李學勤主編：《清華大學藏戰國竹簡（陸）》，上海：中西書局，2016，下册 111 頁。釋文按我們的理解略作調整。
⑧ ［清］王先謙撰，沈嘯寰、王星賢點校：《荀子集解》卷一一《天論》，北京：中華書局，1988，309 頁。
⑨ ［清］王先謙撰，沈嘯寰、王星賢點校：《荀子集解》卷一五《解蔽》，397－398 頁。

乎心也。”[①]又《勸學》篇:“使目非是無欲見也,使耳非是無欲聞也,使口非是無欲言也,使心非是無欲慮也。及至其致好之也,目好之五色,耳好之五聲,口好之五味,心利之有天下。”[②]這是“心説”的又一發展。

心的這種統率性徵,很自然地讓人聯想到君與臣民的關係。簡文以“心”比擬“君”,以“四相”“百體”比擬“臣民”,二者不僅是單純的統治與輔佐的關係,而且暗含了雙方之間的同氣連枝。《孟子·離婁下》已有“君之視臣如手足,則臣視君如腹心”語,[③]《管子·内業》亦稱:“何謂解之? 在於心安。我心治,官乃治;我心安,官乃安。”[④]都是以君、臣比諭心、身的關係。

二 《心是謂中》中所反映的“知論”

張岱年先生曾提出,中國哲學中所謂認知、知覺及知識等有關“知”的理論可直名爲“知論”,知論的最基本問題是知的性質與來源問題。[⑤]《心是謂中》稱:

> 人之又(有)爲而不智(知)亓(其)崒(卒),不唯思(謀)而不尾(度)虐(乎)? 女(如)思(謀)而不尾(度),則亡(無)以[三]智(知)耑=長=(短長,短長)弗智(知),忘(妄)复(作)奥(横)皐(豎),而又(有)成攻(功),名之曰幸=(幸。幸),天;智(知)事之崒(卒),心。

“心”由統率“四相”而獲得了察而知之的能力,簡文中雖未對此作具體的論述,但指出:“知事之卒,心”,實際上已經解答了知的來源問題。

這段話中“謀而不度”“短長弗知”“妄作横觸”的含義,單從簡文出發不容易深刻理解,我們認爲可以與《孟子》相參看。《孟子·離婁上》稱:“離婁之明,公輸子之巧,不以規矩,不能成方員。師曠之聰,不以六律,不能正五音。堯舜之道,不以仁政,不能平治天下。今有仁心仁聞而民不被其澤,不可法於後世者,不行先王之道也。故曰徒善不足以爲政,徒法不能以自行。《詩》云:‘不愆不忘,率由舊章。’遵先王之法而過者,未之有也。聖人既竭目力焉,繼之以規矩準繩,以爲方員平直,不可勝用也。既竭耳力焉,繼之以六律正五音,不可勝用也。既竭心思焉,繼之以不忍人之政而仁覆天下矣……上無道揆也,下無法守也。朝不通

① [清]王先謙撰,沈嘯寰、王星賢點校:《荀子集解》卷一六《正名》,427頁。
② [清]王先謙撰,沈嘯寰、王星賢點校:《荀子集解》卷一《勸學》,19頁。
③ [漢]趙岐注,[宋]孫奭疏:《孟子注疏》卷八《離婁下》,[清]阮元校刻《十三經注疏》,5928頁。
④ 黎翔鳳撰,梁運華整理:《管子校注》卷一六《内業》,938頁。
⑤ 參見張岱年《中國哲學大綱》,447-448頁。

道,工不信度,君子犯義,小人犯刑,國之所存者,幸也。”①在孟子看來,聖人竭耳目之力而制定的規矩、六律、舊章等,就是所謂的“度”,它們是歷史經驗,也是“知”的一種。

《心是謂中》中所稱的“知事之卒”,亦可與《管子》中所謂“知道”相對比。《管子·内業》:“夫道者,所以充形也,而人不能固。其往不復,其來不舍。謀乎莫聞其音,卒乎乃在於心。冥冥乎不見其形,淫淫乎與我俱生。不見其形,不聞其聲,而序其成,謂之道。”②對於這種“不見其形”“不聞其聲”的“道”,《心是謂中》中説要“寧心謀之,稽之,度之,監之”。

荀子對“知”的問題也十分關注。如《荀子·解蔽》:“人何以知道? 曰:心。”③該篇後文又曰:“凡以知,人之性也;可以知,物之理也。”④在荀子看來,“知”是由五官接受的印象,再由心進行辨察。如《正名》篇言:“心有徵知。徵知則緣耳而知聲可也,緣目而知形可也。然而徵知必將待天官之當簿其類然後可也。五官簿之而不知,心徵之而無説,則人莫不然謂之不知,此所緣而以同異也。”⑤這種思想亦在簡文中可見端倪,簡文稱:

> 䎽(問)係(訊)見(視)聖(聽),才(在)善之麐(攈),心女(焉)爲之。

相比較而言,我們認爲《心是謂中》對“知”的認識與《孟子》《管子》更加接近,荀子又對其有進一步的闡發。

三 《心是謂中》中的“身命”與“天命”

人由“心”獲得“知”之後,再由“心”去指導“身”的行動,這樣就會形成一種“命”,《心是謂中》中稱之爲“身命”,這是一個非常重要的概念。“身命”一詞雖未見於傳世文獻,但其涵義在先秦時期并不陌生,簡文將它與“天命”并舉,則其所指更加明顯。

衆所周知“天命”觀念起源是很早的,《尚書·湯誓》即稱:“有夏多罪,天命殛之。”⑥至商末文武撻殷,膺受大命,正是借助於“天命”的更改作爲政治統治的思想基礎,因此西周時期的“天命”觀是很發達的。至春秋晚期,孔子對“天命”觀又有發展,最著名的是《論語·爲政》稱:“五十而知天命。”⑦其特點是“天命”不再是執國柄者的專屬,“天命”觀開始向世俗化方向發展。例如將“天命”與“人”并舉,見於《季氏》:“君子有三畏:畏天命,畏大人,畏聖

---

① [漢]趙岐注,[宋]孫奭疏:《孟子注疏》卷七《離婁上》,[清]阮元校刻《十三經注疏》,5909 頁。
② 黎翔鳳撰,梁運華整理:《管子校注》卷一六《内業》,932 頁。
③ [清]王先謙撰,沈嘯寰、王星賢點校:《荀子集解》卷一五《解蔽》,395 頁。
④ [清]王先謙撰,沈嘯寰、王星賢點校:《荀子集解》卷一五《解蔽》,406 頁。
⑤ [清]王先謙撰,沈嘯寰、王星賢點校:《荀子集解》卷一六《正名》,417-418 頁。
⑥ [漢]孔安國傳,[唐]孔穎達等正義:《尚書正義》卷八《湯誓》,[清]阮元校刻《十三經注疏》,338 頁。
⑦ [魏]何晏注,[宋]邢昺疏:《論語注疏》卷二《爲政》,[清]阮元校刻《十三經注疏》,5346 頁。

人之言。"[①]也有將"命"與"天"切割開來單獨稱言的時候,其實也是指"天命",如《堯曰》:"不知命,無以爲君子也。"[②]這種"天命"觀所針對對象的下移,可以説爲"身命"概念的萌生埋下了種子。

孔子之後,孟子也講"命",如《孟子·萬章》:"莫之爲而爲者,天也。莫之致而至者,命也。"[③]孟子所言之"命"已經與《心是謂中》有很多相合之處了。如《盡心》篇稱:"盡其心者,知其性也。知其性,則知天矣。存其心,養其性,所以事天也。殀壽不貳,脩身以俟之,所以立命也。"[④]修身所立之命,難道不正是《心是謂中》所稱的"身命"嗎?《盡心》緊接又説:"莫非命也,順受其正。是故知命者,不立乎巖牆之下。盡其道而死者,正命也。桎梏死者,非正命也。"[⑤]參照《心是謂中》所言"心氒(厥)爲死,心氒(厥)爲生,死生才(在)天,其亦逵(失)才(在)心"句,我們就可以理解後者的"死"和"生",正是脱胎於前者的"非命"和"正命"。

到了荀子的時候,關於"命"的論述更加清晰了,人之"命"與天之"命"是截然兩分的,這些觀點集中體現在《荀子·天論》中。《天論》曰:"天行有常,不爲堯存,不爲桀亡。應之以治則吉,應之以亂則凶。彊本而節用,則天不能貧,養備而動時,則天不能病;循道而不貣,則天不能禍……故明於天人之分,則可謂至人矣。"[⑥]在人與天對立的同時,荀子强調的是人的行爲,《天論》:"大天而思之,孰與物畜而制之?從天而頌之,孰與制天命而用之?望時而待之,孰與應時而使之?因物而多之,孰與騁能而化之?思物而物之,孰與理物而勿失之也?願於物之所以生,孰與有物之所以成?故錯人而思天,則失萬物之情。"[⑦]荀子認爲人的行爲又取決於"心"的作用,這在前面一節已經講到了。荀子所謂"天人之分",正對應《心是謂中》所謂的"天命"與"身命"。此外《心是謂中》稱:"亓(其)母(毋)蜀(獨)忻保豪(家)㱥(没)身於畏(鬼)與天,亓(其)亦忻者(諸)[心]與身",强調的是二者同等重要的關係,這與荀子所偏倚人爲的特點是有所不同的。

《心是謂中》由"心"到"知"再到提出"身命"概念的這一系列論説,表面上與"天命"觀相對立,實質上却是"天命"觀向世俗化發展的産物。由於"天命"觀本就與君權緊密結合,故而《心是謂中》的論説仍以"爲君者其監於此,以君民人"爲目的。有學者已指出其并不具備倫理指向,而是有强烈的現實政治關懷,因此可能也影響了後世突出君權的黄老道家與法家,[⑧]這是非常有見地的。

---

① [魏]何晏注,[宋]邢昺疏:《論語注疏》卷一六《季氏》,[清]阮元校刻《十三經注疏》,5479 頁。
② [魏]何晏注,[宋]邢昺疏:《論語注疏》卷二〇《堯曰》,[清]阮元校刻《十三經注疏》,5510 頁。
③ [漢]趙岐注,[宋]孫奭疏:《孟子注疏》卷九《萬章上》,[清]阮元校刻《十三經注疏》,5955 頁。
④ [漢]趙岐注,[宋]孫奭疏:《孟子注疏》卷一三《盡心上》,[清]阮元校刻《十三經注疏》,6014 頁。
⑤ [漢]趙岐注,[宋]孫奭疏:《孟子注疏》卷一三《盡心上》,[清]阮元校刻《十三經注疏》,6015 頁。
⑥ [清]王先謙撰,沈嘯寰、王星賢點校:《荀子集解》卷一一《天論》,306-307 頁。"循"原作"修",今從王念孫改。
⑦ [清]王先謙撰,沈嘯寰、王星賢點校:《荀子集解》卷一一《天論》,第 317 頁。
⑧ 參見曹峰《清華簡〈心是謂中〉的心論與命論》。

值得注意的是,已有研究指出《心是謂中》與清華簡整理報告第八輯刊布的《子産》很可能原編連爲一卷,且抄於《子産》之後。[①]《子産》是一篇政論,開篇即言"昔之聖君取處於身",[②]隨後從"聖君"應該怎樣以利民自勉,取得民衆信任擁護講起,對爲君之道進行論述,進而得出"存亡在君"的論斷。這種君與民關係,與前面論述的心與身的關係,顯然是密切相關的。《子産》篇末又言:"惟能知其身,以能知其所生,知其所生,以先謀人,先謀人以復於身,身、室、邦國、諸侯、天地,固用不悖,以能成卒。"[③]"以復於身"與"身命","以能成卒"與"知事之卒"亦皆有呼應。

執國柄者也有其"所生"之"天命"和"先謀人"之"身命"。就子産而言,其"天命"自然是輔助君主修邦享國,而其"身命"則是通過"寧心謀之,稽之,度之,監之"而制定的"三邦之令"和"三邦之刑""鄭令"和"野令""鄭刑"和"野刑",來進一步維護國君的統治,以成功告終。古書的集結編撰總是能從一定程度上反映編者的思想認識,《心是謂中》與《子産》的"異篇同卷"現象提示我們,《子産》中所論的這些政治主張,很可能是對《心是謂中》所表現的政治關懷的具體闡釋,至少這體現了戰國時人的一種理解。

餘論

通過以上對《心是謂中》中"心"的性徵、"知論"及"身命"的討論不難看出,簡文内容既有很濃厚的儒家思想的背景,又與《管子》多有相合之處,甚至與《子産》同卷編連。如果單以儒家思想中相關内容的發展作爲標尺,簡文的部分内容在《孟子》中僅見部分端倪,而在《荀子》中已有了更進一步的發展,故其成篇應早於荀子時代,更接近於孟子時代。《管子》一書形成較爲複雜,不是一時一人之作早有定論,而與本篇内容相關的《内業》《心術》等篇,或認爲是宋鈃、尹文的遺著,[④]或認爲是田駢、慎到之作,[⑤]或統言其爲"稷下道家""齊國黄老派的著作",[⑥]雖然在學派歸屬上大家意見不同,但對於其内容有融合道、儒、法的傾向却是共識,這也正反映了此一時期,諸子學説之間的相互影響。因此,單就《心是謂中》一篇佚書而

---

① 參見肖芸曉《"篇"與"卷":從〈子産〉與〈心是謂中〉的關係談起》,北京大學第三届國際古典學會議論文,2019年11月23-24日。

② 清華大學出土文獻研究與保護中心編,李學勤主編:《清華大學藏戰國竹簡(陸)》,下册137頁。

③ 清華大學出土文獻研究與保護中心編,李學勤主編:《清華大學藏戰國竹簡(陸)》,下册138頁。

④ 參見劉節《管子中所見之宋鈃一派學説》,《古史考存》,北京:人民出版社,1958,238-258頁;郭沫若《宋鈃尹文遺著考》,《郭沫若全集·歷史編》,北京:人民出版社,第1卷,1982,547-572頁;李學勤《〈管子·心術〉等篇的再考察》,《管子學刊》1991年第1期;林志鵬《宋鈃學派遺著考論》,臺北:萬卷樓,2009,252-266、283-296頁。

⑤ 參見蒙文通《儒家哲學思想之發展》《楊朱學派考》,收入其著《先秦諸子與理學》,桂林:廣西師範大學出版社,2006,51、166-123頁;吴光《黄老之學通論》,杭州:浙江人民出版社,1985,99頁。

⑥ 參見裘錫圭《稷下道家精氣説的研究》,《裘錫圭學術文集》第5卷《古代歷史、思想、民俗卷》,上海:復旦大學出版社,2015,286-307頁;朱伯崑《再論〈管子〉四篇》,《朱伯崑論著》,瀋陽出版社,1998,435-437頁。

言,不宜率爾地做學派的劃分。而關於本篇的成書時間,我們知道清華簡無字樣品的碳 14 鑒定年代爲公元前 330±30 年,[①]應視作簡文抄寫時代的下限。根據錢穆《先秦諸子系年》,[②]以上相關人物活動時間可列爲表 1。

表 1 《心是謂中》相關諸子活動時間表

人物	時間
孟軻	公元前 390 年—公元前 305 年
宋鈃	公元前 360 年—公元前 290 年
慎到	公元前 350 年—公元前 275 年
田駢	公元前 350 年—公元前 275 年
尹文	公元前 350 年—公元前 285 年
荀況	公元前 340 年—公元前 245 年

由此可推《心是謂中》的成篇約在公元前四世紀初至中葉。

① 清華大學出土文獻研究與保護中心編、李學勤主編:《清華大學藏戰國竹簡(壹)》,上海:中西書局,2010,前言 3 頁。
② 參見錢穆《錢穆先生全集》,北京:九州出版社,2011,633-636 頁。

清華簡《邦家處位》"度政"内涵及歷史背景探論*

□ 貴州師範大學歷史與政治學院 劉子珍

内容提要 清華簡《邦家處位》篇文辭曲奥,經析解訓釋,主旨大致可明。該篇所見"度政"注重以鄉貢得賢人能臣,既可避免推舉失察之弊,又可明尚賢之旨,宣教明德,具有濃厚的儒家色彩。但《邦家處位》所言鄉貢之制在戰國漸已鬆弛,當時推舉重功尚利,不再推崇尊老孝悌的自然秩序。在此背景下,《邦家處位》欲借既有鄉貢舊制以補推舉失度之時弊。在此後的歷史中,鄉貢并未消亡,而是與國家權力秩序相融合,以新的形式發揮其獨特價值。

關鍵詞 《邦家處位》 度政 鄉貢 推舉

清華簡《邦家處位》篇文辭曲奥,頗爲難解。迭經時賢精研,簡文大意已基本可明。該篇圍繞"度政",不僅强調選賢用能必要性,而且還闡述推舉的原則與方法。本文擬在疏解簡文基礎上,就該篇"度政"内涵及其背景試作探討,以求教方家。

一 清華簡《邦家處位》所見"度政"内涵解析

清華簡《邦家處位》"度"字出現十次,其重要性可見一斑。該篇圍繞"度政"展開,大致可分三部分:首章開篇總括"度"與邦家社稷關係,强調"度"的重要性;次章闡述"不度政"致使佞人當道,賢人不用,弊政叢生;末章則提出度政之法,用人之道。現基於時賢釋讀意見,析解相關簡文,探討"度政"具體内涵。

* 本文爲國家社會科學基金重大項目"清華簡與儒家經典的形成發展研究"(16ZDA114)階段性成果。

簡文首章開宗明義，提出“邦家處位，傾昃其天命，抑君臣必果以度”（簡1）。[1] 傾昃，整理者訓爲傾斜、不正。[2] 網友“子居”認爲“傾昃”即“反側”，“傾”有“覆”義，而“覆”即“反”也。[3] 按，兩説均可從。傾昃，義同反覆。《荀子·議兵》“若飛鳥然，傾側反覆無日”。[4] 傾側反覆，或可簡稱爲“傾覆”，古書習見。“傾昃其天命”言天命傾斜摇擺，無常難測，點明君臣得度事關邦家社稷存亡，“度政”重要性不言而喻。

該章繼而詳述“度政”下的兩種君臣關係，即“度，君警臣，臣逜迮君。君唯聾狂，使臣欲迷。政事逆美，寵福逆惡”（簡1）。警，整理者據《説文》“速”字古文，訓爲召。但亦有論者讀爲“數”。[5] 按，整理者説有理。該字又見安大簡《詩經·行露》“雖警我［獄］”（簡29）。[6] 警，今本作“速”，當爲“召速”之“速”本字。[7] “君警臣”意爲君主招致臣子。

至於“逜”，整理者疑爲“適”字異體，訓爲“之”。陳民鎮亦讀爲“適”，但訓作順從。[8] “”字楚簡多見，隸定爲“逜”。現在學者多認爲該字上部所從非“帝”之省形，與“適”字形不合。[9] “逜”在清華簡已五見，其他四例爲清華一《保訓》“朕疾逜甚，恐不汝及訓”（簡2-3）；[10]清華六《子儀》“鳥飛兮逜永，余何矰以就之”（簡8），“嬴氏多絲緍而不續，給織不能官尻，占夢逜永不休”（簡13-14）；[11]清華十《四告》“望鴟逜亟此獲”（簡48）。[12] “逜”雖有諸多文例，但該字訓讀仍甚爲難解。有學者已注意到，新蔡簡有“瘳速瘥”（零:189，零300），又作“速瘳速瘥”（甲三:22、59）。比勘辭例，“”可表示與“速”義同或相近之詞。[13] “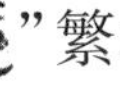”繁增宀旁，爲“逜”字異體，“逜”當有“速”之意。如此，“臣逜迮君”可與前文“君諫臣”相呼應。

再看“迮”，整理者疑爲“逆”字訛書。又或從辵毛聲，讀爲“覒”；陳民鎮、劉信芳傾向

---

① 李學勤主編：《清華大學藏戰國竹簡（捌）》，上海：中西書局，2018，下册128頁。《邦家處位》篇釋文見下册128-129頁。下文引此篇不出注者并同。另外，本文引用簡文徑用寬式，僅對需討論文字保留隸定字形。

② 李學勤主編：《清華大學藏戰國竹簡（捌）》，下册129頁。《邦家處位》篇注釋見下册129-134頁。下文引此篇不出注者并同。

③ 子居（網名）：《清華簡八〈邦家處位〉解析》，先秦史論壇，2019年3月20日。

④ ［清］王先謙撰，沈嘯寰、王星賢點校：《荀子集解》卷一〇《議兵》，北京：中華書局，1988，271頁。

⑤ 參見《清華八〈邦家處位〉初讀》，簡帛網“簡帛論壇”，2018年11月29日，26樓，哇那發言；《清華八〈邦家處位〉初讀》，簡帛網“簡帛論壇”，2018年12月3日，35樓，陳民鎮發言；子居（網名）《清華簡八〈邦家處位〉解析》。

⑥ 黄德寬、徐在國主編：《安徽大學藏戰國竹簡（一）》，上海：中西書局，2019，88頁。

⑦ 參見吴國昇《讀〈安徽大學藏戰國竹簡（一）〉札記》，《漢字漢語研究》2020年第1期；周翔、邵鄭先《安大簡〈詩經〉專字叢考》，《漢字漢語研究》2020年第1期。

⑧ 陳民鎮：《清華簡（捌）讀札》，清華大學出土文獻研究與保護中心網站，2018年11月17日。

⑨ 參見陳劍《釋“琮”及相關諸字》，收入其著《甲骨金文考釋論集》，北京：綫裝書局，2007，273-278頁；曾憲通、陳偉武主編《出土戰國文獻字詞集釋》，北京：中華書局，2018，第2册上，769-778頁。

⑩ 李學勤主編：《清華大學藏戰國竹簡（壹）》，上海：中西書局，2010，下册143頁。

⑪ 李學勤主編：《清華大學藏戰國竹簡（陸）》，上海：中西書局，2016，下册128頁。

⑫ 黄德寬主編：《清華大學藏戰國竹簡（拾）》，上海：中西書局，2020，下册123頁。

⑬ 曾憲通、陳偉武主編：《出土戰國文獻字詞集釋》，第2册上，771-778頁。

“逆”訛書説，分别訓爲“迎”和“奏事上書”。[1] 按，整理者前説當是，“𨑓”亦見曾侯乙墓簡13、郭店殘簡9。其中，郭店殘簡“□性，有送性□”，[2]送爲“逆”錯訛。逆，迎也。前文提到君主招致臣子，臣子則應迅速迎君事主。

顯然，若得“度”，則君臣相合，上下同心。反之，若不得度，則君主昏瞶失察，臣子欲念迷亂，懈怠政事。這與清華九《治政之道》“上愚則下失執，失執則惟古，惟古則生智。衆多智則反稟政。政之不道則上失位，其失則弗可興”（簡11）内涵一致。[3] 然而，“度政”關鍵在用人是否得當。《邦家處位》次章即闡述用人不度情形，簡1–3曰：

> 舉介執事，使是謀人，人用唯遇利，御必中其服。如前處既若無察，唯浚良人能造御柔，使人用倚典政，還内它政，斁政橲政。子立代父，自蓂於後事，階啻丈，罪逹辭，反皃稱僞，炕政眩邦，倦厭政事，均踦政主，君乃無從規下之蟲□。

簡文評述“舉介執事”與“子立代父”兩種用人方式，分别爲推舉制與世襲制。論者多以爲此乃正反對舉，其實并不盡然。筆者認爲，簡文作者對兩種方式均持審慎態度。先看“舉介執事”。當時推舉重功尚利，然而這并非善政良法。推舉制唯有良人在位，方可“能造御柔”。“造”，整理者訓爲“就”，此説可從，義爲成功。《論衡・超奇》“非徒博覽者所能造，習熟者所能爲也”。[4] 御，整理者訓爲“治”，可從。清華八《治邦之道》“毆亂政是御之”（簡7）。[5] 柔，整理者訓作“安”。清華三《芮良夫毖》“繩斷既正而五相柔比”（簡20）。[6]

然而，若在位者昏瞶無察，則會導致推舉失度，弊政滋生，簡文即提到“還内它政斁政橲政”。還内，整理者將“内”讀爲“入”；陳民鎮認爲“還”可讀作“旋”，表示隨即。“内”當讀作“納”。[7] 按，二字頗難索解，疑“還”當如字讀，訓爲反。《韓非子・喻老》“居十日，扁鵲望桓侯而還走”，王先慎曰“還走，反走也”。[8] “内”可讀作“納”。還内，即反納，意爲反過來則會取得。它政斁政橲政，整理者上接“還内”，讀爲“還内弛政，弊政更正”。陳民鎮認爲三者并舉，均非善政，與中正之典政相對，“它”或讀作“施”或“迆”，訓邪曲。“斁政”讀爲“弊政”，指壞政。“橲政”讀爲“猛政”。[9] 按，陳説近是。三“政”并舉，清華六《子産》有類似文例，

① 參見陳民鎮《清華簡（捌）讀札》；劉信芳《清華藏八〈邦家處位〉章句（一）》，簡帛網，2018年11月23日。

② 武漢大學簡帛研究中心、荆門市博物館編著：《楚地出土戰國簡册合集》第1卷《郭店楚墓竹簡》，北京：文物出版社，2011，174頁。

③ 黄德寬主編：《清華大學藏戰國竹簡（玖）》，上海：中西書局，2019，下册127頁。

④ ［漢］王充著，黄暉撰：《論衡校釋》卷一三《超奇篇》，北京：中華書局，1990，612頁。

⑤ 李學勤主編：《清華大學藏戰國竹簡（捌）》，下册136頁。

⑥ 李學勤主編：《清華大學藏戰國竹簡（叁）》，上海：中西書局，2012，下册146頁。

⑦ 陳民鎮：《清華簡（捌）讀札》。

⑧ ［清］王先慎撰，鍾哲點校：《韓非子集解》卷七《喻老》，北京：中華書局，1998，161頁。

⑨ 陳民鎮：《清華簡（捌）讀札》。

“勉政、利政、固政有事”(簡5)。[①] 唯“它政”,可從整理者説,讀“弛政”更爲直接。由此可知,“還内它政斅政懤政”,可讀作“還納弛政、弊政、猛政”,意爲反過來則會亂政叢生,與前文“用倚典政”所指相反。

再看“子立代父”世襲制。雖個别字詞難解,但簡文否定態度却甚是明瞭。“自定於後事”中的“自定”,説明在位者并非如《治政之道》所言“聖人敷政作事,遠邇□□□□。彼其輔相、左右、邇臣皆和同心,以一其智”(簡19),[②]而是剛愎自用,擅位專斷。“階啻丈罪逴辭反皃稱僞”句費解處尤多。整理者讀爲“階嫡長,罪卓辭,反皃稱僞”,不確。疑當斷作“階啻丈罪,逴辭反皃稱僞”。從用字習慣看,“階”可如字讀。啻,或讀爲“讁”,有罪過之義。“階讁”即“招致罪過”,此與《左傳》成公十六年“多怨而階亂”中的“階亂”構詞相類。[③] 丈,度量。丈罪,猶量罪。“階讁”與“丈罪”語意相關,均指招罪生禍。逴辭,整理者讀爲“卓辭”,“卓”有高義。網友“子居”讀作“倒辭”,并引《吕氏春秋·慎大》“天下之學者多辯,言利辭倒,不求其實,務以相毁,以勝爲故”句爲證。[④] 後説有理。“反皃”即“反貌”,與“倒辭”對舉,同是“稱僞”之表現,“炕政眩邦,倦厭政事”,無所節制。

相較世襲,推舉雖有其優勢,但也并非完美,其效果取決於在位者道德素質。如果在位者不行度政,則會“抑歷無訓,主任百役,乃敝於亡”,讒佞當道而“方受大政”,賢能失位而“没抑不由”(簡4)。此外,奸佞稱僞,貌恭心險,君主難察其心,致使賢佞難辨,良人不用。正如簡文所言,“余無罪而屏,須事之遇機,遇其毁,美惡乃出,從取資焉”(簡6)。顯然,推舉制并不能確保賢人必用,人才選拔仍具偶然性。簡文末章即提出“鬳”的選人形式,以補推舉失度之弊。該字在簡文共出現五次,字形還作鬳、鬳。馬楠讀爲“貢”,[⑤]其説可信。結合簡文可知,鄉貢選人標準是,“上者其上,下者其下,將度以爲齒”(簡6-7)。“度以齒”可做到任人有據,能够達到探尋良人目的,簡7-8有云:

> 或訐能攷㑄,道美用惡,人而曰善。或恩寵不襲,謟託無扃,其徵而不傾昃。人而不足用,告託必先莪,守道寂度,莽莫其畲。其遇於異進,使人未知得度之踐,貢乃固爲美,以寂良人。

簡文設置兩種不同情境,論證“度政”可教化惡人,摒棄奸佞。訐能攷㑄,整理者讀爲“信

① 李學勤主編:《清華大學藏戰國竹簡(陸)》,下册137頁。

② 黄德寬主編:《清華大學藏戰國竹簡(玖)》,下册127頁。

③ [晉]杜預注,[唐]孔穎達等正義:《春秋左傳正義》卷二八《成公十六年》,[清]阮元校刻《十三經注疏》,北京:中華書局,2009,4170頁。

④ 子居(網名):《清華簡八〈邦家處位〉解析》。

⑤ 馬楠:《清華簡〈邦家處位〉所見鄉貢制度》,中國文化遺産研究院編《出土文獻研究》第17輯,上海:中西書局,2018,98-100頁。

能考守”。考,省察。守,堅持。程浩讀作“佞能巧好”,“佞”“巧”與“好”在這裏皆有巧言邪佞之義。[①] 陳民鎮讀爲“佞能矯好”,指諂佞能者,打壓善人。[②] 道美用惡,論者或謂“説得好聽但行爲險惡”。[③] 按,“信能考守”説可從,指人的道德品格。而“道”當指前面所言“信能考守”用人之道,而非言説之義。僅據清華簡所見“道”辭例而言,除作“道路”義外,“道”更多是指形而上之道。古書亦有類似“道美”文例,如《孟子・盡心上》“道則高矣,美矣,宜若登天然,似不可及也”。[④] “道美用惡,人而曰善”則指賢者在位,以德教惡人。

詎詑無屚,整理者讀爲“諂媢無屚”。劉信芳以爲“詎”字未詳,“詑”疑讀爲“耗”。[⑤] 按,詎,整理者疑爲“諂”字,當是。凵爲坎之初文,“臽”“坎”意義相近,字音也極其接近。[⑥] 銀雀山漢簡《晏子》十六“今諸臣凶臾以弋利”。[⑦] 此句《晏子春秋》作“今諸臣諂諛以干利”。[⑧] 詎、凶均從凵得聲,詎亦可讀爲“諂”。又讒、諂音近可通,故“詎詑”亦作“譴(讒)詑”,例見上博八《志書乃言》簡3。[⑨] 詑,後文亦見,用法當一致,從整理者説,讀爲“媢”。諂媢無屚,意爲讒佞之人無所逃遁,不用於世。

下文“人而不足用”句則重在説明“度”能明察慎黜,以及推舉考察方法。此句“告詑”,整理者訓“告”爲控告、揭發。告媢,意近於告奸。按,“告”,如字讀,報也。“告詑”,即報告他人讒妒惡行。必選戣,整理者將“戣”讀作“衛”。侯乃峰讀“戣”爲“慧”。[⑩] 按,前説當是。上博三《周易》簡22“戏”,馬王堆漢墓帛書本和傳世本均作“衛”。[⑪] 戏,亦見清華三《芮良夫毖》“以武及勇,戏相社稷”(簡13-14),[⑫]上博六《用曰》“凡恭人非人,是恭厥身,是戏戔其有綸紀”(簡6)。[⑬] 此外還有異體作“䜆”,上博四《昭王毀室》“楚邦之良臣所䜆”(簡9)。[⑭] 上述辭例均可讀爲“衛”。必先衛,即必先防衛,小心謹慎考察。

守道宼厇,整理者認爲“宼”即“探”,取也。按,宼,罙聲,審母侵部,或可讀爲“審”。清

① 程浩:《清華簡第八輯整理報告拾遺》,清華大學出土文獻研究與保護中心編《紀念清華簡入藏暨清華大學出土文獻研究與保護中心成立十周年國際學術研討會論文集》,2018,89頁。
② 陳民鎮:《清華簡(捌)讀札》。
③ 程浩:《清華簡第八輯整理報告拾遺》,89頁。
④ [漢]趙岐注,[宋]孫奭疏:《孟子注疏》卷一三下《盡心章句上》,[清]阮元校刻《十三經注疏》,北京:中華書局,2009,6029頁。
⑤ 劉信芳:《清華藏八〈邦家處位〉章句(四)》,簡帛網,2018年12月6日。
⑥ 裘錫圭:《甲骨文字考釋(八篇)》,中山大學古文字研究室編《古文字研究》第4輯,北京:中華書局,1980,162-163頁,修訂後收入《裘錫圭學術文集》第1卷《甲骨文卷》,上海:復旦大學出版社,2015,82-83頁。
⑦ 銀雀山漢墓竹簡整理小組編:《銀雀山漢墓竹簡[壹]》,北京:文物出版社,1985,釋文注釋105頁。
⑧ 張純一校注,梁運華點校:《晏子春秋校注》卷八《外篇不合經術者》,北京:中華書局,2014,394頁。
⑨ 馬承源主編:《上海博物館藏戰國楚竹書(八)》,上海古籍出版社,2011,220頁。
⑩ 侯乃峰:《讀清華簡(八)脞録》,中國文字學會編《中國文字學會第十屆學術年會論文集》,2019,上册243頁。
⑪ 馬承源主編:《上海博物館藏戰國楚竹書(三)》,上海古籍出版社,2003,167-168頁。
⑫ 李學勤主編:《清華大學藏戰國竹簡(叁)》,下册145頁。
⑬ 馬承源主編:《上海博物館藏戰國楚竹書(六)》,上海古籍出版社,2007,291頁。
⑭ 馬承源主編:《上海博物館藏戰國楚竹書(四)》,上海古籍出版社,2004,190頁。

華三《芮良夫毖》"必寀其度"(簡 11),[①]亦可讀爲"審"。《論語·堯曰》"謹權量,審法度,修廢官,四方之政行焉"。[②]《管子·權修》"審度量以閑之"。[③] 茾奠亓𩓾,"茾"字不識,"奠可"讀爲"定",𩓾,可讀作"合"。"定其合",意謂與事實相符合。

至此,"人而不足用"句意大致可明:如果人不足以任用,有報告其昏瞶者,需要謹慎考察,守道審度,避免賢人因被詆毀而不遇其時。以往有破格提拔者,人們往往不明舉用依據而心生困惑。然而,"貢"以齒爲度,却可使人明晉升之由。簡文最後重申貢舉補救時弊重要性,"良人如未行政,貢以治疾惡,返以爲政"(簡 9),"有救於前用"(簡 10)。簡文作者甚至樂觀認爲,唯有推行鄉貢,推舉方能有度。貢舉既行,則賢人不求自來,"豈或求謀"(簡 11)。

綜上所述,《邦家處位》認爲"度政"關乎邦家天命存否,注重人事,强調發揮人的主觀能動性。"度政"主要體現爲舉人有度,推行鄉貢制,實現"上者其上,下者其下",各安其位,使人無怨。這不僅可確保賢人在位,善者進善,避免因奸佞擅位,弊政叢生,而且還可使人知推舉法度,明察賢愚,無時運不濟之歎,去競進貪婪之心,宣教明德,有益社稷。

二　清華簡《邦家處位》"度政"歷史背景

清華簡《邦家處位》所見"度政"主要體現在興人有度,該觀念并非始於戰國,而是自有淵源。《大戴禮記·少閒》曰:"昔堯取人以狀,舜取人以色,禹取人以言,湯取人以聲,文王取人以度。此四代五王之取人,以治天下如此。"[④]西周大夫芮良夫亦提到"必寀其度,以親其狀,身與之語,以求其上"(清華三《芮良夫毖》簡 11-12)。[⑤] 相關例證尚多,兹不贅舉。舉人有度關乎銓選賢才,邦家興衰。清華八《治邦之道》云"舉而度,以可士興,舉而不度,以可士崩"(簡 16-17),[⑥]闡明了"舉而度"與"士興"的關係。而清華九《治政之道》則從邦家興衰成敗歷史經驗角度,更爲深入總結道"遠監夏后、殷、周,邇監於齊、晉、宋、鄭、魯之君,是盡夫興人之過者,苟其興人不度,其廢人必或不度,起事必或不時"(簡 33-34)。[⑦]

何以興人任官？在古代政治實踐中,世襲與推舉無疑是最爲重要的兩種方式,即《邦家處位》所謂"子立代父"與"舉介執事"。兩者不是絶然對立,而是并行共存,甚至相互交融,彼此配合應用。如西周雖宗法嚴密,但其世襲制也并非鐵板一塊,而是有其靈活性。李峰推斷,世襲權利僅僅作爲一個人進入政府服務的資格,而不是擔任其父、祖之前相同職位的絶

① 李學勤主編:《清華大學藏戰國竹簡(叁)》,下册 145 頁。
② [魏]何晏注,[宋]邢昺疏:《論語注疏》卷二〇《堯曰》,[清]阮元校刻《十三經注疏》,北京:中華書局,2009,5508 頁。
③ 黎翔鳳撰,梁運華整理:《管子校注》卷一《權修》,北京:中華書局,2004,50 頁。
④ 方向東:《大戴禮記匯校集解》卷一一《少閒》,北京:中華書局,2008,1153 頁。
⑤ 李學勤主編:《清華大學藏戰國竹簡(叁)》,下册 145 頁。
⑥ 李學勤主編:《清華大學藏戰國竹簡(捌)》,下册 137 頁。
⑦ 黄德寬主編:《清華大學藏戰國竹簡(玖)》,下册 129 頁。

對權利,至少在他仕途剛剛開始的階段是這樣。[①] 换言之,世族同樣需要推舉來獲得晉升。不過至春秋戰國,列國進行變法改革,剥奪貴族特權,廢除世卿世禄制度,建立整套官僚體制。[②] 在此情形下,推舉成爲選官的重要方式,所謂“賢能不待次而舉”。[③] 與世襲相比,推舉制不僅增加士人參政機會,而且官吏對君主負責,君主權力也更爲集中。

然而,推舉任官若運用不當,同樣有可能危害邦家政治。《韓非子・八姦》直斥用人失察之舉,“不課賢不肖,論有功勞,用諸侯之重,聽左右之謁,父兄大臣上請爵禄於上,而下賣之以收財利,及以樹私黨。故財利多者買官以爲貴,有左右之交者請謁以成重。功勞之臣不論,官職之遷失謬。是以吏偷官而外交,棄事而財親”,導致“賢者懈怠而不勸,有功者隳而簡其業”,呈現“亡國之風”。[④] 這在《邦家處位》中亦有體現,奸佞之徒“旁受大政”,而賢能之才却“不見而没抑不由,無津以出”(簡 4-5)。

推舉不度的原因一方面在於其對在位者品德修養有較高要求,“唯浚良人能造御柔”。一旦推舉者“既若無察”,則會用人不當,結黨營私。《管子・法禁》提到“交人則以爲己賜,舉人則以爲己勞,仕人則與分其禄者,聖王之禁也”。[⑤] 因此,在位者是否睿智明察,奉公銓選決定推舉制的成敗,正如《國語・晉語六》所云“始與善,善進善,不善蔑由至矣。始與不善,不善進不善,善亦蔑由至矣”。[⑥] 上博六《孔子見季桓子》亦言“仁援仁而進之,不仁人弗得進矣”(簡 9)。[⑦]

另一方面,賢佞難辨也是推舉有時失效的重要原因。對被推舉者而言,士人干謁諸侯王公,渴求參與政治,難免有奸佞者心懷私利,道術不正,“倒辭反貌稱僞,炕政眩邦”(《邦家處位》簡 3)。正如《商君書・農戰》所言“今上論材能知慧而任之,則知慧之人希主好惡,使官制物,以適主心”。[⑧]《韓非子・二柄》提到因“人主好賢”而“飾行以要君欲”。[⑨] 對此,崔灝《四書考異》有生動表述,“戰國時處士横議,蔑人倫,廢禮儀,以爲親可怨,弟可放,夫婦可苟合也。竊威福之柄,萌篡逆之心,以爲君臣無定分,禪繼無定命也。枉己辱身,營營富貴利達之途,以爲苟殘可甘,近倖可援也”。[⑩]

需注意的是,上述原因在戰國崇德傳統式微,重功尚利風氣盛行的時代背景下尤爲凸

---

① 李峰:《西周的政體——中國早期的官僚制度和國家》,北京:生活・讀書・新知三聯書店,2010,199 頁。
② 楊寬:《戰國史》,上海人民出版社,2016,231 頁。
③ [清]王先謙撰,沈嘯寰、王星賢點校:《荀子集解》卷五《王制》,148 頁。
④ [清]王先慎撰,鍾哲點校:《韓非子集解》卷二《八姦》,57-58 頁。
⑤ 黎翔鳳撰,梁運華整理:《管子校注》卷五《法禁》,277 頁。
⑥ [春秋](舊題)左丘明撰,徐元誥集解,王樹民、沈長雲點校:《國語集解》卷一二《晉語六》,北京:中華書局,2002,388 頁。
⑦ 馬承源主編:《上海博物館藏戰國楚竹書(六)》,207 頁。
⑧ 蔣禮鴻:《商君書錐指》卷一《農戰》,北京:中華書局,1986,22-23 頁。
⑨ [清]王先慎撰,鍾哲點校:《韓非子集解》卷二《二柄》,41 頁。
⑩ [清]崔灝:《四書考異》下編卷三一,《續修四庫全書》,上海古籍出版社,2002,第 167 册,370 頁。

顯。西周春秋時,君臣間興策名委質之禮,政治上君臣關係得以確立,必須效忠君上,經濟上需履行貢納關係。[①] 臣委質於君,即確立主從關係,雖死不貳。[②] 因而,推舉職官注重士人絶對忠誠的道德品質。如《左傳》哀公十四年載,齊人陳豹欲爲子我之臣,使公孫向子我舉薦。公孫對子我説"有陳豹者,長而上僂,望視,事君子必得志,欲爲子臣。吾憚其爲人也,故緩以告"。[③]

迨至戰國,君臣以利相合,選官唯才是舉。《邦家處位》提到"人用唯遇利,御必中其服"(簡 2)。對此,清華簡《治政之道》有更爲詳盡表述,可視爲此句注脚,"故夫君臣之相事,譬之猶市賈之交易,則皆有利焉"(簡 9)。[④] 君主選賢用能是爲"永保社稷,定厥身,延及庶祀"(簡 7-8),而士人"敷心盡惟,不敢妨善,弼惡以憂君家,非獨爲其君,緊身賴寔多"(簡 8-9)。[⑤] 韓非子甚至提出"夫君臣非有骨肉之親,正直之道可以得利,則臣盡力以事主;正直之道不可以得安,則臣行私以干上"。[⑥] 此時君臣雙方政治主體地位趨於平等,這與西周春秋時期臣依附於君的情形迥然不同。至戰國中期,士人地位與勢力可與君權分庭抗禮,朋友是君臣關係理想模式的觀念亦興起於此時。[⑦]

在當時,推舉尚利重功自有其合理性,它反映了士人希望參與政治,掃除世卿世禄障礙的普遍訴求。此時君臣關係維護已非基於雙方德性自覺,而是君主循名責實,課績獎懲,諸如俸禄、賞金、"璽""符""上計"、視察監察以及管理選拔等制度得以確立推行。[⑧] 韓非子有言"明主使法擇人,不自舉也;使法量功,不自度也。能者不可弊,敗者不可飾,譽者不能進,非者弗能退,則君臣之間明辯而易治,故主讎法則可也"。[⑨] 推舉制至此已成爲選拔職業官僚的工具,在某種程度上已背離西周以來注重政德的銓選傳統,所謂"凡明君之治也,任其力,不任其德"。[⑩] 對良士而言,他們批判世襲制造成的機會不平等,但推舉重功尚利同樣讓他們無所適從。如何讓推舉制實現選賢用能,廢佞黜奸目的,成爲當時良士關注的問題,而這正是《邦家處位》簡文的主旨所在。

簡文作者主張"人用必納貢",即采用鄉貢制。[⑪] 該制度見載於《禮記·射義》《大戴禮記·虞戴德》《周禮·地官·鄉大夫》等文獻。傳統觀點認爲,西周有鄉貢之制,諸侯(或鄉

---

① 楊寬:《西周史》,上海人民出版社,2016,868 頁。
② 許倬雲:《西周史》(增補二版),北京:生活·讀書·新知三聯書店,2018,186 頁。
③ [晉]杜預注,[唐]孔穎達等正義:《春秋左傳正義》卷五九《哀公十四年》,[清]阮元校刻《十三經注疏》,4720 頁。
④ 黄德寬主編:《清華大學藏戰國竹簡(玖)》,下册 126 頁。
⑤ 黄德寬主編:《清華大學藏戰國竹簡(玖)》,下册 126 頁。
⑥ [清]王先慎撰,鍾哲點校:《韓非子集解》卷四《姦劫弑臣》,100 頁。
⑦ 查昌國:《友與兩周君臣關係的演變》,《歷史研究》1998 年第 5 期。
⑧ 楊寬:《戰國史》,231-238 頁。
⑨ [清]王先慎撰,鍾哲點校:《韓非子集解》卷二《有度》,34 頁。
⑩ 蔣禮鴻:《商君書錐指》卷三《錯法》,66 頁。
⑪ 馬楠:《清華簡〈邦家處位〉所見鄉貢制度》,100 頁。

大夫)向天子(或國君)貢士,而天子(或國君)亦據此獎懲諸侯(或鄉大夫)。對此,今之學者或持審慎態度,認爲乃七十子後學、戰國儒家所構建。① 我們認爲傳世文獻所載鄉貢制雖有理想成分,但在一定程度上還是保留了西周的歷史真實。春秋時期,齊國已有較爲完備的鄉貢制度,所謂"論賢不鄉舉則士不及行"。②《國語·齊語》有較爲詳致表述:

> 正月之朝,鄉長復事。君親問焉,曰:"於子之鄉,有居處好學,慈孝於父母,聰慧質仁,發聞於鄉里者,有則以告。有而不以告,謂之蔽明,其罪五。"有司已於事而竣。桓公又問焉,曰:"於子之鄉,有拳勇股肱之力秀出於衆者,有則以告。有而不以告,謂之蔽賢,其罪五。"有司已於事而竣。桓公又問焉,曰:"於子之鄉,有不慈孝於父母、不長悌於鄉里,驕躁淫暴,不用上令者,有則以告。有而不以告,謂之下比,其罪五。"有司已於事而竣。是故鄉長退而修德進賢,桓公親見之,遂使役官。③

相類内容又見《管子·小匡》。每年正月鄉長向君主述職復事。其中,察能進賢,告奸黜暴是其重要職責。若不能履行此職,鄉長則有蔽明下比之罪,當受五刑之罰。具體選拔則重在考察德行,即"居處好學""慈孝父母""聰慧質仁",能够"發聞於鄉里"。也就是説,鄉人需有良好道德修養,得到鄉里的認可,方有機會步入仕途,所謂"匹夫有善,可得而舉也"。相反,鄉人驕躁淫暴,無孝悌之心,鄉長亦需上報,"匹夫有不善,可得而誅也"。鄉長復事進賢黜暴,宣教興化,"民皆勉爲善"。④

既然春秋時期齊國已有較爲完備的鄉貢制,很難想象其突現當世,而與西周政制毫無關係。其實,西周時已有射禮察賢的制度。十五年趞曹鼎、靜簋、匡卣等銘文提及"射廬""學宫"等專門習射場所,⑤自然是爲培養、選拔射藝高超之士。可見《周禮·地官·鄉大夫》"以鄉射之禮五物詢衆庶",⑥《禮記·射義》"古者天子之制,諸侯歲獻貢士於天子,天子試之於射宫"所載不虚。⑦ 射禮最初源自選拔勇猛之士的考評活動,後來發展爲大射禮、賓射禮、燕射禮和鄉射禮,西周金文對此均有體現。⑧ 射禮培養勇德與群性和倫理性,⑨注重士人道德品

---

① 馬楠:《清華簡〈邦家處位〉所見鄉貢制度》,100 頁。
② 黎翔鳳撰,梁運華整理:《管子校注》卷五《八觀》,266 頁。
③ [春秋](舊題)左丘明撰,徐元誥集解,王樹民、沈長雲點校:《國語集解》卷六《齊語》,225-226 頁。
④ [春秋](舊題)左丘明撰,徐元誥集解,王樹民、沈長雲點校:《國語集解》卷六《齊語》,227 頁。
⑤ 中國社會科學院考古研究所編:《殷周金文集成》(修訂增補本),北京:中華書局,2007,1451、2604、3398 頁。
⑥ [漢]鄭玄注,[唐]賈公彦疏:《周禮注疏》卷一二《鄉大夫》,[清]阮元校刻《十三經注疏》,北京:中華書局,2009,1544 頁。
⑦ [漢]鄭玄注,[唐]孔穎達等正義:《禮記正義》卷六二《射義》,[清]阮元校刻《十三經注疏》,北京:中華書局,2009,3663 頁。
⑧ 連秀麗:《西周青銅銘文射禮研究》,《湖南大學學報(社會科學版)》2019 年第 6 期。
⑨ 林素娟:《以射觀德——先秦射禮中勇德與賢能的教育》,彭林主編《中國經學》第 24 輯,桂林:廣西師範大學出版社,2019,194 頁。

行,也成爲選拔治政良臣的重要手段。

此外,鄉貢制所依托的鄉黨組織,也可在西周找到源頭。《周禮》即有關於鄉遂制詳細記述,其中雖不乏理想成分,但基本上還是保留了西周春秋時代的特點。① 在目前所見西周青銅器銘文中,五祀衛鼎、裘衛盉有"逆其鄉""逆諸其鄉"語(九年衛鼎漏"逆"字)。② 張亞初、劉雨認爲,這裏的"鄉"字似應理解爲鄉遂之鄉。③ 西周中期青銅器史密簋銘文提到齊之"述人",學者多將其讀爲"遂人"。④《尚書·費誓》亦云"魯人三郊三遂"。⑤ 由此可知《周禮》所載西周鄉遂制度并非完全爲後人虚辭構擬,應有歷史真實之素地。

"鄉"内居民多采取聚族而居的方式,保持有氏族組織的殘餘形式,在一定程度上仍以血統關係作爲維繫的紐帶。⑥ 作爲血緣組織,鄉注重長幼自然秩序,有尊老孝悌"尚齒"風尚。《國語·齊語》《管子·小匡》均云"鄉不越長,朝不越爵",⑦《孟子·公孫丑下》云"朝廷莫如爵,鄉黨莫如齒,輔世長民莫如德"。⑧ 尚齒尊老旨在明德教民,維護基層社會政治秩序。《禮記·鄉飲酒義》有云"民知尊長養老,而後乃能入孝弟。民入孝弟,出尊長養老,而後成教,成教而後國可安也"。⑨ 民衆敬尊長者,秉孝悌之心,方能明教踐義,穩固邦家社稷。

有學者認爲,既然鄉人是以"齒",即年齡分尊卑,而不是依宗族、血統的輩分高低分尊卑,那麽就應當肯定鄉人并不是按宗族、血緣關係組合。⑩ 此觀點尚有討論餘地。"尚齒"是古已有之的自然秩序排列方法,比宗法歷史更爲悠久。《禮記·祭義》有云"昔者,有虞氏貴德而尚齒,夏后氏貴爵而尚齒,殷人貴富而尚齒,周人貴親而尚齒"。⑪ 在周代"貴親"宗法制盛行之前,"尚齒"既已成爲虞夏殷三代之傳統。西嶋定生認爲,像這樣以齒位而定的所謂鄉黨的秩序,大概可以解釋爲來自氏族制社會依年齡階層形成的社會秩序。⑫ 因此,不能因爲鄉人"尚齒"就否定其宗族血緣關係的存在。

---

① 參見楊寬《西周史》,421頁。學界對西周是否有鄉遂制尚有不同意見,如于省吾《關於〈論西周金文中六自八自和鄉遂制度的關係〉一文的意見》,《考古》1965年第3期;晁福林《先秦社會形態研究》,北京師範大學出版社,2003,407-459頁;張榮明《〈周禮〉國野、鄉遂組織模式探源》,《史學月刊》1998年第3期。

② 中國社會科學院考古研究所編:《殷周金文集成》,1504、1507、4973頁。

③ 張亞初、劉雨:《西周金文官制研究》,北京:中華書局,1986,142頁。

④ 參見李學勤《史密簋銘所記西周重要史實考》,《中國社會科學院研究生院學報》1991年第2期;張懋鎔《史密簋與西周鄉遂制度——附論"周禮在齊"》,《文物》1991年第1期。

⑤ [漢]孔安國傳,[唐]孔穎達等正義:《尚書正義》卷二〇《費誓》,[清]阮元校刻《十三經注疏》,北京:中華書局,2009,543頁。

⑥ 楊寬:《西周史》,424頁。

⑦ [春秋](舊題)左丘明撰,徐元誥集解,王樹民、沈長雲點校:《國語集解》卷六《齊語》,227頁;黎翔鳳撰,梁運華整理:《管子校注》卷八《小匡》,417頁。

⑧ [漢]趙岐注,[宋]孫奭疏:《孟子注疏》卷四《公孫丑章句上》,[清]阮元校刻《十三經注疏》,5859頁。

⑨ [漢]鄭玄注,[唐]孔穎達等正義:《禮記正義》卷六一《鄉飲酒義》,[清]阮元校刻《十三經注疏》,3654頁。

⑩ 晁福林:《先秦社會形態研究》,429頁。

⑪ [漢]鄭玄注,[唐]孔穎達等正義:《禮記正義》卷四八《祭義》,[清]阮元校刻《十三經注疏》,3471頁。

⑫ [日]西嶋定生著,武尚清譯:《中國古代帝國的形成與結構——二十等爵制研究》,北京:中華書局,2004,416頁。

清華簡《邦家處位》提到鄉貢用人標準是"上者其上,下者其下,將度以爲齒,豈能怨人"(簡 6-7)。由此可知,鄉貢推舉同樣"尚齒",按照年齡自然秩序排列上下位次。需注意的是,簡文作者所謂"度以爲齒"也并非唯一標準,此外還有宗族親疏(親)、品德威望(德)、爵位品秩(爵)等自然或人爲秩序。概言之,"尚齒"并非等同於"唯齒"。如《禮記・祭義》云"壹命齒於鄉里,再命齒於族,三命不齒;族有七十者,弗敢先。七十者,不有大故不入朝;若有大故而入,君必與之揖讓,而後及爵者"。[①] 一命而成下士者與鄉人按齒位排列,再命而成中士者則與族人相齒,三命上士者爵位已高,不再按齒位排列。但若族中有超過七十歲之老人,則不能超越其排序。[②] 再如朝廷注重爵位秩序,但當同爵時則尚齒,即《禮記・祭義》所謂"朝廷同爵則尚齒"。[③] 因此,我們對《邦家處位》"度以爲齒"的理解,既要肯定"齒"在鄉貢政治位次排序中的作用,同時又不能將"尚齒"絶對化,關鍵是要把握其敬尊長、明孝悌的價值訴求,這具有較爲濃厚的儒家色彩。

在簡文作者看來,鄉貢推舉"度以爲齒",既可以避免用人失察之弊,做到上下賢愚各得其所,還可明孝悌謙讓之義,有功於教化,賡續推舉崇德傳統。具言之,鄉貢銓選更看重被推舉者在其所在鄉里的社會評價,這不僅可以做到"恩寵不襲",增加士人參政機會,而且也能對士人有較爲客觀的認識,防止因在位者失察而使佞人當道,賢人不用,做到"諂媚無屚"(簡 7)。此外,鄉貢尚齒旨在彰顯尊老孝悌的血緣關係,它是不可更改的自然秩序,具有較强的穩定性,爲社會成員所普遍認可,避免因"其遇於異進,使人未知得度之踐"(簡 8)。

然而,鄉貢推舉在戰國已有所没落,這從《邦家處位》黨貢喟歎之語即可明瞭,其言曰"余無罪而屏,須事之遇機,遇其毁,美惡乃出,從其資焉"(簡 6)。鄉黨貢士没有罪過,却被摒棄不用。選人無有定法,職事不定,需有時機,賢佞各憑其能而皆競進求仕。簡文作者强調"度以爲齒",也從側面反映推舉不再注重"尚齒"自然秩序。此種變化根本原因在於晚周時期社會政治結構開始發生深刻變革,傳統血緣管理逐漸被地緣管理所取代。春秋之前是城邦氏族社會,而戰國以後中國政治社會結構的基本骨架在於編户齊民。[④] 列國新興統治階層爲滿足國家政治、軍事、經濟急劇發展的需要,也大都通過制度化的途徑規範國家與個體家庭、國家與個人之間的多層次關係。這就使得先秦貴族宗法血緣等級秩序基本瓦解,并在國家政治、經濟利益的分配原則與標準上不再有普遍意義。[⑤]

---

① [漢]鄭玄注,[唐]孔穎達等正義:《禮記正義》卷四八《祭義》,[清]阮元校刻《十三經注疏》,3473 頁。

② 《荀子・大略》作"一命齒於鄉,再命齒於族,三命,族人雖七十,不敢先"。按照荀子的説法,即便是族人有七十歲者,三命之人也比他們處於優位,與《禮記・祭義》有所不同。這顯示出在命數與齒位的關係上,爵位應優於齒位,以國家權力爲背景的爵位優於自生的那種齒位序列。此説參見[日]西嶋定生著,武尚清譯《中國古代帝國的形成與結構——二十等爵制研究》,421-422 頁。

③ [漢]鄭玄注,[唐]孔穎達等正義:《禮記正義》卷四八《祭義》,[清]阮元校刻《十三經注疏》,3471 頁。

④ 杜正勝:《"編户齊民論"的剖析》,王建文主編《政治與權力》,北京:中國大百科全書出版社,2005,14 頁。

⑤ 卜憲群:《秦漢"鄉舉里選"考辨》,《社會科學戰綫》2008 年第 5 期。

需注意的是,相較於西周,戰國時期鄉貢制固然有所鬆弛,但這并不意味着注定要退出歷史舞台。在此後的歷史進程中,它與重功尚利推舉方式相協調,呈現出歷史傳統與時代風尚并存的發展形態。有學者已指出,春秋戰國國家鄉里基層政權是在具有宗法血緣關係的家族公社和農村公社瓦解的基礎上建立的,它不可避免地還要在形式上依賴於鄉里社會流傳久遠的自然秩序。[①] 秦漢之時,傳統自然秩序逐步被納入到國家權力秩序體系。國家將民間的尊重齒位這一潛在的秩序形成機能,通過在民間習俗上認爲神聖崇高的飲酒禮儀之媒介,編制成爲爵制的秩序。[②]

總而言之,隨着戰國鄉黨基層血緣組織漸趨瓦解,推舉不再注重"尚齒"自然秩序,强調孝悌謙讓之德,而是逐漸被重功尚利價值取向所主導,君臣以利相合,各求所需,士人渴求獲得高官厚禄,國君則尋求安邦强兵之才。推舉失度致使用人不察,奸佞在位,弊政叢生。《邦家處位》簡文作者希望通過鄉黨貢士,注重以"齒"爲代表的自然秩序,回歸强調德性政治的血緣管理傳統。而這正是《邦家處位》倡言"度政"的現實依據與歷史背景。

結語

在《邦家處位》簡文作者看來,不論是傳統世襲制,還是重功尚利式推舉制,都不是理想的人才選拔模式。前者會導致在位者剛愎自用,自定後事,不利於國家社稷。而後者則難免推舉失度,選人失察,奸佞當道。簡文再提"貢舉"這種古已有之的用人制度,其實是對上述兩種選拔模式的反思,它更注重自下而上的推舉,而非單純的自上而下提拔。具言之,在選拔原則上,"貢舉"看重被推舉者所屬基層組織的社會評價,以更全面、更真實瞭解其道德品行。在選拔方式上,則强調"度以爲齒"的自然秩序,做到推舉有度,上下各安其位。簡文作者對戰國推舉重功尚利的弊端反思,具有濃厚的儒家色彩。戰國時期鄉貢制雖有鬆弛,但它在隨後的歷史進程中并未走向消亡,而是與國家權力秩序相融合,呈現出新舊因素交織的發展脈絡。

附記　本文得到清華大學出土文獻研究與保護中心師友的諸多指正,又蒙匿名審稿專家審閲并提出寶貴意見,在此謹致謝忱!

① 卜憲群:《春秋戰國鄉里社會的變化與國家基層權力的建立》,《清華大學學報(哲學社會科學版)》2007年第2期。
② [日]西嶋定生著,武尚清譯:《中國古代帝國的形成與結構——二十等爵制研究》,424頁。

清華簡《繫年》所見之“北海”

□ 中國社會科學院古代史研究所 任會斌

内容提要 清華簡整理者認爲,清華簡《繫年》“自南山屬之北海”中的“北海”爲今日之渤海。這與現存遺址現象不同。“海”,本訓爲“晦”,先秦時期,“海”往往體現爲一種地理隔離,而所謂“四海”,反映了人們在海洋與陸地空間想象的基礎上,對世界秩序的初步構想。在此“四海”觀念之下,早期的“北海”,内涵寬泛,多爲虚指。同時,由於坐標定位的游移不定,所指位置也會移動和混淆。綜合看來,《繫年》中“北海”與“南山”一樣,應都是對方位地勢的泛指。

關鍵詞 北海 齊長城 繫年

一 問題緣起——“自南山屬之北海”

清華簡《繫年》第二十章載:

> 晉敬公立十又一年,趙桓子會諸侯之大夫,以與越令尹宋盟于邗,遂以伐齊,齊人焉始爲長城於濟,自南山屬之北海。晉幽公立四年,趙狗率師與越公朱句伐齊,晉師閔長城句俞之門。越公、宋公敗齊師于襄平。至今晉、越以爲好。(簡 111-113)①

其中涉及齊長城,内容爲傳世文獻所未見,非常重要。不僅爲齊長城的始建年代提供了較爲明確的坐標點——晉敬公十一年(前 441),同時“齊人焉始爲長城於濟,自南山屬之北

① 清華大學出土文獻研究與保護中心編:《清華大學藏戰國竹簡(貳)》,上海:中西書局,2011,186 頁。

海”,也記述了齊長城的起止——自濟水發端,由“南山”綿亘至“北海”。

就文中“北海”,清華簡整理者引《莊子·秋水》:“(河伯)順流而東行,至於北海,東面而視,不見水端”等文獻指出,應爲今日之渤海,因此“(齊長城)最初當是在濟水的防護堤壩基礎上加固改建而成,其走向是東起平陰東部的山陵,沿濟水東北行,經過濟南,東北入渤海。”①

就齊長城東端臨海處,《史記正義》引《太山郡記》及《括地志》云:“太山西北有長城,緣河經太山千餘里,至琅邪臺入海。”“長城西北起濟州平陰縣,緣河歷太山北岡上,經濟州淄川,即西南兗州博城縣北,東至密州琅邪臺入海。”②張維華《中國長城建置考》中引《泰山道里記》指出,“《太山郡記》及《水經注》《括地志》皆謂至瑯邪臺入海,或指地之著者而言,其實相距尚六十里也”。③ 道光《膠州志》卷三八《古迹》云:“今考治内長城入海處,在小珠山東、徐山之北,西南去琅琊臺九十餘里,去大珠山亦三十里。”④這裏“出於地方人士,長城遺迹爲目所親見……自較可信”,⑤當今學界亦多沿此説。經實地考察,相關遺址在今青島市黄島區于家河村東北,東臨黄海,具體方位爲東經 120°10′23.20″,北緯 35°59′5″。⑥ 入海處在清朝爲膠州膠縣所轄,與《膠州志》所載相符。

若齊長城東入渤海,則與現存可見遺址東接黄海不同。⑦ 渤海爲我國山東半島與遼東半島之間内海。黄海位於我國與朝鮮半島之間,東以遼東半島至蓬萊聯綫與渤海分界,係因黄河奪淮入海,挾帶泥沙使近岸海域呈黄色而得名。從位置看,渤海、黄海分别位於山東半島一北一南。因此有觀點認爲:除之前我們所瞭解的南部山地長城之外,還存在一條沿濟水東北行,終點至於渤海,與“山地長城”呈“人字形”布局的“濟水岸防”長城。⑧ 就此,陳民鎮先生《驫羌鐘與清華簡〈繫年〉合證》一文有所討論,陳文指出:雖不能完全排除“沿濟水東北行,經過濟南,東北入渤海”的濟水長城存在之可能性,但文獻缺失和考古實物空白是此説的

---

① 清華大學出土文獻研究與保護中心編:《清華大學藏戰國竹簡(貳)》,188 頁。

② 《史記》卷四〇《楚世家》,北京:中華書局,1982,1732 頁。

③ 張維華:《中國長城建置考》(上編),北京:中華書局,1979,12 頁。

④ [清]張同聲修、李圖等纂:《重修膠州志》(影印本),道光二十五年刊本,臺北:成文出版社,1976,1430-1431 頁。

⑤ 張維華:《中國長城建置考》(上編),14 頁。

⑥ 路宗元主編:《齊長城》,濟南:山東友誼出版社,1999,30 頁。

⑦ 經調查,齊長城現存遺址西起濟南市長清區孝里鎮廣里北,沿泰沂山系分水脊嶺,跨長清、肥城、岱嶽、泰安、歷城、章丘、萊蕪、博山、淄川、沂源、臨朐、沂水、安丘、莒縣、諸城、五蓮、膠南、黄島 18 個縣(市、區)至青島市黄島區于家河村北入海(參見路宗元主編《齊長城》,16-30 頁。2009 年 7 月,山東省文物局齊長城資源調查隊完成了齊長城野外調查測繪,與《齊長城》調研結果基本一致,見山東省文物局、山東省文物考古研究所、齊長城資源調查工作隊、山東省博物館編著:《齊長城資源調查工作報告》,北京:文物出版社,2017,22 頁)。

⑧ 王永波、王云鵬:《齊長城的人字形布局與建製年代》,《管子學刊》2013 年第 2 期。類似觀點主要還見於趙曉林《濟水長城——山東地區最古老長城》,《濟南日報》2013 年 12 月 9 日 C01 版;張溯、梁洪燕《清華簡〈繫年〉與齊長城考》,《中國國家博物館館刊》2017 年第 1 期;張溯、王澤冰、張子曉《齊長城布局和建置的考古學研究》,《管子學刊》2018 年第 3 期;賈連翔《三晉始侯相關史事新探——再讀清華簡〈繫年〉與羌鐘銘文》,《中國史研究》2020 年第 3 期;武振偉《齊長城史事探研三則》,《海岱學刊》2020 年第 1 期等。

最大問題。論證較爲充分,可參閲。[①]

問題的關鍵係對文中的“北海”作何理解。據史料,在先秦時期是不存在具體海區名稱的。在個别文獻中,“北海”就位置而言,確爲今日之渤海,如清華簡《繫年》中所引《莊子·秋水》“(河伯)順流而東行,至於北海,東面而視,不見水端。”黄河東流,最終匯入自然是渤海,唐成玄英就此指出“北海,今萊州是。”[②]洪邁《容齋隨筆》中也提到:“海一而已。地之勢西北高而東南下,所謂東、北、南三海,其實一也。北至於青、滄,則云北海,南至於交、廣,則云南海,東漸吴、越,則云東海,無由有所謂西海者。”[③]青州、滄州附近之海,即渤海。不過,“北海”内涵,并非如此簡單。就是同在《莊子》中,如大家所熟知的“北冥有魚,其名爲鯤。鯤之大,不知其幾千里也。化而爲鳥,其名爲鵬。鵬之背,不知其幾千里也;怒而飛,其翼若垂天之雲”及“南海之帝爲儵,北海之帝爲忽,中央之帝爲渾沌”。[④] 這裏“北海”就很難理解爲確指。唐《初學記》中有:“天地四方,皆海水相通,地在其中,蓋無幾也”,以及“西海大海之東,小水名海者,則有蒲昌海、蒲類海、青海、鹿渾海、潭彌海、陽池海”“北海大海之别有瀚海。瀚海之南小水名海者,則有渤鞮海、伊連海、私渠海”等。[⑤] 内容借鑒了《漢書》《釋名》等諸多前朝文獻,可見即使在此時,北海等諸海的解釋仍然籠統且模糊。文獻中亦見“渤海”。《莊子·説劍》:“繞以渤海,帶以常山。”[⑥]《列子·湯問》見:“渤海之東不知幾億萬里,有大壑焉……”[⑦]《史記》載:“於是乃並勃海以東,過黄、腄,窮成山,登之罘。”《正義》釋:“勃作‘渤’。”[⑧]但所述“渤海”非後世渤海,早期文獻中的“渤海”單就海域而言,多用來指稱當時所能接觸到的整個東部海域,“按東海之别有渤澥,故東海共稱渤海。又通謂之滄海。”[⑨]《説文》:“勃澥,海之别也。”[⑩]直到元朝時,所謂渤海纔與廣義東海區别開來。[⑪]

陳民鎮先生指出《繫年》中“北海”當是楚人較爲泛指的概念,指“黄海”,但未詳述。[⑫] 本

---

① 陳文指出:一、如果存在濟水長城,相關文獻記録缺乏是較爲反常現象;二、泰沂山系長城實物遺迹豐富,而濟水長城則缺乏考古學佐證;三、若存在濟水長城,長城與防護堤壩關係需重新考量;四、齊國西有黄河、濟水兩重水防,“足以爲限”,無必要沿濟水再築一道城防;五、通過《繫年》可知,當時越國勢力已擴張至泰沂山系南,三晉及越用兵方向多集中於齊西南及南方,相應攻伐路綫與今齊長城遺址走向一致(詳見陳民鎮《驫羌鐘與清華簡〈繫年〉合證》,《考古與文物》2015年第6期)。

② [晉]郭象注,[唐]成玄英疏:《南華真經注疏》卷六《秋水》,北京:中華書局,1998,328頁。

③ [宋]洪邁撰,孔凡禮點校:《容齋隨筆》卷三《四海一也》,北京:中華書局,2005,33頁。

④ [清]王先謙:《莊子集解》卷一《逍遥游》、卷二《應帝王》,1、75頁。

⑤ [唐]徐堅:《初學記》卷六《地部中》,北京:中華書局,1962,114-115頁。

⑥ [清]王先謙:《莊子集解》卷八《説劍》,271頁。

⑦ 楊伯峻:《列子集釋》卷五《湯問》,北京:中華書局,1979,151頁。

⑧ 《史記》卷六《秦始皇本紀》,244頁。

⑨ [唐]徐堅:《初學記》卷六《地部中》,114頁。

⑩ [漢]許慎:《説文解字》,北京:中華書局,2020,357頁。

⑪ 《齊乘》載:“北自平州碣石,南至登州沙門島,是謂渤海之口,闊五百里,西入直沽,幾千里焉。”([元]于欽撰,劉敦頤等校:《齊乘校釋》卷二《山川》,北京:中華書局,1979,157頁)

⑫ 陳民鎮:《齊長城新研——從清華簡〈繫年〉看齊長城的若干問題》,《中國史研究》2013年第3期。

文嘗試結合先秦時期的"海"及"四海"觀念，就簡文及早期文獻中所見"北海"涵義做一簡單分析。

漢景帝時曾置北海郡，《漢書·地理志》："北海郡，户十二萬七千，口五十九萬三千一百五十九。"[①]所轄爲今山東濰坊等地。東漢光武帝時又在此設北海郡國，郡境擴展。後"北海"作爲政區時立時廢，郡治也多有遷徙。此當不在討論範圍内。

二　先秦時期的"海"與"四海"

我國海岸綫漫長，經考古證實，早在石器時代，沿海地區就已有人類活動，而在同期内地遺址中，亦有海洋文化因素發現。商代伴隨疆域的擴大，與海洋接觸更爲增多。至周，沿海地區更是已居住有大量居民，春秋戰國時期，對海洋的認識、探尋、利用進一步發展，沿海諸國如燕、齊、吴、越等均富甲一方，實力强大。《詩經·魯頌》中還見："至于海邦，淮夷來同。莫不率從，魯侯之功。保有鳧繹，遂荒徐宅。至于海邦，淮夷蠻貊。及彼南夷，莫不率從。"[②]鄭玄箋"海邦，近海之國也。"[③]《吕氏春秋·慎勢》也載："王者之封建也，彌近彌大，彌遠彌小，海上有十里之諸侯。"[④]但是，如屈原在《天問》所言："川谷何洿？東流不溢，孰知其故？"[⑤]相對於陸地，"不知何時止而不盈……春秋不變，水旱不知"，[⑥]百川匯聚的大海，依然讓當時人們對其認識充满着想象、誇張和神秘。所謂"大海洪川，原夫造化，非人所作，故曰天池"。[⑦]

"海"，《説文》："海，天池也。以納百川者。从水，每聲。"[⑧]本訓爲"晦"，《釋名·釋水》："海，晦也。主承穢濁，其水黑如晦也。"[⑨]"晦，月盡也，从日，每聲。"[⑩]即"幽暗不明"之意。從音韻學看，"海""晦"兩字在上古都屬曉母、之部。按古同聲紐的字其義多相近及同一韻的字其義皆不甚遠的理論看，上古"海""晦"意義可通，[⑪]古籍文獻中可見有較多的類似語例，《廣雅·釋水》："海，晦也"；[⑫]《老子》："澹兮其若海"，陸德明釋文："嚴遵作'忽兮若晦'"；[⑬]

---

① 《漢書》卷二八《地理志》，北京：中華書局，1962，1583頁。
② 程俊英、蔣見元：《詩經注析》，北京：中華書局，1991，1019-1020頁。
③ ［漢］毛亨傳，［漢］鄭玄箋：《毛詩傳箋》卷二〇，北京：中華書局，2018，488頁。
④ 許維遹：《吕氏春秋集釋》卷一七《審分覽》，北京：中華書局，2009，461頁。
⑤ ［宋］朱熹集注：《楚辭集注》卷三《天问》，長沙：嶽麓書社，2013，45頁。
⑥ ［清］王先謙：《莊子集解》卷四《秋水》，138頁。
⑦ ［清］王先謙：《莊子集解》卷一《逍遥游》，1頁。
⑧ ［漢］許慎：《説文解字》，357頁。
⑨ ［漢］劉熙：《釋名》卷一《釋水》，北京：中華書局，2020，14頁。
⑩ ［漢］許慎：《説文解字》，213頁。
⑪ 陳俐：《釋"孫叔敖舉於海"的"海"》，《淮北煤炭師範學院學報（哲學社會科學版）》2004年第4期。
⑫ ［清］王念孫：《廣雅疏證》卷九《釋水》，北京：中華書局，2019，716頁。
⑬ 許嘉璐主編，李春曉，翁美鳳點校：《老子校詁》卷二，杭州：浙江古籍出版社，2020，120頁。

《史記・張儀列傳》:“利盡西海而天下不以爲貪”,張守節正義:“海之言晦也”等。[①]《故訓匯纂》中釋“海”爲“晦”者有近二十條。[②]“晦”也體現了古人對“海”的最初直觀認識——寬闊無垠,遼遠昏晦。

同時,古人很早就認識到所居陸地的東面是海。《禮記・鄉飲酒義》載:“亨狗於東方,祖陽氣之發於東方也。洗之在阼,其水在洗東,祖天地之左海也。”[③]“東則左也”;[④]再如《楚辭・大招》:“東有大海,溺水浟浟只。螭龍並流,上下悠悠只”。[⑤]人們以感性的思維,自然而然地認爲既然東邊是大海,那四方皆爲海域。在此基礎上,伴隨中原文明的突出及因交通開發有限所導致的對遠方知識的匱乏,逐漸形成了“四海”這一先秦時期海洋地理觀最重要的概念。[⑥]事實上,中國大陸僅東、南方是海洋。西面的海要到黑海,北部更是要遠至北冰洋。

所謂“四海”,“猶四方也”,[⑦]簡言之,即是古代在内陸與海洋方位關係認識尚未清晰的前提下,以“海”作爲四方邊界,用以標識疆域的宏觀概念。如《詩經・商頌・玄鳥》中:“邦畿千里,維民所止,肇域彼四海。”[⑧]《尚書・大禹謨》中見:“文命敷於四海,祗承于帝”等。[⑨]《荀子・議兵》也説:“且仁人之用十里之國,則將有百里之聽;用百里之國,則將有千里之聽;用千里之國,則將有四海之聽,必將聰明警戒,和傳而一。”[⑩]不過,作爲當時人們在客觀條件下對周邊地理環境有限認知的體現,這裏的“海”多非實稱,而是指相較於中原之外的遥遠的天限邊際,類似前文所言之“晦”。如清華簡《赤鵠之集湯之屋》中見:“受亓(其)餘而嘗之,亦卲(昭)然,四晉(海)之外,亡(無)不見也。”[⑪]又《楚帛書・甲篇》:“乃命山川四晦(海)。□熱氣寒氣,以爲其衮,以涉山陵、瀧汨凼澫。”[⑫]“四海”在這裏均作“四晦”。

“四海”中的“海”,意義更多體現爲“荒晦絶遠之地”,具體到底是指“海水”還是“陸地”,不可一概而論。如《爾雅》中見:“東至於泰遠,西至於邠國,南至於濮鈆,北至於祝栗,謂之四極;觚竹,北户,西王母,日下,謂之四荒;九夷,八狄,七戎,六蠻,謂之四海。”[⑬]這是早

① 《史記》卷七〇《張儀列傳》,2283 頁。
② 宗福邦、陳世鐃、蕭海波:《故訓匯纂》,北京:商務印書館,2003,1261 頁。
③ [清]孫希旦撰,沈嘯寰、王星賢點校:《禮記集解》卷五九《鄉飲酒義》,北京:中華書局,1989,1434 頁。
④ [宋]吕大臨等撰,陳俊民輯校:《藍田吕氏遺著輯校》,北京:中華書局,1993,398 頁。
⑤ [宋]朱熹集注:《楚辭集注》卷七《大招》,117 頁。
⑥ 王子今:《上古地理意識中的“中原”與“四海”》,《中原文化研究》2014 年第 1 期。
⑦ [清]孫詒讓撰,王文錦、陳玉霞點校:《周禮正義》卷六二《夏官・校人》,北京:中華書局,2013,3157 頁。
⑧ 程俊英、蔣見元:《詩經注析》,1030 頁。
⑨ [漢]孔安國傳,[唐]孔穎達正義:《尚書正義》卷四《大禹謨》,[清]阮元校刻《十三經注疏》(清嘉慶刊本),北京:中華書局,2009,282 頁。
⑩ [清]王先謙撰,沈嘯寰、王星賢點校:《荀子集解》卷一〇《議兵》,北京:中華書局,1988,268 頁。。
⑪ 清華大學出土文獻研究與保護中心編:《清華大學藏戰國竹簡(叁)》,上海:中西書局,2012,167 頁。
⑫ 李零:《子彈庫帛書(下)》,北京:文物出版社,2017,58 頁。
⑬ [晉]郭璞注:《爾雅》,北京:中華書局,2020,133 頁。

期將"四海"理解爲陸地區域的經典表述。楊伯峻指出:"古人以中國之四周皆爲海,故《爾雅·釋地》云'九夷、八狄、七戎、六蠻謂之四海'。"①顧炎武《日知録》卷二二"四海"條指出:"然'五經'無'西海''北海'之文,而所謂'四海'者,亦概萬國而言之爾。""然則《詩》《書》所稱'四海',實環華裔而四之,非寓言也。"②胡渭《禹貢錐指》中也説:"古書所稱四海,皆以地言,不以水言。"③但是,《尚書》中所説的"東漸於海,西被於流沙……訖於四海"④"予決九川,距四海,浚畎澮距川;暨稷播,奏庶艱食鮮食"⑤以及《孟子》中所言"禹之治水,水之道也。是故禹以四海爲壑""原泉混混,不舍晝夜,盈科而後進,放乎四海"之"四海"又無疑爲諸水所匯聚之海,⑥戰國末期齊人鄒衍提出"大九州"的地理學説,"中國外如赤縣神州者九,乃所謂九州也。於是有裨海環之",⑦九州均有大海環繞,"人民禽獸莫能相通",其中提及的"四海"之"海"自然也是環繞州外、四方的海水。

如顧頡剛、童書業所説:"最古的人實在是把海看做世界的邊際的,所以有'四海'和'海内'的名稱。"⑧"海内"即是國内,"海外"則爲域外。"海",在很大程度上體現一種與中原相對的地理隔離,泛指環繞四周,荒晦偏遠的海域或邊界。事實上,在今吴方言中,"邊緣"仍被稱"海",稱東邊、西邊、南邊、北邊爲東海、西海、南海、北海。有學者也指出,泰韻"邊緣"義的"海"雖然在北方地區很早就消失了,但在南方方言中却一直保留至今。⑨

在指稱四方邊界的基礎上,"四海"延伸爲"天下"之意。類似意思如《尚書·伊訓》"今王嗣厥德,罔不在初。立愛惟親,立敬惟長。始於家邦,終於四海"⑩及《周禮·秋官·司寇》"而憲邦之刑禁,以詰四方邦國及其都鄙,達於四海"等等。⑪ 像《逸周書》中所記"天下一旦而定,奄有四海",⑫"天下"更是與"四海"直接相對。在其餘諸子著作中,天下之"四海"更是屢見,如《孟子·盡心上》:"廣土衆民,君子欲之,所樂不存焉。中天下而立,定四海之民,君子樂之,所性不存焉。"⑬《荀子·堯問》:"堯問於舜曰:'我欲致天下,爲之奈何?'對曰:'執一無失,行微無怠,忠信無勌,而天下自來。執一如天地,行微如日月,忠誠盛於内,賁於

① 楊伯峻:《春秋左傳注》,北京:中華書局,2000,289頁。
② [明]顧炎武著,[清]黄汝成集釋:《日知録集釋》卷二二《四海》,《四部備要》,北京:中華書局,1989,第64册,397頁。
③ [清]胡渭:《禹貢錐指》,上海古籍出版社,2006,652頁。
④ [漢]孔安國傳,[唐]孔穎達正義:《尚書正義》卷六《禹貢》,[清]阮元校刻《十三經注疏》(清嘉慶刊本),323頁。
⑤ [漢]孔安國傳,[唐]孔穎達正義:《尚書正義》卷五《益稷》,[清]阮元校刻《十三經注疏》(清嘉慶刊本),296頁。
⑥ [清]焦循撰,沈文倬點校:《孟子正義》卷二五《告子章句下》、卷一六《離婁章句下》,北京:中華書局,1987,859、563頁。
⑦ 《史記》卷七四《孟子荀卿列傳》,2344頁。
⑧ 顧頡剛、童書業:《漢代以前中國人的世界觀與域外交通的故事》,《禹貢半月刊》第5卷第3、4合期,1936。
⑨ 蔡佞:《"北海、南海"新解》,《語言文字週報》2018年8月15日第3版。
⑩ [漢]孔安國傳,[唐]孔穎達正義:《尚書正義》卷八《伊訓》,[清]阮元校刻《十三經注疏》(清嘉慶刊本),344頁。
⑪ [清]孫詒讓撰,王文錦、陳玉霞點校:《周禮正義》卷七〇《秋官·司寇》,2889頁。
⑫ [清]朱右曾:《周書集訓校釋》,《續修四庫全書》,上海古籍出版社,2002,第301册,151頁。
⑬ [清]焦循撰,沈文倬點校:《孟子正義》卷二六《盡心章句上》,905頁。

外,形於四海,天下其在一隅邪! 夫有何足致也?’”[①]《墨子・非攻下》:“一天下之和,總四海之内。”[②]《韩非子・奸劫弑臣》:“明主者,使天下不得不爲己視,使天下不得不爲己聽。故身在深宫之中,而明照四海之内,而天下弗能蔽、弗能欺者,何也? 闇亂之道廢而聰明之勢興也。”[③]此外,《論語・顔淵》“四海之内,皆兄弟也”,[④]更爲大家所熟知。

“天下”之“四海”,當然與自然地理意义的“四海”有一定關係,但更是先秦時期人們在對海洋與陸地空間想象基礎上,對世界秩序的一種初步構想,具有虚實結合的特點。像《莊子・秋水》中:“計四海之在天地之間也,不似礨空之在大澤乎? 計中國之在海内,不似稊米之在大倉乎?”[⑤]借助於想象,以愈加廣闊的“天地之間”來審視“四海”,體現出了更爲開放、博大的世界觀。而到西漢時,“四海”更是可以理解爲與“四方”“八極”以及“天地”“六合”“四維”“宇宙”構成可以比照和對應的概念。其意義又超越了僅限於平面的情形,具有了與立體空間照應的意義。[⑥]

三　早期“北海”的基本内涵

先秦時期,與“四海”同時,伴隨東、西、南、北等方位地理意識的明確,“北海”以及“東海”“南海”“西海”也隨之出現。但在前述“四海”觀念之下的海洋觀抑或世界觀的前提下,早期的“北海”,内涵是非常寬泛的,與我們後世所理解的北海有很大區别。《荀子・王制》中載:“北海則有走馬、吠犬焉,然而中國得而畜使之;南海則有羽翮、齒革、曾青、丹干焉,然而中國得而財之;東海則有紫紶、魚鹽焉,然而中國得而衣食之;西海則有皮革、文旄焉,然而中國得而用之。”[⑦]楊伯峻就指出:“《荀子・王制篇》云:‘北海則有走馬吠犬焉,然而中國得而畜使之;南海則有羽翮、齒革、曾青、丹干焉。’《注》云:‘海謂荒晦絶遠之地。’則此所謂北海、南海者,猶言極北、極南,不必以實地證之。”[⑧]如《荀子譯注》中所言:“北海,特指北方邊遠地區。下文的‘東海’‘南海’‘西海’亦類同。”[⑨]再如《墨子・尚賢》中:“昔者傅説居北海之洲,圜土之上,衣褐帶索,庸築於傅岩之城。”[⑩]這裏也是强調北海爲北方人煙稀少、地廣人稀之處。此外,大家熟悉的《左傳・僖公四年》中:“四年春,齊侯以諸侯之師侵蔡,蔡潰,遂

① [清]王先謙撰,沈嘯寰、王星賢點校:《荀子集解》卷二〇《堯問》,547頁。
② 吴毓江撰,孫啓智點校:《墨子校注》卷五《非攻下》,北京:中華書局,2006,218頁。
③ [清]王先慎撰,鍾哲點校:《韓非子集解》卷四《姦劫弑臣》,北京:中華書局,1998,101頁。
④ 楊伯峻:《論語譯注》卷一二,北京:中華書局,2002,125頁。
⑤ [清]王先謙:《莊子集解》卷四《秋水》,139頁。
⑥ 王子今:《上古地理意識中的“中原”與“四海”》。
⑦ [清]王先謙撰,沈嘯寰、王星賢點校:《荀子集解》卷五《王制》,161-162頁。
⑧ 楊伯峻:《春秋左傳注》,289頁。
⑨ 張覺:《荀子譯注》,上海古籍出版社,1995,195頁。
⑩ 吴毓江撰,孫啓智點校:《墨子校注》卷二《尚賢下》,97頁。

伐楚。楚子使與師言曰:'君處北海,寡人處南海,唯是風牛馬不相及也。'"①事實上,楚疆域距海非常之遠,晉杜預認爲"楚界猶未至南海,因齊處北海,遂稱所近"②。但從句式看,"北海"與"南海"相對,前後兩"海"的意思無疑相同,若將"海"解爲"晦",代喻偏遠之地,則文從字順,意思流暢。

當然,北海也指海,像前述清華簡所引的《莊子・秋水》,再如《列子・湯問》中:"禹之治水土也,迷而失塗,謬之一國。濱北海之北,不知距齊州幾千萬里。"③但距齊州幾千萬里的海,無疑是在東方有海的基礎上所想象的位於陸地最北方的邊緣海。此外,再如《孟子・梁惠王上》:"故王之不王,非挾太山以超北海之類也;王之不王,是折枝之類也。"④《晏子春秋》:"景公問晏子曰:'天下有極大乎?'晏子對曰:'有。足游浮雲,背淩蒼天,尾偃天間,躍啄北海,頸尾咳於天地乎!然而漻漻不知六翮之所在'。"⑤及《列子・湯問》中"終北之北有溟海者,天池也,有魚焉,其廣數千里,其長稱焉,其名爲鯤"等,⑥這幾處"北海"明顯包含誇張與神話的色彩,類似虛指的"天池"。而《山海經》裏的"海洋世界",在包含着先民對當時地理知識部分客觀認知的同時,更是充满了想象和臆造,裏面的"北海"奇詭怪誕,如"北海内有獸,其狀如馬""北海之渚中,有神,人面鳥身,珥兩青蛇,踐兩赤蛇,名曰禺彊"等等,⑦意趣十足,想象豐富,類似一個飄渺難測、超脱自然的神山仙境。

從相關文獻看來,在先秦甚至其後很長一段時間,每每以"海"來指稱具體的海,這可能與當時人們所能接觸的現實中的大海,衹是"東海",即今天的渤海、黄海和東海區域有關。《管子・小匡》中管子談及齊國疆土説:"地南至于岱陰,西至於濟,北至於海,東至于紀隨。"⑧"海"無疑爲渤海。除清華簡外,傳世文獻對齊長城東端也有記載,如前述《史記正義》引《太山郡記》《括地志》所言至"琅邪臺入海",同時,還引《齊記》:"齊宣王乘山嶺之上築長城,東至海,西至濟州千餘里,以備楚"。⑨《太山記》:"太山西北有長城,緣河經太山千餘里,瑯邪入海。"⑩此外,《集解》引徐廣語:"濟北盧縣有防門,又有長城。東至海。"⑪另《水經注》"濟水"及"汶水"分别見:"平陰城南有長城,東至海,西至濟,河道所由,名防門,去平陰三

① 楊伯峻:《春秋左傳注》,289 頁。
② [晉]杜預:《春秋經傳集解》,上海古籍出版社,1988,245 頁。
③ 楊伯峻:《列子集釋》卷五《湯問》,163 頁。
④ [清]焦循撰,沈文倬點校:《孟子正義》卷三《梁惠王章句上》,85 頁。
⑤ 唐子恒校:《晏子春秋》,南京:鳳凰出版社,2017,143 頁。
⑥ 楊伯峻:《列子集釋》卷五《湯問》,156-157 頁。
⑦ 袁珂:《山海經校注》卷一七《大荒北經》,上海古籍出版社,1980,246、425 頁。
⑧ 黎翔鳳撰,梁運華整理:《管子校注》卷八《小匡》,北京:中華書局,2004,424 頁。
⑨ 《史記》卷四〇《楚世家》,1732 頁。
⑩ 《史記》卷四三《趙世家》,1800 頁。
⑪ 《史記》卷六九《蘇秦列傳》,2268 頁。

里”“山上有長城,西接岱山,東連琅邪巨海,千有餘里,蓋田氏之所造也”。[①] 均爲“至海”“入海”,僅《續漢書·郡國志》濟北國條記載:“有長城至東海。”[②]以上可知,清華簡中所見“北海”的説法在早期并不流行。

對於海洋溟溟濛濛未知世界的進一步探索,在秦漢時期纔進入了有較明確歷史記録的新時代。對於海洋的認識,中原人逐漸走出了以“晦”爲文字表現的蒙昧境地。[③] 據相關資料,伴隨中原王朝的開疆拓土及北方民族入主中原帶來的域外地理認識擴展,“北海”在漢以後纔開始真正意義上實指某地。如《史記》記載元狩四年霍去病出擊匈奴“臨瀚海”,匈奴單于“留郭吉不歸,遷之北海上”,以及奄蔡國“臨大澤,無崖,蓋乃北海云”。[④]《漢書》中説到蘇武齧雪吞氈“數日不死。匈奴以爲神,乃徙武北海上無人處”。[⑤] 就這裏“北海”,王先謙《漢書補注》中説:“齊召南曰:‘按北海爲匈奴北界,其外即丁令也。塞外遇大水澤通稱爲海。《唐書·地理志》骨利幹、都播二部落北有小海,冰堅時馬行八日可渡。海北多大山,即此北海也。今曰白哈兒湖,在喀爾喀極北,鄂羅斯國之南界。’”[⑥]“白哈兒湖”即今貝加爾湖,此説基本爲當今學界所認可。而《史記·項羽本紀》又記:“徇齊至北海,多所殘滅”[⑦],這裏自然又是指“渤海”。《漢書·五行志》中:“成帝永始元年春,北海出大魚,長六丈,高一丈,四枚”[⑧],此應當是指北海郡所屬的渤海萊州灣南海岸一帶。因此,“北海”所指也并不一致。“北海”中的“北”仍然具有非常明顯的方位指向特徵。

選取一點,以“四海”想象爲基礎,按東、西、南、北四個方位進行命名,是中國古代命名東、西、南、北海的基本地理思維,但是這一點的選擇往往是根據相應國土疆域的中心位置來確定的,因此,包括“北海”在内的東、西、南、北海在後世文獻中的方位指向雖然越來越明確,但是由於坐標定位的移動不定,自然會産生所指位置移動和混淆的現象。而在“天下”的認知邏輯中,海洋不可能有“中國”之海和“外國”之海的區分,也不可能有海域的權力界限,特别是在先秦漢唐對海域認知還處於整體和模糊狀態的時期。[⑨] 至唐代,貝加爾湖被稱爲小海,[⑩]“北海”則成了更爲偏遠靠北的“鄂霍茨克海”。[⑪] 元時,郭守敬編製《授時曆》,在北海

---

① [北魏]酈道元著,陳橋驛校:《水經注校證》卷八《濟水》、卷二六《汶水》,北京:中華書局,2007,208、629頁。
② 《後漢書》卷一一一《郡國志三》,北京:中華書局,2000,3454頁。
③ 王子今:《上古地理意識中的“中原”與“四海”》。
④ 《史記》卷一一〇《匈奴列傳》、卷一二三《大宛列傳》,2912、3161頁。
⑤ 《漢書》卷五四《李廣蘇建傳》,2463頁。
⑥ [清]王先謙:《漢書補注》,北京:中華書局,1983,1135頁。
⑦ 《史記》卷七《項羽本紀》,321頁。
⑧ 《漢書》卷二七《五行志》,1431頁。
⑨ 黄純艷:《宋元海洋知識中的“海”與“洋”》,《學術月刊》2020年第3期。
⑩ 《新唐書》卷二一七下《回鶻列傳》:“都播,亦曰都波,其地北瀕小海,西堅昆,南回紇,分三部,皆自統制。”(北京:中華書局,1975,6144頁)小海,即貝加爾湖。
⑪ 《通典》卷二〇〇《邊防十六》:“流鬼在北海之北,北至夜叉國,餘三面皆抵大海,南去莫設靺鞨船行十五日。”(北京:中華書局,1988,5491頁)

設日影觀測點,《元史·天文志》載:"北海,北極出地六十五度,夏至晷景長六尺七寸八分,晝八十二刻,夜一十八刻。"①這説明"北海"已在北極圈以内。同時,在漢以後的釋、道著作中,還往往以"北海"之名指代虛無之地,如南梁釋僧佑的《釋迦譜》中,便用東海、西海、北海之名來記述早期佛教發展中的"四大河"。②

事實上,直至宋元,隨着海洋知識的積累及航海實踐的發展,"四海"觀念格局的知識框架纔逐步被突破,按照近海地域命名海域的形式開始出現。但就是這個時期,"九州—四海"的天下觀念仍然有着很大影響力。《文獻通考》中就提到:"國家駐蹕東南,東海、南海實在封域之内","其西、北海遠在夷貊,獨即方州行二時望祭之禮。"③而吴澄在所撰《大瀛海道院記》碑文中也寫道"海之環旋,東、西、南、北相通也。而西海、北海人所不見,何也?"④

再如"東海",單就後世所指海域而言,應是北接黄海,南至臺灣海峽南段,與南海爲鄰的區域海。但如《左傳·襄公二十九年》中所記:"爲之歌《齊》,曰:'美哉,泱泱乎! 大風也哉! 表東海者,其大公乎! 國未可量也。'"⑤《荀子·正論》中:"淺不足與測深,愚不足與謀知,坎井之鼃,不可與語東海之樂。"⑥這裏的"東海",無疑是泛指整個東部沿海區。而《孟子·離婁上》中"太公辟紂,居東海之濱",⑦以及《韓非子·外儲説右上》"太公望東封於齊,齊東海上有居士曰狂矞、華士昆弟二人者……"等,⑧從位置看,則是指今天的黄海範圍。《管子》中:"古之封禪,鄗上之黍,北里之禾,所以爲盛;江淮之間,一茅三脊,所以爲藉也;東海致比目之魚,西海致比翼之鳥……""東海之子類於龜,托捨於若。賜若大夫之服以終而身,勞若以百金",⑨則應爲虛指的東方偏遠之地。根據相關資料,在整個先秦漢唐時期,對已經有頻繁海上交往的"東海"和"南海"地區,一直未有明確的海域劃分。宋在明州設東海神祭祀本廟,也是將北起渤海,南到福建一帶的海域均認定爲東海。直到明清時期,纔將東部海洋區分爲東海、黄海兩部分,并把東海的範圍限定在長江口以南。

小結

以上,由"海"至"四海",再至"北海",我們不難瞭解先秦時期的"北海",并非單一確指某一片海域或陸地,而是往往在以中原爲基點的地理判斷基礎上,作爲一個虛擬地域觀念,

① 《元史》卷四八《天文志一》,北京:中華書局,1976,1000頁。
② [梁]釋僧祐:《釋迦譜》卷一,中華大藏經編輯局編《中華大藏經》,北京:中華書局,1992,第52册,490頁。
③ [宋]馬端臨:《文獻通考》卷八三《郊社考十六》,北京:中華書局,2011,2560頁。
④ [元]吴澄:《吴文正集》卷四八,文淵閣《四庫全書》影印本,1990,第1197册,499頁。
⑤ 楊伯峻:《春秋左傳注》,1162頁。
⑥ [清]王先謙撰,沈嘯寰、王星賢點校:《荀子集解》卷一二《正論》,331頁。
⑦ [清]焦循撰,沈文倬點校:《孟子正義》卷二七《盡心章句上》,911頁。
⑧ [清]王先慎撰,鍾哲點校:《韓非子集解》卷一三《外儲説右上》,315頁。
⑨ 黎翔鳳撰,梁運華整理:《管子校注》卷二二《山權數》,953、1316頁。

對北方偏遠不清的蠻荒之地及地處極北方的海洋的稱呼,“或循想象之端,或考虛無之地”,甚至是遥遠的“天池”。

按清華簡《繫年》所記,與“北海”相對,齊長城西起之地爲“南山”。陳民鎮先生指出:泰山位於齊國的南部,也一直被視爲齊國南部的屏障,“南山”很有可能是指泰山。[①] 據相關文獻,齊長城西端爲平陰城南防門。[②] 就古平陰防門地望,學界多從《左傳・襄公十八年》中所記晉伐齊一役予以考證,即“冬十月,會於魯濟,尋湨梁之言,同伐齊。齊侯禦諸平陰,塹防門而守之,廣里。”[③]此段文字,不僅詳述了襄公十八年晉伐齊的整個過程,還提及了齊長城源頭處的濟、防、平陰、盧、邿、京兹等地名。經考證,齊長城西起之地,“就位於現在山東省濟南市長清區孝里鎮廣里村以北400餘米處”,[④]方位爲東經116°34′33.30″,北緯36°21′32.00″。[⑤] 與清華簡所記“齊人焉始爲長城於濟”相符。

關於“南山”,《詩經・齊風・南山》中載:“南山崔崔,雄狐綏綏。魯道有蕩,齊子由歸。”[⑥]西周早期器啓卣(《集成》5410)銘見:“王出狩南山。”[⑦]陳絜先生指出“銘文所涉及的‘南山’與‘洀水’,似屬東土地名”,“銘文所記實乃康王東土田獵巡狩之事”,“南山”“屬於東土地名……其具體位置初步估計是在作爲齊長城西端起始點的山東平陰附近。”[⑧]從位置看,齊國位於濟水和黄河下游,齊長城西端毗鄰古濟水,地處泰沂山脈餘脈的最西端。結合“北海”的具體内涵,若將“南山”理解爲泰山,則過於具體,此處“南山”應非是一座具體的山峰。事實上,齊長城西起之地距離泰山的直綫距離近50公里。這樣看來,《繫年》中“北海”與“南山”應是對方位地勢的泛指,清華簡整理者指出“南山”係齊國南部邊界平陰一帶的丘陵,[⑨]是較爲合理的。所謂“北海”,也不必落實爲黄海或渤海,應是與“南部山地”相對,對北方偏遠海域的泛指。單就簡文所述,與目前所見齊長城遺址“東起濟水之畔、自泰山餘脈延伸至黄海”的情況并不相悖。

附記　審稿專家提出諸多修改意見,謹致謝忱!

① 陳民鎮:《齊長城新研——從清華簡〈繫年〉看齊長城的若干問題》。

② 《史記・集解》引徐廣語:“濟北盧縣有防門,又有長城東至海。”《正義》引《括地志》:“長城西北起濟州平陰縣。”(《史記》卷六九《蘇秦列傳》、卷四〇《楚世家》,2268、1732頁)另,《水經注》“濟水”引京相璠語:“平陰城南有長城,東至海,西至濟,河道所由,名防門,去平陰三里。”([北魏]酈道元著,陳橋驛校:《水經注校證》卷八《濟水》,208頁)

③ 楊伯峻:《春秋左傳注》,1037頁。

④ 任相宏:《齊長城源頭建置考》,山東大學東方考古研究中心編《東方考古》第1輯,北京:科學出版社,2004,273頁。

⑤ 路宗元主編:《齊長城》,16頁。

⑥ 程俊英、蔣見元:《詩經注析》,274頁。

⑦ 中國社會科學院考古研究所編:《殷周金文集成》,北京:中華書局,1990,第10册,326頁。

⑧ 陳絜:《“梁山七器”與周代巡狩之制》,《漢學研究》(臺北)總34卷第1期,2016。

⑨ 清華大學出土文獻研究與保護中心編:《清華大學藏戰國竹簡(貳)》,188頁。

釋清華簡《越公其事》之弳*

□ 華東師範大學中國文字研究與應用中心 孫濤

内容提要 清華簡《越公其事》之"弳"跟《國語·吴語》之"經"對應,并讀爲"鉦"。"鉦"是古代行軍樂器,屬於古代指揮戰爭專用器物"金鼓旌旗"之"金"。"疌(挾)弳(鉦)秉橐(枹)"指吴王夫差手持鉦和鼓槌,是古代將帥指揮戰爭的人物形象。

關鍵詞 清華簡 《越公其事》 弳 鉦

"弳"見於2017年公布的清華簡(柒)《越公其事》第一章:

(1)乃史(使)夫=(大夫)住(種)行成於吴帀(師),曰:"……虘(吾)君天王,以身被甲冨(胄),戟(敦)力鈠鎗(槍),疌(挾)弳秉橐(枹),晷(振)鳴□□□親辱於募(寡)人之敝=(敝邑)。"(簡1–4)

清華簡整理者解釋道:

疌弳秉橐,《國語·吴語》作"挾經秉枹",韋昭注:"在掖曰挾。"疌,與陳劍所釋曾侯乙墓竹簡"疌"字相近(《釋"疌"及相關諸字》,載《出土文獻與古文字研究》第五輯,上海古籍出版社,二〇一三年)。疌,從母葉部,挾,匣母葉部,讀音相近。弳,見於馬王堆

* 本文係上海市哲社規劃課題"基於語料庫的秦漢簡帛用字習慣研究"(2018BYY007)階段性成果。

漢墓遣册,當是弓箭類兵器。[1]“弳”字亦見於齊國陶文,作人名,與字書中弧度義之“弳”不是一字。《國語·吴語》作“經”。俞樾曰:“世無臨陣而讀兵書者,‘經’當讀爲‘莖’,謂劍莖也。《考工記·桃氏》曰:‘以其臘廣爲之莖圍。’注曰:‘鄭司農云:“莖謂劍夾,人所握鐔以上也。”玄謂:莖,在夾中者。莖長五寸。’此云挾莖,正謂此矣。作‘經’者,假字耳。”櫜,讀爲“枹”,鼓槌……秉枹,秉持鼓槌。《國語·吴語》:“王乃秉枹。”[2]

王輝同意“劍”説,[3]後來羅小華提出“弳”可指箭莖或旗竿兩個新意見,[4]李守奎、蕭旭皆同意“箭莖”説。[5] 子居認爲“弳”指强弓。[6] 石小力綜合諸説,指出“今本的‘經’雖然表示的具體器物還有待進一步研究,但與簡本‘弳’字皆表示某一兵器則是肯定的,韋昭訓爲‘兵書’明顯是錯誤的”。[7]

楚簡相關内容簡要而且有殘缺,與之相關的《國語·吴語》内容如下:

(2)吴王昏乃戒,令秣馬食士。夜中,乃令服兵擐甲,係馬舌,出火竈,陳王卒百人,以爲徹行百行。行頭皆官師,擁鐸拱稽,建肥胡,奉文犀之渠。十行一嬖大夫,建旌提鼓,挾經秉枹。十旌一將軍,載常建鼓,挾經秉枹。萬人以爲方陣,皆白常、白旟、素甲、白羽之矰,望之如荼。王親秉鉞,載白旗以中陳而立……爲帶甲三萬,以勢攻,雞鳴乃定。既陳,去晉軍一里。昧明,王乃秉枹,親就鳴鍾鼓、丁寧、錞于,振鐸。勇怯盡應,三軍皆譁釦以振旅,其聲動天地。[8]

清華簡整理者已指出《越公其事》“走弳秉櫜”對應《國語·吴語》“挾經秉枹”,此説無疑是可

---

① 按馬王堆漢墓遣册之“弳”,當從伊强釋作“檠”,指校弓器;西北屯戍漢簡“檠弩繩”“檠持”等詞皆與之相關;通過跟秦兵馬俑一號坑出土“檠”的對照,可知馬王堆三號漢墓出土所謂“木弓形器”即“檠”,這跟遣册記載正可互證。參見伊强《馬王堆三號漢墓遣策補考》,李學勤主編《出土文獻》第9輯,上海:中西書局,2016,220頁;李均明《尹灣漢墓出土“武庫永始四年兵車器集簿”初探》,連雲港市博物館、中國文物研究所編《尹灣漢墓簡牘綜論》,北京:科學出版社,1999,100-101頁;申茂盛《秦俑坑出土弓弩“檠”新探》,秦始皇帝陵博物院編《秦始皇帝陵博物院2016》總6輯,西安:陝西師範大學出版總社,2016,69-75頁;湖南省博物館、湖南省文物考古研究所編著《長沙馬王堆二、三號漢墓》第1卷《田野考古發掘報告》,北京:文物出版社,2004,233、235頁,圖版九三:3。

② 李學勤主編:《清華大學藏戰國竹簡(柒)》,上海:中西書局,2017,114、115-116頁。

③ 王輝:《一粟居讀簡記(十)》,《視月集——王輝文存三》,北京:商務印書館,2020,255-257頁。

④ 羅小華:《清華簡〈越公其事〉簡3“挾弳秉櫜”臆説》,簡帛網,2017年4月25日。

⑤ 李守奎:《〈國語〉故訓與古文字》,《漢字漢語研究》2018年第2期。蕭旭:《清華簡(七)校補(二)》,復旦大學出土文獻與古文字研究中心網站,2017年6月5日。

⑥ 子居:《清華簡七〈越公其事〉第一章解析》,中國先秦史網,2017年12月13日。

⑦ 石小力:《清華簡〈越公其事〉與〈國語〉合證》,《文獻》2018年第3期。

⑧ 徐元誥撰,王樹民、沈長雲點校:《國語集解》,北京:中華書局,2002,548-550頁。

信的。也就是説，“弳”“經”正相對應，意義相同（後文統一用“弳”）。下面我們就來看語境清楚的《國語·吴語》的相關内容。

細審文意，我們發現“建旌提鼓/載常建鼓，挾經秉枹”并不是普通士兵的動作，其主語是嬖大夫、將軍等各級别戰爭指揮者。《越公其事》“盍弳秉橐”的“天王”指吴王夫差，[①]這明顯也是戰爭指揮者。

古代戰爭主要靠聽覺上的“金鼓”和視覺上的“旌旗”四類工具傳遞各種信息。《孫子兵法·軍爭篇》引《軍政》曰：“言不相聞，故爲金鼓；視不相見，故爲旌旗。”杜佑注“金，鉦鐸也。聽其音聲，以爲耳候”，“瞻其指麾，以爲目候”。又《軍爭篇》：“夫金鼓旌旗者，所以一人之耳目也。”李筌注：“鼓進鐸退，旌賞而旗罰。耳聽金鼓，目視旌旗，故不亂也。”張預注：“夫用兵既衆，占地必廣，首尾相遼，耳目不接，故設金鼓之聲，使之相聞，立旌旗之形，使之相見。”同書《勢篇》：“鬬衆如鬬寡，形名是也。”曹操注：“旌旗曰形。金鼓曰名。”又“鬬亂而不可亂也”，曹操注：“旌旗亂也，示敵若亂，以金鼓齊之。”又“故善動敵者”，杜牧注：“晝則旌旗相續，夜則鉦鼓相應。”[②]銀雀山漢簡（壹）《孫子兵法·［軍爭］》75－76：“是故軍……鼓金；視不相見，故爲旌旗。是故晝戰多旌旗，夜戰多鼓金。［鼓金］旌旗者，所以壹民之耳目也。”[③]這跟上引傳世《孫子兵法》存在異文，但是内容基本一致。《吴子·論將》：“夫鼙鼓金鐸，所以威耳。旌旗麾幟，所以威目。”又《應變》：“凡戰之法，晝以旌旗旛麾爲節，夜以金鼓笳笛爲節。麾左而左，麾右而右，鼓之則進，金之則止。”[④]《國語·晉語一》：“變非聲章，弗能移也。聲章過數則有釁，有釁則敵入。”韋昭注：“聲，金鼓也。章，旌旗也。移，動也。”[⑤]戰場上軍隊的一舉一動都要聽從“金鼓旌旗”的指揮，因此這四類工具是軍權的象徵，專門由將軍等指揮者使用。《漢書·平帝紀》：“遣執金吾候陳茂假以鉦鼓。”應劭注：“將帥乃有鉦鼓，今茂官輕兵少，又但往諭曉之耳，所以假鉦鼓者，欲重其威也。”[⑥]《後漢書·賈復列傳》：“（賈復）於是被羽先登。”李賢注：“被猶負也。析羽爲旌旗，將軍所執。先登，先赴敵也。”[⑦]《國語·吴語》“建旌提鼓/載常建鼓，挾經秉枹”是專屬於指揮者的行爲，而且已見“旌”“常（旗）”“鼓”三種指揮戰爭常用的工具，[⑧]因此該句應跟“金鼓旌旗”四類指揮戰爭的專用器物關係密切。據此，目前諸家釋“弳”爲“兵書”“劍莖”“箭莖”“强弓”或“檠”跟“金鼓旌旗”的關係皆不密

① 李學勤主編：《清華大學藏戰國竹簡（柒）》，115頁注7。

② ［春秋］孫武撰，［三國］曹操等注，楊丙安校理：《十一家注孫子校理》，北京：中華書局，2012，183、184、108、116、121、122頁。

③ 銀雀山漢墓竹簡整理小組編：《銀雀山漢墓竹簡［壹］》，北京：文物出版社，1985，15頁。

④ 婁熙元、吴樹平譯注：《吴子譯注·黄石公三略譯注》，石家莊：河北人民出版社，1992，29、33頁。

⑤ 徐元誥撰，王樹民、沈長雲點校：《國語集解》，263頁。

⑥ ［漢］班固撰，［清］王先謙補注：《漢書補注》卷一二《平帝紀》，上海古籍出版社，2008，485－486頁。

⑦ ［清］王先謙：《後漢書集解》卷一七《賈復列傳》，北京：中華書局，1984，245頁。

⑧ 按“常”指繪日月圖像之旗，《周禮·春官·司常》“司常掌九旗之物名”，“日月爲常”。參見［漢］鄭玄注，［唐］賈公彦疏：《周禮注疏》卷二七《司常》，［清］阮元校刻《十三經注疏》，北京：中華書局，1980，826頁。

切;而該句已經見"旌""旗"兩物,"旗竿"説與之重複,這恐怕也不妥當。總之,目前諸説似乎皆可商榷。

我們認爲"弳"讀爲"鉦"。上古音經是見母耕部,鉦是章母耕部,中古都是開口字。兩字聲母見章關係密切,常可通轉,[①]韻部相同,例可相通。《説文·赤部》:"浾,赬,棠棗之汁,或从水。浾,浾或从正。"段玉裁改作"浾,棠棗之汁也。从赤水。浾,浾或从正"。并注:"各本轉寫舛誤,今正。'浾'與'赬'音雖同而義異,别爲一字。非即'赬'字也。棠棗汁皆赤,故从赤水會意。""浾","正聲"。[②] "浾""赬"同音,而"浾"有由"正"得聲的異體字"浾"。又《赤部》:"赬,赤色也。从赤巠聲。《詩》曰:'魴魚赬尾。'赬,赬或从貞;赬,或从丁。"[③]"赬""赬""赬"三字是異體字,而典籍文獻中"貞"與"正"多可相通,[④]甲骨文、金文"正"可由"丁"得聲。[⑤] "正""壬"可通,銀雀山漢簡(壹)《孫子兵法·[軍爭]》80:"毋要癰癰(正正)之旗。"[⑥]白於藍指出:"今本《孫子·軍爭》'癰'作'正'。'癰'字所从'𡈼'旁似即'呈'字之訛。"[⑦]按"癰"實由"緹"得聲,而"緹"从"呈"聲,又《説文·口部》"呈","从口壬聲"。而"壬""巠"也可相通,孔家坡漢簡《日書·歲》478:"正(政)亂,下不聽(聽)。"[⑧]這裏从"壬"聲之"聽"寫作从"巠"聲之"聽"。以上是"正""巠"間接相通例。"赬"又作"竀",《左傳·哀公十七年》:"如魚竀尾。"杜預注:"竀,赤色。魚勞則尾赤。"[⑨]《爾雅·釋器》:"再染謂之赬。"[⑩]《周禮·考工記·鍾氏》"七入爲緇",鄭玄注引《爾雅》曰:"再染謂之竀。"陸德明《釋文》:

---

① 見章兩系聲母相通例,詳見陳初生《上古見系聲母發展中一些值得注意的綫索》,《古漢語研究》1989年第1期;劉釗《"稽"字考論》,《古文字考釋叢稿》,長沙:嶽麓書社,2004,351頁;吴澤順《漢語音轉研究》,長沙:嶽麓書社,2006,188-189頁;陳劍《據郭店簡釋讀西周金文一例》,《甲骨金文考釋論集》,北京:綫裝書局,2007,33頁;大西克也《戰國楚簡文字中讀作舌根音的幾個章組字》,中國古文字研究會、吉林大學古文字研究室編《古文字研究》第27輯,北京:中華書局,2008,513-518頁;大西克也《從出土資料再論章系字腭化的年代》,中國古文字研究會、中山大學古文字研究所編《古文字研究》第30輯,北京:中華書局,2014,557-562頁;李家浩《戰國幵陽布考》,《安徽大學漢語言文字研究叢書·李家浩卷》,合肥:安徽大學出版社,2013,119頁;王志平、孟蓬生、張潔《出土文獻與先秦兩漢方言地理》,北京:中國社會科學出版社,2014,120-140頁。

② [漢]許慎撰,[清]段玉裁注:《説文解字注》卷一九,上海古籍出版社,1988,492頁。

③ [漢]許慎撰,[宋]徐鉉校定:《説文解字》卷一〇下,北京:中華書局,2013,212頁。

④ 高亨纂著,董治安整理:《古字通假會典》,濟南:齊魯書社,1989,60頁;白於藍:《簡帛古書通假字大系》,福州:福建人民出版社,2017,1110、1153頁。

⑤ 黄德寬主編:《古文字譜系疏證》,北京:商務印書館,2007,2143頁;季旭昇:《説文新證》,福州:福建人民出版社,2010,118-119頁。

⑥ 銀雀山漢墓竹簡整理小組編:《銀雀山漢墓竹簡[壹]》,15頁。

⑦ 白於藍:《簡帛古書通假字大系》,1113頁。

⑧ 湖北省文物考古研究所、隨州市考古隊編:《隨州孔家坡漢墓簡牘》,北京:文物出版社,2006,185頁。

⑨ [晉]杜預注,[唐]孔穎達等正義:《春秋左傳正義》卷六〇《哀公十七年》,[清]阮元校刻《十三經注疏》,2179頁。

⑩ [晉]郭璞注,[宋]邢昺疏:《爾雅注疏》卷五《釋器》,[清]阮元校刻《十三經注疏》,2601頁。

“窺,本又作𧡟,亦作𧠪。”[①]窺亦由“正”得聲,《説文·穴部》:“窺,正視也。从穴中正見也,正亦聲。”[②]這是直接通假例。總之,從通假的角度,“弳”可通“鉦”。

鉦是古代行軍樂器,屬於“金鼓旌旗”之“金”。古代擊鼓以進攻,鳴金以收兵,兩者相互配合。《周禮·地官·鼓人》:“鼓人掌教六鼓、四金之音聲,以節聲樂,以和軍旅,以正田役。教爲鼓而辨其聲用:以雷鼓鼓神祀,以靈鼓鼓社祭,以路鼓鼓鬼享,以鼖鼓鼓軍事,以鼛鼓鼓役事,以晉鼓鼓金奏;以金錞和鼓,以金鐲節鼓,以金鐃止鼓,以金鐸通鼓。”鄭玄注:“鐲,鉦也,形如小鍾,軍行鳴之,以爲鼓節。《司馬職》曰:‘軍行鳴鐲。’”《夏官·大司馬》:“中春教振旅,司馬以旗致民,平列陳如戰之陳。辨鼓、鐸、鐲、鐃之用,王執路鼓,諸侯執賁鼓,軍將執晉鼓,師帥執提,旅帥執鼙,卒長執鐃,兩司馬執鐸,公司馬執鐲,以教坐作、進退、疾徐、疏數之節。”[③]鐲即鉦,《説文·金部》:“鐲,鉦也。从金蜀聲。《軍法》:‘司馬執鐲。’”[④]相關内容見於上博簡(九)《陳公治兵》13:“又持八鼓五稱,鉦鐃以左,錞于以右;金鐸以坐,木鐸以起;鼓以進之,鼙以止之。”[⑤]劉雲考證“鉦鐃”實爲“鉦鑲”,即“鉦”。[⑥]“金鼓”之“金”泛指錞于、鉦、鐃、鐸等金屬樂器,進一步來看,典籍文獻中“金”又常特指“鉦”。《漢書·鼂錯傳》:“與金鼓之音相失。”顔師古注:“金,金鉦也。鼓所以進衆,金所以止衆也。”又《李陵傳》:“令曰:‘聞鼓聲而縱,聞金聲而止。’”顔師古注:“金謂鉦也。”[⑦]《淮南子·道應訓》:“襄子擊金而退之。”高誘注:“軍法:鼓以進衆,鉦以退之。”[⑧]《文選·子虚賦》:“摐金鼓。”韋昭注:“摐,擊也。”郭璞注:“金鼓,鉦也。”又《爲袁紹檄豫州》:“金鼓響振。”吕向注:“金,鉦。”[⑨]將《國語·吴語》“經”讀爲“鉦”,“建旌提鼓/載常建鼓,挾鉦秉枹”所見“旌”“常(旗)”“鉦(金)”“鼓”正是古代指揮戰爭所需的四類工具,這正與其語境相合。

《國語·吴語》之“弳”跟“鼓”“旌旗”“鼓枹”并見,而在典籍文獻中“鉦”“鼓”也多共見。《詩經·小雅·采芑》:“鉦人伐鼓,陳師鞠旅。”毛傳:“伐,擊也。鉦以静之,鼓以動之。”鄭箋云:“鉦也,鼓也,各有人焉。”[⑩]《漢書·東方朔傳》:“十九學孫吴兵法,戰陣之具,鉦鼓之

---

① [漢]鄭玄注,[唐]賈公彦疏:《周禮注疏》卷四〇《鍾氏》,[清]阮元校刻《十三經注疏》,919頁。
② [漢]許慎撰,[宋]徐鉉校定:《説文解字》卷七下,150頁。
③ [漢]鄭玄注,[唐]賈公彦疏:《周禮注疏》卷一二《鼓人》、卷二九《大司馬》,[清]阮元校刻《十三經注疏》,720-721、836頁。
④ [漢]許慎撰,[宋]徐鉉校定:《説文解字》卷一四上,298頁。
⑤ 俞紹宏、張青松編著:《上海博物館藏戰國楚簡集釋》,北京:社會科學文獻出版社,2019,第9册,68頁。
⑥ 劉雲:《楚簡文字釋讀二則》,中國古文字研究會、中山大學古文字研究所編《古文字研究》第30輯,321-324頁。
⑦ [漢]班固撰,[清]王先謙補注:《漢書補注》卷一九《鼂錯傳》、卷二四《李陵傳》,3722、3723、3955、3956頁。
⑧ 何寧:《淮南子集釋》卷一二《道應訓》,北京:中華書局,1998,859頁。
⑨ [梁]蕭統編,[唐]李善等注:《六臣注文選》卷七《子虚賦》、卷四四《爲袁紹檄豫州》,北京:中華書局,1987,154、823頁。
⑩ [漢]毛亨傳,[漢]鄭玄箋,[唐]孔穎達等正義:《毛詩正義》卷一〇《采芑》,[清]阮元校刻《十三經注疏》,426頁。

教。”顔師古注：“鉦鼓，所以爲進退士衆之節也。”又《陳湯傳》：“吏士喜，大呼乘之，鉦鼓聲動地。”[①]典籍文獻中“鉦”還跟“鼓”“旌旗”相關諸物共見。《後漢書・光武帝紀上》：“旗幟蔽野，埃塵連天，鉦鼓之聲聞數百里。”[②]王粲《浮淮賦》：“鉦鼓若雷，旌麾翳日。”[③]以上所引文例皆是戰爭語境，這跟《國語・吴語》一致。“金鼓旌旗”涉及戰時指揮權這一重大問題，因此古代設有專門職官負責此事。嶽麓秦簡（肆）第二組215正：“《置吏律》曰：敢任除戰北、耎、故徼外盜不援及廢官者以爲吏及軍吏、御、右、把鉦鼓志（幟）及它論官者。”整理者指出“志”通“幟”，“把鉦鼓幟”，“指掌‘鉦鼓志’等軍事指揮器材的軍吏”。[④] 上孫家寨漢簡《軍法》一八八（339）：“兵車御、右及把摩（麾）干（竿）、鼓、正（鉦）鋮者。”[⑤]“摩干”同“麾竿”，即旗竿。《説文・手部》：“摩（麾），旌旗，所以指揮也。”[⑥]青銅器之鉦有金文自名作“鉦（征）鋮（城）”，上引“正鋮”應即此，“征城”合音爲“鉦”。[⑦] 尹灣漢簡《武庫永始四年兵車器集簿》載有各種跟戰爭相關的物品，正面第二行依次列有“乘與（輿）木枹千（？）三百廿五，乘與（輿）鉦車、鼓車、武摩（麾）車十八乘”。[⑧] 李均明指出“鼓枹，敲鼓槌”，“鉦車爲載鉦之車，鼓車爲載鼓之車，武摩車爲載摩之車，僅其車上所載器物不同，却皆爲指揮所用”。[⑨] 這裏“鉦”與“鼓枹”“鼓”“旗”并列。據《國語・吴語》記載，吴王還“親秉鉞”，典籍文獻中“鉦”“鉞”也常共見。《後漢書・輿服志上》：“後有金鉦黄鉞。”[⑩]《漢儀》：“執法御史在前後，亦有金鉦黄鉞，五將導。”[⑪]張衡《東京賦》：“戴金鉦而建黄鉞。”[⑫]《武庫永始四年兵車器集簿》正面第二行依次列有“乘與（輿）淳（錞）于、鉦、鐸卅四，乘與（輿）金鉞二”。[⑬] “鉦”是戰爭發號施令所用，繼而也變成了權威的象徵，因此跟象徵權力的“鉞”共見。

值得注意的是上引《國語・吴語》已經出現了“鉦”之異名“丁寧”。“夜中”，“建旌提鼓/載常建鼓，挾經秉枹”是備戰工作；“昧明”，戰鬬開始，“王乃秉枹，親就鳴鐘鼓、丁寧、錞于，振鐸”。韋昭注：“丁寧，令丁，謂鉦也。”《國語・晉語五》：“是故伐備鐘鼓，聲其罪也；戰

① ［漢］班固撰，［清］王先謙補注：《漢書補注》卷三五《東方朔傳》、卷四〇《甘延壽傳》，4503、4505、4707頁。
② ［清］王先謙：《後漢書集解》卷一上《光武皇帝上》，39頁。
③ ［清］嚴可均輯：《全上古三代秦漢三國六朝文》卷九〇《王粲》，北京：中華書局，1958，958頁。
④ 陳松長主編：《嶽麓書院藏秦簡（肆）》，上海辭書出版社，2015，139、172頁。
⑤ 中國簡牘集成編輯委員會編：《中國簡牘集成》，蘭州：敦煌文藝出版社，2005，第17册，1363頁。
⑥ ［漢］許慎撰，［宋］徐鉉校定：《説文解字》卷一二上，258頁。
⑦ 參見容庚、張維持《殷周青銅器通論》，北京：中華書局，2012，72頁；朱鳳瀚《中國青銅器綜論》，上海古籍出版社，2009，375頁。
⑧ 連雲港市博物館等編：《尹灣漢墓簡牘》，北京：中華書局，1997，105頁。
⑨ 李均明：《尹灣漢墓出土“武庫永始四年兵車器集簿”初探》，111、112－113頁。
⑩ ［清］王先謙：《後漢書集解》卷二九《輿服志上》，1347頁。
⑪ ［清］孫星衍等輯，周天游點校：《漢官六種》，北京：中華書局，1990，219頁。
⑫ ［梁］蕭統編，［唐］李善等注：《六臣注文選》卷三《東京賦》，72頁。
⑬ 連雲港市博物館等編：《尹灣漢墓簡牘》，105頁。

以錞于、丁寧，儆其民也”。韋昭注：“丁寧，令丁，謂鉦也。”[①]《左傳·宣公四年》：“伯棼射王，汰輈，及鼓跗，著於丁寧。”杜預注：“丁寧，鉦也。”[②]王念孫《廣雅疏證》指出“鉦”是“丁寧”合音。[③]如此則備戰階段準備好的“鉦”，正好可以用在戰鬥階段。同物異名“鉦”和“丁寧”共見主要出於古漢語用詞要求韻律和結構相協調的需要，“挾鉦”“秉枹”都是雙音節動賓式短語，而且構成古漢語常見的四字結構，“丁寧”“錞于”都是雙音節連綿詞，如果“鉦”和“丁寧”前後調换或僅用一名，則韻律和結構皆不協調。

“挾鉦”即持鉦。“持”義是“挾”之常訓，典籍文獻中多見。[④]鉦可以持，如上引《説文》“司馬執鐲”。又《夏官·大司馬》“公司馬執鐲”，賈公彦疏引《司馬法》云：“十人之長執鉦。”[⑤]《説文·金部》：“鉦，鐃也。似鈴，柄中，上下通。”[⑥]容庚結合商周青銅器，詳細分析過鉦的形制問題，指出鉦“其狀腹中廣而兩端尖，形若橄欖。口曲，兩端斜上。柄在下，中通，手持而擊之。柄長者可手持，柄短者則接以木”。[⑦]高至喜綜合兩周青銅鉦，對其形制做了更加細緻的劃分。[⑧]結合出土實物來看，鉦皆有柄，因此以手持之應該没有問題。

綜上所述，《國語·吴語》中的“挾經秉枹”即“挾鉦秉枹”，同理，《越公其事》“走弳秉橐”也即“挾鉦秉枹”。將上引《越公其事》和《國語·吴語》相關内容對比，可以發現《國語·吴語》的相關内容詳細而且人物形象具有現實性。如《國語·吴語》“昧明，王乃秉枹，親就鳴鐘鼓、丁寧、錞于，振鐸”，這裏描述的畫面是：黎明時分，吴王拿着鼓槌，“鳴鐘鼓、丁寧、錞于，振鐸”。這裏人物行爲跟上引《國語·吴語》所記諸多場面一樣都是上帝視角之下的現實性描述。而《越公其事》相關内容簡要，是越大夫種對吴王諸多行爲的口頭概括描述，而非具體事件的詳細記録，因此其人物形象具有象徵性。如《越公其事》“挾鉦秉枹，振鳴[鐘鼓，以]親辱於寡人之敝邑”，[⑨]如果按照表面字義理解，這裏吴王“振鳴鐘鼓”時手持的是“鉦”和“鼓槌”。現實情境下，吴王應該敲完鉦之後就將其放下，不大可能敲擊其他樂器時，還手拿鉦。越大夫種之所以這樣叙述，是因爲其叙述重點并非對現實情境的真實再現，而祇是象徵性概括。“挾鉦秉枹”是古代戰爭指揮者常見的行爲動作，越大夫種通過“挾鉦秉枹”的叙述，意在强調吴王是戰爭的指揮者。

---

① 徐元誥撰，王樹民、沈長雲點校：《國語集解》，550、379頁。
② ［晉］杜預注，［唐］孔穎達等正義：《春秋左傳正義》卷二一《宣公四年》，［清］阮元校刻《十三經注疏》，1870頁。
③ ［清］王念孫撰，張靖偉等校點：《廣雅疏證》卷八上《釋器》，上海古籍出版社，2016，1353頁。
④ 宗福邦、陳世鐃、蕭海波主編：《故訓匯纂》，北京：商務印書館，2003，891頁。
⑤ ［漢］鄭玄注，［唐］賈公彦疏：《周禮注疏》卷二九《大司馬》，［清］阮元校刻《十三經注疏》，836頁。
⑥ ［漢］許慎撰，［宋］徐鉉校定：《説文解字》卷一四上，298頁。
⑦ 容庚：《商周彝器通考》，北京：中華書局，2012，上册485頁。
⑧ 高至喜：《兩周銅鉦研究》，《考古學報》2006年第3期。
⑨ “［鐘鼓，以］”，據清華簡整理者補，詳見李學勤主編《清華大學藏戰國竹簡（柒）》，116頁注11。

傳世字書不見"弳",我們認爲該字或可分析作"从弓巠聲",專門記寫校正弓弩之"檠"。檠或作儆(《集韻 · 庚韻》),"弳""儆"是换聲符異體字。馬王堆三號漢墓遣册之"弳"記"檠"是本字本用,而清華簡《越公其事》之"弳"記"鉦"是通假現象。

附記 感謝白於藍先生、伊强先生和沈奇石先生的批評指正,感謝匿名審稿專家對文章結構的調整意見。文中疏誤,概由筆者負責。

葛陵楚簡補釋一則*

□ 武漢大學文學院 孫超傑
□ 中華字庫工程總體組 劉棋琴

内容提要 葛陵楚簡中有一字形作,舊皆隸作下从“木”,此形當與清華簡《子儀》中“”字繫聯,下从“禾”,是全字之表音成分。據此,認爲“”字是三晉寫法或具有三晉文字風格的説法似當修正。

關鍵詞 葛陵楚簡  文字寫法

葛陵楚簡是發掘於上世紀九十年代的重要楚文書類材料,可惜墓葬破壞情況嚴重,所出竹簡又多與車馬器、鎧甲等物混雜,造成竹簡斷裂散亂,簡序難明,整理者衹好以甲、乙、零等爲序臨時編號,爲我們的釋讀造成一定的困難。隨着楚文字材料尤其是古書類簡牘材料的不斷刊布與深入研究,學界陸續據新材料的字形或辭例解決舊材料的疑難問題,并取得豐碩成果。我們今據清華簡字形辨釋出葛陵簡中一處模糊字形,并嘗試對其文字結構以及用例進行分析,不當之處尚祈方家批評指正。

整理者編號爲甲三 326-1 的竹簡釋文如下:

> 下獻司城己之 A 人,剛(㔉)一豬(豭),禱……[①]

* 本文寫作得到國家社科基金青年項目“西周銅器銘文斷代研究疏證”(18CZS003)資助。

① 河南省文物考古研究所編著:《新蔡葛陵楚墓》,鄭州:大象出版社,2003,圖版 114;武漢大學簡帛研究中心、河南省文物考古研究所編著:《楚地出土戰國簡册合集(二)·葛陵楚墓竹簡長臺關楚墓竹簡》,北京:文物出版社,2013,圖版部分 56 頁。

我們以 A 代替的字形原圖版作，後經武漢大學簡帛研究中心重新拍照整理，字形作。此字各家隸定雖有寬嚴之區别，不過都認爲上部从宀中部从陸（或作其省體）而下部从木，[1]我們認爲這樣的分析并不準確。

A 字中部从“陸”或其省體是正確的。“陸”字見於西周金文，五祀衛鼎（西周中期）中字形作，䣓公盨（西周中期偏晚）中字形作；[2]春秋以降，爲字形協調土旁多置於又旁之下，如同批材料甲三 25 用爲“陸（隨）侯”之“陸”字即作。[3] A 與其相比，省減了右下的“土”形，與《汗簡》中隨字作基本一致，[4]類似的省減情況亦見於甲三 313 中从角、从陸省之字。關於“陸”字之形體源流及其音義關係，李守奎、劉波兩位先生已有詳細的論述，[5]請讀者參看。至於 A 字所从的“宀”形，我們知道在戰國文字中常在整字上添飾“宀”旁，作爲無義部件。[6] 如中字作（郭店楚簡《老子・甲》簡 22），[7]又作（郭店楚簡《五行》簡 5），㴑字作（郭店楚簡《老子・丙》簡 9），又作（郭店楚簡《語叢四》簡 7）；例多不備舉。若此，則 A 字“宀”旁下部所从當視以整字爲宜，我們認爲此即在清華簡中出現的字。

字見於清華陸《子儀》篇簡 5，[8]此字較 A 而言除却“土”旁有無省減的區别外，還將“陸”字常从的又旁置换爲義近的攴旁，類似情況亦見於清華拾《四告》簡 40（字形作，其用法也恰與上引䣓公盨中字一致）。[9] “會”經趙平安先生論證，即載於古書的“隋會”（又稱“士會”）。[10] 字趙平安先生分析爲在陸的基礎上綴加“禾”以表聲（隋在邪母歌部，禾在匣

---

[1] 河南省文物考古研究所編著：《新蔡葛陵楚墓》，199 頁；賈連敏：《新蔡葛陵簡中的祭禱文書》，《華夏考古》2004 年第 3 期；張新俊、張勝波：《新蔡葛陵楚簡文字編》，成都：巴蜀書社，2008，141 頁；宋華强：《新蔡葛陵楚簡初探》，武漢大學出版社，2010，448 頁；武漢大學簡帛研究中心、河南省文物考古研究所編著：《楚地出土戰國簡册合集（二）・葛陵楚墓竹簡長臺關楚墓竹簡》，102 頁。按《楚地出土戰國簡册合集（二）・葛陵楚墓竹簡長臺關楚墓竹簡》113 頁注釋部分引宋華强先生意見隸作从“角”，當屬誤引，將宋先生對簡甲三 313 號的解説與此相混。

[2] 金文字形參見董蓮池《新金文編》，北京：作家出版社，2011，2014 頁。

[3] 張新俊、張勝波：《新蔡葛陵楚簡文字編》，213 頁。

[4] 徐在國編：《傳抄古文字編》，北京：綫裝書局，152 頁。

[5] 李守奎、劉波：《續論陸字構形與陸聲字的音義》，中國古文字研究會，復旦大學出土文獻與古文字研究中心編《古文字研究》第 29 輯，北京：中華書局，2012，654-660 頁。

[6] 何琳儀：《戰國文字通論（訂補）》，南京：江蘇教育出版社，2003，216-217 頁。

[7] 以下所引郭店楚簡字形均出自荆門市博物館編《郭店楚墓竹簡》，北京：文物出版社，1998。

[8] 李學勤主編：《清華大學藏戰國竹簡（陸）》，上海：中西書局，2016，圖版部分 75 頁，字形表部分 217 頁。

[9] 李學勤主編：《清華大學藏戰國竹簡（拾）》，上海：中西書局，2020，圖版部分 45 頁，字形表部分 226 頁。此例承郭理遠先生提示，謹此致謝。

[10] 趙平安：《秦穆公放歸子儀考》，李宗焜主編《古文字與古代史》第 5 輯，臺北：“中研院”歷史語言研究所，2017，287-294 頁，後收入其著《新出簡帛與古文字古文獻研究續集》，北京：商務印書館，2018，295-305 頁；《文字・文獻・古史——趙平安自選集》，上海：中西書局，2017，326-333 頁。看校補記：關於“會”二字的解釋馬楠先生有不同意見，見氏著《清華簡〈子儀〉相關史事與簡文編連釋讀》，武漢大學簡帛研究中心主辦《簡帛》第 20 輯，上海古籍出版社，2020，33-34 頁；又可參王輝《簡帛人物名號彙考》，上海：中西書局，2021，195 頁。

母歌部),[①]細審葛陵簡中 A 形,亦可見下所从“禾”之殘筆(“禾”與“木”的主要區别在於下部傾垂之斜筆,A 形字圖可大略摹補如:),可見我們將 A 與清華簡中字繫聯是合理的。“禾”作爲全字之表音成分,是斷不可淹没在舊隸作从“木”之中的。

更爲重要的是,上引趙平安先生文據字用爲{隋}與常見楚系文字用法不同,并以隋會爲晉人、隋爲晉國地名以及《子儀》篇所記與晉國史事相關,而推斷字爲三晉文字寫法或具有三晉文字特點;此説恐尚可商榷。A 所在辭例爲“A 人”,由於竹簡殘損文意未全而有種種説法,結合葛陵簡及其他卜筮祭禱簡相關格式,我們認爲宋華强先生説較爲合理。宋先生讀“A 人”爲隋人,爲省却讀者翻檢之勞,轉録如下:

> 《説文·肉部》:“隋,裂肉也。”段玉裁注云:“裂肉,謂尸所祭之餘也。”《周禮·春官·守祧》“既祭,則藏其隋與其服”,鄭玄注云:“玄謂隋,尸所祭肺脊黍稷之屬。”“隋”可爲祭名,字又作“墮”。《儀禮·士虞禮》“祝命佐食墮祭”,鄭玄注云:“下祭曰‘墮’,‘墮’之言猶墮下也……齊魯之間謂祭爲‘墮’。”孫詒讓《周禮正義》云:“是鄭意凡以肉物祭於主。通謂之‘隋’。”(原注:孫詒讓:《周禮正義》[王文錦、陳玉霞點校],中華書局 1987 年,第 6 册,第 1684 頁。)“隋人”的職司可能和“腊人”類似。《周禮·天官·腊人》云:“腊人掌乾肉……凡祭祀,共豆脯,薦脯、膴、胖。”祭禱文書簡是里社祭禱的記録,里社祭禱通常有負責殺牲分肉之宰。如《史記·陳丞相世家》“里中社,平爲宰,分肉食甚均”,《索隱》云:“陳平由此社宰,遂相高祖也。”“隋人”大概就是司城己所居之里或閭中社宰一類的官員,所以讓他主持祭禱。[②]

現各批楚簡的時代以戰國晚期偏多,葛陵簡相對來講時代稍早,風格自成一脈,但總體來看仍然是較爲典型的楚文字材料。[③] 清華簡字與葛陵簡中 A 字有着共同的部件,所以趙先生從文字構形上推斷其爲三晉寫法或具有三晉文字特點的説法似可修正。不過从陸从禾的構形在楚文字中仍出現較少,用字習慣也較爲單一,所以我們是站在楚文字内部時代差異的角

① 趙平安:《〈子儀〉歌、隋與幾個疑難字的釋讀——兼及〈子儀〉的文本流傳》,復旦大學出土文獻與古文字研究中心編《戰國文字研究的回顧與展望》,上海:中西書局,2017,157-159 頁,後收入其著《新出簡帛與古文字古文獻研究續集》,106-108 頁。

② 宋華强:《新蔡葛陵楚簡初探》,329-330 頁。

③ 郭永秉:《清華簡〈繫年〉抄寫時代之估測——兼從文字形體角度看戰國楚文字區域性特徵形成的複雜過程》,《文史》2016 年第 3 期。

度抑或楚文字與它系(此處具體指晉系)文字交叉影響的角度來看待它,[①]還需今後更多材料的支撑。

附記 本文初稿完成後曾承郭理遠、王凱博、高中正等先生審閲指正,又蒙匿名審稿專家惠賜修改意見。謹此一并致謝!

① 按,隨着以楚文字材料爲大宗的戰國文字材料的豐富以及研究的深入,我們發現古文字形體的時代特徵,以及地域特徵有着极其複雜的關係,很多文字形體及其用字的時代因素以及各區系文字之間的相互影響仍亟待我們繼續探索。近來對此有深入考察的有郭理遠《楚系文字研究》第 2 章《楚系文字内部的時代差異》,第 3 章第 2 節《楚系文字與他系文字相互影響的現象》,復旦大學博士學位論文,2020,114–169、182–214 頁。

安大簡《詩經·君子偕老》瑣議*

□ 棗莊學院文學院 史大豐

内容提要 安大簡與毛詩《詩經·君子偕老》文字上與今本關聯可通,文句上有差異,第二、三章差異較大。第二章 88 號簡應補“[古(胡)然啻(帝)也]”句,簡本第二章押韻情況是用第一句與第三句爲韻,之後第四、五、七句爲韻。簡本共有 3 處一句在今本擴爲兩句的情況,分别是第二章“皭其易也”,變爲“玼兮玼兮,其之翟也”;“玉傎象啻也”,變爲“玉之瑱也,象之揥也”;第三章“瑳其廛也”,變爲“瑳兮瑳兮,其之展也”。簡本《君子偕老》三章都應是七句的格式,在句數上是很整齊的,而《毛詩》三章的句數都不一樣。

關鍵詞 安大簡 詩經 君子偕老

《毛詩》本《君子偕老》共三章,一章七句,二章九句,三章八句,安大簡本《詩經》(下稱“簡本”)也是三章,一章七句,二章六句,三章七句,①除了第一章之外,另外兩章在句數上有不同,文句也有差異。這裏面有傳本的問題,也可能有抄手抄寫時省略的問題,需要仔細分析。

一 第一章

先看看《毛詩》和簡本第一章的對照情況:②

* 本文係國家社科基金重大項目“中華簡帛文學文獻集成及綜合研究”(項目編號:15ZDB065)、棗莊學院區域文化專項“《考工記》匯校集解與古代工匠精神研究”階段性成果。

① 黄德寬、徐在國主編:《安徽大學藏戰國竹簡(壹)》,上海:中西書局,2019,129 頁。

② 本文傳世本《詩經·君子偕老》引自《毛詩正義》卷三,[清]阮元校刻《十三經注疏》,北京:中華書局,1980,313 頁。

毛詩(七句)	安大簡(七句)
君子偕老,(幽部)	君子皆壽,(幽部)
副笄六珈。(歌部)	伓幵六加。(歌部)
委委佗佗,(歌部)	蝺=它=,(歌部)
如山如河,(歌部)	女山女河,(歌部)
象服是宜。(歌部)	象備是宜,(歌部)
子之不淑,(覺部)	[子之不淑],(覺部)
云如之何?(歌部)	[員]女之可。(歌部)

根據此對比可知,二者排除通假字的因素之外,它們的文字基本上是相同的,用韻也都是歌部韻,并没有根本性的差别。其中"老"和"壽",整理者云:"《詩・魯頌・閟宫》'三壽作朋',毛傳:'壽,考也。'《説文・老部》:'考,老也。''壽'即'老'也。"①《爾雅・釋詁》《玉篇》并云:"老,壽也",②直接訓"老"爲"壽",比較直接。從讀音上講,"老"來紐幽部,"壽"禪紐幽部,都是舌音字,音近通假。是簡本該篇的題目當爲《君子偕壽》。

"伓",整理者云:"'伓'見於西周金文,金文'不伓',舊多以爲即傳世文獻之'丕顯'。"此詩'伓'是'副'的異文,徐在國以爲金文'不伓'當讀爲'丕福'。③ 其實"不伓"讀爲"丕福",釋"大福"是有問題的。徐在國先生在其文中已經引了清代學者許瀚的説法,許認爲金文中的"不伓"就是傳世典籍中的"丕丕",是。郭沫若先生在《班簋》銘文考釋中也引到許瀚之説,云:

> 不伓字于它器尚有之,用例均與不顯同,舊即釋伓爲顯。許瀚云:"《書・大誥》:'弼我丕丕基',《立政》:'以并受此丕丕基',《傳》并訓爲'大大基',《爾雅・釋訓》'丕丕,大也。'謂此。疑此'不伓'即丕丕,上丕借不,下丕作伓以見重意。"(《攈》三之二《師虎簋》引)今案許説得之。近出《守宫尊》不否字作"不誣","否"可作誣,則"不"可作伓矣。④

"不伓"和"不顯"都是周人的恒語,有相對固定的含義,不能分開説之,金文中罕見"伓"

① 黄德寬、徐在國主編:《安徽大學藏戰國竹簡(壹)》,130 頁注[一]。

② 《爾雅注疏》卷一,[清]阮元校刻《十三經注疏》,北京:中華書局,1980,3 頁;《宋本玉篇》,北京:中國書店,1983,216 頁。

③ 參見徐在國《談銅器銘文中的'不伓'》,《紀念于省吾先生誕辰 120 周年、姚孝遂先生誕辰 90 周年學術研討會論文集》,長春:吉林大學,2016,54 頁。

④ 郭沫若:《兩周金文辭大系圖録考釋(二)》,《郭沫若全集・考古編》第 8 卷,北京:科學出版社,2002,62 頁。

"顯"單獨使用的情况就是明證。"不杯"即後世典籍的"丕丕",是金文和古書中的一種套語,一種帶有贊美語氣的話,有"大"的含義,《爾雅·釋訓》:"丕丕、簡簡,大也。"[①]金文中常見的"不杯休""不杯魯休"就是"大休""大魯休";徐先生文中引到的守宫盤"周師不(丕)臦,易(錫)守宫絲束"當讀爲一句,[②]即"周師丕丕(大)錫守宫絲束"的意思。在本詩中"杯"用爲"副"的通假字,含義當从"副"訓。"不顯"也常見於《詩》之《雅》《頌》,《大雅·文王》:"有周不顯",毛傳:"不顯,顯也。顯,光也。"[③]是光明、顯耀之類的意思。

二　第二章

從第二章開始,差距就十分明顯了,《毛詩》、簡本第二章對照情况如下:

毛詩(九句)	安大簡(六句)
玼兮玼兮,(支部) 其之翟也。(錫部) 鬒發如云,(文部) 不屑髢也;(支部) 玉之瑱也,(真部) 象之揥也,(錫部) 揚且之皙也。(錫部) 胡然而天也?(真部) 胡然而帝也?(錫部)	硾亓易也,(支部) 軫頻女云,(文部) 不屑㑴也。(微部) 玉傐象啻也,(錫部) 易觑此也。(支部) 古然天也。(真部)

簡本六句,比《毛詩》少三句,而它最大的問題是用韻較亂。第一句和第三句衹能用支、微合韻來解釋;第四、五兩句是錫、支對轉爲韻,末句本來該是韻脚的,却又是真部韻的"天",顯然不對。可看看《毛詩》本可知,它是以支、錫對轉爲韻,用韻很規整;再考慮到第一章兩者的統一,可知簡本的第二章必定出了問題。

簡本"硾"字,整理者認爲"疑从'石','斯'省聲",[④]是對的,這個字應即"磃"字,《廣雅·釋詁三》:"磃,磨也。"[⑤]《廣韻·上平聲·支韻》:"磃,磃磨";[⑥]《集韻·平聲一·五

① 《爾雅注疏》卷四,[清]阮元校刻《十三經注疏》,23頁。
② 中國社會科學院考古研究所:《殷周金文集成》,北京:中華書局,2007,5472頁。
③ 《毛詩正義》卷一六,[清]阮元校刻《十三經注疏》,504頁。
④ 黄德寬、徐在國主編:《安徽大學藏戰國竹簡(壹)》,130頁注[六]。
⑤ [清]王念孫:《廣雅疏證》卷三上,南京:江蘇古籍出版社,2000,76頁。
⑥ 周祖謨校:《廣韻校本》上平聲卷一,北京:中華書局,2004,50頁。

支》:“磃,《博雅》:‘磨也。’通作磃。”[①]這裏是“玼”的通假字。“翟”“易”是通假字,簡本開頭“磃其易也”一句,《毛詩》本加了兩個“兮”和“其之”等虚詞擴成了兩句。

“不屑㑴也”句相當於《毛詩》的“不屑髢也”,整理者云:

> “㑴”,从“人”,“衰”聲,疑爲“衰老”之“衰”的專用字。“㑴”讀爲“髢”,上古音“衰”屬山紐微部,“髢”屬定紐歌部,音近可通。[②]

據《説文》,“髢”是“鬄”的或體,“鬄”从“易”聲,它古音應該是定紐錫部,《實用音韻學·三十韻部同韻字表》將“髢”歸定紐支部,“鬄”歸書紐錫部,[③]也相近,《君子偕老》以之與支、錫部字爲韻尤其明證。段玉裁於“髢”下注云:

> 鬄或从也聲,古易聲在十六部,也聲在十七部,合韻最近。此字今音大計切,於也聲得之,地亦也聲。[④]

段説十六部與十七部合韻最近,就是支部、歌部通轉的現象。另外懷疑“髢”這個字本是作“髟只”,是从“只”聲,“只”也是支部字,因爲“只”“也”先秦文字中字形相近而訛變爲从“也”聲。

由此推之,“㑴”這個字也是支部字,并非讀若“衰”。Jdskxb(網名)先生别尋解釋,認爲:

> 整理者隸定爲“㑴”的字,對應今本作“髢”,整理者認爲衰,山母微部,髢,定母歌部(第130頁注8),[⑤]實際上讀音并不相近。疑釋爲“伋”,端母月部。字形參看簡40讀爲茁的那個字,衹是寫法稍微變異,一字應該没問題。二者讀音可通。[⑥]

Jdskxb先生認爲“衰”“髢”讀音不近是對的,但認爲是从“叕”聲恐怕也不對。單從字形上看,此字整理者認爲从人从衰没問題,如果必定要説是抄手寫錯了字,它的“衰”旁也是“嗌”之誤,“嗌”楚簡文字寫作“”(郭店《唐虞》19)、“”(清華三《説命下》3),與“(衰)”(郭店《成之》8)形相近,[⑦]故有可能致筆誤。“嗌”是影紐錫部字,與“鬄(髢)”从“易”

---

① [宋]丁度等編:《宋刻集韻》,北京:中華書局,1989,8頁。
② 黄德寬、徐在國主編:《安徽大學藏戰國竹簡(壹)》,130頁注[八]。
③ 殷焕先、董紹克:《實用音韻學》,濟南:齊魯書社,1990,192頁(髢)、194頁(鬄)。
④ [漢]許慎撰,[清]段玉裁注:《説文解字注》,上海古籍出版社,1981,427頁。
⑤ 黄德寬、徐在國主編:《安徽大學藏戰國竹簡(壹)》,130頁注[八]。
⑥ Jdskxb(網名):《安大簡詩經初讀》(下簡稱《初讀》),121#發言,簡帛網,2019年10月2日。
⑦ 字形参見徐在國、程燕、張振謙《戰國文字字形表》,上海古籍出版社,2017,134頁(嗌)、1210頁(衰)。

（餘紐錫部）聲者相近，其整個字形應該是“傜”，雖然不能明瞭它是什麽字，但可讀爲“鬄（髢）”應該没問題。

“玉倠象啻也”的“倠”字，整理者認爲是“瑱”的異體，[①] ee（網名）先生認爲“所謂的‘瑱’是从‘人’从‘玉’从‘耳’的字，和‘瑱’關係較遠，直接釋爲‘珥’似乎也可以。”[②]此説當是，這個字是“珥”的繁構，从玉佴聲，《説文》：“珥，瑱也”，[③]“珥”“瑱”義同互用。

現簡本整理本第二章是六句，這可能是有問題的，程燕先生認爲：

> 據安大簡校對《毛詩》可知，第二章九句可縮減兩句，變成七句；第三章八句亦可縮減一句，亦變成七句。如此這般的話，此詩三章，章七句，非常齊整。但令人生疑的是，安大簡第二章竟然并非七句，而是六句，以“胡然而天也”收章。“天”上古韻部屬真部，此章入韻的韻脚字爲支錫部，而《毛詩》最後一句“胡然而帝也”韻脚“帝”恰屬支部，非常合韻。所以我們懷疑安大簡的抄手很可能脱漏了最後一句“胡然而帝也”。如果添上這一句，第二章也應該是七句。[④]

雨田先生也認爲：“‘古（胡）肰（然）天也’之後當有下句，其韻脚字爲‘帝’，韻脚字當定爲‘易（翟）’‘傢（鬄）’‘啻（揥）’‘此（晳）’‘［帝］’，錫部，整理者的韻脚字無法押韻。”[⑤]程先生和雨田先生的看法是合理的。不過程説抄手脱漏了“胡然而帝也”句，實爲簡殘缺所致。從一章的“女之可”到“古然天也”是在第88簡，此簡首尾均有殘缺，與完整的第86簡和第89簡比對可知，88簡末缺8字左右（見右圖）：

八十九　八十八　八十七　八十六

整理者據文例補出二章開頭的“瑳其塵也蒙”五字，與缺文的數量并不相符，“瑳”前應還有“古然帝”或“古然帝也”，這樣簡本第二章應是：

① 黄德寬、徐在國主編：《安徽大學藏戰國竹簡（壹）》，130頁注［九］。

② ee（網名）：《初讀》，26#發言，簡帛網，2019年9月25日。

③ ［漢］許慎撰，［清］段玉裁注：《説文解字注》，13頁。

④ 程燕：《由安大簡〈君子偕老〉談起》，徐在國主編《戰國文字研究》第1輯，合肥：安徽大學出版社，2019，76頁。

⑤ 雨田：《初讀》，18#發言，簡帛網，2019年9月24日。

> 𥓓亓易也，（支部）
> 軫頪女云，（文部）
> 不屑㒌也。（支部）
> 玉㑥象啻也，（錫部）
> 易𪉧此也。（支部）
> 古然天也，（真部）
> 古然帝也。（錫部）

即如程燕先生所言，簡本第二章和第一章、第三章一樣都是七句，或者說簡本《君子偕老》三章都是七句的格式，在句數上是很整齊的，而《毛詩》三章的句數都不一樣。簡本第二章押韻情況是用第一句與第三句爲韻，之後第四、五、七句爲韻。今本雖然拆成了九句，但依然保證了每句的押韻。

三　第三章

《毛詩》和簡本第三章分別是：

毛詩（八句）	安大簡（七句）
瑳兮瑳兮， 其之展也。 蒙彼縐絺， 是紲袢也。 子之清揚， 揚且之顏也。 展如之人兮， 邦之媛也。	［瑳其廛也］， ［蒙］皮瑀絺， 是執樂也。 子之清易， 易𪉧顏也。 廛女人也， 邦之彥可。

二者的差别主要在開頭，《毛詩》是"瑳兮瑳兮，其之展也"二句，簡本此處爲缺文，根據字數整理者補作"瑳其廛也"一句，是；《毛詩》本是加了幾個虚詞，把一句擴成了兩句，所以比簡本多了一句。簡本三章是七句，押陽部韻，唯獨第三句，是韻脚，《毛詩》作"袢"，是入韻的；簡本作"樂"，是不入韻的。整理者云：

> 簡本"樂"字難解，《毛詩》作"袢"。《詩集傳》："紲袢，束縛意。"此章押元部韻，

> “樂”字當入韻。上古音“樂”屬來紐藥部,與“袢”遠隔,二者當非通假關係。頗疑“樂”字原爲“欒”字,二字因形近而相訛。“欒”古音屬來紐元部,可讀爲“袢”。或疑簡文“埶樂”讀爲“設樂”。[①]

“樂”作爲韻脚字顯然有誤,因爲它無論怎麽説都無法入韻,而且文意也講不通。《説文》:“袢,衣無色也。从衣半聲。一曰《詩》曰:‘是紲袢也。’讀若普。”許慎讀若“普”顯然不是古音,段玉裁指出:

> 《毛詩》以展、袢、顔、媛爲韻,則知“袢”當依《釋文》符袁反,延讀如字。“普”音於雙聲得之,許讀如此。[②]

“普”是滂紐魚部字,與展、顔、媛等元部字不韻,許讀“袢”若“普”疑有訛誤。薛培武先生提出“簡本的‘樂’,和今本的‘絆’,不知道是不是經過同義换讀的過程”,確是。[③] 簡本所據底本“紲袢”本應是寫作“埶般”,“袢”“般”音同并紐元部相近。《爾雅·釋詁》:“般,樂也”,[④]古書裏常言“般樂”,如《孟子·公孫丑上》:“及是時,般樂怠敖”,《孟子·盡心下》:“般樂飲酒”,[⑤]《荀子·仲尼》:“般樂奢汏”,[⑥]抄手是把底本的“般”認爲是般樂之“般”而誤書成了“樂”字。

“瑜”字,整理者云:

> 上古音“芻”屬初紐侯部,“脩”屬心紐幽部,音近可通。“鄒”“由”古通(参《古字通假會典》第三六一頁)。“由”“悠”古通(参《古字通假會典》第七一八頁)。“瑜”从“玉”,“脩”聲;“脩”又从“羽”,“攸”聲。簡本“瑜”當從《毛詩》讀爲“縐”(李家浩、徐在國説)。[⑦]

《説文》:“縐,絺之細也。《詩》曰:‘蒙彼縐絺。’一曰蹴也。”段玉裁改“蹴”爲“戚”,注云:

---

① 黄德寬、徐在國主編:《安徽大學藏戰國竹簡(壹)》,131 頁注[一三]。
② [漢]許慎撰,[清]段玉裁注:《説文解字注》,395 頁。
③ 薛培武“安大簡詩經讀書班”微信群發言,2019 年 11 月 2 日。
④ 《爾雅注疏》卷一,[清]阮元校刻《十三經注疏》,3 頁。
⑤ [清]焦循撰,沈文倬點校:《孟子正義》卷七《公孫丑章句上》、卷二九《盡心章句下》,北京:中華書局,1987,243、1094 頁。
⑥ [清]王先謙撰,沈嘯寰、王星賢點校:《荀子集解》卷三《仲尼篇》,北京:中華書局,1988,106 頁。
⑦ 黄德寬、徐在國主編:《安徽大學藏戰國竹簡(壹)》,131 頁注[一二]。

> "戚"各本作"蹴",蹴者,躡也,非其義。蓋本作"戚",俗作"蹙",又改爲"蹴"耳,今正。鄭《箋》云:"縐絺,絺之蹙蹙者",此鄭説之異毛也。戚戚者,如今皺紗然。上文云:"緛,衣戚也。"《子虛賦》:"襞積褰縐",張揖注云:"縐,戚也。"①

可見,《説文》言"一曰戚也"其實是聲訓,"縐"與"戚""蹙"音近也。《集韻·入聲九·一屋》:"緘、縿、縐:側六切,聚文也。或作縿、縐。"②"緘"从戚聲,"戚"清紐覺部字;"縿"从秋聲,"秋"清紐幽部字;"縐"从芻聲,"芻"初紐侯部字,三字互爲或體,説明"縐"古當亦讀幽部或覺部音。

《詩·鴟鴞》:"予尾翛翛",毛傳:"翛翛,敝也。"③(《類篇·羽部》作"翛翛,羽敝也。"④)"瑹"疑是"王(琞、璛)"的或體,《説文》:"琄:朽玉也。从玉有聲。讀若畜牧之畜。"段玉裁本改作"王,朽玉也,从王有點,讀若畜牧之畜。"云:

> 各本篆文作"琄",解云"从玉,有聲",今訂正。《史記》"公玉帶",《索隱》曰:"《三輔決錄》注云:杜陵有玉氏,音肅。《説文》以爲从王,音畜牧之畜。"此可證唐本但作"玉",不作"琄"。《廣韻·一屋》云:"玉音肅。朽玉",此《説文》本字;《四十九宥》云:"琄音齅",此從俗字。《玉篇》"玉"欣救、思六二切,此《説文》本字;"琄"許救切,引《説文》"朽玉也",此後人據俗本《説文》所增。⑤

"王"音"畜"(覺部)"肅"(覺部)"齅"(幽部),或作"琡",《廣韻》:"琞,朽玉也。"⑥《集韻·入聲九·一屋》:"王、琞、璛:琢玉工。或作琞、璛、玉。"⑦楚簡文字或體从"翛"聲(幽部),亦取其敝壞意,可讀爲"縐"。

該章最後一個"可"當是語氣詞"兮",雖於文意無關緊要,但用得比較怪異,安大簡本該詩全篇其他地方没有用"可(兮)"的,都是用"也",《毛詩》本對應的該句是"邦之媛也",簡本底本本也應是作"也",抄手書作"可"。

要之,將安大簡本《君子偕壽(老)》用相對通行的文字寫出來,即如下:

---

① [漢]許慎撰,[清]段玉裁注:《説文解字注》,660頁。
② [宋]丁度等編:《宋刻集韻》,185頁。
③ 《毛詩正義》卷八,[清]阮元校刻《十三經注疏》,北京:中華書局,1980,395頁。
④ [宋]司馬光等編:《類篇》卷四上,北京:中華書局,1984,122頁。
⑤ [漢]許慎撰,[清]段玉裁注:《説文解字注》,11頁。
⑥ 周祖謨校:《廣韻校本》入聲卷五,461頁。
⑦ [宋]丁度等編:《宋刻集韻》,184頁。

第一章(七句)

君子皆(偕)壽,(幽部)

副开(笄)六加(珈)。(歌部)

蝸蝸(委委)它它(佗佗),(歌部)

女(如)山女(如)河,(歌部)

象備(服)是宜。(歌部)

[子之不淑],(覺部)

[員]女(如)之可(何)?(歌部)

第二章(七句)

磃(玼)亓易(翟)也,(支部)

軫(鬒)發女(如)云,(文部)

不屑草(髮)也。(錫部)

玉珥象啻(揥)也,(錫部)

易(揚)叡(且)此(皙)也。(支部)

古(胡)然天也,(真部)

[古(胡)然啻(帝)也]。(錫部)。

第三章(七句)

[瑳其廛(展)也],(元部)

[蒙]皮(彼)璛(縐)絺,(微部)

是埶(褻)般〈樂〉(袢)也。(元部)

子之清易(揚),(陽部)

易(揚)叡(且)顏也。(元部)

廛(展)女(如)人也,(真部)

邦之噟(媛)可(兮)。(元部)

簡本三章都是七句,句數上比《毛詩》本簡潔整齊。今本的文字,是在流傳中有所變異而形成的,大體内容二本并没有很大的差别。簡本共有3處一句在今本擴爲兩句的情況,分别是第二章“磃其易也”,變爲“玼兮玼兮,其之翟也”;“玉俳象啻也”,變爲“玉之瑱也,象之揥也,(錫部)”;第三章“瑳其廛也”,變爲“瑳兮瑳兮,其之展也。”雖然文句、字詞略有差異,但由安大簡和毛詩相當的關聯性仍然可以支撑“同出一源”的結論。

嶽麓秦簡“均輸”釋義*

——兼論少府斡官組織及職能

□ 浙江師範大學人文學院 符奎

内容提要 秦斡官系統的組織機構複雜,封泥中出現了少府斡丞、北宫斡丞、中官斡丞、斡都膺丞、大官斡丞、斡官丞、左斡官丞、北宫斡官、少府斡官、斡官等職官與機構名稱,秦簡有右斡官、右斡官丞、都膺、斡都膺丞、中斡官、左斡官等记載。漢承秦制,《漢書·百官公卿表》所載西漢大司農屬官幹官實爲斡官。東漢斡官被省廢後,關於其組織機構及職能等詳情,已經不爲人所熟知,遂以“幹”字“主領”的義項解釋其職能,致使“斡官”逐漸訛誤爲“幹官”。除“竹箭幹”之外,制造各種器物所需木材亦應由斡官掌管。因爲需要儲藏、調配、輸送各種木材,斡官又具備了“均輸”的職能。《嶽麓書院藏秦簡(肆)》簡 0797:“☑少府均輸四司空”句,是指少府根據實際需要向四個司空機構調配徒隸,“均输”應作動詞“調配”“輸送”解,而不是行政機構名稱。

關鍵詞 嶽麓秦簡 少府 大司農 斡官 均輸

《嶽麓書院藏秦簡(肆)》簡 0797:“☑少府均輸四司空,得及自出者,吏治必謹訊,簿其所爲作務以。”[①]其中“均輸”一詞的涵義,學界尚有爭議。魯家亮認爲少府、均輸、司空均應爲職官名,“少府均輸四司空”應斷讀作“少府均輸、四司空”。[②] 王偉指出秦時的少府機構設有“斡官”和“均輸”,蓋因二者職能相近,故漢初將原設於少府的“均輸”劃歸新析置的治粟内

* 本文係國家社會科學基金重大項目“秦漢三國簡牘經濟史料彙編與研究”(19ZDA196)階段性成果。

① 陳松長主編:《嶽麓書院藏秦簡(肆)》,上海辭書出版社,2015,42 頁。

② 魯家亮:《嶽麓書院藏秦簡〈亡律〉零拾》,王捷主編《出土文獻與法律史研究》第 6 輯,北京:法律出版社,2017,124-126 頁。

史和水衡都尉機構,并將原隸屬於少府的"均輸"和"榦官"合并後改稱"均官"。[①] 馬麗娜認爲"均輸"是秦時設置的與買賣、運輸貨物等相關的官職。[②] 日本"秦代出土文字史料研究班"指出"均輸"在《百官表》中爲大司農與水衡都尉的屬官,但它原來可能隸屬少府。[③] 與"均輸"爲職官説不同,有學者認爲"均輸"當理解爲動詞,如朱紅林指出:這支簡記録的大致意思可能是,少府向四司空輸送的徒隸發生逃亡事件,後被捕獲或自首者,官吏要詳加審訊,記録其所從事過的作務。[④] 黄子嫻認爲"均輸"應理解爲動詞,全簡應理解爲少府向四司空輸送的徒隸發生逃亡事件,後被捕獲或自首,官吏要詳加審訊,并通過這些徒隸原所在工作機構的簿記記録,查勘他們曾經的勞作情況。[⑤] 吴淏認爲"均輸"不應理解爲官名,而應爲動詞,指少府統一調撥四司空,相同用法也可見《里耶秦簡(貳)》。[⑥] 周波亦將"均輸"理解爲動詞,指出"均"本指平均,"輸"指輸送。[⑦] 可見,目前學界關於嶽麓秦簡"均輸"一詞性質的認識尚不統一。嶽麓秦簡"均輸"爲職官名的主要史料依據之一是西漢有均輸官。據《漢書·百官公卿表》記載,西漢大司農與水衡都尉屬官有"均輸",太常與少府屬官有"均官",[⑧]陳直認爲"均官"當爲"均輸官"省文,其職守相同,衹是名稱有繁簡之别。[⑨] 此外,"斡官"在職責上與"均输"存在相似之处,《漢書·百官公卿表》載:大司農"屬官有太倉、均輸、平準、都内、籍田五令丞,斡官、鐵市兩長丞。又郡國諸倉農監、都水六十五官長丞皆屬焉……初,斡官屬少府,中屬主爵,後屬大司農。"如淳曰:"斡音筦,或作幹。幹,主也,主均輸之事,所謂幹鹽鐵而榷酒酤也。"晉灼曰:"此竹箭幹之官長也。均輸自有令。"顔師古曰:"如説近是也。縱作幹讀,當以幹持財貨之事耳,非謂箭幹也。"[⑩]可見,斡官究竟是主均輸之事,還是"竹箭幹之官長",魏晉時期已經不是十分清楚,唐顔師古則明確否定了其作爲"竹箭幹之官長"的可能性。漢承秦制,漢代"斡官"實際就是秦代少府屬官"榦官"。那麽,二者關係如何?與嶽麓秦簡所見"均輸"是否有關聯?本文將結合璽印封泥、簡牘與傳世文獻等資料,從《漢書·百官公卿表》"斡官"如淳注、少府榦官組織及職能等分析入手,探討嶽麓秦簡"均輸"一詞的涵義,不當之處,敬請斧正。

---

① 王偉:《〈嶽麓書院藏秦簡(肆)〉校讀記(三則)》,張德芳主編《甘肅省第三届簡牘學國際學術研討會論文集》,上海辭書出版社,2017,476頁。

② 馬麗娜:《〈嶽麓書院藏秦簡(肆)〉詞彙研究》,湖南大學碩士學位論文,2017,73頁。

③ 日本"秦代出土文字史料研究班"撰,張奇瑋譯:《嶽麓書院所藏簡〈秦律令(壹)〉譯注一(上)》,西北師範大學歷史文化學院等編《簡牘學研究》第9輯,蘭州:甘肅人民出版社,2020,106頁。

④ 朱紅林:《〈嶽麓書院藏秦簡(肆)補注(一)〉》,王捷主編《出土文獻與法律史研究》第6輯,116-117頁。

⑤ 黄子嫻:《嶽麓秦簡(肆)〈亡律〉釋讀與研究》,華東政法大學碩士學位論文,2017,19頁。

⑥ 吴淏:《〈嶽麓書院藏秦簡(肆)〉集釋與相關問題研究》,復旦大學碩士學位論文,2018,21頁。

⑦ 周波:《嶽麓書院藏秦簡(肆)補説》,姚遠主編《出土文獻與法律史研究》第7輯,北京:法律出版社,2018,62-64頁。

⑧ 《漢書》卷一九上《百官公卿表上》,北京:中華書局,1962,731、735、726、731頁。

⑨ 陳直:《漢書新證》,天津人民出版社,1979,104頁。

⑩ 《漢書》卷一九上《百官公卿表上》,731頁。

一 《漢書·百官公卿表》"斡官"及相關問題

(一)"斡官"爲"榦官"之誤

《漢書·百官公卿表》"初,斡官屬少府,中屬主爵,後屬大司農"中的"斡官"當爲"榦官",這已爲學界所公認。[①] 近年來,秦封泥及簡牘資料的大量發現,進一步證明了這個問題(詳見下節相關論述)。實際上,傳世文獻對此也有所反映。

如淳注"斡官"曰"斡音筦,或作幹",説明如淳見到的《漢書》本子有作"幹"的。晉灼注也説"此竹箭幹之官長也。均輸自有令",則晉灼所見《漢書》可能也寫作"幹"字,衹是由於他不瞭解"幹官"的具體執掌,將其和"竹箭幹之官長"相對應,以否定如淳"主均輸之事"説。《説文解字》:"榦,築牆耑木也。从木倝聲。"[②]段玉裁《説文解字注》補"一曰本也"四字。[③]所謂"本",即樹木的根,引申爲植物的莖、幹。如《説文解字》:"本,木下曰本。从木,一在其下。"[④]《廣雅·釋木》:"本,榦也。"[⑤]《禮記·昏義》:"夫禮始於冠,本於昏。"鄭玄注:"始猶根也,本猶榦也。"[⑥]"榦"同"幹",爲正俗字關係,[⑦]如阮元校刻《十三經注疏》本《禮記·昏義》鄭玄注作"始猶根也,本猶幹也"。[⑧] 也就是説,如淳所見"或作幹"本及晉灼所據本《漢書》"幹官"的"幹"字,正字均應是"榦"。

還需要指出的是,根據如淳、晉灼注,魏晉史家所見到的《漢書》本子已經有將"榦"寫作"幹""斡"的了,由於無更早的資料進行對比,班昭續寫《漢書·百官公卿表》時,所用字究竟是正字"榦",還是俗字"幹",或其他情況,目前尚無法判斷。

(二)如淳説致誤原因

如淳所謂"斡,主也",是從"斡"字的引申義來説的。《説文解字》:"斡,蠡柄也。从斗倝聲。"[⑨]段玉裁注曰:"判瓠爲瓢以爲勺,必執其柄而後可以挹物。執其柄則運旋在我,故謂之斡。引申之,凡執柄樞轉運皆謂之斡。"[⑩]"榦"在"榦官"一詞中,主要是指樹木榦材而言,并無"斡"字"主"這一動詞性義項。那麽,《百官公卿表》原應是"榦官"的"榦"字,爲何後來會被寫作"斡"字呢?這就需要從《漢書》中表"主領"義的"斡"字的使用情況説起。

---

① 陳直先生認爲漢"榦官泉丞"印證明"斡"字應作"榦",《百官公卿表》爲久傳之誤寫(參見陳直《漢書新證》,98頁)。
② [漢]許慎撰,[宋]徐鉉校定:《説文解字》卷六上,北京:中華書局,1963,120頁。
③ [清]段玉裁:《説文解字注》卷六上,北京:中華書局,2013,256頁。
④ [漢]許慎撰,[宋]徐鉉校定:《説文解字》卷六上,118頁。
⑤ [清]王念孫著,鍾宇訊點校:《廣雅疏證》卷一〇上,北京:中華書局,1983,354頁。
⑥ 《禮記》卷二〇《昏義》,[漢]鄭玄等注《十三經古注》,北京:中華書局,2014,1110頁。
⑦ 《説文》有"榦"字,無"幹"字,段玉裁曰:"榦,俗作幹。"(參見[清]段玉裁《説文解字注》卷六上,256頁)。
⑧ [漢]鄭玄注,[唐]孔穎達疏:《禮記正義》卷六一《昏義》,[清]阮元校刻《十三經注疏》,北京:中華書局,1980,1681頁。
⑨ [漢]許慎撰,[宋]徐鉉校定:《説文解字》卷一四上,300頁。
⑩ [清]段玉裁:《説文解字注》卷一四上,725頁。

《漢書・食貨志》中多次出現"斡"表"主領"的用法,如《食貨志》載:"五均賒貸,斡在縣官。"顏師古注:"斡謂主領也。"又《食貨志》載:"浮食奇民欲擅斡山海之貨,以致富羡,役利細民。"顏師古注:"斡謂主領也,讀與管同。"①《史記・平準書》此句"斡"正作"管"。② "斡"是古"管"字。《史記・屈原賈生列傳》:"斡棄周鼎兮寶康瓠。"唐司馬貞《索隱》引晉灼云:"斡,古'管'字也。"③李慈銘曰:"斡,《史記》作管。管假借字,斡正字也。《説文・斗部》'斡,蠡柄也',引申爲凡柄用之義。其字从斗从倝聲,顏氏《匡謬正俗》音筦,是也。流俗别造幹字,而讀斡爲烏括切,後人遂附之《説文》音矣。"④與此密切相關的一條史料亦見於《漢書・食貨志》,即:"初,大農幹鹽鐵官布多,置水衡,欲以主鹽鐵。"⑤王先謙補注:"'幹'誤,當作'斡'。《平準書》作'筦',同。"⑥《史記・平準書》原作"初,大農筦鹽鐵官布多,置水衡,欲以主鹽鐵。"⑦今本《漢書》將《史記》"大農筦鹽鐵官布多"句的"筦"字改作了"幹"。⑧ "筦"即"管"字。"幹"與"筦(管)"同,亦有"主"義,如《漢書・楚元王傳》"顯幹尚書〔事〕",顏師古注:"幹與管同,言管主其事。"⑨《後漢書・竇憲列傳》"憲以侍中,内幹機密",李賢注:"幹,主也,或曰古'管'字也。"⑩東漢靈帝時所立《武榮碑》亦有"内幹三署,外□師旅"的記載。⑪ 據《漢書・百官公卿表》顏師古注引如淳"斡音筦,或作幹"的記載,高亨《古字通假會典》認爲"幹"與"斡"通假。⑫ "斡"又是古"筦(管)"字,所以在"主領"這一詞義上,"幹""斡""筦(管)"相通。王先謙説《食貨志》"大農幹鹽鐵官布多"的"幹"爲誤字,可能是從"榦(幹)官"爲木材之官與"筦(管)"表"主領"義的古字本爲"斡"不同而言。准此,"顯幹

① 《漢書》卷二四下《食貨志下》,1182、1165-1166頁。

② 《史記》卷三〇《平準書》,北京:中華書局,2013,1716頁。

③ 《史記》卷八四《屈原賈生列傳》,3006-3007頁。

④ [清]李慈銘:《越縵堂讀史札記全編》,北京圖書館出版社,2003,90頁。

⑤ 《漢書》卷二四下《食貨志下》,1170頁。

⑥ [漢]班固撰,[清]王先謙補注:《漢書補注》,上海古籍出版社,2008,1636頁。

⑦ 《史記》卷三〇《平準書》,1723頁。

⑧ 那麽這個"幹"是否出自班固之手呢?《漢書・宣帝紀》顏師古注引晉灼曰:"《食貨志》:'初,大司農管鹽鐵,官布多,故置水衡,欲以主鹽鐵。及楊可告緡,上林財物衆,乃令水衡主上林'。"(《漢書》卷八《宣帝紀》,242頁)陳直指出:"《宣帝紀》本始二年,晉灼注引《食貨志》,亦作'故置水衡,欲以主鹽鐵',知晉以後《漢書》各本,皆脱落'故'字(《史記・平準書》獨無'故'字)。"(陳直:《漢書新證》,176頁)所以班固所撰《食貨志》應作"大農管鹽鐵官布多",與其史源《平準書》相同。

⑨ 《漢書》卷三六《楚元王傳》,1948-1949頁。

⑩ 《後漢書》卷二三《竇融列傳》,北京:中華書局,1965,813頁。

⑪ 高文:《漢碑集釋》,開封:河南大學出版社,1997,296頁。

⑫ 高亨纂著,董治安整理:《古字通假會典》,濟南:齊魯書社,1989,171頁。"斡""幹"通假的例證,在《漢書》并非孤例,《食貨志》:"五均賒貸,斡在縣官。"宋祁曰:"斡,南本作幹。"(《漢書》卷二四下《食貨志下》,《中華再造善本》據北京大學圖書館藏宋慶元元年(1195)建安劉元起刻本影印,北京圖書館出版社,2006,第20册,24b頁)此外,《續漢書・百官志三》"大司農"條載:"餘均輸等皆省。"劉昭注補:"《前書》又有都内籍田令、丞,斡官、鐵市兩長、丞,郡國諸倉農監六十五官長、丞,皆屬之。"(《續漢書》志二六《百官志三》,北京:中華書局,1965,3591頁)黄善夫本"斡"作"幹"(《續漢書》志二六《百官志三》,《中華再造善本》據北京大學圖書館藏宋慶元四年(1198)建安黄善夫刻本影印,北京圖書館出版社,2005,第16册,3a頁)。

尚書事”“内幹機密”等“幹”的本字應該都是“斡”字。

經過上面的梳理,可知“斡”字與“榦”字在樹木榦材這一義項上無涉,但是“榦”的隸變俗字“幹”却有“主領”這一義項上,與“斡”字通。這就是“榦官”譌誤爲“斡官”的根本原因。從前引如淳、晉灼等人的注解看,魏晉時人已經不瞭解“榦官”執掌,爲了理解班昭《百官公卿表》“榦(因爲正俗字的關係,很有可能也會被抄寫爲“幹”)官、鐵市兩長丞”的涵義,注家很可能將其與《食貨志》“大司農管鹽鐵官布多”句聯繫起來解讀,因爲此句“官”字上讀,則可將此句理解爲大司農屬官管官、鹽官與鐵官。[①] 巧合的是,“斡”是“筦(管)”的古字,與“幹”字都有“主領”的義項,且與“幹”“榦”字形相近,可通用,如《墨子・非命上》:“上帝山川鬼神必有幹主。”孫詒讓曰:“漢隸‘榦’‘斡’皆作‘幹’。經典多通用。”[②]以至於或出於理解或由於訛誤,而將《百官公卿表》“榦(幹)官”抄寫爲“斡”官,因在訓詁上能够講通,而且爲一些注家所接受,如如淳。另有一些注家,如晉灼,雖然不采信如淳之説,并做了批評,但由於并未將榦官的具體執掌解釋清楚,故不爲後來之學者所采信,如顔師古就拋開文本差異,直接從文義、邏輯角度注釋,主張:“如説近是也。縱作幹讀,當以幹持財貨之事耳,非謂箭幹也。”以致以訛傳訛,“斡”就取代了“榦(幹)”,《百官公卿表》的“榦(幹)官”也就成了“斡官”。

(三)漢代榦官的演變及省廢

爲何魏晉時人已經完全不瞭解“榦官”的職能等情況,以至於在注《漢書・百官公卿表》時,將“斡官”(即“榦官”)的涵義理解錯誤呢?

時代發展,職官也在不斷演變。西漢時,“榦官”曾先後隸屬於少府、主爵都尉及大司農,改屬原因及職能變遷,陳直曾根據“榦官泉丞”官印認爲榦官初屬少府,有兩丞,一丞管鑄錢,一丞可能管鹽鐵,兼及竹箭事宜,及至武帝設水衡都尉專令上林三官鑄錢時,榦官泉丞,即不需要,乃由少府經過主爵都尉改隸大司農,協助管理鹽鐵等事,由兩丞改爲一丞,故本表叙次與鐵市長丞相聯接。[③] 不過,趙平安將此印釋爲“泉榦官丞”,認爲是王莽因襲周制設立的泉府的屬官,[④]可從,説明新莽時期仍設置有榦官。

《漢書・百官公卿表》記載,西漢大司農“屬官有太倉、均輸、平準、都内、籍田五令丞,斡官、鐵市兩長丞”,這裏將榦官長丞與鐵市兩長丞放在一起叙述,并非因爲職能相近,而是因爲秩級相同,長官爲“長”,與太倉、均輸、平準、都内、籍田五個機構的長官秩級較高皆稱“令”不同。不過,需要指出的是,榦官由少府經主爵都尉改屬大司農後,經過一系列的調整,

---

① 如陳直先生説:“又‘官布多’,舊注皆解爲官府錢布衆多,然武帝時無布之名,應作郡國分布鹽鐵官甚多解。‘官’字屬上句,‘布多’爲一句。”(陳直:《漢書新證》,176 頁)。

② [清]孫詒讓撰,孫啓治點校:《墨子閒詁》卷九《非命上》,北京:中華書局,2001,268 頁。

③ 陳直:《漢書新證》,98 頁。

④ 趙平安:《秦西漢印章研究》,上海古籍出版社,2012,42 頁。

其職能發生哪些具體的變化,尚需要進一步研究,如王莽設立於泉府的榦官,可能與秦榦官的職能有所不同。

東漢時,大司農屬官僅有太倉令、平準令和導官令,其他職官的調整,據《續漢書 · 百官志》載:"郡國鹽官、鐵官本屬司農,中興皆屬郡縣。又有廩犧令,六百石,掌祭祀犧牲鴈鶩之屬。及雒陽市長、滎陽敖倉官,中興皆屬河南尹。餘均輸等皆省。"①"榦官"應與"均輸"一起被省廢了,時至魏晉,人們搞不清楚榦官的情況,也就不足爲奇了。

二 秦簡所見少府榦官組織及職能

(一)榦官的組織

漢承秦制,《漢書 · 百官公卿表》"斡(榦)官",秦時隸屬於少府。近年來新出秦封泥與簡牘材料,有不少與榦官相關的資料,表明秦時少府榦官擁有複雜的組織系統,如封泥中出現了少府榦丞、北宮榦丞、中官榦丞、榦廥都丞、②大官榦丞、少府榦官、榦官、榦官丞印、左榦官丞、北宮榦官等機構與職官名稱。③ 其中"榦廥都丞",④有學者認爲當釋作"榦都廥丞","榦都"可能爲縣名或地名。⑤ 趙平安認爲應讀爲"都廥榦丞",即設在都廥的榦官丞印。⑥ 王偉讀爲"榦都廥丞"。⑦《嶽麓書院藏秦簡(肆)》簡 0060:"泰匠有貲贖責(債)弗能入,輒移宮司空,除都廥。"⑧證實"都廥"當連讀。里耶秦簡 8-1831:"一榦官居宜陽、新城(成),名曰'右榦官'。爲其丞劾(刻)印章曰'右榦官丞',次'榦都廥丞'。"⑨可確證封泥當釋讀爲"榦都廥丞",應是榦官都廥之丞的意思。

里耶秦簡 8-1831 所見"右榦官"設置於宜陽、新城,它與少府的關係,一種看法認爲因資料所限,目前所見的地方行政區域的榦官是中央級榦官派駐郡縣的分支機構抑或是各郡縣職官體系内本有的機構,暫時無法考知;另一種看法認爲秦時縣設置了"榦官"。⑩ 嶽麓秦簡 1687"諸榦官徒有亡者,作所官移其告闌諜(牒)作所縣,縣聽其官印論之"及簡 1080"☐問

---

① 《續漢書》志二六《百官志三》,3590-3591 頁。
② 周天游、劉瑞:《西安相家巷出土秦封泥簡讀》,《文史》2002 年第 3 輯。
③ 劉瑞編著:《秦封泥集存》,北京:中國社會科學出版社,2020,201、234-237、470 頁。
④ 周曉陸、路東之編著:《秦封泥集》,西安:三秦出版社,2000,132 頁;傅嘉儀編著:《秦封泥彙考》,上海書店出版社,2007,71 頁。
⑤ 任隆:《秦封泥官印考》,《秦陵秦俑研究動態》1997 年第 3 期。
⑥ 趙平安:《秦西漢印章研究》,28 頁。
⑦ 王偉:《秦璽印封泥職官地理研究》,北京:中國社會科學出版社,2014,148 頁。
⑧ 陳松長主編:《嶽麓書院藏秦簡(肆)》,157 頁。
⑨ 陳偉主編:《里耶秦簡牘校釋(第一卷)》,武漢大學出版社,2012,397 頁。《校釋》已經指出"榦廥都丞"的釋法應當據簡文改正。
⑩ 參見陳松長等《秦代官制考論》,上海:中西書局,2018,85、261 頁。

其作所，作所官遣識者及具事以報縣，縣已論，亟傳詣作所官告榦官”等記載，[①]是“作所官”“作所縣”及“榦官”之間共同處理“榦官徒”逃亡的法律規定，表明設置於縣的榦官，并不一定隸屬於縣。

泰匠、宫司空均是少府屬官，《嶽麓書院藏秦簡（肆）》簡0060“泰匠”“宫司空”“都膾”同時出現，且有直接的政務關係，説明“都膾”可能是少府直屬之膾，故此“榦都膾”可能也隸屬於少府。里耶秦簡8-1831“次”字，應當表示的是“右榦官丞”與“榦都膾丞”之間的關係，具體如何待考，[②]但二者可能隸屬於同一機構，所以纔需要對它們之間的“次”做出説明。如果“榦都膾”隸屬少府的推測成立，則“右榦官”也隸屬於少府。上述推測及各機構之間的具體關係，尚有待新資料證實，不過“右榦官”這一機構設置於兩縣轄境内，表明它可能與其中任何一個縣均没有行政上的隸屬關係。

與“右榦官”相應，秦還設有“左榦官”，除“左榦官丞”封泥這一實物證據外，嶽麓秦簡有“右榦官、中榦官、左榦官”的記載。[③] “左榦官”設於何處，劉瑞認爲：“用方位言，宜陽、新城均在關中的東方，爲‘右榦官’，則‘左榦官’，有可能位於關中的西方。”[④]“中官榦丞”封泥表明“中官”亦設有榦官。據研究，“中官”是一個獨立的職官機構，很可能是總理後宫中皇后或王后以及諸嬪妃事務的總機構，秦時的“中官”領有多種屬官。[⑤] 不過，因爲“中榦官”的出現，以及“榦官”“榦官丞印”等封泥的存在，劉瑞指出不排除“中官榦丞”封泥讀爲“中榦官丞”的可能性。[⑥] 此説有理，應引起重視。

“大官榦丞”“北宫榦官”“北宫榦丞”與少府的關係較爲明確。“大官”讀爲“太官”，爲少府屬官，故“大官榦丞”應隸屬於少府。里耶秦簡明確記載了“北宫榦官”與少府的行政隸屬關係，簡9-897+9-939：

> ▨□子傅丞相啓上少府守嘉書言：北宫榦官偕爲軍治粟，少府屬卒史不足
> ▨攻（功）次，爲置守如從軍者。它有等比。□報，追。[⑦]

“北宫榦官偕爲軍治粟，少府屬卒史不足”的情況，由少府負責上奏，足見北宫榦官爲少府隸屬機構。王偉曾指出“從秦少府的皇家私官的性質和職掌範圍來看，‘北宫榦官’應該屬少

---

① 陳松長主編：《嶽麓書院藏秦簡（柒）》，上海辭書出版社，2022，131頁。
② 參見陳偉主編《里耶秦簡牘校釋（第一卷）》，397頁。
③ 嶽麓秦簡1349：“右榦官、中榦官、左榦官人有貲弗能入及給日者及□畤右榦官、中榦官、左榦官居貲贖責者。”陳松長主編：《嶽麓書院藏秦簡（柒）》，184頁。
④ 劉瑞編著：《秦封泥集釋》，上海古籍出版社，2021，267頁。
⑤ 王偉：《秦璽印封泥職官地理研究》，218－220頁。
⑥ 劉瑞編：《秦封泥集釋》，447頁。
⑦ 陳偉主編：《里耶秦簡牘校釋（第二卷）》，武漢大學出版社，2018，221頁。

府榦官管轄”,[①]這一推測得到里耶秦簡的證實。同理,如果“中官榦丞”的釋讀正確,它可能也隸屬於少府榦官。

雖然“右榦官”是少府設置於地方上的機構還是隸屬於地方的機構,仍有待新資料證明,但是有資料表明秦在地方上確實設有榦官機構,如“江胡榦官”“潁川榦丞”[②]官印及“潁川榦丞”[③]封泥等。施謝捷已經指出:“今據‘江胡榦官’及‘潁川榦丞’二印,知諸郡也設置榦官。”[④]由此可見,秦時榦官系統組織完備、機構複雜。嶽麓秦簡反映某些地方官府應設置有專門負責砍伐、運輸竹木的機構,如:

> ☐□□水,節(即)多承(拯)縣官材、它小物,賞有律令。今縣官材及麗邑伐材固有久劾(刻),請明告黔首:勉承(拯)流材,有得縣官材及麗邑伐材竹者,皆出置水旁而言所近鄉官,鄉官亟載取,輒以令賞承(拯),勿敢留難∟。有得麗邑伐材竹久劾(刻)者,匿弗言,與盜同灋。有能捕若詷告吏,購之如律。謹布令,令黔首明智(知),毋巨(歫)罪。縣官亟舉所承(拯)得麗邑伐材竹數,移麗邑,其縣官界中有棄麗邑∟材竹而弗舉及不從令者,貲官嗇夫、吏主者各一甲,丞、令、令史各一盾。[⑤]

麗邑,秦内史屬縣,秦封泥有“麗邑丞印”。[⑥] 麗邑所伐“材竹”通過水路運輸,所以纔會出現“流材”。簡文没有涉及麗邑具體負責砍伐“材竹”機構的名稱,是否是榦官有待更多資料證實,但頒布獎勵百姓“承(拯)流材”行爲的律令,表明官府對“材竹”的需求是持久的,并且砍伐、運輸“材竹”已經是相關縣鄉等官府的主要職責之一。

就目前所見資料而言,秦榦官機構中,隸屬少府的有少府榦官和北宫榦官等,可能隸屬少府的有榦都廥、右榦官、中榦官以及左榦官等。就職官而言,隸屬少府的有少府榦丞、北宫榦丞與大官榦丞等,可能隸屬少府的有榦官丞、榦都廥丞、中官榦丞、左榦官丞以及右榦官丞等。那麽,組織機構複雜的榦官具體有哪些職能呢?

(二)榦官的職能

《説文解字》:“榦,築牆耑木也。从木倝聲。”段玉裁《説文解字注》補“一曰本也”四字。從字義來説,榦官當爲主管木材(即榦)之官,這與當時營造及建築本身需要大量的木材有

① 王偉:《秦璽印封泥職官地理研究》,156頁。
② 許雄志編著:《鑒印山房新獲古璽印選》,鄭州:河南美術出版社,2017,65–69頁。
③ 任紅雨編著:《中國封泥大系》,杭州:西泠印社出版社,2018,330頁。
④ 施謝捷:《新見秦漢官印二十例》,中國古文字研究會、中華書局編輯部編《古文字研究》第28輯,北京:中華書局,2010,561頁。
⑤ 陳松長主編:《嶽麓書院藏秦簡(柒)》,134–136頁。
⑥ 周曉陸、陳曉捷、湯超、李凱:《於京新見秦封泥中的地理内容》,《西北大學學報(哲學社會科學版)》2005年第4期。

關。“榦都廥丞”説明榦官下設有都廥,按常理推測,都廥之外應還設有其他廥,如設立於宜陽、新成的“右榦官”,必定設廥以儲存所屬之木材。廥,《説文解字》:“芻槀之藏。”[①]段玉裁注:“《天官書》:‘其南衆星曰廥積。’如淳《漢書注》曰:‘芻槀積爲廥也。’《史記正義》曰:‘芻槀六星在天苑西,主積槀草者。’”[②]睡虎地秦簡《秦律十八種·倉律》:“入禾稼、芻槀,輒爲廥籍,上内史。”“廥才(在)都邑,當□□□□□□□□□者與雜出之。”[③]榦都廥丞的主要職責應是都廥所藏“榦”的保管與出入管理等工作。

漢長安城遺址出土有“榦簹不灋”瓦當,[④]陳直沿用晉灼之説,疑作榦官官署中之竹箭,不在鬻賣之列解。[⑤]《尚書·禹貢》:“杶榦栝柏。”孔安國傳:“榦,柘也。”孔穎達正義:“榦爲弓榦。《考工記》云:‘弓人取榦之道也,以柘爲上。’知此榦是柘也。”[⑥]可見晉灼之説自有所本。不過,榦官的執掌及倉儲範圍應更加廣泛。如《禮記·月令》:“是月也,命工師令百工審五庫之量,金、鐵、皮、革、筋、角、齒、羽、箭、幹、脂、膠、丹、漆,毋或不良。”鄭玄注:“幹,器之木也。”孔穎達正義:“《周禮》‘弓人’掌作弓,云‘凡析幹’,故知‘幹’,弓幹。此則揔論材幹,不獨指弓,但器之材樸,揔謂之幹,故云‘幹,器之木’。”[⑦]《嶽麓書院藏秦簡(肆)》簡0638:“西工室伐榦沮、南鄭山,令沮、南鄭聽西工室致。”整理者注:“榦,製器原材料的總稱,多用於指代製作弓箭的木材。”[⑧]里耶秦簡有具體使用“榦”材的例子,如簡8-529:“贛弩用白布丈七尺。灑桼用白布六尺。(正)大一七弩。大二件將。小六頡卌弩。□□□弩傳榦。(背)”簡8-548:“取車衡榦大八寸、袤七尺者二枚。□□☐。”[⑨]榦材不僅專指造弓弩所需之原材料,也指造車等其他需要木材器物的原材料,因此,榦所對應的原材料并非專指竹,如《考工記·弓人》:“凡取幹之道七:柘爲上,檍次之,檿桑次之,橘次之,木瓜次之,荊次之,竹爲下。”[⑩]可見,即便是弓人製造弓所需木材,就有七等之多。故“榦簹不灋”瓦當文字應理解爲榦官倉儲的物資不得鬻賣。

宫殿建築及其營造工作等對木材的需求,不僅量大,而且種類繁多,故此秦設有專門的伐榦機構,如《嶽麓書院藏秦簡(肆)》簡0587+0638+0681:“泰上皇時内史言:西工室司寇、隱官、踐更多貧不能自給稺(糧)。議:令縣遣司寇入禾,其縣毋(無)禾當貣者,告作所縣償

① [漢]許慎撰,[宋]徐鉉校定:《説文解字》卷九下,192頁。
② [清]段玉裁:《説文解字注》卷九下,448頁。
③ 陳偉主編,彭浩、劉樂賢等撰著:《秦簡牘合集·釋文注釋修訂本(壹)》,武漢大學出版社,2016,61頁。
④ 傅嘉儀編著:《秦漢瓦當》,西安:陝西旅游出版社,1999,484頁。
⑤ 陳直:《漢書新證》,98頁。
⑥ [漢]孔安國傳,[唐]孔穎達疏:《尚書正義》卷六《禹貢》,[清]阮元校刻《十三經注疏》,149頁。
⑦ [漢]鄭玄注,[唐]孔穎達疏:《禮記正義》卷一五《月令》,[清]阮元校刻《十三經注疏》,1364頁。
⑧ 陳松長主編:《嶽麓書院藏秦簡(肆)》,204、227頁。
⑨ 陳偉主編:《里耶秦簡牘校釋(第一卷)》,175、178頁。
⑩ [漢]鄭玄注,[唐]賈公彦疏:《周禮注疏》卷四二《考工記·弓人》,[清]阮元校刻《十三經注疏》,934頁。

及貸。西工室伐榦沮、南鄭山，令沮、南鄭聽西工室致。其入禾者及吏移西工室。·二年曰：復用。"[①]西工室於沮、南鄭山中所伐木材，應當有一定的標準，以滿足各類土木工程建設的需要，并最終輸送至榦官，故曰"伐榦"。里耶秦簡中也有多處"伐榦"的記載，簡9-2165+9-2176："☐□□棄去葆職不伐榦毆(也)。棄去菜(葆)職不伐榦☐。"簡9-2271："☐不伐榦，盡正月辛巳☐。"[②]里耶秦簡還有"入榦"的記載，如簡9-451："須以入榦及□計，計日□☐"[③]

輸送至榦官的木材當爲原木，實際工程需要的應是各種類型的木具、木器等，這就需要對這些原木進行初步加工，這一技術工作可能也是由榦官負責，加上其他管理工作，如都廥木材的出入、增積、效等工作，[④]所以榦官需要擁有大量可供支配的人力，尤其掌握木材加工技術的工匠。《嶽麓書院藏秦簡(肆)》簡0793："黔首及司寇、隱官、榦官人居貲贖責(債)或病及雨不作，不能自食者，貸食，以平賈(價)賈。"[⑤]"榦官人"與黔首、司寇、隱官并列出現，説明他們具有特定的身份，從"工商食官"的歷史背景考慮，榦官人很有可能是隸屬於榦官的木工工匠及相關人員。秦時對各類榦材的管理工作制定了詳細的標準，如睡虎地秦簡《秦律雜抄》記載："工擇榦，榦可用而久以爲不可用，貲二甲。·工久榦曰不可用，負久者，久者謁用之，而貲工曰不可者二甲。"[⑥]此外，各種工程及相關機構所需要的木材，自然由榦官負責分配與輸送，這實質上就是均輸的職能。

三　嶽麓秦簡"均輸"的涵義

(一)"均輸"之濫觴

榦官因管理"榦"材，而具有了均輸的職能，同樣大司農與水衡都尉屬官均輸，太常與少府屬官均官，最根本的職能均是在各部門或地方與中央之間調配輸送人力與物資，鹽鐵官營政策下的商業貿易職能應是在此基礎上的延伸。嶽麓秦簡0797簡"均輸"一詞的出現，有學者認爲是秦已有"均輸"官的證據，但實際上"均輸"一詞在傳世文獻中已經出現，《越絶書》

---

① 陳松長主編：《嶽麓書院藏秦簡(肆)》，204頁。

② 陳偉主編：《里耶秦簡牘校釋(第二卷)》，427、442頁。

③ 陳偉主編：《里耶秦簡牘校釋(第二卷)》，127頁。

④ 如睡虎地秦簡《秦律十八種·倉律》規定："入禾稼、芻稾，輒爲廥籍，上內史。·芻稾各萬石一積，咸陽二萬一積，其出入、增積及效如禾。""禾、芻稾積索(索)出日，上贏不備縣廷。出之未索(索)而已備者，言縣廷，廷令長吏雜封其廥，與出之，輒上數廷；其少，欲一縣之，可毆(也)。廥才(在)都邑，當□□□□□□□□□者與雜出之。"(參見陳偉主編，彭浩、劉樂賢等撰著《秦簡牘合集·釋文注釋修訂本(壹)》，61頁)。木材的倉儲管理工作應與禾、芻稾等類似。

⑤ 陳松長主編：《嶽麓書院藏秦簡(肆)》，154頁。

⑥ 陳偉主編，彭浩、劉樂賢等撰著《秦簡牘合集·釋文注釋修訂本(壹)》，167頁。

載：“吴兩倉，春申君所造。西倉名曰均輸，東倉周一里八步。”[①]據此，陳直認爲均輸之名在戰國末期已有之。[②]

均賦税平徭役，是古代國家的重要職能之一，如《尚書・禹貢》記載大禹根據九州土地的等級徵收貢賦。[③]《周禮・地官・均人》：“均人掌均地政，均地守，均地職，均人民、牛馬、車輦之力政。”鄭玄注：“政讀爲征。地征，謂地守、地職之税也。地守，衡虞之屬；地職，農圃之屬。力征：人民則治城郭涂巷溝渠；牛馬、車輦則轉委積之屬。”[④]可見，均人所掌“力征”之徵調，不僅包括牛馬、車輦這些運輸物資的動力與承載工具，還包括力役。

春申君所造之西倉名曰均輸，既包含各地賦税多寡之均，也包括運輸過程中牛馬、車輦以及力役徵調之均。秦漢時期仍然如此，如《九章算術・均輸》第三題“均賦粟”，即“欲以縣户賦粟，令費勞等。問縣各粟幾何？”第四題亦爲“均賦粟”，衹是“賦粟”的標準不再以户數多少爲主，而是“粟有貴賤，佣各别價，以算出錢，令費勞等。問縣各粟幾何？”除賦税多寡之均外，第一題“均輸粟”，實際是“欲以道里遠近、户數多少衰出之。問粟、車各幾何？”即包含了如何調配粟、車的問題。第二題“均輸卒”，則是以距離遠近、户數多少等爲標準，求每月從各縣徵調縣卒多少的問題。[⑤] 可見，均輸的對象一直相當多樣，可以是物資，也可以是人員。

（二）秦簡所見“均輸”的内涵

源於先秦時期均平賦税與徭役的主張，仍然是秦漢時期社會思想與政府職能的重要體現，如睡虎地秦簡《爲吏之道》：“均繇（徭）賞罰”。[⑥] 秦簡反映當時有不少制度建立在這種均平思想的基礎上，“均輸”的内涵豐富，如《嶽麓書院藏秦簡（肆）》有關於“調均”钱的記載：

> ・制詔丞相御史：兵事畢矣乚，諸當得購賞貰責（債）者，令縣皆亟予之。令到縣，縣各盡以見（現）錢，不禁者，勿令巨皋。令縣皆亟予之。▌丞相御史請：令到縣，縣各盡以見（現）錢不禁者亟予之，不足，各請其屬所執灋，執灋調均；不足，乃請御史，請以禁錢貸之，以所貸多少爲償，久易（易）期，有錢弗予，過一金，貲二甲。[⑦]

整理者注：“調均，同義複詞。即調劑平均。《漢書・食貨志下》：‘以臨萬貨，以調盈虚。’顔

---

① 李步嘉校釋：《越絶書校釋》卷二《越絶外傳記吴地傳》，北京：中華書局，2013，39頁。《太平御覽》引《越絶書》曰：“君均、東倉，春申君造。西倉名曰君均，西倉門周一里八步。”又曰：“吴兩倉，春申君所造，一名均輸。”（［宋］李昉等撰：《太平御覽》卷一九〇《居處部・倉》，北京：中華書局，1960，920頁）《太平預覽》所引《越絶書》關於倉名的記載存在差異，但都與倉儲物資的調配運輸相關。

② 陳直：《漢書新證》，177頁。

③ ［漢］孔安國傳，［唐］孔穎達疏：《尚書正義》卷六《禹貢》，［清］阮元校刻《十三經注疏》，146-150頁。

④ ［漢］鄭玄注，［唐］賈公彦疏：《周禮注疏》卷一四《地官・均人》，［清］阮元校刻《十三經注疏》，730頁。

⑤ 各題原文不詳載，參見李繼閔《九章算術校證》卷六《均輸》，西安：陝西科學技術出版社，1993，323-336頁。

⑥ 陳偉主編，彭浩、劉樂賢等撰著：《秦簡牘合集・釋文注釋修訂本（壹）》，308頁。

⑦ 陳松長主編：《嶽麓書院藏秦簡（肆）》，197-198頁。

師古注:‘調,平均也。’”[①]《漢書·匈奴傳下》:“邊既空虛,不能奉軍糧,内調郡國,不相及屬,此二難也。”顔師古注:“調,發也。”[②]邊郡糧草儲備不足,從内郡國調發,實質也是在全國範圍内進行軍糧供應的調劑,而使之平均,以滿足實際需要。郡執灋不僅是監察官員,而且擁有司法審判、黜免官吏、調發徒隸、管理徭役、分配錢款和循行案舉等多種權力。[③] 各縣所擁有的現錢不管是否富足,本質上均爲國家的財政收入,執法在各縣之間的調撥,實質是根據實際需要,進行的重新分配,而使財政支出更加合理。

在徭役的徵發上,秦律特别强調要“均徭”,并對一些具體方法做了明確規定,如嶽麓秦簡《徭律》:

給邑中事,傳送委輸,先悉縣官車牛及徒給之,其急不可留,乃興繇(徭)如律;不先悉縣官車牛徒,而興黔首及其車牛以發繇(徭),力足以均而弗均,論之。[④]

繇(徭)多員少員,穨(隤)計後年繇(徭)戍數。發吏力足以均繇(徭)日,盡歲弗均,鄉嗇夫、吏及令史、尉史主者貲各二甲,左罨(遷)。令、尉、丞繇(徭)已盈員弗請而擅發者貲二甲,免。吏(?)□繇(徭)□均,僞爲其券書以均者貲二甲,癈。[⑤]

均徭的目的是在民衆所承擔徭役量均等的基礎上,使人力、物力的使用與調配合理化,對於根據實際需要徵發的徭役量與法律規定出現的偏差,要在歲末進行統一的協調處理,將徭戍數計入下一年的標準量中,對不遵守這一規定及弄虚作假者均要處以相應的處罰。由於大量使用徒隸勞作,在徭役徵發之外,相關主管機關也需要在各實際使用徒隸部門之間進行人員的調配。如里耶秦簡 8-756+8-757:

令曰:吏僕、養、走、工、組織、守府門、⿰肋匠及它急事不可令田,六人予田徒四人。徒少及毋徒,薄(簿)移治虜御史,御史以均予。[⑥]

嶽麓秦簡 1612+1611:

·廿[七]年十二月己丑以來,縣官田田徒有論毄(繫)及諸它缺不備穫時,其縣官求

① 陳松長主編:《嶽麓書院藏秦簡(肆)》,226 頁。
② 《漢書》卷九四下《匈奴傳下》,3824-3825 頁。
③ 王四維:《秦郡“執灋”考——兼論秦郡制的發展》,《社會科學》2019 年第 11 期。
④ 陳松長主編:《嶽麓書院藏秦簡(肆)》,117 頁。
⑤ 陳松長主編:《嶽麓書院藏秦簡(肆)》,152-153 頁。
⑥ 陳偉主編:《里耶秦簡牘校釋(第一卷)》,217 頁。

助徒穫者，各言屬所執灋，執灋□爲調發。書到，執灋而留弗發，留盈一日，執灋、執灋丞、吏主者，貲各一甲；過一日到二日，貲各二甲；過二日［到三］日，贖耐；過三日，耐。[1]

御史“均予”與執法“調發”，都是合理調配田徒的意思。對於一些特殊的罪犯，除了强制勞作之外，對其服役地點還要進行限定，如嶽麓秦簡“從人”律：

·叚（假）正夫言：得近〈從〉人故趙將軍樂突弟∟、舍人袑等廿四人，皆當完爲城旦，輸巴縣鹽。請：論輸〈輸〉袑等【廿四人，故】代、齊從人之妻子、同産、舍人及其子已傅嫁者，比故魏、荆從人。·御史言：巴縣鹽多人，請令夫輸〈輸〉袑【等廿四人，故】代［代］、齊從人之妻子、同産、舍人及其子已傅嫁不當收者，比故魏、荆從人之【妻】子、同産、舍人及子已傅嫁者∟。已論輸〈輸〉其完城旦舂洞庭，洞庭守處難亡所苦作，謹將司，令終身毋得免赦，皆盜戒（械）膠致桎傳之。其爲士五（伍）、庶人者，處蒼梧，蒼梧守均處少人所，疑亡者，戒（械）膠致桎傳之，其夫妻子欲與，皆許之∟。有等比。·十五[2]

由於巴縣鹽官多人，御史請求將袑等廿四名“從人”中已經判爲“完城旦春”者輸往洞庭郡，由洞庭郡將其調配至“難亡所”從事“苦作”，并且終身不得赦免。對其中身份爲“士伍”或“庶人”者，輸送至蒼梧郡，再由蒼梧郡將其調配在郡中“少人所”。“從人”身份特殊，對秦政權來説，屬於堅決鎮壓的對象，故此在調配他們從事勞作時，除了實際的勞務需要之外，還考慮了是否有利於看管等因素。

與輸入刑徒等“實邊”模式類似，秦還將犯罪或考課殿後的佐、史等調配至故徼縣、新地等邊遠地區任職，稱爲“均佐”“均史”“均人、史”等，[3]如嶽麓秦簡 2013+1964：“史各一甲，有（又）令獄佐史均故徼一歲，其故徼縣獄佐史，均地遠故徼，其新地縣獄佐史有約日者，奪日一歲而勿均。·廷己八。”[4]再如里耶秦簡 8-197：

卅四年正月丁卯朔辛未，遷陵守丞配敢言之：遷陵黔首☐Ⅰ
佐，均史、佐日有泰（大）抵已備，歸，居吏被繇（徭）使及☐Ⅱ

---

① 陳松長主編：《嶽麓書院藏秦簡（陸）》，上海辭書出版社，2020，171–172 頁。
② 陳松長主編：《嶽麓書院藏秦簡（伍）》，上海辭書出版社，2017，43–44 頁。
③ 參見吴雪飛《“均吏”與秦職官調配》，中國社會科學院大學人文學院主辦《首届“中國歷史上的社會變遷與國家治理”學術討論會論文集》，北京，2019 年 11 月，139–148 頁。
④ 陳松長主編：《嶽麓書院藏秦簡（伍）》，143 頁。

前後書,至今未得其代,居吏少,不足以給事☑Ⅲ
吏。謁報,署主吏發。敢言之。☑Ⅳ
二月丙申朔庚戌,遷陵守丞配敢言之:寫上☑Ⅴ
旦,令佐信行。☑Ⅵ8-197
報別臧。☑Ⅰ
正月辛未旦,居貲枳壽陵左行。☑Ⅱ8-197背[①]

《里耶秦簡牘校釋(第一卷)》注:"居吏,留于原任的吏。柀,疑當讀爲'頗'。這裏似是'多'的意思。"[②]吏員的職役包括了署内的公務和署外的"徭",[③]"徭使"即因公出差。由於大部分"均史、佐"因任職期已滿而返回原籍,而多數"居吏"又因公出差,這導致"居吏少,不足以給事"現象的出現。這裏"居吏"可以理解爲在編在崗的吏員。由此可見,"均史""均佐"等"均吏"的出現,是爲了解決故徼、新地等地區吏員不足問題,本質是帶有懲罰性的吏員借調。[④] 將佐史等從吏員相對充足的地區調配到不足的地區,帶有明顯的均平吏員的性質,故被稱爲"均史""均佐"。這種建立在均平理念基礎上的調配制度,廣泛出現在行政的各個領域,如嶽麓秦簡1721+1808+1811:

·縣官田者或奪黔首水以自灣(溉)其田乚,惡吏不事田,有爲此以害黔首稼乚。黔首引水以灣(溉)田者,以水多少[爲]均,及有先後次乚。縣官田者亦當以其均,而不毆(也),直以威多奪黔首水,不須其次,甚非毆(也)乚。有如此者,[皆][當][以]大犯令律論之。·縣官田令甲　廿二[⑤]

(三)"少府均輸四司空"解

作爲主要使用徒隸勞作的機構,司空的徒隸調配與輸送應是其日常政務之一,如嶽麓秦簡2132簡載"空及入僕、養、老,它官徒輸宫司空、泰匠、左司空、右司空者,皆作功,上,及毋得從親它縣。"[⑥]少府是"四司空"的領導機關,自然具有向"四司空"輸送與調配徒隸的職能。所以,"少府均輸四司空"的"均輸"應當理解爲調配輸送徒隸等勞作服役人員的意思。里耶

---

① 陳偉主編:《里耶秦簡牘校釋(第一卷)》,108-109頁。句讀參見吴雪飛《"均史"與秦職官調配》,中國社會科學院大學人文學院主辦《首届"中國歷史上的社會變遷與國家治理"學術討論會論文集》,140頁。
② 陳偉主編:《里耶秦簡牘校釋(第一卷)》,109頁。
③ 王彦輝:《秦漢户籍管理與賦役制度研究》,北京:中華書局,2016,255頁。
④ 嶽麓秦簡1069+0878-1:"☑當之:禹以令史均故徼,入粟以除,不致令,禹不當入粟除均。"整理者注:"均,謫居。"陳松長主編:《嶽麓書院藏秦簡(柒)》,88、112頁。
⑤ 陳松長主編:《嶽麓書院藏秦簡(陸)》,176-177頁。
⑥ 陳松長主編:《嶽麓書院藏秦簡(肆)》,48頁。

秦簡出現了向司空“均輸”刑徒的直接例證，如簡9-23：

> 廿七年十一月戊申朔癸亥，洞庭叚(假)守昌謂遷陵丞：遷陵上Ⅰ坐反適(讁)辠(罪)當均輸郡中者六十六人，今皆輸遷陵。其聽書Ⅱ從事，它如律令。·以新武陵印行事。Ⅲ
>
> 十二月丁酉，遷陵守丞敦狐告司空主：以律令從事。/夫手。走郤即行。Ⅳ9-23
>
> 司。Ⅰ
>
> 十二月丙申旦，庫佐黑以來/。莫邪半。瘳手。Ⅱ9-23背[①]

這是一件由遷陵丞轉發給縣司空的郡級下行文書。“反讁罪當均輸郡中者六十六人”，《里耶秦簡牘校釋(第二卷)》注：“反適罪，疑是針對反叛而定的適罪。均，調節、調配。《詩·大雅·皇皇者華》：‘我馬維駰，六轡既均。’毛傳：‘均，調也。’秦簡牘將人員、物質的調配稱爲‘均’。”[②]也就是説，這六十六人的勞作地點需要根據全郡各縣道的實際需要作出具體的調配，故此遷陵縣上報至郡府，洞庭郡調配的結果是“皆輸遷陵”，并向遷陵縣下發了這道文書。遷陵縣在收到該文書的第二天(十二月丁酉)就將其轉發給縣司空，并批示：“以律令從事”。雖然這批刑徒實際并未離開遷陵縣，但在實際的行政運作上，他們已經被“均輸”至遷陵縣縣司空。這件文書也反映了刑徒關押勞作的具體地點是由郡作統一調配的。

綜上，刑徒等各類人員的調配、賦役的徵派與物資的運輸，須根據實際需要事先做出規劃，以使人力的使用達到合理化，并且這種做法已經制度化和法律化，構成了秦行政制度的一個重要特點，如前引有關“均徭”的法律條文，再如睡虎地秦簡有“均工”律，整理小組注：“均，《周禮·内宰》注：‘猶調度也。’均工，關於調度手工業勞動者的法律規定。”[③]故此，“少府均輸四司空”，是指少府根據實際需要向四個司空機構調配徒隸，不能將“均輸”理解爲和少府、四司空并列的行政組織。

結語

《漢書·百官公卿表》所載西漢大司農屬官“斡官”本爲“榦官”，但由於東漢時與“均輸”等官一同被省并，以至於魏晉時人已經不瞭解“榦官”的具體執掌。晉灼認爲“斡官”爲“竹箭幹之官長”，正確理解了“斡官”即“榦官”這一本質，但没能全部釋出“榦官”的職能。如淳所謂“斡，主也，主均輸之事”，雖然一定程度上也反映了榦官的部分職能，但是將其職權

---

① 陳偉主編：《里耶秦簡牘校釋(第二卷)》，35-36頁。

② 陳偉主編：《里耶秦簡牘校釋(第二卷)》，36頁。

③ 睡虎地秦墓竹簡整理小組編：《睡虎地秦墓竹簡》，北京：文物出版社，1990，46頁。

擴大到"斡鹽鐵而榷酒酤",顯然是根據"斡"具有"主領"這一詞義做出的臆測。西漢"榦官"承襲自秦代,秦封泥、簡牘等出土資料表明"榦官"組織十分複雜,如設有都廥、中榦官、左榦官、北宫榦官、少府榦丞、北宫榦丞、中官榦丞、右榦官丞、榦都廥丞等機構與屬官。"榦官"的主要職能是掌管制造各種器物所需木材,因爲儲藏、調配、輸送各種木材之需,從而也就具備了"均輸"的職責。大司農與水衡都尉屬官"均輸",太常與少府屬官"均官",最根本的職能均是在各部門或地方與中央之間調配輸送人力與物資,鹽鐵官營政策下的商業貿易職能應是在此基礎上的延伸。均賦税平傜役是古代國家的重要職能之一,秦簡中對"均傜"有明確的規定,作爲主要使用徒隸勞作的機構,司空的徒隸調配與輸送應是其日常政務之一。《嶽麓書院藏秦簡(肆)》簡 0797"☐少府均輸四司空"句,是指少府根據實際需要向四個司空機構調配徒隸,"均输"應作動詞解,而不是行政機構。

附記 本文寫作過程中孫曉磊先生提出了諸多修改建議;論文曾於 2020 年 11 月參加中國秦漢史研究會、西北大學史學部等單位聯合主辦的"秦史青年學者論壇",徐衛民、楊博、孫聞博等先生在資料、寫作等方面給予了有益的建議;後論文又在 2022 年 10 月廣西桂林舉辦的中國秦漢史研究會第十六届國際學術研討會上宣讀,王彦輝先生的評議爲論文的進一步修改提供了思路;匿名審稿專家提出了中肯的修改意見;特此一并致謝!

嶽麓秦簡"受財枉事令"對讀拾遺

□ 湖南大學嶽麓書院 陳松長 李蓉

内容提要 對讀嶽麓秦簡兩組"受財枉事令",可據《嶽麓陸》169 簡補出《嶽麓伍》234 簡的殘斷部分"其同居之所治、所治之室人、室人父",據《嶽麓伍》235 簡補出《嶽麓陸》169 簡的殘斷部分"母妻子同産,以告治者,治者雖弗爲枉"。《嶽麓陸》164 簡可與 169 簡遥綴成一簡(169+164),165 簡及後面的内容都應當順次移至 169+164 簡之後,調整後的新簡順序爲 160、161、162、163、166、167、168、169+164、165……。《嶽麓伍》"受財枉事令"書寫年代早於《嶽麓陸》相關簡文,但《嶽麓伍》234 簡中的"受者與盜同灋"存在遺漏,而《嶽麓陸》168 簡之"受者、治者與盜同灋"正確完整;《嶽麓陸》"受財枉事令"應當并非抄自《嶽麓伍》,而是另有底本。

關鍵詞 嶽麓秦簡 受財枉事令 對讀 異文

《嶽麓書院藏秦簡(伍、陸)》二函中有關於治獄者及其同居、親所知弗與同居收受賄賂及論處的簡文,我們曾將其命名爲"治獄受財枉事"令。① 通過對讀,學界已經在簡文釋讀、簡牘編聯和令文研究上取得了一定的成果,②但仍然存在不少殘簡斷牘。特别是《嶽麓陸》,由於殘損較多,編聯不甚理想。近日再讀嶽麓簡,發現《嶽麓伍》《嶽麓陸》二函中還有簡文可互相對讀補足。補足後可遥綴一簡,并對原簡序有所調整,兩組"受財枉事令"中的一處異文也值得解讀,判明是非。故不揣譾陋,略書賸義,不當之處請批評指正。

① 陳松長主編:《嶽麓書院藏秦簡(伍)》"前言",上海辭書出版社,2017(下文簡稱《嶽麓伍》);陳松長主編:《嶽麓書院藏秦簡(陸)》,上海辭書出版社,2020(下文簡稱《嶽麓陸》)。

② 如周海鋒《嶽麓秦簡所見懲治官員受賄令文試析》,李學勤主編《出土文獻》第 14 輯,上海:中西書局,2019,272-289 頁。

一　簡文補足與簡序調整

《嶽麓伍》"受財枉事令"相關簡文抄録於229–250簡,《嶽麓陸》抄録於160–177簡。爲節省篇幅,僅迻録擬對讀的相關簡文如下:[①]

《嶽麓伍》233–236簡:

……叚(假)貣錢金它物,爲告治者,治者爲枉事,以所叚(假)、賃、費貣錢金它物$_{233/1167}$其息之數,受者與盜同灋;不告治者,受者獨坐,與盜同灋。叚(假)、貣錢金它物☐$_{234/1164}$母妻子同産,以告治者,治者雖弗爲枉事,以所叚(假)、賃、費貣錢金它物其息之數,受者、治者與盜同灋;不$_{235/1098}$告治者,受者獨坐,與盜同灋。告治者,治者即自言吏,毋辠。……$_{236/1086}$[②]

《嶽麓陸》164、165、167–169簡:

☐事,以所叚(假)、賃、費貣錢金它物$_{164/2067}$其息之數,與盜同灋。不告治者,受者獨坐,與盜同灋。告治者,治者即自言吏,毋罪。受者其父母殹(也),以告子$_{165/2119+2110}$

……叚(假)、貣錢金它物,爲告治者,治者爲柱〈枉〉事,以所叚(假)、賃、費貣$_{167/1937}$錢金它物其息之數,受者、治者與盜同灋;不告治者,受者獨坐,與盜同灋。叚(假)、貣錢金它$_{168/2051}$物其同居之所治,所治之室人,室人父☐$_{169/2135}$[③]

仔細梳理、逐一對讀,我們發現《嶽麓伍》234簡(釋文中劃直綫部分)可以與《嶽麓陸》168簡(釋文中劃波浪綫部分)對讀,[④]并據後者補出234簡殘缺的内容。如下:[⑤]

其息之數,受者與盜同灋;不告治者,受者獨坐,與盜同灋。叚(假)、貣錢金它物

① 爲避免冗雜,原釋文中的"ㄴ""〖 〗""字""【 】"等符均不寫出,僅保留斷簡符"☐"以及我們補足釋文後所新增的"【 】"符。另外,本文所引釋文標點與整理報告略有不同,請讀者對比參看。

② 陳松長主編:《嶽麓書院藏秦簡(伍)》,146–147頁。

③ 陳松長主編:《嶽麓書院藏秦簡(陸)》,138–140頁。

④ 《嶽麓伍》簡234與《嶽麓陸》簡168并不完全相同。"叚、貣錢金它物,爲告治者,治者爲枉事,以所叚、賃、費、貣錢金它物其息之數"之下,《嶽麓伍》是"受者與盜同灋",《嶽麓陸》是"受者、治者與盜同灋"。按:雖然簡文并不完全相同,但梳理整篇"受財枉事令"可知,此句處於相同的程序和環節,故可對讀。經研究,《嶽麓伍》"受者與盜同灋"漏抄"治者"二字,詳參後文。

⑤ "【 】"内的内容爲新補出的簡文。後文同。

【其同居之所治,所治之室人,室人父】234/1164

巧合的是,補足之後的《嶽麓伍》234 簡反過來又可以補足《嶽麓陸》169 簡下部殘缺的內容。

169 簡僅上部殘存約 1/3,原釋文作“物其同居之所治,所治之室人,室人父☐”,其下可據《嶽麓伍》234-235 簡補出“母妻子同産,以告治者,治者雖弗爲枉事……”等内容。但所補内容當止於何辭? 繫聯《嶽麓伍》中較完整的文句,我們發現《嶽麓陸》164 簡(缺上部、中部)正可接續 169 簡(缺中部、下部)的内容,二者遥綴,中間殘去的部分,就是應該補出的部分。如下:

物其同居之所治,所治之室人,室人父【母妻子同産,以告治者,治者雖弗爲枉】事,以所叚(假)、賃、費貣錢金它物169+164

將 164 簡拼綴於 169 簡之下,165 簡及其之後的内容也當順次移至 169+164 簡後,調整後的簡文順序從右至左依次爲“160、161、162、163、166、167、168、169+164、165……”。經此調整,再讀簡文,原來殘亂的内容前後貫通,正可與《嶽麓伍》更好對讀,可證編聯無誤。

當然,除文意方面的證據之外,還可在簡牘書寫制度方面找到佐證。《嶽麓伍》229-236 簡的内容共使用了 8 枚簡,若按照最初的編聯,《嶽麓陸》中大致相同的内容(包括原來標記的一枚缺簡“缺 28”)則共使用了約 10 又 1/4 枚。① 在書寫總量相同、單簡容字數量相差無幾的情況下,②用簡數量差距如此之大,顯然是不合理的。但若以調整之後的編聯來計數,則《嶽麓陸》相關簡文僅使用 8 又 1/4 枚簡,與《嶽麓伍》用簡數量基本相同。這也從側面證明我們的調整是合理的。

二 “受者與盜同灋”“受者、治者與盜同灋”異文辨析

《嶽麓陸》“受財枉事令”調整簡序後再與《嶽麓伍》相關簡文對讀,除個别文字不同,二者在整體結構和内部文句上都基本重合。既然如此,那麽前文注脚中提及的“受者與盜同灋”(《嶽麓伍》234 簡)與“受者、治者與盜同灋”(《嶽麓陸》168 簡)并不完全相同、能否對讀的問題,自然也就隨之而解了。但問題是“受者、治者與盜同灋”和“受者與盜同灋”二者孰

① 《嶽麓陸》簡 163 僅抄寫了約 1/4 的簡面,故以 1/4 枚簡計。

② 書寫内容總量均是從簡文開頭的“自今以來”至“受者其父母毆,以告子☐”結束。單枚簡容字量,《嶽麓伍》《嶽麓陸》前三枚簡内容基本重合,故暫以前三枚簡計算單簡容字量,《嶽麓伍》簡 229 有 41 字,簡 230 有約 40 字(完整部分容納 35 字,殘斷部分可容納約 5 字),簡 231 有 40 字,三枚簡總共容 121 字。《嶽麓陸》簡 160 有 36 字,簡 161 有 39 字,簡 162 有 41 字,三枚簡總共容 116 字。即:《嶽麓伍》前三簡總字數比《嶽麓陸》前三簡多出 5 字,平均每支簡僅多抄寫不到 2 字。

是孰非呢？

我們發現兩組"受財枉事令"在表達{罪}的意義時，《嶽麓伍》的用字是"辠"，而《嶽麓陸》的用字是"罪"。《説文・辛部》："辠，犯灋也。从辛从自，言辠人蹙鼻苦辛之憂。秦以辠似皇字，改爲罪。"又《网部》："罪，捕魚竹网。从网非。秦以爲辠字。"[①]認爲秦統一之前用"辠"，"罪"是統一後出現的字形，已經是當前學界的共識。[②] 陳偉先生則進一步將"罪"取代"辠"的時間具體到秦始皇三十年（前212）五月至三十四年六月之間。[③] 可見，《嶽麓伍》"受財枉事令"的書寫年代應該早於《嶽麓陸》。那麽，後者是以前者爲底本抄製而來的嗎？具體一點説，"受者、治者與盜同灋"是謄抄"受者與盜同灋"時誤衍"治者"二字而來的嗎？要回答以上問題，需要從"受財枉事令"的内部邏輯來論證。[④]

我們曾撰文對"受財枉事令"作過細緻的梳理，按照受賄對象將簡文分爲"治獄者本人受賄""治獄者同居受賄"和"治獄者親所知弗與同居受賄"等三類，各類下又可根據不同的受賄内容進行次級分類。[⑤] 此處要討論的《嶽麓伍》234簡中的"受者與盜同灋"即屬於"治獄者同居受賄"一類。由於《嶽麓伍》的簡文較《嶽麓陸》更豐富、完整，故暫且假設《嶽麓伍》中的"受者與盜同灋"是正確的，并在此基礎上展開討論。爲方便起見，先將"治獄者同居受賄"相關簡文録寫如下：

> ……吏治獄，其同居或以獄事故受人財及有賣買焉故少及多其賈（價），以告治者，治者弗言吏，受者、治$_{232/1146}$者以所受財及其貴賤賈（價），與盜同灋。叚（假）貣錢金它物，爲告治者，治者爲枉事，以所叚（假）賃費貣錢金它物$_{233/1167}$其息之數，受者與盜同灋；不告治者，受者獨坐，與盜同灋。叚（假）、貣錢金它物其【同居之所治、所治之室人、室人父】$_{234/1164}$母妻子同産，以告治者，治者雖弗爲枉事，以所叚（假）賃費貣錢金它物其息之數，受者、治者與盜同灋；不$_{235/1098}$告治者，受者獨坐，與盜同灋。告治者，治者即自言吏，毋辠。……$_{236/1086}$
>
> ……其同居或以獄事故受人酒肉食，以告治者，治者爲枉事，治者、受者皆與盜同灋。受人酒肉食，弗$_{241/1697}$以枉事，以盜律論。同居受人酒肉食，以告治者，治者弗爲枉

① ［漢］許慎撰，［宋］徐鉉校定：《説文解字》，北京：中華書局，2013，310、154頁。

② 參見裘錫圭《文字學概要》，北京：商務印書館，2013，209頁；湖北省文物考古研究所、孝感地區博物館、雲夢縣博物館《雲夢龍崗6號秦墓及出土簡牘》，中國社會科學院考古研究所主辦《考古學集刊》第8集，北京：科學出版社，1994；［日］海老根量介《放馬灘秦簡抄寫年代蠡測》，武漢大學簡帛研究中心主辦《簡帛》第7輯，武漢大學出版社，2012，160－161頁。

③ 陳偉：《秦簡牘中的"辠"與"罪"》，簡帛網，2016年11月27日；後收入其著《秦簡牘校讀及所見制度考察》，武漢大學出版社，2017，19－25頁。

④ 此即周海鋒所説的"内證"。參見周海鋒《嶽麓秦簡所見懲治官員受賄令文試析》。

⑤ 參看李蓉《〈嶽麓書院藏秦簡（伍）〉集釋及相關問題研究》，西南大學碩士學位論文，2020，221－224頁。

事,治者貲二甲,受者以盜律論。不告治者,受242/1711者獨坐,與盜同灋。243/1710[①]

在進行下一步討論之前,需要先明確幾點認識:

第一、治獄者同居受賄,若治者主動上報告發(言吏),則治獄者本人可免罪;

第二、若治獄者對同居及其他親屬的受賄之事不知情,則治獄者本人可免罪(不告治者,受者獨坐);

第三、治獄者“言吏”與“枉事”不共存,即:若治獄者主動告發,則其同居的犯罪行爲終止;衹有當治獄者知情不報(弗言吏)的情況下纔需要討論是否“枉事”。反過來,若簡文直接討論治獄者是否“枉事”,則暗含同居已“告治者”的條件,表明治者對同居受賄之事知情。

根據以上認識,可以補出律令在論處過程中的“隱藏”程序。兹將治獄者同居受賄、論處的三種情況(“受人財及有賣買而故少多其價”“叚貣錢金它物”“受人酒肉食”)製成示意圖如下:[②]

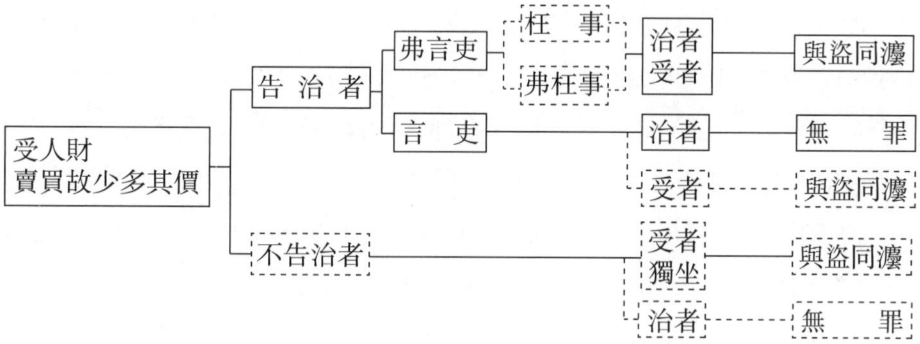

圖 1 “受人財及賣買故少多其價”論處示意圖

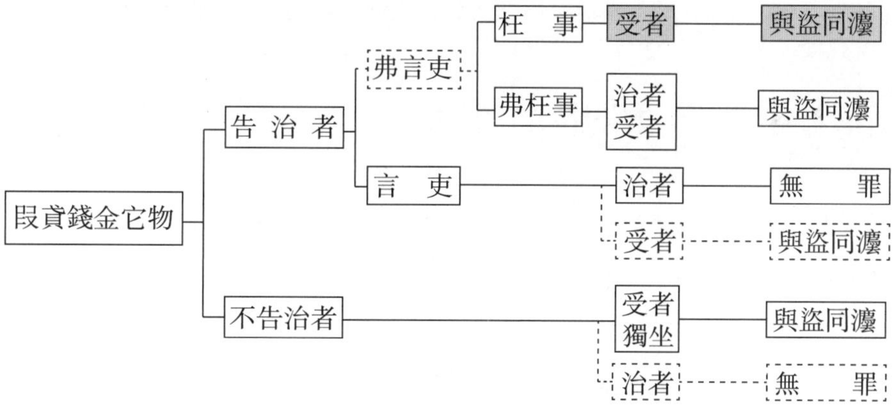

圖 2 “叚貣錢金它物”論處示意圖

① 陳松長主編:《嶽麓書院藏秦簡(伍)》,146-149頁。
② 虚綫框中的内容是據以上三條認識及令文内證所補。

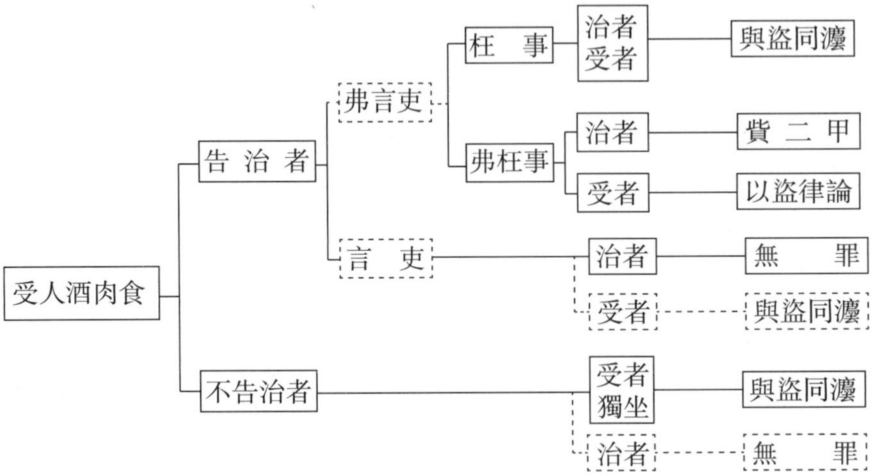

圖 3　“受人酒肉食”論處示意圖

一條成熟的律令其内部的邏輯必定是完整、系統且閉合的,否則就會出現漏洞。律令的這種完整性、系統性和閉合性直觀地體現在論處違法犯罪行爲中的邏輯條件總是成對或互補出現的。[①] 例如:“告治者—不告治者”“言吏—弗言吏”“枉事—弗枉事”“治者—受者”“受賕—行賕”等。梳理以上簡文,可以發現在治獄者同居“叚貣錢金它物→告治者→弗言吏→枉事”的邏輯鏈條中,衹有對“受者”的論罪,而缺少了對“治者”的論罪(見圖 2 灰色框下)。對比圖 1、圖 3 中治獄者同居受賕後“告治者→弗言吏→枉事→治者→與盜同灋”的論處情況,可知圖 2 缺漏的對“治者”的論處也應該是“與盜同灋”。

綜上,“受財枉事令”規定治獄者同居因叚貣錢金它物受賕,治者知情而未主動告發時,受者、治者均與盜同灋。换言之,《嶽麓伍》234 簡中的“受者與盜同灋”漏抄了“治者”,是不完整的,而《嶽麓陸》168 簡中的“受者、治者與盜同灋”是相對完整正確的。

三　兩組“受財枉事令”文本關係的討論

既然年代較早的《嶽麓伍》“受財枉事令”文本有遺漏,而年代較晚的《嶽麓陸》文本正確完整,那麽很可能《嶽麓陸》“受財枉事令”就不是抄自《嶽麓伍》。也許會有人問,是否可以理解爲《嶽麓陸》的書手在抄寫時對《嶽麓伍》中的錯誤進行了更正呢?恐怕很難。因爲初讀簡文即可發現“受財枉事令”討論的情况非常繁瑣,而對某些犯罪行爲的論處又十分相似,因此,稍不細心就可能抄重或抄漏,[②]更毋庸説在繁重的日常文書謄抄工作中糾正底本中的

① 梳理整組“受財枉事令”,治獄者本人、治獄者親所知弗與同居受賕(受人財酒肉食、叚貣錢金它物、賣買故少多其價)的内部邏輯層次關係莫不如此。可證。

② 例如:周海鋒很早就發現《嶽麓伍》“受財枉事令”簡 244-245 中的“治獄者親及所知弗與同居,以獄事故受人酒肉食,弗爲請而謾謂已爲請,以盜律論”就是涉前文重抄者。參見周海鋒《嶽麓秦簡所見懲治官員受賕令文試析》。

錯誤了。或許又有人説,那是否可以解釋爲雖然底本(《嶽麓伍》)中的“受者與盜同灋”漏抄,但書手在謄抄時又誤衍“治者”二字,如此誤打誤撞,最終形成了《嶽麓陸》中正確的文本“受者、治者與盜同灋”呢? 雖然這種可能性很難排除,但對一個客觀現象做如此多的主觀方面的推測,過於曲迂,并且没有任何證據顯示二者之間有直接的謄抄關係。① 因此,我們認爲《嶽麓陸》《嶽麓伍》兩組“受財枉事令”之間應該不存在轉抄關係。

另外,我們還在《嶽麓伍》《嶽麓陸》兩組“受財枉事令”中找到它們在文本和用字上的一些差異。具體如下:

嶽麓伍	嶽麓陸
貴賤賈(229 簡)	貴賦〈賤〉賈(161 簡)
賤〈錢〉金它物(230 簡)	錢金它物(161 簡)
賤〈錢〉金它物(230 簡)	錢金它物(161 簡)
治者爲枉事(233 簡)	治者柱〈枉〉事(167 簡)
治者弗爲枉事(238 簡)	治者弗爲柱〈枉〉事(170 簡)
其及〈父〉毋〈母〉毆(236 簡)	其父母毆(165 簡)
貴錢〈賤〉賈(237 簡)	貴賤賈(170 簡)
有=獄=論=親所智(247 簡)	有=獄=論=者=親所智(174 簡)
治=獄=者親所知智(248 簡)	治=獄=者=親所知智(175 簡)

除上表所示外,還有十餘處鈎識符號的位置也不相同。② 若二者果真存在轉抄關係,似乎不應該出現如此多的“異文”。

綜上,應該可以認爲《嶽麓陸》“受財枉事令”并非抄自《嶽麓伍》,而是另有所本。

餘論

已出版的嶽麓秦簡各函中有不少可以對讀的令文,僅《嶽麓陸》“附録二相同或相近簡文對照表”所記就有近 30 組。其中,部分令文的内容完全相同,部分令文僅個别字詞略有差

① 證明兩個文本之間有轉抄關係,最直接的證據是年代較晚者沿襲了年代較早的文本中的錯誤。在《嶽麓伍》《嶽麓陸》兩組“受財枉事令”中并没有這樣的現象。

② 此外,二者在書寫格式上也有所不同。《嶽麓伍》“受財枉事令”連貫書寫,未見分條,而《嶽麓陸》至少在 160、173 簡首標識了墨點,并且在 163 簡(約有 3/4 的空白)後换用新簡書寫。因此,可以推測《嶽麓陸》“受財枉事令”是分條抄寫的。

異,還有一些衹是格式上的整體或離析之别。總體而言,在律令内容方面没有實質性的差異,應該可以看作是同一律令條文的兩個或早或晚的抄本。這些抄本之間的細微差異及其二者的關係透露出秦代律令在基層傳播過程中的諸多細節,爲探究秦帝國的律令行政特别是秦代基層吏員對國家律令的利用和加工提供了新的思路。我們在校訂簡文的基礎上對《嶽麓伍》《嶽麓陸》兩組“受財枉事令”中的一處異文進行了辨析,并由此對兩組“受財枉事令”的關係做了簡單的討論,希望可以對繼續深入研究嶽麓簡中這些相同或相近簡文的關係起到抛磚引玉的作用。

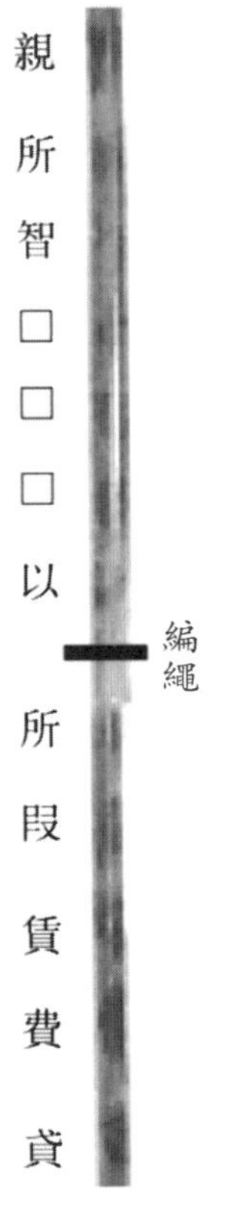

《嶽麓陸》161 簡(局部)

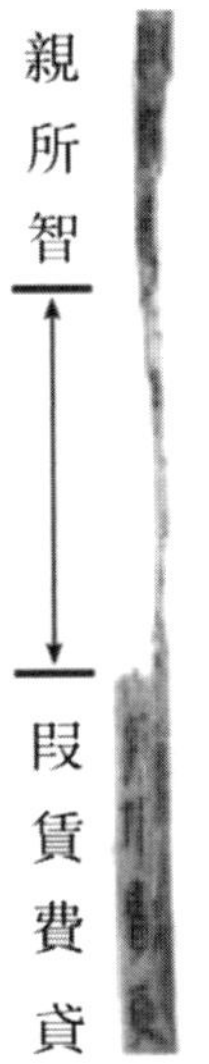

《嶽麓伍》230 簡(局部)

附記　匿名審稿專家惠賜寶貴修改意見,謹致謝忱!

看校樣追記　拙文一稿寫於 2020 年初,2021 年 9 月再讀“受財枉事令”,又有新得,故修改撰成此文。後蒙王森先生惠賜《“第九届出土文獻青年學者國際論壇暨先秦秦漢荆楚地區的空間整合學術工作坊”論文集》(2021 年 3 月 20−21 日),發現廣瀨薰雄先生大作《嶽麓簡“治獄受財枉事”令試析》與拙文第一部分觀點不謀而合。我們撰作時未及時關注到廣瀨先生大作,是筆者疏漏。唯文章第二、三部分,或可作爲對廣瀨先生大作的補充,供大家批評參考。(2022 年 2 月 22 日)

又:廣瀨先生大作中有一點或可再討論。《嶽麓陸》161 簡所殘三字,我們最初釋讀爲“以□□”,廣瀨先生認爲“根據殘筆可以確定是‘毋枉毆’”。按:此次修改,我們也發現舊釋不妥,根據文義最有可能就是“雖毋枉毆”。但若真如此,《嶽麓伍》230 簡“親所智”與“叚賃費貣”之間則當補“雖毋枉毆,以所”六字,見左圖。從前後簡文的疏密程度來看,在如此小的空間内書寫六字,難度很大。另外,兩處簡文均在此處不可釋讀,特别是《嶽麓伍》中的空間很明顯不足,因此恐怕不能排除有寫作其他内容的可能性。以是之故,不如用“□□□”闕如爲宜。

嶽麓書院藏秦律令簡集注(四)

□ 中國人民大學法學院法律史料研讀班

本文爲《嶽麓書院藏秦律令簡集注(四)》,《集注(一)》《集注(二)》《集注(三)》已發表於本刊。此次發表的是《嶽麓書院藏秦簡(肆)》簡 075–105 的集釋成果,各部分撰寫者如下(嶽麓秦簡原始編號複雜,爲方便讀者理解,以下僅標注整理後編號):

簡 075–077 汪蓉蓉(中國人民大學歷史學院 2018 級中國古代史專業博士研究生)

簡 078–081 朱瀟(河南財經政法大學法學院講師)

簡 082–086 盧一諾(吉林大學法學院 2021 級法律史專業博士研究生)

簡 087–090 支强(山東政法學院法學院講師)、王牧雲(中國人民大學法學院 2020 級法律史專業博士研究生)、陳玉婷(中國政法大學法學院 2018 級法律史專業博士研究生)

簡 091–094 丁義娟(河北科技師範學院文法學院講師)、王牧雲(中國人民大學法學院 2020 級法律史專業博士研究生)、曹雨澄(中國政法大學法學院 2020 級碩士研究生)

簡 095–099 王安宇(中國政法大學法律古籍整理研究所講師)、尹嘉越(中國人民大學法學院 2021 級法律史專業博士研究生)

簡 100–102 趙曉磊(常州大學史良法學院講師)、舒哲嵐(大連海事大學法學院講師)、王静(中國人民大學法學院 2019 級碩士研究生)

簡 103–105 李勤通(中國海洋大學法學院教授)、唐國昌(中國人民大學法學院 2019 級法律史專業博士研究生)、魏英姿(中國政法大學民商經濟法學院 2015 級本科生)

因人員數及學術水準所限,研讀班盡力搜集諸家之説,但仍不免有挂一漏萬之虞,懇請學界同仁見諒并不吝賜教。集注“凡例”及各項統一説明參見《集注(一)》。

【簡文】

取罪人群亡人以爲庸智其請爲匿之不智其請取過五日以上以舍罪人律論之2012/075

廿年後九月戊戌以來取罪人群亡人以爲庸雖前死及去而後遝者論之如律1985/076

【釋文】

取罪人、群亡人[1]以爲庸[2],智(知)其請(情),爲匿之[3];不智(知)其請(情),取過五日以上,以舍罪人律[4]論之。2012/075

廿年後九月戊戌以來,取罪人、群亡人以爲庸,雖前死及去而後遝[5]者,論之如律。1985/076

【集釋】

[1]罪人、群亡人

陳松長:"罪人"和"群亡人"是兩個不同的對象,"罪人"當泛指所有的犯罪之人,故後面的逃亡之人是"群亡人"。①

朱紅林:這裏的"罪人"和"群亡人"都是亡人,前者是因有罪而逃亡,後者是因逃亡而有罪,兩者又合稱爲"亡人及罪人亡者"。②

京大讀簡班:罪人及各種逃亡者。③

王博凱:這裏的"群亡人"與《史記》所載"逋亡人"一致,均是脱離户籍的逃亡者群體。④

【按】諸家之説基本認同將此處"罪人"理解爲有罪亡人,"群亡人"爲無罪亡人。《嶽麓秦簡(肆)》"匿罪人"諸條文記載:

人奴婢,黥爲城旦舂,主匿黥爲城旦舂以下到耐罪,各與同瀍。2041/016 主匿亡收、隸臣妾,耐爲隸臣妾;其室人存而年十八歲者,各與其疑同瀍;其奴婢弗坐;典、田1965/003 典、伍不告,貲一盾;其匿□□歸里中,貲典、田典一甲,伍一盾;匿罪人雖弗敝(蔽)貍(埋),智(知)其請(情),舍其室,2150-1+2150-2/004……(缺簡)爲匿之。2017/079⑤

此處"罪人"包括"罪人""群亡人"。又,張家山漢簡《二年律令·亡律》簡172:"取亡罪人爲庸,不智(知)其亡,以舍亡人律論之。所舍取未去、若已去後,智(知)其請(情)而捕告,及詷(詗)告吏捕得之,皆除其罪,勿購。"

---

① 陳松長:《嶽麓秦簡〈亡律〉初論》,李宗焜主編《古文字與古代史》第5輯,臺北:"中研院"歷史語言研究所,2017,329-338頁。

② 朱紅林:《〈嶽麓書院藏秦簡(肆)〉補注(二)》,武漢大學簡帛研究中心主辦《簡帛》第15輯,上海古籍出版社,2017,99頁。

③ [日]"秦代出土文字史料の研究"班:《嶽麓書院所藏簡〈秦律令(壹)〉譯注稿 その(一)》,《東方學報》92,2017,207頁。

④ 王博凱:《嶽麓書院藏秦簡(伍)研究二題》,李學勤主編《出土文獻》第15輯,上海:中西書局,2019,264-272頁。

⑤ 簡牘排序參見紀婷婷、張弛《〈嶽麓肆·亡律〉編聯芻議》,李學勤主編《出土文獻》第13輯,上海:中西書局,2018,266頁。

［2］庸

【按】此處指被傭傭的人。參見本史料研讀班所撰《嶽麓書院藏秦律令簡集注(三)》簡1992/068-1946/069"集釋"［4］。

［3］爲匿之

嶽簡整理小組:視爲"匿罪人"行爲論罪。[①]

京大讀簡班:匿指非法隱匿。留置他人爲"舍",知道其爲犯罪者而將其隱匿即爲"匿"。[②]

【按】"爲匿之"旨在依據藏匿罪人律的相關規定來論處該傭傭亡人的行爲主體,與"舍罪人"差異明顯。傭傭罪人、群亡人勞動是藏匿罪人的一種方式。[③] 有關舍匿的量刑標準可參見本史料研讀班所撰《嶽麓書院藏秦律令簡集注(三)》簡2011/060-1979/064"解説"。

［4］舍罪人律

周海鋒:"匿"是故意隱藏,"舍"是無意中收留。[④]

彭浩:秦律規定,不知情而匿罪人者,按"舍罪人律"處罪。[⑤]

朱紅林:擅自收留罪人的法律。這裏的"罪人",即前面所説的"罪人、群亡人"。《二年律令・亡律》所説的"舍亡人律"同樣包括這兩類人。"舍罪人"與"匿罪人"性質不同,前者屬於過失犯罪,後者屬於故意犯罪。[⑥]

【按】將"舍罪人"理解爲在不知情的情况下收留罪人的行爲,對此諸家之説基本無歧異,具體條文可參見本史料研讀班所撰《嶽麓書院藏秦律令簡集注(三)》簡2011/060-1979/064。

［5］遝

【按】追究。參見本史料研讀班所撰《嶽麓書院藏秦律令簡集注(一)》簡2089-044"集釋"［2］。

【解説】《嶽麓秦簡(肆)》2012/075、1985/076兩簡規定了傭傭罪人、逃亡者的處罰方式,其中是否知情、藏匿期限是主要的衡量標準。關於簡2012/075、1985/076的編聯問題,存在以下觀點:

歐揚認爲,"簡1985與簡2012的劃綫相連。簡2012以'取罪人、群亡人以爲庸'起首,

① 陳松長主編:《嶽麓書院藏秦簡(肆)》,上海辭書出版社,2015,79頁。

② ［日］"秦代出土文字史料の研究"班:《嶽麓書院所藏簡〈秦律令(壹)〉譯注稿 その(一)》,208頁。

③ 參見劉欣欣《秦律〈亡律〉"舍匿罪人"探析》,鄔文玲主編《簡帛研究二〇一七(春夏卷)》,桂林:廣西師範大學出版社,2017,78、260頁。

④ 參見周海鋒《秦律令研究——以〈嶽麓書院藏秦簡〉(肆)爲重點》,湖南大學博士學位論文,2016,41頁。

⑤ 彭浩:《嶽麓書院藏秦簡(肆)部分竹簡的歸類》,馬聰、王濤、曹旅寧主編《出土文獻與法律史研究現狀學術研討會議論文集》,廣州:暨南大學出版社,2017,1-6頁。

⑥ 朱紅林:《〈嶽麓書院藏秦簡(肆)〉補注(二)》,100頁。

而簡 1985 在‘年月日以來’之後同樣是‘取罪人、群亡人以爲庸’,兩簡針對的是同類行爲。簡 1985 末的‘論之如律’,意爲按照簡 2012 律文論罪。推而廣之,此類條文所見‘論之如律’之‘律’就是指本條所附之律條。簡 1985 是針對簡 2012 的,没有簡 2012 所載律文,簡 1985 内容就毫無意義。與簡 1985 的日期相同的簡 2089、簡 2010,同樣是附於相關律文之後,起補充或細化的作用,因爲編聯方式本身説明了其内容的依附性,這 2 枚簡没有‘取罪人、群亡人以爲庸’的對應部分,是編删所致。總之,《亡律》5 條日期起首律文,内容都具有依附性,是對所依附的律文的修訂”。[1]

陶磊指出,“這兩條簡可以連起來讀,2012 號在前,2010 號在後,否則 2010 中的罪犯所犯之罪就不清楚,連起來讀,就知道是指取罪人、亡人以爲庸的人,所謂前死及去而後遝者,是被取以爲庸的人。參照 1985 號簡”。[2]

綜合以上諸家之説,以及根據紀婷婷、張馳所復原背劃綫(如圖),[3]簡 2012/075 後接簡 1985/076 觀點可從。

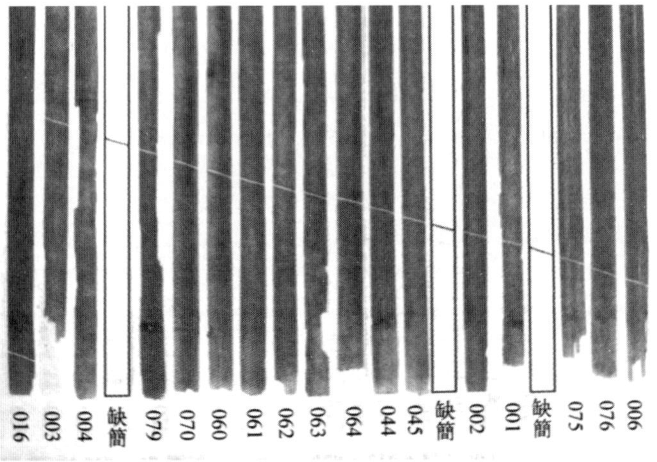

【譯文】

僱傭逃亡的罪人及各種逃亡者,知道其實情的,以隱匿論罪;如果不知道實情,僱傭已超過五日,以舍罪人律論處僱傭者。

二十年閏九月十五日以後,僱傭逃亡的罪人和各種逃亡者,即使被僱傭之人在此前死亡或者離去而後受到追究,按照法律規定來論處僱傭者。

【簡文】

免奴爲主私屬而將陽闌亡者以將陽闌亡律論之復爲主私屬1945/077

① 歐揚:《嶽麓秦簡〈亡律〉日期起首律文探析》,《第六届“出土文獻與法律史研究”暨慶祝華東政法大學法律古籍研究所成立三十周年學術研討會論文集》,上海,2016,69 頁。

② 陶磊:《讀嶽麓書院藏秦簡(肆)札記》,簡帛網,2017 年 1 月 9 日。

③ 紀婷婷、張馳:《〈嶽麓肆·亡律〉編聯芻議》,李學勤主編《出土文獻》第 13 輯,271 頁。

【釋文】

免奴爲主私屬[1]而將陽、闌亡者,以將陽闌亡律[2]論之,復爲主私屬。1945/077

【集釋】

[1]主私屬

朱紅林:奴在被主人免除“奴”的身份之後,稱爲“主私屬”。這就是説,私屬并没有完全的人身自由,他們在一定程度上仍然屬於主人的依附人口。①

京大讀簡班:“私屬”是給予被解放男性奴隸的地位。原主人去世或犯罪時,私屬即會變爲庶人。②

【按】諸家之説對私屬的定義基本無異。從身份來看,私屬是由國家法定的、介於奴婢與庶人之間的一個特殊階層。③ 張家山漢簡《二年律令·亡律》簡162-163:“奴婢爲善而主欲免者,許之,奴命曰私屬,婢爲庶人,皆復使及筭(算)事之如奴婢。主死若有罪,以私屬爲庶人,刑者以爲隱官。所免不善,身免者得復如奴婢之。其亡,有它罪,以奴婢律論之。”據此簡文,奴婢原爲主人所有,但奴可由主人免除爲私屬,婢可被免除爲庶人。免除之後,私屬、庶人法律地位有所提高。“奴婢逃亡,官府可對其進行懲處,但不可將其納爲刑徒,這是與處置其他類型的逃亡罪最大的不同。”④本簡規定,將逃亡的私屬歸還主人,可見奴婢仍會受到主人的限制。

[2]將陽闌亡律

朱紅林:所謂將陽闌亡律,并不是一項專門的法律,而是有關處罰將陽闌亡的一類法律條文的統稱。⑤

【按】闌亡意指滿一年的逃亡,將陽意指未滿一年的逃亡,具體參見本史料研讀班所撰《嶽麓書院藏秦律令簡集注(二)》簡1989/043“集釋”[6][8]、簡2088/045“解説”。從律文可知,闌亡者會被處以耐刑,將陽者會被處以繫城旦舂,然無法得知其所針對的是所有人,還是特定身份者。⑥ 此處“將陽闌亡律”或如朱紅林所説,乃針對將陽闌亡行爲的處罰律文的類稱。

【解説】

《嶽麓秦簡(肆)》簡1945/077規定了如何論處奴被免爲主私屬之後的逃亡行爲。關於本簡的編聯問題,簡1945/077内容針對懲戒奴婢的逃亡行爲,與簡2012/075、1985/076律文

---

① 朱紅林:《〈嶽麓書院藏秦簡(肆)〉補注(二)》,100-101頁。

② [日]“秦代出土文字史料の研究”班:《嶽麓書院藏秦簡〈秦律令(壹)〉譯注稿その(一)》,209頁。

③ 參見王愛清《“私屬”新探》,《史學月刊》2007年第2期。

④ 周海鋒:《秦律令研究——以〈嶽麓書院藏秦簡〉(肆)爲重點》,33頁。

⑤ 朱紅林:《〈嶽麓書院藏秦簡(肆)〉補注(二)》,101-102頁。

⑥ 參見周海鋒《嶽麓書院藏秦簡〈亡律〉研究》,楊振紅、鄔文玲主編《簡帛研究二〇一六(春夏卷)》,桂林:廣西師範大學出版社,2016,165頁。

差異明顯。紀婷婷、張馳編聯方式可見下圖,[1]我們據此認爲簡 1945/077 與簡 0168/089、0167/090、0185/091 前後關聯,但内容不屬於同一律文,應該不能直接連讀,彼此之間的關係尚未可知。

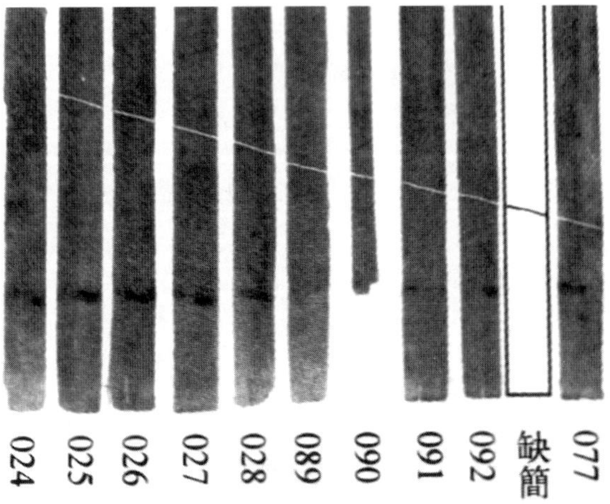

【譯文】

奴被免爲主人的私屬,如果他們將陽、闌亡,依照將陽、闌亡律論處,并再次作爲主人的私屬。

【簡文】

匿户弗事匿敖童弗傅匿者及所匿皆贖耐逋傅└貲一甲其有物故不得會傅$_{2072/078}$

【以故逋除$_{2043/065}$】[2]

【釋文】

匿户弗事、[1]匿敖童[2]弗傅,匿者及所匿,皆贖耐。逋傅[3],貲一甲。其有物故[4],不得會傅,$_{2072/078}$【以故逋,除。$_{2043/065}$】

【集釋】

[1]匿户弗事

京大讀簡班:匿户,隱匿户内成員實情的行爲。這裏的"户"指同居之人。每年八月申報户内成員的變化是應盡的義務,此處指的是没有做這件事。弗事,没有承擔徭役。"事"即承擔徭役,與《法律答問》165 簡所見"徭使"同。[3]

【按】睡虎地秦簡《法律答問》165 簡"匿户弗徭、使,弗令出户賦之謂毆(也)","匿户"即隱匿人户不予在户籍中登記。"匿户弗事"之意當爲隱匿同居人口,使其不承擔官府役使。京大讀簡班觀點可從。

① 紀婷婷、張馳:《〈嶽麓肆・亡律〉編聯芻議》,263 頁。

② "【 】"中的内容爲簡牘編聯順序調整後,將前文所涉簡文移至此處。以下釋文部分處理方式相同。

③ 參見[日]"秦代出土文字史料の研究"班《嶽麓書院所藏簡〈秦律令(壹)〉譯注稿 その(一)》,209-210 頁。

［2］敖童

朱錦程:原釋作“敖”,當爲“勢”,圖版下半部分“力”字形明顯。勢,《説文》:健也,从力,敖聲,讀若豪。《注》:健也。健者,伉也……在簡文中“勢”應通“敖”。①

周海鋒:秦律中“敖童”指未傅籍的男子,“敖童”這一稱謂在漢律很可能廢棄不用。②

京大讀簡班:有學者認爲指惡少年,或以“敖”與“勢”相通,但“敖”的意義不太明確。根據出土法律史料,“童”分爲“小童”和“敖童”,通常都不是勞役徵發的對象。但存在輸送穀物時徵發十五歲以上敖童之事例。或許指的應該是傅籍之前諸人中年齡較大的人。③

劉欣欣:秦漢《亡律》中的“敖童”,應是類似於“私屬”“奴婢”“免老”之類的特殊身份,需要服役;未傅籍的敖童,官府不可隨意使其服徭役,年齡在十五歲以上的敖童纔能去承擔載粟的徭役。④

黄子嫻:根據《睡簡·編年紀》,秦朝的傅籍年齡是十七歲,傅籍年齡的依舊包含在成童的範圍覆蓋正當傅籍年齡的男子,敖童不爲成童。⑤

胡平生:“敖童”即“成童”,爲15歲至17歲正式傅籍前的大童。他們應已在官府登記注册,但官府不能擅自徵召、像成人一樣地服役,唯遇緊急任務纔可徵用,可服小役。⑥

【按】學界關於“敖童”之“敖”主要有四種觀點:一是認爲“敖”有“高”“壯”“大”之意,“敖童”即達到一定標準但尚未傅籍的少年。如黄盛璋認爲,“敖”有“壯、大”意,“敖男”意爲壯男。張金光認爲,“敖童”即大童、壯童,應是成童階段中“大”“壯”的一個年齡,與秦始傅年齡、身高暗合。高恒、蔡鏡浩也認爲“敖童”應指年齡或身高已達到傅籍標準的青少年。⑦ 二是將“敖”解爲“游蕩”,“敖童”爲雖已長大但尚未服役,四處游蕩的少年人。如馬非百、張世超均認爲“敖”有“游蕩”意,馬怡指出敖童即逸游的成童,臧知非推測這些少年人没到服役年齡,無所事事、四處游蕩,故而得名。⑧ 三是將“敖”解爲“豪”,“敖童”爲具有特殊身份的“遨童”“豪奴”。黄留珠認爲,“敖童”應是當時一種具有“奴”的身份的特殊人口。文

① 朱錦程:《讀〈嶽麓書院藏秦簡〉(肆)札記(一)》,簡帛網,2016年3月25日。

② 周海鋒:《秦律令研究——以〈嶽麓書院藏秦簡〉(肆)爲重點》,93頁。

③ ［日］“秦代出土文字史料の研究”班:《嶽麓書院所藏簡〈秦律令(壹)〉譯注稿 その(一)》,210頁。

④ 劉欣欣:《秦漢〈亡律〉分類集釋》,湖南大學碩士學位論文,2017,76頁。

⑤ 黄子嫻:《嶽麓秦簡(肆)〈亡律〉釋讀與研究》,華東政法大學碩士學位論文,2017,39-40頁。

⑥ 胡平生:《也説“敖童”》,簡帛網,2018年1月8日。

⑦ 參見黄勝璋《雲夢秦簡〈編年紀〉初步研究》,《考古學報》1977年第1期;高恒《秦律中的徭、戍問題——讀雲夢秦簡札記》,《考古》1980年第6期;張金光《秦自商鞅變法後的租賦徭役制度》,《文史哲》1983年第1期;蔡鏡浩《〈睡虎地秦墓竹簡〉注釋補正(一)》,《文史》第29輯,北京:中華書局,1988,130頁。

⑧ 參見馬非百《雲夢秦簡中所見的歷史新證舉例》,《鄭州大學學報(哲學社會科學版)》1978年第2期;張世超《秦簡中的“同居”與有關法律》,《東北師大學報(哲學社會科學版)》1989年第3期;馬怡《秦人傅籍標準試探》,《中國史研究》1995年第4期;臧知非《秦漢“傅籍”制度與社會結構的變遷——以張家山漢簡〈二年律令〉爲中心》,《人文雜誌》2005年第1期。

霞也指出,秦簡中的"敖童"既有從事廝役工作的"僮"的特徵,又具有15-20歲成童特徵的萌芽。[①] 四是陶安認爲"敖"與"癃"對立,"敖童"指健康的未成年人。[②]

睡虎地秦簡《法律答問》簡165、《嶽麓秦簡(肆)》簡2072/078和簡1294/157-1231/159可見"匿敖童弗傅"與"凡免老及敖童未傅者,縣勿敢傳(使)"。上述規定或許説明存在"達到法定標準應當傅籍"和"法定未傅籍"的兩種敖童類型。凌文超、王冠華指出,"敖"當訓爲"遨""游"之義,[③]"一般情况下不服力役,相對於國家來説就處於'敖'",故稱爲"敖童"。[④]華政研讀班曾提及秦代傅籍標準的多元化問題,漢初傅籍標準就有十七、二十、二十二、二十四歲等,傅籍年齡往往與其身份或父親身份相關聯。[⑤] 故"敖童"當爲未冠之人,因不服力役而處於較爲自由的狀態中。由於秦漢傅籍標準因身份不同而有差異,故而可能出現雖未成年但已符合傅籍要求者,此時若隱瞞不加傅籍,即構成"匿敖童弗傅"之罪。而據《嶽麓秦簡(肆)》簡1294/157-1231/159"節(即)載粟乃發敖童年十五歲以上"及"敖童當行粟"推測,雖然尚未傅籍,但年滿十五歲的敖童身心已發育健全,在特殊情况下亦可徵發從事差役。

又,嶽麓秦簡書寫的年代,是秦以年齡作爲衡量傅籍與否的時代,此時律文尚可得見"敖童未傅""敖童弗傅"等詞。凌文超認爲是"制律者逐步以'未傅'取代'敖童'。爲方便理解和使用,一開始'敖童'與'未傅'還同義連用了一段時間"所致。[⑥] 此當可備一説。

[3]逋傅

"落葉掃秋風"(網名):可以推測書手原是寫的"傳"字,寫完之後纔發現當寫"傅"字,於是在上部添加了兩筆,將其改作"傅"字。[⑦]

京大讀簡班:"逋"也就是"亡而不會"的意思,大概與後文的"會傅"相對。傅籍的手續應需要本人前往官署辦理,"逋傅"或許指没有遵從這個規定。[⑧]

【按】關於"逋"的内涵,參見本史料研讀班所撰《嶽麓書院藏秦律令簡集注(三)》簡2043/065"集釋"[1],"逋傅"即逃避進行傅籍。

---

① 參見黄留珠《秦簡"敖童"解》,《歷史研究》1997年5期;文霞《秦簡所見"敖童"再探》,《石家莊學院學報》2018年第2期。

② 參見[德]陶安あんど《秦漢刑罰体系の研究》,東京:創文社,2009,475-476頁,注釋2。

③ 參見凌文超《敖童新解》,北京大學歷史學系、北京大學中國古代史研究中心編《祝總斌先生九十華誕頌壽論文集》,北京:中華書局,2020,84-106頁。

④ 參見王冠華《秦簡所見敖童考辨》,咸陽師範學院、中國秦漢史研究會編《秦漢研究》第12輯,西安:西北大學出版社,2018,28-38頁。

⑤ 參見華東政法大學出土法律文獻研讀班《嶽麓簡秦律令釋讀(二)》,王捷主編《出土文獻與法律史研究》第9輯,北京:法律出版社,2020,254頁。

⑥ 參見凌文超《敖童新解》,84-106頁。

⑦ 參見"落葉掃秋風"(網名)簡帛論壇發言,2016年3月27日。

⑧ [日]"秦代出土文字史料の研究"班:《嶽麓書院所藏簡〈秦律令(壹)〉譯注稿 その(一)》,210頁。

[4]物故

王偉:“物故”的本義是“事故”。[①]

陳偉:事故,變故。[②]

京大讀簡班:死亡。[③]

【按】“物故”也有“事故”之意,《墨子·號令》“即有物故,鼓,吏至而止,夜以火指”,孫詒讓閒詁“物故,猶言事故,言有事故則擊鼓也”。王偉指出,在張家山漢簡《二年律令》、里耶秦簡中,“有物故”的“有事故”與死亡二義似乎仍然并存。[④] 參考《嶽麓秦簡(肆)》簡1276/114“有辠,田宇已入縣官,若已行,以賞予人而有勿(物)故,復治”及簡0691/318“吏歸治病及有它物故,免,不復之官者,令其吏舍人、僕【庸】行☑”,《嶽麓秦簡(伍)》簡1006/080-0999/081“其奏決有物故,却而當論者,以後却當更論之”,[⑤]張家山漢簡《二年律令·盜律》簡78-79“……其叚(假)别在它所,有(又)物故毋道歸叚(假)者,自言在所縣道官,縣道官以書告叚(假)在所縣道官收之”,上述簡文中的“物故”均似指“特殊事故”“特殊事由”。結合本律文前後文義推測,此處“物故”當指足以因之免除“逋傳”責任的某種特殊原因,下文“以故逋”之“故”指稱“其有物故,不得會傳”與“逋”之間的因果關係,或可解爲“緣故”。

【解説】

本條律文還涉及與前簡的編聯問題。紀婷婷、張馳認爲,“根據揭取示意圖,簡016疊壓於簡002上,後者疊壓於簡065上,簡065又疊壓於簡040上。而簡016、簡002與簡040疊壓的相對位置與構擬的卷册結構完全符合,因此簡065所處的位置應當不是巧合。如此,我們依據揭取示意圖的信息將簡065排於簡078後……簡065的背劃綫與簡012應有一簡的差距,而這一簡位正好由簡078填補。簡078之所以没有顯示出明顯的背劃綫,可能是由於其背劃綫爲下編繩遮擋所導致的。如此,簡012、簡078、簡065的背劃綫應是貫通的,它們也是被順序抄寫的”。[⑥]

---

① 參見王偉《里耶秦簡“付計”文書義解》,《魯東大學學報(哲學社會科學版)》2015年第6期。

② 陳偉主編:《里耶秦簡牘校釋(第二卷)》,武漢大學出版社,2018,12頁。

③ [日]“秦代出土文字史料の研究”班:《嶽麓書院所藏簡〈秦律令(壹)〉譯注稿 その(一)》,211頁。

④ 參見王偉《里耶秦簡“付計”文書義解》。

⑤ 陳松長主編:《嶽麓書院藏秦簡(伍)》,上海辭書出版社,2017,65-66頁。

⑥ 紀婷婷、張馳:《〈嶽麓肆·亡律〉編聯芻議》,268頁。

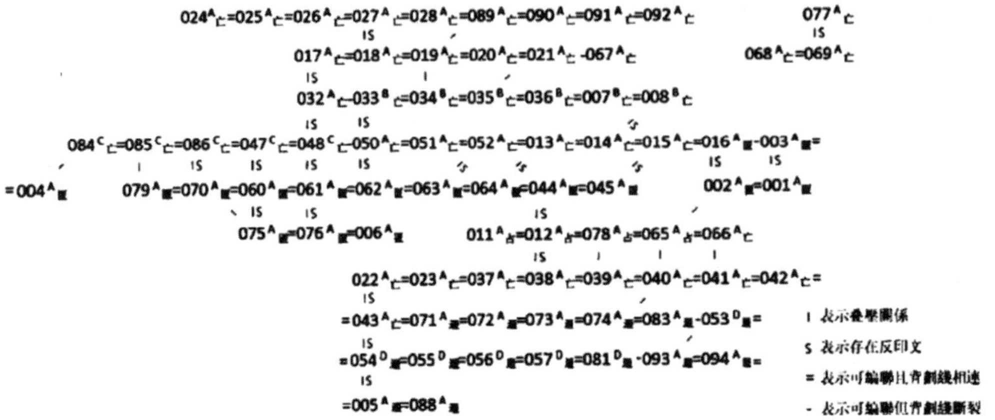

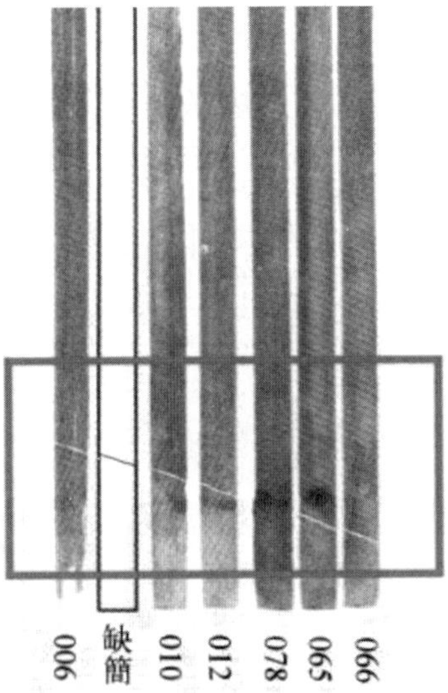

圖70　006、011+012+078+065+066背劃綫

紀、張編聯方案於文義亦相符合。如京大讀簡班所言,簡2072/078"逋傅,貲一甲"説明,在無理由未出面傅籍的情況下當論處貲一甲。若將簡2072/078與簡2017/079綴聯,就會出現"其有物故,不得會傅爲匿之",即有特殊情況未能出面傅籍者視同"匿户",按簡2072/78規定應"贖耐",反倒罪更重。如此則與常理不合。故簡2072/078當與簡2043/065編聯,完整律文可調整爲"匿户弗事、匿敖童弗傅,匿者及所匿,皆贖耐。逋傅,貲一甲。其有物故,不得會傅$_{2072/078}$以故逋,除$_{2043/065}$"。

綜上所述,簡2072/078、簡2043/065組成了秦律關於隱匿人口、土地與"敖童",及主動逃避登記的出入罪要件與處罰規則。其中"逋傅,貲一甲"係逃避登記的入罪要件及處罰規則,而緊隨其後的"其有物故,不得會傅,以故逋,除"則構成其出罪要件與免責結果。此外尚有一點值得注意,睡虎地秦簡《秦律雜抄》中關於"匿敖童"的律文屬於《傅律》而非《亡律》,

該條律文所屬的律篇仍可商榷。[①] 陳偉以"入錢缿中律"爲例指出,秦簡中存在同條文分别收在不同律名下的現象。[②] 故此條亦可能歸屬於《亡律》,將其重新歸篇仍需謹慎。

【譯文】

隱匿人户,(使其)不承擔役使,隱匿敖童不予傅籍,藏匿人和被藏匿者,都贖耐。不接受吏、典命令而逃避傅籍的人,貲一甲。如果有特殊事故,未能按時傅籍,因此缘故而未到,免罪。

【簡文】

爲匿之2017/079

【釋文】

爲匿之。2017/079

【解説】

本簡下端有大部分空白,且其編聯完全不可知,故簡文含義亦無從得知。

【譯文】

……是隱匿。

【簡文】

……▨1047/080

【釋文】

……▨[1]1047/080

【集釋】

[1]……▨

京大讀簡班:可確認有多處墨迹,但字形及總體文字數量無法辨識。[③]

【簡文】

其□……歲以上購金一兩其捕一□□□□□□□□□□□禁 其 故 徼1960/081

【釋文】

其□……歲以上,購金一兩。其捕一□□□□□□□□□□□禁 其 故 徼[1]1960/081

---

① 參見紀婷婷《嶽麓書院藏秦簡〈亡律〉集釋及文本研究》,武漢大學碩士學位論文,2017,4頁。

② 參見陳偉《關於秦至漢初"入錢缿中"律的幾個問題》,《考古》2012年第8期。

③ [日]"秦代出土文字史料の研究"班:《嶽麓書院所藏簡〈秦律令(壹)〉譯注稿 その(一)》,212頁。

【集釋】

［1］故徼

歐揚:《尉卒律》所見"緣故徼縣"是秦統一後對其固有疆域之緣邊縣的改稱,見《里耶秦簡》8-461"更名木方":"邊塞曰故塞,毋塞者曰故徼"。《里耶秦簡牘校釋》一書認爲:"隨着秦的統一,疆域的拓展,秦原來的邊塞不再是邊境,故而邊塞稱爲'故塞'……没設塞的邊境被改稱爲'故徼'。"此説甚確……"故塞"和"故徼"在嶽麓秦簡《秦律令比》中合稱"故塞徼",簡稱"故徼"。①

京大讀簡班:秦統一之前與六國的邊界,統一之後稱爲"故徼"。②

琴載元:"故徼"應是秦帝國時期指稱舊邊境的用語。③

武漢高校讀簡會:在簡文中,"故塞徼外""故徼外""塞徼外""徼外"是相互混用的,可能後面兩種皆爲前二者的省稱。④

史黨社:"故塞""故徼",指的是秦帝國境内舊有的塞徼。⑤

【按】"故徼"一詞産生較早。歐揚、張韶光均指出,在秦始皇統一六國之前,應已經形成"故徼"概念,且其所指範圍十分明確、廣爲人知。它在性質上與"新地"不同。⑥ 張韶光進一步指出,從"東故徼"的出現來看,"故徼"應指秦王政即位之前的邊界。⑦ 該觀點可從。秦王政即位後對"故徼"與"新地"的範圍有明確劃分,且二者的統治方式差異較大。秦"以中縣道爲統治中心,新地、故徼地區及徼中普通縣道等邊緣地區與中縣道之間的人口往來受到一定限制……秦不但將新地納入全國統一管轄,而且鑒於新地入秦時間短、反秦情緒强烈,對新地吏與新黔首實施了保障權益、減輕處罰、減免義務等優待措施,以强化對新地的統治"。⑧ 這種區别對待政策,也需要以明確的行政地域劃分爲前提。

據《里耶秦簡(壹)》簡 8-461"秦更名方"載"邊塞曰故塞,毋塞者曰故徼","故塞"當指"邊塞",没有設置關塞的則稱爲"故徼"。嶽麓秦簡所見"故塞徼",當爲"故徼"與"故塞"合稱。武漢高校讀簡會、翁明鵬認爲"徼""塞"意義相近,⑨該觀點尚可商榷。張家山漢簡《二年律令·津關令》簡 523-524:"丞相上備塞都尉書,請爲夾谿河置關,諸漕上下河中者,皆發

① 歐揚:《嶽麓秦簡"毋奪田時令"探析》,《湖南大學學報(社會科學版)》2015 年第 3 期。

② ［日］"秦代出土文字史料の研究"班:《嶽麓書院所藏簡〈秦律令(壹)〉譯注稿 その(一)》,212 頁。

③ ［韓］琴載元:《秦及漢初黄河沿綫地帶郡縣與河津管理體系》,武漢大學簡帛研究中心主辦《簡帛》第 16 輯,上海古籍出版社,2018,235 頁。

④ 武漢高校讀簡會:《〈嶽麓書院藏秦簡(伍)〉研讀記録(三)》,簡帛網,2018 年 7 月 5 日。

⑤ 史黨社:《尋找長城變遷之印記:秦簡中的"故塞"與"故徼"》,《光明日報》2020 年 4 月 29 日第 11 版。

⑥ 參見歐揚《嶽麓秦簡"毋奪田時令"探析》;張韶光《試論簡牘所見秦對邊緣地區的管轄》,《史學月刊》2020 年第 8 期。

⑦ 參見張韶光《試論簡牘所見秦對邊緣地區的管轄》。

⑧ 張韶光:《試論簡牘所見秦對邊緣地區的管轄》。有關新地吏的探討,亦可參見于振波《秦律令中的"新黔首"與"新地吏"》,《中國史研究》2009 年第 3 期。

⑨ 參見武漢高校讀簡會《〈嶽麓書院藏秦簡(伍)〉研讀記録(三)》;翁明鵬《説秦簡牘中"徼"的含義及時空問題》,《勵耘語言學刊》2019 年第 1 期。

傳。及令河北縣爲亭,與夾谿關相直。・闌出入、越之,及吏卒主者,皆比越塞闌關令。"據此可知,漢代之"塞"具有特殊含義,爲政府設置并委派官吏據守。故"關塞"之有無,須視有無委派官吏據守和管理而確定,此與"徼"不同。

關於"故塞"及"故徼"的範圍目前存在四種觀點。其一,京大讀簡班認爲,"故塞"爲統一以前秦與六國的邊界中,有防禦城壁的部分,"故徼"爲統一前秦與六國的邊界。[①] 其二,《里耶秦簡校釋(一)》、[②]琴載元和翁明鵬認爲,"故塞徼"指統一之前原來秦國的旧边塞。[③] 其三,游逸飛、史黨社認爲,"故塞""故徼"指的是秦帝國境内舊有的塞徼。[④] 其四,歐揚、張韶光將"故塞徼"所指疆域範圍加以考證明確。其中歐揚認爲,函谷關以西的秦固有疆域在"故徼"内,秦始皇兼并六國而占據的"新地"在"故徼"之外。[⑤] 張韶光則建議將"故徼"形成年代提前,指秦王政即位之前的邊界,也就是至秦莊襄王時所形成的邊界。[⑥]

我們暫從第四種觀點,即嶽麓秦簡"故塞徼"所指的疆域範圍,當是秦王政即位時的現有領土,其範圍除包括"中縣道"之外,還包括巴、蜀、上郡、太原、河東、上黨、三川、南郡等地區。

【解説】

由於《嶽麓秦簡(肆)》簡 1960/081 過於殘損,難以明確其具體内容。目前憑藉現存簡文推測,該簡當爲捕獲罪人的購賞規定,所涉罪名或與逃出故徼及逃亡滿若干年以上有關。至於簡 1960/081 的位置,如本史料研讀班所撰《嶽麓書院藏秦律令簡集注(三)》簡 2106/053-2111/057"解説"引紀婷婷、張馳觀點所言,"簡 053 到簡 057、簡 081 的筆迹都屬於 D 組……這幾枚簡的背劃綫是連貫的。但是從内容上來看,編聯順序與背劃綫順序相反"。[⑦]

【譯文】

其……歲以上的,賞金一兩。(能够)捕一……禁其故徼……

【簡文】

☐瀍耐辠以下䙴之其臣史毆輸縣鹽能捕若詷告犯令者刑城旦辠以下到䙴辠一人購金二兩 1928/082

---

① 參見[日]"秦代出土文字史料の研究"班《嶽麓書院所藏簡〈秦律令(壹)〉譯注稿 その(一)》,225 頁。

② 《嶽麓書院藏秦律令簡集注(一)》"凡例"未涉及《里耶秦簡牘校釋》整理意見的簡稱問題,以下引用二卷時簡稱《里耶秦簡校釋》,後接(一)(二)標識所屬卷册。

③ 參見陳偉主編《里耶秦簡牘校釋(第一卷)》,武漢大學出版社,2012,158-159 頁;翁明鵬《説秦簡牘中"徼"的含義及時空問題》;[韓]琴載元《秦及漢初黄河沿綫地帶郡縣與河津管理體系》,235 頁。

④ 參見游逸飛《里耶 8-461 號"秦更名方"選釋》,簡帛網,2013 年 8 月 1 日;史黨社《尋找長城變遷之印記:秦簡中的"故塞"與"故徼"》。

⑤ 參見歐揚《嶽麓秦簡"毋奪田時令"探析》。

⑥ 參見張韶光《試論簡牘所見秦對邊緣地區的管轄》。

⑦ 紀婷婷、張馳:《〈嶽麓肆・亡律〉編聯芻議》,264 頁。

【釋文】

☐灋[1],耐辠以下䙴(遷)之。其[2]臣史[3]殹(也),輸縣鹽[4],能捕若詗告[5]犯令者,刑城旦辠以下到䙴(遷)辠一人,購金二兩。1928/082

【集釋】

[1]灋

京大讀簡班:張家山漢簡《二年律令·田律》簡 261-262:"諸詐(詐)紿人以有取,及有販賣貿買而詐(詐)紿人,皆坐臧(贓)與盜同法,罪耐以下有(又)䙴(遷)之。有能捕若詗吏,吏捕得一人,爲除戍二歲。"據此律文推斷,前段接續的或許是"與同灋"。①

【按】本簡前段文字缺失,"灋"字前内容不明。但我們認爲,在尚無更多史料可供支撑的情況下,京大讀簡班結論未免失之牽强,且單就其引簡文來看,本簡前段缺失文字爲"與盜同灋"的可能性同樣存在。總之,本簡前段缺失文字尚無從確定。

[2]其

【按】"其"在本條簡文中或爲假設複句的句首發語詞,表示假設。參見本史料研讀班所撰《嶽麓書院藏秦律令簡集注(一)》簡 1965/003-1991/005"集釋"[4]。

[3]臣史

京大讀簡班:人僕、隸臣一樣身份卑賤的專門做記録的人,可能與睡虎地秦簡所見"史隸"類似。②

張韶光:"臣史"是一種附屬身份,會因爲被依附者的過錯而受到連坐而輸送到巴縣作鹽官。③

【按】臣史或即"臣中之史","臣"即隸臣,隸臣中有文字技能者成爲史官,即臣史。《嶽麓秦簡(肆)》簡 1434/271-1421/273:"徒隸毄(繫)城旦舂、居貲贖責(債)而敢爲人僕、養、守官府及視臣史事若居隱除者,坐日六錢爲盜。"嶽簡整理小組注:"'臣史'當是一種類似'書佐'的佐史,嶽麓秦簡 0806 上有'臣史佐吏書'的記載,又'臣'當是'隸臣'的'臣',嶽麓秦簡 1919 上的'書佐隸臣'可資參證。"④陳偉認爲,臣史在嶽麓秦簡中屢見,其地位低下。從《嶽麓秦簡(伍)》簡 1761/308 中的"吏及臣史有教女子辤(辭)上書即爲書而受錢財酒肉焉"又可知臣史具有書寫等文字技能。《嶽麓秦簡(伍)》簡 0806/316 可見"諸樂人及工若操緡紅,有技能者皆毋得爲臣史佐吏書",此處"佐吏書"是對臣史職事的最好概括。⑤

---

① 參見[日]"秦代出土文字史料の研讀"班《嶽麓書院藏簡〈秦律令(壹)〉譯注稿 その(一)》,213 頁。

② [日]"秦代出土文字史料の研讀"班:《嶽麓書院藏簡〈秦律令(壹)〉譯注稿 その(一)》,213 頁。

③ 張韶光:《從嶽麓秦簡"主市曹臣史"看秦漢市場管理機構》,《中國社會經濟史研究》2018 年第 4 期。

④ 陳松長主編:《嶽麓書院藏秦簡(肆)》,175 頁。

⑤ 參見陳偉《〈嶽麓書院藏秦簡〔伍〕〉校讀(續五)》,簡帛網,2018 年 4 月 12 日。

［4］輸縣鹽

嶽簡整理小組:或爲'輸巴縣鹽'之省,《張家山漢簡・奏讞書》181簡:"輸巴縣鹽。"整理者注:"鹽,鹽官。《漢書・地理志》:巴郡朐忍有鹽官。"①

莊小霞:嶽麓秦簡312簡"輸縣鹽"是講將已定罪的刑徒送到全國各地産鹽縣設置的鹽官工場罰作勞役。②

王偉:若"縣鹽"是指巴郡之縣的鹽官,則"巴"字似不可省。張家山漢簡《秩律》有"從(藍)田""御府鹽(監)"和"私府鹽(監)",其中"監"字均寫作"鹽"。據此,嶽麓簡"輸縣鹽"或可解爲"輸縣監"。"監"爲職官名,"縣鹽(監)"應該就是設在縣的監官。③

【按】本條簡已被調整至《嶽麓秦簡(伍)》卷册中簡1928/312的位置,《嶽麓秦簡(伍)》簡1765/309與簡1766/310均出現"輸巴縣鹽",且與該簡同屬一條令文,簡1765/309"□□盜,爲詐(詐)僞,辠完爲城旦以上,已諭〈論〉輒盜戒(械),令鄰(遴)徒、毋害吏謹將傳輸巴縣鹽,唯勿失,其耐",簡1766/310-1763/311:"城旦,已論輸巴縣鹽,有能捕黥城旦辠一人,購金二兩,令臣史相伍,伍人犯令,智(知)而弗告,與同辠,弗智(知),貲[一][甲],能捕其伍人,除其辠,有(又)贖之如令,臣史犯令,史與從事者,令史以上及其丞、嗇夫、守丞、長史、正、監。"④該條令文内容殘缺,難以得知完整文義,但據其可知"輸縣鹽"或爲"輸巴縣鹽"之省稱,抑或簡文漏寫。

［5］捕若詗告

【按】秦漢法律用語,捕告和詗告的合稱。參見本史料研讀班所撰《嶽麓書院藏秦律令簡集注(三)》簡2010/071-2045/074"集釋"［7］。

【解説】

本條簡文前段殘泐,具體内容不詳,從有限的存留部分來看,大致是對某些犯罪者的刑罰和對"能捕若詗告犯令者"的獎勵。紀婷婷認爲,從簡文内容來看,簡1928/082規定的是對犯耐罪以下者及臣史的刑罰和對能捕獲檢舉違反秦令者的獎勵,内容與《亡律》無關;從筆迹來看,簡1928/082與《亡律》幾種筆迹均無法對應;從編聯情況來看,簡1928/082兩個契口,有兩道編繩,與《亡律》其他簡有三道編繩不同,但恰好與《嶽麓秦簡(伍)》編聯情況相同,⑤紀婷婷之説應該是由於其做出分析時《嶽麓秦簡(伍)》尚未公布。此後,嶽簡整理小組確認,"1928號簡誤入《亡律》卷册,今調整至此"。⑥

---

① 陳松長主編:《嶽麓書院藏秦簡(肆)》,79頁。

② 莊小霞:《秦漢簡牘所見"巴縣鹽"新解及相關問題考述》,《四川文物》2019年第6期。

③ 王偉:《〈嶽麓書院藏秦簡(肆)〉札記(二則)》,武漢大學簡帛研究中心主辦《簡帛》第14輯,41頁。

④ 陳松長主編:《嶽麓書院藏秦簡(伍)》,201頁。

⑤ 參見紀婷婷《嶽麓書院藏秦簡〈亡律〉集釋及文本研究》,73頁。

⑥ 陳松長主編:《嶽麓書院藏秦簡(伍)》,214頁。

盡管此簡已被調整入《嶽麓秦簡(伍)》卷册,此處我們暫一并出注。

【譯文】

……法,如果是犯耐罪以下的,處以遷刑;如果犯罪者是臣史,則輸送至巴縣的鹽官工場罰作勞役。有能捕獲或檢舉違反秦令的人,如果(被捕獲或檢舉的人)罪在城旦舂以下到遷罪之間,每捕獲或檢舉一人,賞金二兩。

【簡文】

及當輸不輸者一人購金二兩 2094/083

【釋文】

及當輸不輸者一人,購金二兩。2094/083

【解説】

有關本簡的編聯問題,參見本史料研讀班所撰《嶽麓書院藏秦律令簡集注(三)》簡2010/070-2045/074"解説",應按紀婷婷、張馳編聯方案將簡2094/083接續簡2045/074之後,組成一條律文。①

【譯文】

以及應押送遷移却不執行的一人,賞金二兩。

【簡文】

虜學炊楒邑壞德杜陽陰密沂陽及在左樂=府者及左樂=府謳 2149/084

隸臣妾免爲學子炊人已免而亡得及自出盈三月以爲隸臣妾不 2016/085

盈三月笞五十籍亡日後復亡軵盈三月亦復以爲隸臣妾皆復炊謳 2008/086

【釋文】

虜[1]學炊(吹)[2]楒(枸)邑[3]、壞德[4]、杜陽[5]、陰密[6]、沂(泥)陽[7]及在左樂[8]、樂府[9]者,及左樂、樂府謳2149/084隸臣妾[10],免爲學子[11]、炊(吹)人[12],已免而亡,得及自出,盈三月以爲隸臣妾;不2016/085盈三月,笞五十,籍亡日,後復亡,軵盈三月,亦復以爲隸臣妾。皆復炊(吹)謳。2008/086

【集釋】

[1]虜

嶽簡整理小組:虜獲的人。②

李立:通常指對方軍事行爲的參與者,即戰俘。而從傳世文獻語用實踐看,"虜"也包含

① 參見紀婷婷、張馳《〈嶽麓簡·亡律〉編聯芻議》,260頁。

② 陳松長主編:《嶽麓書院藏秦簡(肆)》,79頁。

軍事行爲中所裹挾的百姓。從"民虜"角度認識"學炊"之虜,或許更爲貼切。①

華政研讀班:疑指尚未成爲徒隸的戰俘。依秦法,"虜"和投降的"寇"要成爲徒隸。②

【按】《説文》:"虜,獲也。"《禮記·曲禮》:"獻民虜者操右袂。"孔穎達疏:"民虜,謂征伐所獲彼民,以爲外虜,故云民虜也。"此處的"虜"或可釋爲"戰爭中的俘虜",而關於"虜"的身份地位,結合本組簡文,虜與"學子""炊(吹)人"同處於黔首與徒隸之間的可能性較大,華政研讀班之説可從。

[2]學炊(吹)

嶽簡整理小組:炊,當讀爲吹。學吹,當指學習吹奏等技藝。或認爲當是下文"學子、炊人"的省稱。"學炊"的後面應該是承後省略了介詞"於"。③

李立:作爲補語,"學炊"後面的五個地名補充交代了"學炊"的具體地點。因此,從語法關係上看,構成動賓關係的"學炊",其所表現的一定是一種關於"學"的行爲。④

王偉:或應解釋作本意,即學習燒火做飯的技能……下文的"炊人"就是學"炊"之人;而"學子"是指在左樂和樂府機構的學謳者,亦即下文的"學子"……"學炊"後加地名或機構名,應是"學炊"於某地或某機構。⑤

【按】據簡2008/086結尾"皆復炊謳"可知"炊"和"謳"應爲并列的兩種工作或行爲,且燒火做飯并不需要到專門的音樂機構進行學習,因此將"炊"理解爲燒火做飯似乎不妥。結合簡文整體含義,應按嶽簡整理小組之説,將其讀爲"吹",釋爲"吹奏"。從句法成分分析,"學炊(吹)"的主語是"虜",之後五個地名爲其"學炊(吹)"的地點。

[3]栒邑

嶽簡整理小組:秦置縣,屬内史,治所在今陝西旬邑縣東北二十五里職田鎮,漢屬右扶風。⑥

[4]壞德

嶽簡整理小組:即懷德,秦置縣,屬内史,治所在今陝西大荔縣東南,漢屬左馮翊。《漢書·地理志》作"褱德"。⑦

---

① 李立:《出土文獻與秦音樂機構設置及管理問題研究——從嶽麓書院藏秦簡"虜學炊""免爲學子炊人"看秦樂人的來源與管理》,《中原文化研究》2020年第1期。

② 華東政法大學出土法律文獻研讀班:《嶽麓簡秦律令釋讀(一)》,王沛主編《出土文獻與法律史研究》第8輯,北京:法律出版社,2020,294頁。

③ 陳松長主編:《嶽麓書院藏秦簡(肆)》,79頁。

④ 李立:《出土文獻與秦音樂機構設置及管理問題研究——從嶽麓書院藏秦簡"虜學炊""免爲學子炊人"看秦樂人的來源與管理》。

⑤ 王偉:《〈嶽麓書院藏秦簡(肆)〉校讀(三則)》,秦始皇帝陵博物院編《秦始皇帝陵博物院2017》,西安:三秦出版社,2017,146頁。

⑥ 陳松長主編:《嶽麓書院藏秦簡(肆)》,79頁。

⑦ 陳松長主編:《嶽麓書院藏秦簡(肆)》,79頁。

［5］杜陽

嶽簡整理小組：秦置縣，屬内史，治所在今陝西麟游縣西北招賢鎮，《漢書・地理志》右扶風管轄下有杜陽縣。①

［6］陰密

嶽簡整理小組：秦置縣，屬北地郡，治所在今甘肅靈台縣西五十里百里鄉。《漢書・地理志》安定郡管轄下有陰密縣。②

［7］沂（泥）陽

嶽簡整理小組：具體地望不詳，見於《二年律令・秩律》，又見於《漢書・夏侯嬰傳》："賜嬰食邑沂陽。"③

王偉："沂陽"之"沂"似爲"泥"之譌寫……"泥陽"是秦漢縣名，見於傳世典籍和出土文獻，且地望可考；而"沂陽"僅見於《漢書・夏侯嬰傳》，是夏侯嬰的食邑，似不應被《漢書・地理志》所遺漏，而恰巧有因字形相近而將"泥陽"譌寫爲"沂陽"的可能。從簡文中一起出現的幾個地名也可以佐證所謂"沂陽"應爲"泥陽"。④

周波：嶽麓簡此字聲旁外廓作厂形，中間筆畫向右撇出，應即"人"形，與上舉"尼"字或"尼"旁一般寫法相合，而"斤"作爲偏旁却不見有此類寫法，故所謂"沂"字當改釋爲"泥"。上引嶽麓秦簡中"樛（栒）邑""壞德""杜陽"均屬内史，"陰密""泥陽"均屬北地郡。秦時内史及臨近的陰密、泥陽等關中地區屬秦統治的核心區域。統治者爲加强控制，制定了相關法律，對這一區域人員的遷徙流動進行了嚴格的限制，并對逃亡者施以重刑。上引《亡律》律文即其具體規定之一。因此，從字形寫法及簡文文意來看，"陰密"下一地名衹能釋爲"泥陽"。⑤

張韶光："沂陽"，當爲"泥陽"……泥陽，屬北地郡，治所在今甘肅寧縣。西安臨潼新豐南杜秦遺址出土陶文也有"泥陽"……這五個地點和襄武、上雒、商、函谷關正好構成一個封閉的區域，大體上與秦中縣道的範圍相吻合。⑥

但昌武：從……王偉、周波二位學者的觀點可知，此簡中的"沂陽"當改釋爲"泥陽"……泥陽應當與其他縣邑和機構一樣，位於秦之"中縣道"内。⑦

---

① 陳松長主編：《嶽麓書院藏秦簡（肆）》，80 頁。

② 陳松長主編：《嶽麓書院藏秦簡（肆）》，80 頁。

③ 陳松長主編：《嶽麓書院藏秦簡（肆）》，80 頁。

④ 王偉：《〈嶽麓書院藏秦簡（肆）札記（二則）〉》，武漢大學簡帛研究中心主辦《簡帛》第 14 輯，上海古籍出版社，2017，37－40 頁。

⑤ 周波：《張家山漢簡〈二年律令〉與秦簡律令對讀札記》，王捷主編《出土文獻與法律史研究》第 6 輯，北京：法律出版社，2017，212 頁。

⑥ 參見張韶光《試論簡牘所見秦對邊緣地區的管轄》。

⑦ 但昌武：《張家山漢簡〈秩律〉"沂陽"考》，《出土文獻》2022 年第 2 期。

【按】目前,學界諸家大多認同此處地點當爲“泥陽”,爭議主要在於原圖版字究竟爲“沂”還是“泥”? 即此處釋文應爲“沂(泥)陽”抑或“泥陽”? 郭永秉認爲此處可釋爲“泥陽”,更穩妥的是釋作“沂(泥)陽”。[①] 王偉、周波從字形層面對秦漢簡牘所見“沂”“泥”進行了細緻的辨析。王偉推斷此處“沂陽”可能是因字形相近而被書手由“泥陽”譌寫而來,[②]即應釋爲“沂(泥)陽”;周波則認爲此處整理小組原釋爲“沂”字的,右半部其實皆從“尼”,當改釋爲“泥”;[③]二説雖同樣認爲此處地名應爲“泥陽”,但理由不同,且釋文不同。但昌武認爲周波對“沂”“泥”字形的辨析可從,本簡中“沂陽”當改釋爲“泥陽”。[④] 總之,從簡文文意來看,此處地名爲“泥陽”當無異議;從字形角度來看,周波之説很有説服力,但因“沂”“泥”二字形近易混(見表1),且仍有相當秦漢簡牘文例證明此二字在當時容易譌誤,[⑤]無法排除此處書手譌寫的可能,因而暫從嶽簡整理小組、郭永秉、王偉之説,釋爲“沂(泥)陽”,或更爲穩妥。

至於“泥陽”之地望,鄒水傑據本組簡文内容推測:“簡文中此五縣與設於咸陽的左樂、樂府并列,對各縣道、機構逃亡的學子、吹人同等處罰,最大的可能就是五縣均屬‘中縣道’。”[⑥]但昌武認爲鄒水傑這一推測可信,“泥陽應當與其他縣邑和機構一樣,位於秦之‘中縣道’内”。[⑦] 鄒水傑、但昌武之説可從。

表1　秦漢簡牘“沂”“泥”字形對比表

《嶽麓秦簡(肆)》簡2149/084	張家山漢簡《二年律令·秩律》簡448	《里耶秦簡(壹)》簡8-1466	《里耶秦簡(壹)》簡8-882

整理小組釋爲“沂”	整理小組釋爲“沂”	整理小組釋爲“泥”	整理小組釋爲“泥”

[8]左樂

嶽簡整理小組:左樂之稱未見於史書,秦封泥中有“左樂丞印”“雍鐘左樂”等,可見“左樂”應是設有“丞”的樂府機構。我們從秦封泥“雍鐘左樂”來推測,“左樂”應爲鐘官下屬之

① 轉引自鄒水傑《嶽麓秦簡“中縣道”初探》,第七届出土文獻與法律史研究學術研討會,長沙,2017。
② 參見王偉《〈嶽麓書院藏秦簡(肆)〉札記(二則)》,38-40頁。
③ 參見周波《張家山漢簡〈二年律令〉與秦簡律令對讀札記》,206-216頁。
④ 參見但昌武《張家山漢簡〈秩律〉“沂陽”考》。
⑤ 參見但昌武《張家山漢簡〈秩律〉“沂陽”考》。
⑥ 鄒水傑:《秦簡“中縣道”小考》,第六届出土文獻青年學者論壇,2017,352頁。
⑦ 但昌武:《張家山漢簡〈秩律〉“沂陽”考》。

官署機構名。①

［9］樂府

嶽簡整理小組：掌管音樂的官署名。《漢書·百官公卿表》少府屬官有樂府令丞。陝西相家巷出土的秦封泥中有"樂府""樂府丞印""樂府鐘官"等多種。②

［10］謳隸臣妾

嶽簡整理小組：謳爲齊聲歌唱。③

京大讀簡班：在左樂、樂府承擔歌唱工作的隸臣妾，和"工隸臣"同樣是在刑徒名稱前冠以特殊技能。《漢書·禮樂志》："蔡謳員三人，齊謳員六人。"《漢書·外戚傳上》："孝武衛皇后字子夫，生微也。其家號曰衛氏，出平陽侯邑。子夫爲平陽主謳者。師古曰：'齊歌曰謳。'"④

劉欣欣：工隸臣妾是隸臣妾有"巧"被官府評定爲"工"者，即具有手工技能被官府評定爲"工"的隸臣妾。"謳隸臣妾"應屬"工隸臣妾"的一種，所以"謳隸臣妾"被免爲學子、吹人而不是黔首。⑤

【按】首先，謳隸臣妾不應被視爲工隸臣妾的一種，通過《工人程》《均工律》可知"工"與官府手工業之間必定存在着固定的聯繫，謳隸臣妾與工隸臣妾是兩種類似的并列身份。而關於謳隸臣妾的性質，可以通過工隸臣妾進行類比。李超認爲工隸臣具有兩種身份，首先是作爲官府手工業技術工作者的"工"的身份，其次是作爲"隸臣"的身份。"工"是官府手工業的必需人才，在被免除刑徒身份後，仍不能逃避官府管轄，其身份不自由的可能性較大。⑥ 李力則認爲隸臣有技藝的可以被提拔爲"工"，即成爲"工隸臣"，"工隸臣"是刑徒，其因罪被判爲"隸臣"，又因有技藝而成爲"工隸臣"，被贖者的身份是刑徒，雖然因此獲得自由，但是仍須爲"工"。⑦ 可見這類具有特殊技藝的隸臣妾在被免除刑徒身份後，仍處於一種區別於普通人與刑徒的特殊形態，隸屬於官府，其自由受到官府限制。結合本組簡的文意推測，"謳隸臣妾"在被免除隸臣妾身份後，仍具有作爲在左樂、樂府承擔歌唱工作的"謳"的身份，即"學子"與"吹(炊)人"。本簡就是針對這類人身自由仍受到官府管轄的"學子"與"吹(炊)人"逃亡及自首行爲的處罰規定。

---

① 陳松長主編：《嶽麓書院藏秦簡(肆)》，80頁。

② 陳松長主編：《嶽麓書院藏秦簡(肆)》，80頁。

③ 陳松長主編：《嶽麓書院藏秦簡(肆)》，80頁。

④ ［日］"秦代出土文字史料の研讀"班：《嶽麓書院藏簡〈秦律令(壹)〉譯注稿 その(一)》，215頁。

⑤ 劉欣欣：《秦漢〈亡律〉分類集釋》，118頁。

⑥ 參見李超《也談秦代"隱官"》，簡帛網，2009年11月27日。

⑦ 參見李力《隸臣妾身份再研究》，中國政法大學博士學位論文，2006，231頁。

[11]學子

嶽簡整理小組:與下面的“吹(炊)人”并列,當是學藝者的泛稱。①

京大讀簡班:整理小組認爲是學藝者的泛稱,類似表述可見《二年律令》中的“學童”。張家山漢簡《二年律令》簡474:“史、卜子年十七歲學。史、卜、祝學童學三歲,學佴將詣大史、大卜、大祝,郡史學童詣其守,皆會八月朔日試之。”②

【按】嶽簡整理小組認爲“學子”爲學藝者的泛稱,但既然本組簡是對“學子”逃亡的處罰規定,那麽至少説明“學子”不應被理解爲具有自由身份的普通學藝者的泛稱。京大讀簡班認爲“學童”爲與“學子”類似的表述,但根據其所舉文例,“學童”爲通過學習、考試等過程從而可以獲得從事“史、卜、祝”等專業性較高的工作的資格的人,具有自由身份的可能性較高。本組簡中的“學子”則爲“謳隸臣妾”在被免除刑徒身份後所處的一種仍受官府管轄的“中間形態”,不具有自由身份。研讀班上亦有學者提出,“學子”對應“虜學……在左樂樂府者”,“吹人”對應“左樂樂府謳隸臣妾”,暫置於此以備一説。

[12]炊(吹)人

嶽簡整理小組:即演奏樂器之人。③

李立:“學子”與“炊人”屬兩種身份系列,兩者的關係可以用“學”與“成學”來比照。“免爲學子炊人”應該是“免爲學子”“免爲炊人”的簡説。而衹有通過“學子”的學習階段并考試合格,纔能取得“炊人”身份并獲得罪人身份豁免,進而成爲職業樂人,而在“左樂”“樂府”供職。④

【按】以“學”與“成學”來比照“學子”與“吹人”之間的階段關係這一觀點可采,“學子”是成爲“吹人”的前一階段,整理小組將“虜學吹”譯爲“學習吹奏等技藝”也印證了這一解釋。但學習與考試或許不是唯一途徑,“謳隸臣妾”也存在直接被免爲“吹人”的可能性。

【解説】

本組簡文應是對受官府管轄的三類具有吹奏及歌唱的特殊技能者逃亡後處罰的規定。這三類主體分别爲被俘虜後在栒邑、懷德、杜陽、陰密和泥陽學習吹奏的人,在左樂、樂府學習吹奏的人,和由在左樂、樂府唱歌的隸臣妾被放免爲學子、吹人後的人。以上三類主體的共同之處首先在於由中央直接管轄,如歐揚所言:“‘中縣道’之‘中’類似‘中尉’之‘中’,功能是標誌其不屬於郡,而由中央直轄。”⑤這也解釋了爲何這五個地點可以和左樂、樂府并列規定於本組簡中。這三類主體的共同之處還在於其身份雖非刑徒,但人身自由仍受官府管

① 陳松長主編:《嶽麓書院藏秦簡(肆)》,80頁。

② [日]“秦代出土文字史料の研讀”班:《嶽麓書院藏簡〈秦律令(壹)〉譯注稿 その(一)》,215頁。

③ 陳松長主編:《嶽麓書院藏秦簡(肆)》,80頁。

④ 李立:《出土文獻與秦音樂機構設置及管理問題研究——從嶽麓書院藏秦簡“虜學炊”“免爲學子炊人”看秦樂人的來源與管理》。

⑤ 歐揚:《嶽麓秦簡“毋奪田時令”探析》。

轄,不同於庶人。

關於簡 2149/084-2008/086 在《亡律》中的編聯問題,附有關簡文以便討論:

1975/033 寺車府、少府、中府、中車府、泰官、御府、特庫、私官隸臣免爲士五(伍)、隱官,及隸妾

0170/034 以巧及勞免爲庶人,復屬其官者,其或亡盈三月以上而得及自出,耐以爲隸

2035/035 臣妾。亡不盈三月以下而得及自出,笞五十,籍亡不盈三月者日數,後復亡,軵

2033/036 數盈三月以上得及自出,亦耐以爲隸臣妾,皆復付其官。

0782/007 佐弋隸臣、湯家臣,免爲士五(伍),屬佐弋而亡者,論之比寺車府。内官、中官隸臣

2085/008 妾、白粲以巧及勞免爲士五(伍)、庶人、工、工隸隱官而復屬内官、中官者,其或亡

0796/009 ☑……□□論之比寺車府。

關於簡 1975/033-2033/036 與 0782/007-0796/009 這兩組簡之間的編聯問題,可參見本史料研讀班所撰《嶽麓書院藏秦律令簡集注(一)》簡 0782/007-0796/009“解説”。通過對比簡 1975/033-2033/036、0782/007-0796/009 這兩組簡與簡 2149/084-2008/086,可以發現以上簡文都是關於刑徒在被免除刑徒身份後但仍處於官府控制的非自由狀態下,逃亡被捕或自首後所應受刑罰的規定。第一,主體身份地位相近,簡 1975/033-2033/036 針對的是屬寺車府等官署的隸臣妾,簡 2149/084-2008/086 針對的則是在左樂、樂府吹奏、歌唱的隸臣妾;第二,判罰標準相同,以三個月爲界,逃亡滿三個月,都復爲隸臣妾,逃亡不滿三個月,都笞五十,籍亡日。第三,律文結構相似,但簡 2149/084-2008/086 組在表達上更爲簡潔,如簡 2035/035 中“籍亡不盈三月者日數”,在簡 2008/086 中僅表述爲“籍亡日”。

此外,從背劃綫來看,以上三組簡背劃綫亦可連貫。

總之,簡 1975/033-2033/036、簡 2078/007-0796/009、簡 2149/084-2008/086 或可順次相連。從内容上看,以上幾簡亦有密切聯繫。

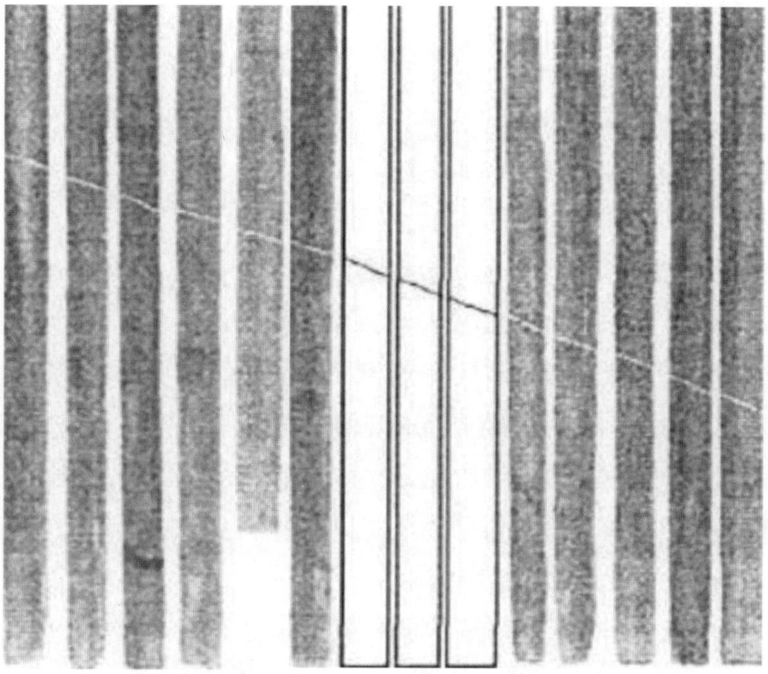

【譯文】

被虜獲後在栒邑、懷德、杜陽、陰密、泥陽以及左樂、樂府學習吹奏的戰俘,以及在左樂、樂府從事合唱工作的隸臣妾,已經被赦免爲學子、吹人後逃亡的,如果被捕獲或自首,逃亡日數總計超過三個月,判爲隸臣妾;逃亡不超過三個月,笞五十,并記録逃亡的日數,後又再次逃亡的,如果前後總計超過三個月,也將其判爲隸臣妾,從事吹奏和合唱的工作。

【簡文】

☐于(?)官$_{2055/087}$

【釋文】

☐于(?)官$_{2055/087}$

【解説】

簡 2149/084-2008/086 内容通順,背劃綫連貫,可以編聯應無異議,但我們認爲本簡與前簡不能編聯,理由如下:第一,從行文的系統性來看,在嶽麓秦簡中未發現用一個字"官"來指代特定機構或場所的用例;[①]第二,從字體來看,本簡相較前簡,更爲擁擠緊縮,不如前簡舒張,很難認爲是由同一書手書寫而成;[②]第三,本簡爲斷簡,前段至少還有兩至三個字,且嶽簡

① 參見[日]"秦代出土文字史料の研讀"班《嶽麓書院藏簡〈秦律令(壹)〉譯注稿その(一)》,216 頁。
② 參見[日]"秦代出土文字史料の研讀"班《嶽麓書院藏簡〈秦律令(壹)〉譯注稿その(一)》,216 頁。

整理小組認爲該簡殘存第一個字是否爲“于”仍存疑,更加無法與前簡編聯。

【簡文】

菨貲二甲不盈卒歲貲一盾皆毋籍亡日1258+1958/088

【釋文】

菨(遷),貲二甲;不盈卒歲,貲一盾,皆毋籍亡日。1258+1958/088

【解説】

紀婷婷、張馳認爲,“‘遷’相關律文有簡 071、簡 072、簡 073、簡 074、簡 083、簡 088、簡 093、簡 094,這幾枚簡與性質不明的簡 005 的背劃綫連貫成一條完整的無斷裂的曲綫,這幾枚簡應是編聯在一起的”。[①] 華政研讀班認爲,“肆 005 下部留白,其條文至該簡很可能已經結束,肆 088 接續在肆 005 下的可能性不大。因此從内容看,肆 088 之前應有缺簡”。[②] 京大讀簡班亦將此簡單獨出注。[③] 此處暫單獨出注。

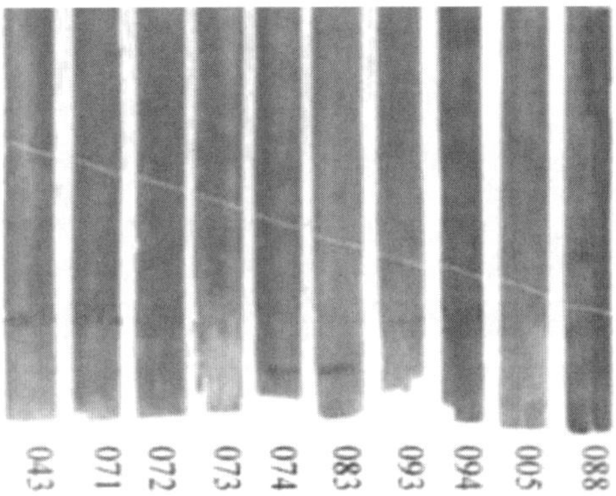

圖 73　043＋071－074＋083＋093、094＋005＋088 背劃綫

【譯文】

……遷刑,處貲二甲;(逃亡)不足一年的,貲一盾,均不記録逃亡的天數。

【簡文】

奴亡以庶人以上爲妻婢亡爲司寇以上妻黥奴婢離頯畀其主以其子爲隸臣妾└奴0168/089

妻欲去許之 0167/090

【釋文】

奴亡,以庶人以上爲妻;婢亡,爲司寇以上妻,黥奴婢離(顔)頯,畀其主,以其子爲隸臣妾。奴0168/089妻欲去[1],許之。0167/090

---

① 紀婷婷、張馳:《〈嶽麓肆·亡律〉編聯芻議》,269 頁。

② 華東政法大學出土法律文獻研讀班:《嶽麓簡秦律令釋讀(一)》,254 頁。

③ 參見[日]“秦代出土文字史料の研讀”班《嶽麓書院藏簡〈秦律令(壹)〉譯注稿その(一)》,216-217 頁。

【集釋】

［1］去

華政研讀班:離開,此處指解除婚姻關係。《大戴禮記・本命》:"婦有三不去。"①

【解説】

本簡是奴婢逃亡時與他人結婚的處罰規定。由張家山漢簡《二年律令・雜律》簡 188"民爲奴妻而有子,子畀奴主。主婢奸,若爲它家奴妻,有子,子畀婢主,皆爲奴婢"所見,婚生子在身份上繼承父親的身份,從屬於父親的主人,非婚生子在身份上繼承母親的身份,從屬於母親的主人。

對此,京大讀簡班指出了兩種可能,"不清楚這是由於孩子未離開主人、并非在逃亡中誕生的原因,還是因時代不同規定發生了變化"。② 而華政研讀班則認爲逃亡是造成這種差别的主要因素。③ 此外,這一規定也説明,逃亡中的婚姻并不當然無效。

【譯文】

奴逃亡,娶庶人以上者爲妻;婢逃亡,嫁給司寇以上者爲妻,在奴婢額頭及顴骨施以黥刑,然後交還給主人,所生的子女爲隸臣妾。奴的妻子想要解除婚姻關係的,應當准許。

【簡文】

闌亡盈十二月而得耐不盈十二月爲將陽毄城旦舂0185/091

【釋文】

闌亡［1］盈十二月［2］而得,耐;不盈十二月爲將陽［3］,毄(繫)城旦舂［4］。0185/091

【集釋】

［1］闌亡

【按】滿一年的逃亡。參見本史料研讀班所撰《嶽麓書院藏秦律令簡集注(二)》簡 1989/043"集釋"［8］。

［2］盈十二月

周海鋒:"盈卒歲"與"盈十二月"基本上是一回事(秦律較爲嚴密的一點在於其考慮了閏月情況)。④

【按】盈十二月,在秦漢簡中又稱"盈卒歲",或徑稱"卒歲"。如《嶽麓秦簡(肆)》簡 1989/043 有"未盈卒歲而得","卒歲而得";張家山漢簡《二年律令・亡律》簡 157"吏民亡,

① 華東政法大學出土法律文獻研讀班:《嶽麓簡秦律令釋讀(一)》,255 頁。

② ［日］"秦代出土文字史料の研究"班:《嶽麓書院所藏簡〈秦律令(壹)〉譯注稿 その(一)》,217 頁。

③ 華東政法大學出土法律文獻研讀班:《嶽麓簡秦律令釋讀(一)》,256 頁。

④ 周海鋒:《嶽麓書院藏秦簡〈亡律〉再探》,長沙簡牘博物館編《長沙簡帛研究國際學術研討會論文集》,上海:中西書局,2017,483 頁。

盈卒歲,耐;不盈卒歲,毄(繫)城旦舂;公士、公士妻以上作官府,皆償亡日";簡170"亡盈十二月以上"。"盈十二月""盈卒歲"可以是連續逃亡日期,也可是累計逃亡日期。

[3]將陽

【按】不滿一年的逃亡罪,與闌亡相對。參見本史料研讀班所撰《嶽麓書院藏秦律令簡集注(二)》簡1989/043"集釋"[6]。

[4]毄(繫)城旦舂

【按】作爲城旦舂拘繫。參見本史料研讀班所撰《嶽麓書院藏秦律令簡集注(二)》簡1988/022"集釋"[2]。

【解説】

本簡是有關逃亡者被抓獲後的處罰。對於本簡的規範對象,陳松長認爲,"張家山漢簡157簡有'吏民亡','吏民'是一個偏正結構的語詞,其重心是'民'而不是'吏',所謂'吏民'或應該是'吏之民'的省稱。此處的'民'可能包括士五、庶民、公士以下的男女以及奴婢、隸臣妾、司寇、隱官、城旦舂等庶民和刑徒"。① 京大讀簡班認爲,本條未明示主語,參照與之對應的張家山漢簡《二年律令》簡157,可考慮本句主語是"吏民",但嶽麓秦簡中尚未發現將黔首與吏并舉的詞例,因此本句主語理解爲"民"更爲妥當。② 劉欣欣認爲,"張家山漢簡《二年律令·亡律》中記有吏民逃亡的現象,而嶽麓秦簡《亡律》中没有出現對官吏逃亡的刑罰"。③ 周海鋒認爲,"《二年律令·亡律》157簡將'吏'與'民'并列,表示這條律文無論對官員還是百姓,都同等適用。《嶽麓秦簡(肆)》簡0185/091和張家山漢簡《二年律令·亡律》157簡内容相似,都是針對百姓和官吏的,若一條律文被省略了適用對象,則要麽對所有人適用,要麽衹對百姓和官吏適用"。④ 吴雪飛亦贊同嶽麓秦簡《亡律》簡91與《二年律令·亡律》簡157爲同一條律文,其指出,"律文首部没有指明特定的逃亡者身份,顯然是指普通人的逃亡,也就是'吏民亡'。即與刑徒、罪犯等特定身份者相區别的普通人逃亡"。⑤ 張傳璽指出,"本簡未載主體,也未對將陽再作細分,但簡文概言刑罰爲'耐',則其主體不會是刑徒"。⑥

【譯文】

闌亡滿十二個月被抓獲,處以耐刑;不滿十二個月屬於將陽,處繫城旦舂。

【簡文】

☐□其逋毆事其毋逋毆笞五十其工毆笞五十有毄城旦舂拾逋事└人屬2080/092

---

① 陳松長:《嶽麓秦簡〈亡律〉初論》,329-338頁。

② 參見[日]"秦代出土文字史料の研究"班《嶽麓書院所藏簡〈秦律令(壹)〉譯注稿その(一)》,218頁。

③ 劉欣欣:《秦漢〈亡律〉分類集釋》,14-15頁。

④ 周海鋒:《嶽麓書院藏秦簡〈亡律〉再探》,483頁。

⑤ 吴雪飛:《嶽麓簡與〈二年律令〉對讀三則》,簡帛網,2016年12月5日。

⑥ 張傳璽:《秦及漢初逃亡犯罪的刑罰適用和處理常式》,《法學研究》2020年第3期。

【釋文】

☐□其逋[1]殹(也),事[2];其毋逋殹(也),笞五十。其工殹(也),笞五十,有(又)毄(繫)城旦舂,拾逋事[3]。人屬 2080/092

【集釋】

[1]逋

【按】逃避勞役。參見本史料研讀班所撰《嶽麓書院藏秦律令簡集注(三)》簡 2043/065 “集釋”[1]。

[2]事

嶽簡整理小組:即“給事”,也就是完成其勞役。①

京大讀簡班:使役。②

[3]拾逋事

嶽簡整理小組:拾,通給。《説文・糸部》:“給,相足也。”《玉篇》:“供也,備也。”拾逋事:指罪人完成其逋逃的勞役。張家山漢簡《二年律令・亡律》第 157 簡有“給逋事,皆籍亡日”。③

京大讀簡班:整理小組認爲“拾”通“給”。今從。“給逋事”是説罪人完成逃避部分的勞役。④

劉欣欣:秦律規定逃避官府役使是“逋事”,没有服足徭役時間是“乏徭”。嶽麓秦簡《亡律》中稱“拾逋事”,《二年律令・亡律》中稱“給逋事”,“拾”和“給”兩者誰爲本字,有待進一步考證。⑤

【按】拾(給)在嶽麓秦簡中數次出現,除了指補足逃避的勞役外,也指補足因其他原因而耽誤的勞役。如《嶽麓秦簡(肆)》簡 1255/186“而舍之,缺其更,以書謝於將吏,其疾病有瘳、已葬、劾已而遣往拾日於署,爲書以告將吏,所【將】”,其中的“拾日”是要補足因疾病、歸葬、獄事等而耽誤的勞役。本簡中“拾逋事”亦指補足逃避的勞役。

【解説】

本簡是逃避勞役的處罰規範。簡上部殘斷,下部有鈎識符另起“人屬”,暫不知其前後接續簡文,故單列作注。

紀婷婷、張馳認爲,“根據背劃綫,簡 090 可編聯的竹簡僅有簡 091、簡 092,這裏遵從整理者的意見將簡 091、簡 092 編聯於簡 090 後”。⑥ 京大讀簡班認爲,“簡 92 的背劃綫與簡 91

---

① 陳松長主編:《嶽麓書院藏秦簡(肆)》,80 頁。

② [日]“秦代出土文字史料の研究”班:《嶽麓書院所藏簡〈秦律令(壹)〉譯注稿 その(一)》,218 頁。

③ 陳松長主編:《嶽麓書院藏秦簡(肆)》,80 頁。

④ [日]“秦代出土文字史料の研究”班:《嶽麓書院所藏簡〈秦律令(壹)〉譯注稿 その(一)》,218 頁。

⑤ 劉欣欣:《秦漢〈亡律〉分類集釋》,36 頁。

⑥ 紀婷婷、張馳:《〈嶽麓肆・亡律〉編聯芻議》,261 頁。

相連續,兩者接續起來的律文結構與《二年律令》簡 157 相似”。[①] 簡 2080/092 前端有殘斷,無法確認能否直接與簡 0185/091 相連,京大讀簡班將簡 0185/091、簡 2080/092 仍分開出注,可從。

【譯文】

……有勞役而逃亡,要補足逃避的勞役;未逃避勞役的,笞五十。如果是工,笞五十,并以繫城旦舂方式補足逃亡期間的勞役。人屬……

【簡文】

□□□罪而與郡縣道及告子居隴西縣道及郡縣道者皆毋得來之中縣道官犯律者皆 2107/093

【釋文】

□□□罪而與〈遷?〉[1]郡縣道[2],及告子[3]居隴西縣道[4]及郡縣道[5]者,皆毋得來之中縣道官[6]。犯律者,皆 2107/093

【集釋】

[1]與

嶽簡整理小組:與,疑是遷字之誤。[②]

[2]郡縣道

京大讀簡班:隸屬於内史以外諸郡的縣道。[③]

[3]告子

朱紅林:“告子,被父母告發不孝的子女。”睡虎地秦簡《封診式·告子》中被父親告不孝謁殺的士伍丙,及《封診式·遷子》中被父謁鋈足遷蜀邊縣的士伍丙,這些被告發并處理的不孝子都屬於嶽麓簡所謂“告子”一類的人物。[④]

【按】除睡虎地秦簡《封診式·告子》中明確提出“不孝”外,《封診式·遷子》并無父母“告”的具體罪名,故此處僅指“父母告發子女”之意。

[4]隴西縣道

京大讀簡班:隴西,内史西邊鄰接之郡,秦昭王時期在消滅戎國義渠後,在其故地還一并設置了北地和上郡。[⑤]

華政研讀班:隴西,地名。《水經注·河水注》載秦昭王二十八年置隴西郡,因處隴山之

① [日]“秦代出土文字史料の研究”班:《嶽麓書院所藏簡〈秦律令(壹)〉譯注稿 その(一)》,219 頁。

② 陳松長主編:《嶽麓書院藏秦簡(肆)》,80 頁。

③ [日]“秦代出土文字史料の研究”班:《嶽麓書院所藏簡〈秦律令(壹)〉譯注稿 その(一)》,219 頁。

④ 朱紅林:《〈嶽麓書院藏秦簡(肆)〉補注(二)》,102-103 頁。

⑤ [日]“秦代出土文字史料の研究”班:《嶽麓書院所藏簡〈秦律令(壹)〉譯注稿 その(一)》,219 頁。

西而得名。[①]

歐揚:簡 53“襄武外”的提法説明當時尚没有隴西縣道或隴西郡的稱謂。戰國秦最初在新占地設郡,原有縣道稱爲中縣道,與郡縣道相對,中縣道西界一度在襄武縣。而襄武以西區域則不置郡,也不屬於中縣道,或是屬邦轄區。後來即簡 93 中“隴西縣道”“中縣道”“郡縣道”并稱時期,隴西縣道不屬於“中縣道”“郡縣道”,包括隴山與襄武之間的原屬中縣道的若干縣道,也包括秦在襄武以西的疆土。中縣道與隴西縣道以隴山爲界。後來纔設置隴西郡。[②]

鄒水傑:《嶽麓秦簡(肆)》簡 53-57 中,“中縣道”的西界涵蓋了“襄武”,其與簡 93 中“中縣道”“郡縣道”相對的“隴西縣道”,顯示襄武以西的隴西之地既未設郡,也未涵蓋在“中縣道”之内,最合理的解釋就是由屬邦管轄。[③]

【按】關於“隴西縣道”的幾種觀點。第一種觀點,“隴西縣道”即“隴西郡”所屬縣道。第二,嶽麓秦簡中不同稱謂反映了隴西郡的設置歷程。最初“中縣道”範圍至“襄武”,“襄武外”不設郡,可能是屬邦轄區;之後有“隴西縣道”,包括襄武内外,最後是設置隴西郡。

我們認爲,如果將嶽麓秦簡釋爲協調一體的律文,確實存在語義上的矛盾。嶽麓秦簡中除了有郡縣道、隴西縣道、中縣道三分的情況,還有中縣道、郡縣道二分的情況,一種可能的解釋路徑是:從行政劃分上,隴西郡管轄襄武以西和襄武以東各縣道。但在限制人員流動方面,隴西郡以襄武爲界,分爲兩部分,襄武以内屬於中縣道,“襄武外”是隴西郡剩餘的部分,即本簡中所稱“隴西縣道”。因簡 2107/093 中有“中縣道”,并不用特别説明“隴西縣道”是襄武外隴西縣道,在當時的人看來是不言自明的。

[5]郡縣道

京大讀簡班:按説隴西縣道應包含在郡縣道之内,但在這裏被單獨列舉。[④]

[6]中縣道官

華政研讀班:此處的“官”或爲衍文。秦及漢初法律中的“官”意爲官府機構,與此處的文意不符,《嶽麓秦簡(肆)》簡 2106/053-1990/054 可參。[⑤]

【按】關中(内史)所轄諸縣道的官府。參見本史料研讀班所撰《嶽麓書院藏秦律令簡集注(二)》簡 1978/024“集釋”[3]。

---

① 華東政法大學出土法律文獻研讀班:《嶽麓簡秦律令釋讀(一)》,260 頁。

② 參見歐揚《嶽麓秦簡秦郡史料補議》,《中國歷史地理論叢》2020 年第 2 期。

③ 參見鄒水傑《秦代屬邦與民族地區的郡縣化》,《歷史研究》2020 年第 2 期。關於“屬邦”,鄒水傑此文認爲,“秦代屬邦作爲中央機構,其職掌與漢代的典屬國相延續,其主官名稱爲‘屬邦’;然屬邦又可爲郡級地方行政機構,其主官名也爲‘屬邦’,統轄有縣一級機構,與郡、内史有明確的區劃界限,治下至少部分爲有爵秦人。故秦代屬邦具有中央機構與地方機構的雙重屬性”。

④ [日]“秦代出土文字史料の研究”班:《嶽麓書院所藏簡〈秦律令(壹)〉譯注稿 その(一)》,220 頁。

⑤ 參見華東政法大學出土法律文獻研讀班《嶽麓簡秦律令釋讀(一)》,260 頁。

【解説】

嶽麓秦簡(肆)簡 2107/093 與簡 2122/094 的編聯問題合并於簡 2122/094 的"解説"中,此處暫將兩簡分開作注。

【譯文】

……罪而遷郡縣道,以及被父母告發的子女居隴西縣道和郡縣道的,都不得到中縣道來。違反此項法律的,都要……

【簡文】

作其數及命者旞(遂)盜賊亡司寇隸臣妾奴婢闌亡者吏弗能審而數其縣道嗇夫2122/094

【釋文】

作其數[1],及命者,旞(遂)盜賊,亡司寇、隸臣妾、奴婢,闌亡者,吏弗能審而數[2],其縣道嗇夫2122/094

【集釋】

[1]作其數

嶽簡整理小組:釋爲"作其數"。數,名數。①

王偉:若僅從字形來看,此字釋爲"作"或"占"皆在疑似之間。"作其數"不可通。考慮到與此字連讀的"其數"以及下文"吏弗能審而數"以及簡 2037/011 中的"占者""莫占吏數者"諸簡文,此字應釋爲"占"。②

京大讀簡班:整理小組認爲,"數,名數"。"作其數"或可理解爲"製作名簿"。但因這個"數"與"亡"有關,參考《嶽麓秦簡(肆)》簡 19-21 的"亡日錢數",逃亡天數折算成錢,故"作其數"也可考慮是依據折算的"金額"完成相應的居作。③

華政研讀班:按照其户籍登記的信息勞作。或者,"數"指代户籍所在地,"作其數"意爲在户籍所在地勞作。④

【按】"占其數"意爲登記名數,"作其數"即製作名簿,兩者詞義并無太大差異。此處暫從大多數意見,釋爲"作名數"。

[2]數

華政研讀班:此處用作動詞,指登記户籍信息。睡虎地秦簡《秦律十八種》簡 62:"邊縣者,復數其縣。"⑤

① 陳松長主編:《嶽麓書院藏秦簡(肆)》,80 頁。

② 王偉:《嶽麓書院藏秦簡札記(四則)》,簡帛網,2020 年 4 月 27 日。

③ [日]"秦代出土文字史料の研究"班:《嶽麓書院所藏簡〈秦律令(壹)〉譯注稿 その(一)》,220 頁。

④ 華東政法大學出土法律文獻研讀班:《嶽麓簡秦律令釋讀(一)》,260 頁。

⑤ 華東政法大學出土法律文獻研讀班:《嶽麓簡秦律令釋讀(一)》,260 頁。

【解説】

本簡的規範事項爲逃亡者名數之登記。

紀婷婷、張馳認爲,“簡093、簡094可編聯,且簡094後簡005,簡071、072、073、074、083、088、093、094幾枚簡與性質不明的簡005的背劃綫連貫成一條完整的曲綫”。① 華政研讀班亦認爲,“簡093、094可編聯,但簡094後存在缺簡”。② 京大讀簡班認爲,“簡93、94背劃綫緊密相連,似乎可構成一條律文……但‘命者’前有‘及’,和前後文連接不順暢……故以兩簡不能編聯而譯出”。③

王偉亦認爲,“簡093與094不可編聯,簡094後可接簡011、012”。其在根據李美娟的意見將簡2037/011簡首補出“【貲一】盾”的基礎上,認爲可將簡2122/094與簡2037/011、2090/012連讀,即:“占其數,及命者旞(遂)、盜賊亡、司寇、隸臣妾、奴婢闌亡者,吏弗能審而數,其縣道嗇夫$_{2122/094}$【貲一】盾,鄉部吏貲一甲,占者贖耐,莫占吏數者贖耐。典、老占數小男子年未盈十八歲及$_{2037/011}$女子,縣道嗇夫誶,鄉部吏貲一盾,占者貲二甲,莫占吏數者貲二甲。$_{2090/012}$”以上三簡背劃綫大致連續。④ 此説通過補字將兩簡編聯,雖有背劃綫可作證明,仍存在較大的不確定性,可備一説。

綜上,京大讀簡班有關簡2017/093、簡2122/094編聯後,“及”的出現使得内容連接不順暢的意見可從,暫將兩簡分開出注。

另,有關“命者旞(遂)盜賊亡司寇隸臣妾奴婢闌亡者”的主體分類問題,可參見本史料研讀班所撰《嶽麓書院藏秦律令簡集注(三)》簡2011/060-1979/064“解説”。

【譯文】

……登記名籍,以及逃亡的被通緝者,逃亡的盜賊、司寇、隸臣妾、奴婢,闌亡者,吏未能明辨而登記了名籍,其縣道嗇夫……

【簡文】

(空白簡)$_{1955/095}$

【釋文】

(空白簡)[1]$_{1955/095}$

【集釋】

[1](空白簡)

---

① 紀婷婷、張馳:《〈嶽麓肆·亡律〉編聯芻議》,269頁。

② 華東政法大學出土法律文獻研讀班:《嶽麓簡秦律令釋讀(一)》,259頁。

③ [日]“秦代出土文字史料の研究”班:《嶽麓書院所藏簡〈秦律令(壹)〉譯注稿 その(一)》,221頁。

④ 參見王偉《嶽麓書院藏秦簡札記(四則)》。

京大讀簡班：上端及右半有若干殘缺，墨迹無法確認。[①]

【簡文】

☐數而□入其餘縣道官2096/096

【釋文】

☐數而□［1］入其餘縣道官［2］。2096/096

【集釋】

［1］數而□

嶽簡整理小組："□"爲"盜"。[②]

"落葉掃秋風"（網名）：原釋"盜"之字作，今按：此字下從皿，上部的右側可以看到兩個横向的筆畫，盜字上部所從的右側爲欠的弧筆和最後的捺筆，參考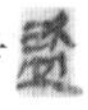（069 正），這與 096 簡此字不類。故，此字非盜，當釋爲"盈"字，參看（086 正）。[③]

劉欣欣：嶽麓秦簡《亡律》中釋讀爲"盜"的字形是""（1946/069 簡中的"盜"），釋讀爲"盈"的字形是""（2008/086 簡中的"盈"）。嶽麓秦簡《亡律》2096/096 簡釋文作"盜"字的字形是""，該字的字形比較模糊，難以釋讀，僅能分别出該字下部从皿。今從嶽簡整理小組之説，該字釋讀爲"盜"。[④]

京大讀簡班："而盜"這一句式構造前，通常接有與盜相關的補充條件。[⑤]

周海鋒："數而盜"，無論從語法搭配還是前後簡文來看，都讀不通。仔細查看圖版，"盜"當爲"盡"之訛。簡文當斷讀爲："☐數，而盡入其餘縣道官。"[⑥]

華政研讀班：（"□"字）周海鋒釋爲"盡"，雷海龍釋爲"盈"，從字形來看，兩種釋讀均有成立的可能。從詞義上講，"贏"在秦法律用語中多表示會計、統計上的盈餘，睡虎地秦簡《效律》8 有"數而贏"，表示清點物品有多餘，《效律》2 又有"入贏"，表示將多餘部分繳入府庫。"盈"則一般表示數目的達到、滿足，如"盈卒歲""不盈六尺以下"，而鮮見有多出、多餘之義，因此"贏"與"盈"在法律文本中不能通用。然因本簡殘斷較爲嚴重，無法探知其大意，故這裏我們暫存兩説，俟日後再作討論。[⑦]

---

① ［日］"秦代出土文字史料の研究"班：《嶽麓書院所藏簡〈秦律令（壹）〉譯注稿 その（一）》，221 頁。

② 參見陳松長主編《嶽麓書院藏秦簡（肆）》，70 頁。

③ "落葉掃秋風"（網名）：《〈嶽麓書院藏秦簡（肆）〉初讀》。

④ 劉欣欣：《秦漢〈亡律〉分類集釋》，87 頁。

⑤ ［日］"秦代出土文字史料の研究"班：《嶽麓書院所藏簡〈秦律令（壹）〉譯注稿 その（一）》，221 頁。

⑥ 周海鋒：《〈嶽麓書院藏秦簡（肆）〉拾遺（一）》，簡帛網，2019 年 4 月 23 日。

⑦ 參見華東政法大學出土法律文獻研讀班《嶽麓簡秦律令釋讀（一）》，262 頁。

【按】比較本簡“□”字與《嶽麓秦簡(肆)》所見“盜”“盈”“盡”字形(表2),由於本簡“□”字右上部有較長横筆,此字爲“盜”字的可能性較低,但由於筆迹殘缺,此字爲“盈”或“盡”的可能性皆有。就其爲“盈”字的可能性而言,儘管如華政研讀班所言,“嬴”“盈”在法律文本中不能通用,但“盈”的達到、滿足之意并不必然與超出之意互斥,如《嶽麓秦簡(肆)》簡0170/034可見“亡盈三月以上”之用例,故本簡“□”字爲“盈”的可能性仍無法完全否定。就其爲“盡”的可能性而言,《説文解字》“盡,器中空也”。簡牘文獻中,常用“盡”表示“完畢”“到底”“全部”之意,例如“盡+月份”即表示到達該月月底之意;“利田疇,其有不盡此數者”中的“不盡”則表示數量上未全部用盡之意。綜上所述,因據圖版僅能確定該字下部爲“皿”,整體釋讀仍存疑,故此處暫存兩説。

表2　嶽麓秦簡所見“盜”“盈”“盡”字形對比表

本簡“□”	“盜”	“盈”	“盡”
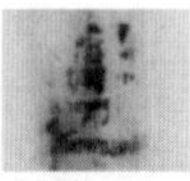 嶽麓秦簡(肆) 簡2096/096	 嶽麓秦簡(肆) 簡2011/060	 嶽麓秦簡(肆) 簡2037/011	 嶽麓秦簡(肆) 簡2089/044
	 嶽麓秦簡(肆) 簡2122/094	 嶽麓秦簡(肆) 簡2008/086	 嶽麓秦簡(肆) 簡2010/070

[2]入其餘縣道官

京大讀簡班:《二年律令》簡434:“亡、毁、傷縣官器財物,令以平賈(價)償。入毁、傷縣官,賈(價)以減償。”以此爲參照,此處句讀應無誤,但條文内容無法得知。①

【按】京大讀簡班認同本簡“□”爲“盜”,進而認同“數而盜,入其餘縣道官”的句讀方式;但由於無法排除“□”爲“盈”或“盡”的可能性,此處句讀或應存疑。“入”“其餘”并用亦見於張家山漢簡《二年律令・田律》簡240-241:“收入芻稾,縣各度一歲用芻稾,足其縣用,其餘令頃入五十五錢以當芻稾。”

【解説】

“而”“入”之間一字,存在“盈”和“盡”兩種釋讀。如釋爲“盈”,本句或應讀爲“☐數而

① 參見[日]“秦代出土文字史料の研究”班《嶽麓書院所藏簡〈秦律令(壹)〉譯注稿 その(一)》,222頁。

盈,入其餘縣道官",意爲名數或某種數額有盈餘,而將所盈餘部分充公縣道。如釋爲"盡",則或應讀爲"☐數,而盡入其餘縣道官",意爲名數或某種數額,應當將其剩餘的全部繳納給縣道官。但因本簡前部有較多殘斷,具體内容及編聯位置現難以確定,"譯文"亦據"盈""盡"兩種情况分别撰寫。

【譯文】

A.數而……將餘下的部分繳納給縣道官。

B.數……將餘下數額的全部繳納給縣道官。

【簡文】

☐=司=寇=白粲奴婢以亡黥爲城旦舂黥奴婢𩕂頯畀其主2062/097

【釋文】

☐司寇,司寇[1]、白粲、奴婢以亡,黥爲城旦舂,黥奴婢𩕂(顔)頯,畀其主。2062/097

【集釋】

[1]☐=司=寇=

嶽簡整理小組:"司寇"前缺字據文意推測爲"舂"。①

京大讀簡班:整理小組作"【舂】=……",是無法識認墨迹而假定重文符號之上有"舂"字存在。若遵從這一理解,"(城旦)舂司寇"逃亡情形下的科罰的確是黥城旦舂(簡1976/050),合乎邏輯……但科罰爲"黥爲城旦舂",則男性刑徒也被設想爲科罰對象,與之相對,所舉出的刑徒"舂司寇、白粲"却僅爲女性刑徒,存在矛盾。墨迹全然不可見,此處文字不明。②

華政研讀班:整理者增補第一字爲"舂"……此種補充有未安之處,關鍵在於"白粲"之後出現的逃亡犯罪者身份是"奴婢",而非"婢"。秦漢律中"奴"指男性私人奴隸,而"婢"特指女性私人奴隸,并不能與之前的"白粲"相一致,另外,《嶽麓秦簡(肆)》008記載"……内官、中官隸臣妾、白粲以巧及勞免爲士五(伍)、庶人、工、工隸、隱官而復屬内官、中官……"此處隸臣妾類似奴婢,性别包括男性女性,而後僅言特指女性的"白粲"。又秦律多見特别規定,不能排除"城旦舂司寇"與"白粲"并舉的可能性。③

【按】察本簡圖版,"司寇"與"白粲"間殘留墨迹可確定爲重文符號"=",但殘留墨迹之前一字難以斷定是否爲"舂",此處從京大讀簡班觀點暫不釋出。關於"舂司寇"的身份問題,可參見法大讀簡班所撰《睡虎地秦簡法律文書集釋(三):〈秦律十八種〉(〈倉律〉)》對簡

① 參見陳松長主編《嶽麓書院藏秦簡(肆)》,71頁。

② 參見[日]"秦代出土文字史料の研究"班《嶽麓書院所藏簡〈秦律令(壹)〉譯注稿 その(一)》,222頁。

③ 華東政法大學出土法律文獻研讀班:《嶽麓簡秦律令釋讀(一)》,263頁。

56“舂司寇”的注釋與按語。[1]

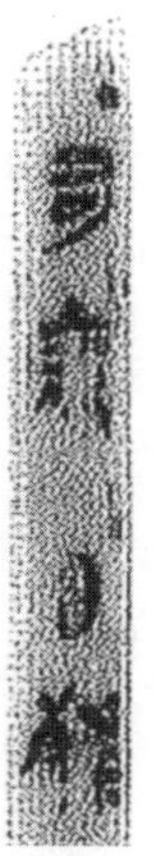

京大讀簡班所提出的本簡“司寇、白粲”與“黥爲城旦舂”表述矛盾的情況,在睡虎地秦簡《秦律十八種·倉律》簡55-56中亦存在:“城旦之垣及它事而勞與垣等者,旦半夕參;其守署及爲它事者,參食之。其病者,稱議食之,令吏主。城旦舂、舂司寇、白粲操土攻(功),參食之;不操土攻(功),以律食之。”何四維認爲,“此句以‘城旦’開端令人費解,因爲城旦爲男性,而舂及以下刑徒皆爲女性。由於‘城旦舂’這一表達出現得太過頻繁,此處大概爲抄手誤寫”。[2] 韓樹峰認爲,“‘城旦舂’當爲‘舂’之誤。這裏的‘城旦’二字可能是衍文”。[3] 中央大學秦簡講讀會認爲,“城旦舂、舂司寇”中的“舂”是衍文。[4] 工藤《譯注》則將“城旦”二字上讀,從而使本句主體皆爲女性。[5] 如遵從睡簡整理小組句讀,上舉“城旦舂”可能是習慣性寫法,或書手不規範但當時讀者亦不會產生歧義的誤寫。與此類似,《嶽麓秦簡(肆)》簡2085/008、《嶽麓秦簡(伍)》簡1022/011均可見以“白粲”指代“鬼薪白粲”的文例,本簡“司寇、白粲、奴婢以亡,黥爲城旦舂”中的“白粲”可能用法相同。

【解説】

秦漢出土法律文獻中“以亡”或用於“以亡論”“以亡律論”等固定短語中,或前接狀語,如“把其叚(假)以亡”“盜書丞印以亡”“隸臣從誘以亡”等。[6] 本簡中“司寇、白粲、奴婢以亡”因上文殘斷,無法推知具體規定。本簡與逃亡罪行相關,簡0187/102將民、奴婢“道徼中蠻夷來誘”的刑罰放在一起做了規定:“道徼中蠻夷來誘者,黥爲城旦舂。其從誘者,年自十四歲以上耐爲隸臣妾,奴婢黥顫(顏)頯,畀其主。”本簡殘斷前的內容或與簡0187/102類似,爲特定主體教唆逃亡、使他人逃亡或聽從他人教唆而逃亡,如此,則後接“以亡”纔合理,如簡2065+0780/101:“誘隸臣、隸臣從誘以亡。”

《二年律令與奏讞書》指出,“秦律及《二年律令》中,對於私家奴婢的犯罪,常采取‘黥頯’、‘畀主’等措施”。[7] 本簡規定在奴婢逃亡的情形下,應“黥奴婢顏頯,畀其主”,但陸威根

---

① 參見中國政法大學中國法制史基礎史料研讀會《睡虎地秦簡法律文書集釋(三):〈秦律十八種〉(〈倉律〉)》,徐世虹主編,中國政法大學法律古籍整理研究所編《中國古代法律文獻研究》第8輯,北京:社會科學文獻出版社,2014,81-82頁。

② [荷]A.F.P.Hulsewé, *Remnants of Ch'in Law*. Leiden E. J. Brill,1985,p.33.此句中譯文參見中國政法大學中國法制史基礎史料研讀會:《睡虎地秦簡法律文書集釋(三):〈秦律十八種〉(〈倉律〉)》,81頁。

③ 韓樹峰:《秦漢刑徒散論》,《歷史研究》2005年第3期。

④ 參見中央大學秦簡講読會《〈湖北睡虎地秦墓竹簡〉譯注初稿——田律、厩苑律、倉律、金布律、關市律、工律、工人程、均工律、繇律、司空律》,《論究》10,1978,91頁。

⑤ 參見[日]工藤元男編《睡虎地秦簡譯注——秦律十八種·效律·秦律雜抄》,東京:汲古書院,2018,92頁。

⑥ 參見睡虎地秦簡《法律答問》簡131、簡138以及《嶽麓秦簡(肆)》簡2065+0780/101。

⑦ 彭浩、陳偉、[日]工藤元男主編:《二年律令與奏讞書:張家山二四七號漢墓出土法律文獻釋讀》,上海古籍出版社,2007,102頁。

據《嶽麓秦簡(肆)》簡 2129/037-2071/039 指出,“在涉及一些較嚴重的犯罪情形時,立法者也會突破僅對逃亡奴婢處‘黥顔頯畀主’的基本刑,而采取包括肉刑在内的懲罰方式”。① 此外,京大讀簡班認爲,本簡是“關於刑徒、奴婢逃亡的規定。科罰的部分中‘刑徒→黥爲城旦舂,奴婢→黥顔頯,畀其主’的确有對應關係,但措辭的嚴密性稍有欠缺。關於‘舂司寇’(50 簡)或奴婢(98 簡)逃亡的規定亦見於他處,這裏似乎是試圖將這些條文合并到一起”。② 如此合并規定的原因仍有待進一步研究。

【譯文】

……司寇,司寇、白粲、奴婢逃亡,(司寇、白粲)黥爲城旦舂,在奴婢額頭及顴骨施以黥刑,歸還給主人。

【簡文】

奴婢亡而得黥顏頯畀其主・其自出吏及自歸□▨2117/098

【釋文】

奴婢亡而得,黥顏(顔)頯,畀其主。・其自出[1]吏及自歸□▨[2]2117/098

【集釋】

[1]自出

【按】即自首,參見本史料研讀班所撰《嶽麓書院藏秦律令簡集注(一)》簡 0797/010“集釋”[4]。

[2]其自出吏及自歸□▨

周海鋒:2117 號簡文後半部分是關於奴婢去官府自首或回到主人家該如何懲罰的情況,可惜由於竹簡殘斷,無法知道具體的處置細則。恰好《二年律令》可補其缺,“其自出殹(也),若自歸主,主親所智(知),皆笞百”。③

紀婷婷:“歸”後,整理者未釋。當釋爲“主”。奴婢從主人家逃出,回到的肯定也是主人家,因此第二種情況應爲“自歸主”。④

京大讀簡班:與《二年律令》簡 159、160 相比較,98 簡末尾亦接續“自歸(主、主親所智)”的可能性較高。⑤

【按】從諸家之説所引文例來看,本簡“自歸”後接“主、主親所智(知)”的可能性較高,但據圖版無法確證。本簡可用於補充張家山漢簡《二年律令》159 簡。

---

① 陸威:《秦漢〈亡律〉中的逃亡犯罪研究》,上海師範大學碩士學位論文,2019,33 頁。

② [日]“秦代出土文字史料の研究”班:《嶽麓書院所藏簡〈秦律令(壹)〉譯注稿 その(一)》,222 頁。

③ 周海鋒:《秦律令研究——以〈嶽麓書院藏秦簡〉(肆)爲重點》,46 頁。

④ 參見紀婷婷《嶽麓書院藏秦簡〈亡律〉集釋及文本研究》,53 頁。

⑤ 參見[日]“秦代出土文字史料の研究”班《嶽麓書院所藏簡〈秦律令(壹)〉譯注稿 その(一)》,223-224 頁。

【解説】

本簡内容爲懲罰奴婢逃亡的法律規定,分爲被抓獲以及向吏自首(或回到主人處)兩種情形,但由於下部有較多缺損,且缺乏背劃綫信息,其編聯位置難以判斷。

【譯文】

奴婢逃亡後被抓獲,在其額頭及顴骨施以黥刑,歸還給主人。若向吏自首或回到……

【簡文】

☐□主不自出而得黥顔頯畀其主之亡徼中蠻夷而未盈$_{0161/099}$

【釋文】

☐□主,不自出而得,黥顔(顏)頯,畀其主。之亡[1]徼中蠻夷[2]而未盈$_{0161/099}$

【集釋】

[1]之亡

嶽簡整理小組:之,行也。①

京大讀簡班:可能是"亡之"的誤記。②

華政研讀班:之,連詞,其前省略了主語。③

【按】"亡之"亦見於《史記·項羽本紀》"齊王市畏項王,乃亡之膠東就國"。"之亡"的用例暫未見於其他出土文獻,後接名詞的用法亦未見於傳世文獻,或如京大讀簡班所言,爲"亡之"的誤寫。《嶽麓秦簡(肆)》簡 2107/093 所見"來之"用法類似。另一方面,對比《嶽麓秦簡(肆)》簡 2065+078/101 所見"亡徼中蠻夷",此處"之"爲衍字的可能亦存在。

[2]徼中蠻夷

嶽簡整理小組:徼中,故徼之内;蠻夷,指蠻夷聚居之地。徼中蠻夷,即故徼之内蠻夷聚居的地域。④

京大讀簡班:在君長率領下生活的蠻夷,受到與普通黔首不同的待遇。⑤

周海鋒:所謂徼中蠻夷是指服從秦統治的少數民族政權管轄區,與睡虎地秦簡中出現的"屬邦"性質相近……徼外蠻夷與徼中蠻夷相對,指不接受秦統治的少數民族政權管轄區……"徼中"與"徼外"或許不以是否設置關塞、離秦國距離遠近爲主要區別特徵,而以是否臣服於秦國爲標誌。⑥

【按】"蠻夷",泛指華夏民族以外的其他民族,多數情况下蠻夷戎狄統稱蠻夷或四夷,此

① 參見陳松長主編《嶽麓書院藏秦簡(肆)》,81 頁。
② [日]"秦代出土文字史料の研究"班:《嶽麓書院所藏簡〈秦律令(壹)〉譯注稿 その(一)》,223 頁。
③ 華東政法大學出土法律文獻研讀班:《嶽麓簡秦律令釋讀(一)》,208 頁。
④ 陳松長主編:《嶽麓書院藏秦簡(肆)》,81 頁。
⑤ [日]"秦代出土文字史料の研究"班:《嶽麓書院所藏簡〈秦律令(壹)〉譯注稿 その(一)》,223 頁。
⑥ 周海鋒:《秦律令研究——以〈嶽麓書院藏秦簡〉(肆)爲重點》,34 頁。

處應指的是當時秦朝周邊聚集的少數民族;而這些蠻夷中一部分被秦征服或者臣服於秦,納入秦的統治範圍,便是"徼中蠻夷"。

諸家之說可從。關於"徼"及"故徼"的理解,可參見本史料研讀班所撰《嶽麓書院藏秦律令簡集注(三)》簡 1960/081"集釋"[1]。

【解説】

本簡涉及奴婢未自首而被抓獲情形下的處罰,以及逃亡徼中蠻夷聚居地的處罰。關於本簡的編聯,京大讀簡班認爲,"簡 98、99 均載有與奴婢逃亡相關的内容,但前者下部、後者上部有較多缺損。因此無法確證其爲同一條文的構成部分,况且'而得,黥……其主'部分較多重複也令人遲疑。姑且一并譯出"。① 京大説可從,兩簡編聯的可能性較低。

【譯文】

……主,未自首而被抓獲,在其額頭及顴骨施以黥刑,歸還給主人。逃亡到故徼之内蠻夷聚居的地域而未滿……

【簡文】

歲完爲城旦舂奴婢從誘其得徼中黥顔頯其得故徼外城旦黥之皆畀主0186/100

【釋文】

歲,完爲城旦舂。奴婢從誘[1],其得徼中[2],黥顔(顔)頯;其得故徼外,城旦黥之[3];皆畀主。0186/100

【集釋】

[1]從誘

嶽簡整理小組:誘,指誘導他人逃亡至特定地域的行爲。"從誘",跟從誘導。"來誘者",指前來誘導他人逃亡的人。《張家山漢簡 · 二年律令》第 3 簡:"【從諸侯】來誘及爲閒者,磔。亡之【諸侯】。"②

朱紅林:引誘人口逃亡者,黥爲城旦舂。③

京大讀簡班:跟隨誘者,共同行動。"誘"指在合意的基礎上邀請他人伴隨前往。并非僅指邀請對方做壞事,而是指引導其逃亡。"從"是"跟隨"的意思。④

【按】張家山漢簡《奏讞書》案例三簡 21 可見"律所以禁從諸侯來誘者",《嶽麓秦簡(伍)》簡 1156/179 載"隸臣捕道故徼外來誘而舍者一人",⑤所述"來誘"即"促使他人亡命他

---

① [日]"秦代出土文字史料の研究"班:《嶽麓書院所藏簡〈秦律令(壹)〉譯注稿 その(一)》,223 頁。

② 陳松長主編:《嶽麓書院藏秦簡(肆)》,81 頁。

③ 朱紅林:《〈嶽麓書院藏秦簡(肆)〉補注(二)》,103 頁。

④ [日]"秦代出土文字史料の研究"班:《嶽麓書院所藏簡〈秦律令(壹)〉譯注稿 その(一)》,224 頁。

⑤ 陳松長主編:《嶽麓書院藏秦簡(伍)》,127 頁。

國”,[①]“邀請他國(諸侯國)之人在自己國家流亡”。[②] “從誘”似爲與“來誘”相對而言的概念,强調逃亡他邦的主體被動跟隨、受人引導的主觀狀態,諸家觀點可從。“從誘”之“從”與“從諸侯來誘”之“從”含義不同,後者應是表示行爲起點的介詞。

[2]徼中

周海鋒:“徼中”與“徼外”或許不以是否設置關塞、離秦國距離遠近爲主要區别特徵,而以是否臣服於秦國爲標誌。[③]

京大讀簡班:此處的“徼中”,亦可説是指99簡所見的“徼中蠻夷”,但暫且可解釋爲故徼内的全部地方,包含一般的縣道和蠻夷居住地。[④]

【按】“徼中”應指秦故徼之中的領土。有關“故徼”,參見本史料研讀班所撰《嶽麓書院藏秦律令簡集注(四)》簡1960/081“集釋”[1]。

[3]城旦黥之

【按】按城旦的方式施加黥刑。參見本史料研讀班所撰《嶽麓書院藏秦律令簡集注(二)》簡2091/038“集釋”[3]。

【解説】

本簡規定,對於受他人誘導而逃亡的奴婢,區分其被捕地爲故徼之内和故徼之外,分别給予“黥顔頯”和“城旦黥之”的處罰。簡文後半段説明的是對受引誘者的具體處罰。

有關本簡與前簡的接續問題,京大讀簡班指出,“簡99至簡100是‘未盈/歲(若不滿一年)’行文的延續,觀之文意似乎也連續。但基於以下理由,認爲二者并不連續:①‘未盈歲’和‘一年未滿’在嶽麓簡中表述爲‘(未)盈卒歲’(簡43、251)和‘不盈卒歲’(簡88),無‘未盈歲’之例(但見於睡虎地秦簡《秦律十八種》簡162-163及内容相同的《效律》簡19-21));②僅規定逃亡期間未滿一年的情况,不存在一年以上的規定;③簡99有背劃綫,簡100却未見;④徼中蠻夷逃亡若未滿一年將被處完城旦舂,但與簡102中黔首被處耐隸臣妾、奴婢而被‘黥顔頯,畀其主’的規定相矛盾。因此簡100前半段内容不明。接着的‘奴婢從誘’以下内容是對跟隨引導者逃亡的奴婢的科罰規定。被捕於故徼内外科罰有所不同:被捕徼中將被判處‘黥顔頯’,其與簡98對奴婢逃亡的科罰規定相一致,這種情况按通常的逃亡處理;被捕徼外將被判處‘城旦黥’,科罰加重,這與在徼外蠻夷逃亡的隸臣被‘黥城旦舂’(簡101)有共通之處”。[⑤]

華政研讀班亦認爲簡0186/100與簡0161/099不應相繫聯,并在京大讀簡班的四點理由

---

① [日]專修大學“二年律令”研究會:《張家山漢簡『二年律令』譯注(一)—賊律—》,《專修史學》35,2003,112頁。

② [日]池田雄一編:《奏讞書—中国古代の裁判記録—》,東京:刀水書房,2002,22頁。

③ 周海鋒:《秦律令研究——以〈嶽麓書院藏秦簡〉(肆)爲重點》,34頁。

④ [日]“秦代出土文字史料の研究”班:《嶽麓書院所藏簡〈秦律令(壹)〉譯注稿 その(一)》,224頁。

⑤ [日]“秦代出土文字史料の研究”班:《嶽麓書院所藏簡〈秦律令(壹)〉譯注稿 その(一)》,224-225頁。

之外補充了三點理由，分别是“内容無法匹配”、簡 0161/099 未體現出任何針對“亡故徼外蠻夷”情形的迹象，以及簡 0161/099 中的“而未盈”“應指年齡滿若干歲，而非期間滿若干年”。且“本簡之前必有缺簡”，缺簡内容爲“對‘來誘’者的處罰”，即簡 0187/102 所述，故提出了二者應連綴的復原方案。其依據本簡捕“從誘”奴婢的劃分標準，推測“其逃亡的目的地一定是‘故徼外蠻夷’”。①

京大讀簡班簡 0161/099 與簡 0186/100 不連續的觀點，及其所述前三點理由，可從。但第四點理由中所謂的矛盾之處，或可進一步商榷論證。由簡文含義可推測，簡 0186/100 起首的“歲”字前接續的有可能是“盈卒”或“未盈卒”等用語，表示某一事件的持續期間是否滿一年。

【譯文】

……歲，完爲城旦舂。被誘的奴婢，在故徼内被抓獲的，在其額頭及顴骨施以黥刑；在故徼之外被抓獲的，按城旦的方式施以黥刑；將他們統統歸還給各自的主人。

【簡文】

誘隸＝臣＝從誘以亡故塞徼外蠻夷皆黥爲城旦舂亡徼中蠻夷黥其誘者以爲城旦舂亡縣道耐其誘者以爲隸臣 2065+0780/101

【釋文】

誘隸臣［1］、隸臣從誘以亡故塞徼［2］外蠻夷，皆黥爲城旦舂；亡徼中蠻夷，黥其誘者，以爲城旦舂；亡縣道［3］，耐其誘者，以爲隸臣［4］。2065+0780/101

【集釋】

［1］誘隸臣

京大讀簡班：“誘”字前可能還有文字。②

［2］故塞徼

京大讀簡班：故塞，統一以前秦與六國的邊界中，設有防禦城壁的地方。③

翁明鵬：秦國文獻中的“徼”與“塞”義近，本就是指邊塞，即國家邊境。進入秦代後，它們帶上了“故秦國”的附加含義，指的是故秦國的邊境而非秦王朝的邊境。④

【按】秦代“塞”一詞具有特殊含義，爲政府設置并委派官吏據守，與“徼”不同。“故塞徼”所指的疆域範圍，當是秦王政即位時的現有領土。關於“故徼”，參見本史料研讀班所撰《嶽麓書院藏秦律令簡集注（四）》簡 1047/080-1960/081“集釋”［1］。

---

① 參見華東政法大學出土法律文獻研讀班《嶽麓簡秦律令釋讀（一）》，266-267 頁。

② ［日］“秦代出土文字史料の研究”班：《嶽麓書院所藏簡〈秦律令（壹）〉譯注稿 その（一）》，225 頁。

③ 參見“秦代出土文字史料の研究”班《嶽麓書院所藏簡〈秦律令（壹）〉譯注稿 その（一）》，225 頁。

④ 翁明鵬：《説秦簡牘中“徼”的含義及時空問題》。

[3]縣道

京大讀簡班:指徼中的蠻夷居住地以外的地方。[①]

[4]隸臣

京大讀簡班:誘導隸臣者也可能是女性,因此與前段“黥其誘者,以爲城旦舂”相似,這裏也應寫作“隸臣妾”。雖然可能衹是漏寫了“妾”字,但由於“隸臣”之語書寫於101簡下端,故可能此條文後仍有接續,與101簡接續的簡以“妾”字起首。這裏采後一見解,認爲101簡與102簡不應編聯。[②]

【按】京大讀簡班所提觀點除了書寫遺漏外,亦或是由於兩簡之間存在缺簡。

【解説】

本簡是針對誘導隸臣以及隸臣從誘的行爲的相關處罰規定,依據逃亡地域的不同而進行不同的處罰,簡文相對完整,内容也稍有獨立性。逃亡地域分爲三類:故塞徼外、徼中蠻夷和縣道,對逃亡行爲的處罰也由重至輕,逃亡到故塞徼外處罰最重,逃亡到縣道處罰最輕。對於逃亡到徼中蠻夷和縣道的,本簡中没有關於被誘導者的處罰規定。此外,簡2065+0780/101和簡0187/102也可能存在編聯問題。依照“集釋”[4]中京大讀簡班的看法,如果不是書寫遺漏造成缺字的問題,那麽簡101下面接續的簡0187/102應當以“妾”字開頭。從現存簡2065+0780/101和簡0187/102的實物圖版來看,簡0187/102比其他簡要短一些,其前端有缺字的可能性,但即使缺字也不會是“妾”字,因爲簡0187/102中就有“妾”可做對照,所以兩簡不能編聯。

【譯文】

誘導隸臣者與跟從誘導的隸臣,逃往故塞徼外的蠻夷居住地的,二者都黥爲城旦舂;逃往故徼内的蠻夷居住地的,誘導者黥爲城旦舂;逃往縣道的,誘導者耐爲隸臣。

【簡文】

道徼中蠻夷來誘者黥爲城旦舂其從誘者年自十四歲以上耐爲隸臣妾 ∟奴婢黥顔頯畀其主0187/102

【釋文】

道徼中蠻夷來誘[1]者,黥爲城旦舂。其從誘者,年自十四歲以上[2]耐爲隸臣妾,奴婢黥顔(顔)頯,畀其主。0187/102

【集釋】

[1]道……來誘

---

① [日]“秦代出土文字史料の研究”班:《嶽麓書院所藏簡〈秦律令(壹)〉譯注稿 その(一)》,225頁。

② [日]“秦代出土文字史料の研究”班:《嶽麓書院所藏簡〈秦律令(壹)〉譯注稿 その(一)》,225頁。

京大讀簡班:"道"與"從"同義。①

劉欣欣:"道徼中蠻夷來誘者"與"從諸侯來誘者"語法結構相同,這裏的"道"應是動詞,意爲"從,由",即有"從……來"之意。②

【按】"道"意爲"從"應是可以確定的。傳世文獻中,"道"也多有這種用法,如《史記·高祖本紀》曰:"太尉周勃道太原入,定代地。"《集解》韋昭曰:"道猶從。"故而,"道……來誘"意爲"從……來誘",表示引誘他人逃亡到蠻夷地區或敵對地區,秦律對此予以懲罰。另外,有學者注意到該行爲的内涵在秦漢間發生了變化,如福島大我認爲,"秦律中,'邦亡'被黥爲城旦舂,與《奏讞書》案例三'亡之諸侯'中的量刑是一致的。統一之前的秦國所謂的'邦',對於西漢來説却是'諸侯'。針對作爲西漢郡縣統治之外的潛在敵國的諸侯國,西漢采取了警戒體制"。③ 池田雄一指出,"來誘,或指將他國(諸侯國)之人引誘至本國,使其逃亡"。④

[2]年自十四歲以上

【按】對於十四歲在法律上的意義,可參見本史料研讀班所撰《嶽麓書院藏秦律令簡集注(一)》簡 1966/001"集釋"[6]、《嶽麓書院藏秦律令簡集注(二)》簡 1996/025"集釋"[12]。

【解説】

《嶽麓秦簡(肆)》簡 0187/102 的含義較爲明確,是秦針對誘導或跟從誘導逃亡到故徼之内蛮夷聚居地的人的處罰規範。律文對從誘之人的年齡、身份進行了區分,分別予以不同的處罰。對此,京大讀簡班綜合簡 0186/100-0187/102 予以列表説明,可資參考。表格如下:⑤

徼中			徼外	相關簡文
-	縣道中抓獲的場合	蠻夷居住地的場合	蠻夷居住地	
(一)誘者	耐隸臣(妾?)	黥城旦舂	黥城旦舂	101
從誘(隸臣)	(不明)	(不明)	黥城旦舂	101
從誘(奴婢)	黥離頯	黥離頯	城旦黥	100

① [日]"秦代出土文字史料の研究"班:《嶽麓書院所藏簡〈秦律令(壹)〉譯注稿 その(一)》,137 頁。
② 劉欣欣:《秦漢〈亡律〉分類集釋》,88-89 頁。
③ [日]福島大我:《秦·前漢初期たおける國家と亡人》,東洋文庫中國古代地域史研究編《張家山漢簡〈二年律令〉研究》,東京:東洋文庫,2014,387 頁。
④ [日]池田雄一編:《奏讞書—中国古代の裁判記録—》,52 頁。
⑤ [日]"秦代出土文字史料の研究"班:《嶽麓書院所藏簡〈秦律令(壹)〉譯注稿 その(一)》,226 頁。

續表

徼中			徼外	相關簡文
奴婢亡而得	黥雚頯	黥雚頯	–	98
(二)道徼中來誘者	(黥城旦舂?)	黥城旦舂	–	102
從誘(奴婢)	(黥雚頯?)	黥雚頯	–	102
從誘(十四歲以上)	(耐隸臣妾?)	耐隸臣妾	–	102
闌亡、將陽	耐司寇-繫城旦	–	–	91

【譯文】

從故徼之内蠻夷聚居地來誘導逃亡者的,黥爲城旦舂。從誘之人,年齡在十四歲以上的耐爲隸臣妾;身份爲奴婢的應當對其額頭和顴骨施以黥刑,交還給其主人。

【簡文】

雚頯其得故徼外城旦黥之皆畀主$_{1959/103}$

【釋文】

雚(顔)頯,其得故徼[1]外,城旦黥之,皆畀主$_{1959/103}$

【集釋】

[1]故徼

【按】參見本史料研讀班所撰《嶽麓書院藏秦律令簡集注(四)》1960/081"集釋"[1]。

【解説】

本簡是有關私奴婢逃亡的法律。本簡規定,在故徼内被抓獲的逃亡私奴婢,需處以"黥顔頯畀主"的刑罰;在故徼外被抓獲的,需處以"城旦黥之,畀主"的刑罰。

對於本組簡的編聯,華政研讀班認爲,"肆 098-099 或與肆 103'顔頯,其得故徼外,城旦黥之,皆畀主'屬於同一條文,該條本是關於奴婢逃亡、逃亡至其他縣道、徼中蠻夷、徼外蠻夷四種情形的規定。但肆 103 的書寫風格與此二簡迥異,很可能非一人所書,因此這一推測衹能存疑"。[1] 京大讀簡班認爲,"102 簡下端有空白,并且也没有在 102 簡與 103 簡間插入缺簡之後連讀的確證。本簡所記内容與 100 簡後半部分幾乎一致"。[2] 我們認爲,簡 0187/102 後有空白,簡 1959/103 前有缺簡,難以説明簡 0187/102 和簡 1959/103 在内容上的相關性,且本組簡缺少背劃綫和反印文佐證,亦難以判斷簡 1959/103 在《亡律》中的具體位置。暫對簡 1959/103 單獨做注。

---

① 華東政法大學出土法律文獻研讀班:《嶽麓簡秦律令釋讀(一)》,267 頁。

② [日]"秦代出土文字史料の研究"班:《嶽麓書院所藏簡〈秦律令(壹)〉譯注稿その(一)》,227 頁。

【譯文】

……在額頭和顴骨(施以黥刑),在故徼外被抓獲,按照處罰城旦的標準施以黥刑,(這兩種情況)都要將被黥之人交還給他們的主人。

【簡文】

☐□□其□□□□□□□□□□□□□□□黥顏2073/104

【釋文】

☐□□[1]其□□□□□□□□□□□□□□□黥顏(顔)2073/104

【集釋】

[1]□

嶽簡整理小組:釋讀爲"得(?)"。[①]

京大讀簡班:别册的擴大圖版作"當",筆畫僅左端隱約可見。[②]

【按】羅列"得""當"字形與本簡待釋字比較如下(表3):

表3　嶽麓秦簡所見"得""當"字字形對比表

<table>
<tr><td rowspan="4">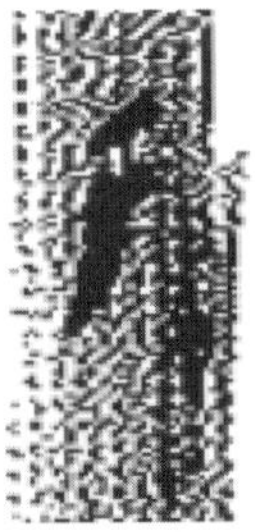
嶽麓秦簡(肆)
簡 2073/104</td><td>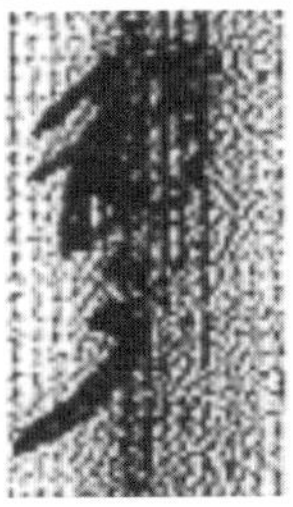</td><td>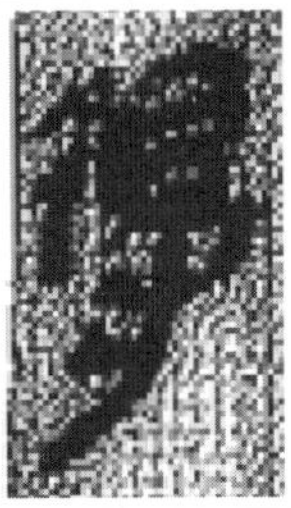</td><td>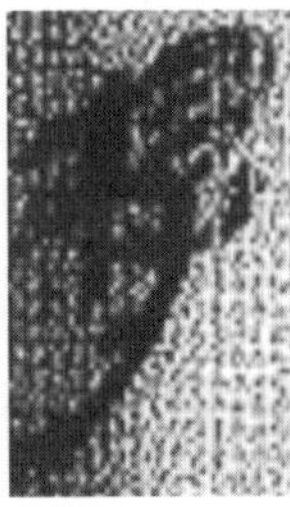</td><td>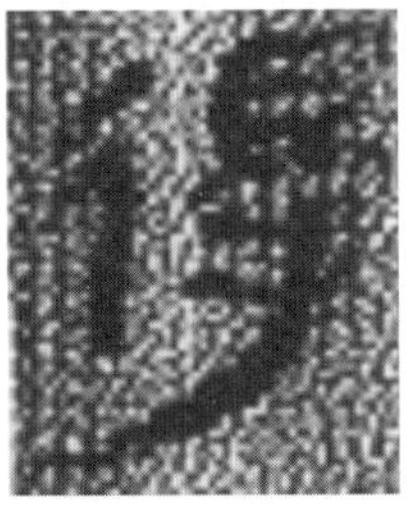</td></tr>
<tr><td>嶽麓秦簡(肆)
簡 2086/014</td><td>嶽麓秦簡(肆)
簡 1982/032</td><td>嶽麓秦簡(肆)
簡 1989/043</td><td>嶽麓秦簡(肆)
簡 1997/049</td></tr>
<tr><td>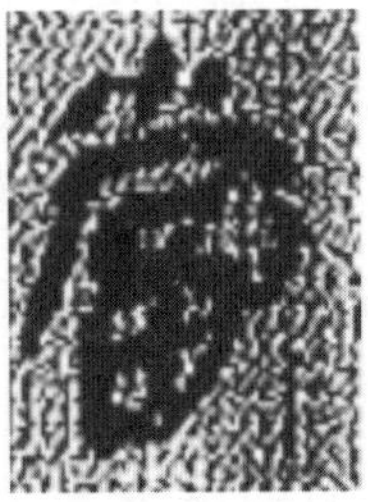</td><td>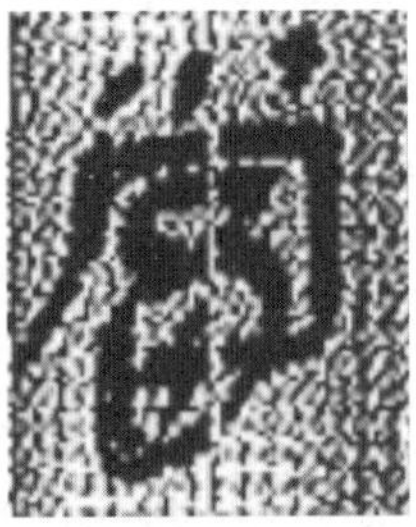</td><td>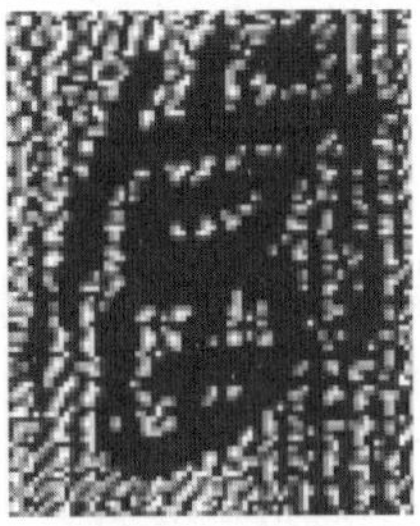</td><td>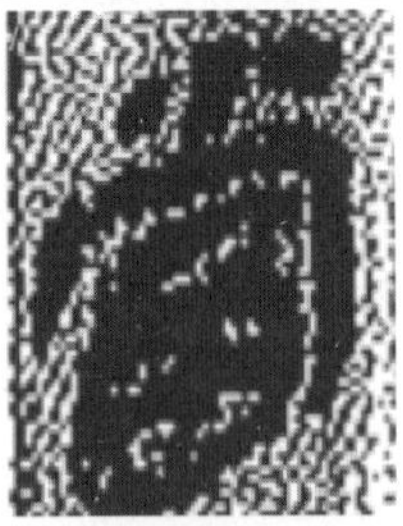</td></tr>
<tr><td>嶽麓秦簡(肆)
簡 1981/017</td><td>嶽麓秦簡(肆)
簡 2091/038</td><td>嶽麓秦簡(肆)
簡 1992/068</td><td>嶽麓秦簡(肆)
簡 1279/128</td></tr>
</table>

① 參見陳松長主編《嶽麓書院藏秦簡(肆)》,73 頁。

② [日]"秦代出土文字史料の研究"班:《嶽麓書院所藏簡〈秦律令(壹)〉譯注稿 その(一)》,227 頁。

如圖,“得”字右半部分下端的豎鈎和左下端對齊,甚至是超過并呈半包圍趨勢,《嶽麓秦簡(肆)》簡2073/104左邊的“彳”下方明顯不同,故我們認爲此處可能并非“得”字。此外,《嶽麓秦簡(肆)》中“當”字的左上部分與本簡“彳”形也不相符。本簡殘存墨迹太少,實難確定爲何字。

【解説】

《嶽麓秦簡(肆)》簡2073/104前端殘斷嚴重,所缺何字、字數無法確定,可以確定所留“其”上有兩個字,簡尾有兩個字“黥䶂”;嶽簡整理小組、京大讀簡班均認爲中間尚存十四個字的空間。

【譯文】

……其……在額頭(和顴骨)施以黥刑。

【簡文】

(空白簡)$_{2118/105}$

【釋文】

(空白簡)[1]$_{2118/105}$

【集釋】

[1](空白簡)

京大讀簡班:本簡無缺損,但墨迹無法確認。①

① [日]“秦代出土文字史料の研究”班:《嶽麓書院所藏簡〈秦律令(壹)〉譯注稿 その(一)》,227頁。

秦代所見探查戍卒文書考論*

——從里耶秦簡 9-2266+9-1281+9-1257 説起

□ 武漢大學簡帛研究中心、"古文字與中華文明傳承發展工程"協同攻關創新平臺

楊先雲

□ 湖南省文物考古研究院、科技考古與文物保護利用湖南重點實驗室

内容提要 里耶秦簡 9-2266、9-1281、9-1257 三枚殘簡可遥綴復原爲一份探查戍卒信息的文書。該文書與里耶秦簡 9-757、9-855 等文書性質一致,皆記録了同一天不同官署的長官在遷陵守丞前探查來自城父縣的更戍卒的相關身份特徵信息。探查核驗外地戍卒信息的目的,是爲了加强對流動人員的管理。

關鍵詞 里耶秦簡 遥綴 戍卒

簡牘在使用、保存、丟棄的過程中會有不同程度的殘斷、散亂,需要進行大量的復原工作纔能呈現出相對完整的原貌,而斷簡綴合是其中極爲基礎而重要的工作。同一批殘斷簡牘的綴合,需要綜合考慮簡牘的形制(長、寬、厚)、紋路、字體、字迹、書寫風格、斷口、編繩、文意等諸多方面的因素,已有不少學者對此進行過討論。[①] 陳偉先生將簡牘綴合分爲緊密綴合與非緊密綴合兩種,所謂"非緊密綴合"指"簡牘在形體上不能無縫拼合,文字上存在缺字或缺筆,但根據簡牘大致形態和文字内容,推定屬於同一簡牘,從而作出不完全復原。這種綴合,在簡牘實體上存在缺失,文句也有缺環"。[②] "非緊密綴合"即是通常所説的"遥綴"。我們在

* 本文的寫作得到 2019 年國家社會科學基金"冷門絶學和國別史等研究專項"項目"里耶秦簡所見秦代縣制研究"(19VJX007)和 2021 年國家社會科學基金一般項目"秦漢文書傳遞制度研究"(21BZS048)的資助。

① 姚磊先生曾專門對簡牘綴合學術史進行過梳理,參見姚磊《肩水金關漢簡綴合、編連及相關問題》,武漢大學博士學位論文,2018,3-4 頁。

② 陳偉:《楚簡册概論》,武漢:湖北教育出版社,2012,98 頁。

研讀里耶秦簡時,就發現有幾枚殘斷的木牘或屬於非緊密綴合的同一枚木牘,换句話説,即這幾枚殘斷的木牘可以"遥綴"。相關釋文如下:

> ☒□年卅一年歲族黄【氏】☒[①]
> ☒丞□前令史萮□☒(9-1257)[②]
> ☒里□長□尺五寸☒
> ☒□倉佐齊探遷陵☒(9-1281)
> 更戍卒☒
> 卅四年九月☒(9-2266)

簡 9-1257 記録有年齡、族氏,類似的辭例表述還見於:

> 更戍卒士五(伍)城父成里産,長七尺四寸,黑色,年卅一歲,族☒
> 卅四年六月甲午朔甲辰,尉探遷陵守丞銜前,令☒(9-757)
> 更戍卒城父公士西平賀,長七尺五寸,年廿九歲,族蘇☒
> 卅四年[六月]甲午朔甲辰,令佐章探遷陵守丞昌前,令☒(9-885)[③]

值得注意的是,按照目前的釋文,簡 9-885 與簡 9-757 文書的日期雖然相同,但在同一天記録的遷陵守丞却并非同一個人,簡 9-757 中的遷陵守丞爲"銜",而簡 9-885 中的遷陵守丞是"昌"。遷陵守丞雖是代理縣丞,但同一時間在任當僅有一位。仔細觀察圖版,簡 9-885"昌"寫作 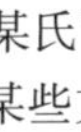,字形較"昌"更爲複雜,中部有豎筆連接,疑爲"金",此字更有可能也是"銜"字,且里耶秦簡中所載"昌"多是遷陵縣丞之名,任職時間在秦始皇二十八年至三十二年,[④]已公布的里耶秦簡中暫無準確記載遷陵守丞昌的簡文。[⑤] 秦始皇卅四年的六月甲午朔甲辰這天遷陵守丞當爲"銜",也僅有"銜"這一位代理縣丞。

---

① 里耶秦簡"族某氏"的相關簡文記載表明秦代庶民已普遍擁有氏,"族氏"作爲重要的個人身份信息被秦代官文書所記録,甚至成爲某些文書的固定内容。參見祁萌《從"族某氏"到"姓某氏"——秦漢時期氏、姓演變的一個側面》,《中山大學學報(社會科學版)》2021 年第 1 期。

② 本文簡牘圖版皆參見湖南省文物考古研究所《里耶秦簡(貳)》,北京:文物出版社,2017;釋文皆參考陳偉主編《里耶秦簡牘校釋(第二卷)》,武漢大學出版社,2018(本文簡稱《校釋》)。下文不另注。"前"字,整理者與《校釋》皆未釋,里耶秦簡牘校釋小組釋爲"前"字,參見里耶秦簡校釋小組《〈里耶秦簡(貳)〉校讀(一)》,簡帛網,2023 年 2 月 9 日。

③ 按:《校釋》"賀長"連讀,此處當斷開,賀爲人名,"長七尺五寸"爲賀的身高。"[六月]"據曆表及里耶秦簡 9-757 釋文補。

④ 參見胡鵬允《已刊里耶秦簡牘所見人名信息整理與縣級吏員遷轉研究》,武漢大學碩士學位論文,2020,109-110 頁。

⑤ 里耶秦簡已公布的材料中僅有一例爲"☒□卯遷陵守丞昌下倉☒9-991",不過從圖版來看,所謂"守"字寫作 ,字迹模糊,且有墨迹干擾,無法準確釋讀此字,當存疑,或遷陵縣長官之名。

簡 9-1257、9-1281、9-2266 三枚皆是紋理清晰的殘斷木牘，從内容和辭例來看，與簡 9-885、9-757 相似，性質當一致。據簡 9-885 與簡 9-757 的辭例，簡 9-1257 第一行"年"前的缺文當是身高和膚色記録，第二行"丞"前的缺文當是遷陵守，正與簡 9-1281 内容相合，而簡 9-2266 首段，表述與簡 9-885 和簡 9-757 首段相似，皆記録更戍卒。三枚殘牘雖然碴口不能緊密拼合，也存在缺文，但根據木牘形態和存文内容可推定屬於同一木牘，不僅在形制、字形及書寫風格上一致，字間距也相近，且三枚殘牘紋理吻合（參見附圖一、二）。

簡 9-2266"九月"之"九"，圖版作，有墨迹干擾，但據字形上部墨點筆劃，疑改釋爲"六"更加契合，與簡 9-885、9-757 同爲"卅四年六月"。簡 9-1257"年"前一字僅存一撇的筆劃，當爲"色"，"色"前所缺文字内容應爲膚色，里耶秦簡中對膚色的描述有"白晳色""黄晳色""晳色""黑色""赤色""蒼色"等。簡 9-1257"丞"後一字當是遷陵守丞之名，圖版作，字迹模糊，中部疑似"金"，疑該字也當釋作"銜"。如果這一推測不誤，則遥綴後的簡 9-2266+9-1281+9-1257 所載"遷陵守丞"亦爲"銜"。"倉佐㬻"的任職時間有明確紀年的是"卅四年七月"（里耶秦簡 9-528+9-1129）、"卅五年正月"（里耶秦簡 8-839+8-901+8-926），與簡 9-885 和簡 9-757"卅四年六月"日期相近，遷陵守丞銜的任職時間也在這一時段内。簡 9-1281"里"後一字未釋，當爲人名，"長"後一字圖版作，爲數字，從字形上看，當釋爲"七"，"長七尺五寸"約爲 173 釐米，爲正常成年男性身高。據簡 9-757 與 9-885 的辭例，簡 9-2266 與簡 9-1281 之間右側缺文約五字，當爲某縣名某爵位加里名，左側簡文缺約四字，當爲朔日當日干支（參見附圖三）。其釋文可補作：

更戍卒［□□□□□］里□，長七尺五寸，［□］色，年卅一年歲，族黄【氏】☑
卅四年六月［□□朔□］□，倉佐㬻探遷陵［守］丞銜前，令史斎□☑

簡 9-2266+9-1281+9-1257 上部缺失更戍卒的爵位原籍以及文書的具體日期，對比參照簡 9-757、9-885 的文字内容，可以推測其所載更戍卒很大可能也是來自於城父縣，文書的具體日期也是秦始皇三十四年六月甲午朔甲辰日。

與之相似的里耶秦簡還有：

☑五寸，年廿九歲，族【蘇】☑①
☑□□□□□□☑(9-311)
☑□□寸，年卅八歲，族□☑

---

① 簡 9-311"族蘇"與簡 9-885"族蘇"相同，或非巧合，結合簡文辭例推論，簡 9-311 所載人員有可能也是來自城父縣，甚至有可能與簡 9-885"賀"爲同鄉同里的同族之人，當時鄉里聚族而居的現象十分普遍。

☒□□□□衙前☒(9-1029)

簡 9-311 左側斷裂,第二行文字僅存部分字形,但依據殘存字形和辭例當可復原簡文,第二行首字殘存的右側字形作,當釋作"陵",再據辭例可推知"陵"後三四個未釋字當爲"守丞衙前",其殘存字形也符合。簡 9-1029 的簡面顏色較深,造成一定的干擾,且字迹不清晰,"衙"前兩字尚存部分字形,大致能看出其輪廓,疑爲"守丞",再據辭例,"守丞"前未釋字當爲"遷陵",簡 9-1029 第二行簡文當爲"遷陵守丞衙前"。

從内容來看,簡 9-2266+9-1281+9-1257 很有可能與簡 9-885、9-757 一樣,也是六月甲午朔甲辰日記録城父縣的更戍卒,但字迹和書寫風格不同,應是不同書手書寫。簡 9-311、9-1029 過於殘斷,缺失内容過多,無法得知是否爲六月甲午朔甲辰所載相似内容。

根據上文分析可知,簡 9-311、簡 9-757、簡 9-885、簡 9-1029、簡 9-2266+9-1281+9-1257 當屬性質一致、内容相近的文書,簡文中"探"的含義對於解讀此類文書性質至關重要。我們曾依據簡 9-757"尉探",懷疑簡 9-885 的"探"亦作人名,爲同一人,在簡 9-885"探"前補官職"尉"。[1] 但綜合考慮簡 8-985、簡 9-757、簡 9-885、簡 9-2266+9-1281+9-1257 等文書的内容,發現此類文書中的"探"做人名恐誤,當是行爲動詞。"探"還見於簡 8-985:

居貲士五(伍)高里惡租。☒

廿八年六月丙戌,司空長、佐郤符發弩守攀探遷陵拔前,以爲洞庭☒(8-985)

魯家亮先生指出該簡中的"探"用作動詞,指探求、探查。[2]《校釋》注釋簡 9-757 之"探"云:

探(原釋文作"捭"),似爲探測義。8-985 云:"廿八年六月丙戌,司空長、佐郤符,發弩守攀探遷陵拔前,以爲洞庭……"9-885 云:"卅四年甲午朔甲辰,令佐章探遷陵守丞昌前,令……"可參看。[3]

《秦簡牘合集》注釋睡虎地秦簡《田律》中"稟大田而毋(無)恒籍者,以其致到日稟之,勿深致"之"深"云:

---

① 參見楊先雲《秦代更戍制度探究》注釋 12,湖南省文物考古研究所編《湖南考古輯刊》第 14 集,北京:科學出版社,2019,344 頁。

② 魯家亮:《小議里耶秦簡 8-985 中的兩個人名》,中國文化遺産研究院編《出土文獻研究》第 11 輯,上海:中西書局,2012,158 頁。

③ 陳偉主編:《里耶秦簡牘校釋(第二卷)》,199 頁。

深,整理者:讀爲甚,超過。李學勤(1981B):增加。今按:"深"疑讀爲"探",探求、追溯義。《漢書·賈捐之傳》"乃探平城之事",顔注:"追計其事,故言探。"[①]

《易·繫辭上》:"探賾索隱,鉤深致遠。"孔穎達曰:"探謂闚探求取。"[②]"探"在此類簡文中作探查之義外,尚無更合理的解釋。

魯家亮先生曾將簡 8-985 後段斷讀爲:"司空長、佐部符,發弩守攀探。遷陵拔前以爲洞庭……"[③]陳偉先生指出很有可能"發弩守攀探"與"遷陵拔前"連讀。[④] 陳偉先生連讀的意見可從。據里耶相關簡文可知,"探……前"在文書中是較爲固定的辭例,出土文獻中亦常見官吏在"令、丞前"采取某種行爲的表述,《里耶秦簡牘校釋(第一卷)》認爲秦漢時一些重要事務需在縣長官之前從事,可參看睡虎地秦簡《封診式·告臣》"令少内某、佐某以市正賈(價)賈丙丞某前,丙中人,賈(價)若干錢"。[⑤] 此類表述還見於嶽麓秦簡《田律》:

·田律曰:吏歸休,有縣官事乘乘馬及縣官乘馬過縣,欲貣芻稾、禾、粟、米及買菽者,縣以朔日(111/1284)平賈(價)受錢┗,先爲錢及券,缿以令、丞印封,令、令史、賦主各挾一辨,月盡發缿令、丞前,以中辨券案(112/1285)雔(讎)錢,錢輒輸少内,皆相與靡(磨)除封印,中辨臧(藏)縣廷。(113/1281)[⑥]

律文規定要在縣令、丞面前打開儲錢器。里耶秦簡 9-249+9-455"☐月壬辰朔戊戌,尉守平、令佐履、尉史過雜診遷陵守丞就前,病馬不可行"也是三名官吏在縣守丞前診斷,而簡 9-757、9-885、9-2266+9-1281+9-1257 等文書所載也是地方下屬官吏要在縣丞前探驗更戍卒,探驗的内容疑爲簡文所書寫的更戍卒相關身份信息。這些舉措行動爲何一定要在縣令或縣丞前進行呢?這或許與很多文書或者符傳憑證等需要加蓋縣令、丞或相當級别的官印方能完成生效有關。

簡 9-2266+9-1281+9-1257"令史犛"、簡 9-757 和簡 9-885"令"後殘斷,我們懷疑殘斷處缺失内容或爲"令史/令佐某監",令史或令佐對此類事務也有監督之責,文書格式與里耶秦簡中"校券"類相似。從上述里耶簡文内容可知,此類文書不僅記録單個戍卒的"名事

---

① 陳偉主編:《秦簡牘合集(壹)》,武漢大學出版社,2014,49-50 頁。

② [魏]王弼、[晉]韓康伯注,[唐]孔穎達正義:《周易正義》卷七《繫辭上》,[清]阮元校刻《十三經注疏》,北京:中華書局,1980,82 頁。

③ 魯家亮:《小議里耶秦簡 8-985 中的兩個人名》,159 頁。

④ 參見魯家亮《小議里耶秦簡 8-985 中的兩個人名》注釋 34,161 頁。

⑤ 陳偉主編:《里耶秦簡牘校釋(第一卷)》,武漢大學出版社,2012,115 頁。

⑥ 陳松長主編:《嶽麓書院藏秦簡(肆)》,上海辭書出版社,2015,104-105 頁。

里”,還包括年齡、身高、膚色和姓氏,如此詳細記載個人身份體貌特徵當是文書固定格式。由簡文可推論,這類文書相對固定的記載格式爲:第一行書寫“身份+爵位+縣里+名,身高,膚色,年齡,族某”,第二行書寫“日期,官吏某+探+縣長官某+前,令史/令佐某監+某手”。然而遺憾的是,目前所見里耶秦簡此類文書的下段皆殘斷,尚未發現可綴合爲完整者。據簡 9-757 與簡 9-885 殘斷位置幾乎一致,且 9-1257、簡 9-311、簡 9-1029 的殘斷位置亦皆相似,可以推測此類文書或是人爲有意掰斷後再丟棄,如同文獻所載的“折券”行爲。[①]

記載個人身份體貌特徵的文書常見於漢簡中,尤其是西北漢簡的“傳”或“符”,一般都要求注明使用者的“名縣爵里年姓”,張家山漢簡《津關令》簡 498:“□、御史請諸出入津關者,皆入傳,書[郡]、[縣]、里、年、長、物色、疵瑕見外者及馬職(識)物關舍人占者,津關謹閱,出入之。”[②]里耶秦簡中也有相似的較爲詳細的體貌特徵記録,如通緝逃亡者的文書:

> 廿五年九月己丑,將奔命校長周爰書:敦長買、什長嘉皆告曰:徒士五(伍)右里繚可,行到零陽廡谿橋亡,不智(知)外内,恐爲盜賊,敢告。
>
> 繚可年可廿五歲,長可六尺八寸,赤色,多髮,未產須,衣絡袍一、絡單胡衣一,操具弩二、絲弦四、矢二百、鉅劍一、米一石五斗Ⅱ(8-439+8-519+8-537+8-1899)[③]

不過簡 9-757、簡 9-885、簡 9-2266+9-1281+9-1257 的内容與這類通緝文書又有不同之處,不僅没有逃亡和財産記録,且在具體身體特徵方面的描述也不同。通緝類文書多用“年可”“長可”“可”等約略的表述,表明對當事人的信息并非完全掌握,疑無名籍或符信憑證可參照,衹能依據識者描述來記録。而簡 9-757、簡 9-885、簡 9-2266+9-1281+9-1257 一類文書用詞準確詳細,格式統一,很可能有相應的名籍或符信憑證可供參照比對。簡 8-985 與簡 9-757、簡 9-885、簡 9-2266+9-1281+9-1257 的内容也有相似之處,魯家亮先生指出簡 8-985 與“符”關係密切,但并非秦代“符”的實物,衹是内容與符的製作、管理相關。[④] 魯家亮先生關於簡 8-985 的性質判斷十分正確,簡 9-757、簡 9-885、簡 9-2266+9-1281+9-1257 等當亦非“符”的實物,疑是對自城父而來的更戍卒的一次檢驗文書記録。很有可能就是同一批次的更戍卒由城父派遣至遷陵縣服役,到遷陵縣後又被分配到各官署服役,分配到戍卒的各官署長官必須先在遷陵縣令、丞前對外來人員進行探查,探知其“名事爵里”、體貌特徵、

① 我們還發現里耶秦簡“校券”“痂舍”等文書中也出現相似殘斷位置,疑皆爲“折券”方式。

② 彭浩、陳偉、[日]工藤元男主編:《二年律令與奏讞書——張家山二四七號漢墓出土法律文獻釋讀》,上海古籍出版社,2007,312 頁。

③ 簡牘綴合和釋文修訂參見謝坤《里耶秦簡所見逃亡現象——從“繚可逃亡”文書的復原説起》,《古代文明》2017 年第 1 期。

④ 魯家亮:《小議里耶秦簡 8-985 中的兩個人名》,159 頁。

族氏等情况并記録下來，用以核對名籍或符信憑證以免錯亂，所以纔會出現同一天不同官署長官在遷陵縣守丞衙前對來自同一個縣的更戍卒履行“探”的程序。《漢官解詁》：“［凡］居宫中者，皆施籍於門，案其姓名。若有醫巫僦人當入者，本官長吏爲封啓傳，審其印信，然後内之。人未定，又有籍，皆復有符。符用木，長二寸，以當所屬兩字爲鐵印，亦太卿炙符，當出入者，案籍畢，復齒符，乃引内之也。”①地方郡縣雖不及宫城對出入人員管理嚴格，但官吏也需對來往流動人員履行探查核驗程序。李天虹先生曾指出：“由當事人持有的符或傳，是與由關吏所持的致籍配合使用的，當事人既要出示符或傳，還要經關吏以籍案驗，方可出入關隘。”②異地服役的戍卒，尤其是輪番供役的更戍卒，不管是剛入服役地還是服役場所變動，必定需由服役地相關官吏查驗登載有個人信息的名籍和符信憑證以核對身份。據此推測，簡9-757、簡9-885、簡9-2266+9-1281+9-1257、簡9-311、簡9-1029等皆是探查核驗戍卒信息或憑證的記録文書。遷陵作爲接收外來人員的一方必須嚴格核對人員信息，并製作記録核驗文書存檔。這些舉措皆是秦漢時期社會控制的具體體現，通過此類行政管理流程提高對跨地域流動人員的管理。

簡8-985與簡9-2266+9-1281+9-1257等文書有所不同，并未載“居貲士五（伍）高里惡租”的具體體貌特徵，簡文“租”到下部殘斷處尚留有較長空白，恐非書寫時遺漏此類信息。從其簡文分析，“高里”屬遷陵縣都鄉，“司空長”和“佐郤”爲本地人“惡租”或“惡”作符，③再由發弩守帶到遷陵守丞前探查。這可能是由於“惡租/惡”經“司空”已派遣至“發弩”，遷陵是人員發送方而非人員接收方，因此無需在這份製作“符”的文書中詳細録入其體貌特徵等信息。不過目前所見内容與此相關的簡牘皆殘斷嚴重，暫時未發現可復原爲完整者，要弄清具體情形尚有待其他里耶秦簡牘資料的公布。

---

① ［清］孫星衍等輯，周天游點校：《漢官六種》，北京：中華書局，1990，14頁。

② 李天虹：《居延漢簡簿籍分類研究》，北京：科學出版社，2003，159頁。

③ 魯家亮先生疑“惡租”爲姓名。經匿名審稿專家指出“惡”或爲人名，“司空長”“佐郤”製符或與“租”有關。本文認爲“惡”或“惡租”作人名皆有可能，此人因“租”或“居貲”或者何等原因製符并不影響其探查的記録文書性質。參見魯家亮《小議里耶秦簡8-985中的兩個人名》，153-156頁。

附圖

一	二	三
簡 9-2266 與 9-1281 紋路對比圖	簡 9-1281 與 9-1257 紋路對比圖	9-2266+9-1281+9-1257 部分復原圖
	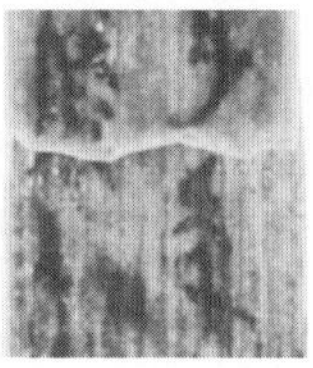	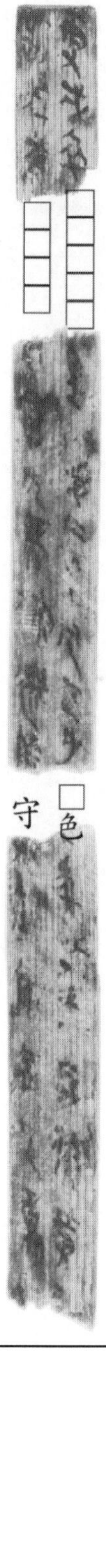

附記 本文曾提交2021年10月“武漢大學第八屆珞珈史學博士論壇”和2022年9月“出土文獻與秦漢法制青年學術論壇”發言討論,得到諸多與會同好的批評指正,先後承蒙孫兆華、黄浩波、曹天江等先生,以及匿名審稿專家惠賜修改意見,謹致謝忱!

秦簡牘文獻用字研究範圍芻議*

□ 温州大學人文學院 劉艷娟

内容提要 秦簡牘材料數量龐大、内容豐富,反映了當時語言文字的原貌。從文字與其所記詞之間的關係看,秦簡牘中的用字包括據音借用字、分化字、同形字、異體字、訛字等。

關鍵詞 秦簡牘 據音借用字 分化字 異體字 同形字 訛字

秦簡牘文獻主要是指目前所見出土於秦地、屬於戰國時代秦國至秦代的簡牘材料。自20世紀70年代睡虎地秦墓發掘以來,秦簡牘一直是學者研究的重點。近年來隨着放馬灘秦簡、里耶秦簡、嶽麓書院藏秦簡等材料的公布,學界掀起了新的研究熱潮,取得了豐碩的研究成果。這些成果集中在簡文文字考釋、詞匯、語法以及秦代歷史包括制度史、法制史、政治史、經濟史、社會史、思想文化史等諸多方面。就文字研究來説,學者對秦文字的研究不僅僅是考釋疑難字,也關注簡文中的用字情況,推進了秦簡牘字詞關係的研究。

秦簡牘文獻反映了當時語言文字的面貌,考察其用字情況對簡牘文字釋讀、詞義考證、漢字發展史及漢字理論的研究等都有重要意義。裘錫圭肯定了簡帛古籍中用字方法研究的重要作用:"它們能幫助我們解決古書中很多本來難以解決,甚至難以覺察的文字訓詁方面的問題。而且一種用字方法的啓發,有時能幫助我們解決一系列問題。所以在校讀傳世先秦秦漢古籍的工作中,對簡帛古籍的用字方法必須給予充分的重視。"①張世超討論戰國秦漢

* 本文爲2022年度浙江省哲學社會科學青年項目"基於語料庫建設的秦簡牘分類整理與研究"(22NDQN269YB)的階段性成果。另外,爲行文方便,引用前輩及時賢的研究論著時,皆冒昧直稱其名,敬請諒解。

① 裘錫圭:《簡帛古籍的用字方法是校讀傳世先秦秦漢古籍的重要根據》,《裘錫圭學術文集》第4卷《語言文字與古文獻卷》,上海:復旦大學出版社,2012,467-468頁。

時期的用字時强調:"存在於現存古代典籍中的種種用字現象,是歷史的積澱,因而情況比較複雜。從前的學者一概以假借視之,是不得已的辦法。理想的研究是將各個歷史時期的用字情况梳理清楚,這樣纔可以更好地認識漢語書面語的發展歷史,認識漢字的發展歷史。"[①] 該文還列舉了由於方音不同、文字審美意識不同、習慣不同造成的用字差異現象,頗具啓發意義。

近年來出土文獻用字研究方面的著作、論文不斷涌現,田煒、周波、禤健聰、王貴元、周朋升等學者在金文、戰國文字、楚簡、漢簡等領域進行了深入研究。[②] 也有不少學位論文對秦漢簡用字情况進行了有益探索,[③]爲我們研究秦簡牘用字提供了理論參考和實際操作方法。關於出土文獻用字的研究範圍,學者們意見差異較大,這種差異也體現在對簡牘材料的處理方面。我們討論秦漢簡帛中記{杯}之字"杯""棓"的關係時發現整理者對同一個字形的釋讀或作"桮",或作"棓"。[④] 秦簡牘中有从馬、它之字,常用來記馳騁之{馳},[⑤]整理者或作"駝〈馳〉",[⑥]或作"馳"。[⑦] 這是整理時釋文寬嚴標準不一造成的,并非兩字兩義。另外,對同一組字詞關係的認定也有不一致的情況,如"易"與"昜",《嶽麓秦簡》第五册簡 112、113、117、134、308、323 作"昜〈易〉",[⑧]認爲"易"訛寫作"昜",而《嶽麓秦簡》第六册簡 21、69、151 作"昜(易)",[⑨]認爲"易"異體作"昜"。用字研究也需關注這些現象,明確簡文字形與所記詞之間的關係,進而爲實現簡帛材料的精細化整理提供參考。

目前所見秦簡牘文獻達 17 萬餘字,對秦簡牘用字進行系統研究時,首要的問題就是確定一個相對統一且具有可操作性的標準,盡可能地將其所呈現的用字現象包括在内。我們研究秦簡牘中的用字,主要是從詞的角度,呈現一詞常選哪些用字,將這些用字與《説文》中記録該詞的字以及傳世文獻中的通行字相比較,從使用頻率、抄寫年代、文獻分布類型等角

---

① 張世超:《戰國秦漢時期用字現象舉隅》,《中國文字研究》第 1 輯,南寧:廣西教育出版社,1999,182 頁。

② 主要有田煒《西周金文字詞關係研究》,上海古籍出版社,2016;周波《戰國時代各系文字間的用字差異現象研究》,北京:綫裝書局,2013;禤健聰《戰國楚系簡帛用字習慣研究》,北京:科學出版社,2017;王貴元《簡帛文獻用字研究》,《西北大學學報(哲學社會科學版)》2008 年第 3 期;周朋升《西漢初簡帛文獻用字習慣研究(文獻用例篇)》,吉林大學博士學位論文,2015。

③ 主要包括王斯泓《北大漢簡用字研究》,華東師範大學碩士學位論文,2019;孫濤《東漢出土文獻用字習慣研究——以石刻和簡牘文獻爲中心》,華東師範大學碩士學位論文,2019;劉艷娟《秦簡牘文獻用字習慣研究》,華東師範大學博士學位論文,2020;陳怡彬《馬王堆簡帛用字研究》,華東師範大學碩士學位論文,2020;林嵐《西漢早期簡牘(18 種)用字習慣研究》,華東師範大學碩士學位論文,2021;禹雅潔《北大漢簡〈妄稽〉集釋與用字研究》,揚州大學碩士學位論文,2021。

④ 劉艷娟、張再興:《基於秦漢簡帛語料庫的記{杯}用字考察》,鄔文玲、戴衛紅主編《簡帛研究二〇二〇(春夏卷)》,桂林:廣西師範大學出版社,2020,123-133 頁。

⑤ 劉艷娟、張再興:《秦漢簡帛中"它""也"及从"它"、从"也"之字研究》,《中國文字研究》第 31 輯,上海:華東師範大學出版社,2020,98-110 頁。

⑥ 陳松長主編:《嶽麓書院藏秦簡(肆)》,上海辭書出版社,2015,118 頁。

⑦ 陳偉主編,李天虹、劉國勝等撰著:《秦簡牘合集(叁)》(釋文注釋修訂本),武漢大學出版社,2016,43 頁。

⑧ 陳松長主編:《嶽麓書院藏秦簡(伍)》,上海辭書出版社,2017,105、106、112、200、206 頁。

⑨ 陳松長主編:《嶽麓書院藏秦簡(陸)》,上海辭書出版社,2020,54、70、116 頁。

度進行考察，進而總結其使用特點與使用規律。總體上看，秦簡牘中一詞所用字與記録該詞的本字之間關係複雜，可分爲據音借用、分化、同形、異體、訛字等，以下分類説明。

一 據音借用字[①]

據音借用是純粹的同音或近音借用，也即一般所説的假借字。對於這種用字現象，周波、田煒稱爲“假借”。[②] 王貴元指出“假借”一名在古今及不同著作中含義不相同，改稱“據音通用字”。[③] 假借作爲文獻中常見的用字現象，學者研究頗多。裘錫圭將假借分爲無本字的假借、本字後造的假借和本有本字的假借。[④] 李運富從文字職能的角度認爲將字形當作語音符號去記録與該字形無關但音同音近的語詞屬於漢字的借用職能，并且無本字的借用就是假借，有本字的借用是通假。[⑤] 朱力偉把異體字、分化字也納入到通假字的研究範圍。[⑥] 周朋升認爲假借與通假有别，假借是固定的，通假是臨時的，討論西漢初簡帛文獻用字習慣時細緻區分了二者。[⑦] “假借”“通假”作爲文字學術語，其外延一直衆説紛紜，所以學者們的研究範圍也不同。不用本字而用音同或音近的字來記一個詞，歸根結底是二字語音上的聯繫，“假借”“通假”是學者爲了便於研究而給予的命名，但又很容易使人陷入概念區分的漩渦。白於藍指出：“如果我們過分地去要求整齊劃一或者過分地去琢磨一些概念游戲，很多時候恐怕衹能是徒增煩惱和困惑而已。”[⑧]考察秦簡牘中的用字時，我們并不特意區分“通假”與“假借”，而是采用王貴元的意見，統稱爲據音借用。

秦簡牘中據音借用現象較常見，從是否用本字可分爲兩類，第一類是既用本字，又借用音同或音近的字。如記遇到、遭遇義之{遇}用“遇”“耦”“禺”，文獻用例爲“遇惡言”（放馬灘秦簡《日書》甲種55貳），“必耦（遇）寇盜”（睡虎地秦簡《日書》甲種9貳），“北禺（遇）英（殃）”（睡虎地秦簡《日書》甲種66壹）。[⑨] 再如記灾禍義之{禍}用“禍”“𢔶”“過”“旤”，文

---

① 關於秦簡牘中據音借用、分化、異體、同形、訛字等用字現象的文獻用例，詳參劉艷娟《秦簡牘文獻用字習慣研究》，華東師範大學博士學位論文，2020。該文上編選取了秦簡牘文獻中的534組詞，從使用頻率、文獻類型分布、時代等角度討論一詞所用字的情況，并探讨了這些用字之間的關係。

② 周波：《戰國時代各系文字間的用字差異現象研究》，北京：綫裝書局，2013，5頁。田煒：《西周金文字詞關係研究》，上海古籍出版社，2016，21頁。

③ 王貴元：《簡帛文獻用字研究》。

④ 裘錫圭：《文字學概要》（修訂本），北京：商務印書館，2013，176頁。

⑤ 李運富：《漢字學新論》，北京師範大學出版社，2012，201-209頁。

⑥ 朱力偉：《兩周古文字通假用字習慣時代性初探》，吉林大學博士學位論文，2013，1頁。

⑦ 周朋升：《西漢初簡帛文獻用字習慣研究（文獻用例篇）》，吉林大學博士學位論文，2015，1-3頁。

⑧ 白於藍：《簡牘帛書通假字字典》“前言”，福州：福建人民出版社，2008，7頁。

⑨ 放馬灘秦簡釋文參見陳偉主編，孫占宇、晏昌貴等撰著《秦簡牘合集（肆）》（釋文注釋修訂本），武漢大學出版社，2016，27頁。睡虎地秦簡釋文參見陳偉主編，彭浩、劉樂賢等撰著《秦簡牘合集（貳）》（釋文注釋修訂本），武漢大學出版社，2016，330、361頁。

獻用例爲“須臾者百事之禍也”（嶽麓秦簡《爲吏治官及黔首》70），“𢠸（禍）所道來毋云莫智（知）之”（嶽麓秦簡《爲吏治官及黔首》68），“過（禍）去福存”（睡虎地秦簡《爲吏之道》5貳），“數出旤（禍）喪”（放馬灘秦簡《日書》乙種20貳）。① 此外，記世代等義之{世}用“世”“枼”“葉”“渫”“迣”，文獻用例爲“望之不往者萬世不到”（嶽麓秦簡《爲吏治官及黔首》80），“三枼（世）之後”（睡虎地秦簡《爲吏之道》20伍），“外鬼父葉（世）爲姓（眚）”（睡虎地秦簡《日書》乙種158），“其主必富三渫（世）”（睡虎地秦簡《日書》甲種122貳），“不終迣（世）”（睡虎地秦簡《日書》甲種22背叁）。② 第二類是不用本字而用其他字來記録，可細分爲兩種情況。一是秦簡牘中未見記該詞的本字，如記灾禍義之{殃}時，未見“殃”字，用“央”“英”“詇”，文獻用例爲“其央（殃）不出歲”（睡虎地秦簡《日書》乙種134），“西禺（遇）英（殃）”（睡虎地秦簡《日書》甲種65壹），“笑詇（殃）”（北大秦簡《教女》032）。③ 再如記{祥}時，未見“祥”字，用“羊”“恙”，文獻用例爲“爲民不羊”（睡虎地秦簡《日書》甲種24背壹），“有福將來，唯善與恙（祥）”（北大秦簡《禹九策》40）。④ 還有記裁剪、裁決之{裁}，未見“裁”字，用“材”“財”“載”，文獻用例爲“不可材（裁）衣”（睡虎地秦簡《日書》甲種121背/46反），“財（裁）爲置將吏”（《嶽麓秦簡》四册二組179正），“紡織載（裁）絳（縫）”（嶽麓秦簡《爲吏治官及黔首》71）。⑤ 二是本字雖已出現，但常記他詞，所以記該詞時也借用其他字。如秦簡牘中“早”共4例，睡虎地秦簡《秦律十八種》簡5、簡14與《秦律雜抄》簡30記{皂}，《秦律十八種》簡2記{旱}，“早”皆不記{早}，記早晨之{早}用“蚤”“棗”，文獻用例爲“蚤（早）食”（周家臺秦簡《日書》156-181），“利棗（早）不利莫（暮）”（睡虎地秦簡《日書》甲種14貳）。⑥ 再如秦簡牘中“蕃”共2例，睡虎地秦簡《法律十八種》簡127記{藩}，北大秦簡《祓除》簡161記{燔}。記繁盛義之{蕃}用“燔”“番”，文獻用例爲“子孫燔（蕃）昌”（放馬

---

① 嶽麓秦簡釋文參見陳松長主編《嶽麓書院藏秦簡（壹—叁）釋文修訂本》，上海辭書出版社，2018，40、41-42頁。睡虎地秦簡釋文參見陳偉主編，彭浩、劉樂賢等撰著《秦簡牘合集（壹）》（釋文注釋修訂本），武漢大學出版社，2016，300頁。放馬灘秦簡釋文參見陳偉主編，孫占宇、晏昌貴等撰著《秦簡牘合集（肆）》（釋文注釋修訂本），36頁。

② 嶽麓秦簡釋文參見陳松長主編《嶽麓書院藏秦簡（壹—叁）釋文修訂本》，40頁。睡虎地秦簡釋文參見陳偉主編，彭浩、劉樂賢等撰著《秦簡牘合集（壹）》（釋文注釋修訂本），321頁。陳偉主編，彭浩、劉樂賢等撰著《秦簡牘合集（貳）》（釋文注釋修訂本），512、382、410頁。

③ 睡虎地秦簡釋文參見陳偉主編，彭浩、劉樂賢等撰著《秦簡牘合集（貳）》（釋文注釋修訂本），506、361頁。北大秦簡釋文參見朱鳳瀚《北大藏秦簡〈教女〉初識》，《北京大學學報（哲學社會科學版）》2015年第2期。

④ 睡虎地秦簡釋文參見陳偉主編，彭浩、劉樂賢等撰著《秦簡牘合集（貳）》（釋文注釋修訂本），413頁。北大秦簡釋文參見李零《北大藏秦簡〈禹九策〉》，《北京大學學報（哲學社會科學版）》2017年第5期。

⑤ 睡虎地秦簡釋文參見陳偉主編，彭浩、劉樂賢等撰著《秦簡牘合集（貳）》（釋文注釋修訂本），462頁。嶽麓秦簡釋文參見陳偉《也説嶽麓秦簡律令中讀爲“裁”的“財”》，簡帛網，2018年3月14日；陳松長主編《嶽麓書院藏秦簡（壹—叁）釋文修訂本》，39頁。

⑥ 周家臺秦簡釋文參見陳偉主編，李天虹、劉國勝等撰著《秦簡牘合集（叁）》（釋文注釋修訂本），195頁。睡虎地秦簡釋文參見陳偉主編，彭浩、劉樂賢等撰著《秦簡牘合集（貳）》（釋文注釋修訂本），338頁。

灘秦簡《日書》乙種 107 壹),"毋與相雜稍稟月食者賣番(蕃)息子"(《嶽麓秦簡》四册三組 341 正)。[①]

秦簡牘中據音借用現象頻見的原因大致有兩個:一是秦文字在漢字發展史中處於承上啓下的重要地位,這一階段形聲字大量産生,有相同聲符的字可以互相借用,因此一詞用多字較普遍,字詞之間并非一一對應關係。二是因爲古文字的隸變,趙平安指出隸變始於戰國中期:"古文字的隸變使漢字失去了原有的象形意味,同時造成了很多字的形體結構發生了訛變。結果是,很多字的形體失去了原來的'顯示'功能,造成了字的形體與詞義的脱節。正是由於字形與詞義關係的隱晦或脱節,使得人們在用字的選擇上常常感到困惑,從而導致了通假字的大量産生。"[②]

二　分化字

裘錫圭對分化字這樣定義:"我們把用來分擔職務的新造字稱爲分化字,把分化字所從出的字稱爲母字。"文字分化的方法具體有四類:"A.異體字分工。B.造跟母字僅有筆劃上的細微差别的分化字。C.通過加注或改换偏旁造分化字。D.造跟母字在字形上没有聯繫的分化字。"[③]由於秦文字處於漢字發展過程中承上啓下的階段,文字還未完全分化定型,一詞既用母字又用分化字的現象也很常見。

分化可分爲不同的類型,包括古今分化、同源分化等。由於秦國祚短暫,古今分化現象較少。如記邊界義之{界}所用"介""畍(界)"即爲古今分化。《説文》:"介,畫也。"[④]段玉裁注:"畫部曰:'畫,畍也。'按,'畍也'當是本作'介也'。介與畫互訓。田部'畍'字蓋後人增之耳。介、畍古今字。"[⑤]《説文》:"畍,境也。"[⑥]段玉裁注:"界之言介也。介者、畫也,畫者、介也,象田四界,聿所以畫之。介、界古今字。"[⑦]徐灝《説文解字注箋》:"古疆畍字衹作'介'。《周頌・思文》篇'無此疆爾介'是也。後乃增田旁,别爲疆畍字。"[⑧]秦簡牘文獻中{界}用"介"1 例,即《嶽麓秦簡》四册三組簡 296 正"衷爲門介(界)",[⑨]用"界"31 例,嶽麓秦簡中有 10 例,皆寫作"畍",如四册一組簡 57"其亡居日都官、執灋屬官、禁苑、園、邑、作務、官道畍

① 放馬灘秦簡釋文參見陳偉主編,孫占宇、晏昌貴等撰著《秦簡牘合集(肆)》(釋文注釋修訂本),63 頁。嶽麓秦簡釋文參見齊繼偉《〈嶽麓書院藏秦簡(肆)〉補釋二則》,簡帛網,2016 年 2 月 23 日。

② 趙平安:《秦漢簡帛通假字的文字學研究》,《河北大學學報》1991 年第 4 期。

③ 裘錫圭:《文字學概要(修訂本)》,214 頁。

④ [漢]許慎撰,[宋]徐鉉校定:《説文解字》卷二上,北京:中華書局,2013,22 頁。

⑤ [漢]許慎撰,[清]段玉裁注:《説文解字注》卷二,上海:上海古籍出版社,1963,49 頁。

⑥ [漢]許慎撰,[宋]徐鉉校定:《説文解字》卷一三下,292 頁。

⑦ [漢]許慎撰,[清]段玉裁注:《説文解字注》卷一三,696 頁。

⑧ 轉引自丁福保編纂《説文解字詁林》,北京:中華書局,1988,1968 頁。

⑨ 陳松長主編:《嶽麓書院藏秦簡(肆)》,193 頁。

(界)中”。[1] “畍(界)”出現次數遠遠超過“介”,可見从“介”到“畍(界)”的转型十分快速,“畍(界)”很快取代“介”,成爲主流用字。再如記共同義之{偕}用“皆”“偕”也是古今分化。《小爾雅》:“僉、皆,同也。”[2]徐灝《説文解字注箋》:“(皆),又作偕。皆、偕古今字。”[3]秦簡牘文獻中{偕}用“皆”10 例,“偕”40 例,且見於同一條簡文中,如嶽麓秦簡四册三組簡 304“一人與蠻夷偕……令令史與皆(偕)者”。[4] “偕”使用次數已遠遠超過“皆”,是記{偕}的常見用字。

值得注意的還有同源分化現象,同源分化是漢字孳乳分化的重要途徑,在分化的初始階段,具有同源關係的字常用來記同一個詞。王貴元稱之爲“同源通用”,并指出:“同源通用字有一部分是由異寫字和異構字經過表義功能的分配而發展來的,在前一階段是異寫字或異構字,到後一階段可能就成了同源通用字。”[5]同源通用與據音借用之間的區别在於幾個字意義上是否有聯繫,據音借用僅僅是語音相同或相近,意義上無聯繫,而同源通用不僅在語音上有聯繫,意義上的聯繫也較爲密切。秦簡牘中的同源分化現象不僅能够呈現一詞所用字之間的淵源關係,也能展現同源分化的動態發展過程。我們系統考察過秦漢簡帛文獻中{漆}{圓}的用字情況,[6]發現{漆}不僅用母字“桼”,也用分化字“髼”“漆”。在秦至西漢早期即同源分化的初始階段,“桼”使用頻率不斷減少,分化字“髼”較有優勢。隨着分化的進一步推進,到了西漢中晚期,“桼”常用來記他詞,“髼”使用頻率也大幅減少,而“漆”使用頻率提高,成爲記母字意義的專字,沿用至今。{圓}所用“員”“圜”“睘”“園”也爲同源關係。就秦簡牘來説,“員”作爲記{圓}的母字,使用次數最多,集中在北大秦簡中。“圜”在放馬灘秦簡中較爲常見。“睘”僅見於放馬灘秦簡中。“園”見於睡虎地秦簡和嶽麓秦簡中。{圓}用字具有比較明顯的時代特徵,秦至西漢早期主要用“員”“圜”,西漢中晚期用“圓”。“員”是“圓”的初文,由於常假借表示他義,於是加“囗”旁分化出“圓”字表示本義。另外,從戰國到秦漢的出土文獻材料來看,同源通用字中的母字在使用過程中也具有相當的穩定性和連續性。

三　異體字

異體字是音義皆同而外形不同的字,裘錫圭指出異體有廣狹之分:“所謂廣義異體字,從詞的角度來説就是同一個詞的各種不同書寫形式。狹義異體字大體上相當於一字的異體,

① 陳松長主編:《嶽麓書院藏秦簡(肆)》,57 頁。
② 遲鐸集釋:《小爾雅集釋》,北京:中華書局,2008,92 頁。
③ 轉引自丁福保編纂《説文解字詁林》,3924 頁。
④ 陳松長主編:《嶽麓書院藏秦簡(肆)》,195 頁。
⑤ 王貴元:《簡帛文獻用字研究》。
⑥ 劉艷娟、張再興:《基於語料庫的秦漢簡帛文獻用字研究二則》,《語言研究》2020 年第 1 期。

部分異體字大體上相當於通用字。”[①]從理論上來説,用字研究是從詞的角度考察文字使用情況,而異體字則是一個字的多個不同書寫形式,不應該包含在用字研究範圍内,但是異體字的情況比較複雜,裘先生也説:“異體字分工也使有關的詞的不同書寫形式的性質成了問題。”[②]在漢字發展史中有些書寫形式的分工時間不甚明確,因此用字研究有必要涵蓋異體字。

根據漢字構形學理論,異體包括異寫字和異構字,異寫字是“在同一形制下,記録同一個詞,構形、構意相同,僅僅是寫法不同的字樣”,異構字是“音義相同、記録同一個詞、僅僅形體結構不同,而在任何語境下都可以互相置换的字。”[③]學者們的分歧在於異寫字是否應納入用字研究範圍。陳斯鵬討論楚簡中的用字時排除了由於筆劃增減、偏旁移位、筆劃形態變化等造成的用字現象。[④] 周朋升認爲異寫字不改變構形理據,不納入到用字研究範圍。[⑤] 王貴元指出異寫字是手抄文獻的基本現象,應納入到用字研究範圍内。[⑥] 禤健聰對楚系簡帛文獻用字習慣進行逐條疏證,列舉字形時包含筆劃增減、偏旁移位等現象。[⑦] 秦簡牘中異寫字的情況包括筆劃增减的,如“皇”作“皇”、“冗”作“宂”等,偏旁移位的,如“巍”作“魏”、“嘔”作“毆”等。這些用字并未改變字的構形理據,我們贊同陳斯鵬、周朋升的意見,暫不把異寫字納入到用字研究範圍内。

關於異體字的分類,學者研究較多。裘錫圭根據結構或形體上差别的性質把狹義異體字分成八類,如加不加偏旁的不同,表意、形聲等結構性質上的不同,同爲表意字而偏旁不同,同爲形聲字而偏旁不同等。[⑧] 王寧將異構的形聲字分爲五類,如形聲字聲符不同構成的異構字、形聲字義符不同構成的異構字、增加義符構成的累增異構字等。[⑨] 張顯成、王玉蛟根據字形差異將秦漢簡帛中的異體字分爲八類,如改换聲符、改换義符、改换全部構件、改换造字法等,[⑩]還詳細論述了秦漢簡帛文獻中異體字的特徵和演變條例,對我們深入考察秦簡牘中的異體字具有重要參考價值。

在充分吸收前輩學者研究成果的基礎上,結合秦簡牘中的異體字情況,我們主要是從構件角度考察,把秦簡牘中的異構分爲三類:一是增減構件的,如衛-率、惌-怨、灋-法。二是

---

① 裘錫圭:《文字學概要(修訂本)》,252 頁。
② 裘錫圭:《文字學概要(修訂本)》,251 頁。
③ 王寧:《漢字構形學導論》,北京:商務印書館,2015,286 頁。
④ 陳斯鵬:《楚系簡帛中字形與音義關係研究》,北京:中國社會科學出版社,2011,5 頁。
⑤ 周朋升:《西漢初簡帛文獻用字習慣研究(文獻用例篇)》,1-5 頁。
⑥ 王貴元:《簡帛文獻用字研究》。
⑦ 禤健聰:《戰國楚系簡帛用字習慣研究》,北京:科學出版社,2017,87 頁。
⑧ 裘錫圭:《文字學概要》(修訂本),199-201 頁。
⑨ 王寧:《漢字構形學導論》,156-159 頁。
⑩ 張顯成、王玉蛟:《秦漢簡帛異體字研究》,北京:人民出版社,2016,15-97 頁。

構件相同而配置方式不同的，如桉-案、鄣-障。[①] 三是同爲形聲字而構件不同的，也可分爲三小類，即聲符相同而義符不同，如隄-堤、桼-桼、谿-溪；聲符不同而義符相同，如衜-衝、舩-船；聲符、義符都不同，如野-壄、芺-笑、鬴-釜等。[②]

秦簡牘中還有一種特殊的異體字，即語境異體字，[③]指在具體文獻中受上下文語言環境影響而形成的異體字，或稱爲專字。如｛四｝用"四""駟""飷"，三字出現的語境不同，"四"常表示數目四或第四等義，使用範圍較廣，在秦簡牘中習見，"駟"常表示四分之一，如"醬駟(四)分升一"（睡虎地秦簡《秦律十八種》179），"飷"特指四分之一的糲米，如"糲米半飷(四)"（里耶秦簡第九層19正）。[④] 再如｛傾｝用"𡸘"，見於睡虎地秦簡《爲吏之道》簡11伍"彼邦之𡸘(傾)"，[⑤]"𡸘"从頃从山，特指邦國如山崩般坍塌，或是記邦國崩塌之｛傾｝的專字。此外，表買酒義所用之"䣷"，文獻用例爲"百姓居田舍者毋敢䣷酉(酒)"（睡虎地秦簡《秦律十八種》12），"數貰䣷弗言"（嶽麓秦簡《爲吏治官及黔首》18）。[⑥] "䣷"字不見於傳世字書中，與"酤"用法相同，既可與"酒"連用，也可與"貰"連用，皆表買酒義。"䣷"或爲酤酒義的專字。

四　同形字

同形字是指字形相同，而記不同詞的字。裘錫圭指出："同形字的外形雖然相同，實際上却是不同的字。"[⑦]裘先生根據結構、形體上的特點把同形字分成了四類，即文字結構性質不同的同形字、同爲表意字的同形字、同爲形聲字的同形字、由於字形變化而造成的同形字

① 該類異體與偏旁移位而形成的異構不同，構件配置方式改變後能獨立成字，脱離語境無法辨別究竟是哪一個字，而偏旁移位的異構可以不依靠語境進行辨識。

② "率-衛"參見陳偉主編《里耶秦簡牘校釋（第二卷）》，武漢大學出版社，2018，72頁。"惌-怨"參見陳松長主編《嶽麓書院藏秦簡（壹—叁）釋文修訂本》，47頁。"灋-法"參見陳偉主編《里耶秦簡牘校釋（第一卷）》，214頁。"桉-案"參見陳偉主編《里耶秦簡牘校釋（第一卷）》，武漢大學出版社，2012，361頁。"隄-堤"參見陳松長主編《嶽麓書院藏秦簡（壹—叁）釋文修訂本》，121頁。"鄣-障"參見陳松長主編《嶽麓書院藏秦簡（肆）》，130頁。"桼-桼"參見陳偉主編《里耶秦簡牘校釋（第二卷）》，253頁。"谿-溪"參見陳偉主編《里耶秦簡牘校釋（第二卷）》，144頁。"衜-衝"參見陳偉主編，孫占宇、晏昌貴等撰著《秦簡牘合集（肆）》（釋文注釋修訂本），58頁。"舩-船"參見陳偉主編《里耶秦簡牘校釋（第二卷）》，128頁。"野-壄"參見陳偉主編，彭浩、劉樂賢等撰著《秦簡牘合集（壹）》（釋文注釋修訂本），220頁。"芺-笑"參見李零《北大藏秦簡〈禹九策〉》。"鬴-釜"參見陳偉主編，彭浩、劉樂賢等撰著《秦簡牘合集（貳）》（釋文注釋修訂本），416頁。

③ 關於"語境異體字"的含義，參見張再興《金文語境異體字初探》，《蘭州學刊》2012年第7期。

④ 睡虎地秦簡釋文參見陳偉主編，彭浩、劉樂賢等撰著《秦簡牘合集（壹）》（釋文注釋修訂本），131頁。里耶秦簡釋文參見陳偉主編《里耶秦簡牘校釋（第二卷）》，26頁。

⑤ 睡虎地秦簡釋文參見陳偉主編，彭浩、劉樂賢等撰著《秦簡牘合集（壹）》（釋文注釋修訂本），317頁。

⑥ 睡虎地秦簡釋文參見陳偉主編，彭浩、劉樂賢等撰著《秦簡牘合集（壹）》（釋文注釋修訂本），47頁。嶽麓秦簡釋文參見陳松長主編《嶽麓書院藏秦簡（壹—叁）釋文修訂本》，43頁。

⑦ 裘錫圭：《文字學概要（修訂本）》，201頁。

等。[①] 李軍從語音、時間、結構形體、來源成因等角度對同形字分類進行了探索研究。[②] 孫濤討論了東漢出土文獻中的同形字,分爲造字同形和用字同形等,并列舉了具體詳實的例子。[③] 一般情況下,同形字大都不是同時并行的,秦簡牘中常見記某詞的字與傳世字書中所載的某個字是同形關係。

從文字構件來考察秦簡牘中的同形字,可分爲兩種情況:一是由於構件增加形成的同形關係,如{良}用"莨",文獻用例即"相莨者"(放馬灘秦簡《日書》乙種 192)。[④] "莨"見於《説文·草部》:"莨,艸也。"[⑤]記草名之"莨"與放馬灘秦簡中記{良}之"莨"是同形關係,意義上没有聯繫。再如{某}用"楳",文獻用例即"壐(爾)必以楳(某)月日死"(睡虎地秦簡《日書》甲種 25 背貳)。[⑥] "楳"見於《玉篇·草部》:"楳,草。"[⑦]爲草名。記{某}之"楳"與記草名之"楳"是同形關係。此外,"莨"从良得聲,"楳"从某得聲,"莨"與"良""楳"與"某"也可看作據音借用關係。二是由於構件省略形成的同形關係,如{梏}用"柗",文獻用例即"嗇夫擅桎柗(梏)吏"(《嶽麓秦簡》四册二組 242)。[⑧] "柗"見於《集韻·矦韻》:"桙、柗,器名,或省。"[⑨]即"柗"爲器物名,是"桙"的省寫。記{梏}之"柗"與記器物名之"柗"是同形關係。再如記占卜用的小木棍義之{枚}用"攴",集中在數術文獻中,王家臺秦簡《歸藏》21 例,北大秦簡《禹九策》1 例。秦簡牘中已見"枚"字,而數術文獻中{枚}皆用"攴","攴"和"枚"不是據音借用關係。記{枚}之"攴"與記擊打義之{攴}所用"攴"可看作同形關係,也可以把"攴"看作"枚"的省寫。從文字構件角度看,這些字與所記詞的本字或習用字相比,省略了構件,省略構件的字與文獻材料中記他詞的字形成了同形關係。

五　訛字

秦文字處於漢字發展史中承上啓下的一環,在文字的抄寫過程中混用情況比較常見。裘錫圭將"誤字"分爲五類,[⑩]對我們研究簡帛中的訛字具有指導意義。王貴元認爲簡帛文獻中的形混包括兩種情況,一種是由於二字字形相似,故時常混淆,是一種無意識的現象,還

---

① 裘錫圭:《文字學概要(修訂本)》,204–208 頁。
② 李軍:《漢語同形字研究》,北京:商務印書館,2018,61–94 頁。
③ 孫濤:《東漢出土文獻用字習慣研究》,37–79 頁。
④ 放馬灘秦簡釋文參見陳偉主編,孫占宇、晏昌貴等撰著《秦簡牘合集(肆)》(釋文注釋修訂本),130 頁。
⑤ [漢]許慎撰,[宋]徐鉉校定:《説文解字》卷一下,15 頁。
⑥ 睡虎地秦簡釋文參見陳偉主編,彭浩、劉樂賢等撰著《秦簡牘合集(貳)》(釋文注釋修訂本),415 頁。
⑦ 王平、劉元春、李建廷編著:《〈宋本玉篇〉标点整理本》,上海書店,2017,225 頁。
⑧ 嶽麓秦簡釋文參見陳松長主編《嶽麓書院藏秦簡(肆)》,148 頁。
⑨ [宋]丁度:《集韻》,北京:中國書店,1983,568 頁。
⑩ 裘錫圭:《〈論衡〉札記》,《裘錫圭學術文集》第 4 卷《語言文字與古文獻卷》,320–333 頁。

有一種相混已成習慣,這是有意識的。① 劉玉環將訛字分爲訛别字與訛錯字兩類,訛别字屬用字方面的錯誤,訛錯字屬書寫方面的錯誤。② 有意識的形近混用訛别字多有重合之處,但前者範圍小於後者。

訛字作爲一種特殊的用字現象,整理者釋文多以“〈 〉”標記。秦簡牘中的訛字共 173 組,出現總次數爲 259 次,但是包含的情况較複雜,大致可分爲兩類:第一類是由於上下文語境而造成的批量訛錯,如嶽麓秦簡《三十四年質日》中的“酉”訛作“亥”、“申”訛作“午”等干支訛錯。③ 第二類是由於形近而訛誤的,如“死”訛作“列”,“賦”訛作“賤”,“扜”訛作“扞”等。④

與據音借用、分化等用字現象相比,秦簡牘中的訛字現象出現次數較少。與形體無關的成批量訛錯也主要集中在私人性質的文獻中,如睡虎地秦簡、放馬灘秦簡《日書》以及嶽麓秦簡《質日》文獻中。一方面是因爲《日書》《質日》中涉及到的干支較多,很容易出現抄寫錯誤,而且是一處出錯,接下去簡文中相關的干支都可能出錯。另一方面則是私人文書的抄寫要求相對較低,因此出現的訛錯較多。與《日書》《質日》文獻不同,官方的法律文書文獻中訛字現象較少,或與當時秦實施“書同文字”政策有關,從里耶秦簡 8-461 木牘内容也可窺見當時對文字規範的舉措。秦實施嚴刑峻法,券書等抄寫錯誤會受到嚴厲懲罰,嶽麓秦簡四册二組簡 226 有“小誤,貲一盾;大誤,貲一甲”的法律規定,⑤書寫者爲避免因書寫錯誤而受罰,必定態度謹慎,所以此類文書中的訛字出現頻率較低。

結語

需要説明的是,前文我們討論秦簡牘文獻用字研究範圍時所用術語并非完全獨立,它們指稱的現象多有交叉重叠之處,有些也可能不在同一個層面上。裘錫圭指出:“由於字形訛變、文字本義失傳以及引申跟假借不易區分等原因,往往很難確定通用字之間的關係。”“所以我們往往祇能滿足於指出某兩個字是通用字,而無法進一步指出它們的具體關係。”⑥秦簡牘用字研究過程中不可避免地要討論哪些用字類型包括在内,我們從合理性以及可操作性的角度出發,通過舉例説明包含的範圍,而具體的用字考察還需要結合相關材料深入分析。

此外,利用數據庫技術建立完備的秦簡牘文獻全文語料庫,呈現秦簡牘中文字的使用頻

① 王貴元:《簡帛文獻用字研究》。
② 劉玉環:《秦漢簡帛訛字研究》,北京:中國書籍出版社,2012,50 頁。
③ 陳松長主編:《嶽麓書院藏秦簡(壹—叁)釋文修訂本》,5-14 頁。
④ “死”訛作“列”參見陳偉主編,彭浩、劉樂賢等撰著《秦簡牘合集(壹)》(釋文注釋修訂本),85 頁。“賦”訛作“賤”參見陳松長主編《嶽麓書院藏秦簡(伍)》,51 頁。“扜”訛作“扞”參見陳松長主編《嶽麓書院藏秦簡(伍)》,53 頁。
⑤ 嶽麓秦簡釋文參見陳松長主編《嶽麓書院藏秦簡(肆)》,143 頁。
⑥ 裘錫圭:《文字學概要(修訂本)》,252-253 頁。

率也是我們研究工作的基礎。使用頻率的高低是判斷某種用字是否爲當時的用字習慣、習慣的流行程度以及文字分化程度等方面的重要依據。

簡而言之,我們認爲秦簡牘用字研究範圍包括據音借用字、分化字、異體字、同形字、訛字等。在術語的使用方面,我們更側重於用字現象的分析,而不糾結於“通假”“假借”等術語的内涵。唯有如此,纔能更加科學地考察秦簡牘中的用字現象,進而達到字詞關係梳理歸納的明確性和徹底性。

附記 本文蒙匿名審稿專家惠賜寶貴的修改意見,特致謝忱!

秦漢習字簡諸題蠡測*

□ 中國人民大學歷史學院 楊霜

內容提要 秦漢吏卒字書習字與文書習字的主要載體是平面型簡牘而非觚。對文書習字而言,有兩方面物質性原因。一是文書簡書寫體驗與適應,包含控制文書用字大小和適度刮削文書簡廢棄字。二是結合簡牘形制練習文書格式,習字內容因習字目的差異呈現分層的特徵。吏卒基本識字量,至少在《急就篇》流行以前,低於《蒼頡篇》字量,與文書常用字字量相近。習字簡所習地名有地域性,與各自文書行政特徵相關。《蒼頡篇》似不爲基層吏卒所通篇掌握,精神鼓勵與鞭策是其實際效用的重要部分。屬吏所受考核於識字量似無量化要求。以基層吏途爲目的的習字行爲主動貼合文書實務之用,具實用理性色彩。

關鍵詞 秦漢習字簡 地域性 《蒼頡篇》 識字量

學界對秦漢習字簡的研究成果頗多,主要涉及秦漢字書研究與秦漢吏卒文化學習研究。[①] 筆者不揣淺陋,試在前人基礎上,探討習字簡主要載體及其原因、基層吏卒識字量與習字情形,後者涉及習字簡所習地名的地域性、《蒼頡篇》的實際效用與爲吏各階段習字用字程度等問題。討論對象以簡量充裕且便於跨地域比較的里耶秦簡、居延漢簡、居延新簡、肩水

---

* 本文爲國家社科基金重點項目“益陽兔子山遺址七號井出土簡牘的整理與研究”(項目批號:19AZS004)的階段性成果。

① 前者側重於以習字簡所習字書內容考釋和復原《蒼頡篇》《急就篇》詞句,考察其用韻特徵、內容結構、版本流傳以及秦漢字書書體演變問題,主要如王國維《蒼頡篇殘簡跋》,收入其著《觀堂集林》,北京:中華書局,2004,257-258 頁;嘉峪關市文物保管所《玉門花海漢代烽燧遺址出土的簡牘》,甘肅省文物工作隊、甘肅省博物館編《漢簡研究文集》,蘭州:甘肅人民出版社,1984,15-33 頁;胡平生《英國國家圖書館藏斯坦因所獲簡牘中的〈蒼頡篇〉殘片研究》,收入汪濤、胡平生、吳芳思主編《英國國家圖書館藏斯坦因所獲未刊漢文簡牘》,上海辭書出版社,2007,62-75 頁;孫聞博《〈急就篇〉用字新證》,卜憲群、楊振紅主編《簡帛研究(二〇〇九)》,桂林:廣西師範大學出版社,2011,149-161 頁;邢義田《漢代〈蒼頡〉、〈急就〉、八體和“史書”問題——再論秦漢官吏如何學習文字》,李宗焜主編《古文字與古代史》第 2 輯,臺北:“中

金關漢簡所見習字簡爲主,并兼顧即將完整公布的湖南益陽兔子山遺址7號井簡牘。①

一 吏卒主要習字載體及其原因

邢義田指出吏卒多以廢棄簡牘習字,以現有的各類簿籍或記録等公文爲範本,在廢棄簡空白處重複抄寫部分字句或内容。② 沈剛認爲習字載體以不被嚴格保存的不定期文書爲主。③ 籾山明根據英國國家圖書館藏《蒼頡篇》習字削衣有棱,認爲《蒼頡篇》習字以觚爲主,觚相較於平面型簡牘容字量更大,且更便於刮削。④

文書習字與字書習字應皆以平面型廢棄簡牘爲主要載體。在本文所主要討論的四種簡牘當中,字書習字觚僅見居延漢簡9.1、居延新簡EPT56.181。籾山氏所論英藏《蒼頡篇》削衣,據張德芳、郝樹聲推測,應即斯坦因所言T6b(凌胡燧)遺址裏爲同一人所書的帶字木刨花。⑤ 其載體特徵未必具有普遍性。至於文書習字觚,四種簡牘僅見居延漢簡36.1、311.15、

研院”歷史語言研究所,2019,修訂後收入其著《治國安邦:法制、行政與軍事》,北京:中華書局,2011,595-654頁;梁靜《出土〈蒼頡篇〉研究》,北京:科學出版社,2015;張存良《〈蒼頡篇〉研讀獻芹(三)》,簡帛網,2015年12月18日;張存良《〈蒼頡篇〉研讀獻芹(四)》,簡帛網,2015年12月18日;張存良《〈蒼頡篇〉研讀獻芹(六)》,簡帛網,2015年12月22日;張傳官《出土散見〈急就篇〉資料輯録》,中國古文字編輯委員會編《中國文字》新42期,臺北:藝文印書館,2016,103-122頁;張傳官《〈肩水金關漢簡〔伍〕〉所見〈急就〉殘簡輯校——出土散見〈急就〉資料輯録(續)》,《華學》第12輯,廣州:中山大學出版社,2017,227-234頁;張傳官《關於〈蒼頡篇〉第一章的復原》,《中國語文》2019年第5期,612-640頁;張傳官《漢簡〈蒼頡篇〉釋讀舉隅》,黄德寬主編《出土文獻》2020年第4期,上海:中西書局,123-133頁;張傳官《〈急就篇〉新證》,上海:中西書局,2022。後者側重於習字群體、範圍、方式、目的以及書寫載體等問題,主要如邢義田《漢代邊塞吏卒的軍中教育——讀〈居延新簡〉札記之三》,《大陸雜誌》第87卷第3期,1993,修訂後收入其著《治國安邦:法制、行政與軍事》,585-594頁;沈剛《居延漢簡中的習字簡述略》,《古籍整理研究學刊》2006年第1期,29-31頁;[日]籾山明《削衣、觚、史書》,收入汪濤、胡平生、吴芳思主編《英國國家圖書館藏斯坦因所獲未刊漢文簡牘》,93-96頁;邢義田《漢代邊塞隧長的文書能力與教育——對中國古代基層社會讀寫能力的反思》,《“中研院”歷史語言研究所集刊》第88本第1分,2017,修訂後收入其著《今塵集:秦漢時代的簡牘、畫像與文化傳播》,上海:中西書局,2019,43-97頁;李園《秦漢習字簡研究》,《古籍整理研究學刊》2017年第1期,86-89頁。

① 本文所涉簡牘文獻分别出自湖南省文物考古研究所編著《里耶秦簡(壹—貳)》,北京:文物出版社,2012、2017;陳偉主編《里耶秦簡牘校釋(第一卷)(第二卷)》,武漢大學出版社,2012、2018;簡牘整理小組編《居延漢簡(壹—肆)》,臺北:“中研院”歷史語言研究所,2014、2015、2016、2017;張德芳主編《居延新簡集釋(一—七)》,蘭州:甘肅文化出版社,2016;甘肅簡牘保護研究中心(甘肅簡牘博物館)、甘肅省文物考古研究所、甘肅省博物館、中國文化遺産研究院古文獻研究室、中國社會科學院簡帛研究中心編《肩水金關漢簡(壹—伍)》,上海:中西書局,2011、2012、2013、2015、2016;甘肅簡牘博物館、甘肅省文物考古研究所、陝西師範大學人文社會科學高等研究院、清華大學出土文獻研究與保護中心編《懸泉漢簡(壹)》,上海:中西書局,2019;彭浩、陳偉、[日]工藤元男主編《二年律令與奏讞書——張家山二四七號漢墓出土法律文獻釋讀》,上海古籍出版社,2007;甘肅省文物考古研究所編《敦煌漢簡》,北京:中華書局,1991。文中稱引時,僅標注簡號,不逐一標注頁碼。

② 邢義田:《漢代邊塞吏卒的軍中教育—讀〈居延新簡〉札記之三》,589頁。

③ 沈剛:《居延漢簡中的習字簡述略》,31頁。

④ 籾山明:《削衣、觚、史書》,94-95頁。

⑤ 張德芳、郝樹聲:《斯坦因第二次中亞探險所獲敦煌漢簡未刊部分及其相關問題》,汪濤、胡平生、吴芳思主編《英國國家圖書館藏斯坦因所獲未刊漢文簡牘》,76-85頁。[英]斯坦因著,趙燕等譯:《從羅布沙漠到敦煌》,桂林:廣西師範大學出版社,2000,188頁。

居延新簡 EPT3:11、EPT48:55、EPT48:63、肩水金關漢簡 73EJC:602。此外如上䐗詔書下習書信的玉門花海七棱觚,亦屬於少數。

另需説明的是,整簡單獨工整書寫字書文句的平面型簡牘也可能是習字簡。沈剛將此類簡牘視爲字書範本,認爲字書習字必與文書習字相穿插。[①] 但觀察沈氏所舉例子以及其他書寫工整的習字簡可知,工整與否并非區分字書簡與字書習字簡的絶對依據。[②]

吏卒習字以平型簡牘爲主要載體的原因,應首先與材料獲取便捷程度有關。以平面型簡牘爲主的文書廢棄簡與習字簡載體之間可能存在穩定的供應關係。青木俊介指出,甲渠候官塢存在功能分區,塢内西部是處理和製作文書的辦公區,大量來自部隧的原始記録被核對、集計後直接廢棄於此留待再利用,諸多斷簡、習字簡亦出土於此。[③] 可知辦公區的廢棄簡牘或即最爲方便且充裕的習字材料來源。儘管存在同一簡材被反復習字或高度密集習字的例子,如里耶秦簡 8-1437、居延漢簡 183.11、肩水金關簡 73EJT10:146,但也普遍可見書寫鬆散的習字簡,如里耶秦簡 8-171、8-570、居延新簡 EPT44:7,這説明習字者獲取簡材相當便利,無需珍惜每一支簡的書寫空間。而文書簡儘管也有書寫於觚者,仍以平面型簡牘爲主。况且自己制觚不比使用現成廢棄簡方便。以封泥匣習字的例子,如居延新簡 EPT59:381、懸泉漢簡 I90DXT0205②:14,體現其就近就便取材習字的傾向。

若以吏卒文書習字特徵爲視角,還可窺見平型簡牘成爲習字主要載體的物質性原因,試討論如下。

(一) 文書簡的書寫體驗與適應

這包含控制簡上所書字形大小、控制簡上廢棄字改削力度兩方面。[④]

控制字形大小的必要性,在於文書簡的單簡容字量可能存在規範。程鵬萬指出,漢代文書當中,以隸書書寫的單行簡字量爲 30 字左右,兩行簡單行字量爲 35 字左右。[⑤] 以尺簡或尺牘爲例,長約 23cm,單字長度則需控制於 0.66cm 至 0.77cm 之間。此外亦不乏書寫細密但簡長不足一尺、或單列容納 40 字以上的文書簡和簿籍簡,字形更爲細小。以簡牘形制信息

---

① 沈剛:《居延漢簡中的習字簡述略》,29-31 頁。

② 沈氏所舉居延漢簡 185.20,雖整句書寫端正,"蒼頡""書""教後嗣"諸字字形明顯大於它字,似更受書寫者關注,所舉居延新簡 EPT56:27AB 面應爲同一人字迹,B 面除字書文句外,還寫有書信用語,顯然亦屬習字。其他顯屬習字簡但書寫工整者,如居延新簡 EPT50:1、EPT53:175、EPT58:118,重複書寫字詞,但字形成熟,甚至有波磔之勢。

③ [日]青木俊介著,蘇俊林譯:《候官中簿籍的保存與廢棄——以 A8 遺址文書庫、辦公區出土簡牘的狀况爲綫索》,鄔文玲、戴衛紅主編《簡帛研究二〇一八(春夏卷)》,桂林:廣西師範大學出版社,298-322 頁。

④ 馬增榮討論秦漢書吏"行政素養"(administrative literacy)時,從製作券書刻齒的角度,提出在閱讀、書寫與計算能力之外,爲傳遞文書信息而改動簡牘物質性特徵的能力,亦屬書吏必備的素養。所惜目前所見習字簡似暫無練習製作券齒的例子,但就券齒練習的載體而言,平型簡牘亦更優於觚。參見 Tsang Wing Ma, "Scribes, Assistants, and the Materiality of Administrative Documents in Qin-Early Han China: Excavated Evidence from Liye, Shuihudi, and Zhangjiashan", T'oung-Pao 103.4-5 (2017), 322-332.中譯見馬增榮(Tsang Wing Ma)著,王翔宇譯《秦西漢時期的史、佐及行政文書的物質性:睡虎地、里耶和張家山之出土證據》,《出土文獻》2022 年第 1 期,146-151 頁。

⑤ 程鵬萬:《簡牘帛書格式研究》,上海古籍出版社,2017,240 頁。

較爲豐富的居延漢簡爲例,如簡 20.12、簡 7.7A 面、簡 24.2、簡 85.28+85.23,分别爲候部向候官的上行文書、候官向候部的下行文書、廩名簿、入什器計簿,計算可知,字長皆在 0.6cm 甚至 0.5cm 以下。封檢、簽牌之類爲醒目之需,字形稍大,如居延漢簡 166.1A、175.6、174.34,平均字長可達 1cm 以上。總體看來,將字形大小控制在一定範圍之内應是書吏必須掌握的一種基本能力。

傳世文獻中,亦可見到"細書"風尚:

> (光武帝)長於民間,頗達情僞……其以手迹賜方國者,皆一札十行,細書成文。勤約之風,行於上下。[①]

"札"應與"片""判""牒""牘"等同。[②] 查居延漢簡形制表,部分木牘寬度可達 5.5cm,若是細書十行,每行單字寬度應在 0.55cm 之下,單字長度亦近於此,前揭候官文書與簿籍用字尺度與之相仿。光武帝力禁奢靡如此,與其能通基層情實且"躬好吏事"有關,[③]"細書"行爲可能正參照於文書標準,力求整肅其紀律。"勤約之風,行於上下"則證"細書"於成熟書吏而言無技術性困難,是應付常務的基本技能。里耶秦簡中的作徒簿便是書寫十行以上的常見例子。

但對初學者而言,在簡牘上熟練書寫小字,或者至少控制字長在 0.66cm 至 0.77cm 長之間的平均水平,是需通過反復訓練與實踐纔能够獲得的能力。習字簡中常見初學者字形過大的例子,如居延漢簡 25.3、62.25、199.13(圖 1),三者筆畫與字形結構不甚成熟,應屬初學者手迹,其單字長度皆在 1cm 以上,遠超文書簡以單行三十字計所應保持的字長,需逐步縮小字形。

---

① 《後漢書》卷六六《循吏列傳》,北京:中華書局,1965,2457 頁。

② 陳夢家:《漢簡綴述》,北京:中華書局,1980,292-293 頁。

③ 《後漢書》卷三三《朱馮虞鄭周列傳》,1146 頁。

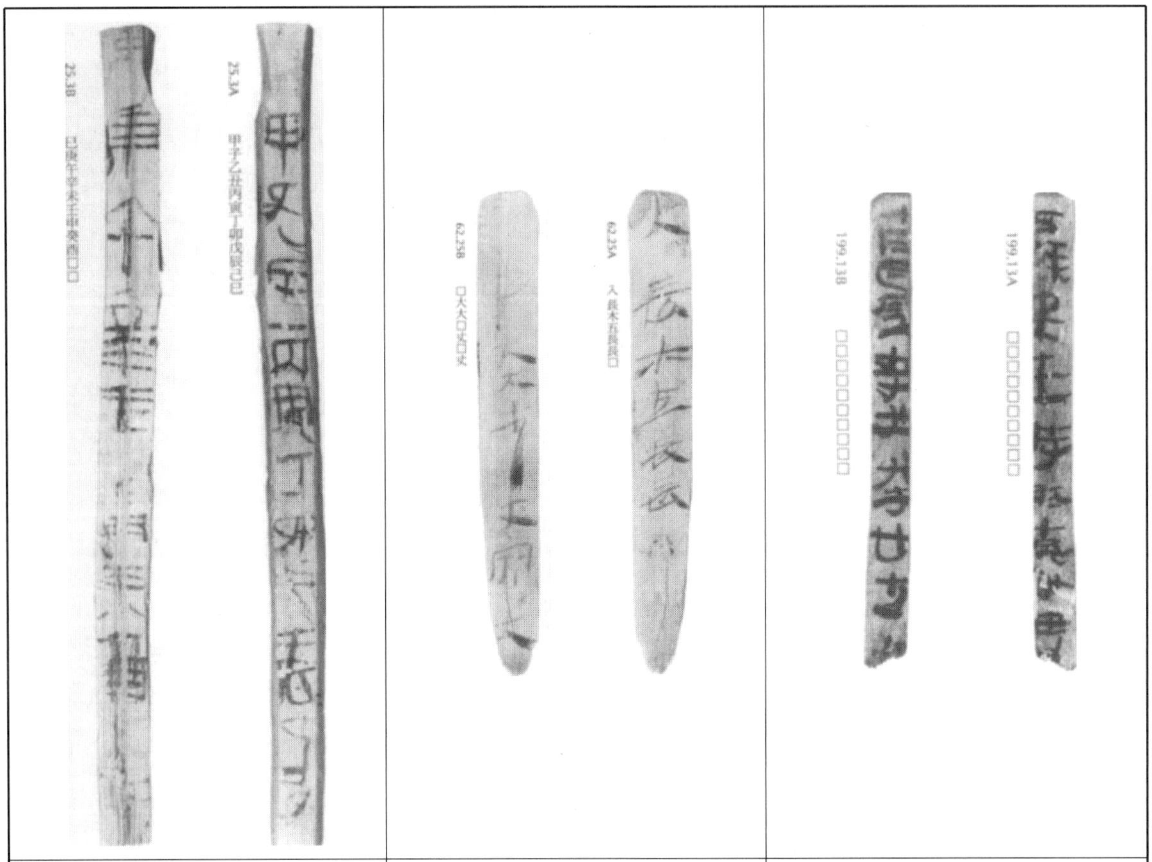

居延漢簡 25.3	居延漢簡 62.25	居延漢簡 199.13
平均字長約 1.75cm	平均字長約 1.56cm	平均字長約 1.33cm

資料來源:簡牘整理小組《居延漢簡(壹)》《居延漢簡(貳)》。

圖 1　初學者字形較大之例

習字簡中確實可見習字者着意縮小字形的現象,玆舉 4 例(圖 2):

肩水金關簡 73EJT10:230B 面與居延漢簡 45.10B 面。兩者所分别重複練習的"史"與"以"字,字形結構與筆勢未見明顯變化,唯字形大小皆逐步收小後又略微舒張,習字者應是有意爲之。

居延漢簡 157.23。諸字用筆特徵一致,且皆形態幼稚,應爲同一人所習。簡首小寫的"元年"筆劃黏連拘謹,之後放大書寫的"元"結構略微改善。或可推測,習字者基本功不足,不善於協調各筆劃的空間位置,以致先試小字時,字形結構不盡人意,於是重新從以掌握字形結構爲目的的大字練習開始。應可認爲,書寫大字是書吏掌握文書書寫的必經過程,目的在於熟悉字形及其結構,而後再進一步練習小字。這與現在書法學習過程一致。

居延漢簡 24.1。邢義田指出該簡 A 面"三隧長居延西道里公乘徐宗年五十"與 B 面包括第 2、5、6 欄在内諸欄字迹與墨色一致,皆屬書手對某一簿籍部分内容的抄寫練習,所抄簿籍與居延漢簡 37.35（禮忠簡）同類，屬"閥閱累重訾值官簿"。[①] 整體而言，B 面所習簿籍文字較 A 面相關部分字形更爲細小，應即習字者反復練習簿籍用字的成果。B 面標題之下再次書寫的"徐宗年五十"，許是習字者尚未滿意其筆劃，特意摘出放大練習。第三欄首列"妻"字之上略微放大重書的情形與之相同。

對以上所言控制字形乃至"細書成文"的文書用字練習，平型簡牘相較於觚，在空間控制上，能提供更接近文書實態的體驗。

肩水金關簡 73EJT10：230

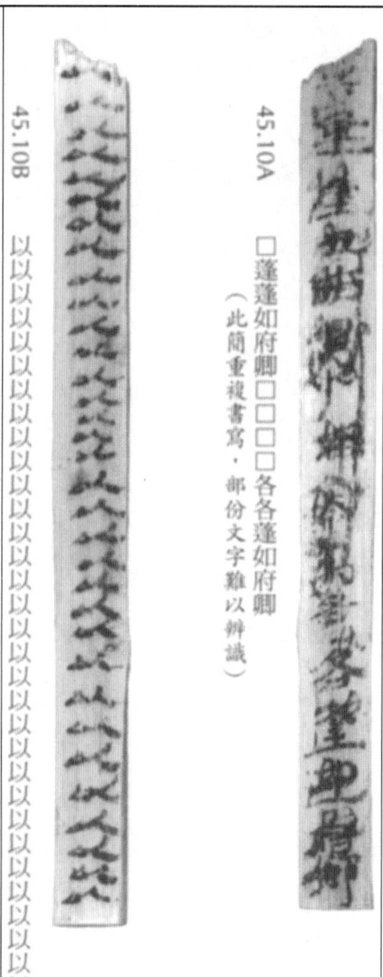

居延漢簡 45.10

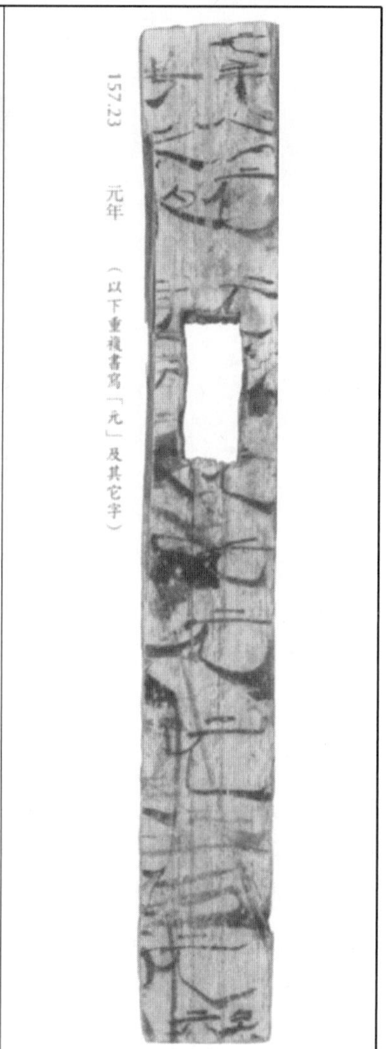

居延漢簡 157.23

① 邢義田：《從居延簡看漢代軍隊的若干人事制度》，《新史學》第 3 卷第 1 期，1992，修訂後收入其著《治國安邦：法制、行政與軍事》，563-567 頁。

續表

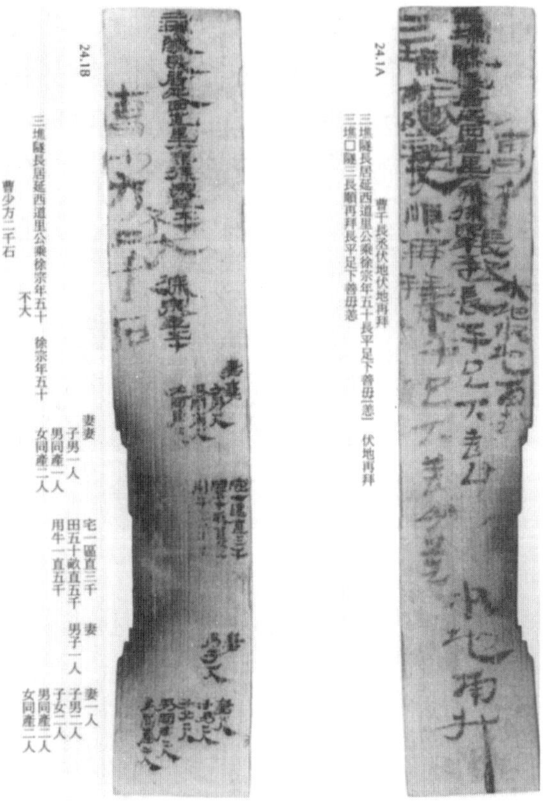

居延漢簡 24.1

資料來源：甘肅簡牘保護研究中心等《肩水金關漢簡（壹）》；簡牘整理小組《居延漢簡（壹）》《居延漢簡（貳）》。

圖 2　習字者着意縮小字形之例

控制簡上廢棄字改削力度的需要，可印證於簡牘文獻所常見的改削現象。陳夢家將簡册所見削改誤字的情形歸納爲 7 種。[①] 陶安根據里耶秦簡所見大量削衣、厚薄不均殘簡、刮削過度棄簡提出廢棄文書簡的二次利用問題，并注意到，某些簽牌在僅改削部分年月等字之後，被反復重新使用，類似於現代表格的無限增印與使用。[②] 而在或薄至 0.1cm 的文書簡上熟練刮削數行、單字甚至偏旁的能力，很可能是習字者需要反復訓練纔能獲得的。益陽兔子山七號井出土簡牘含諸多技藝精湛之例，如簡 J7⑦：725+J7⑦：163 與 J7②：98+J7②：111（圖 3），薄至可從背面見其正面字迹。習字簡“刮削–習字–再刮削”現象或即其必經訓練過程。

① 陳夢家：《漢簡綴述》，304 頁。

② ［德］陶安：《試談里耶秦簡所見文書簡牘的再利用情況》，吉林大學古籍研究所、出土文獻與中國古代文明協同創新中心編《“出土文獻與學術新知”學術研討會暨出土文獻青年學者論壇論文集》，長春：吉林大學古籍研究所，2015，後收入里耶秦簡博物館等編，張忠煒主編《里耶秦簡研究論文集》，上海：中西書局，2021，135–164 頁。

儘管亦存在觚上局部刮削之例,如居延漢簡 128.2B 面、居延新簡 EPT53:49(圖 4),[①]觚就其厚度而言,訓練感并不比平型簡牘更嚴格貼近文書刮削需要。且從現有留存來看,古井窖簡與屯戍遺址簡所見木觚較少,作爲刮削練習産物的削衣確實更可能多來自平面型簡牘。

因此,就文書書寫與文書刮削而言,平型簡牘相較於觚更貼合習字者提升業務能力的需求。

簡 J7⑦:725+J7⑦:163	J7②:98+J7②:111

文獻來源:湖南省文物考古研究所、中國人民大學歷史係《湖南益陽兔子山遺址七號井出土簡牘述略》,《文物》2021 年第 6 期,74 頁。

圖 3　益陽兔子山遺址七號井簡牘薄削衣之例

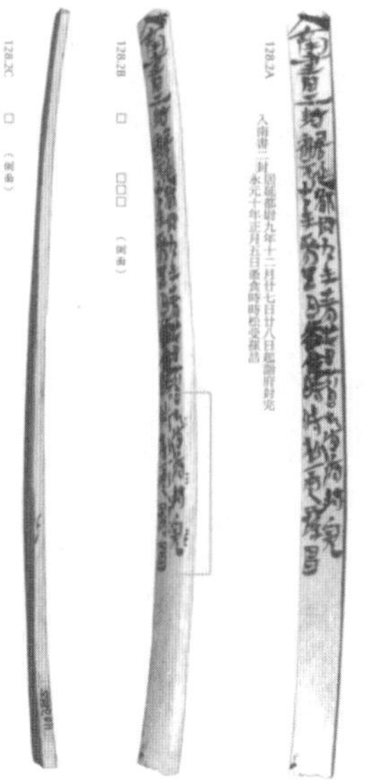	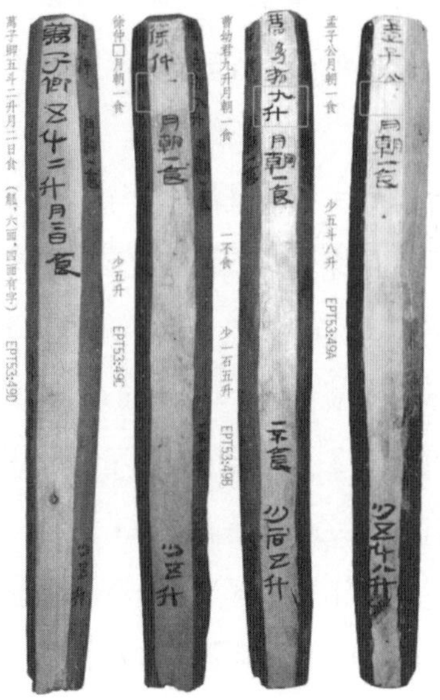
居延漢簡 128.2	居延新簡 EPT53:49

文獻來源:簡牘整理小組《居延漢簡(貳)》;張德芳主編《居延新簡集釋(四)》。

圖 4　觚上局部刮削之例

① 居延漢簡 128.2B 面殘留三字墨迹,似一次性縱向刮削所致。居延新簡 EPT53:49C 面第三字應屬刮削殘留墨迹,B 面"九升"似後書,A 面相近位置或亦曾有字被削去,ABC 三面"朝"字似刮削後再書,該觚或類似於陶安所言刮削單字重複使用的"表格"。

（二）文書格式的模仿與練習

此處强調文書書式與簡牘形制的結合。目前所見文書格式練習，包含對文書檢的模仿。例如肩水金關漢簡 73EJT10:38B 面（圖 5，左）。習字者似乎不僅是在抄寫以張掖太守府爲目的地的文書檢用語，更是在有意模仿或者模擬該文書檢的製作，之後利用該"檢"下方留白練習它字時，字形明顯收小，不破壞前一習字層次所模仿"檢"的形態。類似模仿文書檢格式且習字内容分層的現象，還見於益陽兔子山 7 號井簡牘 J7⑥11。該習字簡是對原正式文書檢的再利用。習字者在該簡正面原簡文附近對其逐字抄寫，但相較於原文書檢僅書收文地的省寫情形，習字者在收文地之下補書"發"字，可知其對文書檢格式有一定程度瞭解，并且習字意圖明確。而後習字者又在背面將其默寫一遍，儘管下方另習"敢言之"三字，字形明顯較上文收窄，簡面呈現出目的相異的上下兩個習字層次，且以文書檢爲主練習層次。

往來文書首句練習也時常結合文書格式，主要表現爲文句單獨書於簡首右側，與同簡其餘習字内容相區别。如里耶秦簡 8-1039（圖 5，中）：

> 卅年月丙子朔朔日，安陽守丞☐　Ⅰ
> 言之陽守丞，安陽☐　Ⅱ
> 廿五年六月丙子，計敢陽守敢言之☐　Ⅲ　　8-1039

該簡字迹前後一致，筆墨均勻不似有换筆，應爲同一人接連所書。其中第 2、3 列文辭不通，顯屬文書字詞練習。首列文句基本符合往來文書首句結構，包含具文年月、干支紀日、發文者職官，簡末所殘應含安陽守丞名與收文者信息，"月"字之上所遺數字，據字距可知，非後續刮削或字迹漫漶所致。不同於大庭脩所論單行簡居延漢簡 46.5 或屬正式文書誤書改習字，[①]該簡第 2、3 列練習内容散碎，書寫者中途完全擱置文書任務的可能性小，應是通篇專意習字，靠右首列屬文書首句練習。

秦始皇卅年、廿五年皆無"丙子朔"。[②] 許名瑲推測首列"丙子朔"爲"戊子朔"之訛，所脱月份爲"四"，即"卅年四月戊子朔朔日"。[③] 但"戊"與"丙"字形相去甚遠，同簡同時出現兩個不同年份并不存在的"丙子"，暗示首列文句可能既非製作文書時的無心之誤，亦非對現成

---

① ［日］大庭脩著，胡平生譯：《漢簡札記》，《西北民族研究》1993 年第 2 期，164 頁。
② 許名瑲：《秦曆朔日復原——以出土簡牘爲綫索》，簡帛網，2013 年 7 月 27 日。
③ 許名瑲：《〈里耶秦簡（壹）〉曆日校注補正》，簡帛網，2013 年 9 月 7 日。

文書的抄寫,是出於習字者的杜撰,[①]以致月份和朔日有所遺落和錯訛。習字者演習文書首句的内容與格式後,再於第2、3列重複練習所涉字詞和用語,如"敢言之""安陽守丞""廿五年六月丙子"、人名"計"等。

另一典型例子爲肩水金關漢簡73EJT23:762(圖5,右)。以下對其墨迹較深、字形較小的簡文字體加粗加下劃綫,區别於墨迹較淺、字形較大的另一層次:

居攝元年　朔乙□橐他候秉移肩水金關□□

亥朔午木△

□□□□府官　73EJT23:762A

入三乎時報發　置佐豐　73EJT23:762B

A面大字"亥"横筆末尾上翹,與B面小字"豐"末筆風格相似,且小字墨迹後書於大字而非原簡文殘留,雙面簡文應屬同一人習字,習字層次可分爲二。書寫在前的AB面大字屬文書用字練習。書寫在後的A面首列小字"居攝元年",與第二列大字"亥"横筆之間簡面泛白,應是曾有月份及該月朔日干支被削去,而"朔乙□"等字爲避開第2列大字"亥朔"墨迹,書寫位置下移,以致與上文原干支相隔過遠。[②] 可以確定,插空後書的深色小字是對轉呈公文的練習。"府官"之上所削去的内容,參照簡73EJF3:39B"移肩水金關遣吏奏檄詣府官除如牒書到",或爲"遣吏奏檄詣"。該習字者不僅是在練習文書首句,更着意完整練習轉呈公文的文書格式,即首句靠右側頂格書寫,保持文書用字大小,甚至在背面左下方題寫書手身份與名字"置佐豐"。前後兩習字層次皆筆墨成熟,字詞練習有草意,文書練習保持端正隸風。

對簿籍文書格式的練習如前揭"徐宗簡"(圖5,右)。儘管B面第5、6欄與第3欄性質重複,其標題與正文字形大小的變化,以及正文部分的分欄書寫形式,體現習字者有意模擬簿籍格式。

---

① 爲練習文書格式而杜撰内容的習字方式,暫時未見完全確定的例子。里耶秦簡所見朔日有誤諸例,也可能源於杜撰式習字方式,如里耶秦簡8-27"石。卅五年九月乙丑朔",許名瑲指出卅五年九月應爲丁亥朔,卅五年五月己丑朔。但該簡下端削尖,單面寫字且上下字迹一致,似刮治文書檢後習字,而非書吏無心之誤。此外里耶秦簡8-562+8-1820似諸官之間的付受券,暫不能確定是習字還是正式券書,許名瑲指出其朔日亦有誤。參見許名瑲《〈里耶秦簡(壹)〉曆日校注補正》,簡帛網,2013年9月7日。

② 該簡深色殘留小字的字形大小與間距穩定,"朔"與"年"字之間除去被刮削的月份干支字,仍明顯多出2至4個字符距離。

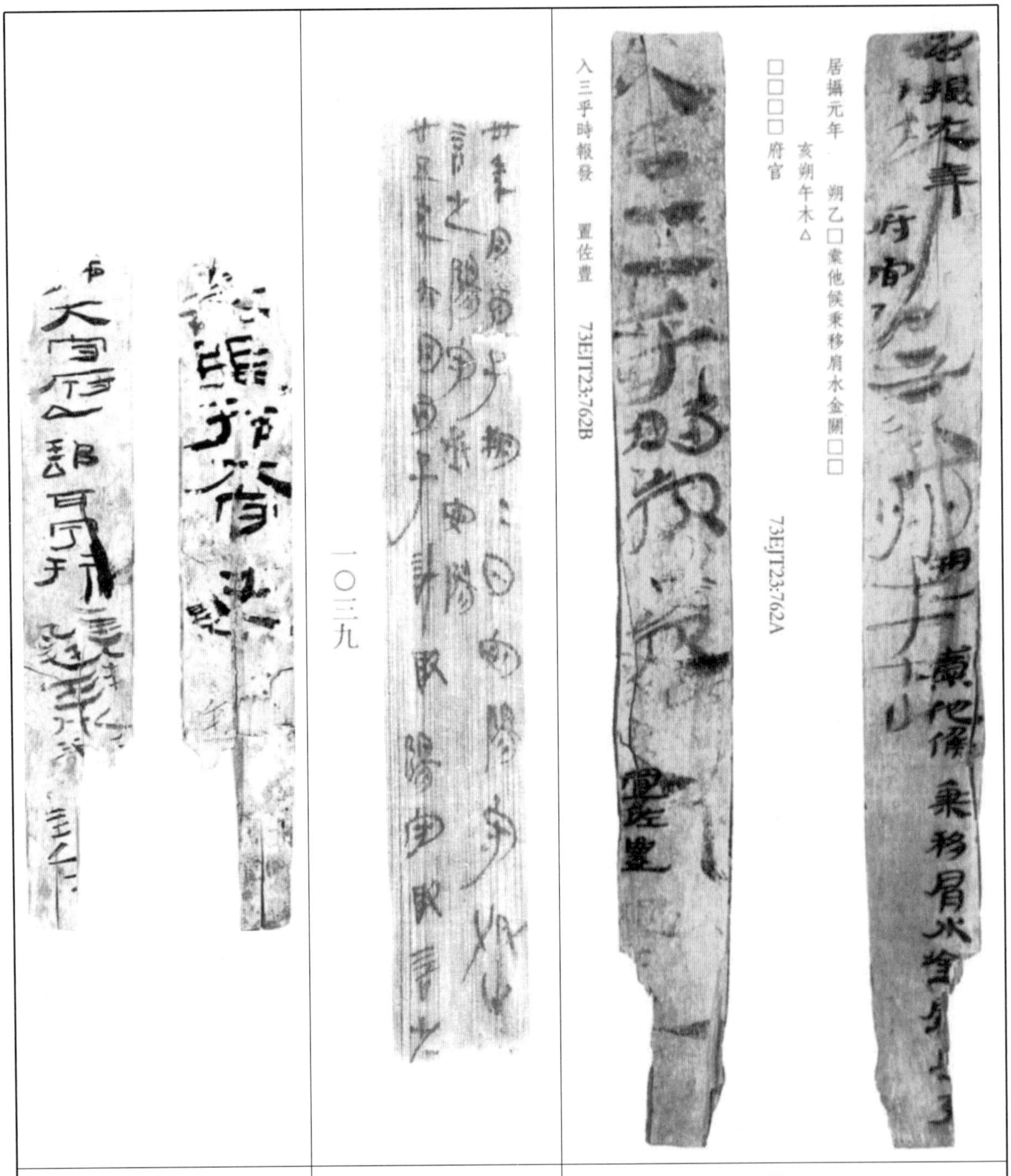

肩水金關漢簡 73EJT10:38	里耶秦簡 8-1039	肩水金關漢簡 73EJT23:762

資料來源:甘肅簡牘保護研究中心等《肩水金關漢簡(壹)》《肩水金關漢簡(貳)》;湖南省文物考古研究所《里耶秦簡(壹)》。

圖5　文書格式練習之例

儘管結合文書格式習字之例目前較少,年月、干支、職官名稱、“敢言之”之類常見文書用語練習多不結合格式,但後者本屬針對單個字詞的重複書寫,并非意在抄寫或者模擬正式文書文句。習字者在練習文書首句乃至模擬整份文書時,應會有意結合其格式,在這一意義上,平面型簡牘呈現出其對於文書習字的物質性特質。

二　吏卒習字與識字量

關於基層吏卒識字水準,張家山漢簡《二年律令·史律》簡475-476備受關注:

> 試史學童以十五篇,能風(諷)書五千字以上,乃得爲史。有(又)以八體(體)試之,郡移其八體(體)課大(太)史,大(太)史誦課,取寂(最)一人以爲其縣令史,殿者勿以爲史。三歲壹并課,取寂(最)一人以爲尚書卒史。

該律又見《漢書·藝文志》與《説文解字·叙》所載尉律,①僅諷書字數別爲"九千字"。

早於張家山漢簡的公布,池田雄一懷疑"九"爲"三""四"或"五"之誤,"三千"相當於《蒼頡篇》字數,且恰與簡牘有用字總量一致。② 邢義田認爲并非字誤,秦及漢初要求能識5000字,至西漢中期以降增爲9000字。③ 但趙平安指出"十五篇"屬史類吏員專業書,已不以識字爲目的,且含重複字。④ 諷書字數要求不當等同於識字量。

圍繞"史",籾山明結合字書習字所見書體視之爲"用帶有篆意書體書寫的能力"。⑤ 高村武幸懷疑此律未必能够反映漢初實際情形,基層屬吏真正達到的文字水準,可能低於要求某種書體知識的任用資格"史"。⑥ 邢義田指出書體僅課考於揄史之後,"史"似包含文書遣詞能力,邊地爲吏要求可能較低,以致"能書"便能出任原需具"史"資質的吏。⑦ 對冨谷至"能書"爲無實義套語一説,⑧邢義田舉文書所見"頗能書""能書毋它能"等評語,推測其程度有級差,而非虚指。⑨

至於支撑"能書"乃至於"史"能力的基本識字量,從吏卒具體識字用字過程或可看出,低於《蒼頡篇》字量,與實際文書用字情形相關。以下試以地名練習、字書效用、爲吏過程爲

---

① 分别參見《漢書》卷三〇《藝文志》,北京:中華書局,1962,1721頁;[漢]許慎撰,[宋]徐鉉校定:《説文解字》卷一五上,北京:中華書局,1963,315頁。
② [日]池田雄一著,鄭威譯:《中國古代的聚落與地方行政》,上海:復旦大學出版社,2017,603-624頁。
③ 邢義田:《漢代〈蒼頡〉、〈急就〉、八體和"史書"問題——再論秦漢官吏如何學習文字》,596-598頁。
④ 趙平安:《新出〈史律〉與〈史籀篇〉的性質》,收入其著《隸變研究》,保定:河北大學出版社,2009,160-170頁。
⑤ [日]籾山明:《削衣、觚、史書》,95-96頁。
⑥ [日]高村武幸著,傅江譯:《漢代地方少吏的任用與文字知識》,《日本中國史研究年刊》刊行會編《日本中國史研究年刊·2006年度》,上海古籍出版社,2008,88-108頁。
⑦ 邢義田:《漢代〈蒼頡〉、〈急就〉和"史書"問題——再論秦漢官吏如何學習文字》,604-605、650頁。
⑧ [日]冨谷至著,劉恒武、孔李波譯:《文書行政的漢帝國》,南京:江蘇人民出版社,2013,96-99頁。
⑨ 邢義田:《漢代邊塞隧長的文書能力與教育——對中國古代基層社會讀寫能力的反思》,49-55頁。

綫索論證吏卒識字量與文書庶務常用字的關係。

(一)習字簡所見地名練習的地域性

習字簡所見地名練習,相較於小學教育裹體現天下視野的“五方”之名,[①]多與各自文書往來所涉行政區劃名稱相關,有明顯的地域性。考察本文所論四種簡牘與益陽兔子山遺址七號井簡牘,遷陵縣廷、[②]益陽縣廷、甲渠候官、肩水金關的地名練習情形可梳理爲以下四表。需指出,習字簡所見地名未必皆屬地名練習,原簡文殘留部分、不能確定是否屬於習字者、不能確定所習地名全名或者性質者,暫不納入統計範圍。

表1　遷陵縣廷遺址所見習字簡地名練習頻率表[③]

地名	性質	簡號	頻數	占總體	占同級
郡一級					
洞庭	本縣上屬郡	8-1446;8-2164[④]	2	7.41%	50.00%
【巴】	它郡	8-1041+8-1043	1	3.70%	25.00%
蜀	它郡	8-1041+8-1043	1	3.70%	25.00%
縣一級					
遷陵	本縣	8-202;8-912;8-1041+8-1043;9-1884;9-1892;9-2290	7	25.93%	38.89%
酉陽	同郡它縣	8-1471+8-1480;9-1858;9-1884	3	11.11%	16.67%
安陽[⑤]	同郡它縣	8-1039	1	3.70%	5.56%
臨沅	同郡它縣	8-1460	1	3.70%	5.56%
沂陽	它郡轄縣	8-882;8-1433	2	7.41%	11.11%

---

① 《漢書》卷二四《食貨志上》云“八歲入小學,學六甲五方書計之事,始知室家長幼之節”,顧炎武釋:“五方者,九州嶽瀆列國之名”。胡平生據《英藏》習字削衣所見地名“行唐”“邯鄲”“黑陽”,推測《蒼頡篇》也如爲東漢人所補充後的《急就篇》一樣,含有地名章。但目前所見習字簡除此《英藏》3枚之外,暫未見更多這一類型地名練習。參見金少英集釋,李慶善整理《漢書食貨志集釋·食貨志上》,北京:中華書局,1986,37頁;胡平生《英國國家圖書館藏斯坦因所獲簡牘中的〈蒼頡篇〉殘片研究》,69-70頁。

② 里耶秦簡除遷陵縣廷文書之外,還有少量諸官文書,劉自穩推測因爲諸官距縣廷較近,這些簡牘偶或混入城内。此處爲論述之便,暫不考慮里耶秦簡所見習字簡或出自諸官而非縣廷的可能性。參見劉自穩《試析里耶秦簡的所屬機構》,《國學學刊》2020年第2期,5-12頁。

③ 各地名歸屬主要參考晏昌貴《里耶秦簡牘所見郡縣名録》,《歷史地理》2014年第2期,139-150頁;晏昌貴《里耶秦簡牘所見郡縣訂補》,《歷史地理研究》2019年第1期,50-57、160-161頁。

④ 該簡上殘,正面僅見“守禮言如是如”。里耶秦簡當中,僅見洞庭守以禮爲名,如簡8-61+8-293+8-2012“洞庭守禮謂遷陵嗇夫”、簡8-657“洞庭守禮謂縣嗇夫”、簡8-755“洞庭守禮謂遷陵丞”、簡8-2159“庭守禮”、簡9-2283“洞庭守禮謂縣嗇夫”以及簡16-5“洞庭守禮謂縣嗇夫”,本簡應亦指洞庭守禮。

⑤ 晏昌貴將安陽歸漢中郡,但鄭威指出安陽應在沅水北岸,沿沅水構成“上衍—安陽—沅陵”一綫。此處從鄭威,將安陽歸爲本郡它縣。參見鄭威《秦洞庭郡屬縣小議》,《江漢考古》2019年第5期,89-94頁。

續表

地名	性質	簡號	頻數	占總體	占同級
枳	它郡轄縣	8-1437	1	3.70%	5.56%
孱陵	它郡轄縣	8-1444	1	3.70%	5.56%
江陵	它郡轄縣	8-1444	1	3.70%	5.56%
陁陽	它郡轄縣	8-2188	1	3.70%	5.56%
鄉一級					
貳春鄉	本縣轄鄉	9-729;9-1892;9-2290	3	11.11%	100.00%
里一級					
武昌	它郡轄里	8-745;8-1437	2	7.41%	100.00%

資料來源:陳偉主編《里耶秦簡牘校釋(第一卷)》《里耶秦簡牘校釋(第二卷)》。

表 2　益陽縣廷遺址所見習字簡地名練習頻率表

地名	性質	簡號	頻數	占總體	占同級
王國一級					
長沙	上屬國	⑦48	1	2.86%	7.69%
内史	上屬國機構	③35+③128;④2;④20;⑥21;⑥23;⑦16;⑦21;⑦48;⑦662	9	24.24%	69.23%
丞相	上屬國機構	⑥23;⑤壹 170;⑦48	3	8.57%	23.08%
縣一級					
益陽	本縣	②24;③35+③128;④5;④7;④20;④35;④51;④128+④129;④141;⑤壹 170;⑥5;⑥13;⑥23;⑥46+⑤壹 200;⑥86;⑦6;⑦50;⑦60	18	51.43%	94.74%
安陽	同王國它縣	⑤壹 158+⑤壹 30	1	2.86%	5.26%
鄉一級					
下資	轄鄉	④17	1	2.86%	50%
買鄉	轄鄉	⑥54	1	2.86%	50%
里一級					
成里	轄里	④91	1	2.86%	100%

資料來源:湖南省文物考古研究所《益陽兔子山遺址七號井出土簡牘》(待刊)。

表3　甲渠候官遺址所見習字簡地名練習頻率表

地名	性質	簡號	頻數	占總體	占同級
郡一級					
張掖	本候官上屬郡	259.13;267.2;285.9	3	12.00%	100.00%
都尉府、縣一級					
居延	本候官所屬都尉府或本郡縣	190.8;234.27;283.10;EPT48:130;28.21;259.7;276.6;285.9;EPT50:207;24.1;160.9;EPT49:53	12	48.00%	100.00%
候官一級					
甲渠	本候官	285.9;28.21; EPT3:11;EPT4:53;EPT48:29	5	20.00%	100.00%
隧、里一級					
三塂隧	本候官所轄隧	24.1	1	4.00%	20.00%
帡庭隧	本候官所轄隧	EPT51:83	1	4.00%	20.00%
西道里	同郡所轄里	24.1	1	4.00%	20.00%
平明里	同郡所轄里	EPT49:53	1	4.00%	20.00%
人昌里	同郡所轄里	EPT49:53	1	4.00%	20.00%

資料來源:簡牘整理小組《居延漢簡(壹—肆)》;張德芳主編《居延新簡集釋(一—七)》。

表4　肩水金關遺址所見習字簡地名練習頻率表

地名	性質	簡號	頻數	占總體	占同級
郡一級					
張掖	本關上屬郡	73EJT4:209;73EJT10:38;73EJT10:123;73EJT23:172;73EJT24:49;73EJT25:150;73EJT26:45;73EJT37:726;73EJC:527;72EJC:245	10	40.00%	100.00%
都尉府一級					
居延	同郡它都尉府或同郡轄縣	73EJT6:126;72EJC:234;73EJT9:62	3	12.00%	50.00%
肩水	本關上屬都尉府	73EJT9:316;75.10;	2	8.00%%	50.00%
候官一級					
肩水金關	本關全稱	73EJT4:214;73EJT23:762;73EJT24:27;73EJT33:75;72EJC:244;72EJC:246	6	24.00%%	85.71%

續表

地名	性質	簡號	頻數	占總體	占同級
橐他候	同都尉府它候官	73EJT23:762	1	4.00%	14.29%
隧與里一級					
河上	同都尉府它候官隧	73EJF1:29	1	4.00%	33.33%
(宜?)便里	本郡它縣轄里[①]或內郡侯國里[②]	73EJT3:41	1	4.00%	33.33%
春成里	它郡轄里	73EJF3:345	1	4.00%	33.33%

資料來源:甘肅簡牘保護研究中心等《肩水金關漢簡(壹—伍)》。

遷陵縣廷習字簡所習地名以縣名頻率最高,包含本縣名、本郡它縣名以及它郡轄縣名,本縣名頻率尤高,但所習縣名數相對於郡轄縣總數覆蓋率低。郡名練習側重於本郡名。所習鄉、里名僅見本縣三轄鄉之一“貳春鄉”與蜀郡“武昌(里)”。

益陽縣廷習字簡所習地名亦以縣名頻率最高,但幾乎都是本縣名,僅 1 例同王國它縣名,其次上屬王國及其機構名,“内史(府)”爲主,“丞相(府)”次之。所習鄉里名僅本縣“下資鄉”“買鄉”“成里”。

甲渠候官習字簡所習地名以本候官所屬都尉府名頻率最高,其次本候官名。對郡名、都尉府名、候官名的練習呈現單調性,[③]隧、里名練習覆蓋率亦低,多爲練習文書時所照録。

肩水金關習字簡所習地名以本關所屬郡郡名頻率最高,其次本關名。對本郡兩都尉府名皆有所涉。對同都尉府它候官名,隧、里名皆僅偶涉。

比較可知:四者對它郡國名的練習頻率皆低,僅遷陵縣廷有 1 枚包含對巴、蜀郡名的練習,相關有 2 枚涉及蜀郡里名。這或許和洞庭郡與巴、蜀兩郡的行政事務往來密切程度,更高於與它郡之間程度有關。[④] 就遷陵、益陽縣廷而言,縣一級可跨郡直接往來文書,對它郡縣人員籍貫的表述亦不必冠以郡名。而甲渠候官與肩水金關或因對外郡上行文書較少,衹對

① 簡 73EJH2:2“公乘番和宜便里年卅三歲姓吴氏故驪靬苑斗食嗇夫迺神爵二年三月辛”,有“宜便里”。

② 簡 73EJT8:40“戍卒潁川郡周子南國西便里公乘杜市年卅二”有“便里”。

③ 湖南益陽兔子山遺址七號井習字簡所習縣鄉里名亦局限於本縣,但這或許與簡牘本身多殘斷,七號井簡牘數量有限,未必體現益陽縣廷習字全貌有關。

④ 晏昌貴指出,在目前里耶秦簡所見縣道邑名當中,除了本郡其他屬縣(道)之外,數量最多者屬南郡,其次漢中、蜀、巴郡、内史,與之東面緊臨的蒼梧郡却只有 1 或 2 縣,説明秦遷陵縣與其北、西面郡縣的聯繫遠緊密於東面其他郡縣。這在里耶秦簡所見習字簡中似亦有所對應,其中所習地名除巴郡、蜀郡地名之外,所習它郡屬縣名“孱陵”“江陵”“枳”“沂陽”亦分別屬於北面、西面的南郡、巴郡、上黨郡,唯一所習里名“武昌”亦爲蜀郡里名。又,據吴方基對里耶秦簡所見遷陵縣吏籍貫可考者的統計,來自巴、蜀兩郡者居多,上至縣丞,下至佐史,或亦是其聯繫緊密程度的體現。參見晏昌貴《里耶秦簡牘所見郡縣名録》,《歷史地理》2014 年第 2 期,150 頁;吴方基:《里耶秦簡“日備歸”與秦代新地吏管理》,《古代文明》2019 年第 3 期,69 頁。

本郡負責。

四者對本機構名的練習頻率皆高,遠甚於同層級它名。肩水金關習字未見它關津名,它候官名亦僅1例。甲渠候官習字未見它候官名。益陽縣廷習字僅見1例它縣名。但遷陵縣廷除高頻練習本縣名之外,所習它縣名頗爲多樣、且不限於本郡。

四者對上屬區劃及其機構名練習頻率皆高,其中甲渠候官或因與都尉府的聯繫比郡更緊密,"居延"頻率高於"張掖",益陽或因與内史聯繫更密切,"内史(府)"頻率高於"丞相(府)"。但四者對級别較低的里、隧名練習頻率皆低,似僅抄寫文書内容而涉及。同時,四者文書用語練習當中,"敢言之"之類上行用語頻率遠高於"敢告""謂"等平行或下行用語。

整體而言,四者對各級别地名的練習并不采取如字書一般集中排列、系統練習的方式,練習程度與各自文書政務特徵有關,各具地域性。遷陵縣廷習字簡所習地名多樣性最强,益陽縣廷習字簡"内史"練習頻率尤高,肩水金關與甲渠候官地名練習亦側重於上屬機構,較少涉及同級别地名,甲渠候官地名練習甚至呈現"封閉"性。四者對低於自身級别的里名、隧名習字意圖較弱。

(二)字書《蒼頡篇》的實際效用

《蒼頡篇》是秦漢吏民識字教育的主要内容之一,但對於以吏途爲習字目的的基層吏卒而言,《蒼頡篇》可能并不爲基層習字者所通篇掌握,其實際效用甚至可能以精神層面上的鞭策與鼓勵爲重。以下試從習字簡所見《蒼頡篇》習字情形與《蒼頡篇》本身的容字特徵兩方面加以論證。

《蒼頡篇》的習字情形可見以下三點:

其一,《蒼頡篇》習字簡多練習其首章及首章附近章節。據梁静統計,今所見《蒼頡篇》習字簡内容即以第1章居多,其次是第5章與"書人名姓"章。[①] 白軍鵬認爲這是習字者未及投入完整的學習精力,習字進度停滯在字書首章所致。[②] 但與此相比,出土所見《急就篇》習字簡却篇章分散,[③]儘管《蒼頡篇》習字簡與《急就篇》習字簡暫難分出是否有時代差異和先後更替關係,[④]無法排除不同時代邊塞吏卒習字精力條件差異等因素,似不可直接否定《蒼頡篇》與《急就篇》於基層吏卒而言實際效用不同的可能性。

其二,練習頻率較高的第1、第5章似體現習字者對其説教性質篇章的側重。關於《蒼頡

---

① 梁静:《出土〈蒼頡篇〉研究》,1-25頁。

② 白軍鵬:《習字簡中的〈蒼頡篇〉首章及相關問題》,中國古文字研究會、吉林大學中國古文字研究中心編《古文字研究》第32輯,北京:中華書局,2018,517-521頁。

③ 參見陳直《蒼頡篇急就篇的殘簡》,收入其著《居延漢簡研究》,天津古籍出版社,1986,144-148頁;何雙全《敦煌居延漢簡〈急就章〉殘簡輯訂》,高國祥主編《文獻研究》第1輯,北京:學苑出版社,2010,94-99頁;張傳官《出土散見〈急就篇〉資料輯録》,中國古文字編輯委員會編《中國文字》(新42期),103-122頁;張傳官《〈肩水金關漢簡〔伍〕〉所見〈急就〉殘簡輯校——出土散見〈急就〉資料輯録(續)》,227-234頁。

④ 邢義田:《漢代〈蒼頡〉、〈急就〉、八體和"史書"問題——再論秦漢官吏如何學習文字》,650-651頁。

篇》練習篇章集中,同時值得注意的是,同批習字簡中尤其衹有第 1 章出現反復書寫的現象。將此歸因於首章位置靠前、更易受初習者關注之外,似更應考慮其在内容上相較於其他章節的特殊性。學者所復原的《蒼頡篇》第 1、第 5 章如下:

蒼頡作書,以教後嗣。幼子承昭,謹慎敬戒。
勉力風誦,晝夜勿置。苟務成史,計會辨治。
超等軼群,出尤别異。初雖勞苦,卒必有憙。
慤願忠信,微密倓塞。侭侫齋疾。(《蒼頡篇》第 1 章)①
戲業書插,顛願重該。已起臣僕,發傳約載。
趣遽觀望,行步駕服。逋逃隱匿,往來□□。
漢兼天下,海内并廁。胡無噍類,菹醢離異。
戎翟給賨,百越貢織。飭端脩法。(《蒼頡篇》第 5 章)②

第 1 章主要表達對晝夜諷誦《蒼頡篇》的勉勵,以及對"史"所需達到素質的期許。第 5 章主要宣揚漢朝建立以來的功績。胡平生將《蒼頡篇》的句式結構分爲陳述式與羅列式,指出第 1、5 章屬於前者,在《蒼頡篇》中的比重較小。③《蒼頡篇》習字者若主要以提高識字水準爲訴求,其高頻練習的部分更當出現於羅列式章節,集中於首章似正體現出其對《蒼頡篇》精神説教與鼓勵作用的側重。與《蒼頡篇》相較,《急就篇》首章的説教性質明顯弱化,兹舉敦煌漢簡 1972:

急就奇觚與衆異羅列諸物名姓字分别部居不雜廁
第一 用日約少誠快意勉力務之必有熹請道其章宋延年 1972A
鄭子方衛益壽史步昌周千秋趙孺卿爰展世高辟兵 1972B

相較於《蒼頡篇》首章通篇勉勵與期許之語,《急就篇》首章簡單介紹"急就奇觚"的内容結構及其簡約高效的實用性之後,直接進入正文羅列姓名,體現强烈的實用性。

其三,僅見《蒼頡篇》首章與文書習字相混合的現象,《蒼頡篇》首章對習字者可能確實别具某種潛意識層面的影響。例如敦煌漢簡 1975 在文書習字之後,空白處有默書"蒼頡作"三字,居延漢簡 183.11 背面則在練習"伏地再拜"等語過程中,插入"蒼頡作"。鑒於鮮見文書習字與《蒼頡篇》其他章節混寫的例子,似乎習字者對《蒼頡篇》首章尤其印象深刻,"蒼頡

① 參見張傳官《關於〈蒼頡篇〉第一章的復原》,612-613 頁。
② 梁静:《出土〈蒼頡篇〉研究》,71-72 頁。
③ 胡平生、韓自强:《〈蒼頡篇〉的初步研究》,《文物》1983 年第 2 期,35-40 頁。

作書"等語仿佛是《蒼頡篇》乃至習字激勵本身的象征,嵌進了習字者的練習習慣當中。據此不妨推測,《蒼頡篇》對邊塞習字者的效用并不側重於識字,而側重於對習字行爲的説教與鼓勵,或者至少後者效用占有相當比重。文書習字簡多見的簡單常用字練習或許是其旁證。

《蒼頡篇》不爲吏卒所通習的可能性或見於其容字特徵。《漢書·藝文志》:

> 蒼頡多古字,俗師失其讀,宣帝時徵齊人能正讀者,張敞從受之,傳至外孫之子杜林,爲作訓故,并列焉。①

籾山明認爲《英藏》字書削衣所見篆書書體即"多古字"之義,將其視爲某種皇族素養。② 邢義田反對皇族素養説,指出字書作爲一種長時存在的傳統,其書體演變相較於通行書體有滯後性,但大、小篆與隸書同屬一系而於時人未遠,掌握篆書書體應屬爲吏基本素養。③ 然則"多古字"另可能側重於音義之失。如阜陽漢簡所見,漢初已有隸書體《蒼頡篇》,宣帝時期對《蒼頡篇》的理解障礙可能不在於書體變遷,更在於這些古字多非常用字,以致失其正讀。宣帝特地從齊地徵辟能正讀者,似説明這些非常用字主要留存於經籍,而非文書用字。

《蒼頡篇》多經籍生僻字,這與其字彙性質有關。《漢書·藝文志》所載秦漢字書中,除去完全取字於《蒼頡篇》的《急就篇》與《元尚篇》、被揚雄吸納的辭賦用字字彙《凡將篇》,④ 自秦"三蒼"至漢初閭里書師《蒼頡篇》,揚雄《蒼頡訓纂篇》以及班固的續章,再至許慎《説文解字》,呈現出盡可能收容當時各領域有用字的趨向。《蒼頡篇》作爲這一系字彙之始,容字程度應已超出日常文書庶務需求。

《蒼頡篇》相較於《急就篇》,其内部詞句語義關聯之弱亦增加通篇理解乃至記誦的難度。⑤《急就篇》之前水泉子漢簡七言本《蒼頡篇》的出現,或正説明四言本《蒼頡篇》本不適於童蒙教學,因而纔需對其加以敷衍和注釋。⑥

《蒼頡篇》不被普遍通習的可能性或還印證於漢代官制。《通典》引《漢官儀》云"能通蒼頡史籀篇,補蘭臺令史"。⑦ 蘭臺令史六百石,可知通此二書并非一般吏卒所需。

---

① 《漢書》卷三〇《藝文志》,1721 頁。

② [日]籾山明:《削衣、觚、史書》,93-97 頁。

③ 邢義田:《漢代〈蒼頡〉、〈急就〉、八體和"史書"問題——再論秦漢官吏如何學習文字》,600-608 頁。

④ [日]池田雄一著,鄭威譯:《中國古代的聚落與地方行政》,610-612 頁。

⑤ 周飛、時遂營分析《急就篇》對《蒼頡篇》相近文句的改造情況,指出《蒼頡篇》内部詞句之間缺乏語義關聯,認爲《蒼頡篇》是秦統一文字所用的文字彙編,目的在於羅列規範字的字樣,并非服務於閲讀,衹因秦焚書之後漢初閭里書師并無更爲適合的教本,因而暫借這一不便閲讀與理解的文字彙編爲識字素材。參見周飛、時遂營《〈蒼頡篇〉與〈急就篇〉關係初探》,李學勤主編《出土文獻》第 12 輯,上海:中西書局,2018,257-271 頁。

⑥ 福田哲之指出,七言本於《蒼頡篇》四字句基礎上所加上的三字是爲了增進其理解與識字學習的便利,屬於廣義上具有注釋性質的訓蒙書。參見[日]福田哲之《水泉子漢簡七言本〈蒼頡篇〉考——在〈説文解字〉以前小學書中的位置》,簡帛網,2010 年 11 月 26 日。

⑦ 《通典》卷二二《職官四》自注"令史",北京:中華書局,1988,609 頁。

因此,多含經籍古字、不易記誦,具有相當深度的《蒼頡篇》,可能不爲以文書庶務爲習字目的的基層習字者所通篇掌握,《蒼頡篇》於基層吏卒而言的實際效用很可能相當部分屬精神鼓勵與鞭策。甚至或許,在《急就篇》流行以前,是文書習字而非字書習字構成了吏卒識字的更重要途徑。

(三)爲吏之路各階段習字用字程度

至此試進一步推論,至少在《急就篇》流行以前,基層吏卒的識字量基本低於《蒼頡篇》的 3000 字量,[①]相近於文書常用字的字量 1200 餘,[②]之後稍增至《急就篇》字量 1600 餘。[③]

秦漢時期用字的高度集中性,可旁證吏卒識字量與文書常用字量的關係。張林統計已公布的西漢早期簡牘,指出其用字高度集中,常用字量占比小但使用頻率高,出現 10 次以上者有 1228 字,占總字量 32.9%但使用覆蓋率達 94.2%,即掌握 1200 字餘便能閱讀其時將近 95%的文獻。[④] 秦代文獻與漢代中後期用字情形或與之相近。[⑤]

基層爲吏之路各階段習字、用字活動亦能反映識字量。

秦漢基層入吏途徑包括作爲史子習於學室和作爲小吏以吏爲師。[⑥] 後者如王尊、路温舒的經歷:

> 王尊字子贛,涿郡高陽人也。少孤,歸諸父,使牧羊澤中。尊竊學問,能史書。年十三,求爲獄小吏。數歲,給事太守府,問詔書行事,尊無不對。太守奇之,除補書佐,署守屬監獄。[⑦]

---

① 池田雄一注意到唐人張懷瓘《書斷》"(程邈)爲隸書三千字,秦之始皇,善之,用爲御史"之説,推測《蒼頡篇》總字數 3300 除去重複字,可能近於程邈所作隸書字數。參見[日]池田雄一著,鄭威譯《中國古代的聚落與地方行政》,610 頁。

② 關於文書常用字的字量,詳見下揭張林的觀點。

③ 《急就篇》的字量,經東漢人添加以前共 1953 字,除去重複的 335 字,爲 1618 字。參見張存良《〈蒼頡篇〉的版本、流傳、亡佚和再發現》,《甘肅社會科學》2015 年第 1 期,90 頁。至於《急就篇》的用途和目的與文書撰寫的關係,參見[日]冨谷至著,劉恒武、孔李波譯《文書行政的漢帝國》,113-118 頁。

④ 張林:《西漢早期簡牘字量研究》,華東師範大學碩士學位論文,2017,61-69 頁。

⑤ 暫未見秦與西漢中後期簡牘用字字頻統計。池田雄一注意到佐野光一《木簡字典》字量與《蒼頡篇》字量相近,認爲 3000 字即日常政務有用字字數,但秦以文書簡里耶秦簡和律令簡睡虎地秦墓竹簡爲例,漢中後期以文書簡肩水金關漢簡爲例,文字編字量皆在 2000 字之下,這或即秦漢時期用字集中的體現,實際文書用字程度遠低於簡牘文獻總字量。參見[日]池田雄一著,鄭威譯《中國古代的聚落與地方行政》,621-622 頁;張守中撰集《睡虎地秦簡文字編》,北京:文物出版社,1994;蔣偉男編著《里耶秦簡文字編》,北京:學苑出版社,2018;任達《肩水金關漢簡(壹)文字編》,吉林大學碩士學位論文,2014;葛丹丹《肩水金關漢簡(貳)(叁)文字編》,碩士學位論文,吉林大學,2019。

⑥ 張金光持此觀點。另外,魯家亮認爲里耶秦簡所見"小史"是揄史之後,正式任爲屬吏之前的一種基層小吏,至漢代,其年齡和入職標準變低,不必預先取得"史"的資格。但傳世文獻可見低於 17 歲的秦代小吏,如"高祖東擊項籍,過河内,時奮年十五,爲小吏,侍高祖"。參見張金光《論秦漢的學吏制度》,《文史哲》1984 年第 1 期,30-39 頁。魯家亮《里耶秦簡所見"小史"芻議》,出土文獻與中國古代文明研究協同創新中心中國人民大學分中心編《出土文獻的世界:第六屆出土文獻青年學者論壇論文集》,上海:中西書局,2018,92-102 頁。《史記》卷一〇三《萬石張叔列傳》,北京:中華書局,1982,2763 頁。

⑦ 《漢書》卷七六《王尊傳》,3226-3227 頁。

路温舒字長君,鉅鹿東里人也。父爲里監門。使温舒牧羊,温舒取澤中蒲,截以爲牒,編用寫書。稍習善,求爲獄小吏,因學律令,轉爲獄史,縣中疑事皆問焉。①

結合張家山漢簡《史律》,可將“爲吏之路”歸納爲:

史子之途:史子(小學後)+“十五篇”諷書五千字以上=史
小吏之途1:小吏(能史書)+數歲=書佐
小吏之途2:小吏(稍習善)+學律令=獄史

進而對基層屬吏識字量分3步考察:

第1步,史子、小吏的起始文字學習程度。
第2步,作爲小吏期間的學習程度。
第3步,正式屬吏應對文書庶務所需基本文字量。

第1步:若是史子之路,學於學室,識字量可達《蒼頡篇》3000餘字。② 若是小吏之路,如王尊“竊學問”而13歲爲小吏,按8-15歲③或9-14歲④在小學,王當時字量似達3000;或如路温舒,僅自學“稍習善”。路的編聯習字方式值得注意。今所見字書習字簡皆無編聯痕迹。玉門花海3枚同一人所書《蒼頡篇》習字簡,皆正背面寫畢再移另簡,并無編聯否則無法順序誦讀。⑤ 結合以觚習字、所習篇章集中、同簡重複練習首章等現象似可推測,時人練習《蒼頡篇》等字書時,不注重章節結構,僅隨時練習部分語句,并不以篇爲單位謄抄。可知路即便在自學字書,至多先謄一遍範本,并非反復整篇抄寫,且書中古字應非兒童自學所能掌握,甚至可能,其編聯木牘的目的側重於熟練簡册書寫而非字書内容。可知其自學字量不能確保3000字。求爲小吏者最低起始識字程度可能原就已在《蒼頡篇》字量之下。

第2步:王和路原皆獄小吏,除吏後也皆從事與獄事相關的文書工作,王所曆“數歲”應與路所曆“學律令”相近。法律文獻如睡虎地秦墓竹簡與張家山漢簡總字量皆在兩千字之

---

① 《漢書》卷五一《路温舒傳》,2367頁。

② 關於史子所受小學教育的討論,參見趙平安《新出〈史律〉與〈史籀篇〉的性質》,165-168頁。

③ 《漢書》卷二四上《食貨志上》,1122頁。

④ 《四民月令輯釋》正月:“研凍釋,命幼童入小學,學篇章。”“幼童”本注:“謂九歲以上至十四。”《四民月令校注》校注部分雖亦指出應從《齊民要術》引文,正文仍保留《玉燭寶典》“謂十歲以上至十四”。兹不引《四民月令校注》,引《四民月令輯釋》。參見[漢]崔寔著,繆啓愉輯釋《四民月令輯釋》,北京:農業出版社,1981,2頁。

⑤ 嘉峪關市文物保管所:《玉門花海漢代烽燧遺址出土的簡牘》,甘肅省文物工作隊、甘肅省博物館編《漢簡研究文集》,蘭州:甘肅人民出版社,1984,24頁。

下,[①]即便西漢中期以後律令日益繁雜,用字範圍與用字集中性應不殊異,可知王、路爲小吏"學律令"期間的識字量應無跨越性增長。其他類别小吏的情形應亦相似。這一階段,相較於提高識字量,培養讀寫文書、通曉律令的實際應用能力更可能是其以吏爲師的主要目標。

第3步:如前揭秦漢用字所具高度集中性,對日常庶務,基層屬吏似仍無需大幅提升識字量。評語"能書""頗能書""能書毋它能"若確有實義差别,其中或爲最次的"毋它能"似説明,這些用語旨在評定一定文字能力基礎上的某些其他應用能力。至於更高級的評語"史",宫宅潔言及行政處理能力,[②]邢義田注意到額濟納漢簡2000ES9S:12"隧長或不史,不能知案民,田官皆就",推測"案民"即包括理訟在内的治民。[③] 西北漢簡常見的"案户籍""案民籍"之語或也説明"案"或還涵蓋查驗文書能力。可知,基層爲吏者所受課考側重於實務能力,作爲各類能力基礎的識字量似不受量化評價,很可能被默許維持於文書常用字字量。

時人對書吏的評價亦反應基層屬吏的文字水平。項羽學書不成,稱"書足以記名姓而已"。[④] 地方書吏被視爲僅會書寫姓名之類,以敷簿計文書之用。[⑤] 其識字水平應即頗限於庶務之需。

結語

秦漢文書習字與字書習字皆以平面型簡牘爲主要載體。平面廢棄文書簡便於獲取之外,還滿足文書習字兩方面物質性需求:

一是文書簡的書寫體驗與適應。這主要體現爲練習控制文書用字大小和熟練適度刮削文書廢棄字。習字者多經歷先以大字熟悉字形結構,再縮小字形接近文書用字大小的過程。

二是文書格式的模仿和練習。習字簡可見模仿檢、往來文書首句書寫、轉成公文和簿籍的例子,習字者對文書格式的着意練習使習字内容根據習字目的的差異,在視覺上有所分層。甚至可能存在習字者爲練習文書格式杜撰文書的現象。

秦漢基層吏卒基本識字量低於《蒼頡篇》字量,接近文書常用字字量。這可印證於三方面:

一是習字簡所習地名地域性。比較遷陵縣廷、益陽縣廷、甲渠候官、肩水金關遺址所出習字簡,其地名練習情形與各自文書行政特徵相關。遷陵縣廷習字最具多樣性,所習外郡地

① 張家山漢簡字量,參見張守中編撰《張家山漢簡文字編》,北京:文物出版社,2012。

② [日]宫宅潔:《秦漢時代の文字と識字——竹簡・木簡からみた》,收入[日]冨谷至編《漢字の中国文化》,京都:昭和堂株式會社,2009,206頁。

③ 邢義田:《漢代邊塞隧長的文書能力與教育——對中國古代基層社會讀寫能力的反思》,52頁注1。

④ 《史記》卷七《項羽本紀》,295-296頁。

⑤ 對"書足以記姓名"的討論,參見勞榦《史記項羽本紀中"學書"和"學劍"的解釋》,《"中研院"歷史語言研究所集刊:三十周年紀念專號》第30本下,1959,499-510頁;張金光《論秦漢的學吏制度》,33-34頁。

名多屬與其政務聯繫更緊密的西、北面郡縣。益陽縣廷所習“内史”頻率頗高,或即其與内史聯繫密切的體現。

二是《蒼頡篇》的實際效用。《蒼頡篇》可能不爲以吏途爲習字目的的基層吏卒所通篇掌握,精神鞭策和鼓勵可能是其實際效用的重要部分。甚至可能在《急就篇》流行以前,邊塞吏卒的主要途徑是文書習字而非《蒼頡篇》習字。

三是爲吏之路各階段習字用字程度。根據爲吏過程可將對其識字量的考察步驟分爲:史子、小吏的起始文字學習程度,作爲小吏期間的學習程度,正式屬吏應對文書庶務所需基本文字量。典型如路温舒自學求爲小吏者,識字量不能保障達到《蒼頡篇》字量。而後兩階段,文書常用字字量已能滿足庶務之需,基層屬吏識字量似并不受量化課考。“能書”“頗能書”“能書毋它能”之間的差别或許不在字量,而在在此基礎上的某種實務能力。

從文書習字與簡牘形制、文書格式相結合的物質性,所習地名與文書政務特徵的地域性關係,《蒼頡篇》的實際效用,吏卒基本識字量限於文書常用字字量諸方面可見:以基層吏途爲目的的習字行爲主動貼合文書庶務之用,具有實用理性色彩。

附記　文中所引益陽兔子山遺址七號井簡牘資料,得到湖南省文物考古研究所授權使用。寫作前後,幸蒙張忠煒師、韓樹峰師、鄒水傑師與匿名審稿專家指教,在此謹致謝忱!

以出土材料爲據論秦漢之“匠”

□ 湖南警察學院 謝偉斌

内容提要 “匠”在春秋戰國時期便已專指建築工匠，形成了匠—大匠—司空三級管理系統。迨至秦漢，“匠”的情况愈加複雜。秦漢之“匠”爲稗官，長期供職於官府，可分爲官匠、縣匠以及軍匠等，主要選自不更以下有爵者及士伍，具有某種建築技藝的徒隸有時也可稱匠，但衹表技能以區别於一般徒隸。“匠”不僅具備一定建築知識和技藝、參與建築事宜，而且還需要繪製建築圖紙（畫圖）和計算工期、材料和經費等（爲計）。“匠”在地方上由辦長管理，并且受到司空的監督，在中央則仍歸屬於大匠。大匠之名一直沿用至秦及漢初，原屬少府，隨後并入將作少府（將作大匠）。秦漢之“匠”不僅推動了當時建築事業的發展，同時也對後世的建築機構、官員設置等都有着深遠影響。

關鍵詞 匠 畫圖 爲計 大匠

“匠”本指木匠，但早已作爲建築工匠的專稱。然而，“匠”在典籍中單獨出現的次數却并不多，往往與“工”連用稱“工匠”。《考工記》的“匠人篇”相對集中地論述了“匠”，但令人遺憾的是，現有研究多側重於文中記載的建築設計思想和建築制度等方面，却忽視了“匠”本身。于振波相對系統地論述了秦漢工匠，對其構成、地位等問題進行了討論，但并未將“匠”單獨分離開來。① 此外，學者更關注於將作少府（將作大匠）的研究，對其産生年代、機構組成等問題都存在着不同的學術觀點，如劉瑞提出秦已經出現將作大匠并沿用至漢初，與《漢書》所載不同。② 傅熹年則認爲將作大匠在秦稱將作少府，西漢方改大匠。③ 大匠也是熱點

① 于振波：《簡牘與秦漢社會》，長沙：湖南大學出版社，2012，103-118 頁。

② 劉瑞：《秦漢時期的將作大匠》，《中國史研究》1998 年第 4 期。

③ 傅熹年：《中國古代建築工程管理和建築等級制度研究》，北京：中國建築工業出版社，2012，10 頁。

問題,學界普遍認爲大匠主管皇室宫殿、陵墓的營造,兼燒造磚瓦,但對於大匠是否爲將作大匠的省稱,仍存在爭議。①

至今,我們對“匠”的身份、職責、其與將作大匠等官吏的關係等仍然所知甚少。隨着出土材料的發現,其中可見部分與秦漢之“匠”直接相關的材料,這有助於進一步深入研究“匠”這類群體。

一 “匠”爲何?

“匠”,爲百工之一。《周禮》中記載百工飭化八材:“五曰百工,飭化八材。”鄭司農云:“八材,珠曰切,象曰磋,玉曰琢,石曰磨,木曰刻,金曰鏤,革曰剥,羽曰析。”②匠則本指百工中專攻木材的木工:

> 匠,木工也。工者,巧飭也。百工皆稱工,稱匠。獨舉木工者,其字从斤也。以木工之稱引申爲凡工之稱也。③

匠从斤,即斫木斧,从匚,即筐,象斧在筐中,故專指木工,也可引申爲工匠,故而文獻中曾出現“醫匠”“車匠”等。隨後,由於春秋戰國時期的手工業發展已經達到一定水平,各種材料的工種也進一步細化:

> 凡攻木之工七,攻金之工六,攻皮之工五,設色之工五,刮摩之工五,摶埴之工二。攻木之工:輪、輿、弓、廬、匠、車、梓。④

僅《考工記》中就收録有七個以木材爲原材料的工種,數量最多,其中匠人負責營造城市、建築、水利工程等,雖然建築所用材料種類豐富,但主體結構以木爲主,故將匠歸爲木工。自此以後,“匠”成爲建築工匠的專稱,甚至匠人還以匠爲氏:

> 蓋姓有九:或氏於號,或氏於謚,或氏於爵,或氏於國,或氏於官,或氏於字,或氏於居,或氏於事,或氏於職……以官,司馬、司徒、司寇、司空、司城也……以事,巫、卜、陶、

---

① 劉慶柱、李毓芳:《西安相家巷遺址秦封泥考略》,《考古學報》2001年第4期;宋傑:《西漢的中都官獄》,《中國史研究》2008年第2期。

② [清]孫怡讓撰,王文錦、陳玉霞點校:《周禮正義》卷二《天官·大宰》,北京:中華書局,2013,78-79頁。

③ [漢]許慎撰,[清]段玉裁注:《説文解字注》卷一二下,上海古籍出版社,1981,1117頁。

④ 聞人軍譯注:《考工記譯注》,上海古籍出版社,2008,10頁。

匠也……匠氏，凡氏於事者，巫、卜、陶、匠是也，古有匠石。[①]

姓氏有九種來源，其中巫氏、卜氏、陶氏、匠氏是根據其職業而來，巫、卜爲神職人員，爲宗廟祭祀占卜，陶、匠爲工職人員，從事陶器製作、建築營建等。春秋戰國時期，服務於貴族的工匠可稱匠氏，如匠石等，這些人屬於工官，多代代相傳，受到相關的教育，并且有一定的社會地位。與此同時，民間也有匠人，如墨子等，這些匠人或來源於没落的工官世家，多通過父子、師徒關係傳承，主要服務於民間。

于振波認爲秦漢時期的民間工匠與官營工匠之間并無嚴格界限，技藝高超的民間工匠也有可能被選爲官營工匠，反之，官營工匠也有可能被遣返爲民間工匠。官營手工業中可能分爲"定期爲官府服役"（踐更工匠）和"長期供職於官營作坊"兩種不同的工匠，前者仍屬於民間工匠，僅可在服役期間從官府領取口糧，而後者有俸禄，有些可擢升爲工師或高級官吏。[②] 此處的工匠指有一定技藝并以此爲生的人，匠人專職建築，也當屬此列。我們可以推測，隨着秦末戰亂，社會制度的變革，匠人之間的身份隔閡被打破，官府之中的"匠"亦可來自民間，并且也應該分爲"踐更之匠"和"供職於官府之匠"。秦漢官府大興土木，在全國範圍内調動了成千上萬的匠人，其中大多應屬踐更之匠，在此不再展開，本文將重點討論供職於官府之"匠"。

《嶽麓秦簡（肆）》中有一則材料涉及到"匠"的選拔：

置吏律曰：縣除小佐毋（無）秩者，各除其縣中，皆擇除不更以下到士五（伍）史者爲佐，不足，益除君子子、大夫子、小爵（1396）及公卒、士五（伍）子年十八歲以上備員，其新黔首勿强，年過六十者勿以爲佐㇗。人屬弟、人復子欲爲佐吏（1367）

缺簡

置吏律曰：有辠以䙴（遷）者及贖耐以上居官有辠以廢者，虜、收人、人奴、群耐子、免者、贖子，輒傳其（1389）計籍。其有除以爲冗佐、佐吏、縣匠、牢監、牡馬、簪褭者，毋許，及不得爲租。君子、虜、收人、人奴、群耐子、免者（1378）、贖子，其前卅年五月除者勿免，免者勿復用。（1418）[③]

以上兩段簡文涉及到秦代置吏的規定，簡文提到凡是有罪遷徙、耐罪以上居貲贖責、俘虜、收人、奴隸、耐刑者之子、免罪者、贖罪者之子等，不得擔任冗佐、佐吏、縣匠、牢監、牡馬、簪裊等。

---

① ［東漢］應劭撰，王利器校注：《風俗通義校注》"佚文"，北京：中華書局，2010，495-496、548 頁。

② 于振波：《簡牘與秦漢社會》，103-118 頁。

③ 陳松長主編：《嶽麓書院藏秦簡（肆）》，上海辭書出版社，2015，137-139 頁。

縣匠,當爲縣屬工匠,而縣匠與冗佐、佐吏等并列,説明其與之基本處於同一身份等級。王彦輝提出小佐無秩者與佐吏、縣匠、牢監等應當都屬於“稗官”範疇,[①]故其選人範圍相同,縣匠衹能選擇不更以下爵位擁有者和士伍,不足時,方可選取君子、大夫、小爵和公卒、士伍等人的年滿十八歲的兒子作爲備選。在選拔後,官府或許會統一組織教學培訓,如睡虎地秦簡《均工律》:“新工初工事,一歲半紅(功),其後歲賦紅(功)與故等。工師善教之,故工一歲而成,新工二歲而成。能先期成學者謁上,上且有以賞之。盈期不成學者,籍書而上内史。”,[②]官府會派工師對新工進行培訓,先期結業者有賞,逾期未成者則記名上内史。雖然并没有發現直接與“匠”相關的教學記載,但是“匠”也屬於百工之一,專業性强,應當也會有類似教學甚至考核活動。

地方上除縣匠外,應當還有軍匠。《史記·惠景間侯者年表》:

> 以軍匠起從郟,入漢,後爲少府,作長樂、未央宫,築長安城,先就,功侯五百户。[③]

陽成延就是軍匠出身,隨後擔任將作少府,參與了漢初長樂宫、未央宫、長安城牆等的興建,最後由於其功績突出,被封爲梧侯。郟爲縣名,説明軍匠也是屬於縣一級的官吏,而陽成延能够承擔如此衆多大型工程的建設任務,也從側面反映了軍匠必定同樣具有建築技藝,衹是專門服務於軍隊。軍匠或許需要參與軍營、防禦設施等的設計與建設,如嶽麓秦簡中的營軍之數,便是對秦代軍營軍陣設置的計算,而秦代算題又多來源於實際生活,可以推測秦代軍營中也需要“匠”進行專門的建築計算和規劃。

既然秦漢地方上有縣匠和軍匠,由此推之,秦漢中央政府也應有供職之“匠”。嶽麓秦簡中有“匠爲宫室”,即營建宫室之匠,衆所周知,宫室是代表性皇室建築,因此,或許中央之“匠”可稱“宫匠”。

從前文可知,春秋戰國時期就已經有專門爲王室、公室服務的匠人。秦統一後,秦始皇爲突出皇權,在關中地區營造了大量宫室:“秦每破諸侯,寫放其宫室,作之咸陽北阪上,南臨渭,自雍門以東至涇、渭,殿屋復道周閣相屬。”[④]秦始皇每滅一國便仿其宫室作於咸陽北阪,僅是咸陽城外便宫室閣道相連,其建築盛況可見一斑。值得注意的是,營建宫室對匠人的技藝要求往往遠高於一般建築,而從地方徵調的匠人水平往往參差不齊,不一定能達標。然而,秦又能够有組織地營造如此多的宫室,絶非短期工程,説明中央必然有一批長期供職的高技藝匠人。

---

① 王彦輝:《論秦及漢初身份秩序中的“庶人”》,《歷史研究》2018 年第 4 期。

② 睡虎地秦墓竹簡整理小組編:《睡虎地秦墓竹簡》,北京:文物出版社,1990,198 頁。

③ 《史記》卷一九《惠景間侯者年表》,北京:中華書局,2014,1173-1174 頁。

④ 《史記》卷六《秦始皇本紀》,308 頁。

此外,與宫室同爲皇室建築的還有太廟、皇陵等。嶽麓秦簡又有“卒築廟斲者及諸以符發繇(徭)及……”,[1]簡文中的斲有雕琢義,廟則一般指太廟等祭祀建築,古人重祠祀,能够參與廟的建造與建築構件雕琢的工匠絶非普通工匠。再看皇陵,《史記·秦始皇本紀》:“葬既已下,或言工匠爲機,臧皆知之,臧重即泄。大事畢,已臧,閉中羨,下外羨門,盡閉工匠臧者,無復出者。”[2]爲了皇陵内部機關不泄露,秦二世不惜處死所有參與皇陵機關設計的工匠,這説明皇室建築的安全和機密至關重要。因此,皇室建築必然有專門的匠人負責,縱然有其他從地方徵調的匠人也會參與建設,但一定没有資格參與核心任務。不僅如此,西漢文帝也“嘗欲作露臺,召匠計之”,説明宫中當有供職之匠,負責皇室建築的相關事宜。

以上種種均反映了“宫匠”的存在,簡而言之,“宫匠”應供職於中央官府,主要負責營建宫殿、陵墓、太廟等皇室建築。“宫匠”的身份等級雖不見於史書,但從簡帛文獻中對其的管理規定來看,顯然也不會太高,可能略高於縣匠、軍匠,仍屬稗官。

值得注意的是,地方上還出現了“荕匠”,《里耶秦簡(壹)》有:

> 卅四年六月甲午朔乙卯,洞庭守禮謂遷陵丞┛:丞言徒隸不田,奏曰:司空厭等當坐,皆有它罪(8-755),耐爲司寇。有書,書壬手。令曰:吏僕、養、走、工、組┛織、守府門、荕匠及它急事不可令田,六人予田徒(8-756)四人。徒少及毋徒,薄(簿)移治虜御史,御史以均予。今遷陵┛廿五年爲縣,廿九年田廿六年盡廿八年當田,司空厭等(8-757)失弗令田。弗令田即有徒而弗令田且徒少不傅于┛奏。及蒼梧爲郡九歲乃往歲田。厭失,當坐論,即(8-758)如前書律令。丿七月甲子朔癸酉,洞庭叚(假)守┛繹追遷陵。丿歇手。·以沅陽印行事(8-759)。[3]

簡文主要記録了司空厭失弗令田的事件,文中提到吏僕、養、走、工、組織、守府門、荕匠以及有其他急事的人,則不可令田。荕匠在此與僕、養、工等并列,身份應相同,當爲徒隸,但或許正因其有技藝,故而可以不從田事。這與秦代重視手工業有關,秦律規定:“隸臣有巧可以爲工者,勿以爲人僕、養。”[4]秦代官營手工業中就使用了大量具有一技之長的徒隸,如工隸臣等。由此推之,荕則表示其特定的一種建築技藝。荕應通削,從字形來看,毫無疑問當從力,但力與刂均表示工具。力爲耜之初文,表示一種用於挖掘植物或點種的發土工具,[5]刂即

---

① 陳松長主編:《嶽麓書院藏秦簡(陸)》,上海辭書出版社,2020,61頁。

② 《史記》卷六《秦始皇本紀》,337頁。

③ 陳偉主編:《里耶秦簡牘校釋(第一卷)》,武漢大學出版社,2012,217頁。

④ 睡虎地秦墓竹簡整理小組編:《睡虎地秦墓竹簡》,198頁。

⑤ 季旭昇:《説文新證》下册,臺北:藝文印書館,2004,241頁。

刀,爲一種割殺用的工具或兵器,[①]從某種意義上可通。削又有刮削、修治的含義,如《詩》:"削屢馮馮。注:削牆鍛屢之聲,馮馮然。"[②]

因此,㓹匠或許指具有削治建築構件技藝的徒隸,與工隸臣類似,工衹是表示其技能,本質仍爲徒隸,故而㓹匠雖也可稱匠,但與前文討論的"匠"的性質截然不同。

二 "匠"的職責

作爲建築工匠,無論是縣匠、軍匠還是宫匠,"匠"的基本職責相同。首先,"匠"必須具有一定的建築技藝,參與建築營建。早在春秋戰國時期便已經出現了相關記載:

> 趙文子爲室,斫其椽而礱之,張老夕焉而見之,不謁而歸。文子聞之,駕而往,曰:"吾不善,子亦告我,何其速也?"對曰:"天子之室,斫其椽而礱之,加密石焉;諸侯礱之;大夫斫之;士首之。備其物,義也;從其等,禮也。今子貴而忘義,富而忘禮,吾懼不免,何敢以告。"文子歸,令之勿礱也。匠人請皆斫之,文子曰:"止。爲後世之見之也,其斫者,仁者之爲也,其礱者,不仁者之爲也。"[③]

趙文子營建房室,按其身份等級衹可斫椽而不可礱之,故而受到批評。椽子衹是屋頂上用於承瓦的小構件,但此時的匠人已經能够熟練地對椽子進行斫、礱等不同加工工序,并以此來區分使用者的身份等級,這也從側面反映了當時建築水平之高。隨着社會的發展,建築分工必然越來越細,每一個建築構件原本在使用之前需要經過砍伐、刮削、打磨、雕刻、塗刷等工序,至秦漢時期,或許每一道工序都有專門的匠人來負責,如前文提到的"廟斲者",便是專門負責雕刻的工匠。因此,或許"匠"雖然可以作爲建築工匠的總稱,但是也常在一些特定的建築工種、工作之前進行説明,以示區别。

除參與建築營建事務之"匠"外,《嶽麓秦簡(陸)》中還有 "畫圖"和"爲計"之"匠":[④]

> ·匠爲宫室,有令庳垣屬高垣、庳屋屬缭垣,試令人上而能隃(踰)出入└,匠、書〈畫〉圖、爲計者及(2164)吏將者貲各二甲。有□隃(踰)出入者,隃(踰)者男子殹(也),匠、書〈畫〉圖、爲計者與同罪。隃(踰)者,女子殹(也),匠書〈畫〉(0117)圖罪弗

① 季旭昇:《説文新證》上册,343 頁。

② [西漢]毛亨傳,[東漢]鄭玄箋,[唐]孔穎達等正義:《毛詩正義》卷一六《大雅·綿》,[清]阮元校刻《十三經注疏》,北京:中華書局,1980,510 頁。

③ [三國吴]韋昭注,[清]徐元誥集解,王樹民,沈長雲點校:《國語集解》卷一四《晉語八》,北京:中華書局,2019,458 頁。

④ 陳松長主編:《嶽麓書院藏秦簡(陸)》,117-118 頁。

隃(踰)者一等,吏將者貲二甲。　　·十六(0121)

簡文中出現匠、畫圖、爲計者,陳偉認爲匠或許是畫圖、爲計的主語,指負責畫圖和爲計的匠人,[①]此説可從,畫圖、爲計歷來便是匠人的職責。簡文意指匠在營建宫室之時,設計的矮牆連接高牆或低屋連圍牆,若能使人翻越,則畫圖、爲計的匠人和吏將者都要受到處罰。具體來看,文中所言“畫圖”即繪製建築圖紙,應主要指用於施工的建築平面圖和立面圖。“爲計”則是指建築營建,所需的各類人力、物料、經費、工期等的計算。

中國古代的建築工匠很早之前便開始使用規矩和準繩:“巧匠爲宫室,爲圓必以規,爲方必以矩,爲平直必以準繩。”[②]這些工具保證了建築繪圖與建築營建的準確。中山兆域圖就屬於“平面施工圖”,其涉及比例尺、陵園平面布局等,專業性很强,應當衹有專事建築的匠人纔繪製和解讀(圖1)。

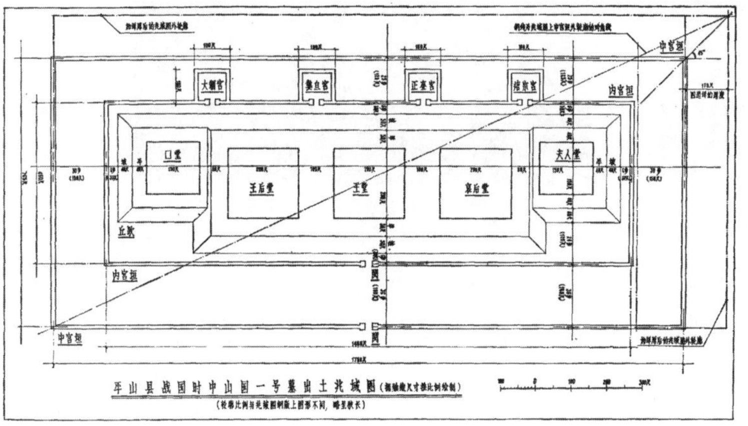

傅熹年摹中山王兆域圖

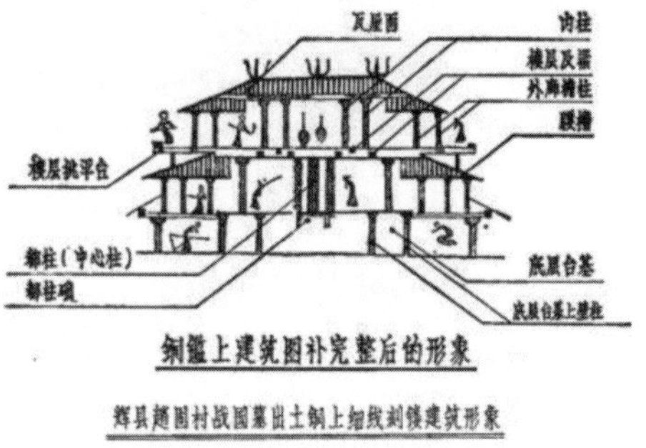

傅熹年摹輝縣楚墓出土銅鑒上立面圖

圖1[③]

此外,馬王堆帛書中的居寢圖也是較爲寫實的“平面設計圖”,圖中主要包括軑侯墓和軑侯宅兩部分,經過董珊比對,認爲墓葬部分繪製的墓道、陪葬坑的大小與形狀和實際墓葬基本一致,[④]而宅邸部分則糅雜了立面與平面兩種表達形式,牆體以實綫表達,建築則以立面形象表示,這是中國早期圖紙表達的特點,在當時的城市地圖、市井壁畫磚中也有使用(圖2)。這類圖紙很有可能是供非專業人士所看的設計圖,圖紙内容相對簡單,建築形式也直觀明瞭,繪製者應當具有一定的建築素養,但又與完全表達建築場景的繪畫不同,它側重於表達出建築的布局、比例和形制等,而非人物和事件,後者則與界畫有異曲同工之妙(圖3)。

① 陳偉:《〈嶽麓書院藏秦簡(陸)〉校讀(貳)》,簡帛網,2020年5月8日。

② 許維遹撰,梁運華整理:《吕氏春秋集釋》卷二五《似順論·分職》,新編諸子集成,北京:中華書局,2008,667頁。

③ 引自傅熹年《戰國中山王厝墓出土的〈兆域圖〉及其陵園規制的研究》,《考古學報》1980年第1期。

④ 董珊:《簡帛文獻考釋論叢》,上海古籍出版社,2014,244-250頁。

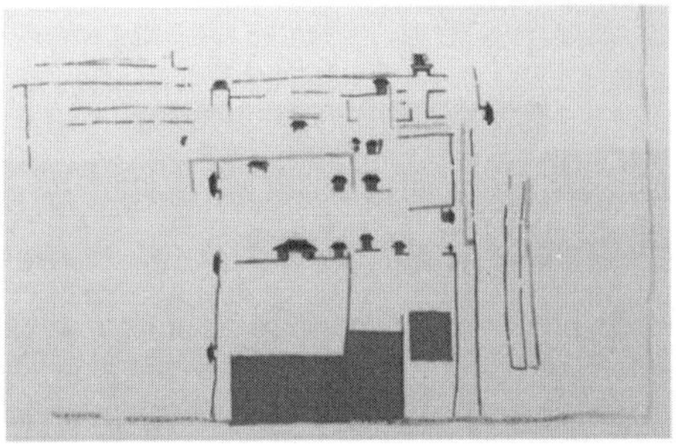
董珊摹馬王堆居葬圖（局部）

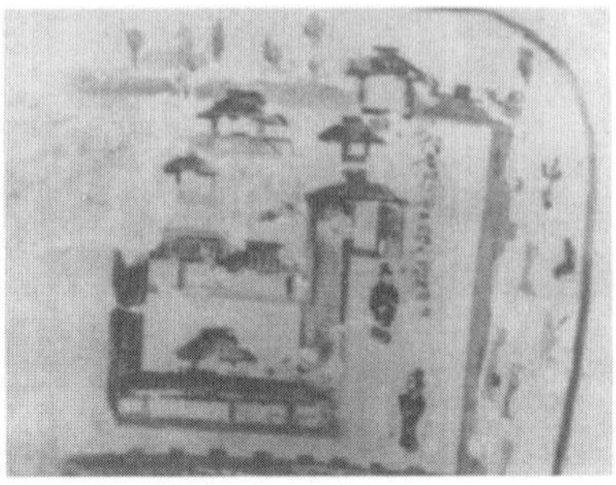
東漢土城圖

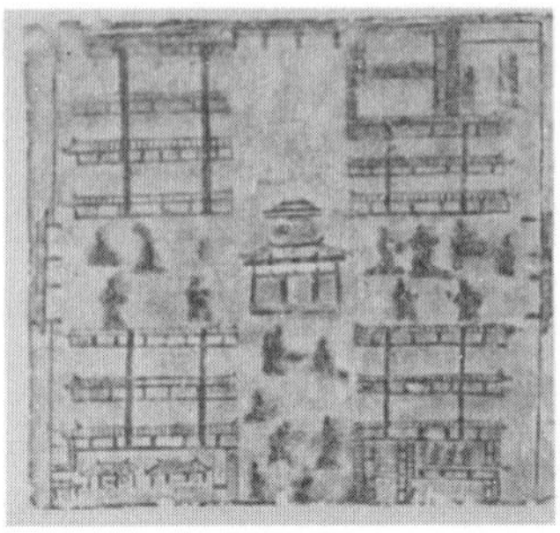
新繁縣市肆畫像磚拓片

圖 2①

東漢府舍圖（局部）

南宋界畫劉松年四時山景圖（秋景）

圖 3②

再看“爲計”，涉及的内容相當廣泛。此前，肖燦討論了嶽麓秦簡中有關秦代官府修城止的工程定額計算問題，總結了修城止工期的具體算法。③ 實際上，所有的建築工程都必須先制定工程定額，而“匠”則是制定定額的人。《考工記》：

> 凡溝防，必一日先深之以爲式，里爲式，然後可以傅衆力（式，鄭注：程人功也）。④

《考工記》中記録了匠人制定工程定額的方法，匠人先以一日的工作量作爲基數，也稱程人功，即現代的産量定額，指在單位時間内規定的應生産産品的數量或應完成的工作量，其倒數爲時間定額。確定了産量定額後，衹要知道總工程量，“匠”便可計算工期。睡虎地秦簡《徭律》有：

---

① 左圖引自董珊《簡帛文獻考釋論叢》，上海古籍出版社，2014，附録圖版六。中圖引自蓋山林《和林格爾漢墓壁畫》，呼和浩特：内蒙古人民出版社，1978，附録圖 11。右圖爲四川博物館藏畫像磚拓片。

② 左圖引自徐光冀主編《中國出土壁畫全集 1（河北）》，北京：科學出版社，2011，13 頁。右圖爲北京故宫博物院藏。

③ 肖燦：《試析〈嶽麓書院藏秦簡〉中的工程史料》，《湖南大學學報（社會科學版）》2013 年第 3 期。

④ 聞人軍譯注：《考工記譯注》，124 頁。

> 縣爲恒事及□有爲殹(也),吏程攻(功),贏(122)員及減員自二日以上,爲不察。上之所興,其程攻(功)而不當者,如縣然。度攻(功)必令司空與匠度之,毋獨令(123)匠。其不審,以律論度者,而以其實爲繇(徭)徒計。(124)①

簡文中縣進行經常性和審批的工程時,由吏計算工程量,如果工期延長或者提前兩日以上,均爲不察,不察者當按律處罰,并根據實際情况計算所需的服繇役徒衆數量。簡文提到匠人不得單獨計算工期,必須與司空一起參與計算。司空本身主要負責徒隸的調配,或許因此需要參加工期計算,但司空在此應主要起監督作用。

此外,“匠”還需計算材料和經費。材料的計算包括各種耗材的數量、尺寸等,漢代墓葬中發現的墓塞石、黄腸木等便是最好的實證,其上往往刻有編號,雖然主要是用於施工參考,但之前其選材多少、布置方式等都是匠人經過設計和計算得出的結論。與之配合的是秦漢官府的材料供應系統,基本可以通過官府徵調和内部製作滿足材料的需求,材料一經徵調,其上便也刻有相關信息,如閻良刻石。②

最後,看經費的計算。《史記·孝文本紀》:

> 孝文帝從代來,即位二十三年,宫室苑囿狗馬服御無所增益。有不便,輒弛以利民。嘗欲作露臺,召匠計之,直百金。上曰:“百金中民十家之産,吾奉先帝宫室,常恐羞之,何以臺爲?”③

漢文帝本想修建露臺,但傳召匠人計算經費後,發現需要花費百金,值十户中産之家的資産,便放棄了。顯然,在建築營建之初,“匠”會對建築所需的材料、經費進行一個合理的估算,類似於現今的造價師,再由上層決定最終是否營建。建築預算十分重要,漢成帝營建昌陵時就遠超最初的預算,不僅勞民傷財,工程竣工也遥遥無期,面對天下疲敝的現狀,他不得不頒布詔書:“朕執德不固,謀不盡下,過聽將作大匠萬年言昌陵三年可成。作治五年,中陵、司馬殿門内尚未加功。天下虚耗,百姓罷勞,客土疏惡,終不可成。”④最終放棄新址,繼續沿用延陵舊址,省減繇役以安民心。

從上可知,“畫圖”與“爲計”之匠的職責密不可分。正是“畫圖”的精准方可保證“爲計”的準確,而“爲計”的結果有時又反過來影響“畫圖”設計,二者相輔相成,缺一不可。或許也因此,我們可以理解爲何嶽麓秦簡中規定一旦當建築工程出現問題時,最先受到處罰的

---

① 睡虎地秦墓竹簡整理小組編:《睡虎地秦墓竹簡》,199 頁。
② 董珊:《西安閻良發現秦銘刻石新考》,《文物》2019 年第 10 期。
③ 《史記》卷一〇《孝文本紀》,547 頁。
④ 《漢書》卷一〇《成帝紀》,北京:中華書局,1962,320 頁。

是負責“畫圖”和“爲計”的匠人。

三　“匠”的相關職官

最後再討論一下“匠”的主管官吏：

莊公丹桓宫之楹，而刻其桷。匠師慶言於公曰：“臣聞聖王公之先封者，遺後之人法，使無陷於惡。其爲後世，昭前之令聞也，使長監於世，故能攝固不解以久。今先君儉而君侈，令德替矣。”公曰：“吾屬欲美之。”對曰：“無益於君，而替前之令德，臣故曰庶可已矣。”公弗聽。[1]

二十四年春，刻其桷，皆非禮也。御孫諫曰：“臣聞之，‘儉，德之共也；侈，惡之大也。’。先君有共德而君納諸大惡，無乃不可乎！”

秋，哀姜至。公使宗婦覿，用幣，非禮也。御孫曰：“男贄大者玉帛，小者禽鳥，以章物也。女贄不過榛栗棗脩，以告虔也。今男女同贄，是無别也。男女之别，國之大節也。而由夫人亂之，無乃不可乎！”[2]

“匠”的主管官吏早期稱匠師，《國語》和《左傳》都記載了魯莊公塗楹刻桷之事，《左傳》中的御孫即《國語》中的匠師慶，爲掌匠大夫。師有長、主管之義，如“甸師，下士二人”，[3]顧名思義，掌匠大夫、匠師應該都是指“匠”的主管，總管建築之事。顯然，匠師與祇能聽命行事的普通匠人不同，他不僅具備了一定的建築知識，還能勸誡君王，并且嚴格維護建築禮制與等級，具有一定的政治地位，或許出身匠氏工官世家。隨後，由大匠表示匠人主管，并一直沿用至秦：

秋，定姒薨，不殯於廟，無櫬，不虞。匠慶（匠慶魯大匠）謂季文子曰：“子爲正卿，而小君之喪不成，不終君也。君長，誰受其咎？”初，季孫爲己樹六檟於蒲圃東門之外。匠慶請木，季孫曰：“略。”匠慶用蒲圃之檟，季孫不御。[4]

匠慶爲魯襄公時期魯國的大匠，他勸誡季文子要爲國君母親定姒按禮配置棺槨，舉行喪禮，隨後又取木於季孫蒲圃，爲定姒製造棺槨。此時的大匠，在宫室建築之外，還負責陵寢棺

---

① ［三國吴］韋昭注，徐元誥集解，王樹民，沈長雲點校：《國語集解》卷四《魯語上》，154–155頁。
② 蔣鵬翔主編：《阮刻春秋左氏傳注疏》卷一〇《莊公二十四年》，杭州：浙江大學出版社，2015，679–682頁。
③ ［清］孫怡讓撰，王文錦，陳玉霞點校：《周禮正義》卷一《叙官》，28頁。
④ 蔣鵬翔主編：《阮刻春秋左氏傳注疏》卷二九《襄公四年》，1997–1999頁。

槨的建設,這項職責也一直延續至秦漢,尤其是西漢晚期,帝王陵寢的建設甚至成爲將作大匠一項最主要的工作。①

值得注意的是,春秋戰國時的司空與大匠應該有從屬關係:

景公新成柏寢之室,使師開鼓琴。師開左撫宫,右彈商,曰:“室夕。”公曰:“何以知之?”師開對曰:“東方之聲薄,西方之聲揚。”公召大匠曰:“立室何爲夕?”大匠曰:“立室以宫矩爲之。”於是召司空曰:“立宫何爲夕?”司空曰:“立宫以城矩爲之。”明日,晏子朝,公曰:“先君太公以營丘之封,立城,曷爲夕?”晏子對曰:“古之立國者,南望南斗,北戴樞星,彼安有朝夕哉? 然而以今之夕者,周之建國,國之西方,以尊周也。”公蹴然曰:“古之臣乎!”②

景公先召大匠詢問築室之事,再問司空立宫之事,最後問晏子建城之事,層層遞進。《周禮》中的冬官司空,爲掌管國家土地、工程和百工的官職,其與大匠的職能有重合之處,但此時,大匠的身份比司空低,并且應該隸屬司空。簡而言之,春秋戰國時期應爲“匠—大匠(匠師)—司空”三級管理系統。

秦漢之際,司空的内涵發生了變化,名目繁多,功能複雜。宋傑提出各縣道所轄的“司空”數量最多,負責監管刑徒勞作、負責境内土木工程、水利及交通設施的修建維護等。郡國中的“國名加司空”相當於郡司空,而“國名加宫司空”則除治獄和役使刑徒勞作外,還監管宫廷手工業作坊生産事務。在中央政府及宫廷中存在的司空更爲複雜,有都司空、左右司空、船司空、宫司空等。③

在這種情况下,我們發現在地方上司空對“匠”仍有管理的職責。前文已提到“匠”不能獨自負責工程計算,需要和司空一起參與,此處“匠”應爲縣匠,《嶽麓秦簡(伍)》中還出現了疑似其主管的“辦長”:

☑有菌(鹵)淳濕者,輒稍善治之,有以不□(善)治之故,壞敗瘲殺人,匠辦長皆(2156)

☑□令史貲各二甲,廢。其壞及傷人 ∟,匠辦長贖(1133+1152-2)④

---

① 馬永嬴:《從“將作大匠”看西漢帝陵的變化》,《考古與文物》2009 年第 4 期。

② 張純一撰,梁運華點校:《晏子春秋校注》卷六《内篇雜下·景公成柏寢而師開言室夕晏子辨其所以然》,北京:中華書局,2014,282-283 頁。

③ 宋傑:《秦漢國家統治機構中的“司空”》,《歷史研究》2011 年第 4 期。

④ 陳松長主編:《嶽麓書院藏秦簡(伍)》,上海辭書出版社,2017,71 頁。

這則簡文涉及建築維護與修繕，意爲建築牆體受潮後如果一旦出現鹽鹼腐蝕，要及時修繕，若是由於修繕不及時，導致建築敗壞，人員傷亡，則要處罰匠辦長。① 簡中有"匠辦長皆"，在此似乎匠辦長斷爲匠、辦長更恰當，表示二者均要受罰，其中匠爲直接責任人，辦長則應受匠的牽連，故而受罰。辦長不見於史籍，但從字面意義來看，長一般表示長官，辦爲辦理、操作之義，辦長應指處理事情的主管，在此辦長應指辦理此事匠人的主管。辦長對手下匠人有監管之責，故而也需連坐。因此，我們推測辦長應該是"匠"（縣匠）的直接負責人，而司空則有兼管之職。

中央官府的情況則相對複雜，首先，大匠之名一直至秦代還有發現：

空及入僕、養、老，它官徒輸宮司空、泰匠、左司空、右司空者，皆作功，上，及毋得從親它縣(2132)道官者，從親它縣道官黥爲城旦舂，吏聽者，與同罪。(《嶽麓秦簡(肆)》1998)②

大匠官司空，長秋中謁者，長信尚浴，長信謁者，祠祀，大(太)宰，居室，西織，東識(織)，長信(462)私官，内者，長信永巷，永巷詹事丞，詹事將行，長秋謁者令，右廄(廐)，靈州，樂府，寺，車府，内官，圜陰，東園主章，上林騎，秩(463)各六百石，有丞、尉者半之，田、鄉部二百石，司空及衔〈衛〉官、校長百六十石。詹事、和〈私〉府長，秩各五百石，丞三百石。(張家山漢簡《秩律》464)③

嶽麓秦簡中同時出現了宮司空、泰匠、左司空、右司空，四者職位應相當。泰匠即大匠，秩律中將大匠與宮司空、東園主章等并列，三者爲同一等級，秩六百石，并有丞，顯然大匠并非是將作大匠的省稱。韓厚明提出張家山漢簡《秩律》中的大匠官司空應該爲大匠、宮司空，大匠、宮司空在秦及漢初當爲少府屬官，由於其均爲從事建築營建的職官，故歸入將作少府，④此説可從。從屬官性質來看，大匠應該承接原本建築職能而來，以營建建築爲主，并且主要由建築工匠（宮匠）組成。宮司空、左右司空等主要負責管理工徒，而工徒是主要的建築實施者，東園主章等則負責材料的收集和運輸，三者相互配合，缺一不可。

此外，現有考古遺物中也發現有泰匠丞、大匠、東園泰匠、將作少府、將作大匠等帶"匠"的職官，他們之間的關係需要仔細辨析：

---

① 王寧：《説嶽麓簡（伍）的"鹵淳濕"》，簡帛網，2018 年 4 月 17 日。
② 陳松長主編：《嶽麓書院藏秦簡（肆）》，48-49 頁。
③ 張家山二四七號墓漢墓竹簡整理小組編著：《張家山漢墓竹簡[二四七號墓]》（釋文修訂本），北京：文物出版社，2006，74 頁。
④ 韓厚明：《張家山漢簡字詞集釋》，吉林大學博士學位論文，2018，下編 101 頁。

> 將作少府,秦官,掌治宫室,有兩丞、左右中候。景帝中六年更名將作大匠。屬官有石庫、東園主章、左右前後中校七令丞(師古曰:今所謂木鐘者,蓋章聲之轉耳。東園主章掌大材,以供東園大匠也),又主章長丞。武帝太初元年更名東園主章爲木工。成帝陽朔三年省中候及左右前後中校五丞。①

《漢書·百官公卿表》中記載了將作少府及其屬官組成,但目前并未發現將作大匠與將作少府的秦朝遺物,現有多爲漢朝遺物。不僅如此,多見於秦及漢初帝陵建築和宫室建築遺址中的是大匠、泰匠丞等遺物。秦始皇陵内城、秦始皇陵北吴中村、林光宫遺址均出土刻有大匠的板瓦,而秦始皇東側馬厩坑中也發現泰匠丞印的封泥。② 此外,在現有封泥印章匯編中收録的也多爲“大匠”“大匠丞印”“泰匠丞印”“齊大匠丞”等,還有帶人名者如“將匠安”“匠步安印”等。③ 這也與前文所述一致,大匠爲將作少府屬官,大匠丞(泰匠丞)爲大匠屬官,而“將匠”則應是將作大匠的省稱。值得注意的是,相家巷發現了東園大匠的封泥,而秦始皇陵園中也發現有陶文三件,雖然文字有所殘缺,但基本可以確定所刻内容爲“東園泰匠”。④ “東園大匠”與“大匠”同時出現,二者有何關聯?接下來,我們重點討論一下“東園大匠”與“大匠”的關係。

此前有學者進行過討論,王偉提出“大匠”在秦統一前後均有設置,爲秦少府中掌管陵園宫室建設的部門,而“東園大匠”應是其并列或分支機構,主治陵内器物,⑤杜小鈺則認爲“東園匠”在秦當稱之“東園大匠”,爲少府屬官,“大匠”則爲將作少府屬官。⑥ 我們發現對於“大匠”和“東園大匠”之間的關係,二者的觀點存在分歧,這或許是混淆了“東園匠”與“東園大匠”的緣故。“東園匠”爲少府令丞,主作陵内器物:“元帝即位,徵霸……及霸薨,上素服臨吊者再,至賜東園秘器錢帛,策贈以列侯禮,謚曰烈君。”⑦至少漢中期猶存。“東園大匠”則與“東園主章”有關,“東園主章”負責供材給“東園大匠”,并且是用於建築營建的大材,這就説明二者應均爲將作少府的屬官,主作建築。因此,不可簡單地將“東園匠”看做“東園大匠”的省稱。此外,前文提到早在春秋戰國時,“大匠”便有修治陵墓棺槨之職,而“東園匠”負責製作陵墓器物,與此同時,“大匠”和“東園匠”在秦漢早期又均屬少府。因此,在營建皇陵時二者工作必有交叉,可能隨即分化出“東園大匠”這一專事陵園建築的機構。雖與“東園匠”有所關聯,但仍屬“大匠”統管,故而早期還與“大匠”同時出現,隨後其與大匠、宫司

① 《漢書》卷一九上《百官公卿表上》,733-734頁。

② 傅嘉儀:《秦印陶概述(下)》,書譜編委會編《書譜珍藏本(1974-1990)》(1989·4),上海辭書出版社,2017,第89册,71頁。

③ 趙平安、李婧、石小力編纂:《秦漢印章封泥文字編》,上海:中西書局,2019,1104-1105頁。

④ 袁仲一:《“讀”秦始皇陵園新出土的陶文”札記》,秦始皇帝陵博物院編《秦始皇帝陵博物院》第2輯,西安:三秦出版社,2012。

⑤ 陳松長:《秦代官制考論》,上海:中西書局,2018,75-76頁。

⑥ 杜小鈺:《秦職官考》,南京大學博士學位論文,2012,77、93-94頁。

⑦ 《漢書》卷八一《匡張孔馬傳》,3353頁。

空、東園主章等一同并入將作少府(圖 4)。

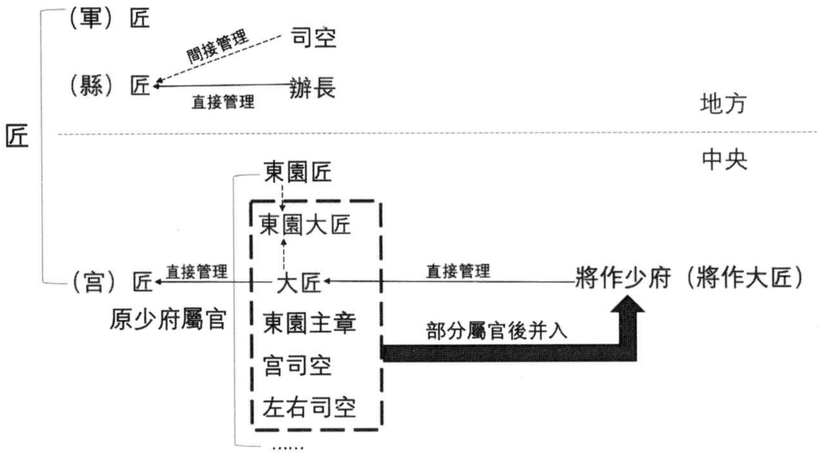

圖 4①

結論

"匠"原指木匠,後隨着工種細化,逐漸成爲建築工匠的專稱。秦漢時期的官府内有"定期服役的民間工匠"和"長期供職於官府的工匠"兩種工匠,後者根據供職所在又可分爲縣匠、軍匠和宮匠等,均爲稗官,主要從不更以下爵位擁有者和士伍中選拔,衹有在人選不足時,方可將君子、大夫、小爵和公卒、士伍等人的年滿十八歲的兒子作爲備選。此外,地方上有時也會出現削匠這類具有一定建築技藝的徒隸,但其身份低下,衹是將其與一般徒隸區分,以便更好地爲官府勞作。

"匠"需要具備一定的建築知識和建築技藝,并且能够掌握繪製圖紙和計算材料、經費、工期等的方法。"匠"的職能分工也影響到了後世建築機構的分工,魏晉南北朝工部就已經將建築營建與建築材料二者并重,後世不斷細化,清内務府營造司内便設有樣式房、銷算房,其中樣式房負責設計圖樣,製作燙樣,算房負責應用工料估算,顯然,這與秦漢匠人"畫圖""爲計"之分同出一源。

春秋戰國時期"匠"的主管稱匠師、掌匠大夫或大匠,并由司空統管。秦及漢初之際,一方面,地方上的司空可能僅有監督之責,"匠"(縣匠)或許由辦長直接管理,一旦出現責任問題,不僅"匠"要受到處罰,辦長也需連坐。另一方面,大匠之名則繼續在中央官府沿用,仍然負責建築營建,主管"匠"(宮匠)。最初大匠隸屬少府,隨後與宮司空、左右司空、東園主章等并入將作少府,此時將作少府對應《周禮》的司空(建築職能),而大匠對應掌匠大夫,其秩級也相對吻合。秦及漢初的"大匠"任命重視建築技藝,甚至可由"匠"出身的人擔任,西漢中後期逐漸政治化,多由貴族文人擔任,"匠"退居次位,這種模式一直影響至清代。

① 本圖爲筆者自繪。

張家山漢簡《筭數書》“盧唐”考釋 *

□ 西南民族大學中國語言文學學院
□ 西南民族大學出土文獻研究中心
李野 周序林

内容提要 張家山漢簡《筭數書》有“盧唐”一語,目前僅見於《筭數書》而不見於其他文獻。現有研究對“盧唐”的校改、釋義和理據解釋均有不確。“盧”本義爲盛火器(火爐),增加竹旁另造“籚”表盛飯器。“籚”亦作“篆”,在楚方言中稱“筲”。“筲”表盛飯器和竹筒製作的筷筒,故“盧(籚)”可指竹筒製作的筷筒;“唐”當作“篖”,因“餳”在“江東地區”作“糖”,“昜”與“唐”互通,故“篖”即“簜”。“簜”指大竹筒製作的筷筒或食物飲品盛器。“盧唐”當爲“籚篖(簜)”,屬同義連用但未凝固成詞,是通語與楚方言接觸的結果,指大竹筒製成的容器,可盛長柄勺、竹筷等食具和醬、酒等食品,這一釋義與算題題意相符。

關鍵詞 《筭數書》 盧唐 籚篖(簜) 同義連用 江東方言

引言

張家山漢簡《筭數書》有“盧唐”算題,簡牘整理者的釋文如下:

盧唐 程曰:一日伐竹六十箇,一日爲盧唐十五,一竹爲三盧唐。欲令一人自伐竹,因爲盧唐,一日爲幾何?曰:爲十三$_{129}$盧唐四分之三。术(術)曰:以六十爲法,以五十五

* 本文爲國家社科基金西部項目“簡牘數學文獻集成及校釋”(18XTQ004)、西南民族大學“雙一流”項目資助成果。

乘十五爲實。130①

簡文有“盧唐”一語，共5見，簡文書寫規範工整，字形完整清晰，確爲“盧唐”二字無疑。“盧唐”目前衹見於《筭數書》而不見於傳世文獻和其他出土文獻，其得名理據隱晦不明，語義晦澀難懂，雖經學界多年不懈努力，仍未解決其得名理據、所表何義和所指何物的問題，爲“盧唐”算題的進一步研究帶來了困擾。我們在時賢現有研究成果的基礎上，對“盧”“唐”的含義、“盧唐”的得名理據和所指器物進行探討。

一　研究現狀

學界對“盧唐”的主要研究成果共有15項，列表如表1。②

表1　“盧唐”主要研究成果

序號	責任者及年份	釋讀	校改	釋義及得名理據
1	江陵張家山漢簡整理小組(2000)	盧唐	/	/
2	蘇意雯、蘇俊鴻、蘇惠玉等(2000)	盧唐	未改。	“盧”有盛飯器義。《説文》:“盧，飯器也。”“盧唐”兩字并不確切知道其代表的意義，僅由上下文推測其爲由竹子所做的器皿，而此題爲製作盧唐的應用問題。

① 張家山二四七號漢墓竹簡整理小組編著:《張家山漢墓竹簡[二四七號墓]》(釋文修訂本)，北京:文物出版社，2006，149頁。

② 表1所列15項研究成果，依次參見江陵張家山漢簡整理小組《江陵張家山漢簡〈算數書〉釋文》，《文物》2000年第1期；蘇意雯、蘇俊鴻、蘇惠玉等《〈算數書〉校勘》，《HPM通讯》2000年第3卷第11期第20版；彭浩《張家山漢簡〈算數書〉注釋》，北京:科學出版社，2001，94頁；張家山二四七號漢墓竹簡整理小組編著《張家山漢墓竹簡[二四七號墓]》，北京:文物出版社，2001，265頁；張家山二四七號漢墓竹簡整理小組編著《張家山漢墓竹簡[二四七號墓]》(釋文修訂本)，149頁；郭世榮《〈算數書〉勘誤》，《内蒙古師大學報(自然科學版)》(漢文版)2001年第9期；郭書春《〈筭數書〉校勘》，《中國科技史料》2001年第3期；Christopher Cullen, *The Suàn shùshū* 筭數書“*Writings on reckoning*”: *A translation of a Chinese mathematical collection of the second century BC, with explanatory commentary*, Cambridge: The Needham Research Institute Working Papers, No.1, 2004, p78；胡憶濤《張家山漢簡〈算數書〉整理研究》，西南大學碩士學位論文，2006，57頁；張家山漢簡『算數書』研究會編《漢簡『算數書』——中國最古の數學書》，京都:朋友書店，2006，110頁；劉金華《張家山漢簡〈算數書〉研究》，香港:華夏文化藝術出版社，2008，203頁；郝慧芳《張家山漢簡語詞通釋》，華東師範大學博士學位論文，2008，289頁；Joseph W. Dauben, “算數書 *SuanShuShu* A Book on Numbers and Computations, English Translation with Commentary”, *Archive for History of Exact Sciences*, 62(2008)；吴朝陽《張家山漢簡〈算數書〉校證及相關研究》，南京:江蘇人民出版社，2014，108頁；韓厚明《張家山漢簡字詞集釋》，吉林大學博士學位論文，2018，《上編》243頁，《下編》342-343頁。

續表

<table>
<tr><th>序號</th><th>責任者及年份</th><th>釋讀</th><th>校改</th><th>釋義及得名理據</th></tr>
<tr><td>3</td><td>彭浩(2001)</td><td rowspan="3">盧唐</td><td rowspan="3">籚篣</td><td rowspan="3">竹箭,見於長沙馬王堆一號漢墓和江陵鳳凰山一六八號漢墓遣策。</td></tr>
<tr><td>4</td><td>張家山二四七號漢墓竹簡整理小組(2001)</td></tr>
<tr><td>5</td><td>張家山二四七號漢墓竹簡整理小組(2006)</td></tr>
<tr><td>6</td><td>郭世榮(2001)</td><td rowspan="2">盧唐</td><td rowspan="2">未改。</td><td rowspan="2">未論。</td></tr>
<tr><td>7</td><td>郭書春(2001)</td></tr>
<tr><td>8</td><td>Christopher Cullen (2004)</td><td>盧唐</td><td>未改。</td><td>竹箭,神秘之物,不見於文獻,但可能與《周禮·考工記》“盧人”製作“盧器”(如矛、戟)有關。張家山二四七號漢墓竹簡整理小組(2001)將“盧唐”與長沙馬王堆一號漢墓和江陵鳳凰山一六八號漢墓遣策“籚篖”視爲一物,似指“竹箭”(盛物器皿?)。①</td></tr>
<tr><td>9</td><td>胡憶濤(2006)</td><td>盧唐</td><td>未改。</td><td>可能是竹子製成的容器,形制不明。</td></tr>
<tr><td>10</td><td>張家山漢簡『算數書』研究會(2006)</td><td>盧唐</td><td>籚篣</td><td>竹籠②</td></tr>
<tr><td>11</td><td>劉金華(2008)</td><td>盧唐</td><td>未改。</td><td>未論。③</td></tr>
</table>

① 原文作:The meaning of the term *lú táng* 盧唐 translated here as “bamboo tubes” is something of mystery. No such term seems to be known from ancient literature. However in the late Warring States *Zhōu lǐ* 周禮 we find a possible link in the section known as the “Artificers’ Record” *kǎo gōng jì* 考工記. According to that text, the *Lú rén* 盧人 make *lú qì* 盧器, which are shafted weapons such as spears and halberds. Zhangjiashan (2001) identifies the *lú táng* 盧唐 of this text with the same two characters found with the addition of the “bamboo” radical 籚篖 in the lists of grave goods from Mǎwángduì tomb 1 and Fènghuángshān tomb 168, which appears to refer to bamboo tubes (used for storage vessels?).按:該譯本誤把張家山二四七號漢墓竹簡整理小組(2001)“籚篣”作“籚篖”。

② 原文作:「籚篣」とは、竹籠のことである。

③ 該文未論“盧唐”含義,但轉引了漢簡整理者和蘇意雯、蘇俊鴻、蘇惠玉等(2000)意見。

續表

序號	責任者及年份	釋讀	校改	釋義及得名理據
12	郝慧芳(2008)	盧唐	簏篣	“盧”讀爲“簏”。朱駿聲《説文通訓定聲·皿部》:“盧,假借爲簏。”《廣雅·釋器》:“簏,筐也。”王念孫疏証:“簏,或作盧。”(後引漢簡整理者意見訓作“竹笛”。)
13	Joseph W. Dauben (2008)	盧唐	未改。	竹製長柄勺或器皿。盧唐是竹製煮具或餐具,也許是長柄勺或某種大勺。①
14	吴朝陽(2014)	盧唐	笭箵	據本題簡文,“盧唐”爲竹器是無疑的,但是漢簡中的“篣”并無作雙音詞之例,且“篣”“箵”音近而形異,故此處釋“簏篣”我們認爲應該存疑。事實上,包含“箵”的古詞彙“笭箵”倒是雙音詞,因此我們頗疑本題之“盧唐”實是“笭箵”,即一種竹席。
15	韓厚明(2018)	盧唐	簏篣	竹笛②

表1中的第1項研究因首發釋文,所以衹釋讀了簡文“盧唐”而未對“盧唐”的校改、釋義及得名理據進行討論。其餘14項研究成果一致釋讀爲“盧唐”,但是在對“盧唐”的校改、釋義以及“盧唐”有關理據的解釋方面有分歧。關於校改,有7項研究未校改,有6項研究成果校改爲“簏篣”,有1項改爲“笭箵”。關於語義,有3項研究未討論,有2項推測“盧唐”當爲竹器(即第2、9項),有6項研究成果訓爲“竹笛”,有1項認爲是“竹籠”,有1項認爲是竹器(如“竹勺”),有1項訓爲“竹席”。關於“盧唐”得名的理據,有6項研究未討論,有2項據語境推測“盧唐”爲竹器(即第2、9項),有1項從音韻學角度認爲“盧唐”當爲“笭箵”而非“簏篣”,另有5項研究以兩座漢墓遣策爲據(即第3、4、5、8、12項)説明“盧唐”當作“簏篣”并訓爲“竹笛”。但查閲所涉文獻發現,該遣策衹載“篣”字(詳見下文),未載任何與“盧唐”相關的信息,也無訓“篣”爲“竹笛”的記載,因此僅憑兩座漢墓遣策是不足以證明“盧唐”爲“簏篣”的,也不足以訓“盧唐”爲“竹笛”。實際上第10、15項研究也是按照漢簡整理者的思路校改“盧唐”爲“簏篣”的,因此這兩項研究也缺乏相關校改理據。下文將從文字學、語言學、考古發現等角度,探討“盧”“唐”“盧唐”的含義及所指,并討論“盧唐”得名的理據。

① 原文作:盧唐 *Lu tang* Bamboo Ladles/Utensils. A *lu tang* was a cooking or serving utensil made of bamboo, perhaps a ladle or some sort of large spoon.

② 該文未論“盧唐”含義,但轉引了張家山二四七號漢墓竹簡整理小組(2006)和吴朝陽(2014)意見。

二 "盧唐"之"盧"

"盧"甲骨文作"畀"(合 8186 反),①本義盛火器,即"火爐"。于省吾《釋盧》:"(盧)本象鑪形,加虍爲聲符,乃由象形孳乳爲形聲。"②如《長沙馬王堆一號漢墓》簡 220"熏盧二皆畫",整理者注曰:"熏盧即熏爐,墓中出彩繪熏爐二件,與簡文合。"其中一件熏盧見圖 1。③

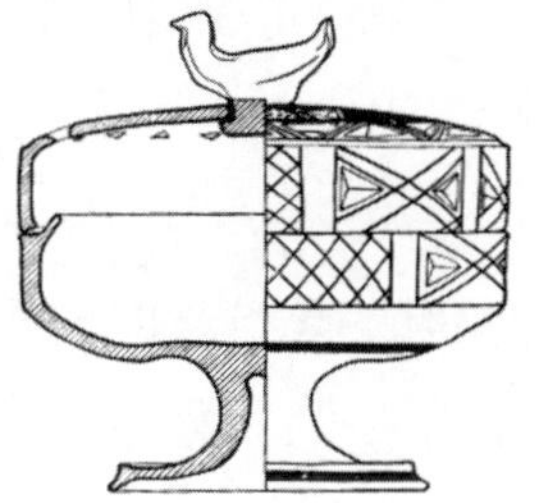

圖 1 長沙馬王堆一號漢墓出土陶熏盧

後世"盧"的詞義擴大,由專指"盛火器"擴大爲泛指其他盛物器,并增加相應的義符另造累增字以示區别。比如"鑪"或"爐"表示"盧"的本義"盛火器","廬"表簡易房屋,"籚"表盛飯器。《説文・皿部》:"盧,飯器也。从皿,虍聲。"④《玉篇・皿部》:"盧,亦飯器也。"⑤《廣雅・釋器》:"籚,筐也。"王念孫疏證:"籚,或作盧。"⑥

"籚"亦作"𠙴盧"(𠙴音 qū),形狀爲"凵"形,用柳條編成。《説文・𠙴部》:"凵,𠙴,𠙴盧,飯器,目柳作之。象形。"段玉裁注:"(𠙴盧)疊韻爲名。𠙴盧,詳皿部下。按:皿部不言𠙴者,單評曰盧,絫目曰𠙴盧也。"⑦上引《説文・皿部》"盧"下段玉裁注:"𠙴部曰:'𠙴盧,飯器,以柳爲之。'" 籚當爲方形。上引《廣雅・釋器》:"籚,筐也。"又《詩經・召南・采蘋》:"于以盛之,維筐及筥。"鄭玄箋:"方曰筐,圓曰筥。"⑧另,《玉篇・竹部》:"筥,盛米器也。方曰筐,圓曰筥。"⑨

---

① 郭沫若主編:《甲骨文合集》,北京:中華書局,1982,第 4 册,1224 頁。

② 于省吾主編,姚孝遂按語編撰:《甲骨文字詁林》,北京:中華書局,1996,第 2 册,1640 頁。

③ 湖南省博物館、中國科學院考古研究所編:《長沙馬王堆一號漢墓》(上集),北京:文物出版社,1973,125、147 頁;簡文圖版參見湖南省博物館、中國科學院考古研究所編《長沙馬王堆一號漢墓》(下集),北京:文物出版社,1973,237 頁。

④ [漢]許慎撰,[清]段玉裁注:《説文解字注》卷五《皿部》,杭州:浙江古籍出版社,2006,212 頁。

⑤ [梁]顧野王撰,[唐]孫强增補,[宋]陳彭年等重修:《重修玉篇》卷一五《皿部》,[清]永瑢、紀昀等編纂《四庫全書》(景印文淵閣版),臺北:商務印書館,1986,第 224 册,136 頁。

⑥ [清]王念孫:《廣雅疏證》卷八上《釋器》,北京:中華書局,1983,257 頁。

⑦ [漢]許慎撰,[清]段玉裁注:《説文解字注》卷五《凵部》,213 頁。

⑧ [漢]毛亨傳,[漢]鄭玄箋,[唐]孔穎達正義:《毛詩正義》卷一《召南・采蘋》,[清]阮元校刻《十三經注疏》,北京:中華書局,1980,286 頁。

⑨ [梁]顧野王撰,[唐]孫强增補,[宋]陳彭年等重修:《重修玉篇》卷一四《竹部》,[清]永瑢、紀昀等編纂《四庫全書》(景印文淵閣版),第 224 册,122 頁。

“𠆢盧”亦叫“笭篣”。《方言》卷一三:“篣,趙、魏之郊謂之笭篣。”郭璞注曰:“(篣)盛餅筥也。(笭篣)今通語也。”錢繹箋疏:“蓋單言之則爲篣,亦爲笭,絫言之則爲笭篣。笭篣即𠆢盧,皆疊韻字。”①

“籚”即“篣”,二字音同,是用不同的字記録同一器物,即“籚”“篣”音相同所指相同,衹是書寫形式不同。《廣雅·釋器》:“籚,筐也。”王念孫疏證:“笭篣與𠆢盧同。篣,亦籚也,笭篣,亦笭籚。”②《玉篇·竹部》:“篣,盛飯器也。”③“篣”亦稱“筲”。《方言》卷一三:“篣,南楚謂之筲。”④故“籚”在南楚亦稱“筲”。“筲”亦寫作“籍”,在楚地可指盛飯器。《説文·竹部》:“籍,一曰飯器,容五升。”段玉裁注引《方言》按曰:“筲即籍字。”⑤又,《玉篇·竹部》:“筲,斗筲,飯器。”⑥

“筲”在楚地還可指稱用竹筒製成的盛筷器,即筷筒。《廣雅·釋器》:“筲,箸筩也。”⑦如鳳凰山一六七號漢墓遣策簡65“朼箸筲一”,⑧發掘報告稱,木簡上書寫的内容是“朼箸筲一”,對應的出土器物名稱爲“竹筷筒”,數量1,内裝漆匕一枚,竹筷21根。⑨ 但該發掘報告未載該出土“朼箸筲”的圖片。荆州蕭家草場二十六號漢墓出土一件筷筒,發掘報告載有圖片(見圖2)并有記載如下:⑩

(竹筷筒)取一段帶兩個竹節的天然竹鋸製,以一竹節爲底,口部之上的一窄條筒壁頂端有一竹節。筒壁高11.6釐米,寬1.3釐米。在窄條筒壁頂端竹節處各向兩側拐出外伸0.4釐米,以繫繩提掛。在筒的中段正、背二面各鋸出一個開口,兩個開口大小相同,開口寬3.1釐米,高1.6釐米,并取下正、背開口上的竹片,分别反貼於開口上。在其口部繪有金黄色彩綫一周,在底部所繪的兩周金黄色彩綫條之間填以菱形幾何花紋邊,在其中部所繪飾的花草紋飾大部分已脱落。筷籠直徑3.6釐米,通高31.6釐米。内裝有竹筷21根,筷係劈竹削製成圓柱狀,長22.5釐米,直徑0.3至0.4釐米。

---

① [清]錢繹:《方言箋疏》卷一三,《續修四庫全書》編纂委員會編《續修四庫全書》,上海古籍出版社,2002,第193册,724頁。

② [清]王念孫:《廣雅疏證》卷八上《釋器》,257頁。

③ [梁]顧野王撰,[唐]孫强增補,[宋]陳彭年等重修:《重修玉篇》卷一三《竹部》,[清]永瑢、紀昀等編纂《四庫全書》(景印文淵閣版),第224册,117頁。

④ [漢]揚雄撰,[晉]郭璞注:《方言》卷一三,[清]永瑢、紀昀等編纂《四庫全書》(景印文淵閣版),臺北:商務印書館,1986,第221册,373頁。

⑤ [漢]許慎撰,[清]段玉裁注:《説文解字注》卷五《竹部》,192頁。

⑥ [梁]顧野王撰,[唐]孫强增補,[宋]陳彭年等重修:《重修玉篇》卷一四《竹部》,[清]永瑢、紀昀等編纂《四庫全書》(景印文淵閣版),第224册,122頁。

⑦ [清]王念孫:《廣雅疏證》卷八上《釋器》,221頁。

⑧ 湖北省文物考古研究所編:《江陵鳳凰山西漢簡牘》,北京:中華書局,2012,175—176頁。按:“匕”,長柄淺斗取食器,一般木制,可寫作“朼”“枇”或“木匕”;“箸”即筷子。

⑨ 鳳凰山一六七號漢墓發掘整理小組:《江陵鳳凰山一六七號漢墓發掘報告》,《文物》1976年第10期。

⑩ 湖北省荆州市周梁玉橋遺址博物館編:《關沮秦漢墓簡牘》,北京:中華書局,2001, 82、178頁。

圖 2　荆州蕭家草場二十六號漢墓出土竹筷筒(XM26:44)

綜上,“盧唐”之“盧”,本指盛火器(後作“鑪”或“爐”),亦轉指盛飯器而作“籚”,“籚”亦稱“笯”,而“笯”在楚地稱“筲”,“筲”在楚地可指稱竹製筷筒。故簡文“盧唐”之“盧”當爲“籚”,指竹製筷筒。

三　“盧唐”之“唐”

“唐”與“昜”在江東地區可互通。“餳”作“餹”可以爲之證。“餳”亦寫作“餹”,“餹”“糖”轉形異體字。《方言》卷一三:“餳謂之餹。”郭璞注:“江東皆言餹,音唐。”[①]《方言》所謂的“餳”當是“餳”之誤,段玉裁對此有所論述。《説文・倉部》:“餳,飴和饊者也。从倉,昜聲。”段玉裁注:

> (餳)各本篆作“餳”,云昜聲,今正。按:餳从昜聲,故音“陽”,亦音“唐”,在十部。《釋名》曰:餳,洋也,李軌《周禮》音“唐”,是也。其陸氏音義《周禮》辭盈反、《毛詩》夕清反,因之《唐韻》徐盈切。此十部音轉入於十一部,如“行”“庚”“觥”等字之入庚韻。郭璞《三倉解詁》曰:楊,音盈協韻。晉灼《漢書音義》反楊惲爲由嬰。其理正同耳。淺人乃易其餚聲之偏旁,《玉篇》《廣韻》皆誤从“易”。然《玉篇》曰:餳、徒當切。《廣韻》十一“唐”曰:糖、飴也。十四“清”曰:餳、飴也。皆可使學者知“餳”“糖”一字,不當从“易”。至於《集韻》始以“餳”入唐韻,“餳”入清韻,畫分二字,使人真雁不分,其誤更甚,猶賴《類篇》正之。餳,古音如洋,語之轉如“唐”。故《方言》曰:餳謂之餹。郭云:江東皆言餹,音唐。[②]

---

① ［漢］揚雄撰,［晉］郭璞注:《方言》卷一三,［清］永瑢、紀昀等編纂《四庫全書》(景印文淵閣版),第 221 册,373 頁。

② ［漢］許慎撰,［清］段玉裁注:《説文解字注》卷五《口部》,218-219 頁。

據段注可知:“餳”从昜聲而非从易聲;“餳”“餹”“糖”所指相同;“餳”之爲“餹”具有音韻學理據。長沙馬王堆一號漢墓和三號漢墓正好屬於“江東”地區,我們對出土的相關簡牘語料分析如下。

《方言》所言“餳謂之餹”在“江東”地區發生了一些變化。如:

“孝糃一資”(長沙馬王堆一號漢墓遣策簡 97)①

“糖笥”(長沙馬王堆一號漢墓竹笥上的木牌摹本 38)②

“糖一笥”(長沙馬王堆三號漢墓遣策簡 135)③

可見,《方言》所説的“餳”與“餹”的義符,蓋因製作原料發生變化的緣故,由“食”演變爲“米”而分别作“糃”“糖”,但仍可證段氏所言“餳”“糃”从昜聲而非从易聲,及“餳、糖一字”。此外,出現了“糖”“糃”同墓共存的現象。

根據大量出土早期文獻可知,不少名物字往往没有後來所用字的義符,而衹有聲符。“糖”字早期文獻中又常作“唐”,即無義符“米”。例如:

“唐枎于頪一笥”(長沙馬王堆一號漢墓遣策 115)④

“唐枎于頪一笥”(長沙馬王堆一號漢墓竹笥上的木牌)⑤

“唐枎于㚟一笥”(長沙馬王堆三號墓遣策簡 151)⑥

“唐枎粇笥”(長沙馬王堆三號墓簽牌 14)⑦

按照簡牘整理者的意見,上引語料中的“唐”即“糖”,“枎于”“枎粇”即烏芋(荸薺),“頪”“㚟”即“粸”,笥裹所盛食品爲塊狀糖荸薺。

綜上,“餳”在“江東”地區作“餹”,“餹”更换義符作“糖”,“糖”常寫作“唐”,“唐”在通用漢字裹寫作“昜”。“糃”“糖”“唐”同墓共存也説明“唐”與“昜”在“江東”地區可互通。

這種没有義符而衹用聲符的用字習慣在漢簡《筭數書》裹也常見,如“銖”“秳”“術”分别

---

① 簡牘整理者注曰:“孝,讀爲膠,从孝聲之字如酵即讀如膠。《荆楚歲時記》正月一日條下:‘進屠蘇酒,膠牙糃’。《本草綱目》飴糖條引陶弘景曰:‘方家用飴,乃云膠飴,是濕餹如厚飴者。’”參見湖南省博物館、中國科學院考古研究所編《長沙馬王堆一號漢墓》(上集),138 頁;簡文圖版參見湖南省博物館、中國科學院考古研究所編《長沙馬王堆一號漢墓》(下集),230 頁。

② 湖南省博物館、中國科學院考古研究所編:《長沙馬王堆一號漢墓》(上集),141 頁。

③ 湖南省博物館、复旦大學出土文獻與古文字研究中心編纂:《長沙馬王堆漢墓簡帛集成(陸)》,北京:中華書局,2014,241 頁;圖版參見湖南省博物館、复旦大學出土文獻與古文字研究中心編纂《長沙馬王堆漢墓簡帛集成(貳)》,北京:中華書局,2014,270 頁。

④ 湖南省博物館、中國科學院考古研究所編:《長沙馬王堆一號漢墓》(上集),140 頁;簡文圖版參見湖南省博物館、中國科學院考古研究所編《長沙馬王堆一號漢墓》(下集),231 頁。簡牘整理者注:“唐,即糖,出土竹笥木牌有‘糖笥’正寫作糖可證。糖古書多作餹。”

⑤ 該木牌無編號。參見湖南省博物館、中國科學院考古研究所編《長沙馬王堆一號漢墓》(下集),191 頁。

⑥ 湖南省博物館、复旦大學出土文獻與古文字研究中心編纂:《長沙馬王堆漢墓簡帛集成(陸)》,241 頁;圖版參見湖南省博物館、复旦大學出土文獻與古文字研究中心編纂《長沙馬王堆漢墓簡帛集成(貳)》,270 頁。

⑦ 湖南省博物館、复旦大學出土文獻與古文字研究中心編纂:《長沙馬王堆漢墓簡帛集成(陸)》,265 頁;簽牌圖版參見湖南省博物館、复旦大學出土文獻與古文字研究中心編纂《長沙馬王堆漢墓簡帛集成(貳)》,296 頁。

作"朱""石""术"。根據伐竹爲竹器的語境,"廬唐"當有義符"竹",那麼"廬唐"就爲"籚篖"。鑒於張家山漢簡《筭數書》的出土地點正屬於"江東"地區,"篖"字在通用漢字裏當爲"篡"字,這正與郭注一致,所以,"籚篖"之"篖"即"篡"字。"篡",義爲將伐下的竹子截爲若干段而成的大竹筒。《説文・竹部》:"篡,大竹筩也。从竹,昜聲。"又:"筩,斷竹也。"[①]則"篖"亦指此類大竹筒。

"篡"究竟是什麽樣的大竹筒?有何用途?考古發現爲我們提供了答案。江陵鳳凰山一六八號漢墓出土筷筒一個,據發掘報告記載,長 24、徑 5.4 釐米,正面用墨和紅色粉彩繪幾何紋圖案,側面有墨書隸體"枇篡"二字(如圖 3),筷筒裏裝竹筷十根,筷長 24.5 釐米、徑 0.3—0.5 釐米。[②]

圖 3　江陵鳳凰山一六八號漢墓出土竹筷籠"枇篡"摹本

枇,即"朼""匕",長柄淺斗取食工具。枇與箸同爲取食器具,家庭中常同置一器,當然可以用"枇"作定語組合成"枇篡",表示盛裝筷、匕類取食工具的竹筒。可見,"篡"可指稱筷筒。關於枇篡的形制,該發掘報告没有刊布照片,但是指出其形制與一起出土的 8 件竹筒相同,祇是這個枇篡比這些竹筒短。這 8 件竹筒本身的形制完全相同,用整竹鋸製,以竹節處爲底與口,口部的竹節鑿一小孔,口部上尚留有高 2.5 釐米的竹筒半邊,并在近兩端各鑽一小孔,以係繩提攜。竹筒的正面有用墨和紅色粉彩繪菱形和三角形等幾何圖案。圖 4 爲這 8 件竹筒中的一件(標本編號爲 168:210,長 42、直徑 5.5 釐米,上墨書隸體"苦酒"二字)

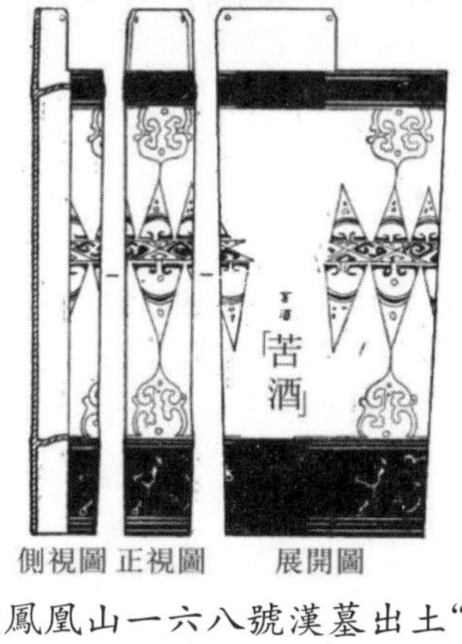

圖 4　江陵鳳凰山一六八號漢墓出土"苦酒"竹筒

① [漢]許慎撰,[清]段玉裁注:《説文解字注》卷五《竹部》,194 頁。

② 參見陳振裕《江陵鳳凰山一六八號漢墓》,《考古學報》1993 年第 4 期。

這 8 個竹筒側面都有墨書隸體文字,標明該竹筒所盛物品名稱。標本編號爲 168:209、210 的竹筒,各隸書"苦酒"二字;標本編號爲 168:151、247 的竹筒,各隸書一"鹽"字;標本編號爲 168:252 的竹筒,隸書"月(肉)醬";標本編號爲 168:116 的竹筒,隸書"启醬";標本編號爲 168:143 的竹筒,隸書一"菜"字;標本編號爲 168:164 的竹筒也有墨書文字,已漫漶不清。圖 5 爲文字清晰的 7 件竹筒所書文字摹本。①

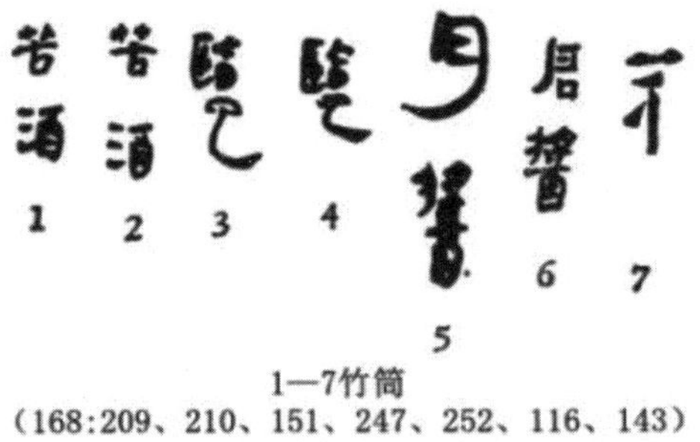

圖 5　江陵鳳凰山一六八號漢墓出土 7 件竹筒所書文字摹本

這樣,我們就知道了"枇篡"的形制與所出土的 8 件竹筒相同,不過圖 4 展現的形狀還不够直觀,而蕭家草場二十六號漢墓出土的一個竹筒,據發掘報告,其形制與上述 8 件竹筒基本相同(見圖 6),②能更直觀地顯示"枇篡"的形狀。

圖 6　蕭家草場二十六號漢墓出土竹筒(XM26:63)

綜上,簡文"盧唐"之"唐",當爲"篖","篖"即"篡"字,義爲"大竹筒",即可盛長柄勺、竹筷等食具或醬、酒等食品的竹製容器。

① 參見陳振裕《江陵鳳凰山一六八號漢墓》。
② 湖北省荆州市周梁玉橋遺址博物館編:《關沮秦漢墓簡牘》,178、82 頁。

四 "盧唐"的得名理據

"盧唐"的得名理據有二，一是"盧"與"唐"組合是"同義連用"，二是"盧"與"唐"組合是"通語"與楚方言接觸的結果。下文分别討論。

（一）同義連用

漢語詞彙在由單音詞向雙音詞演變的過程中，有一種現象叫"同義連用"。王力（1999）認爲："漢語大部分雙音詞都是經過同義詞臨時組合的階段的。"①這種"同義詞臨時組合"的語言現象被稱爲"同義連用"，即兩個意義相同或相近的詞 A 和 B 組合爲 AB，所表示的意義與原來單個詞（A 或 B）的意義基本相同。判斷"同義連用"的標準有兩個：一是參與組合的詞是同義詞，即 A＝B，二是任何一個參與組合的詞的詞義都等於組合後的整體意義，即 A＝AB，B＝AB。王力（1982）界定同義詞的標準是："這個詞的某一意義和那個詞的某一意義相同。不是説這個詞的所有意義和那個詞的所有意義相同。"②即"一義相同"就是同義。同義連用如《尚書・無逸》："自朝至於日中昃，不遑暇食。"孔穎達正義："遑亦暇也。重言之者，古人自有復語，猶云艱難也。"③其中"遑"與"暇"同爲"空閒"之義，連用爲"遑暇"亦表"空閒"之義。再如《淮南子・道應》："故曰聖人之處世，不逆伎能之士。"④其中"伎"與"能"同爲"本領"之義，連用爲"伎能"亦表"本領"之義。

就"盧唐"而言，"盧"可指稱筷筩，"唐"亦可指稱筷筩，而"唐"指稱竹筩時，其形制與"盧"非常接近。故"盧""唐"爲近義詞，"盧唐"或"籚篖（簹）"爲同義連用，指大竹筩製成的容器，可盛長柄勺、筷子等食具和醬、酒等食品。

此外，由同義連用構成的詞組 AB，有兩種發展結果。一是如果得以長期使用，就可能最終凝固成詞。二是如果 AB 一直都未能凝固成詞，這種詞組就很容易消亡。正如蔣紹愚（1989）認爲："同義詞或近義詞的組合，開始時往往是片語，後來纔逐漸凝固爲詞，也有一些始終没有凝固爲詞。"⑤"盧唐"的發展結果應該是没有凝固爲詞而消亡了，所以傳世文獻和除《筭數書》外的其他出土文獻中暫未見其用例，人們對它自然缺乏認識。

（二）"通語"與"江東"方言接觸的結果

秦統一中國，加劇了通語與"江東"方言的接觸，使通語詞彙進入"江東"方言。例如漢

① 王力：《古代漢語》，北京：中華書局，1999，89 頁。
② 王力：《同源字典》，北京：商務印書館，1982，23 頁。
③ ［漢］孔安國傳，［唐］孔穎達正義：《尚書正義》卷一六《無逸》，［清］阮元校刻《十三經注疏》，北京：中華書局，1980，222 頁。
④ ［漢］高誘注：《淮南子注》卷一二《道應》，上海書店，1986，200 頁。
⑤ 蔣紹愚：《古漢語詞彙綱要》，北京大學出版社，1989，293 頁。

簡《筭數書》“囷蓋”算題簡148的“囷”，彭浩(2001)認爲：“這種帶蓋的圓倉最早出現在關中的秦墓中，其年代可早到春秋晚期。以後隨着秦統一中國的戰爭逐漸散布於關東各地。并延續使用到西漢早期。到西漢中期(漢武帝時)，它被無蓋的直筒形圓倉所取代，形狀有很大變化。”[①]“囷蓋”算題出現在出土於楚地的《筭數書》中，表明通語中的“囷”字隨着秦統一中國而進入到了楚地方言。再如上文所引長沙馬王堆一號漢墓和三號漢墓所見有關“糖”的出土語料共有7例，其中有2例作“糖”，4例作“唐”，均是“江東”方言詞，而有1例作“餳”，是通語詞，説明通語詞彙已經進入了“江東”方言。

就“盧唐”而言，據前文所引《方言》卷一三“箄，南楚謂之筲，趙、魏之郊謂之笶箄”可知“箄”爲通語。因“盧(籚)”即“箄”，故可推知“盧”亦當爲通語，而“唐”字是“江東”方言，因此“盧”與“唐”組合爲“盧唐”也當是通語與“江東”方言接觸的結果。另外，《筭數書》主人的身份似乎也可以佐證這一推斷。《筭數書》的主人當爲關中秦人，後到楚地爲小吏，通曉數學。據彭浩(2001)：“他可能是來自關中的秦人。墓中隨葬的銅蒜頭壺、鍪是戰國時期關中地區秦人墓中常見的典型器物……隨着統一戰爭擴散到各地。同一時期江漢平原的楚人墓隨葬鼎、盒、壺、盂、罐等，而不見銅蒜頭壺和鍪……他在縣級政府中的主要職責是協助縣令處理司法案件和管理政府財物，通曉數學。”[②]另據與《筭數書》同墓出土的“曆譜”，墓主人於漢初“新降爲漢”，於漢惠帝元年六月(前194)“病免”。[③] 也許該墓主人或與他一樣由秦入楚的人編寫或抄寫了《筭數書》“盧唐”算題，故而在用詞上出現了通語“盧”與“江東”方言“唐”的組合。

結語

簡文“盧唐”當作“籚篖(簜)”。“盧唐”或“籚篖(簜)”屬同義連用，是通語與“江東”方言接觸的結果，指大竹筒製成的容器，可盛長柄勺、竹筷等食具和醬、酒等食品。這一釋義與算題題意相符。算題的“程”(法度、標準)規定：“一日爲盧唐十五，一竹爲三盧唐。”其中，“一日爲盧唐十五”指每日完成的工作量。製作盧唐需要斷竹爲筒，再進一步加工，如砍削爲所需形狀，打孔係繩，畫圖繪彩，書寫文字，等等，每天製作15個，工作量應該是飽和的，也應該是能够完成的；“一竹爲三盧唐”指每根竹子可以製作盧唐的數量。據盧唐的形制，優質的盧唐應該是直徑大、筒體長，如圖4所示“苦酒”竹筒，長42、直徑5.5釐米。根據竹子的結構，靠近竹頭的部分雖然直徑大，但是竹節密集，而靠近竹尾部分雖然竹節稀疏，但是直徑

① 彭浩：《張家山漢簡〈算數書〉注釋》，5-6頁。
② 彭浩：《張家山漢簡〈算數書〉注釋》，11-12頁。
③ 參見張家山二四七號漢墓竹簡整理小組編著《張家山漢墓竹簡[二四七號墓]》(釋文修訂本)，129-130頁。

小,因此一根竹子製作3個如圖4所示的竹筒應該是符合竹子結構特點的。需要特别强調的是,"一日爲盧唐十五,一竹爲三盧唐"是"程"(法度、標準)的規定,是指導性的,與工匠實際操作相比可能會有所差異。

附記　本文寫作得到了西南大學漢語言文獻研究所張顯成先生、喀什大學人文學院鍾如雄先生的幫助,匿名審稿專家亦提出了諸多寶貴意見,謹致謝忱。

銀雀山漢簡與《六韜》對讀札記六則

□ 重慶大學人文社會科學高等研究院 張帆

内容提要 銀雀山漢簡與《六韜》諸本及佚文可互參。如今本《文師》篇“非龍非螭,非虎非羆”,疑流傳中與《史記》或其他太公文獻相混,當據漢簡改爲“非熊非羆,非虎非狼”;銀簡簡634之“虞”仍當讀爲“漁”,缺文可補爲“今吾虞【其有似也。文王曰:】可胃虞【其有】佁”;簡641原隸定爲“楂”之字,當隸定作“栫”,《直解》本“時斂”或相關;簡642下端殘字似爲“免死”,與簡641間還需補入一支簡;簡659-661原歸入《六守》篇,據《路史》注引文可知不屬《六守》,篇題可能爲《兩疑》;簡695“群曲曲化”,“曲”當讀爲“具(俱)”,訓爲盡、皆,指曲邪之人盡被教化遷善,與今本“群曲化直”義近。銀雀山漢簡《尉繚子》“曲勝”之“曲”,也應訓爲盡、皆。

關鍵詞 銀雀山漢簡 《六韜》 《尉繚子》

《六韜》舊題撰人太公吕望,是中國古代重要的兵法著作。今本《六韜》(即《武經七書》本)共60篇,是宋代元豐年間的删定本,篇章結構和内容相較之前都發生了很大變化。雖有敦煌寫卷、西夏譯本和文獻引文等可資復原原本,但大多不全,衹有部分内容。1972年出土的銀雀山漢簡中有與《六韜》相關的材料,整理者曾題爲《六韜》公布。[①] 後李零先生指出不能與今《六韜》直接對應,得到不少學者的贊同。[②] 目前學者或稱之爲《太公》。銀雀山漢簡保留了部分《六韜》古本的樣態,參校價值極高。過去學者以銀簡與《六韜》對讀,糾正了今本的不少訛誤。今不揣鄙陋,補充數則,以求教方家。

① 銀雀山漢墓竹簡整理小組編:《銀雀山漢墓竹簡(壹)》,北京:文物出版社,1985,107-125頁。

② 李零:《簡帛古書與學術源流》,北京:生活·讀書·新知三聯書店,2004,370-372頁。

一

銀雀山漢簡簡 631-644,①整理者以爲對應今本《六韜》的首篇《文師》。② 其中簡 631 有"……非罷(羆),非虎非狼"之語,今本對應句作"非龍非螭,非虎非羆",③有所差别,整理者未斷孰是。今按這句話是對下文文王所得吕尚也就是太公的形容,見於多種文獻引文。文獻中所見《六韜》此句作:

表 1 《六韜》引文對照表

今本《六韜》	非龍非螭,非虎非羆
銀雀山漢簡	……非罷(羆),非虎非狼
《藝文類聚》卷六六引《六韜》	非熊非羆④
《文選·重贈盧諶》李善注引《六韜》	非龍非彲,非熊非羆⑤
《文選·非有先生論》李善注引《六韜》	非熊非羆,非虎非狼⑥
《文選·運命論》李善注引《六韜》	非熊非羆,非虎非狼⑦
《太平御覽》卷四〇四引《六韜》	非熊非罷,非虎非狼⑧
《太平御覽》卷七二六引《六韜》	非熊非羆,非虎非狼⑨

據引文可以發現,除《文選·重贈盧諶》注的一處引文外,大多數引文都同於銀雀山漢簡,不同於今本。又,東魏孝静帝武定八年(550)碑刻《吕望表》有"托□□虎,□狠(狼)非羆",⑩提到虎、狼、羆,也與漢簡一致。則漢簡"非羆""非虎""非狼"一直都有流傳,在中古的文獻引文中還有體現,當爲《六韜》原貌。銀簡缺文可據之補爲"【非熊】非罷(羆),非虎非狼",與此句前後的"田於渭陽""以之佐昌""施及三王"可諧韻。今本《六韜》作"非龍非螭,

① 爲求核查方便,本文簡號統一以《銀雀山漢墓竹簡(壹)》中編號爲準,下同。

② 今本《文師》篇在《群書治要》引文中爲全書之序,不在《文韜》内。參見[唐]魏徵等撰《群書治要》卷三一《六韜》,《叢書集成初編》本,上海:商務印書館,1936,513 頁。

③ 本文所引今本《六韜》底本用四部叢刊本。參見《六韜》六卷,收入《四部叢刊初編》,上海涵芬樓影印常熟瞿氏鐵琴銅劍樓藏宋抄本,上海:商務印書館,1922。

④ [唐]歐陽詢撰;汪紹楹校:《藝文類聚》卷六六《産業部下·田獵》,上海古籍出版社,1982,1171 頁。

⑤ [梁]蕭統編,[唐]李善注:《文選》卷二五,上海古籍出版社,1986,1175 頁。

⑥ [梁]蕭統編,[唐]李善注:《文選》卷五一,2243 頁。

⑦ [梁]蕭統編,[唐]李善注:《文選》卷五三,2296 頁。

⑧ 《太平御覽》卷四〇四《人事部·師》,北京:中華書局,1960,1870 頁下。

⑨ 《太平御覽》卷七二六《方術部·卜下》,3217 頁下。

⑩ 北京圖書館金石組編:《北京圖書館藏中國歷代石刻拓本匯編》第 6 册,鄭州:中州古籍出版社,1989,170-171 頁。

非虎非羆”,僅以“螭”“羆”諧韻,不若銀簡古本。

那麽,今本《六韜》的“非龍非螭”又從何而來呢?《文選·重贈盧諶》注所引作“非龍非彲,非熊非羆”,與諸本皆不同。今疑上述兩種異文皆出自《史記》。《史記·齊太公世家》有“非龍非彲,非虎非羆”之語,正與今本《六韜》相合。文獻引文中,亦存有《史記》此句的不同版本,列舉如下:

表2 《史記》引文對照表

《史記·齊太公世家》	非龍非彲,非虎非羆①
《漢書》顔師古注引《史記》	非龍非螭,非豹非羆②
《論語正義》引《史記》	非龍非彲,非虎非熊③
《文選·東京賦》李善注引《史記》	非龍非彲,非虎非羆④
《文選·答賓戲》李善注引《史記》	非龍非虎,非熊非羆⑤
《初學記》引《史記》	非龍非螭,非熊非羆⑥

《史記》的“非龍非彲”,僅有一則異文作“非龍非虎”,疑爲與下文“所獲霸王之輔”諧韻而改。“非虎非羆”句異文較多,而前述《文選·重贈盧諶》注引文,與《初學記》所引《史記》文字全同。則《六韜》此句的今本和異文,皆能在《史記》傳本中找到出處。《史記·齊太公世家》所述吕望生平,與許多諸子文獻的記載相合,後文又有不見於《六韜》的“吾太公望子久矣”等語,似是摘選、糅合了當時流傳的太公文獻。推測《史記》在流傳過程中産生了異文,因與《六韜》文字相似,是以後人誤以其文入《六韜》。

《容齋隨筆》中《吕望非熊》一節,曾比較《文韜》與《史記》,言:“自李瀚《蒙求》有‘吕望非熊’之句,後來據以爲用……《後漢》崔駰達旨云:‘漁父見兆於元龜。’注文乃引《史記》‘非龍非驪(彲),非熊非羆’爲證。今之《史記》,蓋不然也。‘非熊’出處,惟此而已。”⑦洪邁注意到了《史記》傳本有異,但認爲“非熊”僅見於《史記》傳本,非是。據銀雀山漢簡和《六韜》數種引文可知,“吕望非熊”之典源出《六韜》,由來已久。今本此句經過改動,已失原貌。

① 《史記》卷三二《齊太公世家》,北京:中華書局,1982,1477-1478頁。
② 《漢書》卷一〇〇《叙傳》,北京:中華書局,1962,4231-4232頁。
③ 《論語正義》卷八《泰伯》,[清]阮元校刻《十三經注疏》,北京:中華書局,2009,5403頁。
④ [梁]蕭統編,[唐]李善注:《文選》卷三,122頁。
⑤ [梁]蕭統編,[唐]李善注:《文選》卷四五,2020頁。
⑥ [唐]徐堅:《初學記》卷六《地部中·渭水第八》,北京:中華書局,2004,136頁。
⑦ [宋]洪邁撰,孔凡禮點校:《容齋隨筆·五筆》卷二《吕望非熊》,北京:中華書局,2005,847-848頁。

二

銀雀山漢簡簡 634 有“今吾虞……□可(何)胃(謂)虞【□□】佁(似)”,今本對應句作“今吾漁,甚有似也。殆非樂之也。文王曰:‘何謂其有似也?’”[①]“虞”,整理者指出“簡本上下文皆有‘漁’字,唯此句及下一句用‘虞’字,似以此二‘虞’字爲思虞之‘虞’,而不以爲‘漁’之借字。”[②]白於藍先生又讀爲“娛”,訓爲“樂”。[③] 今按出土材料中“同詞異形”的現象多見,不可求之過嚴。如今本《老子》第 50 章“以其生生之厚”,北大漢簡本作“以其姓生也”,“姓生”即當讀爲“生生”。[④] 將“虞”訓爲思虞、樂,均不如直接讀爲“漁”,畢竟,下文講的“有似”,説的還是釣魚與取士有相似之處。

又,此簡中間殘缺,蔣魯敬據白於藍説補爲“今吾虞【甚有佁(似)也】,何胃(謂)虞【甚有】佁(似)?”[⑤]但是考慮“可胃虞”殘簡的位置,與上文“今吾虞”之間,應有 7 字左右的闕文,蔣魯敬所補字數明顯不合。且今本《六韜》前言“今吾漁甚有似也”,下文又言“何謂其有似”,前後并不完全對應。檢金澤文庫本《群書治要》校語有引《六韜》此節,此處作“今吾漁,其有似”,[⑥]疑“甚”“其”字形相近而誤。從文義看,今本此處作“其”較好。銀雀山漢簡此處可補爲“今吾虞【其有似也。文王曰:】可(何)胃(謂)虞【其有】佁(似)?”

---

① 今本“殆非樂之也”,銀雀山漢簡無,《武經七書直解》本亦無,《直解》本常引“舊本”,可知有所來源。

② 銀雀山漢墓竹簡整理小組編:《銀雀山漢墓竹簡(壹)》,108 頁注 9。

③ 白於藍:《銀雀山漢簡校釋》,《考古》2010 年第 12 期。

④ 北京大學出土文獻研究所編:《北京大學藏西漢竹書[貳]》,上海古籍出版社,2012,128 頁。

⑤ 蔣魯敬:《銀雀山漢墓竹簡〈尉繚子〉〈晏子〉〈六韜〉集釋》,吉林大學碩士學位論文,2012,127 頁。

⑥ 金澤文庫本《群書治要》藏於日本宫内廳書陵部,圖像参見日本“宫内廳書陵部收藏漢籍集覽”網站,http://db.sido.keio.ac.jp/kanseki/T_bib_frame.php? id=069336。

簡 634 位置圖

三

銀簡簡 640+641 有"樂才(哉)聖人！大(太)上歸亓次梪(樹)斂"一句,今本作"樂哉聖人之慮,各歸其次,而樹斂焉",差别較大。整理者認爲簡本"大上"一句當有脱文,原本疑作"大(太)上歸□(或□□),其次梪(樹)斂"。[1]

今按,整理者隸定爲"梪"之字,字形作"",嚴格隸定當作"桖",較常見"樹"字省聲符"豆"。此句《武經七書直解》本"樹斂"作"立斂",又云:"一本作'時斂',未知是否。"[2]"樹"與"立"義近,"樹斂""立斂"都是指設立收聚人民之法。《直解》闡釋《六韜》時引"一本""舊本"文字,或有與古本相合者。如今本《龍韜・論將》篇有"貪而好利者,可遺也"一句,《直解》"遺"作"貴",又云:"貴字,一本作賂,言貪而好利,可賂而誘之也。"[3]此篇雖不見於銀雀山漢簡《六韜》編連組内,但銀雀山漢簡《將過》篇與此篇文字相近,對應句作"貪而好貨者可洛(賂)",[4]正與《直解》相合。"樹斂",《直解》言"一作'時斂'","時"或與上述銀雀山

① 銀雀山漢墓竹簡整理小組編:《銀雀山漢墓竹簡(壹)》,109 頁注 26。
② [明]劉寅直解,張實、徐韻真點校:《武經七書直解》,長沙:嶽麓書社,1992,393 頁。
③ [明]劉寅直解,張實、徐韻真點校:《武經七書直解》,430 頁。
④ 銀雀山漢墓竹簡整理小組編:《銀雀山漢墓竹簡(貳)》,北京:文物出版社,2010,159 頁。

漢簡的“樹”的寫法有關。

另外,簡本“太上歸,其次樹斂”,“歸”指人民自己歸從,即“百姓歸之如流水”,文義可通,無需補字。今本此句可能經過後人整理,爲與上文“微哉聖人之德”句式一致,而添入“之慮”二字,又誤以“其次”爲處所之意。

四

銀簡簡 642 由兩段殘簡拼接而成,“仁之所在”句爲 a 段,“天下歸之,□□”爲 b 段。簡 642b 下端兩字,殘存筆畫作“”,楊青指出爲“大樂”之殘。[①] 以簡 633“樂”字形()比對,不甚確切。今按由筆劃走勢,参以今本《六韜》,這兩字似是“免死”。簡 596“免”字形作“”,簡 643“死”字形作“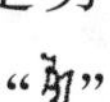”,與殘字筆劃相近,且與今本《六韜》“免人之死”可對應。

關於此簡的位置,原整理者以爲是一簡的簡頭,據文字屬《文師》篇,因此置於簡 641 後。整理者又以簡 645-647 三支殘簡有疑似“樹斂”内容,認爲“原來位置可能在 641 號、642 號二簡之間”。[②] 後參加銀雀山漢簡新整理工作的楊青指出,642b(釋文爲“天下歸之大樂”)不當與 642a 相連,應置於該簡靠下位置。[③] 劉釗(樂游)則指出,殘簡 642 無簡背劃痕,難以確定就在簡首。而據簡背劃痕,簡 647 當在簡 644 之前。其將簡 645 與簡 646 編爲一支,置於簡 647 前,對原編連作了重新調整。[④]

---

① 楊青:《銀雀山漢簡〈六韜〉的整理新發現》,《孫子研究》2018 年第 3 期。

② 銀雀山漢墓竹簡整理小組編:《銀雀山漢墓竹簡(壹)》,109 頁注 34。

③ 楊青:《銀雀山漢簡〈六韜〉的整理新發現》。整理者編連圖亦引自楊青文。

④ 樂游(劉釗):《銀雀山漢簡〈六韜〉篇一〇文本復原新探(初稿)》,《中國古文字學會第十屆學術年會論文集》,鄭州,2019,562-563 頁。

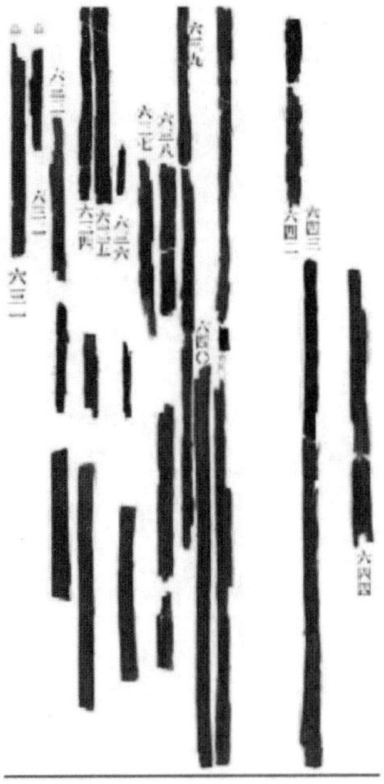

整理者編連圖

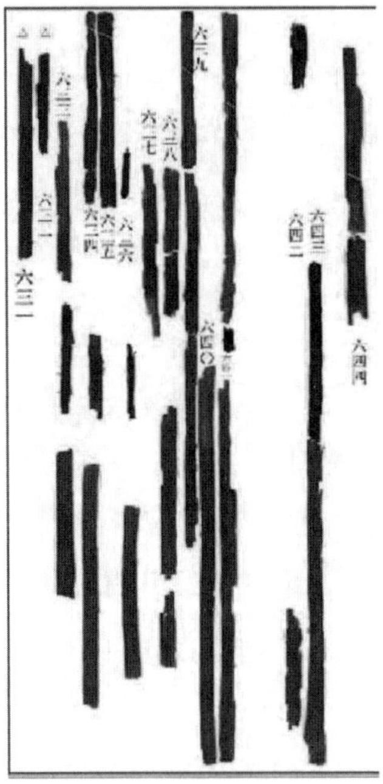

楊青編連圖

劉釗編連圖

今按簡 642 下部二字如是“免死”,則正在“仁之所在,天下歸之”句後,整理者原拼合無誤。但拼合後無簡背劃痕,可知不在整理者原放置的簡首位置。銀雀山漢簡簡 641 末句作“國非一人國也……”,今本《六韜》無。[①] 簡 641 與簡 642 之間以今本《六韜》補之,尚需“國人之國也”和 30-34 字的空餘,也就是説兩簡之間需補 35-39 字。此篇一支簡約 35 字左右,則簡 641 與簡 642 間當缺一支簡。而簡 643 内容爲“義之所在,天下歸之。凡民者,樂生而亞(惡)死,亞(惡)危而歸利。能生利……”,以今本補之,簡 642 與簡 643 間有約 32 字的空餘。據此,簡 642 當在該簡簡痕稍下位置。據劉釗先生文中附簡背劃痕示意圖,調整簡序後編連方案見下圖。至於簡 645 和簡 646,内容分别爲“下,大人之梪(樹)□”和“□以人梪(樹)也,梪(樹)才(財)以□”,不見於今本,亦無簡背劃痕,拼合位置暫難確定。

① 此篇雖見於今本《文師》與《群書治要》引文,但兩者皆非完本。據文獻引文,又有“以小釣釣川而擒其魚,中釣釣國而擒其萬國諸侯”數句,不排除後來混入的可能。

編連後簡背圖

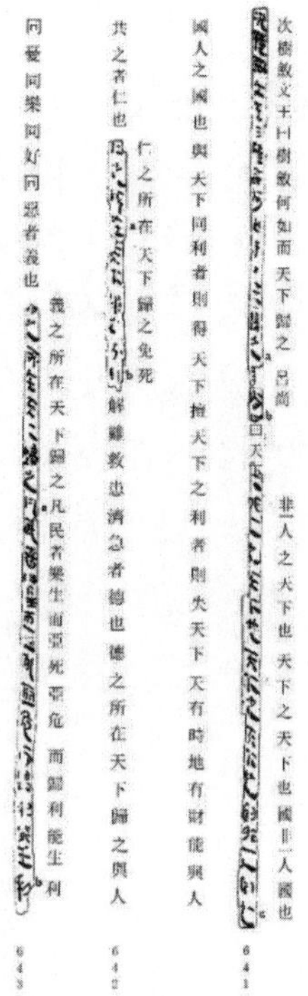

簡 641-643 正面示意圖

五

銀簡簡 659 與 660 據内容可繫連,作"……□信,三勸乃親,六懷皆得,何人不服。三勸不親,游戎在身。六遻(懷)無常,游戎……",簡 661 作"……□親,六懷有常,天下皆安,和乃立王……",内容也相關。此三枚殘簡,整理者原歸入與今本《六守》篇對應的編連組,并言篇題爲《尚正》。整理者注:"以下三簡言及'三勸''六懷',皆不見於今本《六守》篇。但簡本此篇 648 號簡謂'君有三器六守,臣有……','臣有'下所缺之字很可能即爲'三勸六懷',故 658 號以下四簡有可能屬於本篇,其位置似當在 655 號、656 號二簡之間。"①

今按《路史》注有:"六韜兩疑云:三勸皆親,六懷有常。天下安樂,和乃立王。神農竝耕,天下太平。"②其中出現"三勸""六懷"等詞,與漢簡文字可對應,并言出自《兩疑》篇。《路史》引此文在"炎帝神農氏"條下,從引文看《六韜》原文也應叙及神農之事。可以確定,此篇與《六守》無涉。周鳳五先生在《太公六韜佚文輯存》中已單置一篇,不與《六守》相混,③

① 銀雀山漢墓竹簡整理小組編:《銀雀山漢墓竹簡(壹)》,111 頁注 25。

② [宋]羅泌撰,[宋]羅苹注:《路史・後紀》卷三,《先秦史研究文獻三種》,北京:國家圖書館出版社,2013,第 4 册,195 頁。

③ 周鳳五:《太公六韜佚文輯存》,《毛子水先生九五壽慶論文集》編輯委員會編《毛子水先生九五壽慶論文集》,臺北:幼獅文化事業公司,1987,303 頁。

諸家多失檢。《廣雅·釋詁》:"勸,助也。"[①]"三勸""六懷"雖不知具體指代,但大意應指需要團結的人和安撫百姓的政策。

《路史》及《路史》注多有引用《六韜》文字,并且多數爲今本所無的佚文,過去清人輯佚《六韜》時没有足够重視,殊爲可惜。就篇題情况來看,其所引《六韜》篇題查有《計用》《周志》《決大疑》《大明》《兩疑》五個,今本皆無,《周志》見於敦煌寫卷《六韜》,《大明》見於《通鑒外紀》引《六韜》。不過,《路史》所引篇題是否一定就是《六韜》原貌,尚有可討論的空間。如其所引《計用》篇的文字,在今本《六韜》中屬《盈虚》篇。周鳳五先生由此指出:"今本《盈虚》篇當由《盈虚》與《計用》兩篇删并而成。"[②]然《群書治要》也抄録了此篇,雖無篇題,但其輯録時這部分内容已在一篇内,可知并非元豐時合并。則或是羅苹誤注,或是後人改動了篇題。目前關於《路史》所引篇題的情况尚不能完全確知,穩妥起見,銀簡簡 659–661 的内容衹能暫以"兩疑"稱之。

六

銀簡簡 691–700,整理者以爲對應今本《武韜·文啓》篇,其中簡 695 有"群曲曲化"一句,今本《六韜》對應句作"群曲化直",差别較大。整理者僅列出異文,無有説解。劉冬認爲今本不通,當改作"群直化曲"。[③] 其説非是,今本"群曲化直",意爲奸邪之衆變化爲正直之人,與下文"萬國不通,各樂其所"都是上文政教法俗變化的積極結果。

今按簡本"群曲曲化"中第一個"曲"指曲邪之人,第二個"曲"當讀爲"具",訓爲盡、皆。《荀子·非相》有:"與時遷徙,與世偃仰,緩急嬴絀,府然若渠匽檃栝之於己也,曲得所謂焉,然而不折傷。"[④]梁啓雄指出:"《荀卿書》'曲'字多半有'周徧'的意義。"[⑤]出土文獻中也有"曲"訓爲盡、皆之例。如銀雀山漢簡《爲國之過》云:"匿者利,則損於田疇,損於畜長,損於樹蓺,損於蓄積,損於器□。五者曲損,則國貧,有大事不可以持久,其吏便以爲重利。"整理者注:"曲,皆也。"[⑥]白於藍先生後指出當讀爲"俱"。[⑦] "曲"(溪紐屋部)與"具"(見紐侯部)音近可通,具訓爲盡、皆常見,"俱"是衍生字。"化"爲教化、遷善之意。《管子·君臣》:"身立而民化,德正而官治。"[⑧]簡本"群曲曲化"即言奸邪之人盡被教化遷善,與今本"群曲化直"

---

① [清]王念孫撰,張靖偉等校點:《廣雅疏證》卷二,上海古籍出版社,2016,264 頁。
② 周鳳五:《六韜研究》,臺灣大學中國文學研究所博士學位論文,1978,215 頁。
③ 劉冬:《銀雀山漢簡校讀叢劄》,南京師範大學碩士學位論文,2004,53 頁。
④ [清]王先謙撰,沈嘯寰、王星賢點校:《荀子集解》卷三《非相》,北京:中華書局,1988,85 頁。
⑤ 梁啓雄:《荀子簡釋》,北京:中華書局,1983,55–56 頁。
⑥ 銀雀山漢墓竹簡整理小組編:《銀雀山漢墓竹簡(貳)》,142–144 頁。
⑦ 白於藍:《銀雀山漢簡〔貳〕校讀六記》,武漢大學簡帛研究中心主辦《簡帛》第 10 輯,上海古籍出版社,2015,231–232 頁。
⑧ 黎翔鳳撰,梁運華整理:《管子校注》卷一〇《君臣》,北京:中華書局,2004,554 頁。

實義近。

提及“曲”的這個用法，順帶討論銀雀山漢簡《尉繚子》的一處異文。銀雀山漢簡《尉繚子》有“□必當【□□□□】於朝廷，勝於喪紀，勝於土功，勝於市……□敗，曲勝者，其勝全，雖不曲勝，勝勸……”，[①]對應今本《尉繚子》作“兵有勝於朝廷，有勝於原野，有勝於市井，鬬則失，幸以不敗，此不意彼驚懼而曲勝之也。曲勝，言非全也。非全勝者，無權名。”[②]對比可以發現，今本《尉繚子》的“曲勝，言非全也”，漢簡作“曲勝者，其勝全”，文義正好相反。過去學者多以“曲勝”與“全勝”意義相對，如《武經七書講義》曰：“曲勝者，本不能勝之，而以勝之也。”[③]或解釋爲“局部的勝利”。[④] 今按“曲”可解爲盡、皆，如此則“曲勝”與“全勝”義近，銀雀山漢簡的“曲勝者，其勝全”就能説通了，前後文義也更順暢。前文講的是“勝於朝廷”“勝於喪紀”“勝於土功”“勝於市井”等不同方面取勝，這樣叫做“曲勝”，也就是説要在各方面皆能超過敵人，如此纔能全面勝利，纔能“不求勝而勝”。疑後人不解“曲勝”之意，對《尉繚子》文本有所删改。

銀雀山漢簡太公部分就篇題來看，兩個(《守土》《三疑》)與今本一致，兩個(《葆啓》《尚正》)不見於今本。就内容來看可分爲兩類：一類與《六韜》可對應，包括《文師》《守土》《發啓》《文啓》《三疑》和一些佚文，今本稍有删減；一類無法與《六韜》直接對應，如整理者認爲對應今本《守國》《六守》篇的内容，較今本多出不少，多出的文字敦煌寫卷和文獻引文皆無，證明并非元豐删去，而可能來源於其他太公書。總的來説，銀雀山漢簡并非完全對應《六韜》，衹能説保留了部分《六韜》古本的樣貌，不宜以《六韜》爲名，更不能認爲銀簡就是《六韜》的古本、原本。并且銀簡也有脱訛，具體校勘時也不能全信銀簡。如今本《六韜》有“分封賢人以爲萬國，命之曰大紀”，銀雀山漢簡作“分而封賢以爲萬，名曰大”，一句意難通，很可能是寫手漏抄。

雖然銀雀山漢簡殘損嚴重，但簡本存有今本《文韜》《武韜》《龍韜》《虎韜》中的數篇内容，直接否定了徐文助等學者提出的後三篇(《虎韜》《豹韜》《犬韜》)是後世兵家的補充之作，成書時代晚於前三篇(《文韜》《武韜》《龍韜》)的説法。[⑤] 隨着銀雀山漢簡的重新整理工作持續推進，不少編連、校釋等問題還期待新的整理成果解答。

---

① 銀雀山漢墓竹簡整理小組編：《銀雀山漢墓竹簡(壹)》，81 頁。

② 漢簡“【□□□□】於朝廷，勝於喪紀，勝於土功，勝於市”一句，今本應有所删減。銀雀山漢簡又有“故兵勝於朝廷，勝於喪紀，勝於土功，勝於市井”，《群書治要》引文同，今本《尉繚子・兵談》篇僅存“兵勝於朝廷”一句，可知經過删減。本文所引今本《尉繚子》據續古逸叢書本《宋本武經七書》，上海：商務印書館，1935。

③ ［宋］施子美：《武經七書講義》，影印日本文久三年刻本，收入《中國兵書集成》編委會編《中國兵書集成》，北京：解放軍出版社、瀋陽：遼瀋書社聯合出版，1992，第 8 册，589 頁。

④ 劉小文：《銀雀山漢簡〈尉繚子〉字詞雜考》，《古漢語研究》2005 年第 2 期。

⑤ 參見徐文助《太公之生平和六韜思想研究》，《師大學報》第 28 期，1983，347 頁。

虎溪山漢簡與馬王堆帛書“築”類選擇術的復原研究*

□ 棗莊學院文學院 賀璐璐

内容提要 虎溪山漢簡“築”據内容可以分爲兩部分,第一部分可以據天罡、天文、地桼、地武四神煞的運行規則補足缺失簡文,而本月與對沖之月利於動土的地支和方位相同,據此規律可以補足殘失的利於動土方位和地支。帛書《陰陽五行》甲篇《築(二)》所記地支實爲四神煞所值地支,據此可以復原文本内容。虎溪山漢簡“築”第二部分與帛書《築(二)》内容相近,可依此進行復原。四神煞是兩兩對立的二元對立神煞,即天罡(剛)與地桼(柔)相對,天文與地武相對。通過對比復原後的竹簡和帛書“築”類文本,虎溪山漢簡和帛書當是相同數術的不同演變形式,很可能有共同的數術祖本。

關鍵詞 虎溪山漢簡 馬王堆帛書 築 二元對立神煞 文本關係

2017年,張春龍先生在武漢大學舉辦的“中國簡帛學國際論壇二〇一七”會議上,披露了湖南沅陵虎溪山漢簡《閻昭》中有關土功的内容,并將其與馬王堆帛書《陰陽五行》甲種《築(二)》作了對讀。① 不過,張先生對其中缺失的簡文未作過多説明。日本學者名和敏光先生在《長沙馬王堆簡帛集成(伍)》整理者基礎上,對《陰陽五行》甲篇《築二》章作了新的綴合和復原。② 最近,虎溪山一號漢墓出土竹簡被全部公布,爲全面研究“築”提供了可能。不過,整理者對《閻昭》中有關動土的簡文缺失内容衹作了少量補充,而且簡文排序還需再作

* 本文爲國家社科基金重大項目“簡帛陰陽五行類文獻集成及綜合研究”(項目批準號:20&ZD272)、棗莊學院文學院“古文獻與語言文化協同創新研究團隊”階段性成果。

① 張春龍:《沅陵虎溪山一號墓竹簡〈築〉》,《中國簡帛學國際論壇二〇一七:新出土戰國秦漢簡牘研究會議論文集》,武漢大學,2017。

② [日]名和敏光:《馬王堆帛書〈陰陽五行〉甲篇〈雜占之六〉〈築二〉〈五行禁日〉綴合校釋》,中國文化遺産研究院編《出土文獻研究》第17輯,上海:中西書局,2018。

進一步調整。[①] 本文嘗試復原虎溪山漢簡"築"和帛書《陰陽五行》甲篇《築(二)》的殘缺内容,并對其中的二元對立神煞進行研究。

一 虎溪山漢簡"築"復原

虎溪山漢簡中有關"築"的内容可以分爲兩部分,[②]第一部分主要集中在簡 112 至 142,其利用神煞天罡、地橥、天文、地武的值日,來規定禁築之日及所傷之人。"築"第二部分集中在簡 143 至 163,其按照一月到十二月的順序,分上中下旬排列不可動土的地支、所傷之人,以及利於動土的地支和喜事。爲討論方便,先把這兩部分釋文移録如下:

112:·二月天罡在卯,當而築者方偏君。地武上旬在巳,中旬在午,下旬在未,方少子。天文在酉,方長子。地橥上旬在亥,中

113:地橥上旬在乙,中旬在午,下旬在未,方少子。可以垣東[方]東南辰巳、西北戌亥之分。

114:·三月天罡在辰,當而築者方偏君。地橥上旬在寅,中旬在卯,方少子,下旬并辰,方兩君。天文[在]戌,方長子。地武上

115:旬在申,中旬在酉,方少子,下旬并戌,方兩君。可以垣南方以午未申、北方亥子丑之分。築寅有立子。

116:·四月天罡、地橥并巳,當而築者方兩君。地橥中旬在午,下旬在未,方少子。天文、地武并亥,方兩君。

117:地武中旬在子,下旬在丑,方少子。可以垣東方寅卯辰、西方申酉戌之分。

118:·五月天罡在午,當而築者方偏君。地武上旬在寅,中旬在卯,下旬在辰,方少子。天文在子,方長子。地橥☑

119:·六月天罡在未,當而築者方偏君。地武……□□,下旬并未,方兩君。天[文]在丑,方長子□☑

120:☑六月天罡在未,當而築者方偏君。地武上旬在巳,中旬在午,方小(少)子,下旬并未,方兩君。天[文]在丑,方長子。

121:·八月天罡在酉,當而築者方偏君。地武上旬在亥,中旬在子,下旬在丑,方少子。天文在卯,方長子。

122:·上旬在申,中旬在酉,下旬在戌,方少子。可以垣東北丑寅、西南未申之分。

123:·九月天罡在戌,當而築者方偏君。地橥上旬在申,中旬在酉,方少[子],下旬并戌,方兩右〈君〉。夫〈天〉[文]在辰,方辰〈長〉

---

① 本文討論《閻昭》土功相關簡文,較張文討論範圍略有擴充,但均與動土相關,故仍稱爲"築"。

② 湖南省文物考古研究所編著:《沅陵虎溪山一號漢墓》,北京:文物出版社,2020,126-128 頁。

124：子。地武上旬在寅，中旬在卯，方少子，下旬并辰，方兩君。可以垣南方巳午未、北方亥子丑寅之分。

125：·十月天罡、地槊并亥，當而築者，方兩君。地槊中旬在子，下旬在丑，方少子。天文、地武并巳，方兩君。

126：地武中旬在午，下旬在未，方少子。可以垣東方寅卯辰、西方申酉戌之分。

127：·十一月天罡在子，當而築者方偏君。地武上旬在申，[中]旬在酉，下旬在戌，方少子。天文在午，方長子。地槊上

128：旬在寅，中旬在卯，下旬在辰，方少子。可以垣東北丑寅、西南未申之分。

129：·十二月天罡在丑，方偏君。地武上旬在子，方少子，下旬并丑，方兩君。天文在未，方長子。地槊上旬在巳，中

130：旬在午，方少子，下旬并未，方兩君。可以垣東方□□□□□□□□□□□□……☑

131：槊上旬在亥，中旬在子，方少子，下旬并丑，方兩君。可以垣東方寅卯辰、西方申酉戌之分。·六月當憂繁盈不可

132：☑……□□□庚辛申酉未

133：☑……□□□□

134：☑□□此皆□□□□取婦□□□□□□□□……反☑

135：☑□子，從子徙丑，從丑徙寅，從寅徙卯，從卯徙辰，從辰

136：☑□□□□□□□□□□□□□□□□□□□□亥，從亥徙子，從子徙丑，從丑徙寅。·天文、地槊所謂右

137：行者，從申徙酉，從酉徙□……☑

138：☑□午徙未，從未徙申

139：□□月徙一支，十二月而卒。·天罡、地武所□□□□者，從寅徙卯，從卯徙辰，從辰徙巳，從巳徙午，從午徙未，從

140：·築宫室所□天罡、地武、天文、地槊。四月天罡、地武并在寅，天文、地槊并在申，皆右行。天罡、天文月徙一支，地武

142：□□□□□□，方少子，可以垣東南辰巳、東北戌亥之分。

143：·四月上旬築□□，方偏君，中旬午，方中子，下旬丑未，方少子□吉……

144：·五月上旬築寅申，方長子，築午，方畜産，中旬卯酉，有大説，下旬辰戌，方犬彘，築巳亥寅卯申酉吉。

145：·六月上旬不可以築，中旬丑未，方偏君，午，方中子，下旬丑未，方兩君，卯辰巳，有立子，酉戌亥，有病者起。

146：·七月上旬築寅申，方兩君，中旬卯酉，方中子，下旬辰戌方少子₌巳午亥吉。

147：·八月上旬築卯酉，方偏君，巳亥，方長子，午，方中子，下旬丑未，方少子，巳

午,有田宅□□……

148:·九月上旬築辰戌,方偏君,寅申,方長子,中旬申酉,方中子,下旬辰戌,方兩君,午未申,有立子,丑寅,有田宅賜☑

149:·十月上旬築乙亥,方兩君,中旬□□,方中子,下旬丑未,方少子,申酉,有二喜,卯辰酉三喜。

150:十一月上旬築□□方偏君☑

151:☑長子,中旬卯酉,方□□,下旬□卯,方長子,申酉有□□□☑

152:☑……□中旬子午,[方]中子,下旬丑未,方少子,巳午,有□□賜,亥子有言語。

153:☑……□□中旬申酉,方中子,下旬辰戌,方兩君,子益田,丑益宅,寅有立子,午,有酒食賜,未申,有病者起☑

154:上旬在亥,中旬在子,方少子☑

155:☑西方申□□□☑

159:☑方少子。可以垣南方巳午□☑

160:☑□□□□□□□□北方□□□之分☑

161:☑下旬并丑,方兩君。可以垣東方寅卯辰☑

163:以舉土功以垣大凶。①

先看"築"的第一部分。簡113"乙"字當是"巳"之誤,二者形近常混訛。本簡地檕值地支巳、午、未,對應四月、八月、十二月,四月天罡與地檕上旬并在巳,當傷兩君,而此地檕傷少子,可排除四月;十二月,天文與地檕下旬并在未,傷兩君,又可排除十二月,故此簡當對應八月,接在簡121之後。簡131地檕值地支亥、子、丑,且與神煞天文或天罡均值丑,當對應六月,此簡應排在簡119之後。簡140"月"前一字殘缺,整理者補"四"字,未安。簡116和117所記爲四月四神煞值地支情況,故此處不當再補"四"字,據推算當補"一"字(見下文)。簡140可能爲"築"的首簡。

天罡、天文、地武、地檕每月對應地支和所傷之人,可以列成表1。

① 湖南省文物考古研究所編著:《沅陵虎溪山一號漢墓》,126-128頁。簡文標點爲筆者所加。

表 1　虎溪山漢簡“築”四神煞值地支及所傷人表

		一月		二月		三月		四月		五月		六月	
天罡		寅		卯	偏君	辰	偏君	巳	兩君	午	偏君	未	偏君
天文				酉	長子	戌		亥	兩君	子	長子	丑	長子
地武	上旬				少子	申		亥	兩君	寅	少子	巳	少子
	中旬				少子	酉		子	少子	卯	少子	午	少子
	下旬				少子	戌		丑	少子	辰	少子	未	兩君
地桀	上旬					寅	少子	巳	兩君				少子
	中旬					卯	少子	午	少子				少子
	下旬					辰	兩君	未	少子				兩君

		七月		八月		九月		十月		十一月		十二月	
天罡				酉	偏君	戌	偏君	亥	兩君	子	偏君	丑	偏君
天文				卯	長子	辰	長子	巳	兩君	午	長子	未	長子
地武	上旬			亥	少子	寅	少子	巳	兩君	申	少子	子	少子
	中旬			子	少子	卯	少子	午	少子	酉	少子		
	下旬			丑	少子	辰	兩君	未	少子	戌	少子	丑	兩君
地桀	上旬			巳	少子	申	少子	亥	兩君	寅	少子	巳	少子
	中旬			午	少子	酉	少子	子	少子	卯	少子	午	少子
	下旬			未	少子	戌	兩君	丑	少子	辰	少子	未	少子

神煞天罡二月至六月所值地支分别爲卯、辰、巳、午、未，八月至十二月所值地支分别爲

酉、戌、亥、子、丑。因此，天罡正月至十二月所值地支應當是從寅依次至丑，故表中天罡正月當對應地支寅，七月對應地支申。神煞天文二月至六月所值地支分别爲酉、戌、亥、子、丑，八月至十二月所值地支分别是卯、辰、巳、午、未。很顯然，天文與天罡每月所值地支爲對沖關係。所以，天文正月應當值地支申，七月值地支寅。

從三月、四月、五月、六月、八月、九月、十月諸月可以看出，地桀與地武每旬所值地支爲對沖關係，每月所值地支爲一方的三個地支，四個月值完十二地支，一年循環三次。根據這一規律，地桀二月上中下三旬所值地支當是亥、子、丑。地武十二月上旬所值地支子應是地支亥的誤抄，十二月上中下旬所值地支應當爲亥、子、丑。因此，一月時，地桀所值地支爲申、酉、戌，地武所值地支爲寅、卯、辰；七月時，地桀所值地支爲申、酉、戌，地武所值地支爲寅、卯、辰。

地武、地桀如果不與天罡或天文值相同地支，就對應少子。天文若不與地武或地桀值相同地支，就對應長子。天罡若不與地桀、地武值相同地支，就對應偏君。

綜上，四神煞每月所值地支及所傷之人，可以復原成表2。

表2　虎溪山漢簡“築”四神煞值地支及所傷人復原表

		一月		二月		三月		四月		五月		六月	
天罡		寅	偏君	卯	偏君	辰	偏君	巳	兩君	午	偏君	未	偏君
天文		申	兩君	酉	長子	戌	兩君	亥	兩君	子	長子	丑	長子
地武	上旬	寅	兩君	巳	少子	申	少子	亥	兩君	寅	少子	巳	少子
	中旬	卯	少子	午	少子	酉	少子	子	少子	卯	少子	午	少子
	下旬	辰	少子	未	少子	戌	兩君	丑	少子	辰	少子	未	兩君
地桀	上旬	申	兩君	亥	少子	寅	少子	巳	兩君	申	少子	亥	少子
	中旬	酉	少子	子	少子	卯	少子	午	少子	酉	少子	子	少子
	下旬	戌	少子	丑	少子	辰	兩君	未	少子	戌	少子	丑	兩君

		七月		八月		九月		十月		十一月		十二月	
天罡		申	偏君	酉	偏君	戌	偏君	亥	兩君	子	偏君	丑	偏君
天文		寅	兩君	卯	長子	辰	長子	巳	兩君	午	長子	未	長子
地武	上旬	申	兩君	亥	少子	寅	少子	巳	兩君	申	少子	亥	少子
	中旬	酉	少子	子	少子	卯	少子	午	少子	酉	少子	子	少子
	下旬	戌	少子	丑	少子	辰	兩君	未	少子	戌	少子	丑	兩君
地檕	上旬	寅	兩君	巳	少子	申	少子	亥	兩君	寅	少子	巳	少子
	中旬	卯	少子	午	少子	酉	少子	子	少子	卯	少子	午	少子
	下旬	辰	少子	未	少子	戌	兩君	丑	少子	辰	少子	未	少子

虎溪山漢簡“築”第一部分叙述每月禁築所配神煞值日、所傷之人後,還介紹了利於動土的方位和吉日,可以列成表3。

表3 虎溪山漢簡“築”第一部分利垣及吉日表

月份	端月		二月		三月		四月		五月		六月	
方位					南方	北方	東方	西方	東北	西南	東方	西方
值日					午未申	亥子丑	寅卯辰	申酉戌	丑寅	未申	寅卯辰	申酉戌

月份	七月		八月		九月		十月		十一月		十二月	
方位			東東南	西北	南方	北方	東方	西方	東北	西南	東方	
值日			辰巳	戌亥	巳午未	亥子丑寅	寅卯辰	申酉戌	丑寅	未申		

簡122當對應五月或十一月,而十一月已有地檕、地武,故此簡當對應五月,接在簡118之後,所述爲地檕值日。該簡所記利動土的方位補入上表。虎溪山漢簡整理者在簡113“東”字後補“方”字,未安。簡文中利於動土的方位分爲四仲和四鉤,方位和地支嚴格對應,若補“方”字,則東方後當有“寅、卯、辰”三地支,而簡文恰無,故“東”字當爲衍文。簡115所

述三月宜動土南方,對應“巳、午、申”,“申”當是“未”之誤。簡124對應九月,利於動土的方位爲北方“亥、子、丑、寅”,“寅”當是衍文。十二月利於動土的方位地支,僅存“東方”二字,與六月應當一致。

可以發現,三月、九月,四月、十月,五月、十一月,這幾個互爲對沖月份所配方位及值地支是一致的,并且每月所配方位相對,每方位所配地支互爲對沖。其餘月份可按此規律補全。該部分簡文,處於四仲的二月、五月、八月、十一月對應四維方位,其餘月份對應四仲方位,而且東方、西方和東南、西北、东北、西南共占十個月,據此推測,一月、七月對應南方、北方。諸月方位和地支可以復原爲表4。

表4　虎溪山漢簡“築”第一部分利垣及吉日復原表

月份	端月		二月		三月		四月		五月		六月	
方位	南方	北方	東南	西北	南方	北方	東方	西方	東北	西南	東方	西方
值日	巳午未	亥子丑	辰巳	戌亥	巳午未	亥子丑	寅卯辰	申酉戌	丑寅	未申	寅卯辰	申酉戌

月份	七月		八月		九月		十月		十一月		十二月	
方位	南方	北方	東南	西北	南方	北方	東方	西方	東北	西南	東方	西方
值日	巳午未	亥子丑	辰巳	戌亥	巳午未	亥子丑	寅卯辰	申酉戌	丑寅	未申	寅卯辰	申酉戌

“築”第一部分復原後的簡序和内容如下:

140:·築宮室所□天罡、地武、天文、地椉。[一]月天罡、地武并在寅,天文、地椉并在申,皆右行。天罡、天文月徙一支,地武[、地椉旬徙一支。]

112:·二月天罡在卯,當而築者方偏君。地武上旬在巳,中旬在午,下旬在未,方少子。天文在酉,方長子。地椉上旬在亥,中

142:[旬在子,下旬在丑,]方少子,可以垣東南辰巳、東北戌亥之分。

113:地椉上旬在乙〈巳〉,中旬在午,下旬在未,方少子。可以垣{東}東南辰巳、西北戌亥之分。

114:·三月天罡在辰,當而築者方偏君。地椉上旬在寅,中旬在卯,方少子,下旬并辰,方兩君。天文[在]戌,方長子。地武上

115:旬在申,中旬在酉,方少子,下旬并戌,方兩君。可以垣南方以午未申〈巳〉、北方亥子丑之分。築寅有立子。

116:·四月天罡、地綮并巳,當而築者方兩君。地綮中旬在午,下旬在未,方少子。天文、地武并亥,方兩君。

117:地武中旬在子,下旬在丑,方少子。可以垣東方寅卯辰、西方申酉戌之分。

118:·五月天罡在午,當而築者方偏君。地武上旬在寅,中旬在卯,下旬在辰,方少子。天文在子,方長子。地綮[上旬在申,中旬在酉,下旬在戌,方少子。可以垣東北丑寅、西南未申之分。]

122:·上旬在申,中旬在酉,下旬在戌,方少子。可以垣東北丑寅、西南未申之分。

119:·六月天罡在未,當而築者方偏君。地武[上旬在巳,中旬在午,方少子,]下旬并未,方兩君。天[文]在丑,方長子。[地綮上旬在亥,中旬在子,方少子]

161:☐下旬并丑,方兩君。可以垣東方寅卯辰[、西方申酉戌之分。]☐

120:☐六月天罡在未,當而築者方偏君。地武上旬在巳,中旬在午,方小(少)子,下旬并未,方兩君。天[文]在丑,方長子。

131:[地]綮上旬在亥,中旬在子,方少子,下旬并丑,方兩君。可以垣東方寅卯辰、西方申酉戌之分。·六月當憂繁盈不可

[·七月天罡在申,當而築者方偏君。地武上旬并申,方兩君,中旬在酉,下旬在戌,方少子。可以垣南方巳午未、北方亥子丑之分。]①

121:·八月天罡在酉,當而築者方偏君。地武上旬在亥,中旬在子,下旬在丑,方少子。天文在卯,方長子。[地綮上旬在巳,中旬在午,下旬在未,方少子。可以垣東南辰巳、西北戌亥之分。]

123·九月天罡在戌,當而築者方偏君。地綮上旬在申,中旬在酉,方少[子],下旬并戌,方兩右〈君〉。夫〈天〉[文]在辰,方辰〈長〉

124:子。地武上旬在寅,中旬在卯,方少子,下旬并辰,方兩君。可以垣南方巳午未、北方亥子丑{寅}之分。

125:·十月天罡、地綮并亥,當而築者,方兩君。地綮中旬在子,下旬在丑,方少子。天文、地武并巳,方兩君。

126:地武中旬在午,下旬在未,方少子。可以垣東方寅卯辰、西方申酉戌之分。

127:·十一月天罡在子,當而築者方偏君。地武上旬在申,[中]旬在酉,下旬在戌,方少子。天文在午,方長子。地綮上

128:旬在寅,中旬在卯,下旬在辰,方少子。可以垣東北丑寅、西南未申之分。

129:·十二月天罡在丑,方偏君。地武上旬在子〈亥〉,[中旬在子,]方少子,下旬并丑,方兩君。天文在未,方長子。地綮上旬在巳,中

① 此條占文爲筆者據神煞運行規則擬補。

130:旬在午,方少子,下旬并未,方兩君。可以垣東方[寅卯辰、西方申酉戌之分。]□……▨

132:▨……□□□庚辛申酉未

133:▨……□□□□

134:▨□□此皆□□□□取婦□□□□□□□□……反▨

135:▨□子,從子徙丑,從丑徙寅,從寅徙卯,從卯徙辰,從辰

138:▨□午徙未,從未徙申

136:▨[從午徙未,從未徙申,從申徙酉,從酉徙戌,從戌徙]亥,從亥徙子,從子徙丑,從丑徙寅。·天文、地梥所謂右

137:行者,從申徙酉,從酉徙[從酉徙戌,從戌徙亥,從亥徙子,從子徙丑,從丑徙寅。]

139:□□月徙一支,十二月而卒。·天罡、地武所[謂右行]者,從寅徙卯,從卯徙辰,從辰徙巳,從巳徙午,從午徙未,從[未徙申,從申徙酉,從酉徙戌,從戌徙亥,從亥徙子,從子徙丑,從丑徙寅。]

163:以舉土功以垣大凶。

159:▨方少子。可以垣南方巳午□▨

155:▨西方申□□□▨

160:▨□□□□□□□□北方□□□之分▨[①]

二 帛書《築(二)》復原

虎溪山漢簡“築”第二部分殘缺比較嚴重,所幸馬王堆帛書《陰陽五行》甲篇《築(二)》和該部分十分相近,而且内容更完整。因此,我們可以通過復原帛書《築(二)》,來幫助復原虎溪山漢簡“築”第二部分。

爲討論方便,先將名和敏光先生綴合後的新釋文移録如下:

端月上旬筑(築)寅、申傷二君;【中旬筑(築)】卯、酉傷中子;下旬【筑(築)辰、戌】傷季子;筑(築)巳、【午、子、□、□吉】。1

二月上旬筑(築)巳傷張(長)子;【中旬筑(築)】子、午傷中子;下旬筑(築)□、未傷季子;筑(築)申、【……吉】。2

---

① 按:簡159可以接於一月或七月之後,但具體置於何月之後尚待研究。簡155、160可以斷定和“築”第一部分有關,由於簡文殘缺太多,無法具體確定可歸入的月份。

三月上旬筡(築)【……傷……】;筡(築)卯、【□】傷中子;下旬筡(築)辰、未傷二君;【筡(築)……吉】。3

四月上旬筡(築)□、亥傷二君;中旬【筡(築)】□、子傷中子;下旬筡(築)丑、未傷季子;筡(築)寅、申、酉【……】吉。4

五月上旬筡(築)寅、申傷張(長)子;筡(築)子、午傷畜生;中旬筡(築)丑、未、亥、□。5

六月不起土攻(功),胃(謂)□起(起)事於所筡(築),才(在)歲前大吉,才(在)歲後少(小)吉。6

七月上旬筡(築)寅、申傷二君;中旬筡(築)卯、酉傷中子;下旬筡(築)辰、戌傷季子;筡(築)巳、午、子、□、□吉。7

八月上旬筡(築)卯、酉傷一君∟,巳、亥傷張(長)子;中旬筡(築)子、午傷中子;下旬筡(築)丑、未傷季子;筡(築)亥、□吉。8

九月上旬筡(築)辰、戌傷一君,寅傷張(長)子;中旬筡(築)卯、酉傷中子;下旬筡(築)辰、戌傷二君;筡(築)午、【……吉】。9

十月上旬筡(築)巳、亥傷【……;中旬筡(築)子、】午傷中子;下旬筡(築)丑、未傷季子;筡(築)申、【……吉】。10

十一月上旬筡(築)子、午【傷……,筡(築)……傷……;中旬筡(築)】卯、酉傷中子;下旬筡(築)辰、【……;筡(築)……吉】。11

【十二月】上旬筡(築)丑、未【傷……;中旬筡(築)……傷□】子;【下旬】筡(築)【……傷……;筡(築)……吉】。▨12

▨月甲子□▨。13[①]

上述簡文記録了端月至十二月的動土宜忌之日,每月按上中下三旬規定不可動土的地支及動土所傷之人,對應關係見表5。

表5　帛書《築(二)》動土宜忌之日及所傷之人表

月份	上旬		中旬		下旬	
一月	寅申	二君	卯酉	中子	辰戌	季子
二月	巳	長子	子午	中子	□未	季子
三月	□□		卯□	中子	辰戌	二君

① [日]名和敏光:《馬王堆帛書〈陰陽五行〉甲篇〈雜占之六〉〈築二〉〈五行禁日〉綴合校釋》,中國文化遺産研究院編《出土文獻研究》第17輯,上海:中西書局,2018。

續表

<table>
<tr><td>月份</td><td colspan="2">上旬</td><td colspan="2">中旬</td><td colspan="2">下旬</td></tr>
<tr><td>四月</td><td>□亥</td><td>二君</td><td>□子</td><td>中子</td><td>丑未</td><td>季子</td></tr>
<tr><td rowspan="2">五月</td><td>寅申</td><td>長子</td><td>丑未</td><td rowspan="2"></td><td rowspan="2"></td><td rowspan="2"></td></tr>
<tr><td>子午</td><td>畜生</td><td>亥□</td></tr>
<tr><td>六月</td><td colspan="6">歲前大吉,歲後小吉</td></tr>
<tr><td>七月</td><td>寅申</td><td>二君</td><td>卯酉</td><td>中子</td><td>辰戌</td><td>季子</td></tr>
<tr><td rowspan="2">八月</td><td>卯酉</td><td>一君</td><td rowspan="2">子午</td><td rowspan="2">中子</td><td rowspan="2">丑未</td><td rowspan="2">季子</td></tr>
<tr><td>巳亥</td><td>長子</td></tr>
<tr><td rowspan="2">九月</td><td>辰戌</td><td>一君</td><td rowspan="2">卯酉</td><td rowspan="2">中子</td><td rowspan="2">辰戌</td><td rowspan="2">二君</td></tr>
<tr><td>寅</td><td>長子</td></tr>
<tr><td>十月</td><td>巳亥</td><td></td><td>子午</td><td>中子</td><td>丑未</td><td>季子</td></tr>
<tr><td>十一月</td><td>子午</td><td>一君</td><td>卯酉</td><td>中子</td><td>辰□</td><td></td></tr>
<tr><td>十二月</td><td>丑未</td><td></td><td></td><td></td><td></td><td></td></tr>
</table>

端月不可動土的地支分别爲上旬寅、申,中旬卯、酉,下旬辰、戌,與七月不可動土的地支相同。同樣的情况還有二月與八月、三月與九月、四月與十月、五月與十一月,而且每旬對應的地支互爲對沖關係。循此規律可以發現,二月上旬當脱漏地支亥,對應地支當爲巳、亥;下旬所缺地支爲丑,對應地支當是丑、未。三月中旬存一卯,缺地支酉,下旬辰、未當作辰、戌。四月上旬衹存一地支亥,所缺地支爲巳,中旬存一地支子,所缺地支爲午。五月中旬存地支丑、未、亥,所缺地支當爲巳。九月上旬存辰、戌、寅,脱漏地支申。十一月下旬存地支辰,則所缺地支爲戌。

另外,每旬所值地支實際都是按十二地支順序排列,并加上該地支的對沖地支。如端月三旬分别值寅申、卯酉、辰戌,二月三旬接着值巳亥、午子、未丑,故三月上旬當是申寅。如果衹考慮地支,帛書《築(二)》每月三旬對應地支如表6。

表6　帛書《築(二)》每月對應地支表

	端月	二月	三月	四月	五月	六月	七月	八月	九月	十月	十一月	十二月
上旬	寅申	巳亥	申寅	亥巳	寅申	巳亥	申寅	亥巳	寅申	巳亥	申寅	亥巳
中旬	卯酉	午子	酉卯	子午	卯酉	午子	酉卯	子午	卯酉	午子	酉卯	子午
下旬	辰戌	未丑	戌辰	丑未	辰戌	未丑	戌辰	丑未	辰戌	未丑	戌辰	丑未

兩相比較可知，帛書《築（二）》是對天罡、天文、地檠、地武四神煞值地支的簡編，在改編過程中省略了地支對應的神煞，合并了天罡、天文與地檠、地武所值相同的地支。具體地説，《築（二）》五月上旬對應地支爲寅申、子午，寅、申爲地檠、地武所值（地檠值申，地武值寅），子、午是天罡、天文所值（天罡值午，天文值子），因此，中旬所值地支應爲卯酉，下旬所值爲辰、戌。如此纔能與六月地支融洽。而五月中旬的丑未、巳亥應是抄手看錯行，把六月所值地支誤抄於此導致的。《築（二）》八月上旬酉、卯爲天罡、天文所值，巳、亥爲地檠、地武所值，中旬、下旬所值對應地檠和地武中、下旬所值。九月上旬戌辰爲天罡、天文所值，申、寅爲地檠、地武所值，中、下旬所值對應地檠、地武中、下旬所值。十一月上旬子、午，爲天罡、天文所值，地武、地檠上旬所值爲寅、申，故應補入。四神煞值地支中，天罡、天文值地支與地檠、地武某旬所值若相同，則直接歸并到下旬，若不相同，則列入上旬中。十二月上旬丑、未是天罡、天文所值，而上旬應是地檠、地武上旬所值的巳、亥，下旬值丑未，丑、未當移到下旬一欄。十二月中旬補爲子、午，下旬所傷之人爲“二君”。

帛書《築（二）》謂六月動土歲前大吉，歲後小吉，换言之，歲位和歲對不可動土。《築（二）》第六行六月中的“歲”指小歲，即北斗。北斗每三個月移徙一方，一年周游四方，每方分布三個干支。六月時，北斗位於南方，故歲位南方和歲對北方不可動土，换算成地支即巳午未、亥子丑。這符合虎溪山漢簡“築”所記——地檠上中下旬分别值亥、子、丑，地武上中下旬值巳、午、未，故帛書《築（二）》所説與虎溪山漢簡規定一致。

帛書《築（二）》動土宜忌之日和所傷之人復原如表 7。

表 7　帛書《築（二）》動土宜忌之日及所傷之人復原表

<table>
<tr><th>月份</th><th colspan="2">上旬</th><th colspan="2">中旬</th><th colspan="2">下旬</th></tr>
<tr><td>一月</td><td>寅申</td><td>二君</td><td>卯酉</td><td>中子</td><td>辰戌</td><td>季子</td></tr>
<tr><td rowspan="2">二月</td><td>卯酉</td><td>一君</td><td rowspan="2">子午</td><td rowspan="2">中子</td><td rowspan="2">丑未</td><td rowspan="2">季子</td></tr>
<tr><td>巳亥</td><td>長子</td></tr>
<tr><td>三月</td><td>寅申</td><td>長子</td><td>卯酉</td><td>中子</td><td>辰戌</td><td>二君</td></tr>
<tr><td>四月</td><td>巳亥</td><td>二君</td><td>午子</td><td>中子</td><td>丑未</td><td>季子</td></tr>
<tr><td rowspan="2">五月</td><td>寅申</td><td>長子</td><td rowspan="2">卯酉</td><td rowspan="2">中子</td><td rowspan="2">辰戌</td><td rowspan="2">季子</td></tr>
<tr><td>子午</td><td>畜生</td></tr>
<tr><td>六月</td><td colspan="6">歲前大吉，歲後小吉</td></tr>
<tr><td>七月</td><td>寅申</td><td>二君</td><td>卯酉</td><td>中子</td><td>辰戌</td><td>季子</td></tr>
<tr><td rowspan="2">八月</td><td>卯酉</td><td>一君</td><td rowspan="2">子午</td><td rowspan="2">中子</td><td rowspan="2">丑未</td><td rowspan="2">季子</td></tr>
<tr><td>巳亥</td><td>長子</td></tr>
<tr><td>九月</td><td>寅申</td><td>長子</td><td>卯酉</td><td>中子</td><td>辰戌</td><td>二君</td></tr>
</table>

續表

<table>
<tr><th>月份</th><th colspan="2">上旬</th><th colspan="2">中旬</th><th colspan="2">下旬</th></tr>
<tr><td>十月</td><td>巳亥</td><td>兩君</td><td>子午</td><td>中子</td><td>丑未</td><td>季子</td></tr>
<tr><td rowspan="2">十一月</td><td>子午</td><td>一君</td><td rowspan="2">卯酉</td><td rowspan="2">中子</td><td rowspan="2">辰戌</td><td rowspan="2">季子</td></tr>
<tr><td>寅申</td><td>長子</td></tr>
<tr><td>十二月</td><td>巳亥</td><td>長子</td><td>子午</td><td>中子</td><td>丑未</td><td>二君</td></tr>
</table>

帛書《築(二)》整篇内容可復原如下:

端月上旬筮(築)寅、申傷二君;【中旬筮(築)】卯、酉傷中子;下旬【筮(築)辰、戌】傷季子;筮(築)巳、【午、子、□、□吉】。1

二月上旬筮(築)【卯酉,傷一君】,巳【亥】傷張(長)子;【中旬筮(築)】子、午傷中子;下旬筮(築)【丑】、未傷季子;筮(築)申、【……吉】。2

三月上旬筮(築)【寅申傷張(長)子】;筮(築)卯、【酉】傷中子;下旬筮(築)辰、未傷二君;【筮(築)……吉】。3

四月上旬筮(築)【巳】、亥傷二君;中旬【筮(築)】【午】、子傷中子;下旬筮(築)丑、未傷季子;筮(築)寅、申、酉【……】吉。4

五月上旬筮(築)寅、申傷張(長)子;筮(築)子、午傷畜生;中旬筮(築)【卯、酉傷中子,下旬筮(築)辰、戌傷季子】。丑、未、亥、□。5

六月不起土攻(功),胃(謂)□起(起)事於所筮(築),才(在)歲前大吉,才(在)歲後少(小)吉。6

七月上旬筮(築)寅、申傷二君;中旬筮(築)卯、酉傷中子;下旬筮(築)辰、戌傷季子;筮(築)巳、午、子、□、□吉。7

八月上旬筮(築)卯、酉傷一君∟,巳、亥傷張(長)子;中旬筮(築)子、午傷中子;下旬筮(築)丑、未傷季子;筮(築)亥、□吉。8

九月上旬筮(築)辰、戌傷一君,寅傷張(長)子;中旬筮(築)卯、酉傷中子;下旬筌(築)辰、戌傷二君;筮(築)午、【……吉】。9

十月上旬筮(築)巳、亥傷【兩君;中旬筮(築)子、】午傷中子;下旬筮(築)丑、未傷季子;筌(築)申、【……吉】。10

十一月上旬筮(築)子、午【傷一君,筮(築)寅、申傷張(長)子;中旬筮(築)】卯、酉傷中子;下旬筌(築)辰、【戌傷季子;筮(築)……吉】。11

【十二月】上旬筮(築)丑〈巳〉、未〈亥〉【傷長子;中旬筮(築)子、午傷中】子;【下旬】筮(築)【丑、未傷二君;筮(築)……吉】。⧄12

虎溪山漢簡“築”第二部分是對第一部分的簡編，其值地支和所傷之人與帛書《築(二)》十分接近。兹將虎溪山漢簡“築”第二部分所值地支和傷人情况，列成表 8。

表 8　虎溪山漢簡“築”第二部分每月宜忌及所傷人表

<table>
<tr><th>月份</th><th colspan="2">上旬</th><th colspan="2">中旬</th><th colspan="2">下旬</th></tr>
<tr><td>一月</td><td></td><td></td><td></td><td></td><td></td><td></td></tr>
<tr><td>二月</td><td></td><td></td><td></td><td></td><td></td><td></td></tr>
<tr><td>三月</td><td></td><td></td><td></td><td></td><td></td><td></td></tr>
<tr><td>四月</td><td></td><td>偏君</td><td>午</td><td>中子</td><td>丑未</td><td>少子</td></tr>
<tr><td rowspan="2">五月</td><td>寅申</td><td>長子</td><td rowspan="2">卯酉</td><td rowspan="2"></td><td rowspan="2">辰戌</td><td rowspan="2">犬彘</td></tr>
<tr><td>午</td><td>畜産</td></tr>
<tr><td rowspan="2">六月</td><td rowspan="2">不可動土</td><td rowspan="2"></td><td>丑未</td><td>偏君</td><td rowspan="2">丑未</td><td rowspan="2">兩君</td></tr>
<tr><td>午</td><td>中子</td></tr>
<tr><td>七月</td><td>寅申</td><td>兩君</td><td>卯酉</td><td>中子</td><td>辰戌</td><td>少子</td></tr>
<tr><td rowspan="2">八月</td><td rowspan="2">卯酉</td><td rowspan="2">偏君</td><td>巳亥</td><td>長子</td><td rowspan="2">丑未</td><td rowspan="2">少子</td></tr>
<tr><td>午</td><td>中子</td></tr>
<tr><td rowspan="2">九月</td><td>辰戌</td><td>偏君</td><td rowspan="2">申酉</td><td rowspan="2">中子</td><td rowspan="2">辰戌</td><td rowspan="2">兩君</td></tr>
<tr><td>寅申</td><td>長子</td></tr>
<tr><td>十月</td><td>巳亥</td><td>兩君</td><td></td><td>中子</td><td>丑未</td><td>少子</td></tr>
<tr><td>十一月</td><td></td><td></td><td></td><td></td><td></td><td></td></tr>
<tr><td>十二月</td><td></td><td></td><td></td><td></td><td></td><td></td></tr>
</table>

虎溪山漢簡“築”第二部分值日規律與帛書《築(二)》相同。天罡、天文與地桀、地武地支重合或不重合，其地支歸并的規律十分明顯，位於上旬和下旬，如帛書《築(二)》一月、三月、四月、五月、七月、八月、九月、十月、十一月、十二月均如此，而且十二月把本應規入下旬的丑、未，并入上旬，也證明了此規律。天罡、天文與地桀或地武地支若重合，所傷之人爲二君。若不重合，所傷之人爲偏君，如帛書《築(二)》五月、八月就是把未重合的地支放於上旬，虎溪山漢簡“築”第二部分的五月也是如此。六月時，天罡、天文值丑、未，地武、地桀上旬值巳、亥，中旬子、午，下旬丑、未，故“築”第二部分六月下旬值丑、未，傷二君，而中旬丑、未當删去，上旬應補巳、亥。

同樣地，該篇上中下旬所值地支也是對沖關係，由此可以補全殘缺地支。四月上旬可以補地支巳、亥，中旬當補子，值子、午。五月上旬、六月和八月中旬亦應補子，當值子、午。九月中旬申、酉當是卯、酉之誤。十月中旬當補地支子、午。

綜上，復原後的虎溪山漢簡“築”第二部分見表9。

表9　虎溪山漢簡“築”第二部分每月宜忌及所傷人復原表

<table>
<tr><th>月份</th><th colspan="2">上旬</th><th colspan="2">中旬</th><th colspan="2">下旬</th></tr>
<tr><td>一月</td><td>寅申</td><td>兩君</td><td>卯酉</td><td>中子</td><td>辰戌</td><td>少子</td></tr>
<tr><td rowspan="2">二月</td><td>巳亥</td><td>長子</td><td rowspan="2">子午</td><td rowspan="2">中子</td><td rowspan="2">丑未</td><td rowspan="2">少子</td></tr>
<tr><td>卯酉</td><td>偏君</td></tr>
<tr><td>三月</td><td>寅申</td><td>長子</td><td>卯酉</td><td>中子</td><td>辰戌</td><td>二君</td></tr>
<tr><td>四月</td><td>巳亥</td><td>偏君</td><td>子午</td><td>中子</td><td>丑未</td><td>少子</td></tr>
<tr><td rowspan="2">五月</td><td>寅申</td><td>長子</td><td rowspan="2">卯酉</td><td rowspan="2">中子</td><td rowspan="2">辰戌</td><td rowspan="2">犬彘</td></tr>
<tr><td>子午</td><td>畜産</td></tr>
<tr><td rowspan="2">六月</td><td rowspan="2">巳亥</td><td rowspan="2">長子</td><td>丑未</td><td>偏君</td><td rowspan="2">丑未</td><td rowspan="2">兩君</td></tr>
<tr><td>子午</td><td>中子</td></tr>
<tr><td>七月</td><td>寅申</td><td>兩君</td><td>卯酉</td><td>中子</td><td>辰戌</td><td>少子</td></tr>
<tr><td rowspan="2">八月</td><td rowspan="2">卯酉</td><td rowspan="2">偏君</td><td>巳亥</td><td>長子</td><td rowspan="2">丑未</td><td rowspan="2">少子</td></tr>
<tr><td>子午</td><td>中子</td></tr>
<tr><td rowspan="2">九月</td><td>辰戌</td><td>偏君</td><td rowspan="2">卯酉</td><td rowspan="2">中子</td><td rowspan="2">辰戌</td><td rowspan="2">兩君</td></tr>
<tr><td>寅申</td><td>長子</td></tr>
<tr><td>十月</td><td>巳亥</td><td>兩君</td><td>子午</td><td>中子</td><td>丑未</td><td>少子</td></tr>
<tr><td rowspan="2">十一月</td><td>寅申</td><td>長子</td><td rowspan="2">卯酉</td><td rowspan="2">中子</td><td rowspan="2">辰戌</td><td rowspan="2">少子</td></tr>
<tr><td>子午</td><td>偏君</td></tr>
<tr><td>十二月</td><td>巳亥</td><td>長子</td><td>子午</td><td>中子</td><td>丑未</td><td>二君</td></tr>
</table>

虎溪山漢簡“築”第二分復原後的簡序和内容如下：

151：☐[一月上旬築寅申，方]長子〈兩君〉，中旬卯酉，方中子，下旬[辰]卯〈戌〉，方長〈少〉子，申酉有□□□☐

154：[二月]上旬在[巳]亥，方長子，卯酉，方偏君〈中子〉，中旬在子[午]，方少子☐

153：☐……[三月上旬築寅申，方長子，]中旬申〈卯〉酉，方中子，下旬辰戌，方兩君，子益田，丑益宅，寅有立子，午，有酒食賜，未申，有病者起☐

143：·四月上旬築[巳亥]，方偏君，中旬午，方中子，下旬丑未，方少子□吉……

144：·五月上旬築寅申，方長子，築[子]午，方畜産，中旬卯酉，有大説，下旬辰戌，方犬彘，築巳亥寅卯申酉吉。

145：·六月上旬不可以築，中旬[子午]丑未，方偏君，午，方中子，下旬丑未，方兩君，卯辰巳，有立子，酉戌亥，有病者起。

146：·七月上旬築寅申，方兩君，中旬卯酉，方中子，下旬辰戌方少子=巳午亥吉。

147：·八月上旬築卯酉，方偏君，巳亥，方長子，[子]午，方中子，下旬丑未，方少子，巳午，有田宅□□……

148：·九月上旬築辰戌，方偏君，寅申，方長子，中旬申〈卯〉酉，方中子，下旬辰戌，方兩君，午未申，有立子，丑寅，有田宅賜▨

149：·十月上旬築乙〈巳〉亥，方兩君，中旬[子午]，方中子，下旬丑未，方少子，申酉，有二喜，卯辰酉三喜。

150：十一月上旬築[寅申，方長子，子午，]方偏君，[中旬卯酉，方方中心，下旬辰戌，方少子]▨

152：▨……[十二月上旬築巳亥，方長子，]中旬子午，[方]中子，下旬丑未，方少子，巳午，有□□賜，亥子有言語。

三　“築”中二元對立神煞研究

虎溪山漢簡“築”中的“天罡”之“罡”可作“剛”，銀雀山漢簡《天地八風五行客主五音之居》篇“剛風”在《乙巳占》中作“罡風”。[1] 又，《夢溪筆談·象數一》：“八月枝條堅剛，故曰天剛。”[2]天剛即天罡，指北斗。“築”中天罡自正月至十二月所值地支爲寅至丑，所值正與神煞月建所值相同，因此，二者當爲同術異名神煞。若此，和天罡對沖的天文，就與月破相當。《協紀辨方書》卷四“破”條引《考原》曰：“月破者，月建所沖之日也，與歲破義同”，[3]月破正月在申，二月在酉……十一月在午，十二月在未，和天文所值地支一致。

地棨之“棨”字，从木，敄聲，而“敄”又从矛得聲，故可與“柔”字通假，如北大秦簡《魯久次問數于陳起》：“和攻(功)度事，見(視)土剛棨(柔)。04-153”[4]銀雀山漢簡《五名五共》：“·

① 銀雀山漢墓竹簡整理小組編：《銀雀山漢墓竹簡(貳)》，北京：文物出版社，2010，233頁。

② [宋]沈括：《夢溪筆談》卷七《象數一》，文淵閣《四庫全書》本，臺北：臺灣商務印書館，1986，第862册，743頁。

③ [清]允禄等：《欽定協紀辨方書》卷四《義例》，文淵閣《四庫全書》本，第811册，248頁。

④ 韓巍、鄒大海整理：《北大秦簡〈魯久次問數于陳起〉今譯、圖版和專家筆談》，《自然科學史研究》2015年第2期。

兵有五名:一曰威强,二曰軒驕,三曰剛至,四曰肕,五曰重棨(柔)。1165”①銀雀山漢簡《天地八風五行客主五音之居》第二部分圖式“渘風”即“柔風”,②與剛風相對。因此,地棨即地柔,“罡”與“剛”音近,取剛强之意,與柔相對。虎溪山漢簡“築”中四個神煞按照二元對立原則,兩兩一對,即天罡與地柔對立,天文與地武對立。

從地支使用上看,天罡和地武相同,天文與地柔相同,前者正月起于寅,順行十二地支,後者正月起于申,逆行十二地支。因此,它們是同一數術原理在不同時間層次上的運用,本質相同。天罡與天文互爲對沖,一居本位,一居對沖,和孤虛術中的孤虛情況接近,從原理上説,似乎也應該看作一對二元對立神煞。但從神煞名稱上看文和罡(剛)并不對立,其能否歸入二元對立神煞範疇還需進一步研究。

結語

通過上面的論述,可以發現馬王堆帛書《築(二)》與虎溪山漢簡“築”關係特别密切。天罡、天文、地武、地棨四神煞所值地支,是虎溪山漢簡和馬王堆帛書“築”類文獻改編的基礎。

馬王堆帛書《築(二)》和虎溪山漢簡第二部分每月上中下三旬值地支,是以地棨、地武三旬值地支爲綱,將天罡、天文對應地支按與地棨、地武相合與否進行歸并,在具體編寫時又省略了四神煞名稱。馬王堆帛書《築(二)》和虎溪山漢簡“築”第二部分或有共同數術來源,主要證據是:一、虎溪山漢簡“築”第二部分,六月所值地支當是上旬巳、亥,中旬值丑未、子午,下旬值丑、未,而馬王堆帛書《築(二)》五月上旬寅申、子午,中旬作丑未、巳亥,下旬無值日。按照每月三旬值地支規律,此處頗爲可疑。今據虎溪山漢簡材料,知是帛書書手抄錯行所致。二、從馬王堆《築(二)》和虎溪山漢簡“築”第二部分殘留地支看,二者多吻合。其不同之處,通過推算改正訛誤,對應地支也是相同的。這也説明兩者有相同的數術來源。不過,虎溪山漢簡“築”第一部分、第二部分占辭與馬王堆帛書《築(二)》也有很多相異之處。馬王堆三號漢墓和虎溪山一號漢墓的墓主下葬時間接近,且墓主生前活動地域也較近,可知虎溪山漢簡《閻昭》與馬王堆帛書《築(二)》文本年代相距不遠。因此,虎溪山漢簡《閻昭》與馬王堆帛書《築(二)》,很可能源自同一數術的不同演變形式,甚至有共同的祖本。

附記 本文蒙匿名審稿專家提出寶貴意見,謹致謝忱!

① 銀雀山漢墓竹簡整理小組編:《銀雀山漢墓漢墓竹簡(貳)》,153頁。
② 銀雀山漢墓竹簡整理小組編:《銀雀山漢墓漢墓竹簡(貳)》,232-235頁。

益陽兔子山西漢木牘"池加錢"及其他

□ 杭州師範大學歷史系 陸德富

内容提要 益陽兔子山西漢木牘文中出現的"池加錢",是一項與陂池有關的財政收入。結合文獻記載,"加"可能爲假的借字。益陽縣内陂池甚多,漁者甚衆,政府在此設官管理并徵税。漢代官有陂池上的收入屬少府所有,所以"池假錢"當指益陽縣内屬於少府的陂池假貸給民衆使用時所收之税。益陽縣將池錢運送至長沙國的國都臨湘,而不是直接運送至京師,一是因爲交通不便,二是因爲租税額不大,單獨運送成本較高。湖南大學嶽麓書院所藏秦簡有一條律文中的"園、邑"當釋爲"園池"。

關鍵詞 兔子山 西漢 池加錢 假税

一

湖南益陽兔子山遺址三號井中出土一枚西漢晚期的木牘,牘文背面記録了如下一則案件:①

鞫:勳,不更,坐爲守令史署金曹,八月丙申爲縣輸元年池加錢萬三千臨湘,勳匿不輸,即盜以自給。勳主守縣官錢,臧(贜)二百五十以上。守令史□劾,無長吏使者,審。元始二年十二月辛酉,益陽守長豊,守丞臨湘右尉顧,兼掾勃,守獄史勝言:數罪以重,爵

① 湖南省文物考古研究所:《二十年風雲激蕩 兩千年沉寂後顯真容》,《中國文物報》2013年12月6日第6版。案,文字、句讀參以己意,與原釋文略有不同。

減,髡鉗勳爲城旦,衣服如法,駕責如所主守盜,沒入臧縣官,令及同居會計備償少内,收入司空作。(背面)(J3⑤:1)

此案發生在元始二年(2)。元始是西漢平帝的年號。

三號井中尚出土一枚木簡,簡文如下:[①]

> 益陽言守令史張勳盜所主守加錢論決言相府
> 元始二年計後獄夷(第)一 (J3⑤:2)

内容與上述案件相應,是對案件的總結之詞。

兩相對照,可知這是一起發生在西漢長沙國益陽縣的官員貪污案。這位官員名爲張勳,職務爲益陽縣的守令史,此時代管金曹事務,即所謂"署金曹"。金曹"共錢布""主銅鐵""主市租",[②]掌管貨幣和銅鐵之事,還兼管市租,是縣裏的財政官員。

元始二年(2)八月丙申,即八月十七日,[③]張勳爲益陽縣輸送前一年的"池加錢",共一萬三千,目的地爲長沙國的國都臨湘。但是他却將這筆錢據爲己有,後被人告發,因其擁有不更的爵位,故得減罪,髡鉗爲城旦,送交司空作業,令其家賠償錢款。

本文主要討論的是牘文中的"池加錢"。它在木簡文中又被稱爲"加錢"。張春龍先生説它是賦税的一種,但具體内容不詳。[④] 徐世虹先生扼要地指出,"池加錢"或指經營園池的收入之錢。[⑤] 這大體是正確的。不過,既然稱池,則應與園無關。湖南湘西里耶秦簡 8-454 記載的金布課包括池課、園課等項,[⑥]可見秦代的園、池收入是分列的。後文將提及,漢代有"左沱(池)""沱(池)印"等專管池務的官印,説明漢代也應將池的收入單列。下文對"池加錢"及其他問題做一些補充説明。

二

這要從秦漢時代官府對山林川澤的管理説起。山林川澤這些自然資源,很早就被收歸

---

① 周西璧:《洞庭湖濱兔子山遺址考古古井中發現的益陽》,《大衆考古》2014 年第 6 期,36 頁。

② 參看嚴耕望《中國地方行政制度史——秦漢地方行政制度》,上海古籍出版社,2007,230 頁。

③ 據陳垣《二十史朔閏表》(北京:古籍出版社,1956,22 頁),元始二年八月庚辰朔,則丙申爲十七日。

④ 張春龍:《益陽兔子山遺址三號井"爰書"簡牘一組》,何駑主編《李下蹊華:慶祝李伯謙先生八十華誕論文集》下,北京:科學出版社,2017,860 頁。

⑤ 徐世虹:《西漢末期法制新識——以張勳主守盜案牘爲對象》,《歷史研究》2018 年第 5 期,6 頁。

⑥ 陳偉主編:《里耶秦簡牘校釋(第一卷)》,武漢大學出版社,2012,152-153 頁。

國家所有。《禮記·王制》云:"林、麓、川、澤以時入而不禁",①所謂"以時"是指民衆在某一固定時段内纔可以利用這些自然資源。②

秦漢時代的簡牘文獻中,記載了國家對民衆使用自然資源的具體規定:

春二月,毋敢伐材木山林及雍(壅)隄水。不夏月,毋敢夜草爲灰,取生荔、麛䴢(卵)鷇,毋□□□□□□□毒魚鱉,置穽罔(網),到七月而縱之。唯不幸死而伐綰(棺)享(椁)者,是不用時。③ (《秦律十八種·田律》簡4-5)

禁諸民吏徒隸,春夏毋敢伐材木山林,及進〈壅〉隄水泉,燔草爲灰,取産䴠(麛)卵㲉(鷇);毋殺其繩重者,毋毒魚。④ (《二年律令·田律》簡249)

這兩條律令都强調,春夏兩季不能砍伐林木,獵殺野獸,毒殺魚鱉。這當然是因爲春夏兩季萬物正在生長發育,各類生産活動應該順應天時。

國家設有專門管理山林川澤的官吏。這些官吏既負責守護山林川澤,又負責對使用這些自然資源的民衆徵税。在秦漢時代,國家在那些水源充沛且獲利較多的地方設官管理,徵收賦税。《續漢書·百官五》云:"(郡縣)有水池及魚利多者置水官,主平水收漁税。"⑤秦漢官印有浙江都水、温都水監、南陽水丞,⑥漢代封泥有琅邪都水、琅邪水丞,⑦"水丞"之水即都水之省,⑧都水就是所謂的"水官"。此外,國家還設有一些專門的陂池之官,如《漢書·地理志》記載九江郡有陂官、湖官,⑨陂可訓爲池,西漢官印尚有"沱(池)印","左沱(池)"等半通印,⑩漢代封泥有"沱(池)印",⑪應該是專門管理陂池之官所用。陂池、湖官均屬水官一類,水官可能是統稱。當然,它們也可能是水官之下分管陂池與湖的官吏。湖南長沙東牌樓東漢簡牘記載長沙郡有"徵池掾"(簡92),⑫因爲東漢時的水官歸郡縣管理,所以地方設有專門徵收池税的掾吏。

---

① [清]孫希旦撰,沈嘯寰、王星賢點校:《禮記集解》卷一三《王制》,北京:中華書局,1989,355頁。

② 吴榮曾:《周代的農村公社制度》,收入其著《先秦兩漢史研究》,北京:中華書局,1995,26頁。

③ 睡虎地秦墓竹簡整理小組編:《睡虎地秦墓竹簡》,北京:文物出版社,1990,釋文20頁。

④ 張家山二四七號漢墓竹簡整理小組編著:《張家山漢墓竹簡[二四七號墓]》(釋文修訂本),北京:文物出版社,2006,42-43頁。

⑤ 《續漢書》志二八《百官五》,北京:中華書局,1965,3625頁。

⑥ 羅福頤主編:《秦漢南北朝官印徵存》48、172、173號,北京:文物出版社,1987,分見10、32頁。

⑦ 孫慰祖主編:《古封泥集成》2041、2042號,上海書店出版社,1994,343頁。

⑧ 王人聰:《西漢郡國特設官署官印略考》,王人聰、葉其峰《秦漢魏晉南北朝官印研究》,香港中文大學文物館,1990,26頁;趙平安:《秦西漢印章研究》,上海古籍出版社,2012,63頁。

⑨ 《漢書》卷二八上《地理志上》,北京:中華書局,1962,1569頁。

⑩ 羅福頤主編:《秦漢南北朝官印徵存》94、465號,18、82頁。

⑪ 李曉峰主編:《濟南市博物館館藏精品·封泥卷》,濟南:山東美術出版社,2016,108頁。

⑫ 長沙市文物考古研究所、中國文物研究所編:《長沙東牌樓東漢簡牘》,北京:文物出版社,2006,圖版44頁。

漢代的益陽北臨資水,水源充沛。《水經·資水注》記載:"此縣(案:即益陽縣)之左右,處處有深潭,漁者咸輕舟委浪,謡詠相和,羅君章所謂其聲綿邈者也",[①]可見北魏時益陽附近池潭甚多,且漁者甚衆。漢代的情况當與之類似,故而官府於此地設官管理,徵收池税。益陽兔子山木牘文所見的"池加錢",應該就是政府向民衆所徵收的池税。

雖然益陽縣將池加錢運送至長沙國的國都臨湘,但這項財政收入却不屬於長沙國所有。據研究,漢代的財政可以分爲國家和皇室兩套系統。國家的財政歸大司農掌管,皇室的財政由少府掌管。[②] 經營山林川澤所得的收入,當時屬於皇室的財政,是由少府掌管的。《漢書·百官公卿表》記載:"少府,秦官,掌山海池澤之税,以給共養",[③]説的就是這個意思。東漢桓譚的《新論》記載,西漢時期一年之内"少府所領園地[池]作務之八[入]十三萬萬",[④]可見數量之巨,獲利之豐。

在西漢早期,諸侯國的勢力很大。《漢書·高帝紀》記載,高帝十二年(前195)三月詔諸侯王、列侯"皆令自置吏,得賦斂",[⑤]則諸侯王在國内享受徵收賦税的權力。《史記·平準書》云:"山川園池市井租税之入,自天子以至于封君湯沐邑,皆各爲私奉養焉,不領於天下之經費",[⑥]《續漢書·百官三》注引《漢官》:"王者以租税爲公用,山澤陂池之税以供王之私用。"[⑦]可見,諸侯國内的山林川澤收入也歸王侯所有。這部分收入,當歸於諸侯國的私府。《漢書·路温舒傳》師古注:"藏錢之府,天子曰少府,諸侯曰私府。"[⑧]私府相當於漢廷的少府。

《漢書·諸侯王表》記載,自景帝削藩抑損諸侯,武帝推恩并實行左官附益之法後,"諸侯惟得衣食税租,不與政事"。[⑨] 周振鶴先生認爲,這個"租税"就是指田租而已。[⑩] 柳春藩先生指出,"惟得衣食租税"意味着經濟上山川園池市井之税等"私奉養"的取消。[⑪] 本文開頭所引益陽兔子山西漢木牘文中説到,益陽縣的池加錢乃是屬於"縣官錢",這也可以支持兩位先生的説法。

---

① [北魏]酈道元著,陳橋驛校證:《水經注校證》卷三八《資水》,北京:中華書局,2007,889頁。

② [日]加藤繁著,吴傑譯:《漢代國家財政和帝室財政的區别以及帝室財政的一斑》,收入其著《中國經濟史考證》第1卷,北京:商務印書館,1959,25-124頁。

③ 《漢書》卷一九上《百官公卿表上》,北京:中華書局,1962,731頁。

④ [宋]李昉等:《太平御覽》卷六二七《治道部八》所引,北京:中華書局影印本,1960,2810頁。"園地"當作"園池",參看[日]加藤繁著,吴傑譯《漢代國家財政和帝室財政的區别以及帝室財政的一斑》,收入其著《中國經濟史考證》第1卷,43頁。"八"爲"入"字之訛,參看馬大英《漢代財政史》,北京:中國財政經濟出版社,1983,105頁。

⑤ 《漢書》卷一下《高帝紀下》,78頁。

⑥ 《史記》卷三〇《平準書》,北京:中華書局,1982,1418頁。

⑦ 《續漢書》志二七《百官三》,北京:中華書局,1965,3592頁。

⑧ 《漢書》卷五一《路温舒傳》,2371頁。

⑨ 《漢書》卷一四《諸侯王表》,395頁。

⑩ 周振鶴、周翔鶴:《西漢獻費考》,《中華文史論叢》1981年第4輯,收入《周振鶴自選集》,桂林:廣西師範大學出版社,1999,179頁。

⑪ 柳春藩:《秦漢封國食邑賜爵制》,瀋陽:遼寧人民出版社,1984,62頁。

"縣官"習見於秦漢文獻。古人以爲它是對天子的代稱。《史記·絳侯周勃世家》"庸知其盜買縣官器,怒而上變告子,事連汙條侯。"唐人司馬貞《索隱》曰:"縣官謂天子也。"①湖南湘西里耶秦簡 8-461 木方有云:"王室曰縣官。公室曰縣官",②可知"縣官"應爲皇室的代稱。③ 西漢初年的張家山漢簡《二年律令·□市律》記載:"市販匿不自占租,坐所匿租臧(贓)爲盜,没入其所販賣及賈錢縣官,奪之列。"(簡 260)又,《二年律令·金布律》記載:"諸私爲菌(鹵)鹽,煮濟潦,及有私鹽井煮者,税之,縣官取一,主取五。采銀租之,縣官給橐(橐),□十三斗爲一石,□石縣官税□□三斤。其□也,牢橐,石三錢。租其出金,税二錢。租賣穴者,十錢税一。采鐵者五税一;其鼓銷以爲成器,有(又)五税一。采鉛者十税一。采金者租之,人日十五分銖二。民私采丹者租之,男子月六斤九兩,女子四斤六兩。"(簡 436-438)④市租與私營煮鹽、采銀、采鐵等礦冶業所繳之税均屬皇室的財政收入,故而簡文中的"縣官"正是指皇室。可見,益陽兔子山西漢木牘文中的"縣官錢"是指屬於皇室的財政收入,與長沙國無關。前引周、柳兩位先生之説都是可信的。西漢景武以後,諸侯所食衹有國邑之内的田租,山林川澤的收入已經被收歸中央所有。

接下來的問題是,加是什麽意思? 徐世虹先生認爲,加錢"或指常規之外的臨時增加的賦税之錢"。⑤ 這當然是有可能的,因爲加字本身即爲增加之意。不過,我覺得這個"加"字也許可以另作它解。

朝廷將屬於少府的山林川澤租借給民衆使用,并收取一定的税錢,史書多稱爲"假"。如初元元年(前 48)九月,"關東郡國十一大水,饑,或人相食",⑥元帝下詔"江海陂湖園池屬少府者以假貧民,勿租税",⑦《鹽鐵論·園池》載文學之言曰:"今縣官之多張苑囿、公田、池澤,公家有鄣假之名,而利歸權家。"⑧《後漢書·和帝紀》記載,永元五年(93)九月詔曰:"其官有陂池,令得采取,勿收假税二歲。"李賢注:"假猶租賃。"永元九年(97)六月蝗、旱并作,詔曰:"其山林饒利,陂池漁采,以贍元元,勿收假税。"永元十一年(99)春二月,"遣使循行郡國,稟貸被災害不能自存者,令得漁采山林池澤,不收假税"。⑨ 衹有在遇到災害的情況下,少府所領有的陂池等纔會免費供給民衆使用。

① 《史記》卷五七《绛侯周勃世家》,北京:中華書局,1982,2079 頁。

② 陳偉主編:《里耶秦簡牘校釋(第一卷)》,武漢大學出版社,2012,156 頁。

③ 張春龍、龍京沙:《湘西里耶秦簡 8-455 號》,武漢大學簡帛研究中心主辦《簡帛》第 4 輯,上海古籍出版社,2009,12 頁注 4。此點承蒙審稿專家指出。

④ 張家山二四七號漢墓竹簡整理小組編著:《張家山漢墓竹簡[二四七號墓]》(釋文修訂本),北京:文物出版社,2006,分見 44、68 頁。"濟潦"之釋,參看陳劍《張家山漢簡〈二年律令·金布律〉"煮濟潦"探微》,《出土文獻》2020 年第 1 期,102-114 頁。

⑤ 徐世虹:《西漢末期法制新識——以張勳主守盜案牘爲對象》,《歷史研究》2018 年第 5 期,6 頁。

⑥ 《漢書》卷九《元帝紀》,北京:中華書局,1962,280 頁。

⑦ 《漢書》卷七五《翼奉傳》,3171 頁。

⑧ 王利器校注:《鹽鐵論校注》卷三《園池》,北京:中華書局,1992,172 頁。

⑨ 《後漢書》卷四《和帝紀》,北京:中華書局,1965,177、183、185 頁。

在都城的周圍,國家設有一些供帝王出巡游玩的苑囿池籞。國家有時也會將它們租給民衆使用,同樣稱爲“假”。如《漢書・宣帝紀》記載,地節三年(前67)冬十月,詔曰:“池籞未御幸者,假與貧民。”應劭注曰:“池者,陂池也。籞者,禁苑也。”[①]又如《漢書・元帝紀》記載,初元二年(前47)詔令“水衡禁囿、宜春下苑、少府佽飛外池,嚴籞池田假與貧民”。[②]

上舉文獻中提到池的時候,頻頻使用“假”字。我懷疑,“池加錢”、“加錢”的“加”可能是“假”的借字。加字古音爲見母歌部,假則爲見母魚部。二字聲部相同,韻部雖然有别但關係密切,段玉裁就説過“魚歌古又通”。[③] 加和假在古書中確有相通之例,比如《論語・述而》“加我數年”,[④]《史記・孔子世家》作“假我數年”,[⑤]即爲明證。而且,從加聲的嘉、賀與假字可以相通,如《詩經・大雅・假樂》“假樂君子”,毛傳:“假,嘉也。”[⑥]《中庸》引作“嘉樂君子”,[⑦]《淮南子・主術訓》“故假輿馬者,足不勞而致千里”,東漢高誘注曰:“假或作駕。”[⑧]同樣可以説明加、假可以相通。

將木牘文中的“池加錢”、“加錢”的“加”讀爲假,優勢在於可以和傳世文獻相結合。如果此説能够成立,則所謂的“池假錢”、“假錢”應指益陽縣内屬於少府的陂池假貸給民衆使用時所收之税。

三

張家山漢簡《二年律令・金布律》記載:“租、質、户賦、園池入錢,縣道官勿敢擅用,三月壹上見金、錢數二千石官,二千石官上丞相、御史。”(簡429-430)[⑨]“園池入錢”當包括園和池兩項收入。據簡文可知,屬於皇室財政的市租、質錢、園池入錢等,縣道官不得擅用。每三個月,縣道要向郡國、郡國再向中央上報金、錢數目。由此可見,雖然皇室財政歸少府管理,國家財政歸大司農管理,但在具體徵收時,二者均由地方政府統一徵收,并通過郡縣制的官僚體制逐級上報。少府不直接向下徵税。[⑩]

與屬於皇室財政的池錢等不同,屬於國家財政的田租、算賦等收入,地方在徵收上來以

---

① 《漢書》卷八《宣帝紀》,北京:中華書局,1962,249頁。

② 《漢書》卷九《元帝紀》,281頁。

③ [漢]許慎撰,[清]段玉裁注:《説文解字注》卷六,上海古籍出版社,1988,111頁“鬳”字條下。

④ 程樹德撰,程俊英、蔣見元點校:《論語集釋》卷一四《述而下》,北京:中華書局,1990,469頁。

⑤ 《史記》卷四七《孔子世家》,北京:中華書局,1982,1937頁。

⑥ [清]馬瑞辰撰,陳金生點校:《毛詩傳箋通釋》卷二五,北京:中華書局,1989,901頁。

⑦ [宋]朱熹:《四書章句集注》,北京:中華書局,1983,26頁。

⑧ 劉文典撰,馮逸、喬華點校:《淮南鴻烈集解》卷九,北京:中華書局,1989,294頁。

⑨ 張家山二四七號漢墓竹簡整理小組編著:《張家山漢墓竹簡[二四七號墓]》(釋文修訂本),北京:文物出版社,2006,67頁。

⑩ 楊振紅:《從張家山漢簡看秦漢時期的市租》,楊振紅、[日]井上徹編《中日學者論中國古代城市社會》,西安:三秦出版社,2007,56頁。

後是可以使用的。從湖北江陵鳳凰山十號漢墓出土的簡牘可見,鄉里的行政費用如吏員俸祿、轉運費用等,就是出於地方徵收上來的算賦。[①] 當然,田租、算賦等財政的收支情況,地方同樣需要登記造册,定期上報大司農。大司農在掌握各地的財政情況後,再根據中央、地方的需求,指定各地將剩餘的錢穀或上繳中央,或轉運他郡。[②]

江蘇連雲港尹灣漢簡《東海郡下轄長吏不在署、未到官者名籍》中列有各縣派人運錢至京師的記載:[③]

郯右尉郎(?)延年,九月十三日輸錢都内。
海西丞周便親,七月七日輸錢齊服官。
蘭陵右尉梁樊于,九月十二日輸錢都内。
曲陽丞朱博,七月廿五日輸錢都内。
□承丞莊戍,九月十二日輸錢都内。
良成丞宣聖,九月廿一日輸錢都内。
南城丞張良,九月廿一日輸錢都内。
□干鄉丞□□,九月十二日輸錢都内。
南城尉陳順,九月廿一日輸錢都内。
右九人輸錢都内。(YM6D5 正・1)

都内隸屬於大司農。《漢書・食貨志》師古注:"都内,京師主臧者也",[④]可見它是京師貯藏財物的地方。由簡文可見,東海郡中各縣上繳中央的錢,是由各縣的尉、丞自行運送至京師的,并没有先集中到郡治,再統一運送。這應該是出於成本的考慮。如果先運錢到郡治,再由郡統一運送至京師,不但運費高昂,而且也耗費時間。[⑤]

這些縣内所徵收的池錢等,應該也是由縣自行運送至京師的。反觀益陽縣所徵收的池錢,并没有直接運送至京師,而是運送至長沙國的國都臨湘。這是值得注意的現象。

這大約有兩方面的原因。一是交通不便。當時從長沙國至長安的路主要有兩條。第一條是先入長江,沿江入漢再入丹,走武關道經藍田至長安。湖南沅陵虎溪山一號漢墓出土

① 裘錫圭:《湖北江陵鳳凰山十號漢墓出土簡牘考釋》,《文物》1974 年第 7 期,修訂後收入《裘錫圭學術文集》第 2 卷《簡牘帛書卷》,上海:復旦大學出版社,2015,19 頁。
② 參看[日]渡邊信一郎《漢代的財政運作和國家物流》,劉俊文主編《日本中青年學者論中國史》(上古秦漢卷),上海古籍出版社,1995,392-395 頁;林甘泉主編《中國經濟通史・秦漢經濟卷》下册,第 17 章《財政》(田人隆撰寫),北京:經濟日報出版社,1999,767 頁。
③ 張顯成、周群麗:《尹灣漢墓簡牘校理》上編,天津古籍出版社,2011,31-32 頁。
④ 《漢書》卷二四下《食貨志下》,北京:中華書局,1962,1159 頁。
⑤ 郭浩:《漢代地方財政研究》,濟南:山東大學出版社,2011,157 頁。

《計簿》記載:“廷到長安,道武關,二千六百九十六里,其四百卌二里沅水。”(簡 11)[1]此墓的主人爲第一代沅陵侯吴陽,簡文中的“廷”當指侯國治廷。[2] 這條路的里程較短。秦始皇二十八年(前 219),出巡的嬴政“自南郡由武關歸”,[3]走的就是武關道。秦末劉邦先項羽入關中,走的也是丹水、武關、長安一綫。[4] 但是,由武關道入長安需要翻越秦嶺山脈,道路蜿蜒崎嶇,行軍打仗,容或有其便利之處,若是運錢運糧,恐怕并不方便。第二條是北上由函谷關入長安。虎溪山一號漢墓出土《計簿》還記載:“廷到長安,道函浴(谷),三千二百一十九里,其四百卌二里沅水。”(簡 12)[5]既然沅陵至長安有一條經函谷關的路,那麼,自益陽至長安應該也有一條經函谷關的路。

從益陽運錢至長安,正常情况下,大概會選擇走第二條路。這條路長達三千餘里,且當時的江、河之間不能直接溝通,中途需要走一段陸路,頗費周折。不過,它相對平坦易行,便於長途運輸。從北京大學所藏《秦水陸里程簡册》的記載看,它又可以分爲兩種走法。一是先北上南陽,再由宛縣北出魯陽關至洛陽,西出函谷至長安。另一條是先北上南陽,再由宛縣東北出方城關,東入狼蕩渠,行至黄河後,再西向長安。[6] 不難看到,如果由益陽直接運錢至長安,不但路途遥遠,而且水陸兼程,實非易事。

二是益陽縣所徵收的池錢數額不大。牘文顯示,整個元始元年(1),益陽的池錢收入纔一萬三千錢。這可能與益陽縣内的户口數有關。《漢書・地理志》記載,西漢末年長沙國有十三個縣,共四萬三千四百七十户,[7]是當時全國人口密度最低的地區之一。[8] 户口數的多寡,直接關乎池錢數額的大小。山東青島土山屯漢墓出土的《堂邑元壽二年要具簿》記載,西漢哀帝元壽二年(前 1),堂邑縣内“湖池税魚一歲得錢廿九萬九千九百廿三”。(M147:25-1)[9]其時的堂邑縣隸屬於臨淮郡。臨淮郡户口衆多,政府徵收的池錢也要多得多。既然所需運送的錢數不多,則益陽縣單獨送至長安的話,勢必會耗費大量的人力物力,增加運輸成本。

從益陽縣運送池錢的方式,結合長沙國至長安的交通路綫,以及長沙國内的户數來看,當時長沙國内的各縣,很可能都是先將應該上繳的錢穀集中到國都臨湘,再統一運送至京師的。而且還可以進一步推知,當時那些交通不便、人口較少的地區,在上繳錢穀的時候大概

---

① 湖南省文物考古研究所編著:《沅陵虎溪山一號漢墓》,北京:文物出版社,2020,上册,118 頁。

② 參看劉瑞《秦漢帝國南緣的面相——以考古視角的審視》,北京:中國社會科學出版社,2019,上册,55 頁。

③ 《史記》卷六《秦始皇本紀》,北京:中華書局,1982,248 頁。

④ 《史記》卷八《高祖本紀》,360-362 頁。

⑤ 湖南省文物考古研究所編著:《沅陵虎溪山一號漢墓》,上册,118 頁。

⑥ 辛德勇:《北京大學藏秦水陸里程簡册初步研究》,李學勤主編《出土文獻》第 4 輯,上海:中西書局,2013,261-265 頁。

⑦ 《漢書》卷二八下《地理志下》,北京:中華書局,1962,1639 頁。

⑧ 葛劍雄:《西漢人口地理》,北京:人民出版社,1986,26-27 頁。

⑨ 青島市文物保護考古研究所、黄島區博物館:《山東青島土山屯墓群四號封土與墓葬的發掘》,《考古學報》2019 年第 3 期,427 頁。

也會采用這樣的方式。

四

附帶説一條湖南大學嶽麓書院所藏秦律的文字。《嶽麓書院藏秦簡(肆)》有如下一段律文:[1]

> 郡及襄武、上雒、商、函谷關外人及䙴(遷)郡、襄武、上雒、商、函谷關外男女去,闌亡、將陽,來入之中縣道……其亡居日都官、執灋、屬官、禁苑、園、邑、作務、官道畍(界)中,其嗇夫吏、典、伍及舍者坐之,如此律。(簡 053-057)

關於其中的“邑”字,原整理者認爲“當指邑的官府所經營的産業”。[2] 此説是有問題的。

所謂的“邑”字,原文寫作。同書簡 024 正面有“邑”字,寫作,[3]兩相對比,確實比較相似。不過,字左下角尚有三點,即“水”字,整理者并未措意。如果將右邊釋爲“邑”,則字當釋爲“浥”。《説文》解釋爲“溼也”,[4]乃潮濕之意。但是,釋爲“浥”在簡文中讀不通。

其實,的右半乃是“它”字。“它”在秦漢文字中頗爲常見,有作、、之形者,[5]與字右邊的殘存筆劃相似。將釋爲“沱”,字形上亦與秦漢文字中作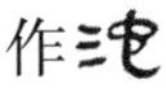、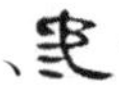等形的“沱”字合符。[6]

“沱”就是池。它、也二字在隸書裏的寫法很接近,古音也很接近,容易發生混訛。大部分後來正體寫作從“也”聲的字,本來都是從“它”聲的,比如地、池、施等。[7]

回到簡文中,“池”與前面的“園”連稱“園池”。這個説法習見於文獻,前文已經多次提到。而且,將“園池”和後面的“作務”一詞相連,又可以與上文所引東漢桓譚《新論》中“少府所領園地[池]作務之八[入]十三萬萬”一句互相印證。這個“池”就是指官有陂池。

---

① 陳松長主編:《嶽麓書院藏秦簡(肆)》,上海辭書出版社,2015,56-57 頁。

② 陳松長主編:《嶽麓書院藏秦簡(肆)》,78 頁注[七十九]。

③ 陳松長主編:《嶽麓書院藏秦簡(肆)》,46 頁。

④ [漢]許慎撰,[宋]徐鉉校定:《説文解字》卷一一上,北京:中華書局,1963,232 頁。

⑤ 漢語大字典字形組編:《秦漢魏晉篆隸字形表》,成都:四川辭書出版社,1985,958 頁。

⑥ 漢語大字典字形組編:《秦漢魏晉篆隸字形表》,774 頁。

⑦ 裘錫圭:《文字學概要》(修訂本),北京:商務印書館,2013,84 頁;陳劍:《金文“彖”字考釋》,《甲骨金文考釋論集》,北京:綫裝書局,2007,252 頁注①。

海昏侯墓文書新論*

□ 上海師範大學人文學院 余建平

内容提要 海昏侯墓出土了較多的公文書牘,主要爲劉賀及其夫人分别給皇帝和皇太后的奏牘以及《海昏侯國除詔書》。劉賀及其夫人給漢宣帝和上官太后的上書,符合漢代章的體式特徵,并不是"奏"而是"章"。由漢代章奏"需頭"的格式規定,可知整理者對 M1:499 · 52 號木牘"呈"字的釋讀有誤,應釋爲"皇"。從奏牘的内容看,這批文書并非被皇帝退回者,劉賀在元康三年(前 63)被貶爲海昏侯後,被允許派遣家臣參與朝請。《海昏侯國除詔書》則較爲完整地記録了海昏侯國被廢除的文書流程,整理者對詔書"國前上當爲後者"句的解釋并不完全準確,這句應理解爲,劉賀去世之前,其子劉充國和劉奉親相繼被立爲嗣子。

關鍵詞 海昏侯墓 文書 奏牘 《海昏侯國除詔書》

2011 年開始發掘的海昏侯墓出土了各類文物一萬餘件(套),豐富的葬品震驚了世界。據發掘者介紹,墓中不僅有青銅、漆木、玉璧、金餅等重要的器物,還出土了大量的簡牘。這批簡牘除去《詩經》《禮記》《春秋》《論語》《孝經》類等重要的儒學典籍,以及政論、詩賦、數術、方技等文獻外,還有較多的公文書牘,它們大致可分爲兩類:一類爲海昏侯劉賀及其夫人分别給皇帝和皇太后的奏牘,另一類爲劉賀去世後廢除海昏侯國的詔書。[①] 學者從簡牘整

* 本文係國家社科基金青年項目"出土文獻與中國早期相似文本的生成研究"(22CW014)、上海師範大學中華典籍與國家文明創新團隊階段性成果。

① 朱鳳瀚主編:《海昏簡牘初論》,北京大學出版社,2020,61-72 頁。

理、文字釋讀、劉賀的晚年處境等方面,已對這批文書作過一定的研究,[①]但個别字句的釋讀存在問題,這批文書的體式及性質等問題仍有再討論的空間。本文不揣淺陋,在時賢的基礎上擬對上述問題作進一步的探究。

一 海昏侯墓奏牘考論

海昏奏牘被單獨放在一個漆箱内,奏牘外部有絲織物包裹,但已完全腐朽。整理者將這批奏牘編爲58個號,其中49版外形基本完整,9版殘碎。奏牘外形雖較完整,但文字漫漶嚴重,衹有34版可以辨别出文字。這些奏牘爲海昏侯劉賀及其夫人所上文書,内容與朝請有關,涉及元康三年(前63)、元康四年(前62)和元康五年(前61)。[②] 關於奏牘的内容和性質,王意樂先生已有較爲詳細的論述,[③]但還有可補充的空間。

(一)劉賀及其夫人所上爲"章"

這批奏牘基本以"昧死再拜上書皇帝(太后)陛下"開頭,如:

南藩海昏侯臣賀昧死……/太后陛下臣賀昧死再拜……/……/太后陛下陪臣……/太后陛下/……(M1:499·30號)[④]

南藩海昏侯/臣賀昧死/再拜/上書/皇帝陛下(M1:499·35號)[⑤]

……/妾待昧死/再拜/上書/呈太后陛下(M1:499·52號)[⑥]

因木牘漫漶嚴重,絶大多數文書的結尾缺失,衹有一版較爲清晰,可知文書結尾應是"昧死再拜以聞皇帝(太后)陛下":

……/……居奉/……/[太]后陛下……昧死再拜以聞/[太]后陛[下]/[元]康三年十(或七)月庚辰上·元康四年二月丙子門大夫□□□□……(M1:499·46號)[⑦]

---

① 參見王意樂、徐長青《海昏侯劉賀墓出土的奏牘》,《南方文物》2017年第1期,收入朱鳳瀚主編《海昏簡牘初論》,北京大學出版社,2020,324-340頁;張予正等《海昏侯墓出土奏牘選釋》,《南方文物》2018年第2期;黄今言《從海昏侯墓出土奏牘看劉賀的舉動與失落》,《史學集刊》2018年第5期;袁延勝《海昏侯墓上書太后奏牘探析》,《南方文物》2019年第6期;楊博《〈海昏侯國除詔書〉初探》,朱鳳瀚主編《海昏簡牘初論》,北京大學出版社,2020,307-323頁。

② 王意樂、李文歡:《海昏奏牘初讀》,收入朱鳳瀚主編《海昏簡牘初論》,北京大學出版社,2020,324-333頁。

③ 王意樂、李文歡:《海昏奏牘初讀》,324-340頁。

④ 王意樂、李文歡:《海昏奏牘初讀》,328頁。

⑤ 王意樂、李文歡:《海昏奏牘初讀》,328頁。

⑥ 王意樂、李文歡:《海昏奏牘初讀》,331頁。"呈"應爲"皇"之誤,參見下文論述。

⑦ 王意樂、李文歡:《海昏奏牘初讀》,331頁。

蔡邕《獨斷》曰:"凡群臣上書于天子者,有四名:一曰章,二曰奏,三曰表,四曰駁議。"[①]又曰:"章者,需頭,稱'稽首上書'……奏者,亦需頭,其京師官,但言'稽首',下言'稽首以聞'……表者,不需頭,上言'臣某言',下言'臣某誠惶誠恐,頓首頓首,死罪死罪'……其有疑事,公卿百官會議,若臺閣有所正處而獨執異意者,曰駁議。"[②]蔡邕歸納的是東漢的情況,王莽前臣民上章奏,不稱"稽首",而言"昧死"。《獨斷》曰:"漢承秦法,群臣上書皆言'昧死言'。王莽盜位,慕古法,去'昧死'曰'稽首'。"[③]據《敦煌漢簡》117 簡:"使西域大使五威左率都尉糞土臣厶稽首再拜上書。"[④]"五威將軍"一職爲王莽時所設,《獨斷》的記載在王莽時期的漢簡中得到印證。

據《獨斷》,西漢時期,章的開頭是"昧死上書",但這種描述稍顯簡略,傳世和出土文獻有章的完整體式。如《漢書・南粤傳》載南越王趙佗給漢文帝的章,首稱"蠻夷大長老夫臣佗昧死再拜上書皇帝陛下",末爲"昧死再拜以聞皇帝陛下"。[⑤]《史記・三王世家》載霍去病請立漢武帝三子爲諸侯王之章,起首爲"大司馬臣去病昧死再拜上疏皇帝陛下",末爲"臣去病昧死再拜以聞皇帝陛下"。[⑥] 武威《王杖詔令册》平民廣給漢成帝的章,起首爲"長安敬上里公乘臣廣昧死上書皇帝陛下",末爲"臣廣昧死再拜以聞皇帝陛下"。[⑦] 歸納起來,章的開頭應稱"某某昧死(再拜)上書皇帝陛下",并以"某某再拜以聞皇帝陛下"結尾。我們再回頭看海昏侯墓劉賀等人的上書,是符合這種體式規定的。

關於奏的體式特徵,據《獨斷》,西漢時期奏首稱"昧死",末爲"昧死以聞"。這一描述也稍顯簡略,出土和傳世文獻有較爲完整的奏書體式。居延漢簡《元康五年詔書册》:

> 御史大夫吉昧死言丞相相上大常昌書言大史丞定言元康五年五月二日壬子日夏至宜寢兵大官抒井更水火進鳴雞……臣請布臣昧死以聞。[⑧]

以丞相楊敞爲首廢黜劉賀的奏書:

> 丞相臣敞、大司馬大將軍臣光……昧死言皇太后陛下:臣敞等頓首死罪。……臣敞

---

① [東漢]蔡邕:《獨斷》卷上,《抱經堂叢書》本,民國十二年北京直隸書局影印乾隆四十三年刻本,5 頁下。
② [東漢]蔡邕:《獨斷》卷上,5 頁下-6 頁上。
③ [東漢]蔡邕:《獨斷》卷上,6 頁上。
④ 甘肅文物考古研究所編:《敦煌漢簡》,北京:中華書局,1991,224 頁。
⑤ 《漢書》卷九五《南粤傳》,北京:中華書局,1962,3851-3852 頁。
⑥ 《史記》卷六〇《三王世家》,北京:中華書局,1980,2105 頁。
⑦ 武威縣博物館:《武威新出土王杖詔令册》,甘肅省文物工作隊、甘肅省博物館編《漢簡研究文集》,蘭州:甘肅人民出版社,1984,36 頁。
⑧ [日]大庭脩著,徐世虹等譯:《秦漢法制史研究》,上海:中西書局,2017,170 頁。

等昧死以聞。[①]

歸納起來,奏的開頭爲“某某昧死言”,結尾爲“某某昧死以聞”。由此可見,劉賀及其夫人的上書與章的體式完全符合,與奏有較大不同。

據《獨斷》,章爲“詣闕通者也”[②]。闕爲漢代城門所在,公車司馬即在此處辦公,因此所謂“詣闕”,其實就是通過公車上章。章的使用者最爲廣泛,上至諸侯王、公卿,下至平民,甚至是刑徒,皆可用章的方式向皇帝進言,如武威《王杖詔令册》便記録了平民廣的上章。蔡邕爲“朔方髡鉗徒”時,也通過章向皇帝進言。[③] 奏的使用者級别較高,據《獨斷》,上奏者以京師官和公卿校尉爲主,[④]低級官員或平民很難通過奏進言。奏的上呈途徑也與章有區别,官員進奏,大多先上報丞相府,丞相府再呈送御史大夫府,最後由御史中丞或侍御史上呈給皇帝,《元康五年詔書册》就清晰地記録了這一流程。劉賀及其夫人的奏牘主要通過“饒居”“□忠”等行人奉書呈送,如“賀再拜謹使陪臣行家丞事僕臣饒居奉書……”[⑤],這些列侯家臣品秩在百石到三百石之間,[⑥]級别不高,衹能通過公車進行上章。綜此,劉賀及其夫人的上書其實是章,而不是奏(爲了論述方便,本文仍以“奏牘”稱之)。

(二)需頭

據《獨斷》:“章者,需頭。”[⑦]關於“需頭”,歷來頗有爭論,明人楊慎曰:“蓋空其首一幅,以俟詔旨批答。”[⑧]在楊慎看來,“需頭”是指臣民上章奏時,應在文前留一些空白簡,以供皇帝批答用。代國璽對此提出異議,認爲“需頭”是指臣民上章奏時,在末尾留數枚空簡以供皇帝批答之用。[⑨] 楊慎和代國璽的解釋,均有不妥之處。皇帝對章奏的批復有長有短,短者爲“制曰可”,長者可多至百字,如《史記·三王世家》載漢武帝批復丞相莊青翟等人之奏書,有近百字。[⑩] 因無法預料皇帝批復之短長,無論是文前留白還是文末留白,都不妥當。如果所留之簡過少,則是對皇帝的不敬;如果留下的簡過多,則會顯得累贅。

筆者曾撰有專文解釋“需頭”問題,[⑪]簡單地説,“需”是“等待”[⑫]之意,頭爲“首也”[⑬],“需

① 《漢書》卷六八《霍光傳》,2939-2946頁。
② [東漢]蔡邕:《獨斷》卷上,5頁下。
③ [清]嚴可均輯:《全上古三代秦漢三國六朝文》,北京:中華書局,1958,858-859頁。
④ [東漢]蔡邕:《獨斷》卷上,5頁下。
⑤ 王意樂、李文歡:《海昏奏牘初讀》,328頁。
⑥ 王意樂、李文歡:《海昏奏牘初讀》,339頁。
⑦ [東漢]蔡邕:《獨斷》卷上,5頁下。
⑧ [明]楊慎:《譚苑醍醐》卷六,影印文淵閣《四庫全書》本,臺北:臺灣商務印書館,1983,第855册,723-724頁。
⑨ 代國璽:《漢代章奏“需頭”與“言姓”問題考論》,《蘭州學刊》2017年第8期。
⑩ 《史記》卷六〇《三王世家》,2105-2106頁。
⑪ 參見余建平《尊君卑臣:漢代上書體式及套語中的皇帝權威》,《檔案學通訊》2019年第2期。
⑫ 季旭昇:《説文新證》,福州:福建人民出版社,2010,852頁。
⑬ 季旭昇:《説文新證》,725頁。

頭”是與“抬頭”相對應的概念,指臣民的章奏應低數格書寫,以留出簡牘的頂部空間,從而供題寫“皇帝”和“制”等字詞。如武威《王杖詔令册》:

　　長安敬上里公乘臣廣昧死上書
皇帝陛下:臣廣知陛下神零,复蓋萬民,哀憐老小,受王杖、
　　承詔……
　　臣廣昧死再拜以聞
皇帝陛下。
制曰:問何鄉吏,論棄市,毋須時;廣受王杖如故。①

“長安敬上里”等文字要低數格,而“皇帝”“制曰”等字詞頂格書寫,明顯比其他文字高出兩格。如果所有文字均頂格書寫,則無法體現皇帝的權威。

海昏奏牘也存在“需頭”現象,但與《王杖詔令册》稍有區别:

　　……書言/……賀再拜謹使陪臣行家丞事僕臣饒居奉書……/……再拜□以請/
皇　……
皇　……(M1:499·32 號)②
　　……/臣賀昧……/再拜/上書/
皇　帝陛下(M1:499·45 號)③

可以看到海昏奏牘僅“皇”字頂格書寫,其他字則要低數格,這與《王杖詔令册》的“皇帝”頂格書寫稍有不同,但都可體現“皇”或“皇帝”在文書中的權威。由“需頭”現象可糾正海昏奏牘釋讀的一處錯誤:

……/妾待昧死/再拜/上書/
呈　太后陛下(M1:499·52 號)④

這里“呈”字有誤,在木牘上此字頂格書寫,比其他字要高出數格,應是“皇”字之誤。

① 武威縣博物館:《武威新出土王杖詔令册》,36-37 頁。
② 王意樂、李文歡:《海昏奏牘初讀》,328-329 頁。
③ 王意樂、李文歡:《海昏奏牘初讀》,331 頁。
④ 王意樂、李文歡:《海昏奏牘初讀》,331-332 頁。

(三)海昏奏牘并非被皇帝退回的文書

王意樂先生等人認爲,奏牘内容都是關於海昏侯或其夫人朝請的,劉賀爲了朝請準備了數量巨大的黄金和五銖錢,其朝獻的對象不僅是皇帝,還包括皇太后,儘管劉賀殷勤備至,多次上章請求朝請,但皇帝并不領情,朝獻助祭的錢物和酎金甚至奏牘都被退回。① 王先生得出這個結論的依據有三點:其一,劉賀被貶爲海昏侯後,侍中衛尉金安上上書:"賀天之所棄,陛下至仁,復封爲列侯。賀嚚頑放廢之人,不宜得奉宗廟朝聘之禮。"奏可。② 其二,海昏侯墓中有一塊金餅,上有墨書"南藩海昏侯臣賀元康三年酎金一斤"③,第 9 號奏牘雖然内容保存不完整,但有"以詔書不上"這幾個文字殘留。其三,奏牘中没有發現時間比元康五年(前 61)二月更晚的。④ 這一推測看似合理,但海昏奏牘的内容却提醒我們,劉賀與漢宣帝、皇太后的關係可能没有我們想像中那麽緊張。

第 27 號奏牘:"陛下使海昏侯……"⑤第 49 號奏牘上有"謁者幸賜"⑥四字,第 51 號奏牘:"詔臣賀□躬率意于道□□賀謹再拜。"⑦另有一塊奏牘,上有以淡墨章草書寫的"以□(嘉?)其"數字,整理者認爲這是對劉賀奏牘的回復。⑧ 這些内容雖然衹有隻言片語,但可看出漢宣帝和太后對劉賀及其夫人曾有所賞賜,且回復過他們的上章。另外,漢宣帝曾給劉賀頒布過詔書,誡告其"躬率意于道",可見兩者是有文書往來的。

從這個角度看,漢宣帝衹是不允許劉賀本人親自前往長安參加宗廟祭祀和朝請,擔心其與諸侯公卿交通,但劉賀派人代其參與朝請是被允許的。如以下兩塊奏牘:

> ……□□拜謹使陪臣行家□事僕□/……年酎黄金□□兩/中庶子□□□臣饒□……/……/元康四年(M1:499·7 號)⑨
>
> 南藩海昏侯臣賀昧死再拜上書言/□□□臣賀昧死再拜謹使陪□□□事僕臣饒居奉書昧死/再拜爲秋請/[皇]帝陛下陪臣行行人事中庶……臣賀昧死……/[皇]帝陛下/……康四年……(M1:499·48 號)⑩

這兩塊奏牘清楚記載了劉賀派遣中庶子"饒居"參與元康四年(前 62)的"秋請",并爲秋請

① 王意樂、李文歡:《海昏奏牘初讀》,337 頁。
② 《漢書》卷六三《武五子傳》,2769 頁。
③ 王意樂、李文歡:《海昏奏牘初讀》,336 頁。
④ 王意樂、李文歡:《海昏奏牘初讀》,336-338 頁。
⑤ 王意樂、李文歡:《海昏奏牘初讀》,328 頁。
⑥ 王意樂、李文歡:《海昏奏牘初讀》,331 頁。
⑦ 王意樂、李文歡:《海昏奏牘初讀》,331 頁。
⑧ 王意樂、李文歡:《海昏奏牘初讀》,327 頁。
⑨ 王意樂、李文歡:《海昏奏牘初讀》,327 頁。
⑩ 王意樂、李文歡:《海昏奏牘初讀》,331 頁。

飲酎獻上“黄金□□兩”。如果漢宣帝不允許劉賀派人參與秋請,那麽劉賀不太可能從元康三年到元康五年,連續三年不斷派人請求朝請,這顯然會激怒皇帝。

墓中書有“南藩海昏侯臣賀元康三年酎金一斤”的金餅,并不能證明劉賀的酎金被退回,因爲劉賀所獻酎金定然不止一斤。《漢律·金布令》曰:“率千口奉金四兩,奇不滿千口至五百口亦四兩。”[①]劉賀封爲海昏侯,“食邑四千户”[②],“如果每户爲五人,則總共兩萬人,每年需要酎金八十兩,漢代一斤爲十六兩,也就是每年酎金五斤,合五塊金餅”[③]。墓中衹留下一塊“元康三年”的金餅,恰説明這可能衹是多餘的一塊,其他已經上獻給皇帝。劉賀墓中共發現400枚左右金餅,如果漢宣帝在元康三年(前63)便不讓其朝獻,那麽劉賀準備如此之多的酎金并不合情理。更可能的情況,因劉賀被允許派人參與朝請,所以他必須持續地準備。漢代常有因酎金成色、重量不足而被奪爵者。漢宣帝時,朝節侯義“坐酎金少四兩免”[④],劉賀有鑒於此,準備了大量的酎金,惜於神爵三年(前59)去世,許多金餅并没有用上。

王意樂先生提到的“以詔書不上”奏牘,以及海昏墓中没有發現晚於元康五年二月的奏牘,也無法構成證據。“以詔書不上”木牘漫漶嚴重,僅從這五字很難斷定其具體含義。墓中共發現58塊木牘,可以辨别出文字的衹有34版,這34版中多數殘缺嚴重,很難判斷其全文内容,雖然目前没有發現晚於元康五年二月的奏牘,但并不能完全否定這種可能性。劉賀於神爵三年九月去世,距離元康五年衹有差不多三年時間,殘損的24塊木牘及34塊漫漶嚴重的木牘,作於這三年的可能性并不能排除。

從這個角度看,劉賀在被貶爲海昏侯後,雖然地理和政治處境都較爲惡劣,但他及夫人與皇帝、皇太后有一定的文書往來,至少每年的朝獻是被允許的,奏牘中“謁者幸賜”“以嘉其”等隻言片語,可能就透露了皇帝對其殷勤朝請的嘉獎。

二 《海昏侯國除詔書》“國前上當爲後者”考論

楊博先生將廢除海昏侯國的詔書命名爲《海昏侯國除詔書》(下文簡稱《國除詔書》)。書寫詔書的木牘背後有序號,目前可知至少有25版。其内容分爲五個部分:第一部分爲1-6號木牘,所記爲參與廢除事件官員的職名;第二部分爲7-15號木牘,所記爲豫章太守廖的奏文;第三部分爲15號木牘左列,所記爲漢宣帝對豫章太守奏文的批示語;第四部分爲僅存殘片的16-22號木牘,爲丞相等官員的奏文;第五部分爲“廿四”木牘和“侯家”木牘,爲詔書

---

① 《續漢書》志四《禮儀志上》劉昭注引,北京:中華書局,1965,3104頁。
② 《漢書》卷六三《武五子傳》,2769頁。
③ 王意樂、李文歡:《海昏奏牘初讀》,337頁。
④ 《漢書》卷一五上《王子侯表上》,445頁。

行下之辭。皇帝對丞相等官員議奏的批示語目前還未見到。[①]

《國除詔書》中豫章太守廖的奏文有"國前上當爲後者大鴻臚初上子充國"句,關於"前"字,楊博先生提出了兩種解釋方案:第一種,"前"是指在劉賀去世之前,大鴻臚曾相繼以劉充國和劉奉親爲劉賀之嗣子,但二人不幸皆在劉賀之前去世。楊博先生指出,這種解釋與《漢書》衝突,《漢書·武五子傳》曰:"海昏侯賀死,上當爲後者子充國;充國死,復上弟奉親;奉親復死,是天絶之也。"[②]《漢書》明言在劉賀去世之後,大鴻臚纔相繼選擇劉充國和劉奉親爲繼承人。因這種解釋的窒礙,楊博提出了第二種解釋,"前"也可以理解爲劉賀入葬之前,即在劉賀去世後、入葬前,豫章太守先後上奏以充國和奉親爲繼承人,但二人在短期内不幸去世。[③]

第二種解釋也存在較難釋通之處:其一,劉賀於神爵三年(前59)九月乙巳日(當月八日)去世,海昏侯墓木牘殘片中有"九月乙巳死"[④]字樣,另"廿四"木牘有"十月甲申豫章大守廖……"[⑤],"侯家"木牘有"十月丙戌海昏侯國守相宜春長千秋守丞建……"[⑥]。十月甲申爲當月十七日,丙戌爲十月十九日,也就是説,從劉賀九月乙巳去世,到十月丙戌《國除詔書》下達海昏侯國,時間衹有短短四十餘日。[⑦] 楊博解釋道:"劉賀死後,因事關重大,豫章太守廖按制上書大鴻臚建議襲爵人選(當然人選的確立需要海昏侯宗家同意,亦不排除劉賀臨終指定的可能),建議由劉充國襲爵,書未至,充國死,又上奉親,奉親復死……這四十天中廖可能向長安發送了三封文書,最後的除國奏議是第三封。"[⑧]這种解釋似有情理難通之處:其一,父子三人相繼在四十餘天内去世,頗爲巧合。楊博先生提到,這可能與"數水旱,多災害"這種惡劣的氣候環境有關。[⑨] 南方卑濕的環境固然會影響人的健康,但似難以説明三人爲何在四十餘天如此巧合地相繼去世,且如果因氣候環境已致劉充國和劉奉親病入膏肓,二人爲何會相繼被立爲嗣子? 這是值得思考的。其二,短短時間内,要從偏遠的豫章向長安傳遞三封文書,似是較難完成的任務,海昏侯墓所出劉賀及其妻子的奏牘可作爲佐證。第46和56號奏牘分别記録了從海昏侯國上奏到文書返回的時間,第46號奏牘爲元康三年十月庚辰上,返回時間爲元康四年二月,第56號奏牘爲元康四年六月□未上,返回時間爲元康四年九月,[⑩]兩封奏書來回均花費了近三個月。當然,楊博先生對這三封文書的快速傳遞有一解釋,他依

① 楊博:《〈海昏侯國除詔書〉初探》,308-312頁。
② 《漢書》卷六三《武五子傳》,2770頁。
③ 楊博:《〈海昏侯國除詔書〉初探》,313-321頁。
④ 楊博:《〈海昏侯國除詔書〉初探》,311頁。
⑤ 楊博:《〈海昏侯國除詔書〉初探》,308頁。
⑥ 楊博:《〈海昏侯國除詔書〉初探》,307頁。
⑦ 楊博:《〈海昏侯國除詔書〉初探》,318頁。
⑧ 楊博:《〈海昏侯國除詔書〉初探》,320頁。
⑨ 楊博:《〈海昏侯國除詔書〉初探》,320頁。
⑩ 王意樂、李文歡:《海昏奏牘初讀》,339-340頁。

據王子今先生對漢代“乘七乘傳”的研究,[①]認爲在劉賀及其二子相繼去世這種“急變”情況下,相比普通的章奏,“上急變”之章奏速度要更快。[②] 這種説法有一定的道理,但“乘七乘傳”是史籍所見最高的交通等級,漢昭帝去世後,劉賀曾“乘七乘傳詣長安邸”[③],這屬關乎皇帝即位的非常之事,規格自然極高。劉賀去世及其海昏侯國的廢立問題,自然不能與前者相比,其文書傳遞速度相對要慢一些,且文書經官員和皇帝的處理要費一些時日,四十餘天能否快速傳遞三封文書,依據目前的證據似難確定。

其二,正如楊博先生所言,漢代諸侯王與列侯有臨終前選定繼承人的制度,史籍中此類例子不勝枚舉。如《漢書・韋玄成傳》:“初,玄成兄弘爲太常丞,職奉宗廟,典諸陵邑,煩劇多罪過。父賢以弘當爲嗣,故敕令自免。弘懷謙,不去官。及賢病篤,弘竟坐宗廟事繫獄,罪未決。室家問賢當爲後者,賢恚恨不肯言。於是賢門下生博士義倩等與宗家計議,共矯賢令,使家丞上書言大行,以大河都尉玄成爲後。”[④]韋弘和韋玄成均在其父韋賢去世之前便被立爲後,這些嫡子在前任列侯去世後便可自動繼承爵位,無需再向大鴻臚上書請立後嗣。[⑤]那麽,該如何理解“國前上當爲後者”這句話呢?

楊博先生已指出將“前”理解爲劉賀去世前的幾條有利證據:其一,海昏侯墓園 M5 的墓主人爲劉充國,其墓中出土了兩枚馬蹄金。據《漢書・武帝紀》,漢代僅在漢武帝太始二年(前 95)因獲白麟和天馬而鑄造過麟趾金和馬蹄金,[⑥]劉充國墓中的馬蹄金衹可能源於太始二年的朝廷賜金。如果劉賀在劉充國前去世,那麽類似馬蹄金這樣的王侯級物品,應都葬在劉賀墓中,不太可能出現在劉充國墓中,可見劉充國在劉賀入葬前去世的可能性很大;[⑦]其二,《國除詔書》豫章太守廖的奏文有“賀常與諸妻子飲酒……無恐懼之心,陛下仁恩不忍加誅,削邑户三千,賀不悔過,毋須臾間自責,妻子死未葬,常飲酒醉……”[⑧]此文提到“妻子死未葬”,妻應就是指“待”,而子很有可能是指劉充國和劉奉親,二人皆於劉賀生前便已去世。[⑨]

如此,該解釋的唯一障礙便是《漢書・武五子傳》“海昏侯賀死,上當爲後者子充國”的記載,與將“國前上當爲後者”的“前”理解爲劉賀去世前的矛盾。解決問題的關鍵,在於《武五子傳》所存太守廖奏文是否爲文書的原始形態。我們可以將《國除詔書》豫章太守廖奏書

---

① 王子今:《劉賀昌邑——長安行程考》,《南都學壇(人文社會科學學報)》2018 年第 1 期。

② 楊博:《〈海昏侯國除詔書〉初探》,320-321 頁。

③ 《漢書》卷六三《武五子傳》,2764 頁。

④ 《漢書》卷七三《韋玄成傳》,3108 頁。

⑤ 楊博:《〈海昏侯國除詔書〉初探》,315-316 頁。

⑥ 《漢書》卷六《武帝紀》:“詔曰:‘有司議曰,往者朕郊見上帝,西登隴首,獲白麟以饋宗廟,渥洼水出天馬,泰山見黄金,宜改故名。今更黄金爲麟趾褭蹏以協瑞焉。’因以班賜諸侯王。”(206 頁)

⑦ 楊博:《〈海昏侯國除詔書〉初探》,313-315 頁。

⑧ 楊博:《〈海昏侯國除詔書〉初探》,318 頁。

⑨ 楊博:《〈海昏侯國除詔書〉初探》,319 頁。

和《漢書·武五子傳》所記作一對比,參見表1:

表1 《海昏侯國除詔書》與《漢書》所載豫章太守廖奏書文本比對表

《海昏侯國除詔書》中 豫章太守廖奏文	《漢書·武五子傳》載 豫章太守廖奏文
暴亂廢絶之人不宜爲大祖 陛下恩德宜獨施於賀身而已不[當嗣後賀……](M1:1506-4、牘背"十一") 數水旱多災害國前上當爲後者大鴻臚初上子充₌國₌疾死復上 子奉₌親₌復疾死是天絶之也傳曰義主於仁而制仁者義也故(M1:1506-3、牘背"十二")① 賀常與諸妻子飲酒……無恐懼之心,陛下仁恩不忍加誅,削邑户三千,賀不悔過,毋須臾間自責,妻子死未葬,常飲酒醉……(未知木牘序號)②	豫章太守廖奏言:"舜封象於有鼻,死不爲置後,以爲暴亂之人不宜爲太祖。海昏侯賀死,上當爲後者子充國;充國死,復上弟奉親;奉親復死,是天絶之也。陛下聖仁,於賀甚厚,雖舜於象無以加也。宜以禮絶賀,以奉天意。願下有司議。"議皆以爲不宜爲立嗣,國除。③

從上表可看出,《國除詔書》所記奏書的内容更多,《漢書》則較爲簡短。按照漢代公文書的製作和頒布流程,皇帝詔書在擬定之後,正本存於中央檔案庫和丞相、御史大夫等官府,在向全國下達的過程中,各級官府會複製出數目龐大的副本。在正本和副本間,詔書的正文并没有差别,衹有行下之辭存在差異。《國除詔書》爲中央向海昏侯國頒布的詔書,其詔書正文内容與保存於中央官府的廢除海昏侯國詔書,并不會存在顯著差異。楊博先生指出,《國除詔書》所見廖的奏文與《武五子傳》所記基本相同,可見班固撰作《漢書》可以參閲中央秘藏檔案,也可以見到這封詔書,④這無疑是正確的。但爲什麽《漢書》所記與《國除詔書》存在較大的文本差異?

如果理解班固對文書選擇性存録的特點,便可知《漢書》所記僅爲廢除海昏侯國詔書的節録本。班固在撰作《漢書》時,對其采摭的文書檔案做過大量的删削和改造工作,筆者曾有

① 楊博:《〈海昏侯國除詔書〉初探》,310頁。
② 楊博:《〈海昏侯國除詔書〉初探》,318頁。
③ 《漢書》卷六三《武五子傳》,2770頁。
④ 楊博:《〈海昏侯國除詔書〉初探》,322頁。

專文討論這一問題。[①] 張俊民先生在比對懸泉漢簡詔書和《漢書》後，也指出了這一問題。[②]在《史記》《漢書》等史籍中，我們可以發現大量的例證。如漢哀帝大赦改元制書，在《漢書》的《哀帝紀》和《李尋傳》均有記載，參見表 2：

表 2　哀帝大赦改元制書對比表

《漢書・哀帝紀》	《漢書・李尋傳》
漢興二百載，曆數開元。皇天降非材之佑，漢國再獲受命之符，朕之不德，曷敢不通！夫基事之元命，必與天下自新，其大赦天下。以建平二年爲太初元將元年。號曰陳聖劉太平皇帝。漏刻以百二十爲度。[③]	蓋聞《尚書》"五曰考終命"，言大運壹終，更紀天元人元，考文正理，推曆定紀，數如甲子也。朕以眇身入繼太祖，承皇天，總百僚，子元元，未有應天心之效。即位出入三年，災變數降，日月失度，星辰錯謬，高下貿易，大異連仍，盜賊并起，朕甚懼焉，戰戰兢兢，唯恐陵夷。惟漢興至今二百載，曆紀開元，皇天降非材之右，漢國再獲受命之符，朕之不德，曷敢不通夫受天之元命，必與天下自新。其大赦天下，以建平二年爲太初（元將）元年，號曰陳聖劉太平皇帝。漏刻以百二十爲度。布告天下，使明知之。[④]

將兩者的文本進行對比可知，《哀帝紀》衹節略了此封制書的後半部分，前文所引《尚書》以及對改元原因的敘述則被刪削掉。此類例子較多，如漢哀帝隨後發布的"蠲除改元制書"[⑤]，《哀帝紀》相較《李尋傳》刪略了不少內容。漢宣帝誅殺霍禹等人的制書，《漢書・宣帝紀》和《霍光傳》所記略有不同，班固在兩篇紀傳中分別節選而存録，《宣帝紀》强調霍氏謀反之罪及誅殺霍氏家族之事，而《霍光傳》更偏向於記録史高等人滅霍氏的功勞。[⑥]

再回頭看《國除詔書》和《漢書》的兩篇奏書，班固刪削的痕迹是較爲明顯的。如《漢書》"以爲暴亂之人不宜爲太祖"的"以爲"，在文中非常突兀，這應是班固添加的。他將《國除詔書》第 11 號木牘的"陛下恩德宜獨施于賀身而已不[當嗣後賀……]"和第 12 號木牘的"數

---

① 參見余建平《兩漢史書對章表奏議文本的刪削與改造》，袁行霈主編《國學研究》第 43 卷，北京大學出版社，2020，211–225 頁。

② 張俊民：《懸泉漢簡與班固〈漢書〉所引詔書文字的異同》，《文獻》2013 年第 2 期。

③ 《漢書》卷一一《哀帝紀》，340 頁。

④ 《漢書》卷七五《李尋傳》，3193 頁。

⑤ 《漢書》卷一一《哀帝紀》，340 頁。

⑥ 《漢書》卷八《宣帝紀》，251 頁；《漢書》卷六八《霍光傳》，2957 頁。

水旱多災害”悉數删去,而將“暴亂之人不宜爲太祖”和“海昏侯賀死”徑直連在一起。另外,丞相等官員關於是否廢除海昏侯國的議論,也被班固删減爲“議皆以爲不宜爲立嗣,國除”,而在《國除詔書》中,還留存“今賀淫”“天子少”“列土封”“九月乙巳死”“葬謹議”等文字。[①]

因此,《漢書·武五子傳》所記“海昏侯賀死,上當爲後者子充國”,并不是豫章太守廖奏書的原始文本形態,不能據此而將《國除詔書》中“國前上當爲後者”的“前”理解爲劉賀入葬前。這句話應是指劉賀去世前,劉充國和劉奉親曾相繼被立爲嗣子。[②] 因二人先後過世,所以到劉賀去世時,豫章太守廖便上奏書,認爲劉賀嗣子相繼去世,是“天絶之也”[③],海昏國最終被廢除。

結語

海昏侯墓的文書檔案爲我們提供了豐富的歷史信息:其一,是漢代的上章體式規定,以及漢代詔書的制定和下達流程,如上章應“需頭”、稱“官職+臣(妾)+名”及“昧死再拜上書”,詔書的制定包括大臣上奏、群臣討論、皇帝批準等流程。楊博先生稱《海昏侯國除詔書》是繼居延簡《元始三年詔書》《元康五年詔書》之後第三件較爲完整的漢代詔書實物,[④]并非虚言。

其二,由這批文書,我們可以大致勾勒出劉賀的晚年處境。劉賀於元康三年被封爲海昏侯,這一次被貶可能讓劉賀内心充滿恐慌和焦慮。數年之内,他和夫人頻繁派遣行人向漢宣帝和上官太后上章,一方面當然與諸侯的朝請有關,另一方面未嘗不是通過這種方式與皇帝、太后聯絡感情,尤其是夫人待給太后的上章,目前可見者起碼有 6 封,這種夫人間的交往,有時更能起到效果。但數年後,劉賀遭受了一重大打擊,揚州刺史柯“奏賀與故太守卒史

---

① 楊博:《〈海昏侯國除詔書〉初探》,311 頁。

② 匿名審稿專家指出,《漢書·武五子傳》所載奏文爲豫章太守一人所上,而海昏侯墓《國除詔書》的起首處有公卿百官的署名,此篇詔書的“奏文”部分雖與豫章太守所上奏文有極大關係,但不會是其本文,而是朝廷在收到太守廖的奏書後,召集公卿會議而擬定的“奏文”,該“奏文”有可能會對太守廖的奏書進行引述、化用和昇華。“引述”的可能性是存在的,如《史記·三王世家》所記“群臣請立皇子爲諸侯王”之事,霍去病上奏書請立漢武帝三子爲王,武帝令下公卿會議,公卿會議形成的奏書便完整引述了霍去病的奏書,這應是當時標準的文書流程。從文書的運行程序看,公卿會議所形成的奏書,要麽原本引述初奏者的奏文,如《三王世家》所記,要麽爲了簡便,節録初奏者的奏文,但在初奏者奏文的基礎上再增添文字的可能性不大,一方面是無必要,另一方面會較大地改變初奏者奏書的文意,并不利於皇帝知曉初奏者之意。我們再回到《國除詔書》和《武五子傳》的兩篇奏文,從前文表 1 的比對看,《國除詔書》中的“奏文”相比《武五子傳》,多出“陛下恩德宜獨施於賀身而已不[當嗣後賀……]”“數水旱多災害”“傳曰義主於仁而制仁者義也故”等句,前者比後者要更爲複雜,因此不太可能是《國除詔書》的奏文“化用”或“昇華”了太守廖的奏文,而造成兩者出現較大的文本差異。這種情況最爲合理的解釋,是《武五子傳》所記奏文并不是豫章太守廖奏書的原本,而是班固所存的一個節録本。

③ 楊博:《〈海昏侯國除詔書〉初探》,310 頁。

④ 楊博:《〈海昏侯國除詔書〉初探》,307 頁。

孫萬世交通……有司案驗,請逮捕”[①],漢宣帝雖然没有將劉賀逮捕,但“削户三千”[②],衹給劉賀保留了一千户食邑。這一次打擊必然是巨大的,更爲不幸的是,他的妻子待和嗣子劉充國和劉奉親相繼去世,豫章太守廖稱劉賀在妻子去世後,“常飲酒醉”[③],這未嘗不是一種緩解痛楚的方式。不久,劉賀便鬱鬱而終,其海昏侯國也被以“天絶之也”的理由除去。

附記 本文蒙匿名審稿專家提示寶貴意見,謹致謝忱!

① 《漢書》卷六三《武五子傳》,2769 頁。
② 《漢書》卷六三《武五子傳》,2770 頁。
③ 楊博:《〈海昏侯國除詔書〉初探》,318 頁。

居延新簡 EPT57：108“候史廣德行罰檄”辨名 *

□ 華東政法大學法律古籍整理研究所 鄔勖

内容提要 居延新簡 EPT57:108 之定名爲“檄”,自發掘者以來已成通説,然而在器形和文字内容兩方面,該器都與“檄”的特徵不相符合。冨谷至先生關於它具有公示信息的功能的看法是正確的。韓國慶山“木簡”與該器形制、尺寸俱近,應爲同類器物。這類木質、桿形、下端刻有用於固定安裝的凹槽的書寫材料或即文獻中的“桀”“楬”,是專門的公示器具,使用時呈豎直形態設立於相關場所。該器用於在督杖執行現場公示處罰内容和事由,功能類似後世的犯由牌。對於源遠流長而記載零碎的古代處罰公示器具演變史來説,該器不啻爲一件彌足珍貴的早期實物標本。

關鍵詞 行罰檄 公示 桀 楬

1973–1974 年出土於額濟納河破城子(漢代甲渠候官遺址)的 EPT57:108 是一件正反兩面書寫的桿形木器,據居延漢簡整理小組的描述,它“以樹枝削成,長 82 釐米,直徑粗的一頭 3.1 釐米,細的一頭 1.5 釐米。上端寫字的部位削平二面,兩側未加工。下端圓柱形,刻有三個槽。未加工部分的樹皮,已大部脱落。”①徐元邦、曹延尊先生又指出其“頂端徑 1.5 釐米,底端徑即樹枝的粗,爲 3.1 釐米。在距底端約 3 釐米處往上刻有凹槽三道。”②可見它集超長的尺度、③極爲粗陋草率的整治、下端的三個凹槽等罕見特徵於一身,其特異的形制在迄今所見的簡牘材料中幾成孤例。

---

* 本文的寫作受到國家社會科學基金重大項目“甲、金、簡牘法制史料彙纂通考及數據庫建設”的支持,項目批准號:20&ZD180。

① 甘肅居延簡整理小組:《居延漢簡“候史廣德坐罪行罰檄”》,《文物》1979 年第 1 期。

② 徐元邦、曹延尊:《居延出土的“候史廣德坐不循行部”檄》,《考古》1979 年第 2 期。

③ 賈麗英指出該器是“東亞漢字文化圈中出土的最長的簡”。參見賈麗英《韓國木簡〈論語〉觚考論》,《鄭州大學學報(哲學社會科學版)》2020 年第 4 期。

該器正反兩面的全形照片，已在徐元邦、曹延尊文和 1994 年出版的《居延新簡：甲渠候官》一書中發表。① 其正面以大字書寫，列舉了候史廣德的各項過錯行爲，及因此應受的處罰：

候史廣德坐不循行部、塗亭、趣具諸當所具者，各如府都吏舉。部糒不畢，又省官檄書不會＝日。督五十。②

其反面以小字分欄書寫，詳述了廣德“所轄第十三燧至十八燧戍務敗敝的事實。”③根據共存簡的紀年和“候史廣德”的相關簡文，發掘者指出該器年代在“元康年間”，④居延新簡整理者進一步推斷爲“元康三年以前”，⑤李振宏、孫英民先生則考訂其人爲“張廣德”，於元康二年任候史。⑥《中國簡牘集成》和馬智全先生又引王先謙等學者的考證，詳盡地注解了“督”，指出它與“殺”相通，在漢代至南朝時是一種較“笞”更輕微的杖罰。⑦

根據器形和文字，發掘者和居延新簡整理者將該器命名爲“候史廣德坐罪行罰檄”，⑧李均明先生并以此器爲準，在“檄”文書中專門分出“行罰檄”一類，⑨此後未見對其名稱的實質異議，惟永田英正和冨谷至先生認爲該“檄”可能曾充爲“督五十”的行罰器具之用，⑩韓華先生則將它劃分爲“檄式封檢”。⑪ 這些觀點可視爲在定名爲“檄”的基礎上，對其功能和用法所作的拓展認識。

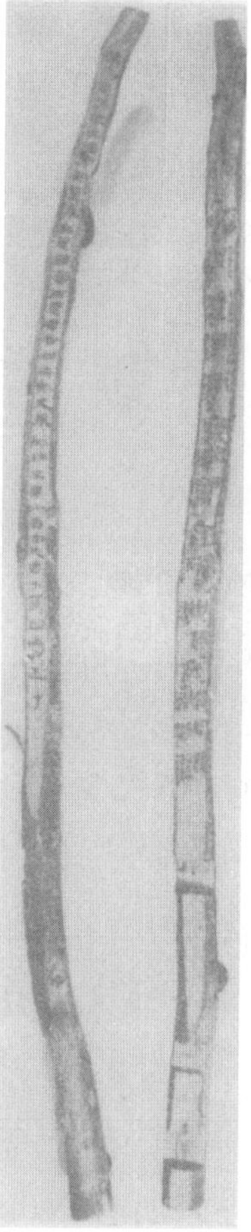

EPT57:108 全形照片（徐元邦、曹延尊文附圖）

然而，冨谷至先生又闡發過另外一種關於該器功能的觀點，認爲它

① 參見甘肅省文物考古研究所、甘肅省博物館、中國文物研究所、中國社會科學院歷史研究所編《居延新簡：甲渠候官》，北京：中華書局，1994，下册，328－329 頁。
② 釋文及其標點主要依據徐元邦、曹延尊文。參見徐元邦、曹延尊《居延出土的“候史廣德坐不循行部”檄》。
③ 甘肅居延簡整理小組：《居延漢簡“候史廣德坐罪行罰檄”》。
④ 甘肅居延考古隊：《居延漢代遺址的發掘和新出土的簡册文物》，《文物》1978 年第 1 期。
⑤ 甘肅居延簡整理小組：《居延漢簡“候史廣德坐罪行罰檄”》。
⑥ 參見李振宏、孫英民《居延漢簡人名編年》，北京：中國社會科學出版社，1997，51 頁。
⑦ 參見中國簡牘集成編委會編《中國簡牘集成》，蘭州：敦煌文藝出版社，2001，第 11 册，91 頁。馬智全：《居延新簡集釋（四）》，蘭州：甘肅文化出版社，2016，503 頁。
⑧ 參見甘肅居延考古隊《居延漢代遺址的發掘和新出土的簡册文物》。
⑨ 參見李均明《秦漢簡牘文書分類輯解》，北京：文物出版社，2009，106 頁。
⑩ 參見［日］永田英正《候史廣德坐罪行罰檄考》，李學勤主編《簡帛研究》第 1 輯，北京：法律出版社，1993，188 頁；［日］冨谷至著，朱騰譯《笞杖的變遷——從漢的督笞至唐的笞杖刑》，周東平、朱騰主編《法律史譯評》，北京大學出版社，2013，53 頁。
⑪ 韓華：《肩水金關遺址所出封檢及相關問題考證》，《地方文化研究》2019 年第 4 期。

是“將信息公布於衆的公告札。换言之,這種檄是爲了讓大家都能看到而在大庭廣衆之下進行公布的”。[①] 本文贊同該器具有公示功能的看法,但認爲它完全無關於“檄”,也并未用作督杖,而是一件爲公示廣德的處罰而專門製作的器具。以下即嘗試重新分析該器的形制和内容,并在處罰公示器具演變的歷史視角下,結合同類器物的情况,對該器作出再認識。

一　非“檄”之辨

發掘者和漢簡整理者雖未具體闡釋將該器認定爲“檄”的緣由,但立足於當時的簡牘文書研究狀况來看,如下兩方面可能是將該器與“檄”聯繫起來的鏈條:首先,該器形制似觚,至有逕稱之爲觚者,[②]而簡牘中多見觚式檄(爲求方便如此稱呼),即書於觚上的“檄”[③];再者,該器文字中有“檄”字,内容則似乎與幾種涉及“罰”而自名爲“檄”的文書相似,如居延漢簡224·15+55·13+224·14云:“方議罰,檄到,各相與邸校”,[④]又336·20+336·38云:“記到,行罰”,[⑤]其“記”字在《居延漢簡甲乙編》中釋爲“檄”。[⑥] 然而在仔細分析之下,則知該器其實并未表現出與“檄”相符的特徵,甚至還有根本抵觸之處,條説如下。

(一)文字并未自名爲“檄”

該器的“又省官檄書不會會日”一句雖出現了“檄”字,但并不具有自名性質。秦漢法律中的“會”指按照規定的時間和地點爲規定的行爲,[⑦]“官”則可根據受罰者的“候史”之職推知爲其所隸屬的上級機關“候官”,因此該句意爲:廣德察看甲渠候官發出的某件檄書後,未按該檄書指定的時間和地點完成指定的行爲,這是與“不循行部、塗亭、趣具諸當所具者”和“部糒不畢”并列的一項受罰事由。該器文字既未以“檄到”等詞自我標明名稱,[⑧]更未像長

---

① [日]冨谷至著,劉恒武、孔李波譯:《文書行政的漢帝國》,南京:江蘇人民出版社,2013,81頁。

② 甘肅省文物考古研究所編,薛英群、何雙全、李永良注:《居延新簡釋粹》,蘭州大學出版社,1988,124頁。馬怡、張榮强主編:《居延新簡釋校》,天津古籍出版社,2013,543頁。

③ 李均明指出:“簡牘所見‘檄’不僅書於多面觚上,又有‘板檄’與‘合檄’的稱謂。”也有將觚與檄更加直接地聯繫起來的觀點,如魯惟一解釋“檄”爲:“它基本上是單獨一枚形狀特别的簡牘,用於滿足快速聯絡或向衆多受信人通報信息的需要。”又如冨谷至等學者解釋“檄”爲:“書於斷面呈多邊形的棒上的文書”;“多面體,長度不統一,但相對而言又長又大。‘檄’既有多面體的木簡材料、形狀之意,又有多面性的文書種類之意,兩種用法見於居延漢簡等。”參見李均明《秦漢簡牘文書分類輯解》,108頁;[英]魯惟一(Michael Loewe)著,于振波、車今花譯《漢代行政記録》,桂林:廣西師範大學出版社,2005,33頁;京都大學人文科學研究所簡牘研究班編《漢簡語彙》,東京:岩波書店,2015,123頁;[日]冨谷至編,張西艷譯:《漢簡語彙考證》,上海:中西書局,2018,16頁。

④ 簡牘整理小組編:《居延漢簡(壹)》,臺北:“中研院”歷史語言研究所,2014,176頁。

⑤ 簡牘整理小組編:《居延漢簡(肆)》,臺北:“中研院”歷史語言研究所,2017,36頁。

⑥ 參見謝桂華、李均明、朱國炤《居延漢簡釋文合校》,北京:文物出版社,1987,529頁。

⑦ 參見朱紅林《〈嶽麓書院藏秦簡(肆)〉補注(二)》,武漢大學簡帛研究中心主編《簡帛》第15輯,上海古籍出版社,2017,390頁。

⑧ 李均明、劉軍指出,簡牘書檄類文件多在正文中以“記到”“檄到”“書到”等詞自我標明名稱。參見李均明、劉軍《簡牘文書學》,桂林:廣西教育出版社,1999,180頁。今案,同類的詞還有“符到”(EPF22:475)和“勑到”(樓蘭沙木769)等。

沙五一廣場漢簡的合檄那樣直接在題署中載明"合檄一封"。[①]

(二)文字未體現檄文書的"動態性"

"檄"的確切涵義雖然歷來異説紛紜,但秦漢簡牘所見的檄文書却具有一個顯著的基本共性,即冨谷至所歸納的"動態性"[②]。文書的"動態性"可通過收件人或發件人的題署,"起到"時地等信息,以及"謂""下""告""敢告""移""白""敢言之"等告謂用語體現出來,而這些在該器文字中全無反映。永田英正先生認爲"又省官檄書不會會日"表明它"是由候史廣德的上司甲渠候官下發的",[③]上文已辨該句并非此意;《居延新簡釋粹》認爲該器文字是"對候史廣德處罰的通報",[④]張俊民先生説它"類似於現代的通報批評……由甲渠候官製作或發出",[⑤]同樣無法在文中找到内證。李均明先生將它理解爲"行罰檄之局部,未見行下文文首",[⑥]但觀察全形照片可知該器并無明顯缺損,其文字在削平面頂格書寫,下有留白,顯然其首尾均無脱文,因此它原有行下文的可能性也是不大的。該器文字既不具有"動態性",則不應屬於檄文書。

(三)形式不同於觚和觚式檄

如上所述,將該器認定爲"檄"的觀點應該是將它視爲書於觚上的觚式檄,但從以下兩方面來看,該器與觚和觚式檄也是存在本質差異的。

首先,該器的書寫方式與觚不同。吴然先生曾基於傳世文獻記載和出土實物,歸納觚應具備"有三個或三個以上的書寫面"和"寫有文字的書寫面須相鄰"等特徵。[⑦] 我們可進一步指出,觚的書寫方式是對簡册的書寫和編聯的模擬,其每個書寫面即相當於一枚簡牘,各書寫面必定按順時針方向依次接續,以符合簡牘編册自右向左的書寫、編聯次序。而該器衹在樹枝上削出正反兩面,側面不削不書,與觚判然有别。吴然先生將該器列入"疑似觚的材料",[⑧]是較爲穩妥的作法,賈麗英先生則直指其非觚,[⑨]更是準確的。

再者,該器的形制也明顯區别於觚和觚式檄。縱覽簡牘材料,凡保存較好的觚和觚式檄實物,都可看出經過精致的整治,呈現出規整的幾何外觀。此外,觚式檄還具有明顯的功能分區的形制特徵,以保存完好的觚式檄標本 EPF22:151 爲例,它分爲上下兩個部分,上部削

---

① "合檄一封"的自名性質,參見何佳、黄樸華《試探東漢"合檄"簡》,長沙市文物考古研究所等編《長沙五一廣場東漢簡選釋·研究編》,上海:中西書局,2015,314-324 頁。

② "動態"指"具有移動、遞送這一特徵","静態"則指"保存在官署中不送往其他官署之物",參見[日]冨谷至著,張西艷譯《漢簡語彙考證》,24-26 頁。

③ [日]永田英正:《候史廣德坐罪行罰檄考》,李學勤主編《簡帛研究》第 1 輯,178 頁。

④ 甘肅省文物考古研究所編,薛英群、何雙全、李永良注:《居延新簡釋粹》,前言 18 頁。

⑤ 張俊民:《"部"與"候長"論略》,《西北史地》1988 年第 4 期。

⑥ 參見李均明《秦漢簡牘文書分類輯解》,北京:文物出版社,2009,106 頁。

⑦ 吴然:《漢代簡牘中的觚》,首都師範大學碩士學位論文,2013,4-5 頁。

⑧ 吴然:《漢代簡牘中的觚》,53 頁。

⑨ 參見賈麗英《韓國木簡〈論語〉觚考論》。

出一面題署收件人和遞送方式等信息，其下刻出一個封泥槽，這部分相當於普通文書的"檢署"；下部則視需要削出多面書寫正文，這部分相當於普通文書的"編册"。相比之下，EPT57:108 極爲粗糙，外形不規整，多處保留樹枝的原貌，没有收件人和遞送方式的題署，三個凹槽都在下部而非上部，顯然不存在"檢署區"和"編册區"的劃分。可以説，觚式檄應具備的幾個形制特徵，該器一無所有。

二　功能類型的分析

如上所述，冨谷至先生已提出 EPT57:108 具有公示廣德所受處罰的功能，他一方面認爲該器是"將信息公布於衆的公告札"，①另一方面又認爲該器被用作處罰廣德的督杖，"在督杖上又記載着譴責的内容，目睹廣德所受之譴責的衆人遂將意識到綱紀之肅正。"②由於公之於衆是中國古代處罰執行的一般原則，處罰公示器具的使用幾乎貫穿整個古代史，因此我們不妨在這類器具的大範疇下，觀察該器是否能符合這類器具的特徵，若是，則又屬於這類器具的何種類型。

（一）古代處罰公示器具的基本情況

清末學者沈家本曾較系統地考證過古代的處罰公示器具，③陳光中、沈國鋒、宋傑先生則在研究古代死刑公開執行制度時討論了死刑公示器具，④其中宋傑已將漢代的相關材料搜羅無遺。以下即以上述三種成果爲基礎，稍稍補充材料，重新分門别類，將歷史上的處罰公示器具梳理爲以下兩大類。

第一大類是以械具兼充的處罰公示器具。這包括先秦的"明梏"，北周的"書拲"，宋代的"校"，明代的"長板"和清代的"枷"。"明梏"見《周禮・秋官・掌囚》："及刑殺，告刑於王，奉而適朝，士加明梏，以適市而刑殺之"，鄭玄注："士，鄉士也。鄉士加明梏者，謂書其姓名及其罪於梏而著之也。囚時雖有無梏者，至於刑殺，皆設之，以適市就衆也。"⑤"書拲"見《隋書・刑法志》引北周《大律》："凡死罪枷而拲……獄成將殺者，書其姓名及其罪於拲，而殺之市。"⑥案《説文・木部》："梏，手械也"，⑦《手部》："拲，兩手同械也"，⑧又《掌囚》鄭玄

① ［日］冨谷至著，劉恒武、孔李波譯：《文書行政的漢帝國》，81 頁。

② ［日］冨谷至著，朱騰譯：《笞杖的變遷——從漢的督笞至唐的笞杖刑》，53 頁。

③ 參見沈家本《歷代刑法考》，徐世虹主編《沈家本全集》第 4 卷，北京：中國政法大學出版社，2010，31-67 頁。

④ 參見陳光中、沈國鋒《中國古代司法制度》，北京：群衆出版社，1984，169-172 頁；宋傑《漢代死刑中的"顯戮"》，《史學月刊》2012 年第 2 期。

⑤ 十三經注疏整理委員會整理：《周禮注疏》，北京大學出版社，2000，1124-1125 頁。

⑥ 《隋書》卷二五《刑法志》，北京：中華書局，1973，708 頁。

⑦ ［漢］許慎：《説文解字》卷六上，陳昌志刻本，北京：中華書局，1963，125 頁。

⑧ ［漢］許慎：《説文解字》卷一二上，陳昌志刻本，257 頁。

注:“鄭司農云:拲者,兩手共一木也……玄謂在手曰梏,在足曰桎。”[①]可見“明梏”和“書拲”都是在鉗制手部的木械上書寫姓名罪狀,故可在“適市就衆”時實現公示目的。又《武林舊事》載南宋元夕時在京尹官署前“列荷校囚數人,大書犯由云:某人爲不合搶撲釵環,挨搪婦女。”[②]所謂“校”即枷一類的木械。[③] 明代有“長板”,《三才圖會》描繪其形象,述其用途爲:“犯重罪者招成之後,以罪與名刻誌板上,而帶之頸。”[④]清代執行枷號刑時,有時也在枷上公示犯人姓名和處罰,在19世紀初出版的版畫集《中國酷刑》所描繪的枷號執行情景中,即可見枷上貼有兩道紙條,上書“□惡土豪混名插翅虎枷號三月”云云。[⑤]

第二大類是專門的處罰公示器具,按照使用方式又可分爲三個小類。

1.加於犯人背部的服刑公示或死刑執行公示

這包括先秦的“明刑”,漢代的“大方版”“版牘”“署帛”“書背”,元明以後的“斬條”“斬標”。“明刑”以版牘爲之,見《周禮・地官・司救》:“三罰而士加明刑”,鄭玄注:“加明刑者,去其冠飾,而書其衺惡之狀,著之背也。”[⑥]又《秋官・大司寇》:“凡害人者,寘之圜土而施職事焉,以明刑恥之”,鄭玄注:“明刑,書其罪惡於大方版,著其背。”[⑦]又《司圜》:“凡害人者,弗使冠飾而加明刑焉”,賈公彦疏:“云‘明刑’者,以版牘書其罪狀與姓名,著於背,表示於人,是明刑也。”[⑧]後世則以帛或直書於衣背爲之,如《後漢書・李杜列傳》載:“(甄)邵還至洛陽,變行塗遇之,使卒投車於溝中,笞捶亂下,大署帛於其背曰:‘諂貴賣友,貪官埋母。’”[⑨]又《漢書・賈山傳》載罪人“衣赭書其背”,[⑩]是城旦舂等罪人服刑時所適用的制度,而王先謙引清人沈欽韓曰:“書其罪於衣襠,今時猶然”,[⑪]參以圖像資料,《中國酷刑》描繪的發遣犯身着赭衣,衣襠部位書“發邊犯人一名德”,[⑫]可知沈説不誣。又有插桿連旗於背者,《明史・陸完列傳》載陸完被“反縛之竿,揭姓名於首,雜俘囚中”,[⑬]《萬曆野獲編》述其事云:“皆裸體反接,首插白旗”,[⑭]可知《陸完列傳》實當斷讀爲“反縛之,竿揭姓名於首。”這種在犯人面縛反

---

① 十三經注疏整理委員會整理:《周禮注疏》,1124頁。

② [宋]周密:《武林舊事》卷二,文淵閣《四庫全書》本,臺北:臺灣商務印書館,2008,第590册,194頁。

③ 參見沈家本《歷代刑法考》,徐世虹主編《沈家本全集》第4卷,37-38頁。

④ [明]王圻、王思義輯:《三才圖會》卷二〇《器用一二》,《續修四庫全書》影印上海圖書館藏明萬曆王思義校本,上海古籍出版社,1988,第1234册,473-474頁。

⑤ George Henry Mason, *The Punishments of China*. London: William Miller, 1801, NO.13.

⑥ 十三經注疏整理委員會整理:《周禮注疏》,420頁。

⑦ 十三經注疏整理委員會整理:《周禮注疏》,1062頁。

⑧ 十三經注疏整理委員會整理:《周禮注疏》,1122-1123頁。

⑨ 《後漢書》卷六三《李杜列傳》,北京:中華書局,1965,2091頁。

⑩ 《漢書》卷五一《賈鄒枚路傳》,北京:中華書局,1962,2335頁。

⑪ [漢]班固撰,[清]王先謙補注,上海師範大學古籍整理研究所整理:《漢書補注》,上海古籍出版社,2008,3798頁。

⑫ George Henry Mason, *The Punishments of China*. London: William Miller, 1801, NO.19.

⑬ 《明史》卷一八七《陸完列傳》,北京:中華書局,1974,4956頁。

⑭ [明]沈德符:《萬曆野獲編》,北京:中華書局,1959,32頁。

接的繩索中插以長桿,桿連白旗,從後背伸出於頭上的器具,在元明以後的俗語中稱爲“斬標”“斬條”,其形象見於《中國酷刑》描繪的梟首犯和斬首犯圖像中。[①] 沈家本云:“明梏之制,若今行刑者以紙書姓名及其罪縮於小桿,插犯人之背,曰‘斬條’以示衆是也。”[②]其以斬條解明梏似較牽强,但對斬條本身的描述却是可信的。不久之前仍時有使用的“亡命牌”,也應是斬條的孑遺。

2.“行刑之時”設立於死刑刑場的公示

中古以降的“犯由”“犯由榜”“犯由牌”屬此類。如《疑獄集》:“明日赴市就刑,見犯由上寫繫文節級殺妻事。”[③]又《癸辛雜識》别集卷下《王惟忠》:“甲寅十月二十五日,本寺出犯由榜云:勘到王惟忠頂冒補官……等罪。准省札奉聖旨:王惟忠處斬,仍傳檄西蜀。”[④]又《水滸傳》:“衆人仰面看那犯由牌,上寫道:江州府犯人一名宋江……”[⑤]明末劉君裕刻繪《水滸傳》版畫表現了可能源自現實生活的凌遲執行場景,[⑥]可見行刑軍人手執長柄大方牌,上書“凌遲反賊王慶”,應即犯由牌。黄裳藏明末《壬午平海圖》則是紀實性作品,其中“梟斬盜犯”一圖也出現了類似的器具。[⑦] 清代以後已少見犯由牌的使用。

3.“行刑之後”展示死刑犯屍首的公示

這一小類有先秦的“加木”“明竁”,漢代的“楬”“揭頭”“編書”“具獄”“牓”,明代的“幟”,清代的“榜示”。“加木”見《左傳·昭公二年》:“尸諸周氏之衢,加木焉”,杜預注:“書其罪於木,以加屍上。”[⑧]“明竁”見《周禮·秋官·司烜氏》:“邦若屋誅,則爲明竁焉”,鄭玄注:“明竁,若今揭頭明書其罪法也。”[⑨]所謂“揭頭”,沈家本已指出即《漢書·尹賞傳》之“楬”,[⑩]該傳載尹賞將處死的惡少年“瘞寺門桓東,楬著其姓名。”[⑪]“編書”見《諸葛豐傳》:“不待時而斷姦臣之首,縣於都市,編書其罪,使四方明知爲惡之罰”,[⑫]它或即簡牘中的“扁書”“大扁”,即懸於公共場所的諭衆文告。[⑬] “具獄”即全套案卷,其用於公示的記載見《何并

---

① George Henry Mason, *The Punishments of China*.London:William Miller,1801,NO.20,NO.22.

② 沈家本:《歷代刑法考》,徐世虹主編《沈家本全集》第4卷,54頁。

③ [五代]和凝、和㠓:《疑獄集》卷七,文淵閣《四庫全書》本,第729册,837頁。

④ [宋]周密:《癸辛雜識》别集卷下,文淵閣《四庫全書》本,第1040册,151頁。

⑤ [元]施耐庵撰,[明]李贄評:《李卓吾先生批評忠義水滸傳》卷四〇,明容與堂刻本,7頁。

⑥ 參見[加]卜正民(Timothy Brook)、[法]鞏濤(Jérôme Bourgon)、[加]格力高利·布魯(Gregory Blue)著,張光潤、樂凌、伍潔靜譯《殺千刀:中西視野下的凌遲處死》,北京:商務印書館,2013,73-75頁。

⑦ 參見黄裳《晚明的版畫(續)》,《讀書》1981年第2期。

⑧ 參見楊伯峻編著《春秋左傳注》,北京:中華書局,1981,1230頁。

⑨ 十三經注疏整理委員會整理:《周禮注疏》,1145-1146頁。

⑩ 參見沈家本《歷代刑法考》,徐世虹主編《沈家本全集》第4卷,251頁。

⑪ 《漢書》卷九〇《酷吏傳》,3673頁。

⑫ 《漢書》卷七七《蓋諸葛劉鄭孫毌將何傳》,3249頁。

⑬ 參見初師賓《漢邊塞守禦器備考略》,甘肅省文物工作隊、甘肅省博物館編《漢簡研究文集》,蘭州:甘肅人民出版社,1984,215頁;馬怡《扁書試探》,孫家洲主編《額濟納漢簡釋文校本》,北京:文物出版社,2007,180-181頁。

傳》:“并皆縣頭及其具獄於市。”[①]同《傳》又載題署證物的公示:“叱吏斷頭持還,縣所剥鼓置都亭下,署曰:‘故侍中王林卿坐殺人埋冢舍,使奴剥寺門鼓。’”[②]“牓”見《後漢書·陽球列傳》:“乃僵磔甫屍於夏城門,大署牓曰:‘賊臣王甫。’”[③]“幟”見《萬曆野獲編》載陸完事:“逆徒已伏法者,則梟首於竿,亦以白幟標其姓名。”[④]清代則常在死刑犯屍首旁設“令箭”形木牌,書其姓名與罪狀,應即沈家本所説的“行刑之後”所用的“榜示”的一種。[⑤]

(二)該器應是專門的處罰公示器具

回過頭來看 EPT57:108,其器形無法吻合於文獻所載的各類械具,不大可能是“梏”“拲”“校”“枷”一類的木械;其處罰既是當場執行完畢的“督”,則其使用方式應與同樣衹須使用一次的死刑公示器具相近。如上所述,永田英正和冨谷至先生曾提出該器本用作處罰廣德的督杖,然而揮舞的杖上的文字特别是背面的分欄小字,如何能令衆人清楚看到,以實現其公示目的? 此爲其不盡合理之處。上揭文獻所載的處罰公示器具五花八門,而不能從中找到一例箠杖類器物,其原因也在於此。

這樣看來,EPT57:108 應是一件專門用於在執行現場公示處罰,事後即被廢棄的器具。不難發現,該器正面大字的内容與文獻中“書其姓名及其罪”的處罰現場公示是高度一致的,其背面的小字則詳細列舉了由“府都吏”所舉劾的“不塗亭、趣具諸當所具者”的過錯行爲,是爲“其罪”的細節。該器在使用時,其正反兩面文字理應都能清楚地展現給現場觀衆,以充分實現公示目的。而因衹用一次即被廢棄,故其器形極盡粗陋草率,這與《水滸傳》中“便將片蘆席貼起來”的簡易的犯由牌是相同的道理。[⑥] 同時,該器下端三個凹槽的功能也可得到合理解釋——這些凹槽雖與封泥槽尺寸相合,却全無題署,發掘者和漢簡整理者都不認爲它們是封泥槽,[⑦]原因是很明顯的。作爲公示器具的一個結構,這三個凹槽應是用於固定、安裝的榫槽或繩槽。

如前述,學者已考證漢代的“督”是一種輕微的笞杖類處罰。據文獻所見,漢代笞杖類處罰的受罰方式有二,其一爲手足縛以木械繩索而受罰,即司馬遷在《報任安書》中所描述的“關木索被箠楚”,“交手足,受木索,暴肌膚,受榜箠”;[⑧]其二爲縛於榜床上而受罰,如《後漢

① 《漢書》卷七七《蓋諸葛劉鄭孫毌將何傳》,3268 頁。

② 《漢書》卷七七《蓋諸葛劉鄭孫毌將何傳》,3266-3267 頁。

③ 《後漢書》卷七七《酷吏列傳》,2500 頁。

④ [明]沈德符:《萬曆野獲編》,北京:中華書局,1959,32 頁。

⑤ 參見沈家本《歷代刑法考》,徐世虹主編《沈家本全集》第 4 卷,252 頁。

⑥ 參見[元]施耐庵撰,[明]李贄評《李卓吾先生批評忠義水滸傳》卷四〇,明容與堂刻本,6 頁。

⑦ 馬怡、張榮强明確地將這三個凹槽認作封泥槽,韓華將該器歸爲“檄式封檢”,也應是如此理解,此外未見其他論著專門論及這一問題。參見馬怡、張榮强主編《居延新簡釋校》,546 頁。韓華:《肩水金關遺址所出封檢及相關問題考證》,《地方文化研究》2019 年第 4 期。

⑧ 《漢書》卷六二《司馬遷傳》,2732 頁。

書・陳寵列傳》:"斷獄者急於箠格酷烈之痛",李賢注:"箠即榜也",[①]王先謙引惠棟説,指出"格"即《淮南子・覽冥訓》"身枕格而死"之"格",[②]該篇高誘注云:"格,搒牀也。言收民役賦,不畢者搒之於格上,不得下。"[③]張家山漢簡《奏讞書》中的"磔治(笞)"或也指此而言。榜牀一直沿用至明清,稱爲"匣床",可使受罰者以平躺姿勢縛於其上,其形象見於《三才圖會》,[④]《中國酷刑》則描繪了其使用場景。[⑤] 與處罰方式相應,EPT57:108 的使用方式也有兩種可能,其一是固定於鉗制受罰人手足的"木索"等械具上,與受罰者的身體相繫連,如此則近於後世的斬條;其二是安裝在受罰人所縛的榜床或類似設施上,如此則近於後世的犯由牌。不論如何,它都是一件專門製作,而非以其他物品兼充的公示處罰器具。

三　結合同類器物的定名嘗試

截至目前,國内似再未出土形制和内容與 EPT57:108 相近的器物,但放眼域外漢字文化圈,則可知其并非孤例。據媒體報道,2019 年韓國慶山市瓦村面所月里遺址出土了一枚新羅時期的有五個書寫面的"木簡",并刊出了其全形照片。[⑥]

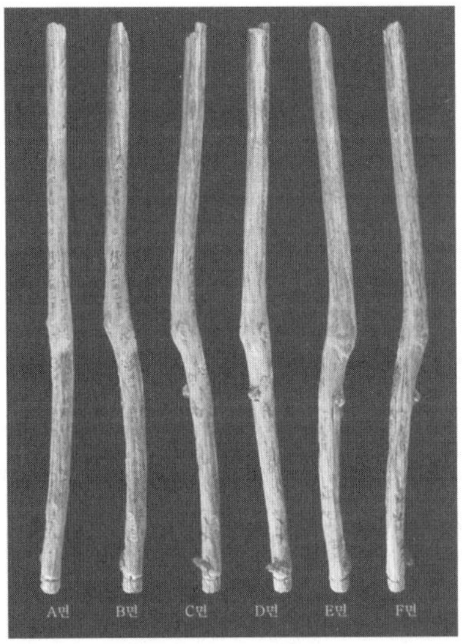

慶山"木簡"全形照片(環球網配圖)

發掘者推測該"木簡"製作於 6 世紀中期,其"最長邊爲 74.2cm,最長直徑爲 4.3cm,最短

① 《後漢書》卷四六《郭陳列傳》,1549 頁。
② [清]王先謙:《後漢書集解》卷四六,虛受堂刊本,北京:中華書局,1984,第 543 頁。
③ 何寧:《淮南子集釋》,北京:中華書局,1998,495 頁。
④ [明]王圻、王思義輯:《三才圖會》卷二〇《器用一二》,《續修四庫全書》影印上海圖書館藏明萬曆王思義校本,第 1234 册,473 頁。
⑤ George Henry Mason, *The Punishments of China*, London: William Miller, 1801, NO.18.
⑥ 李東堯:《韓國出土 6 世紀土地文書木簡,寫有 94 個漢字》,環球網,2019 年 12 月 12 日。

直徑爲 2.8cm,呈棒狀。斷面呈圓形,表面爲書寫文字留有削修痕迹,面積與方向呈不規則形態。”[①]從照片來看,其整治之粗陋比 EPT57:108 有過之而不及,書寫面甚至未作明顯的削平處理。尤爲值得注意的是,其底端刻有一整圈凹槽。在器形和尺寸兩方面,該“木簡”都與 EPT57:108 相當接近。

發掘者又指出,“木簡”的文字是慶山附近地區土地情況的調查記録,按照“地名+土地類型+土地面積”的格式書寫,下端還有幾個習書性的文字,因此推測書寫者爲了作記録而進行了相關的練習;其下端的凹槽則表明它原本用爲物品的標籤,後來則用於在土地實地調查時記録原始數據。[②]

根據這些信息,我們認爲慶山“木簡”應是 EPT57:108 的同類器物,其下端的凹槽也是作安裝之用,由於安裝後“木簡”的下端被遮蓋,故習書性的文字出現在這一位置是不難理解的。它與 EPT57:108 的區别僅在於其公示内容是土地信息而非處罰,可推測它應是設立於某種靠近居民區的公共空間。將兩件器物結合起來看,其安裝結構既在下端,則足見它們應是以豎直高聳的姿態設立的,其目的是爲了更好地展示各面文字,最大化地發揮公示效果,這與“扁書”“大扁”要求設立於“顯見處”“高顯處”是相同的用意。若此説不誤,則這類公示器具應有比較固定的形制和規格,并曾在相當大的時間和空間範圍内廣泛使用。

那麽,這類豎直設立的木質桿形公示器具是否可在文獻中找到其名稱呢?我們認爲,它們實際上就是文獻中所講的“桀”“楬”類器物。“桀”字本“會高出之義”,[③]其使用見於《墨子·號令》:“吏卒民各自大書於傑,著之其署同,守案其署,擅入者,斷”,孫詒讓指出明吴寬鈔本“傑”作“桀”,應從洪頤煊讀爲“楬”,[④]初師賓則讀“桀”爲“楬”“楪”,認爲該句意爲“用匾、榜明書禁區名號,攔截示警”。[⑤]“楬”則見於《周禮·秋官·蜡氏》:“若有死於道路者,則令埋而置楬焉”,鄭玄注引鄭司農云:“楬,欲令其識取之,今時楬櫫是也。”[⑥]這種設於地面上用於標識屍體葬處的“楬”與前引《尹賞傳》“楬著其姓名”的“楬”及《司烜》鄭玄注所講的“揭頭”屬同類,[⑦]是大型的器物,與《職幣》《職金》等處所講的、簡牘材料中多見實物的小型的文書楬和物品楬不同。

---

① 參見全京孝《慶山所月里木簡的基礎討論》,《“東亞古代文字資料研究的現在與未來”國際學術會議論文集》,韓國大邱,2020 年 11 月 5 日,51 頁。

② 參見全京孝《慶山所月里木簡的基礎討論》,《“東亞古代文字資料研究的現在與未來”國際學術會議論文集》,46-48 頁。

③ 黄德寬主編:《古文字譜系疏證》,北京:商務印書館,2007,2404 頁。

④ [清]孫詒讓撰,孫啓治點校:《墨子閒詁》,北京:中華書局,2001,602-603 頁。

⑤ 參見初師賓《漢邊塞守禦器備考略》,甘肅省文物工作隊、甘肅省博物館編《漢簡研究文集》,215 頁。

⑥ 十三經注疏整理委員會整理:《周禮注疏》,1139-1140 頁。

⑦ 參見宋傑《漢代死刑中的“顯戮”》,《史學月刊》2012 年第 2 期。

“楬”和“桀”本來義近,《説文·木部》“楬,楬桀也”,[①]即同義相訓之例,加之二字古音亦近,[②]其具有同源關係是可以想見的。王力先生解釋“桀”爲“小木樁”,“楬”爲“用爲標誌的小木樁”,[③]堪稱簡明而貼切。EPT57:108 和慶山“木簡”的材質、形制和功能,都與文獻中的“桀”“楬”正相吻合。

結語

居延新簡 EPT57:108 既未自名爲“檄”,又未表現出檄文書所必須具備的“動態性”,其書寫方式和形制也與觚式檄相去甚遠,不宜認定爲“檄”。冨谷至先生認爲它具有在大庭廣衆之下公示處罰信息的功能的看法是可取的。韓國慶山“木簡”與 EPT57:108 形制基本一致,這種下端刻有凹槽的書寫文字的桿形木器,應該就是文獻所講的“桀”“楬”,是一種呈豎直形態設立於相關場所的專門公示器具,其凹槽應是用於固定、安裝的結構。EPT57:108 原被設立於督杖的執行現場,用來公示處罰内容和事由,因衹須使用一次,故其整治極爲粗陋草率,這些都與後世的犯由牌有類似之處。

相比於後世一般僅對死刑使用執行現場公示,EPT57:108 反映出漢代像督杖這樣的輕微處罰也要作這樣的公示,這刷新了我們對古代處罰公示制度的認識。如上文所述,古代處罰公示器具早至先秦即已發端,其沿革歷久,余緒甚至及於當代,然而因不受傳統知識精英重視,其相關記載往往支離破碎乃至時常中斷。對於這一源遠流長的物質文化史細分領域來説,EPT57:108 不啻爲一件彌足珍貴的早期實物標本。

附記　本文寫作時承張伯元師悉心指導,亦蒙匿名審稿專家提出寶貴修改意見,謹致謝忱。

① ［漢］許慎:《説文解字》卷一二上,陳昌志刻本,125 頁。

② 參見唐作藩《上古音手册》,南京:江蘇人民出版社,1982,61 頁;鄭張尚芳《上古音系》,上海教育出版社,2003,350、374 頁。

③ 王力主編:《王力古漢語字典》,北京:中華書局,2000,483、505 頁。

金關漢簡《橐他莫當隧始建國二年五月守衙器簿》復原與研究*

□ 河北師範大學歷史文化學院 趙寵亮

内容提要 金關遺址出土有一册《橐他莫當隧始建國二年五月守衙器簿》,共20枚,由標題簡2枚、正文簡17枚和上行文簡1枚組成。因編繩不存,簡册順序不明,已有的復原方案,存在一些問題。在已有成果基礎上,依據相關資料,新的復原方案重點對17枚正文簡予以重新排序,基本復原簡册原貌。簡牘所見"守衙器簿"形制有簡册、木牘兩種,由不同屯戍機構按月編制,每月月初報呈上級。

關鍵詞 金關漢簡 橐他候官 莫當隧 守衙器簿 簡册復原

緒論

1972年至1976年,甘肅考古工作者對額濟納地區漢代3處不同類型的屯戍遺址進行了科學發掘,獲得了包括1.9萬餘枚簡牘在内的大量文物。其中,經初步整理出的保存完整或較完整的簡册就有70多册。① 據發掘簡報,這些簡册"有的出土就聯綴成册(圖三五);有的編繩雖朽但保持册形(圖七);有的散落近處可合爲一册"。② 這些簡册對於開展、推進相關

* 本文係國家社科基金重大項目"中韓日出土簡牘公文書資料分類整理與研究"(項目批准號:20&ZD217)的階段性成果。

① 甘肅居延考古隊:《居延漢代遺址的發掘和新出土的簡册文物》,《文物》1978年第1期。該簡報經修訂文字、删除圖版後,收入甘肅省文物工作隊、甘肅省博物館編《漢簡研究文集》,蘭州:甘肅人民出版社,1984,476-498頁。此據前者。

② 甘肅居延考古隊:《居延漢代遺址的發掘和新出土的簡册文物》。

研究的意義是不言而喻的。

而對於"散落近處可合爲一册"的簡册,爲便於研究利用,首要工作就涉及到簡册復原。出土於肩水金關遺址的《槖他莫當隧始建國二年五月守衙器簿》即屬於"散落近處"但"可合爲一册"的情況。關於該簡册,已有多位學者給予關注。然而該簡册失去編繩,簡序已亂,不易復原。現有的研究成果尚有改進的空間。我們擬在前賢成果基礎上,對該簡册進行重新復原,并對相關問題進行討論,希望有助於相關研究的深入。

一　簡册的刊布情況

此簡册最早公布於發掘簡報。簡報執筆者將其歸入"名籍、兵器、奉稟、錢糧簿",寫道:"始建國二年'槖他塞莫當燧守御器簿'(EJT37:1537-1558),報告所存四十八種防守器械的名稱、數字(圖四一、四二)。"①圖四一、四二即該簡册的圖版。囿於簡報性質,執筆者未給出簡册釋文,亦未給出每枚簡的簡號。我們將簡報中的圖四一、四二合并爲新的圖(圖1)。據"'槖他塞莫當燧守御器簿'(EJT37:1537-1558)",可推測圖1中的1、2編號爲EJT37:1537AB,而3-23的編號應爲EJT37:1538-EJT37:1558。圖號與簡號的對照情況,可列表如下(表1):

表1　圖號、簡號對照表

圖號	簡號	圖號	簡號	圖號	簡號	圖號	簡號
圖1:1	EJT37:1537A	圖1:2	EJT37:1537B	圖1:3	EJT37:1538	圖1:4	EJT37:1539
圖1:5	EJT37:1540	圖1:6	EJT37:1541	圖1:7	EJT37:1542	圖1:8	EJT37:1543
圖1:9	EJT37:1544	圖1:10	EJT37:1545	圖1:11	EJT37:1546	圖1:12	EJT37:1547
圖1:13	EJT37:1548	圖1:14	EJT37:1549	圖1:15	EJT37:1550	圖1:16	EJT37:1551
圖1:17	EJT37:1552	圖1:18	EJT37:1553	圖1:19	EJT37:1554	圖1:20	EJT37:1555
圖1:21	EJT37:1556	圖1:22	EJT37:1557	圖1:23	EJT37:1558		

資料來源:《文物》1978年第1期。

① 甘肅居延考古隊:《居延漢代遺址的發掘和新出土的簡册文物》。

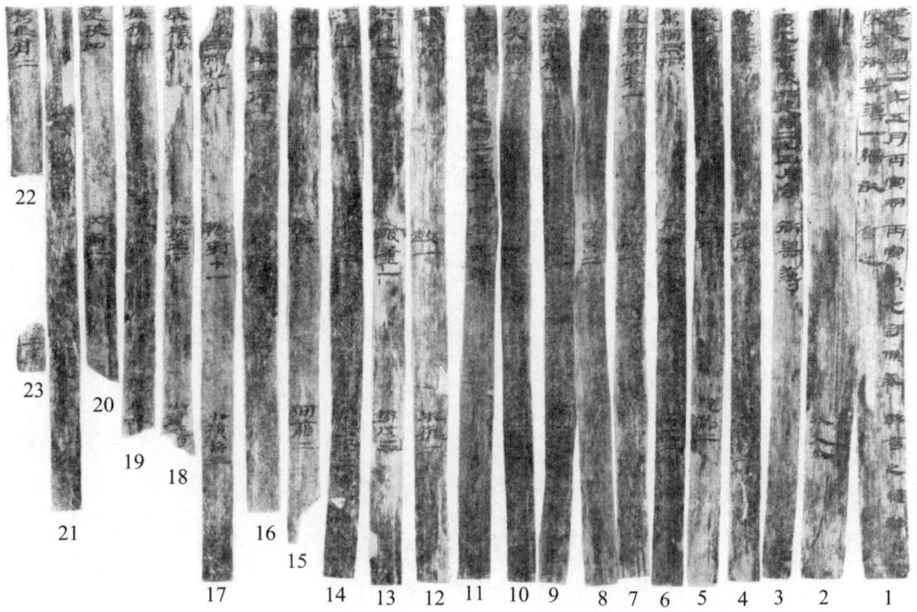

圖 1　發掘簡報公布的簡册圖版(采自《文物》1978 年第 1 期)

該簡册的釋文最早見於徐元邦、曹延尊《居延出土的"候史廣德坐不循行部"檄》一文。作者指出:"這次發掘出的'始建國二年橐他塞莫當燧守御器簿'(EJT37:1537-1558),給我們提供了一個燧的四十八種防禦器物的名稱和數量。"并"按發掘者所排簡之順序",將該簡册的 22 枚給出釋文、簡號。① 然而,除釋文因屬於早期所做存在諸多錯誤外(亦有誤綴合的現象),簡號普遍有誤。文中給出的簡號除 EJT37:1537-1539、1541、1549、1556 這 6 枚簡外,其餘大多數簡的簡號和後來公布的并不相同,原因不明。②

後來,該簡册的釋文又刊布於發掘簡報執筆者之一的初師賓撰寫的《漢邊塞守禦器備考略》一文中。作者對包括該簡册在内的諸多"漢邊塞守禦器備"進行了細緻精深的考證,極大地推進了相關研究。③ 文中將該簡册列爲"守禦裝備檔案文簿",稱之爲"莫當隧守御器簿(EJT37.1537-1558)",并列出了每枚簡的釋文、簡號。④

與發掘簡報不同的是,簡的綴合此時發生了一些變化。作者將 EJT37:1558(圖 1:23)與 EJT37:1556(圖 1:21),EJT37:1555(圖 1:20)與 EJT37:1551(即圖 1:16 的中下段),EJT37:1557(圖 1:22)與 EJT37:1551(即圖 1:16 的上段)進行了綴合。仔細查看圖 1 并對照釋文,簡報的 EJT37:1551 原由 3 段組成,最下面一小段無字,但斷裂形狀與中段相合;上、中段斷裂形狀似相合,但"塢户關二"與"狗二"緊相連,不符合該册的書寫方式。即該簡的上段與

① 徐元邦、曹延尊:《居延出土的"候史廣德坐不循行部"檄》,《考古》1979 年第 2 期。

② 疑作者并未按照發掘簡報的圖版來做釋文,而是先按照簡的内容進行了一定程度的簡册復原後,再在其後依次加上了簡號,這就導致了多數簡號出現錯誤。

③ 初師賓:《漢邊塞守禦器備考略》,甘肅省文物工作隊、甘肅省博物館編《漢簡研究文集》,142-222 頁。

④ 該文將簡中的"守衙器簿"中的"衙"徑釋爲"御"。

中下段的綴合有問題。因此,最初整理者綴合有誤的 EJT37:1551,在此時被分開,并與另外兩枚簡分别綴合,形成較爲完整的兩枚簡。

這樣的綴合成果,後來得到學者的認可。如薛英群《居延漢簡通論》、[①]李天虹《居延漢簡簿籍分類研究》、[②]李均明《漢代烽隧守禦術略考》及《秦漢簡牘文書分類集解》等,[③]均在各自論著中直接引用。[④] 也被作爲肩水金關遺址出土漢簡的正式成果《肩水金關漢簡(肆)》所吸收、采納。[⑤]

2015 年,《肩水金關漢簡(肆)》按照出土簡號順序,將該簡册的彩版、紅外綫圖版和釋文予以刊布,兹將其釋文迻録於下:

(1)始建國二年五月丙寅朔丙寅櫜他守候義敢言之謹移莫當
　　隧守衙器簿一編敢言之(73EJT37:1537A)
　　　　　令史恭(73EJT37:1537B)
(2)·櫜他莫當隧始建國二年五月守衙器簿(73EJT37:1538)
(3)鷩米一石　深目六　大積薪三(73EJT37:1539)
(4)長斧四　沙二石　瓦帚二(73EJT37:1540)
(5)鷩糒三石　草蓬一　汲器二(73EJT37:1541)
(6)皮冒草萆各一　瓦枓二(73EJT37:1542)
(7)承纍四　瓦箕二(73EJT37:1543)
(8)蓬火頖板一　煙造一　畚一(73EJT37:1544)
(9)馬矢櫜一　布表一　儲水罌二(73EJT37:1545)
(10)·櫜他莫當隧始建國二年五月守衙器簿(73EJT37:1546)
(11)茹十斤　鼓一　木椎二(73EJT37:1547)
(12)木面衣二　破釜一　鐵戊二(73EJT37:1548)

① 薛英群:《居延漢簡通論》,蘭州:甘肅教育出版社,1991,397-398 頁。該書未明言引自初師賓此文,但從内容來看,很容易得出此結論。引用該簡册時將"椄楪"誤爲"接楪",個别字的寫法也稍有不同。

② 李天虹:《居延漢簡簿籍分類研究》,北京:科學出版社,2003,109-110 頁。又,該書引用該簡册時注釋説:"此簡册圖版尚未發表,釋文參看初師賓《漢邊塞守禦器備考略》,142-146 頁。"(109 頁)按:"此簡册圖版尚未發表"的説法有誤。

③ 李均明:《漢代烽隧守禦術略考》,雷依群、徐衛民主編《秦漢研究》第 2 輯,西安:三秦出版社,2007,74-80 頁;收入其著《耕耘録——簡牘研究叢稿》,北京:人民美術出版社,2015,121-127 頁。此依後者。該文引用該簡册時增加了標點,但也出現了一些錯誤,如"儲水罌"誤爲"儲火罌"、"椄楪"誤爲"接楪"等。李均明:《秦漢簡牘文書分類集解》,北京:文物出版社,2009,306 頁。

④ 也有不同意見者。見甘肅省文物考古研究所編,薛英群、何雙全、李永良注《居延新簡釋粹》,蘭州大學出版社,1988,73-74 頁。按:該書對於此簡册簡的綴合、簡册編連存在較大問題,且將守御器的記録順序誤爲先從上到下、再從左至右。

⑤ 甘肅簡牘博物館等編:《肩水金關漢簡(肆)》,上海:中西書局,2015,上册 238-241 頁,中册 238-241 頁,下册 120-121 頁。又,甘肅簡牘博物館編,朱建軍主編《絲綢之路名簡賞析》(蘭州:讀者出版社,2020,12-13 頁)一書收録該簡册,其排列順序完全依照此書。但其説明該册由"21 件"簡組成有誤,應爲 20 枚。

(13)芀槖一　布蓬三　塢户上下級各一(73EJT37:1549)
(14)長枓二　槍卌　狗籠二(73EJT37:1550)
(15)連梃四　芮薪二石　狗二(73EJT37:1551+1555)
(16)布緯三糒九斗　轉射十一　小積薪三(73EJT37:1552)
(17)長棓四　木薪二石　小苣二百(73EJT37:1553)
(18)長椎四　馬矢二石　程苣九(73EJT37:1554)
(19)☑□二具　蓬干二　棲樔(73EJT37:1556+1558)
(20)弩長臂二　羊頭石五百　塢户關二(73EJT37:1557)

據《肩水金關漢簡(肆)》的彩色及紅外綫圖版,尤其是據簡(1)(2)(10)墨書文字間編繩形成的空白,可清楚地做出如下判斷:該簡册原有兩道編繩,分别位於單簡簡長的1/3、2/3處,屬於先編後寫。簡(1)爲兩行,爲上行文書;其餘均爲札,單行書寫,簡(2)(10)表示簿册名稱爲"槖他莫當隧始建國二年五月守衙器簿",除此以外的簡爲"守御器簿"中守御器的具體名稱及數量的記録。這些守御器記録按照各自類别,遵循内在邏輯,分爲3欄,從右至左,依次横排書寫。

另外,需要指出的是,《肩水金關漢簡(肆)》對上述綴合的3枚簡的簡號進行了調整:第一,將《漢邊塞守禦器備考略》的EJT37出土的"1555、1551"改爲"73EJT37:1551+1555";第二,將"1558、1556"改爲"73EJT37:1556+1558";第三,將"1557、1551"改爲"73EJT37:1557"。如第一、第二這樣的改動,推測整理者可能是出於按照簡號的大小順序排列的目的;而第三的改動則可能是爲防止一個簡號出現在兩枚簡中的情况。但這樣做就會産生一些問題:如由兩枚或幾枚殘簡綴合的新簡,讀者不易知悉其各段的原始編號究竟爲哪個,而極易發生誤判;像第三這種改動處理方式,則會抹去歷次整理綴合的痕迹,致使最終成果也與初期、早期成果脱節。[1]

二　簡册已有的復原方案

在發掘簡報中的圖四一、四二的説明文字里,我們可以看到簡報執筆者對此册編連初步的認識:"全册22枚,2系1的背面,册的編次應爲:1、3、4、17、6、10、14、22、16、15、20、18、19、

① 姚磊曾對比發掘簡報的原整理者與《肩水金關漢簡(肆)》的不同,指出有三處分歧,其中第二點即"《肩(肆)》的73EJT37:1557號簡,實際上是由原整理者公布的編號爲16和22的兩枚簡綴合而成,《肩(肆)》并未提及綴合情况"。見其《論〈肩水金關漢簡(肆)〉的簡册復原》,李學勤主編《出土文獻》第10輯,上海:中西書局,2017,222頁。此文承姚磊告知,謹致謝意。

5、12、9、13、7、8、22、23、11。"[1]這個復原明顯存在問題,如誤將本應爲末簡的上報行文簡(EJT37:1537A)列爲首枚等。

後來,在《漢邊塞守禦器備考略》中,作者給出了調整後的簡册復原編連方案。[2] 并對該簡册的復原有以下説明:

> 此簿非常完整,惜次第於出土時散亂,原發掘編號共二十二簡,前曾對其編聯次序略予排列。[3] 今據原册紅色編繩遺痕,參照(2)的器物序列和(4)的册式,[4]重新編綴如上,糾正誤綴一條(1551),新綴合三條,補1558簡"出火遂"三字,實得二十簡,共五十一種守禦器。這是現知具列守禦裝備種類最多的一個簿册。[5]

如套用我們新編的簡號,可將作者復原的簡册順序列下:

> (2)(16)(3)(5)(9)(13)(19)(11)(4)(18)(17)(15)(14)(20)(12)(8)(6)(7)(10)(1)。

作者對該簡册的復原,得到了學界如薛英群、李天虹、李均明等的認可。[6] 僅見姚磊《論〈肩水金關漢簡(肆)〉的簡册復原》一文對此提出了不同的意見。[7]

然而,這個新復原方案依然存在一些問題。第一,該方案將簡(16)(3)(5)置於前面,但根據相關守御器簡文,我們知道烽燧守御器簿一般先列的爲長斧、長椎、長棓等。相關簡文,如敦煌漢簡:

---

① 甘肅居延考古隊:《居延漢代遺址的發掘和新出土的簡册文物》。

② 初師賓:《漢邊塞守禦器備考略》,甘肅省文物工作隊、甘肅省博物館編《漢簡研究文集》,144-146頁。

③ 原注:"見甘肅居延考古隊:《居延漢代遺址的發掘和新出土的簡册文物》,《文物》1978年第1期,圖四一、四二及其説明。"221頁。

④ 按:(2)指居延漢簡506·1。作者誤寫作"501·1"(甘肅省文物工作隊、甘肅省博物館編《漢簡研究文集》,146頁)。(4)指居延漢簡128·1(即著名的"永元兵物簿"簡册)的部分内容。

⑤ 初師賓:《漢邊塞守禦器備考略》,甘肅省文物工作隊、甘肅省博物館編《漢簡研究文集》,147-148頁。

⑥ 薛英群:《居延漢簡通論》,397-398頁。李天虹:《居延漢簡簿籍分類研究》,109-110頁。李均明:《漢代烽隧守禦術略考》,收入其著《耕耘録——簡牘研究叢稿》,124頁。該文出注説:"排列順序參照初師賓《漢邊塞守禦器備考略》所引,刊於《漢簡研究文集》,144至146頁。"(127頁)李均明:《秦漢簡牘文書分類集解》,306頁。

⑦ 姚磊:《論〈肩水金關漢簡(肆)〉的簡册復原》,李學勤主編《出土文獻》第10輯,220-225、228頁。

守御器	長斧四	木面衣一	蓬十二	☐
	長椎四	出火具各一	煙□□	☐(691)[①]

守御器簿　長斧三
長椎三
蓬呈三
棓三(1806)[②]

如金關漢簡:

☐□□八	□□二	茹十斤	馬矢六石☐
☐長椎一	□□三	芀一斤	煙造四　☐
☐棓四	□□三	□四斗	沙灶二　☐
☐連椎四	……	牛頭石卌	破釜一所☐

☐□□□(73EJT21:182)

又如懸泉漢簡:

	長斧卅	連梃廿	射長辟十	☐
守御器	長椎廿	出火隧三		☐
	棓廿	布茹十		☐(Ⅰ90DXT0210①:32A)

再如居延遺址大灣地點(A35)出土漢簡:

(21)　守御器簿　(第一欄)

長斧三皆缺頓	芀馬矢橐各一毋[③]	芮薪木薪各二石丿
長椎三丿	茹十斤丿	瓦箕枓各二斗少一

---

① 本文所引西北漢簡,如無特別注出,均出自簡牘整理小組編《居延漢簡(壹—肆)》,臺北:"中研院"歷史語言研究所,2014-2017;張德芳主編《居延新簡集釋(一—七)》,蘭州:甘肅文化出版社,2016;張德芳《敦煌馬圈灣漢簡集釋》,蘭州:甘肅文化出版社,2013;甘肅簡牘保護研究中心(甘肅簡牘博物館)等編《肩水金關漢簡(壹—伍)》,上海:中西書局,2011-2017;張德芳、石明秀主編《玉門關漢簡》,上海:中西書局,2019;甘肅簡牘博物館等編《懸泉漢簡(壹—貳)》,上海:中西書局,2019、2020。

② "御",原誤釋爲"禦"(甘肅省文物考古研究所編:《敦煌漢簡》,北京:中華書局,1991,289頁)。此據圖版壹伍貳改。

③ 芀,整理者原釋爲"艾"。裘錫圭也認爲:"'芀'可以看作'艾'的變體。"見其《漢簡零拾》,《裘錫圭學術文集》第2卷《簡牘帛書卷》,上海:復旦大學出版社,2012,86頁。

長棓三丿	出火遂二具丿	沙馬矢各二石丿
長枓二丿	皮冒革革各一毋冒	羊頭石五百丿
木面衣二丿	承纍三丿	槍三十丿
弩長檠二丿	破釜一丿	小苣三百丿　(第二—四欄)
程苣九丿	狗籠二丿毋	闑户墼三百
傳射八丿	狗二少一	户上下合各一
深目三	户關二丿	儲水罌二
布蓬三∠一白不毋	椄楪三丿[1]	汲落二
布表一丿	木椎二丿	大積薪三
鼓一丿	户戊二丿	藥咸一橐三丿
	籥一丿	(第五—七欄)(506·1,圖2)

圖2　居延漢簡506·1(采自《居延漢簡(肆)》)

尤其是該簡,所記内容與金關漢簡橐他莫當隧的守御器的種類、數量多一致。兩者均當爲烽燧級的守御器配備。從該簡數字"三"的寫法來看,似亦應屬於新莽時期。

① 椄,整理者原釋爲"接"。

第二,該方案將簡(16)(3)(5)置於前面,也與簡册記載守御器的内在邏輯不符。如簡(6)(7)的中欄"瓦枓""瓦箕"後,應轉到簡册第二枚簡的下欄,從内容上來看應爲簡(4)的"瓦帚",而非簡(16)的"小積薪"。

而姚磊對該簡册新做的復原方案爲:

(2)(4)(18)(17)(14)(12)(20)(13)(11)(19)(6)(7)(15)(8)(9)(5)(3)(16)(10)(1)。

雖對《漢邊塞守禦器備考略》的簡序復原部分予以了正確調整,如將(4)(18)(17)調至第二至四位。但還是有很大問題,將原來正確排序的(6)(7)置於了簡册中間位置;也存在其他明顯的問題,如將"芀橐"與"馬矢橐一"分開、"狗二"與"狗籠二"割裂等,均説明他的這一復原仍有誤。

總之,該簡册已有的兩個復原方案都有問題,需要重新調整。

三　簡册新的復原方案

該簡册共20枚,由標題簡2枚、正文簡17枚和上行文簡1枚組成。根據出土編連簡册實例和以往研究成果,我們知道上行文位於册書最後,標題簡2枚分别位於首位和倒數第二位。復原的關鍵是正文17枚簡的排序問題。結合簡(21)所記,該簡册守御器簿也是按類别并遵循一定的邏輯製成。有學者認爲,兩者"所共有的守御器達四十餘種之多;都包含烽火、防攻、守護等幾類器物;同類器物在書寫時比較集中,而類别、器物出現的先後次序又大致相同"。并指出,"此種現象頗爲規律,反映了當時對守御器備的性質、功用的一般認識,這對守御器的個體與綜合研究,探討守御制度的結構等極有助益"。①

按照"同類器物在書寫時比較集中"和"類别、器物出現的先後次序""大致相同"的原則,加上該簡册正文部分屬於分欄書寫,我們認爲正文簡17枚的順序應爲:

(4)(18)(17)(15)(14)(20)(12)(8)(19)(11)(13)(9)(5)(16)(3)(6)(7)。

其中,位於正文最後的簡(6)(7)中欄的"瓦枓""瓦箕",恰與位於正文第一枚簡(4)下欄的"瓦帚"屬於"同類器物"。其他器物也做到了"同類器物"的集中書寫。

關於簡(2)(10),兩者均爲標題簡,内容一致,僅從内容上來看不易區分先後。但該簡

① 初師賓:《漢邊塞守禦器備考略》,甘肅省文物工作隊、甘肅省博物館編《漢簡研究文集》,149、150頁。

册屬於先編後寫，兩簡的編繩空白位置略有差别，如將簡(10)移至首枚位置，則其空白剛好與位於簡册第二位(正文首位)的簡(4)中欄的位置一致；同樣，簡(2)調至倒數第二位，則其空白恰與位於其左右的簡(7)中欄的位置、簡(1)的編繩空白一致，證明簡(2)(10)的順序還是應調换的，不能再按照簡號排序。

關於簡(18)，據《肩水金關漢簡(肆)》的紅外綫圖版，可以清楚地看到，該簡由多段綴合，中欄“馬矢二石”的紋理與簡上段的紋理之間不能直接相連，存在明顯缺失。因此，兩者應間隔一定距離，不應直接綴合。如此，該簡的三欄文字的高度也與簡(4)的一致。

綜上，我們新的復原方案如下：

(10)(4)(18)(17)(15)(14)(20)(12)(8)(19)(11)(13)(9)(5)(16)(3)(6)(7)(2)(1)。

此外，《肩水金關漢簡(肆)》公布的釋文也存在一些可修訂之處。如簡(17)中欄原釋文爲“小苣二百”，但根據紅外綫圖版，所謂的“二”字處斷裂，僅殘留最上一横，而據簡(21)，烽燧的守禦器小苣的數量爲“三百”，因此頗疑“二”應爲“三”，但穩妥起見，可以“□”代替，寫作“小苣□百”。另，“百”[①]字後斷裂并綴合的一小段下端齊整的空白簡，從長度上來看，似亦不能直接與“百”直接綴合。

又如簡(8)的上欄的“蓬火䀉板”的“䀉”，原簡寫作“”，字下合圍。居延漢簡199·3A：“☐曰吏卒更寫爲蓬火圖板皆放辟非隧書佐壺手☐”。此簡上下均殘，語意不明，難以句讀。但兩者爲一物應無疑義，該字寫作“”，字下合圍，整理者釋爲“圖”。[②] 故簡(8)上欄的“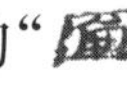”似亦可釋爲“圖”。下欄的“畚”，原簡寫作“”，據簡(21)，疑爲“籥”的一種異寫，初師賓即釋爲“籥”。[③]

再如簡(13)的上欄的“芀橐”的“芀”，或釋爲“芀”，初師賓認爲屬於可眯人眼目的物品。[④] 尉侯凱搜集居延漢簡相關簡文，分析諸家觀點，認爲“芀”作爲名詞時，意爲蘆葦的花

---

① 按：此字見於發掘簡報和紅外綫圖版，但未見於《肩水金關漢簡(肆)》的彩色圖版，而另綴一微小碎塊(中册241頁)，應爲拍攝彩色照片時出錯所致。

② 初師賓釋爲“䀉”，認爲其“當讀如冪”，“作蒙覆解”。烽火冪板的作用是：“用冪板覆蓋囱口或開啓，就形成一煙、二煙的效果。”見其《漢邊塞守禦器備考略》，甘肅省文物工作隊、甘肅省博物館編《漢簡研究文集》，169頁。按：據“吏卒更寫”，似乎“蓬火圖板”是可以“更寫”的。

③ 初師賓：《漢邊塞守禦器備考略》，甘肅省文物工作隊、甘肅省博物館編《漢簡研究文集》，145頁。

④ 參見初師賓《漢邊塞守禦器備考略》，甘肅省文物工作隊、甘肅省博物館編《漢簡研究文集》，183頁。

絮,是用來引火的信物。而“芀橐”則爲盛放蘆葦花絮的囊袋。[①] 滕勝霖則認爲西北屯戍漢簡中名詞的“芀”應讀作“稃”,“即穀殼、粗糠,爲守城器物,與《墨子·備城門》提到的‘秠’相合”。[②] 此説似可從。

兹將筆者的新復原方案和修正簡號、釋文後的簡册,條列於下:

·橐他莫當隧始建國二年五月守衙器簿(73EJT37:1546)

長斧四	沙二石	瓦帚二(73EJT37:1540)
長椎四	▨馬矢二石	程苣九(73EJT37:1554)
長棓四	木薪二石	小苣□百(73EJT37:1553)
連梃四	芮薪二石	狗二(73EJT37:1555+1551 中下段)
長枓二	槍卌	狗籠二(73EJT37:1550)
弩長臂二	羊頭石五百	塢户關二(73EJT37:1557+1551 上段)
木面衣二	破釜一	鐵戊二(73EJT37:1548)
蓬火圖板一	煙造一	籥一(73EJT37:1544)
茹十斤	鼓一	木椎二(73EJT37:1547)
▨□二具	蓬干二	椄楪四(73EJT37:1558+1556)
芀橐一	布蓬三	塢户上下級各一(73EJT37:1549)
馬矢橐一	布表一	儲水罌二(73EJT37:1545)
驚糒三石	草蓬一	汲器二(73EJT37:1541)
布緯三糒九斗	轉射十一	小積薪三(73EJT37:1552)
驚米一石	深目六	大積薪三(73EJT37:1539)
皮冒草革各一[③]	瓦枓二(73EJT37:1542)	
承纍四	瓦箕二(73EJT37:1543)	

① 尉侯凱:《居延漢簡中的“芀”和“芀橐”》,《中國農史》2017 年第 4 期。此承匿名審稿專家告知,謹致謝意。又,關於該字釋讀,張俊民有不同意見。他指出:“居延漢簡中出現的‘芀’或‘芀’字,字形以‘芀’字居絶大多數,13 例中衹有 1 例是‘芀’形,其它 2 例不明,若以少數服從多數,則此字應釋作‘芀’字。”見其《西北漢簡中的“芀”字與其它關聯字釋讀》,簡帛網,2021 年 8 月 16 日。按:西北漢簡中,作爲漢字部件的“力”“刀”常不分,這種混用在後世的寫本、碑刻、刻本等中依然常見。

② 滕勝霖:《漢簡“芀”字新解》,鄔文玲、戴衛紅主編《簡帛研究二〇二一(秋冬卷)》,桂林:廣西師範大學出版社,2022,277 頁。

③ 居延漢簡 495.1“皮冒草革各一”,居延新簡 EPT56:74“羊皮冒革一”,EPT48:129“甲渠鄣/皮督草革各一”,後者“督”清晰,因此該字釋爲“冐”或“冒”,均似應通“督”。三簡均爲一種特殊的簽牌,其使用方法與“候望簽牌”相類似,“用來標識放置相關物品的處所”。參樂遊《河西漢簡所見候望簽牌探研——兼論簽牌的一種使用方式》,楊振紅、鄔文玲主編《簡帛研究二〇一四》,桂林:廣西師範大學出版社,2014,214-224 頁。關於“冒”“革”具體所指,學界尚未取得一致意見。相關研究可參聶丹《西北屯戍漢簡中的“窅”和“革”》,《敦煌研究》2015 年第 2 期。

·橐他莫當隧始建國二年五月守衙器簿(73EJT37:1538)
始建國二年五月丙寅朔丙寅,橐他守候義敢言之:謹移《莫當隧守衙器簿》一編,敢言之。(73EJT37:1537A)
令史恭(73EJT37:1537B)(圖3)

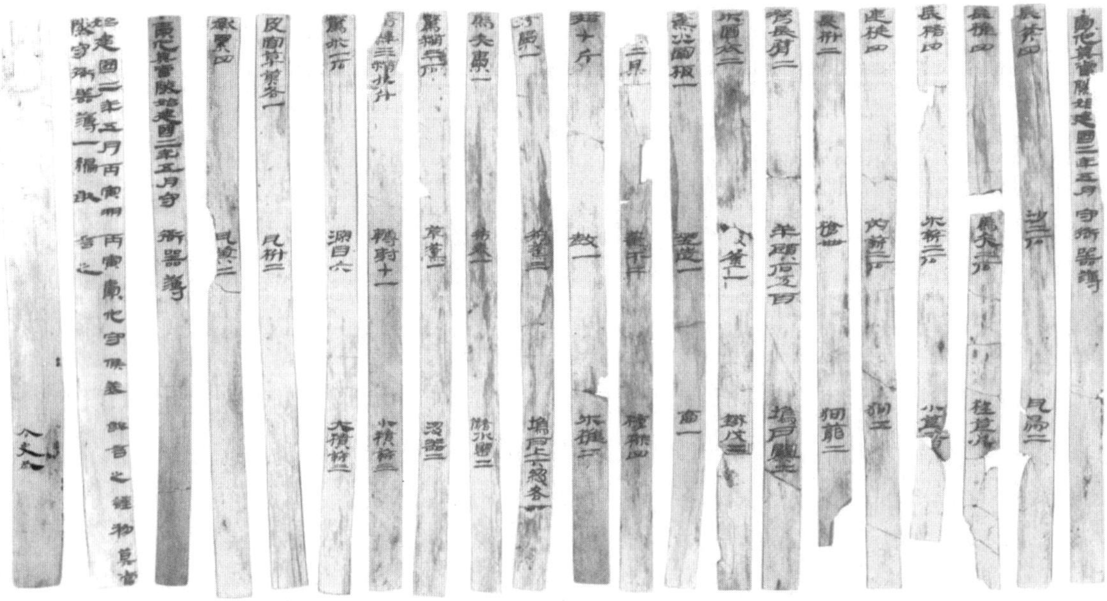

圖3 《橐他莫當隧始建國二年五月守衙器簿》復原

四 “守衙器簿”相關問題

《橐他莫當隧始建國二年五月守衙器簿》中的“衙”通“禦”。《隸釋》卷六《北海相景君銘》:“興利惠民,强衙改莭(節)。”洪适指出:碑“以衙爲禦”。[①] 類似用法,還見於其他漢簡,如居延新簡:

(22) 建武四年三月壬午朔丁酉萬歲候長憲□☑
隧·謹召恭詣治所先以證縣官城樓守衙☑(EPF22:328)

簡(22)屬於《女子齊通耐所責秦恭鼓事》殘册中的一枚,涉及到烽燧中“鼓”的糾紛。[②] 在簡

① [宋]洪适:《隸釋》卷六,北京:中華書局,1986,72、73頁。《中國簡牘集成》:“衙同御。”中國簡牘集成編輯委員會編:《中國簡牘集成》第11册《甘肅省 內蒙古自治區卷》,蘭州:敦煌文藝出版社,2001,13頁。

② 趙寵亮:《居延新簡〈女子齊通耐所責秦恭鼓事〉殘册復原與研究》,武漢大學簡帛研究中心主辦《簡帛》第5輯,上海古籍出版社,2010,403–413頁。

中引用殘缺律文“證縣官城樓守衙⍁”,[①]這在法律層面肯定“鼓”爲“守衙(禦)”器具。又如下列簡文所見:

(23)省守衙具塢户調利有狗不(EPF22:239)
(24)⍁□戍卒鄣隊兵守衙⍁(EPW:47)
(25)卒李奴過符空報當以付備值官兵守衙至重唯(2014)
(26)⍁□隧守衙具□⍁(削衣)(73EJC:584)
(27)⍁□衙什物持易楬故敝改席薦⍁(72ECC:16)

其中“衙”均通“禦”。也有一些簡文即寫作“御”,除上述已引簡文外,又如金關漢簡所見:

(28)	□□	日□三	櫨□十	沙□⍁
·守御器具簿	連椎四	□□三	牛頭石廿	破釜⍁
	木枓二	□□三	羊頭石三百	□□⍁
	七尺板二			□□⍁
	□□□弦二			□□⍁(73EJT22:37)

這些“御”,均應通“禦”。西北屯戍漢簡似未見“守御”的“御”直接寫作“禦”者的例子。

守御器簿,還有其他類似的名稱,如簡(28)中的“守御器具簿”,此外,亦見到“守御簿”的説法:

(29)·三十井當谿隊始建國天凡一年六月守御簿　⍁(ESC·22)

據該簡的紅外綫圖版,簡首略殘,但仍殘留有部分“·”,可補。這是一枚標題簡。“天凡”即“天鳳”的簡寫或誤寫。“守御簿”應爲“守御器簿”的簡稱,而“守御器具簿”似爲最正式的名稱。

不同級別的屯戍機構所配備的守御器的種類、數量不一樣。敦煌酥油土烽燧出土漢簡可見這樣的簡文:

---

① 其應屬於“證不言請”律的内容。相關研究可參見連劭名《西域木簡所見〈漢律〉中的“證不言請”律》,《文物》1986年第11期;張伯元《張宗、趙宣賠償糾紛案解説》,收入其著《出土法律文獻研究》,北京:商務印書館,2005,217-219頁;朱紅林《張家山漢簡〈二年律令〉研究》,哈爾濱:黑龍江人民出版社,2008,116-130頁。

(30)部都尉候鄣亭隧守御器品(1390)[①]

根據形制和内容,推測該簡應爲標題簡。據此,可知部都尉、候鄣、亭隧的“守御器”是分“品”配置的,即不同級别的屯戍機構所配置的“守御器”的種類、數量不同。金關遺址采集漢簡也發現類似的文字遺存:

(31)☑□□尉丞謂候、城尉:兵、守御器各有☑(73EJC:58)

該簡殘斷,推測下部應爲“品”字。説明“兵器”“守御器”均按“品”配置。[②]

有學者指出:“定期地統計、呈報,是守御器備管理方面的一項制度。”[③]具體來看,“守御器簿”根據屯戍機構的級别分别按月編制。《橐他莫當隧始建國二年五月守衙器簿》以及簡(21)所反映的均爲“亭隧”的“守御器簿”。關於“候鄣”“置”的“守御器簿”的簡文記録有:

(32)·肩水候官元康四年十月守御器簿☑(126.11)
(33)·甲渠候官建平二年閏月守衙器簿　☑(EPT55:5)
(34)·縣泉置神爵元年四月守御器簿　☑(Ⅰ90DXT0309③:107)[④]
(35)神爵元年四月壬午朔甲申,縣泉置嗇夫弘敢言之:謹移
《守御器簿》一編,敢言之。(Ⅰ90DXT0309③:115A)
佐禹∨長富(Ⅰ90DXT0309③:115B)

簡(32)出土於地灣遺址即肩水候官所在地,簡(33)出土於破城子遺址即甲渠候官所在地。根據形制和内容,這兩簡均係標題簡,説明候官的“守御器”也是要按月編制的。簡(34)(35)出土於懸泉置遺址,前者爲標題簡,後者爲呈文,兩簡應屬於同一簡册。説明驛置與烽燧機構一樣,也會配置守御器,并按月編制。不排除還有“四時簿”或更長時間段的簿籍。

“守御器簿”編制形制大約有簡册和木牘兩種形式。前者可以《橐他莫當隧始建國二年五月守衙器簿》爲例,兩道編繩,由2枚標題簡和若干正文簡(均爲“札”,單面書寫)構成主體部分。標題簡寫明機構、年月以及“守衙器簿”;正文簡以簡册爲整體,從右至左,分欄横着

① 甘肅省文物考古研究所編《敦煌漢簡》將該簡釋爲“郡都尉候鄣亭隧守禦器品”(272頁)。首字釋爲“郡”,倒數第3字釋爲“禦”,均誤。

② 居延漢簡82.1爲對“第七隧長尊”負責的第七燧兵器、守御器的檢查存在問題的記録,其中有“守御品不動”一項所指不明,待考。

③ 初師賓:《漢邊塞守禦器備考略》,甘肅省文物工作隊、甘肅省博物館編《漢簡研究文集》,149頁。

④ 據圖版,簡首似有一“·”,整理者未釋,此補。

從右至左書寫,依次完成分欄書寫。後者可以簡(21)爲代表,單面書寫於單枚木牘上。[1] 似爲出於節約地方的目的,其上最上方爲大字書寫的簡單的標題("守御器簿"),其下小字分欄書寫。關於其配套簡牘的情況,我們尚不清楚。

"守御器簿"需按月向上級機構呈報,時間一般爲當月的月首。《橐他莫當隧始建國二年五月守衙器簿》即爲始建國二年五月丙寅朔丙寅上報。相關記録還有:

(36) 河平三年正月庚寅朔庚寅,騂北亭長□☑
守御器簿一編,敢言之。 ☑(73EJT30:34A)

與《橐他莫當隧始建國二年五月守衙器簿》一樣,簡(36)的呈文時間亦爲當月月首"河平三年正月庚寅朔庚寅"。兩者均爲兩行簡,符合當時公文書的通例。但不同的是,前者由"橐他守候義"向上級呈文,後者由"騂北亭長"自行呈報。與莫當隧一樣,騂北亭也屬於橐他候官。[2] 之前是否還存在莫當隧向上級橐他候官上報的文書呢?似不能排除這一可能性。《橐他莫當隧始建國二年五月守衙器簿》出土於金關遺址的原因也值得探討,這對於理解這件公文書的性質(底本?正本或副本?)也有幫助。

除"守御器簿"上報外,也可以見到與此相關的"兵、守御器簿、吏卒名☑""兵、守御器戍卒名籍""兵、守御器吏卒名籍"。相關文字遺存見於懸泉漢簡:

(37) ·廣漢破胡隧建平四年七月兵守御器簿吏卒名☑(Ⅱ90DXT0113①:2)

該簡爲標題簡,内容似乎是多種簿籍(兵簿、守御器簿、吏卒名籍)。相似内容又如敦煌馬圈灣遺址出土漢簡:

(38) 元始三年四月庚午,鬪胡隧長鳳敢言之:謹移《兵、守御器戍卒名籍》一編,敢言之。(793)

(39) ☑謹移《兵、守御器吏卒名籍》一編,敢☑(794)

與簡(37)不同的是,簡(38)(39)缺少了"簿"字,兩者呈報的似乎都側重於吏卒個人配備的兵、守御器的情況,而非戍所的配置記録。據簡(35)(38),似乎亦爲每月上報,但非月首。

---

① 居延新簡 EPT48:18 縱裂,原應爲木牘,兩面書寫,内容漫漶不清,似乎也是記載烽燧的守御器具,但未見大字標題,性質待考。

② 參見侯旭東《西漢張掖郡肩水候官騂北亭位置考》,《湖南大學學報(社會科學版)》2016 年第 4 期;郭偉濤《漢代橐他塞部隧設置研究》,《敦煌研究》2019 年第 1 期。

敦煌漢簡中也可見到烽燧“兵、守御器簿”的文字,如:

(40)·平望青堆隧兵守御器簿　　平望青堆隧兵守御器簿□□□□□□

(2147A)[①]

從内容和形制來看,該簡應爲標題簡,爲平望候官青堆燧所配備的“兵、守御器”的記録。

金關漢簡尚見到傳遞“守御器簿”的記載,相關簡文:

(41)居延都尉守屬□□累山里公乘誠常富年五十三　　移守御器簿　　軺車一乘　用馬一匹駱牝齒八歲高六尺(73EJD:17)

據紅外綫圖版,“移守御器簿”5字明顯與其他筆迹不同,應爲後書。簡中所見身份爲“居延都尉守屬”的誠常富,因“移守御器簿”,而在此處留下了歷史記録。推測,他所“移”的“守御器簿”有可能屬於居延都尉府。

至於簡(21)與其他相關簡上的勾識符號及後書文字,則屬於守御器簿上報後,上級對文書的校閲,擬另文探討。

附記　本文初稿曾提交“2021金塔漢簡暨長城文化學術研討會”報告,在會上承姚磊先生告知其相關文章。投稿後,又蒙匿名審稿專家賜示修改意見。謹此并致謝忱!

① 甘肅省文物考古研究所編:《敦煌漢簡》,圖版壹陸柒,303頁。該書將兩“御”均誤作“禦”。又,簡1611“二人隧亭中兵、守禦器”(282頁),未見圖版,疑“禦”應爲“御”。

馬圈灣漢簡所見匈奴南將軍史事發微

□ 南京工程學院馬克思主義學院　劉俊

内容提要　匈奴與新莽爭奪西域史事傳世文獻記載較爲簡略。馬圈灣漢簡揭示出匈奴南將軍支持西域諸國"反間""詐降",致使王駿身死焉耆、李崇退保龜兹、郭欽受困車師等歷史細節。"南將軍"爲攣鞮氏成員,全稱"南(右)犁汙王南將軍",簡稱"南(右)犁汙王""犁汙都尉",遲至元狩二年(前121)業已設置,最初游牧在驪靬附近,後遷移至今新疆吉木薩爾縣及准噶爾盆地以東至巴里坤湖附近。日逐王附漢後,南將軍擺脱了在西域的從屬地位,成爲匈奴經營西域的新任領導人并建立以其爲核心的反新軍事同盟。隨着北匈奴的西遷,遲至永平十三年(70)姻親氏族呼衍氏占據了南將軍的駐牧地,成爲威脅東漢經營西域的"根本"力量,南將軍則失去了經營西域的領導權。

關鍵詞　馬圈灣漢簡　南將軍　西域　呼衍氏

1979年,甘肅省考古學者在敦煌馬圈灣漢代烽燧遺址掘獲1200餘枚西漢、新莽時期木簡,其中第五號探方所出約100餘枚簡文載録了南將軍聯合西域諸國於天鳳三年迎戰新莽征伐的史事,[①]如:

① 新朝征伐西域的時間存在爭議,吴礽驤、張德芳和李永良認爲是天鳳四年,胡平生、饒宗頤和李均明、后曉榮認爲是天鳳三年,《漢書・西域傳下》曰"天鳳三年,乃遣五威將……",《王莽傳》曰"是歲,遣大使五威將……出西域","是歲"即"天鳳三年",我們認同是天鳳三年。參見吴礽驤《敦煌馬圈灣漢代烽燧遺址發掘報告》,甘肅省文物考古所編《敦煌漢簡釋文》,蘭州:甘肅人民出版社,1991,340頁;張德芳、李永良《關於敦煌漢簡中西域史料的幾個問題》,收入郝樹聲、張德芳《懸泉漢簡研究》,蘭州:甘肅文化出版社,2008,314頁;胡平生《敦煌馬圈灣漢簡中關於西域史料的辯證》,《胡平生簡牘文物論稿》,上海:中西書局,2012,203頁;饒宗頤、李均明《天鳳三年西域戰役》,收入其著《新莽簡輯證》,臺北:新文豐出版公司,1995,200頁;后曉榮、苗潤潔《關於敦煌馬圈灣漢簡涉及西域戰爭的幾個問題》,《河北大學學報(哲學社會科學版)》2016年第5期;《漢書》卷九六下《西域傳下》,北京:中華書局,1962,3927頁;《漢書》卷九九中《王莽傳中》,4146頁。

〼□南將軍焦捬乘其力子男皆死今恭奴言鄯善反我鄯善　《馬圈灣》114[①]

焉耆虜還且將桼八千人皆發與南將軍期會車師　《馬圈灣》149

擊虜兵立三面解諸國傳聞南逆將軍已伏誅宜速持　《馬圈灣》106

這引起學界關注,胡平生、張德芳和李永良、饒宗頤和李均明均認爲此"南將軍""南逆將軍"即"匈奴南將軍","焦捬"或是其名。[②] 總體來看,學界涉及南將軍的研究成果稍顯不足,[③]對其史事也缺乏系統的整理與研究。本文將利用簡文初步勾勒出南將軍逐步驅逐新莽勢力出西域的歷史細節,以補充和完善傳世文獻記載的不足,并在溯源南將軍稱謂、設置時間、駐牧地遷移問題的基礎上探究南將軍在西域的崛起和失勢,以期能够深化對南將軍的認識。錯謬之處,祈請專家指正。

一　《馬圈灣漢簡》所見南將軍與新莽西域爭奪

南將軍和新莽爭奪西域的史事闕載《漢書·匈奴傳》,《王莽傳》《西域傳》也僅載戰爭中焉耆和新莽史事,未載南將軍,實屬學界憾事,后曉榮、苗潤潔認爲這與《漢書》作者班固所宣傳的"漢德"相悖。[④] 利用簡文并結合傳世文獻復原天鳳三年南將軍集團如何逐步將新莽勢力驅逐出西域的史事實有發覆之必要。《漢書·西域傳》曰:

天鳳三年,乃遣五威將王駿、西域都護李崇將戊己校尉出西域,諸國皆郊迎,送兵穀。焉耆詐降而聚兵自備。駿等將莎車、龜兹兵七千餘人,分爲數部入焉耆,焉耆伏兵要遮駿。及姑墨、尉犂、危須國兵爲反間,還共襲擊駿等,皆殺之。[⑤]

《王莽傳》曰:

是歲,遣大使五威將王駿、西域都護李崇將戊己校尉出西域,諸國皆郊迎貢獻焉。

① 簡文録自張德芳《敦煌馬圈灣漢簡集釋》,蘭州:甘肅文化出版社,2013。文中引用時均簡寫爲"《馬圈灣》+編號"的形式,除特别説明外,不再逐一注釋。

② 參見胡平生《敦煌馬圈灣漢簡中關於西域史料的辯證》,《胡平生簡牘文物論稿》,203 頁;張德芳、李永良《關於敦煌漢簡中西域史料的幾個問題》,收入郝樹聲、張德芳《懸泉漢簡研究》,314 頁;饒宗頤、李均明《天鳳三年西域戰役》,收入其著《新莽簡輯證》,200 頁。

③ 參見孫占宇《馬圈灣漢簡所見一次發生在車師的戰爭》,《敦煌學輯刊》2006 年第 3 期;吴方浪、趙凌飛《匈奴南將軍與漢、匈絲路北道爭奪》,《内蒙古大學學報(哲學社會科學版)》2019 年第 4 期。

④ 后曉榮、苗潤潔:《關於敦煌馬圈灣漢簡涉及西域戰爭的幾個問題》。

⑤ 《漢書》卷九六下《西域傳下》,3927 頁。

諸國前殺都護但欽,駿欲襲之,命佐帥何封、戊己校尉郭欽別將。焉耆詐降,伏兵擊駿等,皆死。欽、封後到,襲擊老弱,從車師還入塞。[①]

《敦煌馬圈灣漢簡集釋》載:

五人□前三輩第一輩并出千八十人第二 《馬圈灣》155

之張掖寧發廬水五百人功卿與 同心士六十人俱未有發曰此近謂 第一部千八十人者也議遣君威來出 《馬圈灣》58

即聞第一輩起居雖煩後遣橐佗馳告之竊慕德義 《馬圈灣》42

檄書檢下責記不審輒御見不 三輩兵前起居未 《馬圈灣》77

文獻不載新軍征伐對象。實際上,南將軍早在天鳳三年前就已拉攏車師後王國、焉耆、新莽駐西域官員等盟友,形成了以南將軍爲核心的反新軍事同盟(詳見下文),天鳳三年新莽征討對象應是南將軍,其軍是抗擊新莽的主力。[②] 當南將軍獲知,新軍分三批入西域,[③]其中王駿、李崇率第一輩(部)河西兵"千八十人"和"莎車、龜兹兵七千餘人"進入焉耆時,便和盟國商討制定了"反間""詐降"策以反擊新軍的征伐。南將軍先安排"諸國皆郊迎,送兵穀",使新軍長驅直入。簡42前缺少主語,從後面"竊慕德義"的表述看,我們認爲是"郊迎"諸國,然後令"焉耆詐降而聚兵自備""姑墨、尉犂、危須國兵爲反間,還共襲擊駿等",王駿、李崇措手不及,最終王駿在焉耆軍潰身死,"李崇收餘士,還保龜兹"。[④] 簡文有録尉犂態度前後豹變的行爲:

臣厶前在尉梨與將率比上書 《馬圈灣》129

湖門尉得虜橐他上裝中尉棃侯□虜平書與逆虜又曰幸得脱 《馬圈灣》111

在南將軍"反間""詐降"策的指引下,尉犂先是"郊迎"新軍,[⑤]故該"臣"能"在尉犂與將率比上書",後"反間"成爲"湖門尉"口中的"尉犂侯□虜",與文獻的記載頗吻合。鄯善的態

① 《漢書》卷九九中《王莽傳中》,4146頁。

② 饒宗頤、李均明:《天鳳三年西域戰役》,收入其著《新莽簡輯證》,200頁。

③ 吴礽驤:《敦煌馬圈灣漢代烽燧遺址發掘報告》,甘肅省文物考古所編《敦煌漢簡釋文》,339頁。

④ 《漢書》卷九六下《西域傳下》,3927頁。

⑤ 漢代文獻中"尉犂"亦寫作"尉犁""尉梨",當指代西域國家名稱時"犂""犁""梨"三字互通,參見《後漢書》卷四《孝和孝殤帝紀》,北京:中華書局,1965,179頁;《後漢書》卷六《孝順孝沖孝質帝紀》,254頁;《三國志》卷三〇《魏書·烏丸鮮卑東夷傳》,北京:中華書局,1982,860頁。當指代匈奴王號時"犂""犁"互通,參見《漢書》卷九四下《匈奴傳下》,3822頁;《漢書》卷九四上《匈奴傳上》,3783頁。

度前後也發生了顯著變化：

今共奴已與鄯善不和則中國之大利也臣愚以爲欽將兵北☐　　《馬圈灣》66

☐□南將軍焦掎乘其力子男皆死今恭奴言鄯善反我鄯善　　《馬圈灣》114

鄯善不是南將軍盟國，且與"共奴"（南將軍）不和，新軍認爲是"中國之大利"，然在南將軍"焦掎"的經略下鄯善最終在戰爭中"反"了新朝，傳世文獻闕載鄯善的"反間"行爲，簡66、114可補文獻記載的不足。在南將軍的"反間""詐降"策下，新軍慘敗，王駿身死，李崇退避姑墨，得以殘喘：

候郭願降歸德臣厶竊見大都護崇檄與敦德尹亡已得乘姑墨城毋□皆數西　　《馬圈灣》91

且一月斬首三千九百一十五級功效已著頒賞不足宜勉李一身謹請　《馬圈灣》81

簡91説李崇退守的是"姑墨"，而《王莽傳》曰"還保龜茲"，"姑墨"業已"反間"，可能是李崇先退守姑墨，[①]并在附近"斬首三千九百一十五級"，最後"退保龜茲"。然仍遭到南將軍的打擊：

南將軍[②]微其精勇以壞龜兹車師諸國大煎都候郭近於西域　　《馬圈灣》108

報……發矢崇無以復戰貨財穀食孚盡車師因爲共奴所　　《馬圈灣》133

在南將軍的打擊下，李崇力有不逮、"無以復戰"。爲進一步打擊新軍勢力，南將軍將征伐重點置在實力尚存、曾去救援王駿、襲殺焉耆老弱，引兵還駐車師的"别將"佐帥何封、[③]戊己校尉郭欽身上：

焉耆虜還且將黍八千人皆發 與南將軍期會車師　　《馬圈灣》149

① 馬圈灣漢簡中"大都護""使君"均指西域都護李崇。參見張德芳、李永良《關於敦煌漢簡中西域史料的幾個問題》，收入郝樹聲、張德芳《懸泉漢簡研究》，311頁。

② 簡108中"南將軍"，《敦煌漢簡釋文》釋"行將军"，《敦煌漢簡校釋》釋"尉將軍"，《敦煌馬圈灣漢簡集釋》釋"尉相聞"，《敦煌馬圈灣漢簡中關於西域史料的辯證》釋"南將軍"，通過仔細審讀，我們認爲釋"南將軍"較爲合適。參見甘肅省文物考古所編《敦煌漢簡釋文》，蘭州：甘肅人民出版社，1991，10頁；白軍鵬《敦煌漢簡校釋》，上海古籍出版社，2018，198頁；張德芳《敦煌馬圈灣漢簡集釋》，402頁；胡平生《敦煌馬圈灣漢簡中關於西域史料的辯證》，《胡平生簡牘文物論稿》，203頁。

③ "别將"，師古曰："别領兵在後也。"參見《漢書》卷九九中《王莽傳中》，4146頁。

孤弱殆不戰自東西即虜政等黨成結固車師必懼 《馬圈灣》74
共奴與焉耆通謀欲攻車師戊部孤軍大都護☐ 《馬圈灣》119
共奴虜來爲寇於使君先知其必然故求請兵欲 《馬圈灣》159
車師略諸侯欲以威西域貪狠桀黠狂狡左爲諸國賊亂戊部衆 《馬圈灣》72
寇車師殺略人民未知審警當備者如律令 《馬圈灣》69

簡149“還且”應爲焉耆將領名,[①]其在“詐降而聚兵自備”殺死王駿後,便率領“桼八千人”與南將軍“通謀欲攻車師”,簡74表明南將軍和焉耆已經“黨成結固”,準備合擊共掠車師。此役焉耆雖傾國出兵,[②]而對新朝威脅最大的却是南將軍,其軍爲匈奴主力。[③] 簡119、159中與焉耆“通謀”“爲寇”的“共奴”可能就是南將軍及所領胡卒。胡平生推論簡72中“車師”前應爲“寇”字,[④]與簡69相同,均是譴責南將軍“寇車師略諸侯”的行爲。張德芳認爲“此次匈奴與焉耆結盟抵抗新室軍隊,是由南將軍完成的”。[⑤] 車師之戰中,南將軍還獲車師後國和劫國的支持:

故車師後亡侯虜支 將諸亡國千餘人 《馬圈灣》85
故車師後亡侯弟虜前將兵二千餘人 《馬圈灣》86

“侯虜支”即戰前歸附南將軍的車師後王“狐蘭支”,[⑥]故被稱爲“虜”,“侯虜支”與其弟將兵三千餘人協助南將軍對抗新朝:

其營就大張格射□□虜皆散亡又前連戰焉耆中兵矢 《馬圈灣》92

簡92《敦煌漢簡校釋》釋爲“其營就大張格射擊劫虜皆散亡”,[⑦]我們認爲此處的“劫虜”應是《西域傳》中的“劫國”,簡中多有“國名”加“虜”字的書寫習慣,如簡50“焉耆虜”、簡111“尉犁侯虜”、簡149“焉耆虜”、簡159“共奴虜”,劫國“户九十九,口五百,勝兵百一十五人”,[⑧]實力較弱,戰前可能已經臣屬南將軍。文獻中少見劫國的記載,簡文的發現豐富了我

---

① 張俊民認爲“還且”應寫作“遝沙”,是焉耆將領的名字。參見張俊民《馬圈灣漢簡幾組與西域有關文字的釋讀問題》,《敦煌研究》2020年第5期。
② “焉耆國……勝兵六千人”,此役焉耆出兵“桼八千人”應是傾國之兵。參見《漢書》卷九六下《西域傳下》,3917頁。
③ 饒宗頤、李均明:《天鳳三年西域戰役》,收入其著《新莽簡輯證》,203頁。
④ 胡平生:《敦煌馬圈灣漢簡中關於西域史料的辯證》,《胡平生簡牘文物論稿》,200頁。
⑤ 張德芳、李永良:《關於敦煌漢簡中西域史料的幾個問題》,收入郝樹聲、張德芳《懸泉漢簡研究》,321頁。
⑥ 裘錫圭:《讀漢簡札記》,《裘錫圭學術文集》第2卷《簡牘帛書卷》,上海:復旦大學出版社,2012,236頁。
⑦ 白軍鵬:《敦煌漢簡校釋》,196頁。
⑧ 《漢書》卷九六下《西域傳下》,3920頁。

們對劫國的認識。在南將軍的征伐下,郭欽部"孤弱殆不戰",處境艱難:

糧食孚盡吏士饑餧馬畜物故什五人以食爲命兵	《馬圈灣》135
少罷馬但食枯葮飲水恐盡死欲還又迫策上責	《馬圈灣》43
前去時期遣使來會十一月十日今豫爲責備不到十一二日即	《馬圈灣》40
戊部亂軍□食貨財盡兵器敗傷箭且衆	《馬圈灣》122
☐□□地之魚命在甕盆必欲案	《馬圈灣》153

在南將軍的打擊下,郭欽部缺衣少糧,器殘將敗,"茭又盡(《馬圈灣》169)",[①]原定十一月十日送到的軍糧遲遲未到,以至於"戊部亂",猶如"甕盆之魚""孤弱殆不戰",諸多細節刻畫出郭欽部在南將軍的打擊下無力支撑的窘境。李崇"無以復戰",郭欽轉向王莽求援,然援軍在南將軍率領的"胡兵乘利奔突追逐(《馬圈灣》137)"下,無法挽回西域敗局,郭欽部衹能"從車師還",[②]倉皇入塞。南將軍則尾隨追擊郭欽直至敦煌:

南將軍徼其精勇以壞龜兹車師諸國大煎都候鄣近於西域	《馬圈灣》108
共奴虜可千騎來過敦諸尉吏在者至鄣所部據城	《馬圈灣》115

南將軍派"千騎"追至敦煌大煎都候障,大煎都候是新朝玉門都尉所屬最西端的候官,是新朝郡縣制度下的極西陲,與西域接壤,戰略地位極爲重要。南將軍的"過敦"行爲使"諸尉吏在者"不得不戒備防禦。

南將軍在天鳳三年率領聯軍使用"反間""詐降"計使王駿在焉耆軍潰身死、李崇退保龜兹,繼而與焉耆"通謀"圍攻退守車師的郭欽。郭欽不敵,倉皇入塞,南將軍派兵追至大煎都候障,"諸尉吏在者"不得不戒備防禦的史事被馬圈灣漢簡所録,彌補了《漢書·西域傳》《王莽傳》《匈奴傳》所載不足的缺憾。南將軍成功地將新莽勢力驅除出西域,不僅鞏固了其"經營西域領導人"(詳見下文)的地位,借助西域的資源,爲東漢初期"匈奴轉盛"奠定了基礎。[③]南將軍與西域諸國結盟抗擊新軍征伐的史事,也爲我們認識匈奴因素在西域與中央王朝關係中的作用提供了新的歷史參照。

---

① 漢代河西簡牘中所見"茭"指飼草,接近於稾。參見王子今《漢代河西的"茭"——漢代植被史考察札記》,《甘肅社會科學》2004年第5期。

② 《漢書》卷九九中《王莽傳中》,4146頁。

③ 《後漢書》卷八九《南匈奴列傳》,2940頁。

二　匈奴南將軍名號與駐牧地

馬圈灣漢簡載録了南將軍驅逐新莽勢力出西域的史事細節，豐富了我們對南將軍認知。然仍有不足，如南將軍與“右犁汙王”的關係、設置時間、駐牧地遷移及爲何是南將軍與新莽爭奪西域等問題，故需對南將軍展開溯源，以期對其有一個相對全面的認識。史載：

> 烏桓距曰：“奉天子詔條，不當予匈奴稅”……單于聞之……毆（烏桓）婦女弱小且千人去，置左地……將率還到左犂汙王咸所居地，見烏桓民多，以問咸。[①]

匈奴將俘獲的烏桓人“置左地”“左犂汙王咸”的領地，“左犂汙王”屬“左方王將”。冒頓所置“左方王將”和“右方王將”相互對應，如“左賢王”對應“右賢王”，“左谷蠡王”對應“右谷蠡王”等，地位稍遜“四角”“六角”的名王仍別有名號并對應左右，限於地位或實力暫不載史籍，王宗維認爲匈奴“左祝都韓王”對應有“右祝都韓王”，“右致盧兒王”“右於塗仇撣王”“右股奴王”應對有“左王”，[②]同理“左犂汙王”當有對應的“右犂汙王”。[③]

元鳳三年（前 78），“單于使犂汙王窺邊，言酒泉、張掖兵益弱，出兵試擊，冀可復得其地”，[④]“犂汙王”所“窺”之酒泉、張掖原屬匈奴右地，此“犂汙王”或爲“右犂汙王”。[⑤] 右犂汙王希望“復得其地”，表明其曾駐牧在酒泉、張掖某處，而元狩二年西漢已占據該地，可見遲至元狩二年匈奴已置“右犂汙王”并駐牧於斯。“右犂汙王”的全稱或是“南犂汙王南將軍”，史載：

> 時戊己校尉史陳良、終帶、司馬丞韓玄、右曲候任商等見西域頗背叛……共殺戊己校尉刀護，遣人與匈奴南犂汙王南將軍相聞。匈奴南將軍二千騎入西域迎良等……玄、商留南將軍所，良、帶徑至單于庭……[⑥]
>
> 時戊己校尉刀護病，遣史陳良屯桓且谷備匈奴寇……遂殺校尉刀護……遣人與匈奴南將軍相聞，南將軍以二千騎迎良等。[⑦]

---

① 《漢書》卷九四下《匈奴傳下》，3820-3822 頁。
② 王宗維：《匈奴諸王考述》，《内蒙古大學學報（哲學社會科學版）》1985 年第 2 期。
③ 始建國三年（11），莽“分匈奴爲十五單于”，立“右犁汙王咸”爲孝單于，咸駐牧在匈奴左地，此處“右”當爲“左”之誤。參見《漢書》卷九四下《匈奴傳下》，3823 頁。
④ 《漢書》卷九四上《匈奴傳上》，3783 頁。
⑤ 李春梅：《論匈奴政權的分封制》，《内蒙古社會科學》2014 年第 1 期。
⑥ 《漢書》卷九四下《匈奴傳下》，3823 頁。
⑦ 《漢書》卷九六上《西域傳上》，3924 頁。

《匈奴傳》和《西域傳》均載新莽駐西域官員投降匈奴事,《匈奴傳》前文稱"南犂汗王南將軍",後文和《西域傳》省稱爲"南將軍","犂"通"犁","汙"誤爲"汗","犂汗"即"犁汙"。班固編撰《漢書》的過程中常將匈奴王號進行縮記或簡稱,如"西邊日逐王"簡稱爲"日逐王","西方呼揭王"省稱"呼揭王",故班固將"南犁汙王南將軍"省記爲"南將軍"是可能的。"南將軍"或僅是"南犁汙王南將軍"的簡稱,爲同一人,不存在隸屬關係,而南將軍將良、帶送至單于庭,表明其直屬單于。"南犁汙王南將軍"屬匈奴右部,"南犁汙王"之"南"或"右"之誤,[①]"南犁汙王"即"右犁汙王","南犁汙王南將軍"亦稱"右犁汙王南將軍",省稱"右(南)犁汙王"或"南將軍"。

南(右)犁汙王南將軍的駐牧地存在動態變化的過程,史載:

> 明年(前78),單于使犁汙王窺邊,言酒泉、張掖兵益弱,出兵試擊,冀可復得其地……後無幾,右賢王、犁汙王四千騎分三隊,入日勒、屋蘭、番和……屬國千長義渠王騎士射殺犁汙王……[②]

"右犁汙王"希望在西漢"酒泉,張掖兵益弱"的背景下"復得其地""日勒、屋蘭、番和",但相比之下張掖郡的"驪靬"與右犁汙王的關係或更加密切。李并成、劉光華、何立波等認爲"驪"通"犁","靬"通"汙","驪靬"即"犁汙",[③]邢義田認爲"驪靬"之音與匈奴語之"犁汙"音相近,這比説"驪靬"轉譯自羅馬更加合適,漢帝國在河西置郡縣,仍沿用若干匈奴遺留下來的名稱,是比較可以理解的事。[④] 漢帝國在河西置郡縣的過程中承襲"驪靬"之名,但"右犁汙王"與原駐牧河西的休屠王、渾邪王兩王相比,地位和實力均不可同日而語。甘肅省永昌縣焦家莊鄉杏樹村的南古城是"驪靬"縣遺址,[⑤]該處地形開闊、水草豐茂,是游牧民族的天然優質牧場。驪靬附近或是目前所知"右犁汙王"最早的駐牧地,約在今甘肅省永昌縣石羊河流域的東大河、西大河附近。

元狩二年駐牧於驪靬附近的右犁汙王已向西遷移,本始三年(前71)漢軍發十五萬騎分五道伐匈奴,其中常惠與烏孫昆彌將五萬騎從西方攻入右谷蠡王庭,獲單于父及嫂、居次、名王、犂汙都尉、千長,王宗維認爲此"犂汙都尉"是元鳳三年被義渠王騎士射殺的"右犂汙王"

---

① 王宗維:《匈奴諸王考述》。

② 《漢書》卷九四上《匈奴傳上》,1962,3783頁。

③ 參見李并成《河西走廊歷史地理》,蘭州:甘肅人民出版社,1995,16頁;劉光華《西漢驪靬縣與犁軒國無關》,《絲綢之路》1994年第3期;何立波《中國驪靬古城真與"羅馬戰俘"有關嗎?》,《河北學刊》2004年第6期。

④ 邢義田:《從金關、懸泉置漢簡和羅馬史料再探所謂羅馬人建驪靬城的問題(增補稿)》,《古今論衡》第13期,臺北:"中研院"歷史語言研究所,2005,55頁。

⑤ 李并成:《河西走廊歷史地理》,73-74頁。

西遷後的繼任者。[①] 元始中(1-5),徐普議開新道,車師後王姑句不願爲拄置,叛漢歸匈奴,車師後國的駐牧地"頗與匈奴南將軍地接",[②]南將軍的駐牧地應在車師後國以北地區,林幹認爲今新疆吉木薩爾縣及准噶爾盆地以東至巴里坤湖是南將軍駐牧地,[③]可從,但是此片廣闊區域,主要是日逐王、右谷蠡王的分地,南犁汙王或許仍是處於從屬地位。

本始年間業已駐牧天山北麓的南將軍,在漢軍的打擊下實力更加孱弱,本應退出歷史舞臺。然隨着匈奴向西域遷移,[④]西域對匈奴日益重要,逐漸成爲其經濟命脈。稽查《漢書·匈奴傳》《西域傳》可知,匈奴駐牧西域諸王,自西向東分别是右谷蠡王、呼揭王、東蒲類王、南將軍、西邊日逐王、介和王及右賢王。

天漢二年(前99)封"匈奴降者介和王爲開陵侯",[⑤]原駐牧西域的介和王附漢;右谷蠡王是匈奴"四角"之一,駐牧在天山北路的烏孫、車師間,軍事實力較强,本始三年(71)宣帝遣"校尉常惠與烏孫兵至右谷蠡庭",斬獲"三萬九千餘級,虜馬牛羊驢贏橐駞七十餘萬",右谷蠡王的實力衰耗嚴重,逐漸退出西域的歷史舞臺;呼揭王是非攣鞮氏王,且駐牧在阿爾泰山西麓,力有不及。駐牧西域諸王或附漢或實力衰耗嚴重,導致匈奴對西域的控制嚴重下降,及至"經營西域的領導人"[⑥]日逐王附漢,西域的局勢對匈奴更加危急:

> 神爵二年十一月癸卯朔乙丑,縣(懸)泉厩佐廣德敢言之,爰書:厩御、千乘里畸利謹告曰:所葆養傳馬一匹,騅,牡,左剽,入坐肥,齒二歲,高六尺一寸,□頭,送日逐王來至冥安,病亡。[⑦]

日逐王因政治失勢於神爵二年南下附漢,大約11月25日抵敦煌郡冥安縣。日逐王降漢使匈奴在西域的統治岌岌可危,甘露元年(前53)匈奴右賢王銖婁渠堂被呼韓邪單于派遣入侍,[⑧]東蒲類王於元帝時歸附西域都護,匈奴在西域的統治出現權力真空。此時駐牧西域的匈奴攣鞮氏王僅知南將軍,[⑨]借助地緣優勢,從附屬地位躍升爲匈奴經營西域的新任領導人,填補了匈奴諸王留下的權力空白,此後"南犁汙王"稱謂始加"南將軍",這與其承擔的軍

---

① 王宗維:《匈奴諸王考述》。
② 《漢書》卷九六下《西域傳下》,3924頁。
③ 林幹:《匈奴諸王駐牧地考》,收入其著《匈奴史論文選集(1919-1979)》,北京:中華書局,1983,97頁。
④ 兒單于在位時,匈奴"單于益西北,左方兵直雲中,右方兵直酒泉、敦煌"。參見《漢書》卷九四上《匈奴傳上》,3774頁。
⑤ 《漢書》卷九六下《西域傳下》,3922頁。
⑥ [日]長澤和俊著,鐘美珠譯:《絲綢之路史研究》,天津古籍出版社,1990,50頁。
⑦ 轉引自胡平生《匈奴日逐王歸漢新資料》,《文物》1992年第4期。
⑧ 日逐王先賢撣附漢後,薄胥堂繼爲日逐王,神爵四年(前58)薄胥堂繼單于位,直至竟寧元年(前33)呼韓邪單于立伊屠智牙師爲右日逐王,期間并無日逐王存續,哀帝時匈奴所立日逐王的職能爲"侍漢",已無統領西域的職責,逐漸淪爲空有頭銜的名王。
⑨ 吴方浪、趙凌飛:《匈奴南將軍與漢、匈絲路北道爭奪》。

事活動增加有關。

南將軍成爲匈奴經營西域的新任領導人後,車師成爲其與西漢間的戰略緩衝地帶,西漢於“北胥鞬”屯田,“田北胥鞬即下傳别田車師”,[①]漢簡“北胥鞬”寫作“比胥鞬”,如“我兒得毋有如是者耶,誤如是,而以爲謂充知是誰類。充曰:類比胥楗校尉(Ⅱ90DXT0115③:35)”“寧府卒人:安遠侯遣比胥犍……(Ⅱ90DXT0214③:83A)”,[②]“鞬”可寫作“楗”“犍”,[③]在車師前部,今鄯善一帶,[④]元帝時又設戊己校尉駐守高昌壁負責車師屯田。西漢的軍屯使南將軍的駐牧地處於不斷被蠶食和監視之中,招其不滿,加之王莽“積失恩信”并推行歧視性的民族政策,[⑤]業已成爲匈奴經營西域領導人的南將軍,積極拉攏西域諸國與新朝爲敵。

始建國二年(10),匈奴(南將軍)與車師後國狐蘭支共擊車師,殺後城長,傷都護司馬,新莽駐西域官員“殺戊己校尉刀護”歸附南將軍并合“寇擊諸國”。[⑥] 始建國五年(13),“焉耆國近匈奴先叛殺都護但欽,莽不能討”,[⑦]新莽西域統治基本瓦解,而南將軍在西域勢力迅速增長。至天鳳三年王莽征伐西域之前,南將軍已拉攏車師後王國、焉耆、新莽駐西域官員等盟友,形成以其爲核心的反新軍事聯盟,胡平生認爲天鳳年間對抗新莽征伐的西域軍事聯盟是由南將軍組織和建立的。[⑧] 爲挽救西域岌岌可危的統治,莽令五威將王駿、西域都護李崇,戊己校尉郭欽、左率何封分批率軍征伐南將軍,漢籍闕載新莽與南將軍之間的戰事,幸被馬圈灣漢簡所録,彌補了文獻記載不足的遺憾。

三　南將軍西域失勢

南將軍作爲匈奴新任“經營西域的領導人”,戰後勢必統領西域,然南將軍始終無法完全控制西域諸國。早在王莽之亂時,南道“唯莎車王延最强,不肯附屬”匈奴,光武初,延子康更是“率傍國拒匈奴”,康弟賢在位時“攻破拘彌、西夜國”“葱領以東諸國皆屬賢”,[⑨]莎車的崛起使南將軍難以横行昆侖山北麓,建武二十二年(46)莎車王賢“攻殺龜兹王,遂兼其國”,[⑩]將勢力深入到南將軍重點控制的北道國家。繼莎車而起的是于闐和鄯善,“從精絶西北至疏

① 岑仲勉:《漢書西域傳地里校釋》卷二六《莎車》,北京:中華書局,1981,337頁。
② 轉引自張俊民《“北胥鞬”應是“比胥鞬”》,《西域研究》2001年第1期。
③ 張俊民:《“北胥鞬”應是“比胥鞬”》。
④ 錢伯泉:《北胥鞬考》,《新疆社會科學》1985年第2期。
⑤ 《漢書》卷九九中《王莽傳中》,4133頁。
⑥ 《漢書》卷九四下《匈奴傳下》,3823頁。
⑦ 《漢書》卷九六下《西域傳下》,3927頁。
⑧ 胡平生:《敦煌馬圈灣漢簡中關於西域史料的辯證》,《胡平生簡牘文物論稿》,203頁。
⑨ 《後漢書》卷八八《西域傳》,2923頁。
⑩ 《後漢書》卷八八《西域傳》,2924頁。

勒十三國皆服從”“南道自葱領以東,唯此二國爲大”。① 莎車、于闐、鄯善先後稱雄南道并深入北道,北道的車師亦滅“郁立、單桓、孤胡、烏貪訾離”,②南將軍無法有效控制南道諸國和北道車師,是故此時其應主要游牧在天山北麓和東天山附近的蒲類海、伊吾等地區。

與《漢書》“南北二道”相比,天山北路在匈奴社會發展中占有更加重要的地位,③天山北路是匈奴通往中西亞的主要商道,匈奴從蒙古高原南下,經蒲類海到伊吾,沿天山北路可至南將軍的駐牧地和西邊的烏孫、康居等國,匈奴憑藉天山北路廊道與西域、乃至更遠的西方世界保持交往和貿易。這條商路西來的各種物資,首先輸入南將軍部,駐牧於此的南將軍或是此條商路的實際控制者。伊吾爲敦煌、祁連間的緑洲,④“地宜五穀、桑麻、蒲萄”“膏腴之地”,⑤這里四季都能通行,無論向庫魯克塔格山以西、以東地區和哈密平原都十分便利。⑥在“匈奴衰弱”⑦和西遷的背景下,交通便利、貿易發達、土壤肥沃、物産豐富的天山北路和東天山地區在匈奴國家發展中的作用更加凸顯,活動於此的攣鞮氏的代表南將軍的重要性和地位本應有所提高,史載:

> 而匈奴中連年旱蝗,赤地數千里,草木盡枯,人畜飢疫,死耗太半……二十四年春,八部大人共議立比爲呼韓邪單于,以其大父嘗依漢得安,故欲襲其號。於是款五原塞,願永爲蕃蔽,扞禦北虜。⑧

冒頓構建了攣鞮氏和姻親氏族共同執政的政治體制,其中攣鞮氏居於核心地位,姻親氏族居於“輔政”地位,⑨這種體制穩定的前提是攣鞮氏能保持强大的實力,一旦攣鞮氏的軍事力量減弱,姻親氏族和攣鞮氏組成的匈奴統治聯盟就面臨瓦解的風險,而這場爆發在建武二十二年(46)導致匈奴牲畜“死耗太半”的自然災害成爲包括南將軍在内的“攣鞮氏的軍事力量減弱”的重要事件,并誘發了匈奴的分裂。⑩ 北匈奴面臨南方的漢朝與南匈奴、北方的丁零、東邊的烏桓、鮮卑的威脅,向西域遷徙是現實的選擇。北匈奴向西遷移,勢必會引發爭奪駐牧地的鬥爭,其中遷移至東天山和天山北路的北匈奴姻親氏族呼衍部與攣鞮氏南將軍關於駐牧地的矛盾無法調和。永平十三年(70),東漢“議兵事”,史載:

---

① 《後漢書》卷八八《西域傳》,2916 頁。
② 《後漢書》卷八八《西域傳》,2909 頁。
③ [日]松田壽男著,陳俊謀譯:《古代天山歷史地理學研究》,北京:中央民族學院出版社,1987,5-6 頁。
④ 漢祁連山應即今天山。參見余太山《塞種史研究》,北京:商務印書館,2012,89、200、201 頁。
⑤ 《後漢書》卷八八《西域傳》,2914 頁。
⑥ [英]斯坦因著,巫新華等譯:《西域考古圖記》第 1 卷,桂林:廣西師範大學出版社,1998,665 頁。
⑦ 《後漢書》卷八八《西域傳》,2909 頁。
⑧ 《後漢書》卷八九《南匈奴列傳》,2942 頁。
⑨ 劉俊:《姻親氏族與匈奴政治體制的嬗變》,《民族學刊》2022 年第 2 期。
⑩ 王文濤:《漢代匈奴區的自然災害及對漢匈關係的影響》,《社會科學戰綫》2012 年第 7 期。

當先擊白山,得伊吾,破車師,通使烏孫諸國,以斷其右臂,未可先擊匈奴也。伊吾亦有匈奴南呼衍一部……今可先擊白山,以觀其變,擊匈奴未晚也。①

耿秉認爲"未可先擊匈奴","匈奴"指北匈奴蒲奴單于集團,"當先擊白山","白山"即東天山,這裏代指活動於此的匈奴部落,因與下文"伊吾亦有南呼衍一部"對應,"白山"或是呼衍王部落的代稱,永平十七年(74)"竇固……擊破白山虜於蒲類海上,②林幹認爲白山虜即呼衍王部,③遲至永平十三年呼衍王集團已經游牧在蒲類海、伊吾等東天山地區,占據了原屬南將軍在西域的駐牧地。呼衍氏是匈奴姻親氏族的代表,實力强大,南將軍不敵,失去了對天山北路和東天山的控制權。呼衍氏逐漸掌控了天山北路和東天山地區,替代南將軍成爲匈奴新任"經營西域的領導人",至東漢中期呼衍部族已經演變成北匈奴的"根本"和"新一代核心力量",④而南將軍失去經營西域的領導權。

結語

馬圈灣漢簡載録的南將軍聯合西域諸國使用"反間""詐降"計迫使王駿身死焉耆、李崇退保龜兹、郭欽困守車師,最終驅除新莽勢力出西域的史事,彌補了文獻記載不足的遺憾。"南將軍"屬攣鞮氏,全稱"南(右)犁汙王南將軍",簡稱"南(右)犁汙王""犁汙都尉",遲至元狩二年業已設置,最初游牧在"驪靬"附近,本始年間遷移至今新疆吉木薩爾縣及准噶爾盆地以東至巴里坤湖地區。在匈奴駐牧西域的諸王或衰耗或附漢的歷史背景下,南將軍擺脱了從屬地位,憑藉地緣優勢,成爲匈奴經營西域的新任領導人,并在王莽征伐西域之前,拉攏了車師後王國、焉耆、新莽駐西域官員等盟友,形成以其爲核心的反新軍事聯盟,最終成功地將新莽勢力驅除出西域。戰後,南將軍主要游牧在天山北麓和東天山地區,然隨着北匈奴的西遷,遲至永平十三年姻親氏族呼衍氏占據南將軍在西域的駐牧地,替代南將軍成爲匈奴新任"經營西域的領導人",并逐漸發展成爲北匈奴的"根本"力量。匈奴的西域代理人呈現出"日逐王"—"南將軍"—"呼衍王"的嬗變過程。南將軍的史事深刻影響了中央王朝與西域諸國的關係,相關的釐清工作有助於推進秦漢民族關係史、邊疆史、西域史的研究。

附記 感謝匿名審稿專家提出的寶貴修改意見。

① [晉]袁宏撰,張烈點校:《後漢紀》卷一〇《孝明皇帝紀下》,北京:中華書局,2002,188頁。
② 《後漢書》卷二《顯宗孝明帝紀》,122頁。
③ 林幹:《匈奴歷史年表》,北京:中華書局,1984,91頁。
④ 劉俊、王海:《論匈奴呼衍氏地位的演進》,《北方文物》2018年第1期。

西北漢簡“烽”及相關問題論考 *

□ 中山大學中國語言文學系
□ “古文字與中華文明傳承發展工程”協同攻關創新平臺
王錦城

内容提要 烽是一種籠狀的圓形器物,由草和布製作而成,且主要是由布製成。烽上有“紐”和“鋗”兩種相關的器具。“紐”是烽上用以提起或繫掛的部件,“鋗”或通“捐”,指圓環。所謂的“烽坙”,或是用以存放烽的小土屋。烽用“烽索”懸掛在“烽干”上,用轆轤升降。烽是用於白天的一種烽火信號,不需要點燃。就烽在漢簡中的稱謂來看,可以有“地蓬”“旁蓬”“塢上蓬”“亭上蓬”“堠上蓬”“直上蓬”“虆舉蓬”“河蓬”等諸多不同的類别。與烽相關的還有“烽火曲函”和“烽火圖板”,前者具體所指不明,後者可認爲是標有烽火用具放置位置的圖板。

關鍵詞 烽 形制 升舉 使用 類别

漢代西北邊塞烽火信號的使用中,“烽”是最重要的信號之一。20世紀初敦煌漢簡出土以後,對“烽”的探討就已開始。而隨着居延漢簡等西北屯戍漢簡的大量發現,諸多學者就“烽”展開了全面的研究。王國維、勞榦、賀昌群、陳夢家、初師賓、吴礽驤等學者都曾對“烽”

* 本文爲教育部人文社會科學研究青年基金項目“西北漢簡簿籍分類整理與名物詞研究”(22YJC740076)、廣東省社科規劃青年項目“漢代簡牘文書名物詞分類整理與研究”(GD22YZY01)階段性成果。

及相關問題進行過系統的研究,取得了許多重要的成果。[①] 可以説"烽"的很多問題都已經得到了解決。但是近年來得益於簡牘拍攝技術的進步以及漢簡研究的興盛,不僅新公布出版了一些重要的西北漢簡材料,而且早期出版的幾批西北漢簡也基本全部得到了重新整理。新材料的公布和舊材料産生的新認識使得有必要對相關問題進行更爲深入細緻的研究,本文擬在前賢時傑已有研究成果的基礎上,對"烽"及相關問題作一全面探討。

一　烽的形制

關於"烽"的形制,在漢簡中可直接注意到的是其有"布烽""草烽"等的不同,見於如下簡文:[②]

(1)布蓬　六　☑　(227·18)[③]

(2)布蓬三 ㇄一白不毋　(506·1)[④]

(3)☑其木蓬一,完☑　(553·4)

(4)　梟承弦三絜□四尺,負十算。

執適　塢中不掃除,負三算。

　　塢上不塗堊,負三算。

鼓一毋柜,負五算。　毋□禁當□　☑

布蓬一,作治未成,負三算。　毋大刀,負五算　☑

□二不□□,負十算☑　(73EJT26:107A)[⑤]

(5)☑□　塢户上給皆□　□布蓬少二□☑

---

① 參見羅振玉、王國維《流沙墜簡》,北京:中華書局,1993;勞榦《居延漢簡·考釋之部·居延漢簡考證》,臺北:"中研院"歷史語言研究所專刊之四十,1960;勞榦《從漢簡所見之邊郡制度》,"中研院"歷史語言研究所集刊第8本第2分,臺北:商務印書館,1939;勞榦《釋漢代之亭障與烽燧》,"中研院"歷史語言研究所集刊第19本,臺北:商務印書館,1948;勞榦《居延漢簡考證補正》,"中研院"歷史語言研究所集刊第14本,臺北:商務印書館,1949;勞榦《釋漢簡中的"烽"》,中國文字編輯委員會編《中國文字》新12期,臺北:藝文印書館,1988;賀昌群《烽燧考》,《賀昌群文集》第1卷《史學叢論》,北京:商務印書館,2003;陳夢家《漢代烽燧制度》,收入其著《漢簡綴述》,北京:中華書局,1980;初師賓《漢邊塞守御器備考略》,初師賓《漢代烽火考述——兼論古代烽號的演變》,吴礽驤《漢代蓬火制度探索》,甘肅省文物工作隊、甘肅省博物館編《漢簡研究文集》,蘭州:甘肅人民出版社,1984。

② "烽"字漢簡中有多種寫法,其中以"蓬"最爲常見,本文所引統一作"蓬"。又"烽燧"的"燧"字亦有多種寫法,本文所引統一作"隧"。

③ 簡牘整理小組編:《居延漢簡(壹)—(肆)》,臺北:"中研院"歷史語言研究所專刊之一〇九,2014–2017。以下所引居延漢簡均據此書,不另出注。

④ 該簡簡文較長,未具引。

⑤ 甘肅簡牘保護研究中心、甘肅省文物考古研究所、甘肅省博物館、中國文化遺産研究院古文獻研究室、中國社會科學院簡帛研究中心編:《肩水金關漢簡(壹)—(伍)》,上海:中西書局,2011–2016。以下所引金關漢簡均據此書,不另出注。

　⍁　□蓬毋紐鋗白　□□□□　⍁(削衣)　　(73EJT30:260)[①]

(6)　九石具弩一,傷兩撫,左應死四分卩　⍁
⍁□行塞　塢上布蓬三,抓五寸,已作治卩　⍁
　程苣九,不具堠外,已出卩　⍁
　……⍁　　(73EJT31:61A)

(7)鶩糒三石　草蓬一　汲器二　　(73EJT37:1541)

(8)芀橐一　布蓬三　塢户上下級各一　　(73EJT37:1549)[②]

(9)□□隧布蓬一,循辤:觻得安國里、姓□氏、年二十三,始□⍁　　(73EJF3:199)

(10)驩喜布蓬一,持歸隧突中,至黍月中爲吏所□⍁　　(73EJF3:417)

(11)⍁□要虜隧承弦三,盜東望隧布蓬一,└二十□⍁　　(73EJF3:455)

(12)⍁□循盜隧布蓬一,盜第六隧鎧□⍁　　(73EJF3:557)

不過整體來看,漢簡所見烽基本都是布烽,草烽和木烽僅各出現一次,而所謂"木烽"的釋讀或有問題。簡(3)"其木蓬一"中的"蓬"字作形,從字形來看,其恐非"蓬",而更像是"箕"字。"箕"在漢簡中作(73EJT8:29)、(506・1)等,可以參看。關於"草烽",目前來説僅見於簡(7),而簡(7)(8)屬同一簿册,爲同一烽燧的守禦器的登記記録。簡(7)記有"草蓬一",簡(8)記有"布蓬三",這説明一個烽燧同時配備有布烽和草烽,且在數量上布烽是草烽的三倍。因此,就目前所發表的漢簡來看,烽應當衹有布烽和草烽兩種,而且以布烽爲主。

由此可知,烽當由布或草製作而成。相對於漢簡中的語焉不詳,烽在文獻典籍中有較爲詳細的記載,現將有關記載抄録於下:

《史記・魏公子列傳》:"公子與魏王博,而北境傳舉烽,言'趙寇至,且入界'。"《集解》:文穎曰:"作高木櫓,櫓上作桔槔,桔槔頭兜零,以薪置其中,謂之烽。常低之,有寇卽火然舉之以相告。"[③]

《史記・司馬相如列傳》:"夫邊郡之士,聞烽舉燧燔。"《集解》:《漢書音義》曰:"烽如覆米䉛,縣著桔槔頭,有寇則舉之。燧,積薪,有寇則燔然之。"《索隱》"熢燧":韋昭曰:熢,束草置之長木之端,如挈皋,見敵則燒舉之。燧者,有難則焚之。熢主晝,燧主

① "鋗"字原未釋,該字作形,右部是"肙",又從居延漢簡可見"蓬鋗"(68・63)、"鋗紐"(113・28)等文例來看,其當是"鋗"字,此據以補釋。

② 該簡"芀"原作"芳",王錦城、魯普平釋。詳見王錦城、魯普平《西北漢簡中"芀"字釋讀述考》,鄔文玲主編《簡帛研究二〇一七(秋冬卷)》,桂林:廣西師範大學出版社,2018,172-179頁。

③ 《史記》卷七七《魏公子列傳》,北京:中華書局,1959,2377-2378頁。

夜。《字林》云:"籅;漉米籔也,音一六反。"又《纂要》云:"籅,淅箕也。"此注是孟康説。①

《漢書·賈誼傳》:"斥候望烽燧不得卧。"顔師古注:文穎曰:"邊方備胡寇,作高土櫓,櫓上作桔皋,桔皋頭兜零,以薪草置其中,常低之,有寇卽火然舉之以相告,曰烽。又多積薪,寇至卽燃之,以望其煙,曰燧。"張晏曰:"晝舉烽,夜燔燧也。"師古曰:"張説誤也。晝則燔燧,夜則舉烽。"②

《漢書·司馬相如傳下》:"夫邊郡之士,聞烽舉燧燔。"顔師古注:孟康曰:"烽如覆米籅,縣著契皋頭,有寇則舉之。燧,積薪,有寇則燔然之也。"③

《後漢書·光武帝紀下》:"築亭候,修烽燧。"李賢注:《前書音義》曰:"邊方備警急,作高土臺,臺上作桔皋,桔皋頭有兜零,以薪草置其中,常低之,有寇卽燃火舉之,以相告,曰烽。又多積薪,寇至卽燔之,望其煙,曰燧。晝則燔燧,夜乃舉烽。"《廣雅》曰:"兜零,籠也。"④

《太平御覽·兵部·烽燧》引《漢書音義》:"高臺上作桔槔,頭置兜零,以薪草置其中,常懸之,有寇則火然舉之,曰烽。下多積薪,寇至則燔之,望其煙,曰燧。晝則燔燧,夜乃舉烽。"⑤

典籍中的記載看似繁多,實際上多有重複。綜觀這些記載,不難發現關於烽的形制上,主要的看法不外乎《漢書音義》、文穎和孟康等幾家,且他們所説大致相同。這其中提到烽的形狀和一種所謂"兜零"或"覆米籅"的物體相關。

"籅"即"籅",爲淘米的竹器。《説文》曰:"籅,漉米籔也。"⑥上述《史記·司馬相如列傳》司馬貞《索隱》引《字林》同。"兜零"《後漢書·光武帝紀下》李賢注引《廣雅》曰:"籠也。"今本《廣雅·釋器》:"篝、笭,籠也。"⑦"兜零"和"篝笭"音近相通。無論"覆米籅"或"兜零",其形狀應當大致相同,爲籠狀竹器。因此,按照文獻典籍的記載,烽也應當是一種籠狀的器具。

實際上,關於烽的形制,諸學者大都是這麽認爲的。如勞榦先生説:"故若兜零,若覆米籅,要皆箕籠之屬,所以承薪草者。"⑧賀昌群先生謂:"今四川淘米所用之竹筐,形如雞卵平破之狀,殆即所謂覆米籅也。淅箕,《篇海》云:揚米去糠之具。當亦如箕帚之箕。則覆米籅、漉米籔、淅箕、兜零,其狀雖不盡同,要可得其與烽類之狀。"⑨陳夢家先生亦指出烽頭漢世稱爲

① 《史記》卷一一七《司馬相如列傳》,3045-3046 頁。

② 《漢書》卷四八《賈誼傳》,北京:中華書局,1962,2240-2241 頁。

③ 《漢書》卷五七下《司馬相如傳下》,2578-2579 頁。

④ 《後漢書》卷一下《光武帝紀下》,北京:中華書局,1965,60 頁。

⑤ 《太平御覽》卷三三五,北京:中華書局,1960,1540 頁。

⑥ [漢]許慎撰,[宋]徐鉉校定:《説文解字》卷五上,北京:中華書局,1963,96 頁。

⑦ [清]王念孫著,張其昀點校:《廣雅疏證》卷八上,北京:中華書局,2019,612 頁。

⑧ 勞榦:《居延漢簡·考釋之部·居延漢簡考證》,36 頁。

⑨ 賀昌群:《烽燧考》,《賀昌群文集》第 1 卷《史學叢論》,155 頁。

"兜零",據《御覽》和章懷注引《廣雅》是"籠也"。漢代的"烽",燃火於"兜零"(篝籠),懸於桔槔頭。[1]《中國簡牘集成》注釋曰:"蓬,用帛、布做成的,通報信息的籠狀標幟物。"[2]

不過需要注意的是,由於"草烽"簡文出土較晚且用例很少,上述這些看法没有對烽從形體上加以區分。其後則有學者認爲布烽和草烽的形制有所不同。如初師賓先生指出居延邊塞亭燧所備之烽,分草、布二種。草烽用草編製,其形狀大致與《漢書・司馬相如傳》孟康注所謂"烽如覆米䉛",《賈誼傳》文穎注所謂"兜零"之形近似,像淘洗米的竹籃,或裝物的籠、簍等,與今日所見航運、氣象信號的竹編籠球同屬一類。[3] 而布烽形制,初先生認爲是在一個稱"坙"的框架外,蒙縛帶色的布帛製成的。烽坙約爲一木框架形,其框形即所謂"户"上,蒙縛烽布,烽布之繩爲烽布索。[4]

《中國簡牘集成》注釋也有類似看法:"草烽"亦稱爲"放簍""胡籠"。其形狀大致與《漢書・司馬相如列傳》孟康注所謂"烽如覆米䉛",《賈誼傳》文穎注所謂"兜零"之形近似,像淘洗米的竹籃,或裝物的籠、簍之類,與今日所見航運、氣象信號的竹編籠球同屬一類。"布烽"形狀,是在一個稱"坙"的木框上,裹縛上帶有一定顔色的布帛,用轆轤升降。[5] 其應當是采用了初師賓先生的説法。

此外,安忠義先生認爲烽的形制是將有色的繒(厚帛)或麻布綳在木框或草籠上作爲一種信號標誌。用木框的叫木具烽,木框就叫坙;坙同鞏。用草籠的叫草烽。草籠在古籍中有的形容爲"䉛""兜零"。[6] 將繒布綳在一個稱"坙"的木框上,這種説法可能還是沿用上述初師賓先生和《中國簡牘集成》的注釋而來。不同的是此種烽安先生稱作"木具烽"。

可知關於烽的形制,認爲布烽和草烽形狀不同的觀點實際上均源自初師賓先生。筆者認爲草烽的形狀爲籠狀器物是正確的。但説布烽是在一個稱"坙"的木框上,蒙縛布帛則恐不妥。就烽的形狀來説,漢簡中可見如下記載:

(13)・蓬以布若葦爲溝,高五尺,口徑四尺,索蓬二。 (DQ:9)[7]

"葦"即蘆葦。該簡蓋是説烽可用布製,亦可用蘆葦製作。"溝"或當通"篝",指竹籠。《廣雅・釋器》:"篝,籠也。"[8]《史記・滑稽列傳》:"甌窶滿篝,汙邪滿車,五穀蕃熟,穰穰滿家。"

---

① 陳夢家:《漢代烽燧制度》,收入其著《漢簡綴述》,173 頁。
② 中國簡牘集成編輯委員會編:《中國簡牘集成》,蘭州:敦煌文藝出版社,2001,第 5 册,39 頁。
③ 初師賓:《漢邊塞守御器備考略》,甘肅省文物工作隊、甘肅省博物館編《漢簡研究文集》,164-165 頁。
④ 初師賓:《漢邊塞守御器備考略》,甘肅省文物工作隊、甘肅省博物館編《漢簡研究文集》,165 頁。
⑤ 中國簡牘集成編輯委員會編:《中國簡牘集成》,第 9 册,89 頁。
⑥ 安忠義:《漢代烽火制度再考》,張德芳主編《甘肅省第二届簡牘學國際學術研討會論文集》,上海古籍出版社,2012,87-88 頁。
⑦ 張德芳、石明秀主編:《玉門關漢簡》,上海:中西書局,2019,225 頁。以下所引玉門關漢簡均據此書,不另出注。
⑧ [清]王念孫著,張其昀點校:《廣雅疏證》卷八上,2019,612 頁。

裴駰《集解》引徐廣曰:“篝,籠也。”[①]如此則烽可以是一個高五尺,口徑四尺的圓籠狀器物。“索蓬”應當指的是烽索,即懸掛烽的繩索。根據該簡提供的信息來看,烽無疑可以是圓籠狀物體,同於典籍所載。烽以布則爲“布烽”,以葦則爲“草烽”,亦與漢簡所載相合。

至於所謂“烽坙”“坙”,見於如下簡文:

(14)☑□問音,對曰:檄在蓬坙中,食　　　　　　　　　　　　　　(219·28)

(15)	卒王臨二月壬寅病
執胡隧長田□二月乙丑病	卒□惲炅
	賦藥各五齋
居延蓬坙卑一尺,户更西鄉	汲垂少一
蘭入表坙卑小	弩皆不□持
亡人赤表坙單,垣不齊壹	
狗少一	園韭五畦　　　　(73EJT23:765)[②]

“坙”字見於字書,《集韻·鍾韻》:“坙、砮,水石之島曰坙。或从石。”[③]但這個含義於簡文不符。簡(14)“檄在蓬坙中”説明坙當是一種可以容納東西的處所。據簡(15)來看,不僅烽有坙,表也有坙,“卑一尺”應是説低了一尺。文中“户更西鄉”“垣不齊壹”也應當是描述坙的,户指門户,垣是牆。如此則坙有門有牆,又根據其從土表義來看,坙或是一種小土屋,用以存放烽表。烽表使用時升舉起來,不用時需要存放,這種存放烽表的小土屋簡文中或稱作坙。因此認爲坙指木框,布烽是在坙這個木框上蒙縛布帛的説法是不妥當的。

總之,依據文獻典籍和已發表的漢簡來看,烽無疑是一種籠狀的圓形物體。至於布烽和草烽,我們認爲其衹是材質的不同,在形狀上應當没有區别。從目前所見漢簡中布烽的用例明顯多於草烽來看,烽當主要由布製作而成。雖然所謂“烽坙”并非烽里面的木框,但圓籠狀的布烽或草烽之中應當具有木質骨架,不過這一點現有簡文尚未見明確記載,有待於更多材料的發現。

此外,關於烽的形制,前引簡(5)中提到“蓬毋紐鋗”,説明烽上當有“紐鋗”這樣的物體。相關文例又見於如下兩簡:

(16)　　　　天田□毋☑

---

① 《史記》卷一二六《滑稽列傳》,3198頁。

② 該簡“垣不齊壹”的“壹”原作“壺”,“齊壹”當指整齊劃一,懸泉漢簡屢見,如簡Ⅰ90DXT0109S:153、Ⅰ90DXT0110①:91、Ⅰ90DXT0111②:38等,此據以改釋。

③ [宋]丁度等編:《集韻》卷一,上海古籍出版社,1985,21頁。

外塢户下□▨
臨木隧長王横　内塢户毋一戊▨
汲桐少一▨
蓬銷不調利▨　(68・63)

(17)▨更秩,蓬解隨,銷紐不以時著,忠當坐,職事▨　(113・28)

可以看出烽上當有"紐"和"銷"兩種相關的器具。"紐"指器物上用以提起或繫掛的部件。《廣雅・釋器》:"鈕謂之鼻。"王念孫《疏證》:"紐,與'鈕'通。鈕之言樞紐也。凡器之鼻謂之紐。"[①]《淮南子・説林訓》:"龜紐之璽,賢者以爲佩。"[②]"銷"或通"捐",指圓環。《爾雅・釋器》:"環謂之捐。"郭璞《注》曰:"著車衆環。"[③]王引之《經義述聞》:"家大人曰:環與捐皆圓貌也。捐之言圓也。"[④]紐和環正好可以配套使用,因此烽上當有紐,紐上套環,環中穿繩索,用以升舉。"調利"即順暢、靈活。《淮南子・泰族訓》:"四枝節族,毛蒸理泄,則機樞調利,百脉九竅,莫不順比。"[⑤]

最後,關於烽的顔色,簡文中常出現有白色。如前引簡(2)中說"布篷三 ㇄一白",另外還有以下兩簡:

(18)▨里不畫　縣索二所絶　狗籠一破
▨狗少一　□□不□　卒田倩弩緯緩　□
▨十二小　長斧□皆小　蓬皆白　(311・31A)

(19)所……二年秋行塞□□□□及上積薪毋跽署,吏卒被兵簿多繆誤,蓬表白　(73EJT23:280)

此兩簡均是舉出烽火器具等存在問題的報告,簡(2)"一白"也是在守禦器具烽之後標出其問題所在的記録。因此白色不是烽的本來顔色,陳夢家先生曾指出烽用布絹,或赤白繒所製,故言"皆白"是已褪色。[⑥] 其説烽"皆白"是已經褪色,甚是。但烽本應是何種顔色,似乎還不能確知。或認爲是紅色或紅白色,如前陳夢家所言烽用赤白繒所製,又勞榦先生曾説

① [清]王念孫著,張其昀點校:《廣雅疏證》卷八上,2019,638頁。
② 何寧:《淮南子集釋》卷一七《説林訓》,北京:中華書局,1998,1208頁。
③ [晉]郭璞注,[宋]邢昺疏:《爾雅注疏》卷五,[清]阮元校刻《十三經注疏》,北京:中華書局,1980,2599頁。
④ [清]王引之撰,虞思徵、馬濤、徐煒君校點:《經義述聞》,上海古籍出版社,2018,1663頁。
⑤ 何寧:《淮南子集釋》卷二〇《泰族訓》,1382頁。
⑥ 陳夢家:《漢代烽燧制度》,收入其著《漢簡綴述》,162頁。

“蓋藁以布爲之,間以紅白,以便遠望。”[①]初師賓先生謂“布烽皆有色,目前僅知有赤色一種。”[②]《中國簡牘集成》亦説烽爲紅、白色草、布製成的信號。[③] 不過現在看來這種觀點是有問題的,諸學者説烽爲紅色或紅白色所依據的是如下一簡:

(20)☑□百　□月甲子買赤卣覆苓一　(284·24)

其中“卣覆苓”原釋作“白繒蓬”,[④]可知烽爲紅色或紅白色的觀點是在錯誤釋文的基礎上作出的。因此在有清晰的圖版和準確的釋文之後,這樣的説法就不可靠了。

二　烽的升舉

烽作爲一種警示信號用具,使用時升舉起來以傳遞信息,因此其需要時刻保持起降的順暢。烽不能升降也是戍守吏卒的一種失職行爲,如:

(21)蓬不可上下,連梃庡解,□多隨折,長斧椎皆櫓,棓啐呼,稗色不鮮明,彔索幣絶,弩長臂曲戾不可　(127·24)

該簡是列舉守禦器具等出現問題的文書,其中可見“蓬不可上下”,當是説烽不能正常升起和放下。

關於烽的上下問題,諸學者亦進行過討論。前面所引文獻典籍中描述烽的形狀時,均説烽是用所謂“桔槔”來升舉的。桔槔是一種原始的汲水工具,其結構相當於一個普通的杠杆。《莊子·天運》:“且子獨不見夫桔槔者乎? 引之則俯,舍之則仰。”成玄英《疏》:“桔槔,挈水木也。人牽引之則俯下,捨放之則仰上。”[⑤]《淮南子·氾論訓》:“斧柯而樵,桔皐而汲。”[⑥]

因此有學者即認爲烽用桔槔以上下。如勞榦先生曰:“藁着於藁竿,以桔槔上下。”[⑦]但其又認爲所謂“地烽”上下用鹿盧而不用桔槔:“地蓬上下以鹿盧爲之。鹿盧或作轆轤,亦汲水器,惟以軸貫轂,以曲木爲柄承於轂端,手旋曲木,引繩以汲水下上,不用梃也。是必地蓬在距亭塢稍遠之地,别立竿以懸藁,非亭上及塢上士卒之手所能及,故不能爲桔槔,在平地則竿

① 勞榦:《居延漢簡·考釋之部·居延漢簡考證》,35頁。
② 初師賓:《漢邊塞守御器備考略》,甘肅省文物工作隊、甘肅省博物館編《漢簡研究文集》,165頁。
③ 中國簡牘集成編輯委員會編:《中國簡牘集成》,第9册,88頁。
④ 謝桂華、李均明、朱國炤:《居延漢簡釋文合校》,北京:文物出版社,1987,479頁。
⑤ [清]郭慶藩撰,王孝魚點校:《莊子集釋》,北京:中華書局,1961,514頁。
⑥ 何寧:《淮南子集釋》卷一三《氾論訓》,915頁。
⑦ 勞榦:《居延漢簡·考釋之部·居延漢簡考證》,35頁。

高，竿高則藁繩俱重，故懸藁下藁俱以鹿盧爲省力之具矣。"[①]

不過其後勞先生又説："是地蓬用蓬竿施桔槔，應與隧上之蓬相同，無二致也。蓬竿三丈，合今度二丈一尺，桔槔懸其頂不能長過三丈，其兩端各一丈五尺，仍距地甚高，非人手所能及也。故蓬用桔槔上下，而桔槔又必用鹿盧（滑車）上下，然後可舉高而及遠。然則以鹿盧上下桔槔，不惟地蓬用之，隧上之蓬亦當用之矣。"[②]可知其應當是改變了原先的看法，認爲不論地烽還是其他的烽，都是用桔槔上下，而桔槔又用鹿盧上下。此外，勞榦先生還曾説："藁用木在上面和下面綳住，再用藁索擊上，再另外植立着一個長三丈的藁竿，在藁竿頂上繫着一個滑車，繩索穿在滑車上面，藁便可以上下了。"[③]

賀昌群先生謂漢時烽火所用則曰轆轤。轆轤與桔槔形制雖有别，亦汲水之器，以軸置於木架之上，一端貫長轂，上懸汲水之桶，井有曲木，用手轉之，引取汲器。烽火之轆轤，則爲舉烽之用也。[④] 陳夢家先生指出一具烽架由直立的烽柱（即烽竿）、可以上下舉的横木、横木一端的兜零（即烽）或表、横木上所繫用以上下舉的烽索、起落烽索的鹿盧五部分構成。烽竿長三丈，而横木縛於竿端之下，故烽索亦長三丈。鹿盧又稱舉烽鹿盧地烽鹿盧，乃是轆轤即滑車。漢代井架上所用，用以汲水；用於烽竿當在竿首，可能地烽上專用之。[⑤] 均認爲烽的上下衹用鹿盧。此外，初師賓先生亦指出竿的形制，漢簡尚無一例能證明它是"桔槔"的。烽竿懸烽索，用鹿盧和轉櫨收放烽索，每一竿約配一鹿盧。此三者，數目近似，相互配套。[⑥]

諸學者認爲烽用鹿盧上下的觀點應當是正確的，就目前發表的漢簡來看，用以升舉烽的器具非如典籍所載是桔槔。簡文所見和烽的升舉有關的器具首先有"烽干"，其例如下：

(22)☑□下蓬滅火。蓬干長三丈□☑ (2115)[⑦]

(23)・不侵部建平四年十一月亭隧蓬干、轉射、沙造數簿 ☑ (55・10)

(24)☑帛補□撻

☑蓬干□置毋蓋

・卅一隧卒□安世采十六月・第廿九隧卒王禹□□□曲憲□・第廿二隧卒□☑ (104・42A)

(25)☑□不堵黑　　狗少☑

---

① 勞榦：《居延漢簡・考釋之部・居延漢簡考證》，35 頁。

② 勞榦：《居延漢簡考證補正》，《"中研院"歷史語言研究所集刊》第 14 本，240–241 頁。

③ 勞榦：《釋漢代之亭障與烽燧》，《"中研院"歷史語言研究所集刊》第 19 本，521 頁。

④ 賀昌群：《烽燧考》，《賀昌群文集》第 1 卷《史學叢論》，157 頁。

⑤ 陳夢家：《漢代烽燧制度》，收入其著《漢簡綴述》，163 頁。

⑥ 初師賓：《漢邊塞守御器備考略》，甘肅省文物工作隊、甘肅省博物館編《漢簡研究文集》，166 頁。

⑦ 甘肅省文物考古研究所編：《敦煌漢簡》，北京：中華書局，1991。本文所引敦煌漢簡 1430 號以後簡均據此書，并參考白軍鵬《敦煌漢簡校釋》，上海古籍出版社，2018。

〼□不事用　　　蓬火□〼
〼前廚蓋解隨　　地蓬干頃〼
〼轉槈皆毋梜　　　　　　　　　　　　　　　　（214·82）

（26）六隧烽干，第廿三隧大積薪一，政等格射各　　　　　　（EPT20:30）[①]

（27）塢燔燒隧中内塢上蓬、蓬干及〼　　　　　　　　　　　（EPT44:33A）

（28）　　　　　卒四人
　　　　　　　一人省　　　　　　　堠户厭破，不事用，負二算
次吞隧長長舒　一人車父在官已見　木長棱二，柄長，負二算
　　　　　　　二人見　　　　　　　直上蓬干柱柜木一解隨，負三算
　　　　　　　　　　　　　　　　　　　　　　　　　　（EPT59:6）[②]

（29）省蓬干、鹿盧、索完堅調利，候卒有席薦不　　　　　　　（EPF22:238）

（30）〼蓬干　　　　　　　　　　　　　　　　　　　　　　（73EJT15:16）

（31）〼□二具蓬干二　棱楪四　　　　　　　　　　　　（73EJT37:1556+1558）

簡（29）《居延新簡集釋》注釋曰："蓬干即烽竿，用於舉烽表之物。鹿盧即轆轤，利用輪軸原理製成的一種起重工具，此是用升降烽表的工具。索即烽索，用於拉升烽表等物。烽干、鹿盧和索三物配套使用。完即完整。堅即堅固。調利指靈活。"[③]其説甚是。

"干"當通"竿"，據簡（22）則烽竿可長三丈。簡（25）"地蓬干頃"是説烽竿傾斜了，可知烽竿本來應當是直立的。簡（28）"直上蓬干柱柜木"義不明，《居延新簡集釋》注釋曰："應指用於懸掛蓬表的木杆等設備。"[④]其説或是。"解隨"是説破裂毀壞。"解"當義爲破裂，分離，如《後漢書·仲長統傳》："中國擾攘，四夷侵叛，土崩瓦解，一朝而去。"[⑤]"隨"或通"墮"，"墮"有毁壞義，《史記·孔子世家》："吴伐越，墮會稽，得骨節專車。"裴駰《集解》引王肅曰："墮，毁也。"[⑥]

黄文弼先生曾在漢代烽燧遺址發現豎立木竿五，南北直列，高約3.7米。每竿相距約3.7米。木竿上端鑿一方孔。其認爲即是烽竿。[⑦] 吴礽驤先生認爲烽竿的形制，似以横木穿木柱上端，呈"十"字形，鹿盧即置於横木較長一端之首。[⑧] 説或是。

---

① 張德芳主編：《居延新簡集釋》，蘭州：甘肅文化出版社，2016。以下所引居延新簡均據此書，不另出注。
② 該簡簡文較長，未具引。
③ 張德芳主編，張德芳著：《居延新簡集釋（七）》，蘭州：甘肅文化出版社，2016，490頁。
④ 張德芳主編，蕭從禮著：《居延新簡集釋（五）》，蘭州：甘肅文化出版社，2016，231頁。
⑤ 《後漢書》卷四九《仲長統傳》，1647頁。
⑥ 《史記》卷四七《孔子世家》，1912-1913頁。
⑦ 黄文弼：《西域史地考古論集》，北京：商務印書館，2015，129頁。
⑧ 吴礽驤：《漢代蓬火制度探索》，甘肅省文物工作隊、甘肅省博物館編《漢簡研究文集》，247頁。

烽竿以外，漢簡中和烽的升舉有關的器物還常見有“烽索”，如以下簡文：

(32) 蓬承六，小各一寸　　(3・27)
(33) ▩蓬承索八　　(49・3)
(34) 蓬索　⧄　　(68・56)
(35)　　斧刃二破，斧頭一破・皆已易
⧄第五隧長趙延年　　積薪四小⧄
　　蓬索一幣・已易　　(112・23)
(36) ⧄□敢言之：迺四年十二月
⧄□平毋承索二，地蓬索三　　(145・15A)
(37) ▩第卅五隧蓬索長三丈，一完
元延二年造　　(393・9A)
▩第卅五隧蓬索長□
元延二年造　　(393・9B)
(38)　　出四定卿取
出貫二付卒楊純
　　出三治蓬索　　(EPT51:69)
(39) 隧地蓬索小，兵⧄　　(EPT52:568)
(40) ⧄盧不調利，索幣絶，或毋蓬或幣絶⧄　　(EPF22:285)
(41) ■卅井次東隧蓬承索一，長四丈　　(ESC:26)
(42) 第七隧蓬承七丈索一，完　　(2000ES7S:14A)[1]
■第七隧承索七丈一，完　　(2000ES7S:14B)

簡(32)“蓬承”當是“蓬承索”的漏寫，“承”在漢簡中常作備用講，如“承弦”一般認爲是備用之弦，[2]承索當即備用的繩索。關於“烽索”的長度，勞榦曾據簡(37)曰“完指完整者而言，是蘪繩長三丈也。繩長三丈，是蘪竿亦當三丈。”[3]但從簡(41)(42)來看，烽承索還可長四丈或七丈，這或許跟烽所安放的位置有關。處於不同位置的烽，烽竿高度或有别，故所用烽索亦有差異。

烽是用繩索懸掛在烽竿上來傳遞訊息的，故其上下當需要用到起降裝置。和這種裝置相關的器具有簡(25)中的“轉槫”和簡(29)的“鹿盧”，他們還見於如下簡文：

---

① 孫家洲主編：《額濟納漢簡釋文校本》，北京：文物出版社，2007。以下所引額濟納漢簡均據此書，不另出注。
② 詳見王錦城《〈肩水金關漢簡〉分類校注及相關問題研究》所引諸家説法，華東師範大學博士學位論文，2019，318 頁。
③ 勞榦：《居延漢簡・考釋之部・居延漢簡考證》，35 頁。

(43)☐第卅四隧地蓬鹿盧不調　(136·7)

(44)　弦函上蓋破　轉櫖皆毋椟
第卅六隧長宋登　蓬一不事用　淵皆毋肩署
鋸一不事用　候樓不善塗墍
狗籠一頃　(214·5)

(45)　鋸不事用　小積薪一,上僵頃
第廿九隧長王禹膠少　大積薪二,上僵頃
轉櫖皆毋椟　候樓不墍
□□□□□解隨　(214·8)

(46)　斤刃決　蓬火曲函解隨　轉櫖皆毋椟
斧刃決　狗少一
☐第十八隧長單威 守御□二□鮮明　小積薪一,上僵頃
毋□　(214·47)

(47)　轉櫖毋椟　□□不任事　卒一人茭
第廿四隧長淳于福　□□□不黑　小積薪二,上僵頃
□□一哼呼
鈎一不事用　(214·49)

(48)纍舉蓬鹿盧　二　二　二☐　(227·31)

(49)　兵蘭□堵黑不鮮明
第卅八隧長高遺　長辟堵黑不鮮明
轉櫖皆毋柅
蓬火曲函哼呼　(258·16)

(50)　鋸不任事　脂少一杯　倚傷書白哼呼
第廿七隧長李宫　斧一不任事　轉櫖皆毋柅
釜不任事　薪六石具弩一紼起左　(285·18)

(51)☐　□婁不鮮明
☐　轉櫖毋柅　(578·1)

(52)塢上蓬鹿盧不調利,已利。　(73EJT37:1069)①

(53)　蘭冠二,毋緣

① 該簡簡文較長,未具引。"蓬鹿盧"的"蓬"原未釋,據王錦城《〈肩水金關漢簡〉分類校注及相關問題研究》補釋。詳見王錦城《〈肩水金關漢簡〉分類校注及相關問題研究》,784 頁。

第九隧長莊宣　牛屎橐,幣
　　　　　　　地蓬鹿盧一,盖隨　　　　　　　　(2000ES9SF3:15A)

“鹿盧”是一種利用輪軸原理製成的起重裝置,常安在井上絞起繩索以汲水。也寫作“鹿櫨”“樚櫨”“轆轤”等。如《晉書·石季龍載記上》:“鍾一没於河,募浮没三百人入河,繫以竹絙,牛百頭,鹿櫨引之乃出。”①庾信《和張侍中述懷》:“道險卧樚櫨,身危累素殼。”倪璠注:“樚櫨,井上汲水圓轉木也。”②《正字通·車部》:“轆轤,井上汲水軸也。”③《六韜·虎韜·軍用》:“渡溝塹,飛橋一間,廣一丈五尺,長二丈以上,着轉關轆轤,八具,以環利通索張之。”④《世説新語·排調》:“顧曰:‘井上轆轤卧嬰兒。’”⑤《齊民要術·種葵》:“井别作桔橰、轆轤。”原注:“井深用轆轤,井淺用桔橰。”⑥可知烽的升舉主要使用的是烽竿、烽索和鹿盧,和文獻記載的用“桔橰”有所不同。

此外,漢簡所謂“轉櫎”,有學者也認爲是用以收放烽索的。如初師賓先生曰:“疑屬鹿櫨類,上有柅柄,可轉動收放烽索。”⑦從上引簡文來看,轉櫎上往往還有稱作“棙”或“柅”的裝置。但據文義來看,該棙和柅應當是同一種東西。實際上所謂“棙”此前也是釋作“柅”的,⑧衹不過新整理的紅外綫圖像版《居延漢簡》將其中部分字改釋作了“棙”。上述簡文中分别釋作“棙”和“柅”的字形體如下表:

居延漢簡“棙”和“柅”字字形表

簡號	214·5	214·8	214·47	214·49	214·82	258·16	285·18	578·1
字形	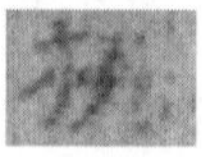		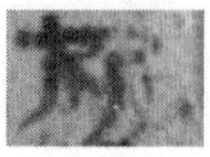	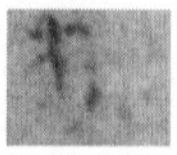	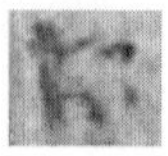	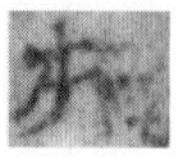		
釋文	棙					柅		

從字形來看,這些字寫法基本一致,唯簡214·8右下角似乎寫作了“大”形,其應當是“匕”的變體。又結合這些字在文例中的用法來看,他們當屬同一字無疑,且以釋作“柅”爲

① 《晉書》卷一〇六《石季龍載記上》,北京:中華書局,1974,2764頁。
② [北周]庾信撰,[清]倪璠注,許逸民校點:《庾子山集注》卷三,北京:中華書局,1980,252-254頁。
③ [明]張自烈、[清]廖文英編,董琨整理:《正字通》,北京:中國工人出版社,1996,1140頁。
④ 駢宇騫等譯注:《武經七書》,北京:中華書局,2007,451頁。
⑤ [南朝宋]劉義慶著,[南朝梁]劉孝標注,余嘉錫箋疏:《世説新語箋疏》卷下,北京:中華書局,2007,964頁。
⑥ [後魏]賈思勰著,繆啓愉校釋:《齊民要術校釋》卷三,北京:中國農業出版社,1998,181頁。
⑦ 初師賓:《漢代烽火考述——兼論古代烽號的演變》,甘肅省文物工作隊、甘肅省博物館編《漢簡研究文集》,365頁。
⑧ 謝桂華、李均明、朱國炤:《居延漢簡釋文合校》,334、338頁。

是。勞榦先生曾謂:“柅者即絞盤,以受藁繩者,放繩則藁下,絞繩則藁起矣。”①

現在看來,其説恐非是。由簡文“轉樐皆毋柅”可知“轉樐”應當是一個可以轉動的器物,且一個烽燧往往擁有不止一個“轉樐”,“柅”應當是其上的某個部件。“柅”或即“杘”,指器物的柄或摇把。《説文》:“杘,籆柄也。从木,尸聲。柅,杘或从木,尼聲。”②段玉裁《注》:“籆卽絡車也。所以轉絡車者,卽杘也。”③《玉篇·木部》:“杘,籆柄也。”④《廣韻·至韻》:“杘,籰柄也。”。⑤《廣雅·釋器》:“杘,柄也。”王念孫《疏證》:“爲柄之通稱矣。”⑥《墨子·備穴》:“以金劒爲難,長五尺,爲銎、木杘,杘有慮枚,以左客穴。”孫詒讓《閒詁》引《廣雅·釋詁》云:“杘,柄也。”⑦

至於“轉樐”,尚不能確知其爲何物。勞榦先生曰:“今簡文俱作樐或作轉樐,樐者樓櫓,無頂之屋,可以四望,故曰轉也。”⑧賀昌群先生認爲轉樐殆即文穎所謂高木櫓,所以置桔槔懸兜零者也。烽櫓即烽之木櫓或轉櫓之類也。⑨ 陳夢家先生則指出堠樓、候樐乃是望敵之櫓,故轉樐應别是一物。高木櫓即堠樐,不是轉樐;賀昌群以爲轉樐是附屬於烽干之物。後者似有可能。⑩

“樐”同“櫓”,《集韻·姥韻》:“櫓,或从鹵从虜。”⑪按字面意思來講,轉樐或可指望樓。徐鍇《説文解字繫傳》:“又城上白露屋亦名爲櫓。”⑫《玉篇·木部》:“櫓,城上守禦望樓。”⑬《釋名·釋宫室》:“櫓,露也,露上無屋覆也。”⑭但這不合漢簡所記,陳夢家先生已指出堠樓是望敵之櫓,轉樐應别是一物。如其和烽的升舉有關,則“樐”或通“櫨”,轉樐也即轆轤,轆轤以軸貫長轂或圓木,旋轉手柄或摇把收放繩索,或因此簡文稱作“轉樐”。但漢簡中“鹿盧”習見,且目前無更多證據表明轉樐即轆轤,因此轉樐也可能是另外一種守禦器具。其具體所指不得而知,存疑待考。

---

① 勞榦:《居延漢簡·考釋之部·居延漢簡考證》,35 頁。
② [漢]許慎撰,[宋]徐鉉校定:《説文解字》卷六上,123 頁。
③ [漢]許慎撰,[清]段玉裁注:《説文解字注》卷六上,上海古籍出版社,1988,264 頁。
④ [梁]顧野王:《大廣益會玉篇》卷一二,北京:中華書局,1987,63 頁。
⑤ [宋]陳彭年:《鉅宋廣韻》卷四,上海古籍出版社,2017,247 頁。
⑥ [清]王念孫著,張其昀點校:《廣雅疏證》卷八上,616-617 頁。
⑦ [清]孫詒讓撰,孫啓治點校:《墨子閒詁》卷一四《備穴》,北京:中華書局,2001,561-562 頁。
⑧ 勞榦:《居延漢簡·考釋之部·居延漢簡考證》,35 頁。
⑨ 賀昌群:《烽燧考》,《賀昌群文集》第 1 卷《史學叢論》,159 頁。
⑩ 陳夢家:《漢代烽燧制度》,收入其著《漢簡綴述》,165 頁。
⑪ [宋]丁度等編:《集韻》卷五,339 頁。
⑫ [南唐]徐鍇:《説文解字繫傳》卷一一,北京:中華書局,2017,119 頁。
⑬ [梁]顧野王:《大廣益會玉篇》卷一二,63 頁。
⑭ [東漢]劉熙撰,[清]畢沅疏證,王先謙補,祝敏徹、孫玉文點校:《釋名疏證補》卷五,北京:中華書局,2008,190 頁。

三　烽的使用

上文所引《史記》《漢書》等文獻中，除了記載有烽的形制等以外，還主要記載了烽的升舉時間，以及烽這種傳遞信息的工具是否要燃燒的問題。相關文獻還可見兩例，如《史記·周本紀》：“幽王爲㷭燧大鼓，有寇至則舉㷭火。”張守節《正義》：“峯遂二音。晝日燃㷭以望火煙，夜舉燧以望火光也。㷭，土魯也。燧，炬火也。皆山上安之，有寇舉之。”[①]《文選·司馬相如〈喻巴蜀檄〉》：“夫邊郡之士，聞烽舉燧燔。”李善注引張揖曰：“晝舉烽，夜燔燧。”[②]綜合典籍文獻中的記載來看，關於烽的使用上，主要的問題在於烽燃燒與否，晝舉還是夜舉。

圍繞這個問題，諸多學者展開討論，各家看法不盡一致。如王國維謂《漢書·賈誼傳》顔師古注“晝則燔燧，夜乃舉烽”的說法是“其識卓矣”。且認爲混言之則烽表爲一物，析言之，則燃而舉之謂之烽，不燃而舉之謂之表。夜則舉烽，晝則舉表。[③] 可知其看法是燃燒且夜間所舉爲烽。

其後勞榦先生對這個問題討論較多，但可能由於其對“烽”的概念界定不是很清晰，因此論述中有些矛盾之處。如勞榦先生曰：“一曰表，或作蓬，以繒布爲之，色赤與白。二曰煙。三曰苣火。四曰積薪。其所舉之時，則積薪日夜兼用，表與煙用於晝，而苣火則用於夜也。”[④]可知其將烽火信號歸爲四類，且認爲烽和表相同，用於白晝。又說：“今以漢簡證之，則㷭用於晝，苣火用於夜，而積薪則晝夜兼用。”[⑤]表達了相同的觀點。

但是對於烽是否燃燒的問題，勞榦曰：“㷭表本是一物，二名互稱者。據前引《司馬相如傳》及《賈誼傳》注，則㷭爲以桔槔舉兜零，燔煙而告遠者。”[⑥]認爲烽如文獻所載爲以桔槔舉兜零，燃燒以放煙。但是其又說“兜零是竹籠，覆米簍是漉米器，都是箕籠一類，和布製的蓬表并非一物。除非晚間以竹籠盛陶器，中置薪火，舉到蓬竿上面，這雖然不是炬火，但與炬火同一功用。”[⑦]“桔槔所舉者爲火，文穎之説是也。其舉火於兜零則以兜零中（籠中）當盛有盆盎之屬，薪草置於之中故不致燃及兜零。”[⑧]認爲兜零和布製的烽表不是同一種東西，但兜零晚間置薪火則可以是烽。

可知其又認爲烽是燃火用於夜間的。總之，勞榦在烽的概念、升舉時間以及是否燃燒等

---

① 《史記》卷四《周本紀》，148－149 頁。

② ［梁］蕭統編，［唐］李善注：《文選》卷四四，上海古籍出版社，1986，1964 頁。

③ 羅振玉、王國維：《流沙墜簡》，130、139 頁。

④ 勞榦：《居延漢簡·考釋之部·居延漢簡考證》，35 頁。

⑤ 勞榦：《從漢簡所見之邊郡制度》，《“中研院”歷史語言研究所集刊》第 8 本第 2 分，170 頁。

⑥ 勞榦：《從漢簡所見之邊郡制度》，《“中研院”歷史語言研究所集刊》第 8 本第 2 分，170 頁。

⑦ 勞榦：《釋漢代之亭障與烽燧》，《“中研院”歷史語言研究所集刊》第 19 本，521 頁。

⑧ 勞榦：《居延漢簡考證補正》，《“中研院”歷史語言研究所集刊》第 14 本，240 頁。

問題的看法上還存在一些不甚清晰之處。

陳夢家先生曰:"'兜零'爲篝籠,故有可能於其中置薪燃火出煙。但是漢代的'烽'是否然火頗有疑問:(1)漢烽燧臺上設有放煙的突竈;(2)漢代布烽用赤白兩色的布、繒等織物包蒙,顯然有表幟的作用;(3)漢簡烽火品,曰:'晝舉亭上烽一煙'可能指亭上竈突放一煙。漢邊塞烽燧臺設置甚密,相距三、五里而已,所以舉不然之烽與表是可能的。"[①]則陳夢家認爲烽可能燃火也可能不燃火。其在此基礎上將漢代白日所用警備的信號歸納爲積薪、不燃的烽、不燃的表、烽所放的煙、竈所放的煙,且指出其中不燃的烽和烽所放的煙是不能肯定的。[②] 可知其認爲烽爲白日所用信號,但對於烽燃燒與否不能肯定,且認爲燃烽是爲了放煙。

陳直先生説:"定作兩漢舉烽燧之法有四:一曰烽,即桔槔頭兜零所焚之火。二曰燧,又曰積薪,即敵人已迫近烽火臺時所焚之煙。三曰表,以繒布爲之,色赤與白,其作用與烽同。四曰苣火,即一束之薪草,或灌以油脂。"[③]可知陳直認爲烽是燃燒之火,未言及用於白天還是夜晚。

吴礽驤先生認爲:"漢代的蓬火信號,以蓬表、煙、火爲標誌。晝舉蓬表,以示警號,燔燃積薪,以望火煙;夜舉苣火,燔積薪,以見火光。"[④]蓋是認爲烽同於表,爲白天所舉不燃之信號。初師賓先生則明確指出:"漢代的烽,是一種以形體、顔色見著的白天升舉的信號,與燃火毫無關係。"[⑤]《中國簡牘集成》注釋曰:"與燃火無關。以形狀和顔色爲標識而用於白天升舉。"[⑥]或采用了初師賓先生的説法。

典籍文獻中記載烽的使用時,均提到和其相對的有所謂"燧"。但從漢簡來看,燧和烽不是同一類别的物體。燧是烽火臺這種建築物,而烽是傳遞信號的工具。這一點似無疑問。勞榦先生即謂"今就其大致言之,則烽臺之建築曰隧,而烽臺之記號曰烽。"[⑦]賀昌群先生亦指出:"蓋烽爲燧之候表,燧爲守望烽火之處所也。"[⑧]因此烽的燃燒與否,晝舉還是夜舉的問題,均與燧無關。陳夢家先生曾説:"夜以火乃指燔積薪與苣火,即是燧——燧之初義爲火。白日所舉的烽、表、煙可以總稱爲烽,夜間所燔的積薪與苣火,可以總稱爲火或燧,所以烽火、烽燧乃兼日夜而言。"[⑨]其或是爲了使漢簡中的記載合於典籍文獻,而將烽火信號分爲烽和燧兩類。這種説法恐不妥當。

另外,還有學者認爲烽和表相同,屬同一種物體。如前述勞榦先生,其在後來的文章中

---

① 陳夢家:《漢代烽燧制度》,收入其著《漢簡綴述》,173 頁。
② 陳夢家:《漢代烽燧制度》,收入其著《漢簡綴述》,174 頁。
③ 陳直:《居延漢簡研究》,北京:中華書局,2009,13 頁。
④ 吴礽驤:《漢代蓬火制度探索》,甘肅省文物工作隊、甘肅省博物館編《漢簡研究文集》,242 頁。
⑤ 初師賓:《漢邊塞守御器備考略》,甘肅省文物工作隊、甘肅省博物館編《漢簡研究文集》,164 頁。
⑥ 中國簡牘集成編輯委員會編:《中國簡牘集成》,第 9 册,88 頁。
⑦ 勞榦:《居延漢簡·考釋之部·居延漢簡考證》,35 頁。
⑧ 賀昌群:《烽燧考》,《賀昌群文集》第 1 卷《史學叢論》,137 頁。
⑨ 陳夢家:《漢代烽燧制度》,收入其著《漢簡綴述》,172 頁。

亦表達了同樣的觀點:“漢簡中的蓬,都是指不燃燒的蓬,但蓬字从火,似乎問題不怎樣的簡單。所以蓬字原義,應當指塞上通訊的表記,包括燃燒與不燃燒兩種表記的。但演變結果却專指不燃燒的表記,而在這種表記中,又再分出了大型的蓬和小型的表。”①

持有相同觀點的還有吴礽驤先生,吴先生認爲至遲到戰國時期,所謂“舉烽”,已由舉煙火逐漸演化爲舉“表幟”。故“烽”與“表”同義,爲不燃之“表”。② 但是從漢簡來看,烽和表屬於不同的烽火信號用具。如陳夢家先生指出:“由簡所記,布烽與布表并列,則烽與表皆有爲布製者,但不是一物。”③前面我們已經指出烽是一種布或草製作而成的圓籠狀物體,表則是布帛製成的長條狀旗幟。表與烽在製作材料、安放位置及功用等方面都具有不同之處。④

實際上,漢簡所見烽火信號除烽和表之外,尚有“煙”“積薪”“苣火”几類。除常登記在《守禦器簿》上之外,關於這些烽火信號的使用,主要見於所謂《烽火品約》,如:

(54)·匈人奴書入殄北塞,舉二蓬□煩蓬一,燔一積薪。夜入,燔一積薪,舉堠上離合苣火,毋絶至明,甲渠三十井塞上和如品 (EPF16:1)

(55)·匈人奴書甲渠河北塞,舉二蓬,燔一積薪。夜入,燔一積薪,舉堠上二苣火,毋絶至明,殄北三十井塞和如品 (EPF16:2)

(56)·匈奴人晝入甲渠河南道上塞,舉二蓬,塢上大表一,燔一積薪。夜入,燔一積薪,舉堠上二苣火,毋絶至明,殄北三十井塞和如品 (EPF16:3)

(57)·匈奴人晝入三十井降虜隧以東,舉一蓬,燔一積薪。夜入,燔一積薪,舉堠上一苣火,毋絶至明,甲渠殄北塞上和如品 (EPF16:4)

(58)·匈奴人晝入三十井候遠隧以東,舉一蓬,燔一積薪,堠上煙一。夜入,燔一積薪,舉堠上一苣火,毋絶至明,甲渠殄北塞上和如品 (EPF16:5)

(59)·匈奴人渡三十井縣索關門外道上隧天田失亡,舉一蓬,塢上大表一,燔二積薪,不失亡,毋燔薪,它如約 (EPF16:6)

(60)·匈奴人入三十井誠勢北隧縣索關門以内,舉蓬燔薪如故,三十井縣索關誠勢隧以南舉烽如故,毋燔薪 (EPF16:7)

(61)·匈奴人入殄北塞,舉三蓬,後復入甲渠部,纍舉旁河蓬,後復入三十井以内部,纍舉堠上直上蓬 (EPF16:8)

(62)·匈奴人入塞守亭障,不得下燔薪者,旁亭爲舉蓬燔薪以次和如品(EPF16:9)

(63)·塞上亭隧見匈奴人在塞外,各舉部蓬如品,毋燔薪,其誤,亟下蓬滅火,候尉

① 勞榦:《釋漢簡中的“烽”》,中國文字編輯委員會編《中國文字》新12期,122頁。

② 吴礽驤:《漢代蓬火制度探索》,甘肅省文物工作隊、甘肅省博物館編《漢簡研究文集》,238頁。

③ 陳夢家:《漢代烽燧制度》,收入其著《漢簡綴述》,162頁。

④ 李明曉:《西北漢簡中的烽火信號“表”》,張顯成主編《簡帛語言文字研究》第5輯,成都:巴蜀書社,2010,441–455頁。

吏以檄馳言府　（EPF16:10）

(64)·夜即聞匈奴人及馬聲，若日且入時，見匈奴人在塞外，各舉部蓬，次亭晦不和。夜入，舉一苣火，毋絶，盡日夜滅火　（EPF16:11）

(65)·匈奴人入塞，候尉吏亟以檄言匈奴人入，蓬火傳都尉府，毋絶如品　（EPF16:12）

(66)·匈奴人入塞，承塞中亭隧舉蓬燔薪□□□□蓬火品約，塞□□□舉一蓬，毋燔薪　（EPF16:13）

(67)·匈奴人即入塞千騎以上，舉蓬燔二積薪，其攻亭鄣塢壁田舍，舉蓬燔二積薪，和□如品　（EPF16:14）

(68)·縣田官吏令長丞尉，見蓬火起，亟令吏民□蓬□□誠敖北隧部界中民田□畜牧者□□……爲令　（EPF16:15）

(69)·匈奴人入塞，天大風，會及降雨，不具蓬火者，亟傳檄告，人走馬馳，以急疾爲故□　（EPF16:16）

(70)·右塞上蓬火品約　（EPF16:17）

此爲《塞上烽火品約》簡册，前5枚簡是對匈奴人分别於白天和夜晚進入殄北、甲渠、三十井三個候官時使用烽火信號的規定。可知白天所施放信號爲烽、表、積薪、煙，夜晚所放爲積薪和苣火。簡(59)(60)是對匈奴人在懸索關門外及進入懸索關内時使用烽火信號的規定。簡(61)是對匈奴人連續進入殄北、甲渠、三十井三個候官時使用烽火信號的規定。簡(67)是匈奴人入塞千騎以上及其攻打亭鄣塢壁田舍時使用烽火信號的規定。這4枚簡均是根據匈奴人入侵的不同情形而作的具體規定，從其規定所用烽火信號來看，一般都是舉烽燔薪，或可認爲這幾枚簡所説均爲白天的情況。

簡(64)則是對夜晚情況所作的規定。夜晚無法如白天一樣候望，故要聞聽匈奴人馬的聲音。簡文中提到如果匈奴人馬夜入，則舉苣火。不過簡文亦對傍晚時分的情形作了説明，“日且入時”應當指的是太陽將要落下去的時候，這個時候如果看見匈奴人在塞外，還是舉烽并傳遞，直到昏暗不明的時候纔停止應和。簡文“晦”當爲“昏暗”義。《詩·鄭風·風雨》：“風雨如晦，雞鳴不已。”鄭玄傳：“晦，昏也。”①《楚辭·九歌·山鬼》：“杳冥冥兮羌晝晦，東風飄兮神靈雨。”王逸注：“晦，暗也。”②簡(64)明確顯示天黑以後昏暗不明時停止舉烽，當可説明烽衹用於白晝。

除上述《塞上烽火品約》完整簡册之外，漢簡中還可見一些烽火品約一類的簡文，如下：

① [漢]毛亨傳，[漢]鄭玄箋，[唐]孔穎達疏：《毛詩正義》卷四，[清]阮元校刻《十三經注疏》，北京：中華書局，1980，345頁。

② [宋]洪興祖撰，白化文、許德楠、李如鸞、方進點校：《楚辭補注》，北京：中華書局，1983，80頁。

(71)望見虜一人以上入塞,熐一責新、舉二蓬;夜,二苣火。見十人以上在塞外,熐、舉如一人入塞品

望見虜五百人以上若功亭鄣,熐一責新、舉三蓬;夜,三苣火。不滿一千人以上,熐、舉如五百人同品

虜守亭鄣,熐、舉:晝舉亭上蓬,夜舉離合火。次亭遂和,熐、舉如品 (2257)

(72)·虜守亭鄣不得燔積薪,晝舉亭上蓬一煙,夜舉離合苣火。次亭燔積薪如品約 (14·11)

(73)·匈奴人入塞及金關以北塞外亭隧見匈奴人,舉蓬、燔積薪,五百人以上加舉二蓬 (288·7)

(74)☑虜入張掖郡界倉石伏虜隧以東,積薪、舉蓬通北部界,止北通報□□□☑ (73EJT9:101)①

(75)見匈奴人塞外,盡日上二蓬

匈奴人入塞及金關以北塞外亭隧見匈奴人,盡界十二

匈奴人守亭鄣不得下,燔積薪盡 (73EJT23:914A)②

(76)☑□舉二蓬,晝舉二煙、夜舉二苣火 (73EJT24:743)

(77)燔薪、舉地一蓬,即虜攻鄣亭隧留不□,以攻亭鄣品約和之☑ (73EJT24:955+911)③

(78)☑蓬火品,田官民塢辟舉蓬和,毋燔薪 ☑

☑鄣塢辟田官舉蓬、燔三積薪和,皆各如其部蓬火品 ☑

☑葆部界中民田官畜牧者,見赤幡,各便走近所亭鄣塢辟葆 ☑

☑馬馳,以急疾爲故 ☑ (73EJF3:81+80)

簡(71)“熐”通“燔”,“責新”通“積薪”,“功”通“攻”。該簡分别列舉虜入塞一人以上、十人以上、五百人以上、不滿一千人以上以及虜守亭鄣時所要使用的烽火信號。“燔一積薪舉二蓬”等雖然没有明確説明是用於白天,但從其後的“夜,二苣火”等簡文可知舉蓬燔薪無疑是白天所用。

此外,簡(72)(76)對晝和夜分别所用烽火信號作了具體規定,也提到晝舉烽煙,夜舉苣火。其餘簡文大多衹出現舉蓬燔積薪,應當都是針對白天所言。這或可説明通常情况下烽火品約中的規定默認爲是對白天而言,如遇到夜晚的情况則特别標明。

---

① “通北部界止北”原作“通北郡界以北”,何茂活釋,詳見王錦城《〈肩水金關漢簡〉分類校注及相關問題研究》,1817 頁。

② “塞外亭隧”中的“亭隧”原作“丁□”,姚磊釋,詳見王錦城《〈肩水金關漢簡〉分類校注及相關問題研究》,1823 頁。

③ 該簡姚磊綴,詳見王錦城《〈肩水金關漢簡〉分類校注及相關問題研究》,1824 頁。

由以上有關烽火品約的討論可知,白天所施放的烽火信號爲烽、表、積薪、煙,夜晚所放爲積薪和苣火,而其中以烽、積薪和苣火最常使用。這應該是一種常態,因此晝舉烽這一點看來是没有問題的。這在一些烽火傳遞記録中也得到了反映,如:

(79)☑□午日下餔時,受居延蓬一通,夜食時,堠上苣火一通,居延苣火 (332·13)

(80)旁蓬一通,夜食時□　火一通,人定時,受塢上苣火一☑

(349·14+536·3+349·29)

(81)　　　　　　　　……☑
入堠上蓬火各一通南　日中二……☑
　　　　　　　　　　……☑　(EPT7:33)

(82)十二月丁巳日且入時,舉亭上一蓬表一,至日入時☑
十二月戊午日平旦時,橐他燔積薪,日蚤食時□☑　(73EJT21:63A)

烽火傳遞記録中對烽火信號傳遞的時間有詳細的記載,從簡文中"下餔""夜食""人定""日中"等時稱所傳烽火來看,無疑都是白天用烽而夜晚用火。至於説烽燃燒與否,由於白天所用烽火信號中和燃火有關的已經有煙和積薪,因此我們認爲烽應當和表一樣,是可以直接指示信號的烽火用具,使用時無需再點燃。初師賓先生説:"先秦至漢時之烽,皆白晝升舉,并與火無關。"①這種看法應當是可信的。

簡(72)提到"晝舉亭上蓬一煙",似乎是烽可以點燃放出煙。但是據研究,漢簡中有所謂"煙竈",爲放煙的專門裝置。② 簡(76)"□舉二蓬,晝舉二煙"也明確顯示烽和煙是分别升舉的。又漢簡中有如下一簡:

(83)☑□旁再蓬一煙□　☑　(455·5)

該簡"再烽"即舉烽兩次,也就是"二烽"。因此簡(72)"晝舉亭上蓬一煙"的中"烽"或"煙"當是漏寫了所舉的數量。

需要注意的是,漢簡確有簡文顯示烽或可燃燒,如下:

(84)☑部都尉,蓬未滅,燔數時如品。難滅火☑　(2116)

① 初師賓:《漢代烽火考述——兼論古代烽號的演變》,甘肅省文物工作隊、甘肅省博物館編《漢簡研究文集》,357頁。

② 勞榦:《居延漢簡·居延漢簡考釋·居延漢簡考證》,35頁;初師賓《漢邊塞守御器備考略》,甘肅省文物工作隊、甘肅省博物館編《漢簡研究文集》,168頁;王錦城:《西北漢簡校讀札記四則》,西南大學出土文獻綜合研究中心、西南大學漢語言文獻研究所主辦《出土文獻綜合研究集刊》第9輯,成都:巴蜀書社,2019,194頁。

（85）見虜塞外，舉亭上一蓬火、一苣火，虜去輒下□☑
　　虜入□□金關以北塞外亭隧見虜，燔一積薪□☑　　（73EJT29：89）

簡（84）提到“蓬未滅”，而漢簡中最常見的説法是“舉烽燔薪”和“下烽滅火”，烽用“舉”和“下”字，積薪用“燔”和“滅”。此處烽用“滅”字似乎説明烽也可以和積薪一樣點燃，因此要滅火。又簡（85）明確説“一蓬火”，無疑可理解爲烽燃燒産生的火。

不過簡（85）“一蓬火”的“火”字，其釋讀當存在問題。該字作形，現在看來其應當是“夜”字，“夜”在漢簡中常作此形，可以參看。[①] 如此簡文則爲“舉亭上一蓬，夜一苣火”，正可説明烽白天升舉且不燃燒。而簡（84）“蓬未滅”中的“滅”大概是籠統的説法。總之，以現有材料來看，尚不能説明烽是可以燃燒的。

以上是烽在具體使用中的一些情況，可知其應當是升舉於白天且無需燃燒的。關於其一次使用的數量，簡文中顯示最多爲三烽，而以一烽最爲常見。陳夢家先生指出：“放烽多少之數，據《烽火品》，烽與苣火皆自一至三爲極數。”[②]説是，舉烽三當爲極數。

最後，烽的使用方面，還存一些其他的問題。如烽升起以後何時降下，烽需降下而未降或遇到特殊情況不能觀察到烽時如何處理等。前引《塞上烽火品約》簡（63）中“其誤，亟下蓬滅火，候尉吏以檄馳言府”是對舉烽燔薪出現失誤時的規定，可知一旦烽火信號出現失誤，要立刻降下烽、滅掉薪火，且候尉等吏要以檄書快速報告都尉府。

又簡（69）則對天飃風下雨時不能使用烽火的情況作了規定，其中亦指出要以檄書快速報告。相關簡文還可見如下幾例：

（86）亟下蓬滅火，中部和以北□蓬，燔薪如品，南☑　　（10）[③]

（87）玉門威嚴隧以西蓬火不通，大守府書到□人明告☑　　（519）

（88）・望見虜塞外及入塞，虜即還去，輒下蓬止煙火如次，亭未下蓬止煙火，人走傳相告，都尉出追未還，毋下蓬　　（521）

（89）・天風塵、陰雨不具蓬火者，亭隧騎馳、人走傳相告，以急疾毋乏爲故。　　（DQ：4）

（90）甘露三年正戊戌□□☑
　　迎蓬表苣火約各如牒，檄到，候尉□☑
　　假天陰風雨，不見蓬表苣火，人走傳相告☑　　（73EJT28：13A）
　　正月庚子，肩水候福謂候長廣宗☑

① 李洪財：《漢簡草字整理與研究・漢代簡牘草字彙編》，吉林大學博士學位論文，2014，302－303頁。

② 陳夢家：《漢代烽燧制度》，收入其著《漢簡綴述》，169頁。

③ 張德芳：《敦煌馬圈灣漢簡集釋》，蘭州：甘肅文化出版社，2013。以下所引敦煌馬圈灣漢簡均據此書，不另出注。

誤亂,它如尉丞卿檄書律令☐　(73EJT28:13B)

簡(86)亦可見“亟下蓬滅火”,但由於簡文缺失,其針對何種情況不得而知。簡(88)提到虜還去之後也要馬上下烽止煙火,傳遞時其後的亭隧若有未下烽止煙火者,則人走傳相告。但如果都尉出追尚未返還,則不能下烽。簡(87)蓋是説烽火不通時要以文書報告。簡(89)屬烽火品約,簡(90)當是一封檄書,其中均提到如果天陰風雨不能通烽火時,要人走傳相告。可知如果升舉出現失誤或敵人退去的時候都要立即降下烽,而需要降下烽却未降或天陰風雨不能舉烽時,都要由戍守人員親自去傳遞消息,以口頭或文書的形式快速報告。

四　烽的類别

關於烽的類别,首先在材質上分爲“布蓬”和“草蓬”,其區别已如前述,此不贅。唯吴礽驤先生曾認爲“草蓬”或即草篷,在敦煌 D_3(T6b)烽燧遺址的望樓頂上,有一種值候戍卒使用的半遮陽式草篷。守禦器簿中的“草蓬”或指烽燧頂上的這種草篷,其與蓬火信號無關。[①]這種説法現在看來是不妥的。

此外,烽的類别相關稱謂在前引簡文中尚可見“地蓬”(214·82)、“旁蓬”(349·14+536·3+349·29)、“塢上蓬”(73EJT37:1069)、“亭上蓬”(2257)、“堠上蓬”(EPT7:33)、“直上蓬”(EPT59:6)、“纍舉蓬”(227·31)、“纍舉旁河蓬”(EPF16:8)、“纍舉堠上直上蓬”(EPF16:8)等。這些稱謂還見於如下簡文:

(91)☐地蓬
☐薪如□　(578)

(92)到北界,舉塢上旁蓬一通。夜,塢上☐　(13·2)

(93)居延地蓬一,會☐　(116·41)

(94)☐二旁蓬再通南界隧☐　(227·63)

(95)塢上旁蓬一通,同時付并山。丙辰日入時☐　(349·11)

(96)☐□檄,塢上旁蓬一通　(349·27)

(97)☐第十隧舉堠上二蓬,謹和受☐　(EPT6:18)

(98)武賢隧和受城北隧堠上一蓬☐　(EPT27:28)

(99)☐□一隧地蓬下一□☐　(EPT52:630)

(100)當曲隧舉堠上一蓬、燔一積☐　(EPF22:529)

---

① 吴礽驤:《漢代蓬火制度探索》,甘肅省文物工作隊、甘肅省博物館編《漢簡研究文集》,247-248頁。

(101)☐……☐

☐□塢上連表一通,旁蓬☐ (73EJT28:120)

其中“塢上蓬”和“旁蓬”還常合稱作“塢上旁蓬”。結合這些熢的類别相關稱謂來看,簡文中對熢的區分,主要依據的是其所處的位置和升舉的方式。“地蓬”“旁蓬”“塢上蓬”“亭上蓬”“堠上蓬”無疑是根據熢所在位置對其形成的稱呼,而“直上蓬”“纍舉蓬”應當是就熢的升舉方式來進行稱謂。

從字面意思來看,“地熢”當指置放在地面上的熢,而“塢上蓬”“亭上蓬”“堠上蓬”則分别爲設置在塢上、亭上和堠上的熢。這點似無疑問,如勞榦先生即認爲蓬竿在塢上立着,則爲塢上的蓬,蓬竿在地上植立的,則爲地蓬。[①] 但對於“地”“塢”“亭”“堠”等的具體所指,諸研究者的看法不盡相同。

關於地熢,勞榦謂“其藁在塢下者,又别有地藁,蓋竿立於地,不在塢上或亭上者也。”[②]或是認爲地熢之地,爲塢下之地。其又曰“地蓬之設蓋由亭隧之外偶有高曠之地,便於望遠,故亦施熢竿;因其不在亭隧之上,故曰地蓬也。然其爲處必距亭隧不能過近,否則可以在隧上施之,不必立於地上矣。”[③]是説地熢設在亭隧之外高曠之地,且距離亭隧稍遠。

陳夢家先生指出在塢外地上的,稱爲地熢。[④] 吴礽驤先生認爲地蓬的置放部位,當在地上。據河西漢代烽燧遺址調查,許多烽燧的塢内,除烽臺、居室外,僅有一寬一米的過道。據此推測,此種地蓬均置於障、塢之間的“亭户前地”上。[⑤]《敦煌馬圈灣漢簡集釋》則於地熢注釋曰:“即設在烽臺旁近地上的熢,以熢上升舉信號較烽臺即堠上熢低下。”[⑥]諸説多是。簡文顯示地熢所屬機構多爲烽燧,故地熢之地當指烽火臺旁邊的地面,而地熢即爲安置在烽燧的塢外之地上的熢。

堠指烽火墩臺,其上或有望樓。[⑦] 堠上熢即烽火臺上之熢,上述《敦煌馬圈灣漢簡集釋》亦已指出。需要注意的是此種熢有學者却認爲是亭上熢。如陳夢家認爲在臺頂上的,稱爲亭上熢。[⑧] 吴礽驤謂烽燧的土築高臺,包括其頂部之望樓在内的整個建築物,稱“亭”。“亭上蓬”,當指於烽臺頂上望樓内所舉之烽火信號。[⑨] 初師賓亦謂亭上熢疑即堠上熢,亭即烽

① 勞榦:《釋漢代之亭障與烽燧》,《“中研院”歷史語言研究所集刊》第19本,521頁。

② 勞榦:《居延漢簡·居延漢簡考釋·居延漢簡考證》,35頁。

③ 勞榦:《居延漢簡考證補正》,《“中研院”歷史語言研究所集刊》第14本,240頁。

④ 陳夢家:《漢代烽燧制度》,收入其著《漢簡綴述》,160、163頁。

⑤ 吴礽驤:《漢代蓬火制度探索》,甘肅省文物工作隊、甘肅省博物館編《漢簡研究文集》,255頁。

⑥ 張德芳:《敦煌馬圈灣漢簡集釋》,蘭州:甘肅文化出版社,2013,529頁。

⑦ 何茂活:《河西漢簡所見“堆”字釋讀商兑》,楊振紅、鄔文玲主編《簡帛研究二〇一六(秋冬卷)》,桂林:廣西師範大學出版社,2017,226頁。

⑧ 陳夢家:《漢代烽燧制度》,收入其著《漢簡綴述》,160、163頁。

⑨ 吴礽驤:《漢代蓬火制度探索》,甘肅省文物工作隊、甘肅省博物館編《漢簡研究文集》,252頁。

堠。但其又認爲亭與隧同義，亭上烽或可能包括堠上烽之外的其他烽。①

又冨谷至認爲“晝舉亭上蓬，夜舉離合火”的“亭”“亭上”，是發出信號的高樓，意指瞭望臺或烽火臺。“堠”是瞭望的樓臺，“亭”也是爲瞭望和點燃烽火而設的樓臺。四丈多高的“堠”和“亭”功能相同，被稱作亭的瞭望臺（烽火臺）高約4丈（10米）。② 可知其認爲堠和亭的功能相同，均是瞭望的烽火臺。

簡文言“亭上蓬”者，此亭應指實有的建築物。認爲其和堠所指相同，皆爲烽火臺，很有可能。但亭的情況比較複雜，漢簡中亭隧常連稱，亭和隧亦往往相混。西北邊塞亭和隧的職能雖有重合，但二者并不完全相同。③ 因此作爲一種機構的亭，其官署所在的具體建築是否亦稱亭，和烽燧有無區别，尚不甚清楚。而亭上烽之亭，究竟指何種建築物，似乎不得而知。

就目前已有簡文來看，初師賓認爲亭上烽可能包括堠上烽之外的其他烽的看法似最爲可信。漢簡《烽火品約》中屢屢僅言“舉烽”，并不詳細説明是舉何種烽。如簡（71）大致分爲三段，其中前面兩段中均衹是説“舉烽”，而在第三段中又説“舉亭上烽”。簡文中亭上烽和烽的意思似乎大致相同，因此亭上烽的亭或是一種泛稱，泛指亭隧鄣塢等邊防綫上的各種建築，其中亦包括堠。

塢一般指烽燧亭鄣周圍的圍牆，④因此塢上烽或即設置在塢牆上的烽。不過由於簡文中屢見“塢上旁蓬”這種稱謂，故有學者認爲塢上旁烽即塢上烽。如勞榦曰：“至塢壁較薄，立竿不易，而距守時亦難立人於其上，故更於塢壁間加樓櫓焉。此塢上之藁，或又曰塢上旁藁，與在亭隧上所舉之藁，略有殊異也。⑤ 陳夢家亦認爲塢上烽可能即塢上旁烽，在塢上或臺旁跳出的堠樓上。⑥

此外，也有學者認爲旁烽、塢上旁烽即地烽。如初師賓曰：“旁，對堠上而言，似指堠旁塢中之烽，烽竿約立於地面，亦使用鹿櫨，舉法同堠上烽。簡中凡記旁烽則不記地烽，反之亦然，因疑地烽即旁烽。”⑦其認爲旁烽指堠旁塢中之烽，也即地烽。吴礽驤則認爲“塢上旁蓬”或指塢旁所舉之烽，而非塢牆上所舉之烽。“塢上旁蓬”或即“地蓬”。其稱謂上的不同，乃地域差異所致。⑧

“旁”當爲“側，旁邊”之義，《玉篇·上部》：“旁猶側也，邊也。”⑨因此根據文義來看，“旁

① 初師賓：《漢代烽火考述——兼論古代烽號的演變》，甘肅省文物工作隊、甘肅省博物館編《漢簡研究文集》，365－366頁。
② ［日］冨谷至著，劉恒武、孔李波譯：《文書行政的漢帝國》，南京：江蘇人民出版社，2013，191頁。
③ 詳見王錦城《〈肩水金關漢簡〉分類校注及相關問題研究》所引各家説法，51、583－584頁。
④ 詳見王錦城《〈肩水金關漢簡〉分類校注及相關問題研究》所引各家説法，534－536頁。
⑤ 勞榦：《居延漢簡·居延漢簡考釋·居延漢簡考證》，35頁。
⑥ 陳夢家：《漢代烽燧制度》，收入其著《漢簡綴述》，160、163頁。
⑦ 初師賓：《漢代烽火考述——兼論古代烽號的演變》，甘肅省文物工作隊、甘肅省博物館編《漢簡研究文集》，366頁。
⑧ 吴礽驤：《漢代蓬火制度探索》，甘肅省文物工作隊、甘肅省博物館編《漢簡研究文集》，254－255頁。
⑨ ［梁］顧野王：《大廣益會玉篇》卷一，3頁。

烽”即旁邊之烽,這或是相對其他烽來稱説的一個概念。前述認爲塢上旁烽即塢上烽的觀點應當是可信的。簡文作“塢上旁烽”,蓋是因爲塢上烽相對堠上烽而言,位於側邊。又簡(61)“纍舉旁河蓬”當是説纍舉旁邊的河烽,亦可爲證。“河蓬”或即指安置在河邊地上的烽,河烽地處邊遠,故亦稱旁河烽。如此,則“旁烽”并不是一種具體的烽的類别。

“纍舉烽”初師賓先生指出是將烽連續地升降不止。[①] 其説或是,但將烽升上去以後立即降下來并連續如此升降數次,似不大可能。簡(61)説匈奴人進入殄北塞,舉三烽。其後匈奴人又進入甲渠部,“纍舉旁河蓬”。其後匈奴人又進入三十井以内部,“纍舉堠上直上蓬”。據該簡文意來看,“纍舉”當是説在已經舉起一些烽的基礎上再行升舉。

“纍”即“累”,有“積聚”“重疊”等義。如《晏子春秋・内篇諫下十七》:“大山之高,非一石也,累卑然後高。”[②]《漢書・公孫弘傳》:“臣聞揉曲木者不累日。”顔師古注:“累,積也。”[③]《戰國策・秦策四》:“而有累世之怨矣。”高誘注:“累,猶重也。”[④]《楚辭・招魂》:“層臺累榭,臨高山些。”王逸注:“層、累,皆重也。”[⑤]因此簡(61)“纍舉”即疊加升舉之意。此“纍舉”并非烽的類别名稱,但從簡(48)“纍舉蓬鹿盧”來看,纍舉烽當爲一種具體的烽。不過其究竟是什麽樣一種烽,似乎還不甚清楚。

至於“直上烽”,初師賓先生認爲其約指烽升舉的速度和高度異於一般烽,且僅指堠上烽。[⑥] 這種看法是有道理的,顧名思義,直上烽即直直地上升的烽。簡(61)曰“堠上直上蓬”,則直上烽可位於堠上,不過其是否僅指堠上烽,則不一定。

餘論

除烽的形制、升舉、使用、類别諸多問題之外,漢簡和烽相關的還有“烽火曲函”“烽火圖板”等器具,其中“烽火曲函”已見於簡(46)和(49),其具體所指不明,待考。“烽火圖板”見於如下簡文:

(102)曰吏卒更寫爲蓬火圖板,皆放辟非隧,書佐壹手 (199・3A)

(103)蓬火圖板一 煙造一 畚一 (73EJT37:1544)[⑦]

---

① 初師賓:《漢邊塞守御器備考略》,甘肅省文物工作隊、甘肅省博物館編《漢簡研究文集》,166頁;初師賓:《漢代烽火考述——兼論古代烽號的演變》,甘肅省文物工作隊、甘肅省博物館編《漢簡研究文集》,366頁。

② 吴則虞編著:《晏子春秋集釋》卷二,北京:中華書局,1962,140頁。

③ 《漢書》卷五八《公孫弘傳》,2618頁。

④ [西漢]劉向集録,范祥雍箋證,范邦瑾協校:《戰國策箋證》卷六,上海古籍出版社,2006,418頁。

⑤ [宋]洪興祖撰,白化文、許德楠、李如鸞、方進點校:《楚辭補注》,202-203頁。

⑥ 初師賓:《漢邊塞守御器備考略》,甘肅省文物工作隊、甘肅省博物館編《漢簡研究文集》,167頁。

⑦ 該簡“圖”字原作“圕”,王錦城釋。詳見王錦城《西北漢簡字詞雜考四則》,武漢大學簡帛研究中心主辦《簡帛》第18輯,上海古籍出版社,2019,135頁。

該"烽火圖板"或可認爲是標有烽火用具放置位置的圖板。[1] 其中烽、火連言，用法當和"烽火品約"中的烽火相同，泛指所有烽火信號用具，包括烽、表、積薪、煙竈、苣火等。

最後，爲了準確地觀察到烽及其他烽火信號所發出的信息，烽燧亭鄣等上面還設置了專門進行候望烽火的固定位置。漢簡中有一種所謂的"候望簽牌"，[2]如下：

(104)▨望步廣蓬　(2195)

(105)望禁姦隧塢上
蓬火　(288·1)

(106)▨望遮虜城上火　(EPF22:577)

(107)▨望堠蓬　(EPS4T1:8)

(108)▨望塢上火　(73EJT9:2)

陳夢家先生指出烽火札檢之"望禁姦塢烽火"是望它隧烽火。[3] 初師賓先生認爲其應即望火頭之類。所望之目標，有堠烽，有塢火，也有泛望某燧或某燧塢烽火。[4] 劉釗先生亦認爲漢代西北邊塞依靠不同形式的烽火信號來傳遞不同的敵情信息，各烽燧借助一種叫作"望火頭"的候望設施來觀察識别所望烽火的位置，每個望火頭固定對準鄰近烽燧的某一位置，故可以用"望某某"一類的簽牌標明所望目標。[5]

諸説甚是。作爲烽火信號之一種的"烽"，不僅位於各種不同的位置，還擁有各種具體不同的使用方式，且在傳遞過程中有固定的位置對其進行觀測。這些都保證了烽這種信號傳遞的準確和及時。

① 王錦城：《西北漢簡字詞雜考四則》，武漢大學簡帛研究中心主辦《簡帛》第18輯，136頁。

② 樂游(劉釗)：《河西漢簡所見候望簽牌探研》，楊振紅、鄔文玲主編《簡帛研究二〇一四》，桂林：廣西師範大學出版社，2014，220頁。

③ 陳夢家：《漢代烽燧制度》，收入其著《漢簡綴述》，160頁。

④ 初師賓：《漢邊塞守御器備考略》，甘肅省文物工作隊、甘肅省博物館編《漢簡研究文集》，193頁。

⑤ 劉釗：《近出西北屯戍漢簡研讀四則》，中國文化遺産研究院編《出土文獻研究》第13輯，上海：中西書局，2014，352頁。

秦漢出土文獻中的礜石考*

□ 中國中醫科學院中國醫史文獻研究所 翁曉芳 顧漫

内容提要 通過對秦漢出土文獻的梳理,發現礜石爲出現頻次最高的礦物藥,其應用廣泛,内服可治鼠、風、痹、寒熱、消渴等;外用可治各種皮膚疾病;還可應用於養蠶,有益於其健康生長。這些功用與東漢早期成書的《神農本草經》中記載的礜石功效高度相似,故可推測這些出土材料中的内容爲《神農本草經》中礜石記載的重要來源。除醫藥用途外,礜石還可用於鎮墓和驅鬼。在五行理論框架體系下,礜石屬於金,在"五石"中爲白色的代表,其與西方、白虎、肺、大腸和魄的關聯,是古人理解礜石功效的思想基礎。

關鍵詞 礜石 出土文獻 《神農本草經》 本草考古

礜石,《中華本草》記載其來源爲復硫化物類毒砂族礦物毒砂 *Arsenopyrite* 的礦石,礜石的名稱較多,有白礜石、大白石、白虎、蒼礜石、青分石、立制石、鼠鄉、鼠毒、固羊石等。[①] 主要成分爲 FeAsS,敲擊時發出蒜臭氣,在 500℃左右分解出 SO_2 和 As_2O_3,[②]爲提取砷及製造砷化物的原料,As_2O_3 現今臨床用於治療急性早幼粒細胞白血病,療效顯著。[③] 現今臨床少見礜石不經提取單獨或配伍使用。以往學界對礜石的研究多包含在對"五石散"的研究之中,雖也有學者結合傳世文獻、出土簡帛和出土文物資料進行研究,但多從文化、歷史、毒性等角

* 本文是中國中醫科學院科技創新工程資助項目"新近出土醫方文獻藥物及遺存藥物研究"(編號:CI2021A00412);中國出土醫學文獻與文物研究中心資助項目"秦漢出土文獻中的礦物藥研究(編號:CTWX2210)階段性成果。

① 國家中醫藥管理局《中華本草》編委會編:《中華本草 1》,上海科學技術出版社,1999,393 頁。

② 郭曉莊:《有毒中草藥大辭典》,天津科技翻譯出版公司,1992,311 頁。

③ 魯會卿:《三氧化二砷治療急性早幼粒細胞白血病患者的臨床效果》,《臨床醫學研究與實踐》2021 年第 25 期。

度，且偏重於傳世文獻的内容，如在涉及白色的象徵意義①、五色石的信仰②、五石散的流行③等主題時提及礜石，④尚未見對礜石進行全面且專門的考證，尤其是對其醫藥方面的使用考察不足。因此本文試圖在前人研究的基礎上提供更多材料，尤其側重秦漢出土文獻的梳理，并結合出土實物，運用醫藥知識，對礜石進行較爲深入的文獻研究。目的在於較爲全面地揭示秦漢時期礜石的應用并闡發其蘊含的思想，爲現今科研及臨床使用提供參考；以及探索在秦漢時期被廣泛使用的礜石在後世逐漸被棄用的原因。

筆者經過整理目前已經公布的相關出土醫藥文獻中的礦物藥，發現其中出現頻次最高的礦物藥是礜石，共出現 23 次，所用名包括礜 15 次，礜石 2 次，白石 2 次，白礜石 1 次，大白礜 1 次，鼠享⑤ 1 次，礬⑥ 1 次。爲保證研究材料無遺漏，把可能爲礜石的礬與白石均納入，現將出土文獻中所載礦物藥概況列表如下（礦物藥名稱後括號内數字爲其出現的次數）：

表 1　出土醫藥文獻中所載礦物藥概況

文獻來源	出土地點	大致抄寫年代	礦物藥名稱
里耶秦簡醫方⑦	湖南龍山	秦	長石（1）
睡虎地秦簡⑧	湖北雲夢	秦	**白石**（1）黄土（1）白沙（1）沙（1）
周家臺秦簡醫方⑨	湖北荆州	秦	丹（1）劍若有方之端（1）**大白礜**（1）**礜**（1）礬（1）土（1）
北大藏秦簡《醫方雜抄》（部分）⑩		秦	鹽（1）**礜**（1）
阜陽漢簡⑪	安徽阜陽	西漢早期	石番（3）理石（2）{※}土（2）黄土（2）鹽（2）貝金（1）石卦（1）鼠享（1）牡厲（蠣）（1）燔牡癘（蠣）（1）

---

① 曾磊：《秦漢白色神秘象徵意義試析》，《中國古中世史研究》第 43 輯（韓國），2017，31-73 頁。
② 姜守誠：《道書所見“五色石”及其功用考述》，《湖南科技學院學報》2009 年第 1 期。
③ 李零：《五石考》，收入其著《中國方術續考》，北京：東方出版社，2000，341-349 頁。
④ 雷志華：《漢代五石研究》，山西大學博士學位論文，2013。
⑤ 有學者認爲鼠享即鼠鄉，爲礜石的異名。參見施謝捷《簡帛文字考釋札記（續）》，《文教資料》1998 年第 6 期。
⑥ 有學者認爲簡文有可能是“徹石”二字的合文，但是省略了合文符號，簡文“徹石”即是“皦石”，指白石。參見方勇《談關沮秦簡所載秦代的浴蠶術》，《社會科學戰綫》2018 年第 3 期。
⑦ 李家浩、楊澤生：《北京大學藏漢代醫簡簡介》，《文物》2011 年第 6 期。
⑧ 睡虎地秦墓竹簡整理小組編：《睡虎地秦墓竹簡》，北京：文物出版社，1990。
⑨ 湖北省荆州市周梁玉橋遺址博物館編：《關沮秦漢墓簡牘》，北京：中華書局，2001。
⑩ 田天：《北大藏秦簡〈醫方雜抄〉初識》，《北京大學學報（哲學社會科學版）》2017 年第 5 期。
⑪ 文化部古文獻研究室、安徽阜陽地區博物館、阜陽漢簡整理組：《阜陽漢簡〈萬物〉》，《文物》1988 年第 4 期。

續表

文獻來源	出土地點	大致抄寫年代	礦物藥名稱
五十二病方①	湖南長沙	西漢早期	鹽(7)甘鹽(1)美鹽(1)戎鹽(1)**礜**(6)水銀(6)雄黄(4)齊石(2)丹(2)丹沙(1)鉛(1)磁石(1)稍石(1)長石(1)恒石(1)澡石(1)小隋(橢)石(1)沙石(1)石(1)青(1)灌青(1)灌曽(1)鋻(鍛)鐵者灰(1)鐵(1)囷(鹵)土(1)封殖土(1)涷土(1)(竈)黄土(1)(竈)灶末灰(1)乾誇(竈)(1)井上甕(甕)鱶(斷)處土(1)井中泥(1)牡【厲(蠣)】(1)冶厲(蠣)(1)
養生方②	湖南長沙	西漢早期	莫石(2)石膏(2)丹(1)戠(1)故鐵(1)潘石(1)白苻(1)紅符(1)騂石(1)雲母(1)戊(牡)厲(蠣)(2)
房内記③	湖南長沙	西漢早期	蕃石(4)□石脂(1)
荆州胡家草場簡牘(部分)④	湖北荆州	西漢早期	**白石**(1)鹽(3)石涅(1)
天回醫簡⑤	四川成都	西漢早期	**礜**(7)**礜石**(1)長石(6)消石(5)凝(凝)水石(5)凝水石(1)凝(凝)水(1)石膏(5)脂石(1)鹽(3)石脂(2)增(曽)青(2)龍骨(1)兹(慈)石(1)青(1)盂生青(1)思石(1)石赭(1)乾土(1)鉛(1)莫石(1)厲(蠣)合(蛤)(1)理石(2)石{木□}(1)李(理)石(1)惡石(1)白英(1)白丹(1)越底(砥)(1)
北大西漢竹簡(公布部分)⑥		西漢中後期	長石(1)

① 裘錫圭主編:《長沙馬王堆漢墓簡帛集成(伍)》,北京:中華書局,2014。
② 裘錫圭主編:《長沙馬王堆漢墓簡帛集成(陸)》,北京:中華書局,2014。
③ 裘錫圭主編:《長沙馬王堆漢墓簡帛集成(陸)》。
④ 荆州博物館:《荆州胡家草場西漢簡牘選粹》,北京:文物出版社,2021。
⑤ 天回醫簡整理組編著:《天回醫簡》,北京:文物出版社,2022。
⑥ 李家浩、楊澤生:《北京大學藏漢代醫簡簡介》,《文物》2011 年第 6 期。

續表

文獻來源	出土地點	大致抄寫年代	礦物藥名稱
天長紀莊漢簡醫方①	安徽天長	西漢中後期	白符(1)
敦煌漢簡②	河西疏勒河流域的漢代烽燧遺址	西漢後期	水銀(1)**白礜石**(1)
額濟納漢簡③	内蒙古額濟納旗漢代烽燧遺址	西漢後期	石膏(1)
武威醫簡④	甘肅武威	東漢早期	消石(4)曾青(3)石膏(3)赤石脂(3)石脂(2)長石(2)丹沙(1)滑石(1)雄黄(1)**礜石**(1)☐兹(磁)石(1)慈石(1)玄石(1)貸赭(1)樊石(1)石鐘乳(1)禹餘量(1)戎鹽(1)
張家界古人堤⑤	湖南張家界城西古人堤東漢遺址	東漢中後期	貨堵(1)

從上表可知,後世少用的礦物藥礜石,在出土醫藥文獻中出現的頻率却很高。在早期醫療活動實踐中,礜石應是常用藥物之一。雖然《神農本草經》(以下簡稱《本經》)中關於礜石的性味功效主治記載都非常詳細,但在同時期的傳世醫方中却少見其應用,故出土文獻中礜石的應用記載補充了這一缺失。

下文對出土文獻中的礜石記載進行整理和分類研究,以期管窺秦漢人對礜石的認識和使用。

一　礜石的名稱與性狀

從出土醫藥文獻中礜石的名稱記載來看,礜石的稱呼早期以“礜”居多,如周家臺秦簡、五十二病方、天回漢墓醫簡中的記載;後期以“礜石”居多,如敦煌漢簡、武威醫簡的記載。如,天回漢墓醫簡“礜”“礜石”同見,兩個名稱出現的頻率却爲7:1。可見西漢及以前“礜”

① 張雷編著:《秦漢簡牘醫方集注》,北京:中華書局,2018,426-427頁。
② 甘肅省文物考古研究所:《敦煌漢簡》,北京:中華書局,1991。
③ 魏堅主編:《額濟納漢簡》,桂林:廣西師範大學出版社,2005。
④ 田河:《武威漢簡集釋》,蘭州:甘肅文化出版社,2020。
⑤ 張春龍、李均明、胡平生:《湖南張家界古人堤簡牘釋文與簡注》,《中國歷史文物》2003年第2期。

爲礜石的通用名,如西漢中後期的傳世文獻《急就篇》:“黄芩伏苓礜茈胡”,[①]其中記載的藥名即爲“礜”,此書爲童蒙之用,故其收録用語也應爲當時通用之名。

森立之在《本草經考注》中曾指出:“《醫心方》《頓醫抄》往往作‘礜石’,蓋古唯名‘礜’,後從‘石’作‘礜’,亦與‘白惡’作‘白堊’同例。”[②]然現考之出土文獻,并無“礜”這個寫法,均爲“礜”,故森立之的説法還值得商榷。

從“大白礜”“白礜石”之名可知,古人認爲礜石爲白色或以白色爲佳,這也可從傳世文獻《山海經・西山經》“有白石焉,其名曰礜,可以毒鼠”[③]和《淮南子・地形訓》“弱土之氣,禦于白天。白天九百歲生白礜,白礜九百歲生白澒,白澒九百歲生白金,白金千歲生白龍,白龍入藏生白泉。白泉之埃,上爲白雲,陰陽相薄爲雷,激揚爲電,上者就下,流水就通,而合于白海”[④]的記載中得以佐證。

《名醫别録》記載“一名白礜石,一名大白石”[⑤];《本草經集注》陶弘景在“特生礜石”條提到“仙經不云特生,則止是前白礜石耳。”[⑥]可見陶弘景在編纂的時候認爲黄白朮中衹用白礜石。《本草綱目》:“〔時珍曰〕礜石有數種,白礜石、蒼礜石、紫礜石、紅皮礜石、桃花礜石、金星礜石、銀星礜石、特生礜石俱是一物,但以形色立名……惟蒼、白二色入藥用。”[⑦]《范子計然》也言“礜石出漢中,色白者善。”[⑧]可見後世礜石入藥仍以白色爲佳。

周家臺秦簡中的藥名“礬”,整理小組指出“礬”即“皦”。《説文・白部》曰:“皦,玉石之白也。”“礬”疑即白石。[⑨] 從音韻學角度講,皦、皎、璬三者音同爲 kiau(-iɔg),[⑩]意思相通,均有白色之義;且結合後文礬用於浴蠶的用法和礜石相類,可以説明“礬”應爲礜石。

綜上,早期礜石的通用名經歷了從“礜”向“礜石”的轉變,因其白色特性突出或强調其白色入藥爲佳,也有“白礜石”“大白礜”“大白石”等稱呼。

二　礜石的製備與醫藥用途

《説文解字・石部》記載:“礜:毒石也。”[⑪]《淮南子・説林訓》載:“人食礜石而死,蠶食

① 張傳官:《急就篇校理》,北京:中華書局,2017,396-408 頁。
② [日]森立之:《本草經考注下》,臺北:新文豐出版公司,1987,7 頁。
③ 袁珂校注:《山海經校注》,上海古籍出版社,1980,30 頁。
④ [漢]劉安著,[漢]許慎注,陳廣忠校點:《淮南子》卷四《地形訓》,上海古籍出版社,2016,100 頁。
⑤ [梁]陶弘景集:《名醫别録(輯校本)》,北京:人民衛生出版社,1986,210 頁。
⑥ [梁]陶弘景編,尚志鈞、尚元勝輯校:《本草經集注輯校》,北京科學技術出版社,2019,120 頁。
⑦ [明]李時珍撰,劉衡如等校:《本草綱目》,北京:華夏出版社,2011,425 頁。
⑧ [清]黄奭輯:《黄氏逸書考》,江蘇廣陵古籍刻印社,1984,186 頁。
⑨ 湖北省荆州市周梁玉橋遺址博物館編:《關沮秦漢墓簡牘》,134 頁。
⑩ 張永言:《語文學論集》,上海:復旦大學出版社,2015,164 頁。
⑪ [漢]許慎撰,[清]段玉裁注,許惟賢整理:《説文解字注》,南京:鳳凰出版社,2015,785 頁。

之而不饑"①。因礜石毒性較大,故出土文獻中出現的礜石一般均經過製備後入藥;而用於鎮墓、驅鬼時,礜石則多无炮製。現將出土文獻中出現的礜石的製備及製備後使用方式列表如下:

表2　出土文獻中礜石的製備及服用法

文獻來源	礜石的製備	服用法
周家臺秦簡②	取**大白礜**,大如母(拇)指,置晉斧(釜)中,涂而燔之,毋下九日,冶之,以……三七二	
周家臺秦簡③	上橐莫以丸**礜**,大如扁(蝙)蝠矢而乾之三二一	即發,以酬四分升一三二一歓(飲)之
周家臺秦簡④	以脩(滫)清一三六八桮(杯),礬赤叔(菽)各二七,并之,用水多少,次(恣)殹(也)三六九	浴蠶(蠶)必以日毚(纔)始出時浴之,十五日乃三六九已
北大秦簡《醫方雜抄》⑤	取**礜**大如指,冶之,入一斗水中(4-264)	蠶生,以灑(洗)桑,食之(4-264)
五十二病方⑥	冶**礜**與橐莫60/60	醯半音(杯)歓(飲)之60/60
五十二病方⑦	**礜**大如李,并以截□斗煮之357/347	汽(汔),以傅之357/347
五十二病方⑧	燔**礜**……合,并和,以頭脂【□,裹】以布,炙360/350	以尉(熨)360/350
五十二病方⑨	**礜**一,豕膏和431/421	而膝以尉(熨)疕431/421
五十二病方⑩	乾瘙……**礜**一齊……并和,以車故脂如(挐)之,以【□】423/413裹。善泅(洗),乾,節(即)炙裹樂(藥)424/414	以靡(磨)其騷(瘙),日以靡(磨),脂盡,益脂,騷(瘙)即巳(已)424/414

① [漢]劉安著,[漢]高誘注,陳廣忠校點:《淮南子》卷一七《説林訓》,429頁。
② 湖北省荆州市周梁玉橋遺址博物館編:《關沮秦漢墓簡牘》,135頁。
③ 湖北省荆州市周梁玉橋遺址博物館編:《關沮秦漢墓簡牘》,128頁。
④ 湖北省荆州市周梁玉橋遺址博物館編:《關沮秦漢墓簡牘》,134頁。
⑤ 田天:《北大藏秦簡〈醫方雜抄〉初識》。
⑥ 裘錫圭主編:《長沙馬王堆漢墓簡帛集成(伍)》,226頁。
⑦ 裘錫圭主編:《長沙馬王堆漢墓簡帛集成(伍)》,278頁。
⑧ 裘錫圭主編:《長沙馬王堆漢墓簡帛集成(伍)》,279頁。
⑨ 裘錫圭主編:《長沙馬王堆漢墓簡帛集成(伍)》,292頁。
⑩ 裘錫圭主編:《長沙馬王堆漢墓簡帛集成(伍)》,290頁。

續表

文獻來源	礜石的製備	服用法
治六十病和齊湯法[①]	腸,冶礜,直(置)亓(其)腹中,置之鬲(鬲)中,以一鬲(鬲)蓋而涂之,炊以桑薪,三日出而冶$_{85}$之	
武威醫簡[②]	搗之各異斯,▨三重盛藥,和以三石稱毒下三日。$_{86正}$熱▨上□□十□□$_{86背}$	▨飯藥以豬肉魚辛$_{86背}$

從上表可知,礜石的製備方式有涂而燔;冶;丸;以截煮;以油脂類和;搗後再熱加工等。尤其是周家臺秦簡"取大白礜,大如母(拇)指,置晉斧(釜)中,涂而燔之,[③]毋下九日,冶之,以……"此處礜石的製備需置特定的釜中密閉燔燒,并且不少於九日,可見古人對礜石炮製的用心。製備後使用方式有:以醋飲;浴蠶或洗桑葉餵蠶;外敷或熨或摩傷處。另外還有幾處未提及礜石的製備方式,但相關記載看,凡是内服使用的應該都是經過炮製之後的礜石。《名醫别録》中記載礜石:"火煉百日,服一刀圭。不煉服,則殺人及百獸。"[④]《本草經集注》言其"得火良"[⑤]。亦可見礜石入藥一般需要火製。

製備後的礜石内服可治鼠瘻、風、痹、寒熱、消渴等;外用治創等外傷和皮膚疾病;還可有益於蠶的健康生長。以下具體論述:

(一)礜石治鼠

傳世文獻中礜石最早的記載見於《山海經·西山經》,言其可以毒鼠:"西南三百八十里,曰皋塗之山……有白石焉,其名曰礜,可以毒鼠。"郭璞注:"今礜石殺鼠,音豫;蠶食之而肥。"[⑥]《淮南子·説林訓》也有載:"人食礜石而死,蠶食之而不饑。"[⑦]郭璞所注與《淮南子·説林訓》内容相仿。桓譚《新論》中也有相似記載:"譬若巴豆毒魚,礜石賊鼠。"[⑧]可見礜石對人、鼠來説均有毒,却有助於蠶的生長。

上引周家臺秦簡《病方及其他》:"已鼠方:取大白礜,大如母(拇)指,置晉斧(釜)[⑨]中,涂而燔之,毋下九日,冶之,以……"[⑩]此簡後殘,看不到具體的使用方式。天回醫簡中有與此

① 天回醫簡整理組編著:《天回醫簡》,106 頁。
② 田河:《武威漢簡集釋》, 609 頁。
③ 涂讀爲塗,封泥之義。
④ [梁]陶弘景集:《名醫别録(輯校本)》,210 頁。
⑤ [梁]陶弘景編,尚志鈞、尚元勝輯校:《本草經集注輯校》,115 頁。
⑥ 袁珂校注:《山海經校注》,30 頁。
⑦ [漢]劉安著,[漢]高誘注,陳廣忠校點:《淮南子》卷一七《説林訓》,429 頁。
⑧ [漢]桓譚撰,朱謙之校釋:《新輯本桓譚新論》,北京:中華書局,2009,35 頁。
⑨ 此處的斧,有學者認爲當讀其本字,而非破讀爲"釜",參見張雷編著《秦漢簡牘醫方集注》,北京:中華書局,2018,98 頁。
⑩ 湖北省荊州市周梁玉橋遺址博物館編:《關沮秦漢墓簡牘》,135 頁。

條可相互印證的内容:"治鼠。105▨取毛鼠剥去亓(其)腸,冶礜直(置)其腹中,置之鏖(鬲)中,以一鏖(鬲)蓋而涂之,炊以桑薪三日,出而冶116"[①]這兩處所説的"鼠",應是指"鼠瘻",[②]且此治鼠瘻的功用與《本經》記載礜石功效相應。其治鼠瘻的應用或與其最早用於毒鼠有關。早期用於毒鼠,後用於治療鼠瘻,體現了古人取象比類的認知方式。

(二)礜石治風

體現礜石治風的醫方共四個(下文分别編號甲乙丙丁,以便稱引),其中最明顯的當屬武威醫簡中的"▨惡病大風方",由其方名即知其爲治風而設,醫簡内容爲:

> 雄黄、丹沙、礜石、▨兹石、玄石、消石▨長▨一兩,人參▨搗之各異斯,▨三重盛藥,和以三石稱毒下三日。86正熱▨上□□十□□▨飯藥以豬肉魚辛。卅日知,六十日偸▨皆落,隨皆復生,▨雖折能復起,不仁皆仁。[③]86背(方甲)

方中所用藥物除人參外,皆爲礦物藥。而與此相似的,還有敦煌漢簡中的殘簡:"□肕十分,白礜石十分,良母脂取善者一兩,李石十分,人參十分取善者▨563B"。[④](方乙)此方雖僅剩四味藥,也無主治,但仍可看出二者之間的相似性,方中的李石,原釋讀爲"李實",但若將兩者比較來看,李石是礦物藥"理石"的可能性更大。

另外,與礜石治風間接相關的醫方還有周家臺秦簡《病方及其他》中:"人所恒炊(吹)者,上橐莫以丸礜,大如扁(蝙)蝠矢而乾之。即發,以囧四分升一三二一歙(飲)之。男子歙(飲)二七,女子欲〈飲〉七。三二二"[⑤](方丙)原釋讀據《玉篇》引《聲類》"出氣急曰吹",認爲此處當指哮喘。我們認爲也有可能讀爲"欠伸"之"欠"。另《五十二病方》中有"狂犬傷人,冶礜與橐莫,醯半音(杯)歙(飲)之。女子用藥,如靡▨。60/60"[⑥](方丁)上述兩種病證均與風的關係密切:古代醫家認爲呼吸像風,《素問·陰陽應象大論》:"陽之氣,以天地之疾風名之。"[⑦]而狂犬古時又稱"猘犬""瘈狗",《素問·玉機真藏論》:"病筋脈相引而急,名之曰瘈。"[⑧]《漢書·藝文志》有《金創瘲瘛方》,其與"金創"并舉,當屬"破傷風"一類的病症,古人認爲此乃"損傷之處中於風邪"所致。[⑨] 且以上兩方用藥均爲礜和橐莫,以醋送服。礜石可

① 和中浚、楊華森、趙懷舟、袁開惠:《論老官山漢墓醫簡〈六十病方〉的"鼠"與"風偏清"》。
② 張雷、張炯:《簡帛經方醫學文獻詞語校釋三則》,《甘肅中醫學院學報》2013年第6期。
③ 田河:《武威漢簡集釋》,609頁。
④ 甘肅省文物考古研究所:《敦煌漢簡》,241頁。
⑤ 湖北省荆州市周梁玉橋遺址博物館編:《關沮秦漢墓簡牘》,128頁。
⑥ 裘錫圭主編:《長沙馬王堆漢墓簡帛集成(伍)》,226頁。
⑦ 《黄帝内經素問》,北京:人民衛生出版社,1963,45頁。
⑧ 《黄帝内經素問》,124頁。
⑨ [宋]王懷隱等編,鄭金生等校點:《太平圣惠方》卷二一,北京:人民衛生出版社,2016,402頁。

治風，後世本草書中也有“礜石俗呼鎮風石”的記載；①槖莫一藥從其藥名看也似與風相關，“槖”古代可指鼓風的器具。武威醫簡中還出現“槖吾”，用於治久咳逆上氣，張顯成認爲槖莫即槖吾，應爲鬼臼，即小檗科植物八角蓮的根莖。② 馬繼興和王林生均認爲其是菊科植物大吴風草，③筆者認爲後者更具説服力。槖吾(莫)也應具有治風功用。

由武威醫簡中“☐惡病大風方”組成以礦物藥爲主，及用藥後反應的描述見“☐皆落(落)隨復生，☐雖折能復起，不仁皆仁”，推斷其所主治很可能有眉、鬚、髮落的症狀；對照《針灸甲乙經·序》中所載張仲景診王仲宣，預言其發病症狀爲“眉落”，及令服“五石湯”可免(據方名應多爲礦物藥)的事迹，兩者頗有相合之處。王仲宣所患爲麻風病基本已成學界共識，且自兩漢以迄隋唐，運用以石藥爲主的方劑攻治麻風病是醫界通例。④ 再如《金匱要略》中仲景所用“風引湯”⑤，用石膏、赤石脂等8味礦物類藥以治風，方中石膏在《本經》中記載“治中風寒熱”⑥，紫石英“治邪氣……女子風寒在子宫”⑦。可見當時醫家治風病常用礦物藥，或取其重鎮之性以息風，或源於其五行屬金可以平木(風則屬木)。

分析以上出土文獻中的醫方，我們不難發現甲、乙兩個醫方中，均出現礜石與人參的配伍。《日華子本草》對人參的記載言“殺金石藥毒”，⑧故可推測人參與礜石配伍，是爲了制約礜石的毒副作用。礜石在鎮墓中也可見與人參同用，後文還會討論。

值得注意的是，丙、丁兩個醫方組成和用法相同，且簡帛出土的地域均爲湖南地區。

(三)治痹、寒熱、消渴

礜石除上述功用外，天回漢墓醫簡《治六十病和齊湯法》中礜石主要作爲治寒熱、治痹、治消渴方中的藥物之一。以下僅列舉治消渴一條：“亓(其)一曰：蜀椒(椒)，長石、圭(桂)、兔絲實各一分，礜半分，薑、凝水石各二分，合和，以中蒃(橡)早(皂)取藥，直(置)$_{153}$水中，酓(飲)之。有頃，酓(飲)縻(糜)，分日夜以五酓(飲)之。節(即)溲多，負(倍)凝水石；渴，負(倍)圭(桂)；煩，負(倍)畺(薑)；飢，負(倍)長石。”(177、185)⑨此處礜石用量最小，且未言明炮製方式。礜石治消渴的功效也在《名醫别録》中有記載：“下氣，除膈中熱，止消渴”⑩。

① [金]張元素，[元]李東垣撰，伍悦點校：《珍珠囊、珍珠囊補遺藥性賦 附臟腑標本寒熱虚實用藥式、藥類法象、用藥心法》，北京：學苑出版社，2011，148頁。
② 張顯成：《“槖吾”即“鬼臼”——簡帛醫書短札》，《成都中醫學院學報》1995年第1期。
③ 馬繼興：《馬王堆古醫書考釋》，長沙：湖南科學技術出版社，1992，383頁；王林生：《簡帛藥名再辨》，《中醫文獻雜誌》2017年第6期。
④ 段禎、王亞麗：《武威醫簡68、86甲乙及唐以前麻風病用藥特點討論》，《中國中醫基礎醫學雜誌》2016年第12期。
⑤ [漢]張仲景撰，柳長華主編，陳萌點校：《金匱要略(明吴遷鈔本)》，北京科學技術出版社，2016，15頁。
⑥ 馬繼興主編：《神農本草經輯注》，北京：人民衛生出版社，2013，217頁。
⑦ 馬繼興主編：《神農本草經輯注》，122頁。
⑧ 尚志鈞輯釋：《日華子本草》，合肥：安徽科學技術出版社，2004，37頁。
⑨ 天回醫簡整理組編著：《天回醫簡》，118頁。
⑩ [梁]陶弘景集：《名醫别録(輯校本)》，210頁。

(四)礜石外用治創等外傷和皮膚疾病

礜石除内服外,還可外用。東漢鄭玄注《周禮·瘍醫》説:“醫方有五毒之藥,合黄堥,置石膽、丹砂、雄黄、礜石、慈石其中,燒之,其煙上著,以雞羽掃取之,以注創。”[①]鄭玄認爲《周禮》中所説的五毒就包括礜石,外用治創。鄭玄所説的“五毒之藥”與漢代的五石以及東漢廣泛應用的鎮墓五石(曾青、丹砂、雄黄、礜石、磁石)組成相似,其中石膽和曾青二物顔色相類,功效及藥理功能也幾乎相同。[②]

出土文獻中礜石外用主要包括傅、熨、摩、填充傷口等方式,用於治療皮膚相關疾病,與《周禮》爲瘍醫所用的記載一致。兹列舉如下:

痂　痂古有二義:其一指皮膚所患疥病(疥瘡);其二指瘡傷愈合後形成的瘢痕組織。[③]《五十二病方》中治加(痂):“一,取慶(蛲)良(螂)一斗,去其甲足,以烏家(喙)五果(顆),礜大如李,并以截□斗煮之,汽(汔),以傅之。$_{357/347}$”[④]方中以礜石、烏喙、蛲螂配伍,此處的礜石未經冶、搗或燔,直接以醋煮之後外敷治療痂。

《五十二病方》另有治療痂的醫方:“一,燔礜,冶烏家(喙)$_{∟}$、黎(藜)盧$_{∟}$、蜀叔(菽)、庶、蜀林(椒)、桂各一,合,并和,以頭脂【□,裹】以布,炙以尉(熨),卷(倦)而休。$_{360/350}$”[⑤]此則是礜石、烏喙和其他不同的藥物配伍,加熱後以熨的形式外用。另有礜石和藜蘆配伍,用以熨疕。疕泛指瘡瘍或指頭瘍,[⑥]原文爲:“一,以黎(藜)盧二、礜一、豕膏和,而膝以尉(熨)疕。$_{431/421}$”[⑦]

乾瘙　乾瘙,即乾疥。是不伴有滲出液的瘙癢性皮膚病。[⑧]《五十二病方》中還有與上文相似的醫方用於治療乾瘙,也是礜石、烏喙、藜蘆相配伍,原方爲:“一,取𪏭(藜)盧二齊,烏家(喙)一齊,礜一齊,屈居□齊,芫華(花)一齊,并和,以車故脂如(挐)之,以【□】$_{423/413}$裹。善泅(洗),乾,節(即)炙裹樂(藥),以靡(磨)其騷(瘙)。日以靡(磨),脂盡,益脂,騷(瘙)即巳(已)。$_{424/414}$”[⑨]其使用方式是將藥加熱後摩瘙。

諸傷　諸傷即指各種外傷。[⑩]《五十二病方》中還有一殘簡:“一,諸傷,風入傷$_{=}$(傷,傷)癰痛。治:以枲絮爲獨(韣),□□癰傷,漬以【□□□□】彘膏煎汁,置$_{37/37}$【□□】沃,數□注,下膏勿絶,以欲(翕)寒氣。【□□□□】礜【□□□□□】,以傅傷空(孔),蔽上,$_{38/38}$休,復爲

① [漢]鄭玄注,[唐]賈公彦疏:《周禮注疏》,上海古籍出版社,2010,158頁。
② 趙匡華、張惠珍:《漢代瘍科“五毒方”的源流與實驗研究》,《自然科學史研究》1985年第3期。
③ 馬繼興:《馬王堆古醫書考釋》,長沙:湖南科學技術出版社,1992,570頁。
④ 裘錫圭主編:《長沙馬王堆漢墓簡帛集成(伍)》,278頁。
⑤ 裘錫圭主編:《長沙馬王堆漢墓簡帛集成(伍)》,279頁。
⑥ 馬繼興:《馬王堆古醫書考釋》,601頁。
⑦ 裘錫圭主編:《長沙馬王堆漢墓簡帛集成(伍)》,292頁。
⑧ 馬繼興:《馬王堆古醫書考釋》,614頁。
⑨ 裘錫圭主編:《長沙馬王堆漢墓簡帛集成(伍)》,290頁。
⑩ 馬繼興:《馬王堆古醫書考釋》,361頁。

□【□□□□□□】□□□【□□□□□】□【□□□】□癰□【□□□□】39/39傅藥先食後食次(恣)。毋(無)禁,毋(無)時。【□】礜不暴□【□】盡入。40/40"[①]此簡雖殘,但從中我們仍可得知礜石用於此方中,用法爲敷傷口。簡中第一句話言明爲用於"風入傷"而引起的癰、痛。此與前文所言礜石治風的原理也可對應。

另有安徽阜陽漢簡《萬物》中一處:"以鼠享與□□毫W080(背後反印文:令□)"[②]施謝捷認爲,"鼠享"當讀爲"鼠鄉",是"礜石"異稱。[③]《吴普本草》:"白礜石,一名鼠鄉。"[④]但由於簡文殘缺,難以進一步考證其主治何病。

綜上,礜石在出土文獻中的功用,與目前最早的傳世醫藥本草著作《本經》的記載高度相合:"礜石,一名青分石,一名立制石,一名固羊石。味辛,大熱,有毒。治寒熱,鼠瘻,蝕瘡,死肌,風痹,腹中堅癖,邪氣,除熱。生山谷。"[⑤]且從《本經》對礜石的記載來看,當時對礜石的名稱、性味、功效、主治的認識已經非常詳備。《本經》中的相關記載大概也是源於對這些早期醫方中藥物應用的概括和總結。

(五)礜石益蠶

出土文獻中還見運用礜石來助蠶健康生長的記載。北大秦簡《醫方雜抄》記載:"令蠶毋死,取礜大如指,冶之,入一斗水中。蠶生,以灑(洗)桑,食之。一曰,取男女相會之所以奉布,(4-264)以新器盛水漬之,有頃,以浴蠶種,而祝之曰:"今日庚午,浴啻(帝)女,毋單(憚)蟲虺校(咬)(4-263)"做法是將磨碎的礜石放入水中,清洗桑葉後喂蠶。[⑥]

周家臺秦簡《病方及其他》中用礜石浴蠶:"今日庚午利浴臂(蠶),女毋辟(避)瞀暮=(瞙瞙)者,目毋辟(避)胡者,腹毋辟(避)男女牝牡者。以脩(滫)清一三六八桮(杯),礜赤叔(菽)各二七,并之,用水多少,次(恣)殹(也)。浴臂(蠶)必以日毚(纔)始出時浴之,十五日乃三六九已。"[⑦]其中的礜,如前文所述,整理小組認爲讀爲"皦",方勇認爲是"皦石"之合文,指礜石的可能性更大。[⑧]礜石有益於蠶的記載還見於《山海經》《淮南子》等傳世文獻(見前文所引),足以見得此處所指應爲礜石。

以上兩則礜石與蠶的相關記載,頗有可對照之處。古人爲提高蠶的存活率,會在一定的時間(如文中的庚午日)舉行一定的儀式,用藥物或者禱祝的方式選育蠶種。有學者認爲古人選用礜石來浴蠶可能既起到消毒、育蠶的作用,同時還可以預防老鼠的侵害。[⑨]我們猜測

① 裘錫圭主編:《長沙馬王堆漢墓簡帛集成(伍)》,222頁。
② 文化部古文獻研究室、安徽阜陽地區博物館、阜陽漢簡整理組:《阜陽漢簡〈萬物〉》。
③ 施謝捷:《簡帛文字考釋札記(續)》。
④ [魏]吴普:《吴普本草》,北京:人民衛生出版社,1987,11頁。
⑤ 馬繼興主編:《神農本草經輯注》,297-298頁。
⑥ 田天:《北大藏秦簡〈醫方雜抄〉初識》。
⑦ 湖北省荆州市周梁玉橋遺址博物館編:《關沮秦漢墓簡牘》,134頁。
⑧ 方勇:《談關沮秦簡所載秦代的浴蠶術》,《社會科學戰綫》2018年第3期。
⑨ 方勇:《談關沮秦簡所載秦代的浴蠶術》。

這可能與礜石治風的作用相關,蠶易得僵蠶病,古人認爲這是蠶受風所致,如《本草綱目·釋名》言:"蠶病風死,其色自白,故曰白僵(死而不朽曰僵)。"①因此想到用礜石治風,實踐後發現確實能有益於蠶的健康生長。這亦爲傳世文獻《淮南子》中"蠶食之而不饑"以及郭璞注《山海經》"蠶食之肥"等記載提供出土文獻的佐證。

(六)討論

礜石的功用在出土文獻中體現明顯,醫藥用途與《本經》的記載高度一致。以下表來總結兩者的記載:

表3　出土文獻與《本經》中礜石記載對比表

内容	出土文獻中礜石記載	《本經》中礜石記載
藥名	礜,礜石,白礜石,大白礜,白石,鼠享?礐	礜石,一名青分石,一名立制石,一名固羊石。
性味		味辛,大熱,有毒。
功效主治	治寒熱;治鼠;治消渴;加(痂);身疕;乾瘙;☐惡病大風;傷痙;肋(筋)痺;腐痺;狂犬傷人;治人所恒炊(吹)者	治寒熱,鼠瘻,蝕瘡,死肌,風痺,腹中堅癖,邪氣,除熱。

從藥名來看,《本經》所用正名爲"礜石",而其所載異名"青分石、立制石、固羊石"却未見於出土文獻,可能是後世發展而來,或由於材料所限暫未見。而出土文獻中,早期以"礜"居多,後期以"礜石"居多,從中也可看出《本經》應成書較晚。

從功效記載來看,出土文獻中的功效偏於具體,而《本經》中的功效記載明顯更偏於概括。出土文獻中的"蝕瘡,死肌"可對應出土文獻中的"加(痂)、身疕、乾瘙";"風痺"可對應"☐惡病大風、傷痙、肋(筋)痺、腐痺";"邪氣"可對應"狂犬傷人、治人所恒炊(吹)者";"治消渴"則可對應《名醫别録》"止消渴"等等。

傳世文獻《本經》中的相關記載大概也是源於對這些早期醫方的藥物應用的概括和總結。目前所見出土文獻中幾乎均爲醫方,未見和《本經》體例和内容相似的本草知識。《萬物》與《本經》體例最爲相近,但兩者的體例和内容的詳備程度及規範性差别很大,《本經》明顯較出土文獻中的本草内容成熟。因此可認爲《本經》的成書晚於以上引述的出土文獻。《本經》極有可能是經過對這些早期醫方的篩選和概括,在一定的理論系統指導下形成的一部本草專著。

另外,後世傳世文獻中礜石的記載很少,這與出土文獻中出現較多的礜石形成鮮明的對

① [明]李時珍撰,劉衡如等校:《本草綱目》,1501頁。

比。一方面的原因可從"礜石"和"礬石"的字形相近得出。《本草綱目》:"〔時珍曰〕古方礜石、礬石常相混書,蓋二字相似,故誤耳。然礬石性寒無毒,礜石性熱有毒,不可不審"。[①] 因後世對於礜石毒性的忌憚,且"礜"和"礬"字形相近,極易訛混,"礜石"被誤認爲是"礬石",但兩種藥物實則從顏色、功效來看都差别甚大,[②]因此,有必要依據出土文獻中的相關記載勘正傳世文獻中的訛混。另一更主要的原因是,後世出現與之同類的砒石、信石以及精煉的砒霜,逐漸取代了礜石,故礜石之名反倒越來越少見了。

三　礜石的其他用途

礜石的其他用途主要有鎮墓、驅鬼。這兩種作用從本質上來説相似。

(一)礜石鎮墓

礜石與人參同用的記載除出現在出土文獻中外,還出現在鎮墓陶瓶上。洛陽李屯出土東漢元嘉二年(156)陶瓶四件,其中的一件朱書陶瓶上書:"爲汝五石、人參,解……"。[③] 另有長安南李王東漢墓瓶文載"考持鉛人、人參、雄黄、解□襄草……"[④]同蒲鐵路熹平二年(173)瓦盆朱書:"今故上復除之藥,欲令後世無有死者。上黨人參九枚,欲持代生人。"[⑤]密縣后土朱書罐文中有"人參解離"之語。[⑥] 學者多認爲人參是漢代解禳用藥之一,以之代替生人,可解除生人苦痛。[⑦] 人參的異名"人銜""鬼蓋"或與人參被用於鎮墓有關。從其功效的角度考慮,《本經》所載人參能"安精神,定魂魄"或許也與此相關。可見當時人參與五石配伍,可起到厭制鬼邪的作用。

用礜石實物及相關文字記載的鎮墓亦多見。咸陽教育學院東漢墓 M2 出土有朱書陶瓶,上寫道:"建立大鎮,慈、礜、雄黄、曾青、丹沙,五石會精,衆藥輔神,塚墓安寧……"且瓶内裝有長 4 釐米的白色砂質石條,長 2 釐米的黄色砂質小石塊,三顆藍色或青黑色的小顆粒,其中白色石條應爲"礜石"。[⑧]

河南三門峽南交口漢墓出土朱書陶瓶五件,瓶内分别裝有對應的礦物:曾青、丹沙、雄黄、礜石、磁石,其擺放的相對位置分别爲東方、南方、中央、西方、北方。五個瓶上文字分别

---

① [明]李時珍撰,劉衡如等校:《本草綱目》,424 頁。

② 礜石色白,礬石色黑。

③ 洛陽市文物工作隊:《洛陽李屯東漢元嘉二年墓發掘簡報》,《考古與文物》1997 年第 2 期。

④ 負安志、馬志軍:《長安縣南李王村漢墓發掘簡報》,《考古與文物》1990 年第 4 期。

⑤ 郭沫若:《奴隸制時代》,北京人民出版社,1973,94-95 頁;何江濤:《巫術、儀式與死亡:西方宗教人類學視域下的漢晉解注文》,《宗教學研究》2021 年第 4 期。

⑥ 趙世綱、歐正文:《密縣后士郭漢畫像石墓發掘報告》,《華夏考古》1987 年第 2 期。

⑦ 王育成:《南李王陶瓶朱書與相關宗教文化問題研究》,《考古與文物》1996 年第 2 期。

⑧ 劉衛鵬:《漢永平三年朱書陶瓶考釋》,咸陽市文物考古研究所編《文物考古論集——咸陽市文物考古所成立十周年紀念》,西安:三秦出版社,2000,164-169 頁。

爲:“東方甲乙神青龍曾青九兩」制中央令母守」子禍不起從今日始如律令”;“南方丙丁神朱」爵(雀)丹沙七兩」制西方令母」守子禍不起」從今日始如律令”;“中央戊己神如」陳雄黄女(七)兩制北方令」母制子禍不起」從今日始」如律令”;“西方庚辛神」白虎礜石八兩」禍不起令母制子」從今日始」如律令”;“北方壬癸磁石」六兩制南方」令母守子禍不起」從今日始」如律令”。[1] 以上内容符合五行的相剋順序,礜石(白)用於“制東方”(青)。下圖1和2分别爲考古報告中出土的鎮墓瓶以及礜石。

圖1　北方鎮墓瓶

圖2　西方鎮墓瓶中礜石

西安市和平門外四號漢墓出土一件初平四年(193)朱書陶瓶,上書:“謹奉黄金千斤兩用填(鎮)塚門地下死籍削除文他央咎轉要道中人和以五石之精安塚莫(墓)利子孫故以神瓶震(鎮)郭門如律令”,且朱書瓶内裝有實物白石一塊,應爲礜石。[2]

從以上文本可知,以五石鎮墓主要是因爲古人認爲五石之精可使墓塚安寧,也有利於子孫後代。而所用五石與五色、五行相對應,運用五色、五行相互制約的方式,使五方無災禍起。從上文得知,東方曾青色青,神青龍,其數九(據《淮南子·時則訓》記載,東方對應八),制中央;南方丹沙色赤,神朱雀,其數七,制西方;中央雄黄色黄,神如陳(應爲勾陳),其數七(據《淮南子·時則訓》記載,此處或應改爲五),制北方;西方礜石色白,神白虎,其數八(據《淮南子·時則訓》記載,西方對應九),制東方;北方磁石色黑,其數六,制南方。

據日本學者中村不折著録,在我國山西某地曾經出土一件漢代陶瓶,瓶上有如下文字:“礜石八兩在東方,金曰從革成積剛。□上去害純厚高,五行相制天之常。青龍不鳴利墓皇,白虎不威兩不傷。王氏富貴歌作倡。如律令!”[3]東漢光和二年段氏鎮墓文有“故礜石厭直

① 魏興濤、趙宏、孫建國、郭民卿、楊玉華、賈長有、史智民:《河南三門峽南交口漢墓(M17)發掘簡報》,《文物》2009年第3期。

② 唐金裕:《漢初平四年王氏朱書陶瓶》,《文物》1980年第1期。

③ 轉引自范子烨《漢代陶瓶上的一首七言詩》,《文學遺産》2009年第1期。

□，曾青厭東南”的記載。[①]

日本早稻田大學會津八一紀念博物館收藏的東漢中、晚期的陶瓶，上有朱書的鎮墓文：“黄帝青烏子鎮利冢法，礜石六兩，厭東方木之精，富利墓者家人，子孫昌炅，便生利后，傳世無咎，千秋萬歲。如律令！青 東。”[②]

可見礜石作爲五石中白色、五方中西方的代表，在漢代用於鎮墓以制東方，且形式多樣。無論是何種形式的鎮墓，所選用的物品的特性均與之相關，如用人參取其形，用五石取其色，同時也取它們具有鎮静、重鎮的作用。後世多地還延續着鎮墓這一形式，且所用物品更加多樣，還有如蚌殼、雞蛋殼等物。[③]

（二）礜石驅鬼

睡虎地秦簡《日書・詰》中記録了數十種鬼，以及治這些鬼的方法。這些簡的主人是秦代的一位地方治安官，不僅管捉賊，還管治鬼。[④] 其中甲種二七背叁、二八背叁記載：“大祙（魅）恒入人室，不可止，以桃更（梗）毄（擊）之，則止矣。鬼恒召人出宮，是是遽鬼毋（無）所居，罔謼（呼）其召，以白石投之，則止矣。”[⑤]此處桃梗、白石可用於驅除鬼魅等邪物。

荆州胡家草場西漢簡《詰咎》篇也有相似記載：“凡鬼恒召於人之宫，是胃（謂）虚鬼無居而忘（妄）謼（呼）。及其召也，而投之以白石，則不(1867)敢復召矣。(1877)”[⑥]

“以白石投之”的驅鬼方法，反映了當時的魂魄觀。據秦漢時期的生死觀，人們認爲人死後魂升天，魄入地，如《禮記・郊特牲》：“魂氣歸于天，形魄歸于地”[⑦]；人死後歸土稱爲鬼，如《禮記・祭義》“魄也者，鬼之盛也。……衆生必死，死必歸土，此之謂鬼。”[⑧]鬼出於土應屬於魄未安於其位，因此以白石投之，以鎮壓其魄，這與鎮墓中用礜石有異曲同工之處。

這兩處“白石”雖没有確切證據説明是礜石，但礜石是五色石中白色的代表，鎮墓所用五色石正常來説優先選取礜石。雖説“白石”還可包括陽起石（一名白石）等其他白色物品，但根據礜石與西方、白色、魄等的緊密關係，此處白石爲礜石的可能性極大。其對應關係列表如下：

① ［日］中村不折著，李德範譯：《禹域出土墨寶書法源流考》，北京：中華書局，2003，9 頁。
② 王强、崎川隆：《日本早稻田大學會津八一紀念博物館藏朱書陶瓶》，《出土文獻》2021 年第 2 期。
③ 劉衛鵬：《漢代鎮墓瓶所見“神藥”考》，《宗教學研究》2009 年第 3 期。
④ 劉宗迪：《〈山海經〉的世界：妖怪、萬物與星空》，成都：四川人民出版社，2021，83-86 頁。
⑤ 睡虎地秦墓竹簡整理小組編：《睡虎地秦墓竹簡》，215 頁。
⑥ 李天虹、華楠、李志芳：《胡家草場漢簡〈詰咎〉篇與睡虎地秦簡〈日書・詰〉對讀》，《文物》2020 年 8 期。
⑦ ［漢］鄭玄注，［唐］孔穎達正義：《禮記正義》卷三六《郊特牲》，上海古籍出版社，2008，1096 頁。
⑧ ［漢］鄭玄注，［唐］孔穎達正義：《禮記正義》卷五六《祭儀》，1832-1833 頁。

表4　五石—五行對應關係表

五色	五石	五行	五藏	五府	五神
青	曾青	木	肝	膽	魂
赤	丹沙	火	心	心包	神
黄	雄黄	土	脾	胃	意
白	礜石	金	肺	大腸	魄
黑	磁石	水	腎	膀胱	志

由上表可見,“魄”與“白”相通,故肺藏魄;肺與大腸相表裏,大腸的末端又叫魄門。① 因此,從這些命名和關係可以看出,古人是如何以五行爲中介,將各種事物聯繫成一個相互連通和感應的網絡來認識和思考的。

《秦封泥集》中收有兩枚封泥“左礜桃支”,一枚“右礜桃支”。《陝西新出土古代璽印》中也收有兩枚内容爲“左礜桃支”“右礜桃支”的封泥。② 有學者認爲《秦封泥集》“左礜桃支”下注:從“左、右礜桃丞”封泥見,“左礜桃支”是秦時禳祝之官置之一。“左、右礜桃支”即爲“左、右礜桃丞”,除了管理與“桃”有關的人、事、物以外,還要管理與“礜”有關的人、事、物。③ 因此認爲此爲秦朝專門設立的與礜石之名相關的特設官職。另有學者指出“桃支”即爲“桃枝”,此疑爲道家驅鬼之印,因“礜”和“桃支(枝)”均爲驅鬼之物。④ 結合這一認識,睡虎地秦簡中“白石”和“桃梗”同時出現用於驅鬼,與印中“礜”“桃支(枝)”同見可以互證,進一步説明此處的白石當爲礜石。

結語

通過對礜石的本草考古,我們可以有以下認識:

一、出土醫藥文獻中的礜石與《本經》中礜石的功效記載高度相合,説明《本經》中關於礜石的記載是有來源的,應是基於當時所見相關醫方中的本草知識的提取與概括。但與出土文獻和實物相比,《本經》的記載并未收載礜石全部功用,而是選擇了部分。這些選擇很有可能是經過了有意識的篩選和加工,可能是有一定的療效評價標準的。而這一認識也可以類推至《本經》中的其他藥物。

① 謝觀主編:《中華醫學大辭典》,沈陽:遼寧科學技術出版社,1994,1533頁。

② 周曉陸、路東之編著:《秦封泥集》,西安:三秦出版社,2000,226頁。伏海翔編著:《陝西新出土古代璽印》,上海書店出版社,2005,15-16頁。

③ 劉新民:《古代璽印中的“左(右)礜桃支(丞)”新考》,《吉林廣播電視大學學報》2011年第2期。

④ 劉釗:《出土文獻與〈山海經〉新證》,《中國社會科學》2021年第1期。

二、通過對礜石功用的考證發現,《本經》收録了礜石治鼠、風、痹、寒熱等作用,而礜石的益蠶、鎮墓、驅鬼等作用均未被收録。由此看來,《本經》對礜石功用收載的篩選標準,是偏於醫學用途的,從中依稀可見醫、巫分離的趨勢。

三、古人以毒藥治病。《山海經》中記載已言礜石有毒,《本經·序》言:"下藥一百二十五種爲佐、使,主治病,以應地。多毒,不可久服。欲除寒熱邪氣,破積聚,愈疾者,本下經。"[①] 礜石雖屬於下品藥,毒性較大,但仍應用廣泛。從出土文獻記載看,古人對礜石的應用是有長期的實踐作基礎的,包括可入藥的原料的選取(以白色爲佳);藥物的精心炮製(燔九日以上、冶、醋煮或送服等);劑量控制等等,總結出很多可能起到增效減毒的方法,可以爲現今研究使用提供借鑒。

出土文獻的重見天日,爲許多藥物的正本清源起到了非常關鍵的作用。本文對礦物藥礜石的研究僅爲一個例證。這提醒我們保留至今的知識也許祇是古人知識體系的一小部分,而通過出土文獻與傳世文獻的對讀,或可拾遺補闕、鈎沉探隱,窺見"古人之大體"。

致謝　文章先後承周登威、彭華勝、殷玉蓮、于業禮等師友,以及本刊匿名審稿專家、醫史所博士論壇多位專家提出修改意見,謹致謝忱。

① 馬繼興主編:《神農本草經輯注》,4頁。

漢墓畫像中的鴟鴞與永生意識*

——從“舊”字構形及相關考古資料説起

□ 山西師範大學文學院 譚生力

内容提要 漢墓畫像中屢次出現鴟鴞,其寓意爲何?從“舊”字構形及其記録{久}著眼,結合相關語言現象及考古資料來看,漢墓畫像中的鴟鴞與永生意識關係密切。鴟鴞引導靈魂升天意識的起源,當不晚於殷商時代。

關鍵詞 舊 久 貓頭鷹 永生意識

鴟鴞是鳥類的一科,也叫貓頭鷹、梟、鴞、鵋椇、鵂鶹等,常見於漢墓畫像。例如,湖北當陽東漢墓門楣畫像中有一隻梟立於樹上;[①]長沙馬王堆漢墓帛畫中多次出現鴟鴞;[②]河南新鄭出土的漢墓畫像中也有鴟的形象。[③] 戰國楚墓中也能看到貓頭鷹的影子,例如湖北江陵馬山一號楚墓出土絹袍上的“怪鳥”,就是貓頭鷹與鳳凰的雜糅。[④] 此外,戰國及漢墓畫像中,還有大量鳥形象的存在。這些畫像中的貓頭鷹和其他鳥類寓意爲何?國内不少學者認爲它們和生命崇拜、永生意識有關。[⑤] 例如劉敦願認爲這些貓頭鷹與人類早期把死後的世界看作漫

* 本文爲國家社科基金一般項目“楚系形近字與同形字考辯”(18BYY137)、2018年度國家社科基金重大項目“楚文字綜合整理與楚文字學的構建”(18ZDA304)成果。

① 沈宜揚:《湖北當陽劉家塚子東漢畫象石墓發掘簡報》,文物編輯委員會編《文物資料叢刊(1)》,北京:文物出版社,1977,123頁。

② 湖南省博物館、中國科學院考古研究所:《長沙馬王堆一號漢墓》,北京:文物出版社,1973,42頁。

③ 張秀清、劉松根、薛文燦、寇玉梅:《河南新鄭出土的漢代畫像磚》,《中原文物》1986年第1期。

④ 鄢維新:《鴟鴞、楚鳳與天梯》,《中華文化論壇》2004年第2期。

⑤ 可參看練春海《漢代藝術與信仰中的天梯》,《民族藝術》2009年第4期。

漫長夜關係密切;[①]張光直認爲東周和漢代圖像中的飛鳥可視作登天天梯的延伸;[②]龔良認爲墓葬中的有翼神獸與幽冥世界中引導升天有關。[③]

戰國及漢墓畫像中出現的貓頭鷹及其他鳥類,到底和永生意識有無聯繫? 它的源頭在哪裏? 我們認爲,古文字中的"舊"對解決這一問題有所幫助。漢字是記録漢語的書寫符號系統,每一個漢字的背後往往都隱含着中國文化形成與發展的歷程。可以説,每一個漢字的背後都是一部文化史。此外,大量考古資料表明殷商時期鴟鴞倍受人們尊崇,其與永生意識的關係已經十分密切。

一 鴟鴞與永生意識有關的文字、語言學證據

"舊"字見於《説文》卷四:"雖舊,舊留也。从萑臼聲。,舊或从鳥休聲。"[④]甲骨文中就已經有了"舊"字,可以寫作:[⑤]

(合 22099)(合 32536)(合 30694)(合 20361)

"舊"字从萑,萑即貓頭鷹。《説文》:"萑。鴟屬。从隹从𦫳,有毛角。所鳴,其民有旤。凡萑之屬皆从萑。讀若和。"[⑥]从甲骨字形來看,許説"鴟屬"甚是,貓頭鷹的一對毛角耳尤爲突出。甲骨文中,"舊"有繁簡兩種寫法,繁者从萑頭上有兩毛角耳,簡者从隹頭上没有兩毛角耳。[⑦] 以往學界把這兩種字形看作兩字,認爲"售""舊"有别。[⑧] 後來楚簡中"售"多次出現,讀爲"久"毫無問題,足可證明"售""舊"爲一字。"舊"是群紐之部字,"久"是見紐之部字,兩者音近可通。"萑"是匣紐元部字,"舊"是群紐之部字,古音中元、之可見相通之例,喉、牙二音也多見相通之例。[⑨] 因此,甲骨文中"舊"寫作从萑、从凵,萑兼有表音作用。"臼"是群紐幽部字,"舊"是群紐之部字,兩者音近可通。"凵""臼"一字分化,西周金文變形音化爲臼聲,遂爲後世所本。因此,"舊"寫作从萑、从臼可看作一個雙聲符字。

傳世文獻中"舊"字習見。"舊"可以通"久",例如《書·周書·無逸》"其在高宗,時舊

① 劉敦願:《中國古代有關梟類的好惡观及其演變》,《山東大學學報(哲學社會科學版)》1979 年第 2 期。
② 張光直:《青銅揮塵》,上海文藝出版社,2000,321 頁。
③ 龔良:《陵墓有翼神獸石刻的發展及其藝術源流》,《華夏考古》1994 年第 1 期。
④ [漢]許慎:《説文解字》,北京:中華書局,2012,77 頁。
⑤ 甲骨文"舊"字字形,可參閲劉釗主編《新甲骨文編》(增訂本),福州:福建人民出版社,2014,242 頁。
⑥ [漢]許慎:《説文解字》,77 頁。
⑦ 按:漢墓畫像中有些不是貓頭鷹,而是其他鳥類,或者即來源於這種簡寫的"售"。
⑧ 詳細情況可參于省吾《甲骨文字詁林》,北京:中華書局,1996,1688 頁。
⑨ 可參看劉波《出土楚文獻語音通轉現象整理與研究》,吉林大學博士學位論文,2013,54、226 頁。

勞於外”,[①]《史記·魯周公世家》作“久勞於外”。[②] 此外,“柩”字籒文可以寫作,[③]也可證明“舊”“久”相通。

出土文獻中“舊”“久”相通之例并不少見。[④] 例如楚系文字中“舊”經常用來記録{久};齊系文字中也有“舊”記録{久}之例。[⑤] 秦漢出土文字中,没看到“舊”記録{久}的情況。但是,《説文》中有對龜字的解釋:“龜:舊也……”,[⑥]此處之“舊”可看作記録{久}。因爲龜較爲長壽,所以表示{久}。由此可以推測,秦漢文獻中應該也有這種以“舊”記録{久}的習慣。從郭店楚簡《老子》乙篇簡3“長生舊(久)視之道也”來看,“長”“久”相呼應,説明至遲在戰國中期階段“舊”記録{久}已經可以表達長生、永生之意。

“久”字不見於甲骨、西周春秋金文,齊系、三晉、楚系也均未見“久”字。[⑦] “久”字祇見於秦系文字,寫作(睡日乙簡四三貳)、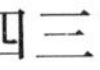(睡效簡四〇)、(睡雜簡二四)等形,爲小篆字形所本。“久”在秦文字中用法豐富,可以記録{久},也可以通“舊”“灸”“記”等。[⑧] 因此,“久”這個字很可能是秦系文字中的專用字,其産生年代應該不會太早。如此,在没有“久”字的殷商及周初,很有可能如同戰國時代一樣用“舊”記録{久}。祇是由於材料所限,暫未見到“舊”通{久}而已。

此外,金文中也見到一例用“韭”記録{久}的情況,春秋早期複豐壺“用祈眉壽,韭(久)歲難老,其萬年無疆。”[⑨]韭菜很早就與先民日常生活關係密切,而且也用於祭祀活動,例如《詩經·七月》“獻羔祭韭”。[⑩] 韭菜是多年生宿根植物冬季枯萎,春天萌發,可以象徵生命的復蘇與輪回。許慎説“韭,菜名,一種而久者,故謂之韭。”[⑪]因此,春秋早期複豐壺銘文中“韭”記録{久}這種情況,可與文獻中“舊”記録{久}相互映襯,均反映出早期人們的永生意識。

貓頭鷹在中國傳統文化中,不是什麽好鳥,背負著“惡鳥”之罪名。例如《詩經》“有鴞萃

① [清]孫星衍:《尚書今古文注疏》卷二一《國風·曹風·蜉蝣》,北京:中華書局,2004,435頁。

② 《史記》卷三三《魯周公世家》,北京:中華書局,1982,1520頁。

③ [漢]許慎:《説文解字》,268頁。

④ 白於藍:《簡牘帛書通假字字典》,福州:福建人民出版社,2008,57頁。

⑤ 周波:《戰國時代各系文字間的用字差異現象研究》,復旦大學博士學位論文,2008,163頁。

⑥ [漢]許慎:《説文解字》,285頁。

⑦ 詳細情況可參看劉釗主編《新甲骨文編》(增訂本);董蓮池《新金文編》,北京:作家出版社,2011;孫剛《齊文字編》,福州:福建人民出版社,2010;湯志彪《三晉文字編》,北京:作家出版社,2013;李守奎《楚文字編》,上海:華東師範大學出版社,2003;李守奎、曲冰、孫偉龍《上海博物館藏戰國楚竹書文字編(壹—伍)》,北京:作家出版社,2007。六國文字用“舊”記録{久},秦文字用“久”記録久,屬於用字差異現象,詳細情況可參看周波《戰國時代各系文字間的用字差異現象研究》,73頁。

⑧ 方勇:《秦簡牘文字編》,福州:福建人民出版社,2012,159頁。

⑨ 吴鎮烽:《商周青銅器銘文暨圖像集成》,上海古籍出版社,2012,第22册,419頁。

⑩ [清]馬瑞辰:《毛詩傳箋通釋》卷一六《國風·豳風·七月》,北京:中華書局,1989,468頁。

⑪ [漢]許慎:《説文解字》,149頁。

止”，毛傳“惡聲之鳥也。”[①]鴟鴞，又可稱“梟”，《説文》“梟，不孝鳥也。”[②]《正字通》則進一步解釋説：“梟，鳥生炎州，母嫗子百日，羽翼長，從母索食，食母而飛。”[③]俗語當中，也説夜貓子進宅沒好事。在新近公布的清華簡《四告》中，也有召公“望鴟來集”認爲是不祥之兆的記載。[④] 如此，先秦時期人們爲什麽喜歡用“舊”假借爲天長地久的{久}呢？這就需要重新審視貓頭鷹在中國傳統文化中的地位。

《説文》認爲“雖舊，舊留也。从萑臼聲。鵂，舊或从鳥休聲。”[⑤]由此來看，“舊”字或體可以寫作“鵂”，萑、鳥屬於義近偏旁互爲通用，臼是群紐幽部字，休是曉紐幽部字，兩者同屬幽部，出土文獻材料中可見喉牙相通之例。[⑥] “鵂”字，从休得聲。我們知道漢字中有一部分形聲字，它們的聲符不僅具有記録語音的作用，也在一定程度上具有表意功能。例如“雀”，从“小”“隹”，“依人小鳥也”。[⑦] “小”是心紐宵部字，“雀”是精紐藥部字，兩者音近可通。“小”在“雀”字構形中有表音、表意雙重功能。我們知道“休”，具有美好之意，例如《詩經・豳風・破斧》“哀我人斯，亦孔之休。”毛傳：“休，美也。”[⑧]漢字中，這種形聲兼會意字并不少見。“鵂”字之聲符“休”，是否僅僅表音呢？有沒有表意作用呢？换言之，“舊”字所从之萑究竟是惡鳥還是吉祥鳥？

從語言學角度來看，我們不難發現人民對貓頭鷹的評價有矛盾之處。從《説文》及文獻有關“梟”的解釋來看，貓頭鷹有惡的一面。但是漢語中，梟也有美的一面，表示勇健，例如梟勇、梟健、梟將。我們今天所看到的文獻，大多都是經過秦漢人轉寫而來。傳世文獻中，沒有任何有關貓頭鷹是吉祥鳥的記載。以往有學者認爲貓頭鷹即善鳥鸑鷟。對此，田永濤已經有所辯證，田文指出鴟鴞與鸑鷟名同實異，并非一物。[⑨]

在西方文學中，貓頭鷹兼有智者和邪惡兩重身份。例如貓頭鷹是智慧女神雅典娜的聖鳥，也是雅典娜的象徵；在希羅文化傳統中貓頭鷹是死亡和再生女神。[⑩] 在北美印第安人眼

① [清]馬瑞辰：《毛詩傳箋通釋》卷一三《國風・陳風・防有鵲巢》，412 頁。

② [漢]許慎：《説文解字》，125 頁。

③ 張自烈、廖文英：《正字通》卷五《辰集中集・木部》，北京：中國工人出版社，1996，55 頁。

④ 黄德寬主編：《清華大學藏戰國竹簡（拾）》，上海：中西書局，2020，123 頁。

⑤ [漢]許慎：《説文解字》，77 頁。

⑥ 關於“舊”字異體寫作“鵂”的問題，不少學者對此無異議，但也有一些學者認爲并非異體關係，而是讀作“鵂”，也有學者認爲“鵂”是“鴆”的誤寫，詳細情況可參看[清]丁福保《説文解字詁林》，昆明：雲南人民出版社，2006，第 2 册，1019－1020 頁。關於義近偏旁通用可參看高明《中國古文字學通論》，北京大學出版社，1996，129 頁；唐作藩《上古音手册》，北京：中華書局，2013，76、175 頁。出土文獻中喉、牙相通之例，可參看劉波《出土楚文獻語音通轉現象整理與研究》，226 頁。

⑦ [漢]許慎：《説文解字》，76 頁。

⑧ [清]馬瑞辰：《毛詩傳箋通釋》卷一六《國風・豳風・破斧》，485 頁。

⑨ 田永濤：《〈詩・豳風・鴟鴞〉“鴟鴞”釋名與語指諸説辯證》，《清華大學學報（哲學社會科學版）》2009 年第 2 期。

⑩ 樊穎：《穿越中西方象徵詩林的“鵩鳥”與“OWL”——〈鵩鳥賦〉與〈貓頭鷹與夜鶯〉中的“貓頭鷹”意象之比較》，《蘭州學刊》2011 年第 1 期。關於貓頭鷹在中西文學中的意象，也可參看王艷麗《中外文學中的貓頭鷹事象研究》，淮北師範大學碩士學位論文，2016，19－34 頁。

裏，貓頭鷹是保護神的象徵。在印度神話傳説中也可以見到貓頭鷹的影子，例如在《阿達婆吠陀》中貓頭鷹是幸運女神的坐騎。哈薩克族人也將貓頭鷹看作勇敢和吉祥的象徵。此外，日本人較爲喜愛貓頭鷹，稱之爲福鳥。1998 年日本長野冬奧會就曾以貓頭鷹作爲吉祥物。日本人將其看作福鳥，這與日語發音有關。日語用梟記録貓頭鷹，發音爲ふくろう hukurou，其中前面兩個假名的發音 huku，"服"和"伏"都發這個音，其讀音與"福"相近。賈誼有《鵩鳥賦》，據《史記·屈原賈生列傳》載："賈生爲長沙王太傅三年，有鴞飛入賈生舍，止於坐隅。楚人命鴞曰'服'。賈生既以適居長沙，長沙卑濕，自以爲壽不得長，傷悼之，乃爲賦以自廣。"以往有些學者往往認爲"鴞曰服"與其羽毛顔色有關。① "鵩"可看作是"服"的加旁分化字。"鵩"在出土的唐代章懷太子墓誌中又可寫作"鵩"。② 相關文獻和考古資料表明，中、日早在先秦階段就已經有了密切的交流。箕子東移朝鮮不一定是真實，但却可以反映出當時部分人爲逃避戰爭向朝鮮半島移居的情形。③ 如此，日本文化中將貓頭鷹稱爲"福鳥"可能與中國早期文化密切相關。此外，韓國也將貓頭鷹看作吉祥鳥，視爲財富的象徵。

由此，要想揭開先秦貓頭鷹究竟是善鳥還是惡鳥的謎底，其究竟和永生意識有無聯繫，僅靠相關傳世文獻似乎難以説清楚。我們知道傳世文獻大都經周代和秦漢轉寫而來，在轉寫過程中存在改造的可能。因此，要想揭開這個謎底，還得靠更早的相關考古資料加以證明。

二　從考古資料審視貓頭鷹在中國傳統文化中的地位及永生意識

相關考古資料表明，從紅山文化、仰韶文化到秦漢時期，普遍存有陪葬各種貓頭鷹形象的習俗。④ 紅山文化遺址中，就有貓頭鷹造型玉器。殷商時期婦好墓出土有貓頭鷹造型鴞尊；山西石樓二郎坡出土商代鴞卣等。西周以後到漢代，鴞形器雖然出土較少，但也陸續有零星出現。⑤ 這些鴞形器廣泛應用於日常生産生活、宗教祭祀、喪葬等不同場合。此外，商周時期一些器物上面也繪有鴞形紋飾。不少學者已經指出，這些鴞形器和鴞形紋飾，與先民太陽崇拜、生命崇拜、宗教意識等密切相關。⑥ 從相關傳世文獻來看，商與鳥文化密不可分，例

① 《史記》卷八四《屈原賈生列傳》，2496 頁。
② 陝西博物館、乾縣文教局唐墓發掘組：《唐章懷太子墓發掘簡報》，《文物》1972 年第 7 期。
③ 孫乃民、張聲振、郭宏茂：《中日關係史》第 1 卷，北京：社會科學文獻出版社，2006，2-6 頁。
④ 詳細情況可以參看葉舒憲、祖曉偉《紅山文化"勾雲形玉器"爲"鴞形玉牌"説——玄鳥原型的圖像學探源續篇》，《民族藝術》2009 年第 4 期；葉舒憲：《經典的誤讀與知識考古——以〈詩經·鴟鴞〉爲例》，《陝西師範大學學報（哲學社會科學版）》2006 年第 4 期。
⑤ 詳細情況來可參看饒勝《鴞形器研究》，河南大學碩士學位論文，2016。
⑥ 可以參看王小盾、葉昶《楚宗廟壁畫鴟龜曳銜圖——兼論上古時代的太陽崇拜和生命崇拜》，《中國文化》1993 年第 7 期；景佳晨《商周青銅鴞形紋飾研究》，天津師範大學碩士學位論文，2016，50-57 頁。

如《詩經·商頌·玄鳥》"天命玄鳥,降而生商"。[①] 學界認爲這與殷商時期鳥圖騰崇拜關係密切。[②] 何努等學者認爲"玄鳥"即"鴟鴞",也就是貓頭鷹,應該是商王朝的圖騰。[③] 葉舒憲采用"四重證據法",認爲"玄鳥"即貓頭鷹。[④] 王林、王婧怡從"玄"詞義入手,認爲"玄"還有"黑暗、幽夜"的意思,結合相關傳世文獻和考古資料認爲"玄鳥"就是"鴟鴞"。[⑤] 孫曉勇根據西遼河流域的鴞面岩畫,認爲商先民所崇拜的玄鳥圖騰就是鴟鴞。[⑥] 因此,結合考古發現大量殷商時代鴞形器物來看,商人所崇拜的"玄鳥"應該就是貓頭鷹。種種證據表明,貓頭鷹在殷商先民意識中占據重要地位。西周初期以後,鴞形器物及紋飾逐漸減少,這應該與周滅商有關,出於意識形態的需要,周排斥商王朝的貓頭鷹圖騰崇拜。何努認爲:"周人的圖騰可能是熊,不是鴟鴞,并且很厭惡它。於是,鴞卣、鴞尊、玉鴞便銷聲匿迹了。"[⑦]周滅商後,遭到周人的排斥,貓頭鷹地位下降,到了漢代已經徹頭徹尾背負起惡鳥的罪名了。從相關考古資料來看,周代鴞形器數量急劇減少。傳世文獻也有相關記載,《晏子春秋·内篇雜下》載,齊景公爲路寢之臺,臺成,有鴞鳴,認爲不祥之事;[⑧]據《史記·屈原賈生列傳》記載賈生爲長沙王太傅三年,有鴞飛入賈生舍,止於坐隅。以爲壽不得長,傷悼。[⑨] 周滅商後,由於商周文化的差異導致貓頭鷹神聖地位下降甚至變爲惡鳥。但是商遺民仍然存在,因此商代文化也在一定程度上有所遺留。因此,貓頭鷹引導靈魂升天的永生意識一直到漢代都有一定程度的保留。這也就解釋了爲什麽漢墓畫像中多次出現鴟鴞。貓頭鷹地位下降問題,學界已經有不少論述。例如劉敦願認爲:"梟在起初,也曾是倍受尊崇的,在商代最爲明顯;但到了後來,它的地位便急劇地降落了下來——戰國時期已開始受人厭惡,漢代以來,被看作是'不祥'之鳥而外,還被看作是'不孝'之鳥,較之於黿類,所受歧視的時間更爲長久。"[⑩]葉舒憲認爲:"從《詩經》其他篇章的注釋情况看,鴟鴞'惡'名的成立是漢代人貢獻最大……由此可知,兩漢時代對貓頭鷹的文化價值建構——'惡'已經宣告完成。"[⑪]

由此可見,貓頭鷹在商代具有神聖的光環。周滅商後,地位逐漸下降。那麽貓頭鷹在商周及秦漢時期人們意識中究竟充當什麽角色呢?

在一些青銅器中,鴞形紋飾、蟬紋、黿紋、蛇紋常一起出現,這些紋飾與商代宗教信仰有

---

① [清]吴闓生:《詩經會通》卷四《商頌·玄鳥》,北京:中西書局,2012,302頁。
② 關於殷商鳥圖騰崇拜可參看王暉《商周文化比較研究》,北京:人民出版社,2000,381、433頁。
③ 何努:《商代鴟鴞零考》,《西華大學學報(哲學社會科學版)》1986年第4期。
④ 葉舒憲:《玄鳥原型的圖像學探源——六論"四重證據法"的知識考古範式》,《民族藝術》2009年第3期。
⑤ 王林、王婧怡:《"玄鳥"與鴟鴞的關聯性探究》,《殷都學刊》2019年第2期。
⑥ 孫曉勇:《西遼河流域的"鴞面"岩畫——兼談先商文明鴞崇拜》,《民族藝術》2016年第5期。
⑦ 何努:《商代鴟鴞零考》,64頁。
⑧ [春秋]晏嬰撰,湯化譯注:《晏子春秋》,北京:中華書局,2011,385-388頁。
⑨ 《史記》卷八四《屈原賈生列傳》,2496頁。
⑩ 劉敦願:《中國古代有關梟類的好惡觀及其演變》,214頁。
⑪ 葉舒憲:《經典的誤讀與知識考古——以〈詩經·鴟鴞〉爲例》,57頁。

一定的聯繫。美國學者艾蘭認爲“商代青銅器紋飾母型最基本的内涵就是死亡、轉化、黄泉下界的暗示。正如神話一樣,它們也是在突破着真實世界的限制,以傳達出一種神聖的本質。”①景佳晨認爲:“通過觀察這四種動物的生物特性,人們産生了一種關於死亡與再生的心理暗示。於是商周先民賦予了這四種動物紋飾相似的意義,即幫助亡者的靈魂脱離肉體再生,進入神與祖先的世界。所以,貴族巫師們生前通過使用這些動物紋飾青銅器與先祖交通,死後利用這些動物的能力脱離軀體到達祖先的世界。”②鄢維新認爲“楚文化顯示,貓頭鷹具有協助巫師引魂升天的功能。”③長沙馬王堆漢墓帛畫中出現了鴟鴞,練春海認爲“鴟鴞(有時爲鳳凰)被認爲是溝通天國、人世與黄泉三界的橋樑……漢代墓葬中的鴟鴞圖像不僅見於樹木的樹梢、還見於房屋、穀倉或其他建築物的頂部……也被學者稱爲魂屋……是死者靈魂前往天國途中的驛站或它本身也是天梯的一個組成部分。”④此外,在國外一些相關考古資料中,一些墓葬雕像中生殖器意象和貓頭鷹形象同時出現,説明死亡和再生關係密切。⑤因此,結合相關中西傳統文化背景來看,貓頭鷹等鳥類應該是與永生及靈魂升天密切相關。

貓頭鷹是死亡、黑暗的象徵,也是溝通神靈、祖先的中介。例如《爾雅·釋鳥》“狂,茅鴟。怪鴟”,又被稱爲“瘳鳥”。⑥ 在先民認識世界裏,黑夜是死後世界的象徵。漢字中“墓”,是個從土莫聲的字,莫即暮的本字,莫在墓字中具有表音兼表意功用,墓即地下黑暗世界的象徵。先民很早就有了靈魂意識,靈魂是人之所本,死亡不是生命的終結,而是肉體和靈魂的分離,是一種生命形式的轉化,將要前往另一個世界開始新的生活,死而不亡。永生意識與靈魂意識密不可分。從世界範圍看,“萬物有靈”是大多數民族的共同信仰。從相關考古資料來看,早在舊石器時代人們就相信靈魂的存在。西安半坡遺址中埋葬兒童的陶甕,底部都穿有一個小孔,考古界一般認爲這就是孩子靈魂出入的通路。⑦ 靈魂不死,正是人們追求生命永恒的一種重要體現方式。甲骨文中鬼、魂等字,也在一定程度上反映出靈魂不死。甲骨文中的鬼,可以寫作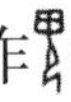(合 137 正)、(合 7153 正)、(合 22012)等形,字形像人站立或跪跽而頭戴一種面具之形。無形的鬼神尋求依托,於是由生人扮演鬼神,這就有了“尸”。晁福林認爲“鬼”是在人形頭部進行模糊化處理,這與人們“見其生不忍見其死有關”,也與人們對死者面目恐懼心理有關。⑧ 祖先不死,傳世、出土文獻中屢次出現向祖先求福,求壽。例如

① [美]艾蘭:《艾蘭文集之一·龜之謎——商代神話、祭祀、藝術和宇宙觀研究》(增訂版),北京:商務印書館,2010,206頁。

② 景佳晨:《商周青銅鴞形紋飾研究》,55頁。

③ 鄢維新:《鴟鴞、楚鳳與天梯》,64頁。

④ 練春海:《漢代藝術與信仰中的天梯》,51頁。

⑤ 葉舒憲:《第四重證據:比較圖像學的視覺説服力——以貓頭鷹象徵性的跨文化解讀爲例》,《文學評論》2006年第5期。

⑥ 《爾雅注疏》卷一〇,[清]阮元校刻《十三經注疏》,上海古籍出版社,1997,2649頁。管錫華譯注:《爾雅》,北京:中華書局,2014,624頁。

⑦ 李仰松:《談談仰韶文化的甕棺葬》,《考古》1976年第6期。

⑧ 晁福林:《先秦時期鬼、魂觀念的起源及特點》,《歷史研究》2018年第3期。

傳世文獻中有“文王陟降,在帝左右。”[①]《詩經・大雅・文王》西周早期天亡簋中也有“文王事喜上帝”的記載。[②] 事死如事生,死者墓葬陪葬品也是靈魂不死的一大證據。戰國時期的上博簡《凡物流形》中也有“是故陳爲新,人死複爲人”記載。[③]

因此,“舊”記録{久}也就不難理解了。甲骨文中“舊”字从萑、从凵,凵即坎穴,與早期先民穴居有關。凵見於甲骨文其他諸字,例如“出”。甲骨文中,“出”可以寫作(合 20045),表示人從坎穴中走出。甲骨文中“各”可以寫作“”(合 2083),人朝坎穴走來之形。甲骨文中,“丞”可以寫作(合 2279 正),表示用手拉陷入坎穴中之人。[④] “舊”字从萑、从凵,表示貓頭鷹從坎穴,也就是居住的地方或者墓穴中出來,引導靈魂升天,達到生命的輪回與永生。從中西文化來看,貓頭鷹在諸多地區都具有死亡的象徵和引領靈魂的能力。例如在阿兹特克族的人祭上,死者的心臟會被放在一個用貓頭鷹裝飾的石器内,通過貓頭鷹使者將死者亡靈帶往神處。在考古資料和傳世文獻中也可看到一些鳥類和魂屋,一些學者認爲這與靈魂鳥、引魂鳥引導靈魂升天有關。[⑤] 中國一些地區民間傳説中雞脚神往往以“帶魂走”的陰司形象出現,這與貓頭鷹等鳥類崇拜關係密切。[⑥] 貓頭鷹作爲永生象徵,和蟬類似,兩者都與黑暗關係密切。古人尚蟬,先民較早時期已經和蟬發生聯繫,早在新石器晚期的湖北石家河文化中就有玉蟬的存在。[⑦] 蟬的幼蟲時期生活在黑暗的地下,經歷了蜕變、再生。吴成國認爲這符合古人對於永生,對於脱胎换骨、羽化成仙的恒久追求。[⑧] 從相關考古實物來看,殷商時代就已經有了玉蟬,後來死者口中含蟬已經成爲一種習俗。夏鼐認爲這可能與蟬生活史的循環有關,象徵變形與復活。[⑨]

明白“舊”“久”之間的關係及貓頭鷹的文化含義後,我們再來看“柩”字。“柩”籀文可以寫作,因此“柩”有从“久”“舊”兩種寫法。“柩”可看作裝屍體的棺材或者屍體,例如《小爾雅・廣名》“空棺謂之櫬,有屍謂之柩”;[⑩]《禮記・曲禮下》“在床曰屍,在棺曰柩”[⑪]。從語言學角度來看,稱之爲“柩”應該也與靈魂不死密切相關。從“柩”構形來看,其从木、匚爲形,久爲聲,同時久也具有表義作用,例如段玉裁認爲从“久”不復變也。[⑫] “柩”籀文从“舊”,

---

① [清]吴闓生:《詩經會通》卷三《大雅・文王》,221 頁。
② 吴鎮烽:《商周青銅器銘文暨圖像集成》,第 11 册,451 頁。
③ 馬承源主編:《上海博物館藏戰國楚竹書(柒)》,上海古籍出版社,2008,101 頁。
④ 劉釗主編:《新甲骨文編》(增訂本),377、60、143 頁。
⑤ 王政:《靈魂鳥・引魂鳥》,《中國典籍與文化》1996 年第 3 期。
⑥ 王婷婷:《大小傳統理論視野下的民間雞脚神信仰探考》,《宗教學研究》2020 年第 4 期。
⑦ 李燁:《中國古代的尚蟬習俗》,《尋根》1999 年第 3 期。
⑧ 吴成國:《蟬意象中長生夢的文化探尋》,《武漢大學學報(人文科學版)》2009 年第 5 期。
⑨ 夏鼐:《漢代的玉器——漢代玉器中傳統的延續和變化》,《考古學報》1983 年第 2 期。
⑩ [清]胡承珙、石雲孫:《小爾雅義證》卷五《廣名》,安徽:黄山書社,2011,93 頁。
⑪ 《禮記正義》卷五,[清]阮元校刻《十三經注疏》,1269 頁。
⑫ [清]丁福保:《説文解字詁林》,第 5 册,3115 頁。

以往學者往往認爲“舊”僅有表音作用。我們在上文已經提及“舊”字从萑、从凵，表示貓頭鷹從坎穴，也就是居住的地方或者墓穴中而出，引導靈魂升天，達到生命的輪回與永生。因此，“柩”籀文从“舊”也是與靈魂不死關係密切。

結語

綜上所述，根據古文字“舊”从“萑”且記録{久}等語言現象，及貓頭鷹在殷商時代的特殊象徵意義的考古證據來看，漢墓圖像中的鵅鶚當與永生意識密切相關。同時，戰國、漢墓中出現的鵅鶚及其他鳥類引導靈魂升天，其起源當不晚於殷商時代。周滅商後，貓頭鷹神聖地位下降。但是，商代遺民仍然存在，并且商代文化也在一定程度上有所遺留。同時，語言文字具有傳承性。因此，後世文字仍然有“舊”字，且貓頭鷹引導靈魂升天的永生意識一直到漢代都有一定程度的保留。從東西方文化來看，在人類早期文化中貓頭鷹與復活、永生、溝通靈魂等關係密切，後來在一些地區文化中則演變爲死神的象徵。

附記　感謝匿名審稿專家的寶貴意見！

東漢長沙郡臨湘縣的從掾位與待事掾及其工作*

□ 中國社會科學院古代史研究所
□ “古文字與中華文明傳承發展工程”協同攻關創新平臺
王彬

内容提要 《長沙五一廣場東漢簡牘》中出現多名從掾位與待事掾,這兩類官職在西晉之後確定爲散吏。有别於署曹的職吏,散吏没有固定的執掌。通過整理和排布目前已知的東漢長沙郡臨湘縣從掾位與待事掾及其任職時間,可知其工作内容以考實和逐捕爲主,性質是臨時性的指派任務。從掾位與待事掾廣泛存在於東漢各地的基層官府,透過臨湘縣的實例,推測這與漢代普遍存在的民間越訴及亡命有關,既有全國性的因素,也因兩漢間長沙郡的經濟快速發展而使此現象更爲明顯,當地由此需要大量參與指定工作的從掾位與待事掾。

關鍵詞 臨湘縣 從掾位 待事掾 考實 逐捕

漢晉時代稱呼無固定執掌或未正式署曹的官吏,學界一般認爲在朝廷是散官,在郡縣爲散吏。從唐宋開始,就出現了散官(吏)源於西漢的看法。唐初,賈公彦疏《周禮》“槁人掌共外内朝冗食者之食”一句,引漢法説明“冗食者”:“冗,散也,外内朝上直諸吏,謂之冗吏,亦曰散吏”。[①]《漢書》記載晁錯“穿宗廟垣”,申屠嘉請求誅殺晁錯,景帝替晁錯解釋:“錯所穿非真廟垣,乃外堧垣,故冗官居其中,且又我使爲之,錯無罪。”顔師古注釋“冗官”時,認爲“冗謂散輩也,如今之散官”。[②] 至南宋,岳珂對比古今官制,總結:

> 則官之有散,自漢已有之矣。然當時之仕於朝者,不任以事則置之散,正如今日宫觀設官之比,未有以職爲實、以散爲號如後世者也。[③]

* 本文是國家社會科學基金青年項目“東漢三國時期的基層統治與鄉村社會研究”(19CZS017)的階段性成果。

① [清]孫詒讓撰,王文錦、陳玉霞點校:《周禮正義》卷三一《地官·槁人》,北京:中華書局,2013,1241-1242頁。

② 《漢書》卷四二《申屠嘉傳》,北京:中華書局,1962,2102頁。

③ [宋]岳珂撰,朗潤點校:《愧郯録》卷七《散階勳官寄禄官功臣檢校試銜》,北京:中華書局,2016,94頁。

即以爲漢代就已經存在"不任以事"的散吏,如同當時的宫觀官,而"以職爲實、以散爲號"的情況則是漢以後形成的。[①]

嚴格來講,官制上的散吏成立(或者説是"職散分離")始自西晉。《晉書·職官志》記載,按照郡國、縣的户數多寡,可設置數量不同的職、散吏。以縣爲例,"户不滿三百以下,職吏十八人,散吏四人……三千以上,職吏八十八人,散吏二十六人",[②]散吏員額大體爲職吏的三分之一到四分之一左右。不過,《晉書·職官志》所載是太康滅吴以後的制度,泰始六年(270)正月二十日所立《郛休碑》碑陰記載了"職散吏三百廿人",總人數遠遠超過《晉書·職官志》的規定,原因在於太康以後,晉武帝頒布户調式,規定了占田、課田的額度及給客額,因此大量削減了州郡吏的數量。[③]

西晉散吏包括從掾位和待事掾等,其源頭至少能追溯到西漢後期,東漢的資料漸多,而西漢從史等吏的工作範疇與散吏具有一定差别。《晉南鄉太守司馬整頌碑》目前僅存碑陰文字,係南鄉郡僚屬的題名,宋時尚可見從掾位九十六人,從史位三十一人。[④] 該碑立於泰始四年(268)正月,二年後所立的《郛休碑》碑陰題名則少見官署,而代之以"職散吏"的總稱。可推知,當時人已認爲固定執掌的列曹掾史是"職吏",無固定職守的是"散吏",從掾位、從史位即"散吏"的重要組成。[⑤] "從掾位"之名首見於甘肅馬圈灣漢簡:

從掾位田褒　　米三斗　　私從二人　　麥二斛(345)[⑥]

這枚簡是廩食簿的一部分,[⑦]"三"是王莽時期形成的數量詞,大概爲始建國二年(10)以後使用。[⑧] 與從掾位、從史位相關,西漢傳世文獻及西北漢簡中常見"從史",從史具有隨從、私吏的性質,從事服務長官的工作,而從史位、從掾位的行政性很强,幾乎不見參與私人雜事的情況。[⑨] 從掾位、從史位以外,待事掾(史)也是散吏群體的重要組成部分。待事史之名曾出現在懸泉漢簡中,是一件削衣(待事史董 Ⅰ90DXT0116S:95),時代及上下文皆不明確。[⑩]

---

① 漢代的散官仍然是"官",但已經開始閑散,魏晉以後則不斷虚銜化,而成爲"階"。關於漢唐間散官的性質及其源流,參見閻步克《品位與職位》,北京:中華書局,2009,211-224頁。

② 《晉書》卷二四《職官志》,北京:中華書局,1974,746頁。

③ 唐長孺:《晉郛休碑跋》,收入《山居存稿續編》,北京:中華書局,2011,130頁。

④ [宋]洪邁撰,孔凡禮點校:《容齊隨筆》卷一一"南鄉掾史"條,北京:中華書局,2005,147頁。

⑤ 周鼎:《曹魏正始五年〈石門銘〉所見職官釋證》,《中國國家博物館館刊》2016年第4期。

⑥ 張德芳:《敦煌馬圈灣漢簡集釋》,蘭州:甘肅文化出版社,2013,239頁。

⑦ 白軍鵬集成了相關的簿書,見《"敦煌漢簡"整理與研究》,吉林大學博士學位論文,2014,686頁。

⑧ 饒宗頤、李均明:《新莽簡輯證》,臺北:新文豐出版公司,1995,103-106頁。

⑨ 閻步克:《從爵本位到官本位:秦漢官僚品位結構研究》,北京:生活·讀書·新知三聯書店,2017,488頁。

⑩ 甘肅簡牘博物館、甘肅省文物考古研究所、陝西師範大學人文社會科學高等研究院、清華大學出土文獻研究與保護中心編:《懸泉漢簡(壹)》,上海:中西書局,2019,582頁。

散吏在漢晉正史史籍中記載甚少,而多見於東漢碑刻題記。嚴耕望曾利用這些資料指出,在職吏以外尚有散吏,如郡國之"祭酒、從掾位、從史位、待事掾、待事史",縣之"祭酒、從掾位、從史位等"。① 此後,亦有學者將議曹、奏曹、立義行事等看作散吏。② 不過,碑刻、正史的記載或言之過簡或時空分散,從掾位、待事掾的工作細節,并不清晰。③

在簡牘研究中,對未正式署曹的官吏措意亦不多。討論秦漢時期地方行政,其中一個重點是郡府(縣廷)與諸曹之間的關係,或者關注門下諸官,即"諸曹—門下"結構。④ 依靠長沙走馬樓三國吴簡,孫吴時期的縣級運作及其與門下、諸曹關係的認識也逐步深入。⑤ 而2010年在長沙五一廣場附近發掘的東漢簡牘則提供了不少新材料,使從掾位、待事掾及散吏的分析得以展開,彌補對諸曹以外郡縣吏的忽視。下面先整理已公布五一廣場簡所見從掾位、待事掾的任職者與任職時間,列表如下,考證詳後(表1):

表1　五一廣場簡牘所見從掾位、待事掾⑥

姓名	職官	年	月、日	同事官吏	依據	工作内容
佑	(郡)待事史	永元十五年(103)	閏月十五/十六日	長沙大守中部勸農督郵書掾邵	貳・六六六+六七四	指令實核(寫移臨湘書到,實核,正處言府,關副在所,會麦秋後五日)

① 嚴耕望:《中國地方行政制度史》甲部《秦漢地方行政制度》,臺北:"中研院"歷史語言研究所,1990,115、222頁。

② 安作璋、熊鐵基:《秦漢官制史稿》,濟南:齊魯書社,2007,633-636頁。郭俊然:《出土資料所見的漢代散吏考論》,《克拉瑪依學刊》2014年第4期。

③ 樓蘭出土的西晉木簡中,從掾位趙辯的資料較爲集中,對此人的討論見胡平生《樓蘭木簡殘紙文書雜考》,《胡平生簡牘文物論稿》,上海:中西書局,2012,428-431頁

④ 閻步克提出了"諸曹—門下""職官—散官"的兩種視角,見其著《從爵本位到官本位:秦漢官僚品位結構研究》,474頁。"諸曹—門下"視角的經典研究,如嚴耕望在《中國地方行政制度史》甲部《秦漢地方行政制度》中,討論郡縣皆先列長官,其次佐官,在屬吏之下則分爲綱紀、門下、列曹。得益於秦代簡牘的公布,對縣屬機構"官""曹"關係的討論更加深入,相關研究的總結見吴方基《秦簡所見地方行政制度研究的新進展》,鄔文玲主編《簡帛研究二〇一七(春夏卷)》,桂林:廣西師範大學出版社,2017,100-101頁;土口史記《秦代"縣廷"研究的回顧與展望》,復旦大學歷史學系、《中國中古史研究》編委會編《中國中古史研究》第7卷,上海:中西書局,2019,65-82頁。

⑤ 走馬樓三國吴簡所見臨湘縣的縣政運作中心,究竟爲門下抑或諸曹,仍有不同意見。侯旭東:《湖南長沙走馬樓三國吴簡性質新探——從〈竹簡(肆)〉涉米簿書的復原説起》,長沙簡牘博物館編《長沙簡帛研究國際學術研討會論文集》,上海:中西書局,2017,59-97頁。徐暢:《長沙走馬樓三國孫吴簡牘官文書整理與研究》,北京:中國社會科學出版社,2021,182-243頁。

⑥ 文中使用五一廣場東漢簡牘的出版信息是長沙市文物考古研究所、清華大學出土文獻研究與保護中心、中國文化遺産研究院、湖南大學嶽麓書院編《長沙五一廣場東漢簡牘選釋》,上海:中西書局,2015;長沙市文物考古研究所、清華大學出土文獻研究與保護中心、中國文化遺産研究院、湖南大學嶽麓書院編《長沙五一廣場東漢簡牘(壹—陸)》,上海:中西書局,2018、2019、2020。少數姓名皆難以釋讀且事迹不清的待事掾,并未列入本表,如肆・一二八九、肆・一三二五、肆一三二八、肆・一三三二。

續表

姓名	職官	年	月、日	同事官吏	依據	工作内容
向悝	從掾位	永元十六年(104)	十二月六/七日		壹·三六七壹·三五〇	考實(倉曹史朱宏、劉宫臧罪)
王純	待事掾	延平元年(106)	四月廿二日/廿四日		選釋·二五、壹·三三六	逐捕(格殺殺人賊黄㑹郭幽、追逐故市亭長慶睦)
楊武	待事掾	永初元年(107)	正月廿六日	待事掾王倫、守史毛佑	選釋·四五	考實(武前詣府自言,部待事掾楊武、王倫,守史毛佑等考)
王倫	待事掾	永初元年(107)	正月廿六日	待事掾楊武、守史毛佑	同上	同上
逢延	昭陵待事掾	永初二年(108)	七月八日		壹·二九一	考問(得府決曹侯掾、西部案獄涂掾、田卒史書,當考問緤會、劉季興、周豪、許伯山等)
尹副	待事掾	永初三年(109)	八月十六日		壹·八八	考實?(廷移府書曰:男子袁立自言,麃亭長王固捕得賊殺人)
翕	從掾位		二月三日		陸·二一七〇	
張鮪	待事掾			待事掾范脉、左倉曹史董和、守史五承	壹·三八九	逐捕(從追)

續表

姓名	職官	年	月、日	同事官吏	依據	工作内容
范脙	待事掾			待事掾張鮪、左倉曹史董和、守史五承	同上	同上
郭憙	待事掾			賊捕掾黄朗、游徼殷泓、亭長張漢	叁・九八四	逐捕(不窮追)
鄧祉	待事掾				叁・九八九、肆・一三五〇	?(前以府書遣待事掾鄧祉)考實(考實亭長樂誧)
周□	待事掾				叁・九一〇	
李□	待事掾				叁・九四二	
周逢	待事掾				叁・九四五	
就	待事掾				肆・一二四六+一二四七	考實?
陳□□	待事掾				肆・一二九〇	
吕狼	待事掾				肆・一三三一	
周……	待事掾				肆・一四五〇	
陳盛	待事掾	晚於延平元年		史烝彪	伍・一八四八	考實(實核兼賊曹掾周勤)
□	待事掾			守史黄錯、胡訓	壹・九四	逐捕(掩度□龍山中□)

上表能確定年代的從掾位與待事掾,衹有七位,時代集中在永元十六年到永初三年短短數年之間。其他則大多姓名不詳,很多任職時間尚屬空白,有待資料全部公布後進一步補充。

根據長沙出土五一廣場東漢簡牘,從掾位與待事掾的工作包括考實、追捕、拷問、根據上級指示寫作公文,郡待事史還參與督察案問,其中以前兩者職能爲主。下面自向悝開始(佑與逢延合并在後討論),根據前表順序,對從掾位、待事掾的任職情況及資料相關問題,進行逐一分析。

向悝在任從掾位期間的職責,可從一枚標題簡窺知一二:

從掾位悝言考實倉曹史
朱宏劉宫臧罪竟解書　　十二月七日　到　（壹·三六七,2010CWJ1③:198-4）

可見,向悝的工作是考實倉曹史朱宏、劉宫的臧罪罪行。關於該案的案情,此前已有多位學者加以梳理,共編聯了三組文書。[①] 此文書群記録的基本情况是:朱宏、劉宫二人擔任吏職期間,犯下了“醲酒”“盜賦”“受臧”“不承用詔書”等罪,向悝負責考實。還有一枚有紀年的簽牌與該案相關:

左　永元十六年
十二月左倉曹(A)
史朱宏、劉宫,
賊　卒張石,男子劉　　（壹·三五〇,2010CWJ1③:186A/B）
得本。(B)

簽牌A、B面各標注“左”“賊”,説明該案留檔在左賊曹。同時,此案案發乃由於“女子尹滲自言”,“自言”是本人向官府提出訴訟的意思,部署向悝考實的應該是縣廷。[②] 聯繫“朱宏劉宫臧罪竟解書”需要匯總到左賊曹的情況,可知向悝作爲從掾位,根據縣廷指令收繫拷問朱宏、

① 李均明:《長沙五一廣場東漢簡牘所見職務犯罪探究》,《鄭州大學學報(哲學社會科學版)》2019年第5期,83-84頁。張亞偉:《五一廣場東漢簡“左倉曹史朱宏、劉宫、卒張石、男子劉得本【事】”簡册復原》,簡帛網,2019年4月30日。温玉冰:《朱宏、劉宫臧罪案復原研究》,簡帛網,2020年6月6日。楊小亮:《從掾位悝考實倉曹史朱宏、劉宫臧罪竟解書》,收入其著《五一廣場東漢簡牘册書復原研究》,上海:中西書局,2022,95-110頁。

② 女子尹滲自言簡的討論見楊小亮《五一廣場東漢簡牘册書復原研究》,98頁。漢代訴訟的程序與方式參見徐世虹主編《中國法制通史》第2卷《戰國秦漢》,北京:法律出版社,1999,578-585頁。訴訟受理機關也與案情管轄相關,此案涉及縣吏,理應由縣廷受理。關於“自言”機關的問題,見卜憲群、劉楊《秦漢日常秩序中的社會與行政關係初探——關於“自言”一詞的解讀》,《文史哲》2013年第4期,90頁。

劉宫等人,并最終將相關文書送到左賊曹,歸檔爲卷宗。

值得注意的是,向悝在永元十六年(104)十二月六/七日的文書上仍署"從掾位",到永元十七年(105)則改署"右部勸農賊捕掾(陸・二一七二)"。從掾位的任期似乎偏短,衹要有合適的職吏空缺就會遷轉。① 這一現象在樓蘭出土西晉文書中也有所體現,趙辯泰始五年十一月爲從掾位,到七年四月的時候已經是監藏掾。②

待事掾王純擔心再度遭到刺殺,請求縣廷保護,起因是其工作範疇内的"逐捕"。涉及王純此案的研究較多,已有充分的整理,兹引簡文如下:

> 待事掾王純叩頭死罪白:男子黄𠈇前賊殺男子左建,亡,與殺人宿命賊郭幽等俱强盜女子王綏牛,發覺。純逐捕𠈇、幽,𠈇、幽不就捕,各拔刀、戟、矛,與純相刺擊。純格殺𠈇、幽。到今年二月不處日,純使之醴陵,追逐故市亭長慶睦,不在。𠈇同産兄宗、宗弟禹將二男子不處姓名,各摻兵之純門,司候純。三月不處日,宗、禹復之純門。今月十三日,禹於純對門李平舍,欲徼殺純。平於道中告語純,純使弟子便歸家取刀矛自捄。禹度平,後落去。𠈇、禹仇怨奉公,純孤單,妻子羸弱,恐爲宗、禹所賊害。唯明廷財省,嚴部吏考實宗、禹與二男子,謀議刑執。純愚戇惶恐叩頭死罪死罪。
>
> 今爲言,今白。　　　　四月廿二日白。　　(壹・三三六,2010CWJ1③:169A/B)

除此之外,還有一件君教文書,係王純上言後二日作成。當時臨湘縣令"追殺人賊小武陵亭部",不在署。由兼左賊史順、助史條上白王純陳述的事情,守丞護、兼掾英議請移書賊捕掾浩等加以考實。王純所言之事并不難解,大意是説男子黄𠈇殺死左建以後逃亡,後來又與郭幽一起强奪他人的牛。事發,王純追捕二人,二人反抗後被殺。次年二月某日,王純出差不在家,黄𠈇的兄弟黄宗、黄禹攜帶武器到王純家門口。三月某日又出現這種情況,四月十三日,黄禹就守在王純對門的李平家附近,企圖殺掉王純。但李平在路上告知了王純,王純呼家人取來刀矛自救。鑒於家中人丁稀薄,王純希望縣廷可以安排人手偵訊,解除後患。③

王純被伏擊的地點值得考慮,黄宗、黄禹三次謀殺王純都是守候在其家門口,似乎王純作爲待事掾很少前往官舍,甚至没有分配官舍。從制度設計的角度出發,無論中央還是郡縣

---

① 東漢三國從掾位、待事掾與諸曹的關係較爲複雜。從碑刻題名看,其與諸曹掾史分開列名,應是單獨爲一個系統。但實際的工作中,又因具有備吏的性質,可能固定在某曹執行公務。此問題超出臨湘縣的資料範疇,當另文討論。

② 胡平生:《樓蘭木簡殘紙文書雜考》,430-431頁。

③ 對案情的分析見王子今《長沙五一廣場出土待事掾王純白事木牘考議》,武漢大學簡帛研究中心主辦《簡帛》第9輯,上海古籍出版社,2014,293-300頁;李均明《東漢木牘所見一樁未遂報復案》,西北師範大學歷史文化學院、甘肅簡牘博物館編《簡牘學研究》第5輯,蘭州:甘肅人民出版社,2014,111-115頁。

官吏,他們除了休沐以外,都需要住在官舍之内,郡有郡舍,縣亦有縣舍。① 建武十九年(43),光武帝巡幸南陽,就"進幸汝南南頓縣舍",住在南頓縣的縣舍。② 至於居住宿舍的時間,則并不如規定那樣遵循值宿五日、歸家二日。江蘇連雲港尹灣六號漢墓出土了墓主師饒在元延二年(前11)的《日記》,記載了他出差及住宿的情況,可以看出"休宿家"并没有什麽規律。③ 實際上,宫外各官署的長官在官府内設有官舍,家屬可以同住。屬吏則僅有一部分人享有宿舍,家屬更是很少能一同居住。④ 對於王純而言,仇家黄宗、黄禹持兵械堵截,此場合絶不會發生在與官署相連的官舍附近。且王純連具體伏擊的日子也不確定,可見他大概率一直住在家中,并没有居住地的移動。

昭陵待事掾逢延及郡待事史佑并非臨湘縣的待事掾(史),他們的任職時間本無記載,但可以通過干支推算。昭陵待事掾逢延的文書,上白在七月八日壬申。查曆日表,五一廣場出土東漢簡牘記載集中的年代中,此日應是安帝永初二年七月八日。⑤ 郡待事史佑的文書係閏月十五日庚辰與長沙大守中部勸農督郵書掾邵一同發出,查曆日表,此日是和帝永元十五年閏月十五日。⑥

昭陵待事掾逢延上白的是一件假期書,⑦其提交對象極可能是臨湘縣,應是在請求增派援手,幫助拷問。昭陵是長沙郡的屬縣,位於今湖南省的西南部。逢延來到臨湘,或許是因爲他按照長沙郡的命令到此工作,具體内容是"考問繅會、劉季興、周豪、許伯山等",而這件工作并没有按時完成(期日已盡)。因此,他希望"願得吏與并力考問伯山等",文書最後説"唯明廷財"。逢延在上白的時候,特意標明"昭陵待事掾"的身份,恐怕"唯明廷財"之"廷",應是指臨湘縣。

待事掾用名印發送文書的情況,目前可見尹副,其他例證的討論尚待資料進一步公開。待事掾尹副的上白,係根據臨湘縣轉發長沙郡文書的要求作成:

> 永初三年八月戊午朔十六日癸酉,待事掾副叩頭死罪敢
> 廷移府書曰:男子袁立自言,縻亭長王固捕得賊殺人(A)
> 待事掾尹副名印　　　　　　　　　　史　　白開。
> 八月　日　郵人以來(B)　　　　　　　　(壹·八八,2010CWJ1①:92)

---

① [日]大庭脩著,徐世虹等譯:《漢代官吏的工作與休假》,收入《秦漢法制史研究》,上海:中西書局,2017,400-414頁。宋傑:《漢代官吏的休假制度》,《北京師院學報》1986年第3期。

② 《後漢書》卷一《光武帝紀》,北京:中華書局,1965,71頁。

③ [日]高村武幸:《漢代の地方官吏と地域社會》,東京:汲古書院,2008,152頁。

④ 廖伯源:《漢代官吏之休假及宿舍若干問題之辨析》,收入其著《秦漢史論叢》(增訂本),北京:中華書局,2008,288-303頁。

⑤ 朱桂昌:《後漢四分日曆表》,北京:中華書局,2014,50頁。

⑥ 朱桂昌:《後漢四分日曆表》,39頁。

⑦ 李均明:《長沙五一廣場東漢簡牘"假期書"考》,李學勤主編《出土文獻》第13輯,上海:中西書局,2018,369頁。

《選釋》認爲這段文字包括發件人、送達時間、傳遞者,而没有登記啓封報告人的名字,[①]大致可信。這件上白文書,應該是保存在臨湘縣的抄件。其一,從筆迹上看,"白開"雖墨迹略淡,但大體與簡内其他文字一致。其二,名印一般不會書寫官職,而文書上留有"待事掾尹副",應是書手謄抄時根據内容添上去的。[②]

從掾位翕的文書是一件告假木牘,文書作成時間及翕的姓氏目前不能確知。已公布的五一廣場東漢簡牘雖有"翕"名數處,但所指并不一致。他告假的原因是"爲大父霸治冢郭",表示"願得假日"。這件木牘是他第二次呈報請假申請,上一次未得批准在於申請理由不充分。一般來説,漢代的官吏有定期休假"休沐"和臨時請假。臨時請假又分爲因病和因事兩種情況,在西北漢簡中,因事請假的理由包括親人生病、取寧(家人逝世)、取急。[③] 就休假時長來説,漢初法律規定爲公家服役的人:"父母若妻死(J180)者,歸寧卅日;大父母、同産十五日(J181)",[④]西漢中後期有延長的傾向。[⑤]

翕因喪請假時長不足一月,此前却未獲批准,恐怕是因爲葬地選擇與家庭情況。翕文書係二月三日上白,希望請假到本月三十日,總長不足一月。在敦煌馬圈灣遺址,出土了一件記録吕安漢功勞的木簡,涉及到他請假取寧:

> 玉門千秋隧長敦煌武安里公乘吕安漢,年卌七歲,長七尺六寸。神爵四年六月辛酉除,功一,勞三歲九月二日,其卅日父不幸死寧。定功一,勞三歲八月二日,訖九月晦庚戌。故不史,今史。[⑥] (1186A/B)

計算吕安漢功勞的時候,將其取寧的三十日減去,這是明確可知的歸喪時限。而翕之所以需要特意去"治冢郭",與東漢盛行的擇日擇地有關。[⑦] 其文書説霸"冢有三喪",所謂"三喪"指如果不能按照風水之術下葬,其死亡容易造成家内再有三位親屬去世,即雲夢睡虎地十一號

① 長沙市文物考古研究所、清華大學出土文獻研究與保護中心、中國文化遺産研究院、湖南大學嶽麓書院:《長沙五一廣場東漢簡牘選釋》,127 頁。

② 杜曉曾對此進行了推測,見《漢代官用私印小議——以職官姓名印和"名印"私印爲中心》,李學勤主編《出土文獻》第 14 輯,上海:中西書局,2019,391-406 頁。

③ 趙寵亮:《行役戍備:河西漢塞吏卒的屯戍生活》,北京:科學出版社,2012,94-113 頁。

④ 張家山二四七號漢墓竹簡整理小組編著:《張家山漢墓竹簡[二四七號墓]》(釋文修訂本),北京:文物出版社,2006,108 頁。

⑤ 趙蘭香從傳世文獻歸納出西漢内郡喪假少者三十六日,多者三年,見《漢代西北邊塞吏卒與内郡官吏的休假制度異同考述》,西北師範大學文學院歷史系、甘肅省文物考古研究所編:《簡牘學研究》第 4 輯,蘭州:甘肅人民出版社,2004,214-215 頁。

⑥ 張德芳:《敦煌馬圈灣漢簡集釋》,357 頁。"寧"原釋爲"憲",據邢義田《漢代邊塞軍隊的給假、休沐與功勞制》改,收入其著《治國安邦:法制、行政與軍事》,北京:中華書局,2011,571 頁。

⑦ 關於漢魏六朝時日禁忌的問題,參見張齊明《亦術亦俗》,北京:中國人民大學出版社,2011,95-105 頁。

墓出土的秦簡《日書》甲種所謂“凡丁丑不可以葬,葬必參(三一正貳)”。[①] 王充對這類行爲也有尖銳的批評:

死者累屬,葬棺至十,不曰氣相汙,而曰葬日凶。[②]

翕的文書行外有二次補書“下渚有”“案孖”,應是請假時對他的個人情况做了補充説明:其一,“下渚有”,既然可選葬地較近,那麽請假時日不必過長;其二,“案孖”,恐怕指翕家中可由其他人代爲安排。

翕請假的審批權在縣令手中。文書的最後寫“唯明廷財蒙決教翕(陸·二一七〇)”,東漢“明廷”指的是縣令。延熹八年(165)的時候,太守翟超請張儉爲東部督郵,張儉弹劾了中常侍侯覽而不得不亡命到東萊,住在李篤家中。外黄令毛欽帶兵追到,表示“蘧伯玉恥獨爲君子,足下如何自專仁義?”篤曰:“篤雖好義,明廷今日載其半矣。”顔師古解釋“明廷猶明府”,這裏“明廷”指外黄令毛欽,顯係縣令。[③] 根據西北漢簡所見請假流程,吏卒都是到候官親自申請,審批則需要再向都尉府匯報。[④] 而從掾位翕衹需要“唯明廷”,并未見到“言府”的字様。

張鮪、范滕的情况僅見於一件木牘,可知他們參與到追捕的工作中:

待事掾張鮪　左倉曹史董和
待事掾范滕　　　　　　皆從追
守史五承(A)
諱姑姑即旬兄柱妻(B)　　　　　　(壹·三八九,2010CWJ1③:200-7)

鄧祉任待事掾的文書至少有兩件,分别是:

左賊史遷兼史脩助史壽詳白:前以府書遣待事掾鄧祉將劫殺人賊區琴、船師胡少之醴陵,與琴誼辯,今祉書言□將□□□□□□□□□□□□□□□□□□□□□
(叁·九八九,2010CWJ1③: 264-143)

待事掾祉言考實亭長
樂諵受鄧登錢牛塞却解書　　　　(肆·一三五〇,2010CWJ1③:265-96)

---

① 睡虎地秦墓竹簡整理小組:《睡虎地秦墓竹簡》,北京:文物出版社,1990,187 頁
② [漢]王充著,黄暉撰:《論衡校釋》卷二四《辨祟篇》,北京:中華書局,1990,1012 頁。
③ 《後漢書》卷六七《黨錮列傳·張儉》,2210 頁。
④ 趙寵亮:《行役戍備:河西漢塞吏卒的屯戍生活》,107-108 頁。

前一件文書是臨湘縣根據長沙郡的指示安排鄧祉到醴陵,大概是要求其參與到案件調查中,後一件文書是他考實亭長樂誧。可惜,兩件文書都没有紀年,"祉"名在臨湘常見,至少已有"王祉""朱祉",不能貿然斷定其他簡牘與"鄧祉"的關係。

待事掾周□、李□、周逢、陳□□、吕狼等人之所以留下記録,在於臨湘縣統計了在職屬吏的工作狀態。不止待事掾,守丞、曹掾、守史的姓名也都出現在263–265這幾枚采集號相鄰的簡牘中,應具有一定聯繫,逐列部分簡文如下:

守史番堅(叁・八二〇,2010CWJ1③: 263–170)
守史五□□(叁・八二八,2010CWJ1③: 263–178)
掾徐隗□□□□(叁・九〇二,2010CWJ1③: 264–56)
待事掾周□ ……(叁・九一〇,2010CWJ1③: 264–64)
待事掾李□ て ……到(叁・九四二,2010CWJ1③: 264–96)
待事掾周逢 ……(叁・九四五,2010CWJ1③: 264–99)
守丞晧行外 (叁・九五四,2010CWJ1③: 264–108)
待事掾□□□ □(肆・一二八九,2010CWJ1③:265–35)
待事掾陳□□ て ☐(肆・一二九〇,2010CWJ1③:265–36)
待事掾吕狼 て □□□與書□白□ □□□□□□□□□(肆・一三三一,2010CWJ1③:265–77)
待事掾……(肆・一三三二,2010CWJ1③:265–78)
守史唐脩 て ……到(肆・一三三六,2010CWJ1③:265–82)
守史□□ て (肆・一三三七,2010CWJ1③:265–83)

此上簡文可以看作名籍的一部分,除了登録屬吏的官職和姓名,亦包括他們的去向,一些人的名字下面還存在勾校符號。另外,有殘簡留下"送囚"(叁・八二一、叁・一〇八七)等字樣,但簡上端已經殘缺,不排除也是名籍。此類型的簡牘在尹灣漢墓中曾出土過,師饒的隨葬品包含有一件《東海郡下轄長吏不在署、未到官者名籍》(YM6D5),[①]記載了官吏輸錢、繇、告、寧、死、免、有劾、未到官等情況,每種情況留有小計。玆舉一例:

郯獄丞司馬敞,正月十三日送罰戍上谷。

① YM6D5正,圖版見連雲港市博物館、東海縣博物館、中國社會科學院簡帛研究中心、中國文物研究所編《尹灣漢墓簡牘》,北京:中華書局,1997,16頁。釋文校注見張顯成、周群麗《尹灣漢墓簡牘校理》,天津古籍出版社,2011,31–36頁。

對比可知前引五一廣場簡牘所見的屬吏名籍，其信息較爲簡略，而尹灣漢簡"輸錢、繇、告、寧"四個類型的名籍則包含工作的時間。從這一情況推測，官府實際運作中掌握的官吏名籍應包含多種形式，記載不同信息，以供不同目的而進行匯總，這些簡册就構成了師饒墓隨葬抄寫的底本。

陳盛作爲待事掾是與烝彪一起負責實核兼賊曹掾周勤接受賄賂包庇罪犯的案件，記載在一枚君教木牘上：

君教若　左賊史遷兼史脩白：前却待事掾陳盛、史烝彪，實核兼賊曹掾周勤受番使、烝霸、陳倚等錢布犬酒，强奸無衛女弟，告姦詐。今盛、彪書言：使、倚、霸等與劫人賊番許有親，勤與守史相奉、鄧寵俱解謝勳舍。詭課使、霸等，勤□受霸、倚、使等錢布犬酒，勤不□□□烝□□□□□□□

（伍・一八四八，2010CWJ1③：266-180）

周勤的文書目前還發現一件，是延平元年（106）正月廿四日作爲守史，上報他按要求調署伍長的情況，包括呈文以及具體人名的附件，[①]説明陳盛爲待事掾一定在延平元年之後。

以上討論了五一廣場東漢簡所見待事掾、從掾位及其具體的工作内容，此外仍需要從整體上分析他們爲何存在於地方官府。

待事掾、從掾位與曹的關係不一定對應，視其工作範疇而定。一方面，逐捕往往需要隨時抽調、組成班子，如待事掾張鮪、范脉就是與左倉曹史董、守史五承一起"從追"（壹・三八九）。郭憙的例子更爲明顯，他作爲待事掾與賊捕掾黄朗、游徼殷泓、亭長張漢一起參與逐捕，正是以事務爲中心而調派的（叁・九八四）。[②] 另一方面，待事掾、從掾位長期配合某曹，熟悉有關的人事與業務，可能會在相近的職位遷轉。如向悝先是負責考實倉曹史朱宏、劉宫的犯罪行爲，而後成爲右部勸農賊捕掾，專職某一轄區的監察等事，或許得力於他與縣廷尤其是賊曹一直以來的工作關係。[③]

待事掾、從掾位承擔的工作中有一部分是以長沙郡或督郵發出命令爲起始，這與當地自

---

① 關於這件册書的編聯，周海鋒和楊小亮都有討論，見周海鋒《〈長沙五一廣場東漢簡牘〉文書復原舉隅（二）》，簡帛網，2020年4月17日；楊小亮《五一廣場東漢簡牘册書復原研究》，130-139頁。

② 五一廣場簡多見某部（勸農）賊捕掾與游徼、亭長的固定組合，他們配合完成縣下的分部行政事務，而待事掾參與其中，大概率是臨時由縣廷指派的。關於縣下分部的問題參見徐暢《東漢三國長沙臨湘縣的轄鄉與分部——兼論縣下分部的治理方式與縣廷屬吏構成》，《中國史研究》2022年第4期。

③ 唐俊峰也注意到臨湘縣廷的"外部吏"問題，他懷疑賊捕掾由縣廷的掾、史輪流擔任，外派爲賊捕掾的掾、史執勤期間駐所部區域辦公，見《五一廣場東漢簡牘所示臨湘縣廷的内外空間與社會控制》，收入黎明釗、劉天朗編《臨湘社會的管治磐基：長沙五一廣場東漢簡牘探索》，香港：三聯書店（香港），2022，120頁。

言訴訟的習慣有關。待事掾楊武、王倫與守史毛佑等人的事務,源於"民詣都部督郵掾自言"。同樣,待事掾尹副上白文書的首句是"廷移府書曰男子袁立自言",雖不知具體案情,但其與詣府"自言"的關係很明確。越級自言在長沙郡臨湘縣并非孤例,出土地點與五一廣場相近的東牌樓東漢簡牘中,有一件《光和六年諍田自相和從書》。文書的内容是:中部督郵掾發檄要求調查百姓李建自言與精張、精昔等人諍田的情況,監臨湘李永安排督盜賊殷何去調查,最終李永把督盜賊殷何關於李建與精張和解的案卷轉呈上去。當然,由於李建與精張等人不同縣,此案便在督郵處解決。即使如此,李建之父李升的口供大概率也需發文至羅縣,由當地獲取,而本文所見例證皆是上級發還臨湘處理。①

漢代訴訟存在百姓越級上告的制度空間,東漢人已注意到民間越訴的廣泛存在,而這在臨湘也是突出現象。越訴産生大量臨時工作,使待事掾、從掾位成爲基層治理的必要官吏。實際上,至少在秦及漢初,朝廷仍然默認逐級上告是常態,現存秦簡亦可證實此点。② 但是,到了東漢應劭所寫《漢官儀》就記載:

> 公車司馬令,周官也。秩六百石,冠一梁,掌殿司馬門,夜徼宫中,天下上事及闕下,凡所徵召,皆總領之。③

明確了詣闕言事的人,由公車司馬接待。王符則注意到當時"令長守相不思立功,貪殘專恣,不奉法令,侵寃小民。州司不治,令遠詣闕上書訟訴",④不僅朝廷在體制上允許,而百姓也常常采用越訴的手段來對抗地方官的不法行爲。從地域社會的角度説,王符的生活空間主要在安定和洛陽,他的看法未必能解釋臨湘的情形,而長沙郡自西漢以來的户口數飛躍式增

① 關於此案的案情及文書流轉,參見鄔文玲《長沙東牌樓東漢簡牘〈光和六年自相和從書〉研究》,《南都學壇》2010 年第 3 期;侯旭東《長沙東牌樓東漢簡〈光和六年諍田自相和從書〉考釋》,收入黎明釗編《漢帝國的制度與社會秩序》,香港:牛津大學出版社,2012,247-275 頁。籾山明對此前的研究進行了總結,并將此案與王符在《潛夫論·愛日篇》中的描述聯繫起來,見《長沙東牌樓出土木牘與東漢時代的訴訟》,收入[日]夫馬進編《中國訴訟社會史研究》,杭州:浙江大學出版社,2019,112-136 頁。

② 《二年律令·具律》載:"諸欲告罪人,及有罪先自告而遠其縣廷者,皆得告所在鄉,鄉官謹聽,書其告,上縣道官。廷士吏亦得聽告"(J101),確認上告的接受主體是縣廷,如果居住地遠離縣廷,允許鄉官先接受再上書縣道官,釋文見彭浩、陳偉、[日]工藤元男主編《二年律令與奏讞書——張家山二四七號漢墓出土法律文獻釋讀》,上海古籍出版社,2007,132 頁。冉艷紅在里耶秦簡中發現一件文書,内容即士伍武先向所屬都鄉提供一份自言書,而後都鄉守作成爰書,再上報給遷陵縣廷,見《秦代行政體系中的里及其典、老》,《史學月刊》2022 年第 11 期,34-35 頁。

③ [清]孫星衍等輯,周天游點校:《漢官六種》,北京:中華書局,1990,133 頁。《續漢書·百官志》的記載也接近:"公車司馬令一人,六百石。本注曰:掌宫南闕門,凡吏民上章,四方貢獻,及徵詣公車者。"(3579 頁)

④ [漢]王符撰,[清]汪繼培箋,彭鐸校正:《潛夫論箋校正》卷二《考績》,北京:中華書局,1985,68 頁。相近的描述在《愛日篇》中也出現(214 頁)。

長,人口密度大爲增加,人地關係發生變化,這是當地社會的重要經濟背景。[①] 此外,空間距離也會影響民間的越訴行爲:

> 細民寃結,無所控告,下土邊遠,能詣闕者,萬無數人,其得省治,不能百一。[②]

王符的觀察是,如果身處邊郡,那麽能到都城詣闕的"萬無數人",但也從另一角度説明,距離越級長官較近的百姓更具有越訴的便利。對於臨湘而言,郡治及督郵治所距離本縣不遠,也是當地百姓得以越級自言的原因。[③]

應該説,漢代制度鼓勵百姓越級上告,有關事例并不鮮見。[④] 民衆越過縣廷去自言,繼而考實核查工作重新回到縣内,造成縣廷隨時應對非常規的臨時工作,這就需要待事掾、從掾位這些没有正式署曹的小吏來參與完成。

待事掾、從掾位司法方面的任務也集中在逐捕領域。秦漢史料中"亡命"一詞緣起甚早,但在實際的運作中,"亡命"并非脱離户籍的意思,而是指在逃中的犯罪者,[⑤]前舉王純追捕格殺的黄倜(賊殺男子左建,亡)、郭幽(殺人宿命賊)二人就是此類人。秦、西漢初以降,漢律"亡人"涵蓋了"罪人",捕亡的要求也更加嚴苛,[⑥]這是基層逐捕壓力加大的原因。在長沙郡臨湘縣,隨着人口增長、土地開墾,民與官或民與民的矛盾亦突顯出來。尤其此時長沙郡還承擔爲武陵郡供應軍糧的任務,在度田等工作中,很容易産生小吏與百姓的摩擦以至傷人、逃亡。[⑦]

此外,逐捕得力很可能成爲長吏超遷的憑藉,那麽調用不署曹的待事掾、從掾位從事這項工作,或者輔助"從追",便顯得必要。尹灣漢墓出土的3號、4號木牘合起來是一份東海郡下轄長吏的名籍,逐一記載了長吏的官職、籍貫、姓名、原來身份以及任職原因。其中,因

---

① 兩漢長江中游的經濟發展,參見何德章《建康與六朝時代江南經濟區域的變遷》,收入其著《魏晋南北朝史叢稿》,北京:商務印書館,2010,125-128頁。關於王符觀點的地域性及臨湘社會的經濟背景,參見侯旭東《籾山明著〈秦漢出土文字史料の研究—形態·制度·社會—〉評介》,鄔文玲主編《簡帛研究二〇一七(秋冬卷)》,桂林:廣西師範大學出版社,2018,340頁。

② [漢]王符撰,[清]汪繼培箋,彭鐸校正:《潛夫論箋校正》卷四《三式》,208頁。

③ 籾山明認爲中部督郵以臨湘爲治所,見《長沙東牌樓出土木牘與東漢時代的訴訟》,120頁。長沙郡治的位置,參見黄樸華主編《長沙古城址考古發現與研究》,長沙:嶽麓書社,2016,144-148頁。

④ 徐世虹主編:《中國法制通史》第2卷《戰國秦漢》,578-585頁。

⑤ [日]保科季子:《亡命小考——兼論秦漢的確定罪名手續"命"》,武漢大學簡帛研究中心主辦《簡帛》第3輯,上海古籍出版社,2008,343-357頁。

⑥ 秦漢亡人概念的變化,見石洋《秦簡日書所見占盜、占亡之異同》,《文史》2020年第3輯,42-44頁。章瀟逸曾歸納了若干五一廣場簡中的逃亡案例,見《簡牘所見早期中國長江中游地區的逃亡現象與地域社會》,厦門大學碩士學位論文,2018,40-52頁。

⑦ 五一廣場所見度田簡,見長沙市文物考古研究所《湖南長沙五一廣場東漢簡牘發掘簡報》,《文物》2013年第6期,圖版17頁,釋文23頁。對度田相關問題的研究,參見侯旭東《湖南長沙五一廣場東漢簡J1③:264-294考釋》,北京大學中國古代史研究中心編《田餘慶先生九十華誕頌壽論文集》,北京:中華書局,2014,113-119頁。

捕斬盜賊不道而得到升遷的共有 11 人,包括長沙内史丞 1 人、豫州刺史從事史 1 人、嗇夫 1 人、督盜賊 1 人、游徼 1 人、亭長 6 人。他們的升遷幅度較大,都超過了"以功遷""以廉遷",大體與"以秀材遷"相類。[①] 東漢時,購賞亡命或苛嚴追捕的情況亦不少見。[②]

總的來説,五一廣場東漢簡牘所見長沙郡臨湘縣待事掾、從掾位的工作以長官指派爲主,接受追捕、考實等臨時布置的任务。而且,這些事務集中在司法領域,很大程度上是受簡牘歸屬的機構影響。實際上,據長沙走馬樓三國吴簡,嘉禾六年(237)從掾位烝循統計嘉禾五年倉曹列言的穀物簿(肆・1402),表明他已參與司法以外的工作。同樣,在許迪割米案案發的過程中,從史位廖咨受上級命令,擔任直事的工作,與朱訢一起料校倉米。[③] 對東漢長沙郡臨湘縣的考察,可以視作散吏貫通研究的個案基礎。

附記 本文先後於"第三届中國文化研究國際論壇"(2022 年 8 月 25 日)、"出土文獻與秦漢法治青年學者論壇"(2022 年 9 月 17 日)、"中國秦漢史研究會第十六届國際學術研討會"(2022 年 10 月 22 日)報告,得到了鄔文玲、沈剛、石洋、黄宗茹等學者及匿名審稿人的指正,謹此一并致謝。

① 木牘圖版見連雲港市博物館、東海縣博物館、中國社會科學院簡帛研究中心、中國文物研究所編《尹灣漢墓簡牘》,15-16 頁。釋文參考張顯成、周群麗《尹灣漢墓簡牘校理》,17-30 頁。相關解説見李解民《〈東海郡下轄長吏名籍〉研究》,連雲港市博物館、中國文物研究所編《尹灣漢墓簡牘綜論》,北京:科學出版社,1999,62-65 頁。

② 在黨錮事件時,朝廷會"懸金購募"逃遁之人,而張儉亡命甚至導致"其所經歷,伏重誅者以十數,宗親并皆殄滅,郡縣爲之殘破",可見上級對身負重案者的追捕十分重視,《後漢書》卷六七《黨錮列傳・張儉》,2210 頁。相關討論參見張功《秦漢逃亡犯罪研究》,武漢:湖北人民出版社,2006,339-340 頁。

③ 徐暢:《長沙走馬樓三國孫吴簡牘官文書整理與研究》,209 頁。

"折咸米"定損與備入*

——吴簡所見"折咸"記録整理與研究

□ 吉林大學古籍研究所 任二兵

内容提要 使用吴簡文書學方法對走馬樓吴簡中的"折咸"記録進行整理可知,四類簿書提示了"折咸米"産生的三種不同背景,勾勒出"折咸米"定損、備入的流程。"折咸米"的定損工作主要由官倉倉吏負責,在不同背景下,"折咸米"的備入主體有所不同。

關鍵詞 折咸米 備入折咸米 吴簡

走馬樓吴簡采集簡刊布伊始,未見於秦漢三國傳世文獻的"折咸米"一詞數次出現,引發學人討論,相關研究主要形成了以下幾點共識:一、吴簡中的"折咸"與傳世文獻中的"折減"意涵一致,爲減損、損耗之意;二、"折咸米"産生於米糧儲運過程中;三、"折咸米"的交納主體包括但不限於船師。① 前人研究重在集成吴簡中的"折咸米"記録,在語詞釋義、産生條件、繳納主體等問題上提供了合理解釋,囿於研究方法和刊布材料的局限,"折咸米"研究仍留有一些待考問題。隨着《長沙走馬樓三國吴簡·竹簡[玖]》刊布,竹簡部分的整理工作已近尾聲。本文以後見之明擬對包含"折咸""折咸米"的竹簡及簿書進行整理,并在此基礎上

* 本文爲國家社科基金冷門絶學研究專項學術團隊項目"秦至晉簡牘所見地方行政史料彙編與研究(批准號:20VJXT020)"階段性成果。

① 王子今:《走馬樓簡"折咸米"釋義》,何雙全主編《國際簡牘學會學刊》第3號,臺北:蘭臺出版社,2001,75-80頁,收入其著《長沙簡牘研究》,北京:中國社會科學出版社,2017,73-79頁。侯旭東:《吴簡所見"折咸米"補釋——兼論倉米的轉運與吏的職務行爲過失補償》,長沙簡牘博物館、北京吴簡研討班編《吴簡研究》第2輯,武漢:崇文書局,2006,176-191頁。熊曲:《吴簡折咸米、漬米、没溺米及相關問題》,長沙簡牘博物館、北京大學中國古代史研究中心、北京吴簡研討班編《吴簡研究》第3輯,北京:中華書局,2011,211-225頁。趙義鑫:《吴簡"折咸米""備米"補論》,《文物春秋》2018年第3期,24-29頁。

討論"折咸米"的定損、備入問題。

一 "桑鄉守録人名本簿"與"折咸某自備"

孫吴時期,"折咸米"作爲一項税目,政府對如何確定税額、由哪些人繳納有較爲詳細的規定。本節我們通過整理"桑鄉貧民貸食今餘禾米所付守録人名本簿"來分析百姓守録"貧民貸食今餘禾米"背景下"折咸米"的定損、備入問題。

(一)研究對象的選取與簿名確認

《長沙走馬樓三國吴簡·竹簡[陸]》(下文稱《竹簡[陸]》)揭剥圖二十七(Ⅱ-b-⑩簡牘揭剥位置示意圖)、三十一(Ⅱ-b-⑭簡牘揭剥位置示意圖)、四十四(Ⅱ-b-㉗簡牘揭剥位置示意圖)中集中分布有格式爲"出(入)+桑鄉+米、禾名+數額☰時間+鄉吏(勸農掾、主簿)+人名+付+丘名+男子+人名+守録+(若)折咸+人名+自備"[①]的"莂"(下文稱"守録人名莂")。上述揭剥圖雖圖號間隔較大,但皆揭取於Ⅱ區 b 段,整理者説明此段竹簡保存完整,[②]三幅揭剥圖中"守録人名莂"存在同屬一簿的可能,從三圖中各取簡例如下:

1.出桑鄉嘉禾元年租禾米十六斛八斗五升其五斛八斗米 其十一斛五升☰嘉禾二年四月十八日,主簿郭宋付度上丘大男鄧狗守録[③](陸·2313·27·17)

2.入桑鄉嘉禾元年租米六斛☰嘉禾二年四月十六日,鄉吏劉平付何丘男子由改守録折咸改自備(陸·2435·31·27)

3.出桑鄉嘉禾元年佃吏限米廿二斛五斗☰嘉禾二年四月十六日,主簿郭宋付音溲丘大男黄高守録(陸·4372·44·281)

以上三枚簡爲三幅揭剥圖中的一般格式簡,共同之處如下:一、皆爲桑鄉的記録;二、給付百姓守録的時間皆爲嘉禾二年四月;三、所記米名皆由鄉吏劉平或主簿郭宋交付給某丘百姓守録;四、"莂"的形制一致,長約 26-30 釐米,寬約 0.9-1.3 釐米,以上四點共性説明三幅揭剥圖中的"守録人名莂"原始狀態下應同屬一簿。

吴簡中有格式爲"入+某鄉+米名+數額☰時間+某丘+身份+人名+關+邸閣+人名+付+倉吏+人名+受"的"受米莂",凌文超先生將此類簡構成的册書稱爲"入受簿",[④]侯旭東先生

---

① "出(入)"括號内外的内容可轉换,"守録+(若)"括號内的内容可有可無,下同。

② 走馬樓簡牘整理組編:《長沙走馬樓三國吴簡·竹簡[肆]》,北京:文物出版社,2011,756 頁。

③ 原釋爲"其五斛五斗米",據圖版改釋爲"其五斛八斗米"。"陸"爲竹簡册數;"2313"爲整理號;"27"爲揭剥圖編號;"17"爲竹簡在揭剥圖中的編號,下文同。

④ 凌文超:《走馬樓吴簡采集簿書整理與研究》,桂林:廣西師範大學出版社,2015,285-286、398 頁。

則稱爲"受米莂册"。[①] "受米莂"與上舉簡例"〓"前文本格式一致,"〓"後文本則差異明顯,且"受米莂"中米名有爲"船師某某折咸米"的情況,[②]爲區分兩類格式的"折咸米"記録,需對由"守録人名莂"組成的册書進行定名。我們找到了如下一枚"簽牌":

4.(正面)小武陵鄉貧民貸食今餘禾所付

(背面)小武陵鄉守録人名本簿 [③]

簡4爲一枚小武陵鄉簽牌,[④]所示簿書爲小武陵鄉"貧民貸食今餘禾"給付守録者的人名和斛數記録。《竹簡[陸]》中的"守録人名莂"多屬桑鄉,兩類記録雖屬鄉不同,但共見"守録"一詞,且簡4中的"所付守録人名"可對應"守録人名莂"中的"付+丘名+身份+人名+守録"内容,所以我們認爲簡4可以作爲"守録人名莂册"定名的依據。簡4中的"貧民貸食今餘禾"是"所付"的内容,對應"守録人名莂"中"〓"前的米名及數額,據此,我們認爲"〓"前出現的租、限禾米應稱爲"貧民貸食今餘禾米"。"本簿"與"本事"含義一致,楊小亮先生認爲"本事"指經認定的可以存檔或據以進行後續工作的可靠材料,爲反映事件基本事實的各種公文之原件或抄本的彙編,[⑤]"守録人名莂"爲守録信息的原始憑證,符合"本簿(事)"要求。綜上,我們將《竹簡[陸]》中的"守録人名莂册"命名爲"桑鄉貧民貸食今餘禾米所付守録人名本簿",下文簡稱"桑鄉守録人名本簿"。

我們還找到如下一枚簽牌有助於更全面地理解"桑鄉守録人名本簿"的内涵:

5.(正面)　　貧民貸食
小武陵鄉　元年褋禾人
名斛數簿(陸・1186(1))
(背面)已寫(陸・1186(1))

簡5也是一枚小武陵鄉簽牌,所示簿書爲小武陵鄉貧民貸食元年褋禾的人名和斛數記録,與簡4所示簿書内容聯繫密切。簡5中的"貧民貸食元年褋禾"與簡4中的"貧民貸食今餘禾"相對,前者指代貧民借貸走的禾,後者指代貧民借貸完成後餘下的禾,兩者皆屬於官倉出付

---

① 侯旭東:《湖南長沙走馬樓三國吴簡性質新探——從〈竹簡(肆)〉涉米簿書的復原説起》,長沙簡牘博物館編《長沙簡帛研究國際學術研討會論文集》,上海:中西書局,2017,64-65頁。

② 詳見下文。

③ 長沙簡牘博物館:《長沙簡牘博物館藏長沙走馬樓吴簡書法研究》,杭州:西泠印社,2019,121-122頁;走馬樓簡牘整理組編:《長沙走馬樓三國吴簡・嘉禾吏民田家莂》"長沙走馬樓井二十二發掘報告",北京:文物出版社,1999,32-33頁。

④ 徐暢:《長沙走馬樓三國孫吴簡牘官文書整理與研究》,北京:中國社會科學出版社,2021,95頁。

⑤ 楊小亮:《"本事"簽牌考索》,《齊魯學刊》2013年第4期,48-50頁。

的用於賑貸貧民的禾。[①] 由是可知,“貧民貸食今餘禾米”應指官倉借貸給貧民的多餘禾米,根據簡 1-3 可知,多出的禾米需交付給鄉中的百姓守録。

(二)揭剥圖分析與整理綫索確認

上述三幅揭剥圖中,陸・圖四十四中所含“守録人名莂”最多,能提供的信息最多,因此我們先對此圖進行分析。

陸・圖四十四所含竹簡中既包含“受米莂”又包含“守録人名莂”。第 1-30 層竹簡以“受米莂”爲主,“𠄶”前文本米名加有“(民還)二年所貸”字符,“𠄶”後的時間集中在嘉禾二年九月至嘉禾三年五月,邸閣郎爲李嵩,倉吏爲中倉吏黄諱、潘慮。由是可知,此類莂是貧民還米的原始記録,還米時間集中在嘉禾二年九月至嘉禾三年五月,所以第 1-30 層的竹簡應屬“州中倉嘉禾二年九月至嘉禾三年五月受民還二年所貸米莂册”。第 31-37 層主體爲“守録人名莂”,“𠄶”後時間集中在嘉禾二年四月,是將“桑鄉貧民貸食今餘禾米”交付給百姓守録的記録。據此,我們判斷陸・圖四十四中的“莂”以第 30、31 層爲界,上下部分分屬於不同的莂册。本文重點討論“折咸米”問題,將陸・圖四十四第 31-37 層截取如下:

陸・圖四十四第 31-37 層截取圖

揭剥圖所示竹簡有字面朝下,意味着越靠近下層越接近簿書收卷的起點,圖中有如下兩枚竹簡可作爲判斷簿書編制、收卷方式的依據:

6.四月廿八日主簿郭宋白(陸・4361・44・270)

7.四月十八日鄉吏劉平白(陸・4391・44・300)

簡 6、7 中的主簿郭宋、鄉吏劉平與“守録人名莂”(簡 1-3)中的記録一致,可見簡 6、7 應屬“桑鄉守録人名本簿”,兩簡提示該簿應由鄉吏劉平、主簿郭宋以時間爲序進行編制。[②] 簡 6 的時間晚於簡 7,簡 7 位於第 37 層,簡 6 位於第 33 層,時間越早越靠近簿書收卷的起點,可

① 賑貸貧民的米糧應出自官倉,參見魏斌《走馬樓所出孫吴貸食簡初探》,武漢大學中國三至九世紀研究所編《魏晉南北朝隋唐史資料》第 23 輯,武漢大學出版社,2006,27-57 頁;熊曲、宋少華《走馬樓吴簡中的種糧給貸簿研究》,武漢大學簡帛研究中心主辦《簡帛》第 12 輯,2016,上海古籍出版社,253-268 頁;熊曲著,[日]小野響譯《〈嘉禾五年貧民貸食米斛數簿〉について》,伊藤敏雄、關尾史郎編《後漢・魏晉簡牘の世界》,東京:汲古書院,2020,27-50 頁,中文版曾在“第三屆簡帛學的理論與實踐學術研討會”(北京)上宣讀,見郭晴《“第三屆簡帛學的理論與實踐學術研討會”綜述》,《中國史動態研究》2019 年第 2 期,79 頁。

② 鄉吏劉平先書,主簿郭宋後書。

見“桑鄉守録人名本簿”應是自首端向尾端收卷。除以上兩枚簡外，陸·圖四十四第 31–37 層中還有其他帶有時間記録的簡，按照層位信息梳理如下表：

表 1　陸·圖四十四第 31–37 層中時間信息簡對應層位表

層數	時間(嘉禾二年四月)	簡號(陸)
31	十六、廿九日	4355、4354
32	十九、卅日	4356、4358
33	十六、□、廿八日	4364、4360、4361
34	十六、廿、廿八日	4372、4370、4367
35	六、十六、廿、廿二、卅日	4374、4376、4378、4377、4379
36	十三、十六、廿二日	4386、4385、4383
37	十八日	4391

觀察上表，我們發現“守録人名莂”并未按照自下而上時間逐晚的原則分布。表 1 所示，除四月十六日、四月卅日外，其餘日期的記録所跨簡層最多爲兩層，應是竹簡擠壓擾動所致。四月十六日的記録出現五次，跨六層簡層分布，整體來看，位置偏於揭剥圖右側，這一分布特徵應是圈層簿書擠壓爲平層結構所致，原始狀態，簿書呈圈層結構，擠壓後，呈平層結構，平層結構下，位於同一簡層的竹簡并不一定爲前後編聯的竹簡，越靠近圈層結構外側的竹簡所受的影響越大，擠壓過程中的擾動因素亦不可避免。四月卅日的兩枚簡分别位於第 32、35 層左側，兩枚記録跨四層分布，原因與四月十六日的情況類似。解釋以上特殊情況後，我們發現自 37 層往 32 層，時間大體上遵循十八、廿二、廿八、卅的先後順序。綜上，簿書原始狀態下應是自首端向尾端收卷。

陸·圖二十七與陸圖·四十四中的情况較爲相似。除“守録人名莂”及相關結計簡外，還有“州中倉嘉禾二年九月至嘉禾三年五月受民還二年所貸米莂册”中的簡，此外還有數枚“三州倉受米莂”。將陸·圖二十七轉録如下，上色部分爲“守録人名莂”及相關結計簡：

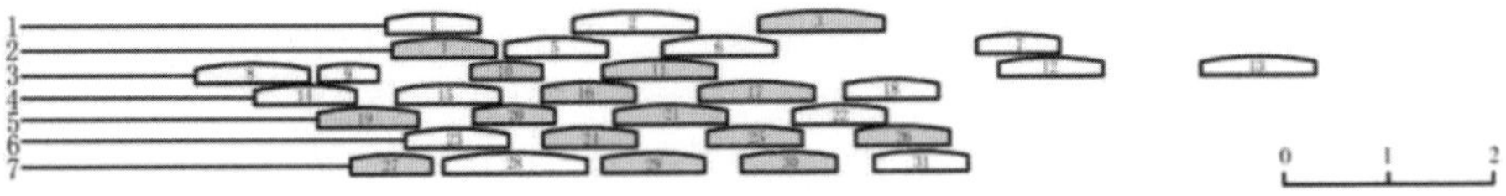

陸·圖二十七

竹簡有字面朝下，意味着越往下越靠近簿書收卷的中心。將陸·圖二十七中的時間信息簡對應層位情况整理如表 2：

表2 陸・圖二十七中時間信息簡對應層位表

層數	時間(嘉禾二年四月)	簡號(陸)
1	十六日	2299
2	十六日	2300
3	十六、十七日	2306、2307
4	十七、十八日	2312、2313
5	十八、十九日	2317、2316
6	十八日	2320、2321、2322

據表2可知,陸・圖二十七中的"守録人名莂",越往揭剥圖下層,時間越晚,所示簿書應是自末端向首端收卷,與陸・圖四十四所示情況恰好相反,應是某幅揭剥圖有字面畫反所致,①具體爲哪一幅尚不確定。

陸・圖三十一中包含有以"草言府"開頭的草刺類簡,所記之事與桑鄉守録米記録無關。觀察陸・圖三十一,發現"守録人名莂"主要位於中部,且與兩側竹簡間的距離較遠,原始狀態下,"守録人名莂"與兩側竹簡間應無過多聯繫。草刺類簡的簡長約23-24.5釐米,簡寬約1-1.5釐米,"守録人名莂"長約26-30釐米,簡寬約0.9-1.3釐米,兩類簡的長度差異明顯。可見,圖三十一中的"守録人名莂"與草刺文書簡并不相關。將陸・圖三十一轉録如下,上色部分爲"守録人名莂"及相關結計簡:

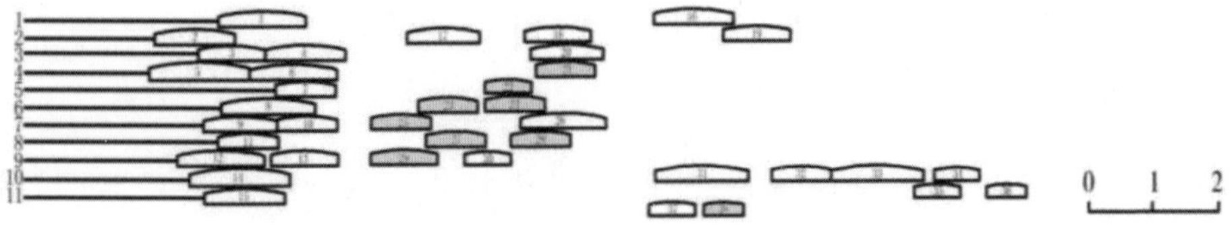

陸・圖三十一

以觀察之便,將陸・圖三十一中的時間信息簡對應層位情況整理如表3:

① 連先用:《走馬樓吴簡所見吏民簿的復原、整理與研究——以發掘簡爲中心》,吉林大學博士學位論文,2018;連先用:《長沙走馬樓吴簡揭剥圖辨疑——以竹簡正背顛倒現象爲中心》,西北師範大學歷史文化學院、甘肅簡牘博物館、河西學院河西史地與文化研究中心、蘭州城市學院簡牘研究所編《簡牘學研究》第10輯,蘭州:甘肅人民出版社,2020,89-99頁。

表3　陸·圖三十一中時間信息簡對應層位表

層數	時間(嘉禾二年四月)	簡號(陸)
4	十六日	2429
5	十七日	2430
8	十六日	2435
9	廿二日	2437
11	十七日	2446

陸·圖三十一中的"守録人名莂"提示的時間信息有限且雜亂,無法通過以上信息確知收卷規律。

囿於保存條件限制,我們無法確知"桑鄉守録人名本簿"的收卷方式,不過此簿書以時間爲序編制的原則,仍可爲我們利用揭剥圖進行整理提供綫索。時間記録是整理的重要依據,陸·圖四十四按自下而上的邏輯梳理,陸·圖二十七則按自上而下的順序梳理,陸·圖三十一視具體情況而定。

"桑鄉守録人名本簿"中給付百姓守録的内容爲"桑鄉貧民貸食今餘禾米",這意味着在"守録人名莂"前可能有一枚簡記録着桑鄉貧民貸食完成後餘下米糧的數值。我們找到了如下一枚簡:

8. 今餘(見)米六百廿一斛四斗九升三合[①](陸·1677)

簡8位於揭剥圖陸·圖十七中,根據文本内容和字迹特徵來看,其與陸·圖十七中的其他簡

① 原釋文未釋,根據圖版及簡伍·1890"今餘見米六百卅六斛四斗九升二合"補釋爲"見","○"内文本爲補、改釋文本,下文同。

并無關聯,應是一枚闌入簡。① 簡8的形制、編痕信息與"桑鄉守録人名本簿"中的"右""其"類結計簡較爲一致,簡長約22.7-23.7釐米,簡寬約0.8-1釐米,編痕間距約8-8.2釐米。此外,簡8記"今餘見米"的數值爲621.493斛,該數值大於當前可見"桑鄉守録人名莂中"給付米的數值之和,見下表:

表4　當前可見"桑鄉守録人名莂"簡號與給付米數值對應表

簡號	數值	簡號	數值	簡號	數值	簡號	數值
陸・4374	4.5	陸・2299	3	陸・2320	2.5	陸・4377	9
陸・2306	7.25	陸・2302	4.5	陸・2321	15	柒・139	6.8
陸・4386	3	陸・2429	3.55	陸・2322	10	陸・4367	20
陸・2307	7	陸・2430	13.5	陸・2316	4.5	陸・4354	12.5
陸・4385	3	陸・2312	3.5	陸・4356	28.5	陸・4358	2
陸・2435	6	陸・2313	5.8	陸・4378	40.？9	陸・4360	7.5
陸・4372	22.5	陸・2317	5	陸・4383	20.6		

根據表4可知,簡陸・4378"斗"前數值不確,當前可見"桑鄉守録人名莂"中給付米的

① 揭剥圖陸・圖十七中的簡可分爲右上(陸・1658-1695)和左下(陸・1696-1770)兩部分,共113枚簡。右上部分的簡主要有"郭浦倉受米莂"及相關結計簡6枚(陸・1660-1665);"未畢"記録1枚(陸・1667);草刺類簡1枚(陸・1668);户籍類簡11枚(陸・1673、1676、1682、1684、1685、1687-1692);封發類簡1枚(陸・1679);與米相關的"其"類結計簡4枚(陸・1670、1671、1678、1683);出米簡1枚(陸・1675);"今餘見米"簡1枚(陸・1677);内容不明晰簡5枚(陸・1666、1669、1672、1694、1695);字迹模糊未釋簡7枚(陸・1658、1659、1674、1680、1681、1686、1693)。左下部分簡皆爲户籍類簡。"出米"簡陸・1675與"今餘見米"簡陸・1677僅從文本來看,内容之間或存在一定的邏輯,我們對比兩簡字迹,發現簡陸・1675中的字迹有明顯向右上斜的特徵,而簡陸・1677中的字迹則較爲平直,可見兩簡之間應無必然聯繫。簡陸・1677與4枚"其+斛數+……"簡在字迹上也存在差異,我們將簡陸・1677與4枚"其"簡中的"斛""斗""升"字符圖版繪製如下表:

字符 / 簡號	陸・1677	陸・1670	陸・1671	陸・1678	陸・1683
斛		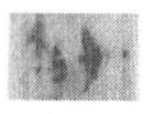	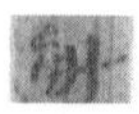		
斗	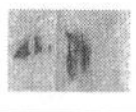	無		無	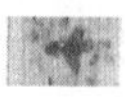
升		無		無	

簡陸・1677中的"斛"字右側"斗"的"丨"劃較較爲垂直,墨迹匀称,簡陸・1670、1683中的"斛"字的對應筆劃中間墨迹較重,兩側墨迹較輕。簡陸・1677中的"斗"字"一"劃未穿過"丨"劃,"升"字左側的"丿"劃與水平綫夾角的角度較小,與簡陸・1671、1683中的"斗""升"筆迹差異明顯。可見簡陸・1677與簡陸・1670、1671、1678、1683之間應也無必然聯繫。此外,簡陸・1677位於所處簡層的最左側,很有可能自其他簿書闌入到揭剥圖陸・圖十七中。

數值之和處於 271.09–271.99 斛之間，小於 621.493 斛，符合簿書内部的計算邏輯。綜上，我們認爲簡 8 可能是“桑鄉貧民貸食今餘米”的記録，應位於簿書首端，“桑鄉守録人名本簿”中有禾、米分計的特徵，[1]所以我們認爲簿書開頭或有一枚與簡 8 格式類似的“今餘見禾”簡。

“桑鄉守録人名本簿”中包含的“入”“出”兩類莂僅首字不同，其餘文本格式完全一致，且皆是將“桑鄉貧民貸食今餘禾米”交付給百姓守録的記録。同時，以“入”爲首字的“守録人名莂”僅見於鄉吏劉平的給付記録，[2]主簿郭宋的給付記録則全部以“出”爲首字。加之，鄉吏劉平和主簿郭宋結計“守録人名莂”的標準一致。[3] 所以，我們認爲“守録人名莂”的“入”“出”差異并不是“入米”和“出米”的區别，“入”可能是鄉吏劉平站在桑鄉視角上的記録，“出”則是其以縣吏身份的記録。[4]

“桑鄉守録人名本簿”中有與“守録人名莂”相關的結計簡，在復原之前需先確認結計簡與“守録人名莂”之間的聯繫。我們找到了如下幾組簡：

第一組：

9.入桑鄉嘉禾元年佃吏限米三斛≡嘉禾二年四月十三日，鄉吏劉平付桐丘男子李馬守録折咸馬自備[5]（陸·4386·44·295）

10.入桑鄉嘉禾元年佃吏限禾五斛≡嘉禾二年四月十六日，勸農掾□付桐丘男子李馬守録折咸馬自備[6]（陸·4376·44·285）

11.▨桑鄉嘉禾元年佃吏限米七斛≡嘉禾二年四月十六日，鄉吏劉平付度上丘男子鄧狗守（陸·2307·27·11）

12.右嘉禾□年……三斛合十八斛付度丘桐丘月伍鄧狗、大男李馬守録（陸·4388·44·297）

13.其三斛佃吏限米付桐丘大男李馬守録（陸·4381·44·290）

---

① 詳見下文。

② 鄉吏劉平嘉禾二年四月十六日之前的給付記録全以“入”爲首字，十六日時“入”“出”爲首字的記録皆有，十六日之後的記録則全以“出”爲首字。

③ 詳見下文。

④ “鄉吏”爲派駐各鄉縣吏的泛稱，其身份爲縣吏，參見孫聞博《走馬樓吴簡所見“鄉”的再研究》，《江漢考古》2009 年第 2 期，113–118 頁；沈剛《試論長沙走馬樓吴簡中的“鄉吏”》，陳建明主編《湖南省博物館館刊》第 7 輯，長沙：嶽麓書社，2011，383–391 頁，收入其著《長沙走馬樓三國竹簡研究》第三篇“社會身份”第二章“鄉吏”，北京：社會科學文獻出版社，158–169 頁；凌文超《走馬樓吴簡“隱核波田簿”復原整理與研究》，《中華文史論叢》2012 年第 1 期，130–131 頁，收入其著《走馬樓吴簡采集簿書整理與研究》第八章“隱核波田簿與孫吴陂塘的治理”，442–443 頁；徐暢《走馬樓簡所見孫吴“鄉勸農掾”的再研究——對漢晉之際鄉級政權的再思考》，《文史》2016 年第 1 輯，23–50 頁。

⑤ 原釋爲“六”，據圖版改釋爲“劉”。

⑥ 原釋爲“元年”，據其他簡例改釋爲“二年”。

14.其五斛佃吏限禾付桐丘大男李馬守録[1](陸·4389·44·298)

15.十斛佃吏限米付度上丘大男鄧狗守録(陸·4380·44·289)

簡9-11三簡數值相加爲15斛:3+5+7=15,其中限米10斛,限禾5斛;簡13-15三簡數值相加爲18斛:3+5+10=18斛,其中限米13斛,限禾5斛;簡12數值爲18。簡13是對簡9的結計,簡14是對簡10的結計,簡15與簡11中承擔守録任務的主體一致,應也是對簡11及另一枚簡所記情况的結計,另一枚簡如下:

16.入桑鄉嘉禾元年佃吏限米……斛≡嘉禾二年四月十六日,鄉吏劉平付度上丘男子鄧狗守録折咸狗自備[2](陸·4385·44·294)

根據簡9-11數值之和與簡13-15數值之和的差(18-15=3),結合簡15與簡11之間的關係(10-7=3),可將簡16補釋如下:

16°.入桑鄉嘉禾元年佃吏限米三斛≡嘉禾二年四月十六日,鄉吏劉平付度上丘男子鄧狗守録折咸狗自備(陸·4385·44·294)

如此,簡9、10、11、16°的數值之和爲:3+5+7+3=18,其中限米13斛,限禾5斛,與簡13-15數值之和及限米、限禾情况一致。依據簡9-11、16°與簡13-15的記録,參考簡17,可將簡12補、改釋如下:

17.·右嘉禾元年租禾廿六斛米廿三斛五斗五升合卌九斛五斗五升付□丘歲伍文□守録(陸·4384·44·293)

12°.右嘉禾元年佃吏限禾五斛米十三斛合十八斛付度上丘桐丘月伍鄧狗、大男李馬守録(陸·4388·44·297)

簡17中租禾數額加租米數額與“合”後數值一致:26+23.55=49.55,簡12中佃吏限禾與限米數額之和等於“合”後數值:5+13=18。

---

① 原釋爲“米”,據圖版改釋爲“禾”。

② 原釋爲“二年”,據圖版改釋爲“元年”。

第二組：

18.⧄鄉二年租米四斛五斗≡嘉禾二年四月六日，主簿郭宋付□丘大男潘□守録[1]（陸·4374·44·283）

19.右二年米四斛五斗……[2]（陸·4382·44·291）

簡18爲“守録人名莂”，簡19爲“右”類簡，簡18、19中米名、數值一致。

第三組：

2.入桑鄉嘉禾元年租米六斛≡嘉禾二年四月十六日，鄉吏劉平付何丘男子由改守録折咸改自備（陸·2435·31·27）

20.其六斛租米付何丘大男由改守録（陸·2436·31·28）

簡2爲“守録人名莂”，簡20爲“其”類簡，簡2、20中的米名、數值、守録者一致。

第四組：

21.入桑鄉嘉禾元年租禾十九斛≡嘉禾二年四月十六日，鄉吏劉平付夫與丘男子黄囷守録折咸囷自備[3]（陸·4355·44·264）

22.其十九斛租禾付夫與丘大男黄囷守録[4]（陸·4390·44·299）

簡21爲“守録人名莂”，簡22爲“其”類簡，簡21、22中的禾名、數值、守録者一致。

第五組：

23.出桑鄉……米三斛五斗五升≡嘉禾二年四月十六日，鄉吏劉平付園丘男子文從守[5]（陸·2429·31·21）

24.⧄　其三斛五斗五升租米付園丘大男文從守録[6]（柒·50）

---

① 原釋爲“升”，據圖版改釋爲“斗”。

② 據圖版“四斛五斗”之後應還有文本，可能爲“付+丘名+身份+人名+守録”信息。

③ 原釋爲“東”，據圖版改釋爲“桑”。

④ 原釋爲“米”，據圖版改釋爲“禾”，據簡陸·4355 補釋“夫與丘”。

⑤ 原釋文未釋，據圖版補釋“三”。

⑥ 原釋爲“掾”，據圖版改釋爲“録”。

簡 23 爲"守録人名莂",簡 24 爲"其"類簡,簡 23、24 中的數值、守録者一致。

以上五組簡提示在"桑鄉守録人名本簿"中,"守録人名莂"與"右""其"類簡之間的記賬規則如下:"守録人名莂"數值之和等於"其"簡數值之和等於"右"簡數值,每一枚"守録人名莂"皆有一枚與之對應的"其"簡,且呈加成關係的組簡,所記米、禾名一致。

"桑鄉守録人名本簿"中還有其他格式的"右""其"類簡。整理分析如下:

25.・右嘉禾元年……斛□斗(陸・4359・44・268)

簡 25 文本泐損嚴重,根據現存信息可知其應是以米、禾名爲結計準則的"右"類簡,格式如下:

右+米、禾名+數額

我們觀察上文梳理的五組簡,發現税名會有"禾""米"之分,[①]那麼上述"右"類簡下亦應跟有關於"禾""米"的分計簡,我們找到了如下幾枚簡:

26.其七斛八斗米(陸・2431・31・23)
27.其一百九十八斛三斗五升□(陸・2432・31・24)
28.其……斛八斗禾[②](陸・4357・44・266)
29.其五十二斛六斗米(陸・4362・44・271)
30.其……(陸・4363・44・272)

核對簡 27 圖版可知數額之後僅缺一字,可能爲"米"或"禾",且簡 27、26 位置相鄰,很有可能跟在同一枚"右"簡後,簡 26 爲"米"的分計簡,簡 27 則應爲"禾"的分計簡,簡 29、30 的位置關係亦屬此類。簡 28 爲"禾"的分計簡。"右"類簡後的"禾""米"分計簡呈如下格式:

---

① 李均明、宋少華先生利用《説文》中關於"禾"的記録,指出"禾"指未經加工脱殼的穀,可作種籽(《〈長沙走馬樓吴簡〉竹簡[四]内容解析八則》,中國文物研究所編《出土文獻研究》第 8 輯,上海古籍出版社,2007,192 頁),貧民借貸"禾"主要用於耕種(熊曲、宋少華:《走馬樓吴簡中的種糧給貸簿研究》,253-268 頁),在"桑鄉守録人名本簿"中,"米""禾"相對,"米"應指脱殼的稻穀,貧民借貸"米"主要用於口糧(熊曲著,[日]小野響譯:《〈嘉禾五年貧民貸食米斛數簿〉について》,27-50 頁)。百姓借貸"禾""米"的不同用途是導致"禾""米"分計的關鍵原因。

② 原釋文未釋,據圖版補釋"其"。

其+數額+禾

其+數額+米

“其”類“禾”“米”分計簡數值之和等於“右”簡數值,“其”簡省略米、禾名。

對比上述兩類“右”“其”類簡的格式:

第一類:

右+米、禾名+數額+付+丘名+身份+人名+守録

其+數額+禾名+付+丘名+身份+人名+守録

……

其+數額+米名+付+丘名+身份+人名+守録

……

第二類:

右+米、禾名+數額

其+數額+禾

其+數額+米

我們發現兩類“右”“其”簡的結計標準一致,這一特徵與“桑鄉守録人名本簿”是由兩人編制而成的情況相關。我們選取兩類“右”“其”簡中的“嘉”“禾”“右”“其”字符繪製出表5:

表5　兩類“右”“其”簡中“嘉”“禾”“右”“其”字符圖版對照表

類別 / 字符	嘉/簡號(陸)	禾/簡號(陸)	右/簡號(陸)	其/簡號(陸)
第一類	 4384	 4384	 4384	 2436
	 4353	 4353	 4353	 4389
第二類	 4359	 4359	 4359	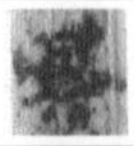 2431
				 2432

觀察表5,我們可以看出同字符下,第一類簡中的字符墨迹窄於第二類簡中的對應字符

墨迹,第一類簡中的"其"字墨迹較第二類簡中的"其"字墨迹略向左傾斜,據此可知,兩類"右""其"類簡應是不同書手所記。上文梳理的簡9-16°組簡提示第一類"右""其"簡的書手應是鄉吏劉平,"桑鄉守録人名本簿"的另一位編制者爲主簿郭宋,第二類"右""其"簡應是主簿郭宋所記。

除上述兩類"右""其"簡外,"桑鄉守録人名本簿"中還有如下"其"簡:

31.其六十六斛餘米(陸・2315・27・19)

32.其十七斛八斗見米(陸・2323・27・27)

33.其卅五斛五斗五升見米(陸・2325・27・29)

34.其卌七斛一斗九升見米(陸・2326・27・30)

35.其廿三斛見米(陸・4366・44・275)

36.其廿四斛二斗五升見米(陸・4369・44・278)

37.其五十七斛□斗見米(陸・4371・44・280)

38.其四斛見米(陸・4375・44・284)

上列八枚"其"簡的基本格式如下:

其+數額+見(餘)米(禾)

"見米"一詞亦見於《三國志・吴書・華覈傳》"州郡見米,當待有事,冗食之衆,仰官供濟。"①結合文義可知"州郡見米"指州郡中現存的糧食,《吴書》與吴簡所記時代一致,吴簡中的"見米(禾)"也應爲現存可見米(禾)之意。"餘米(禾)"爲剩下的米(禾),與"見米(禾)"指代相同。在"桑鄉守録人名本簿"中"餘米(禾)""見米(禾)"應指將"桑鄉貧民貸食今餘禾米"給付百姓守録後剩下的部分。

我們觀察上文梳理的第一組簡,勸農掾劉平給付李馬、鄧狗守録的米、禾名爲"嘉禾元年佃吏限米、禾",數額爲18斛,其中"米"13斛,3斛給付於嘉禾二年四月十三日,10斛給付於四月十六日,"禾"5斛,給付於四月十六日。這意味着可見的"桑鄉貧民貸食今餘禾米"在四月十三日時少了3斛,在四月十六日時又少了15斛;"桑鄉貧民貸食今餘禾米"中可見的"嘉禾元年佃吏限米"在四月十三日時少了3斛,在四月十六日時又少了10斛;可見的"嘉禾元

① 《三國志》卷六五《吴書・華覈傳》,北京:中華書局,1982,1467頁。

年佃吏限禾”在四月十六日時少了5斛。由是可知,將“貧民貸食今餘禾米”中的部分禾米給付百姓守録後,對應米、禾名及所有米、禾名的可見值會隨着給付時間的推移逐漸減少,“其”類“餘米(禾)”“見米(禾)”簡應以米、禾名或時間爲准進行結計。

上舉八枚“其”類“餘米(禾)”“見米(禾)”簡應爲主簿郭宋與鄉吏劉平共同寫就。我們將其中七枚簡(除簡37)中的“其”“見”字符梳理如下表:

表6 “其”類“餘米”“見米”簡中的“其”“見”字符圖版對照表

字符 簡號	陸·2315	陸·2325	陸·4369	陸·2323	陸·2326	陸·4366	陸·4375
其	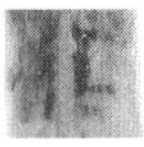			不清晰		不清晰	
見	餘					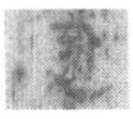	

表6可分爲左右兩部分,陸·4369及左側三枚簡爲左半部分,陸·2323及右側四枚簡爲右半部分。左半部分“其”的墨迹較窄且略向左傾斜,與表4中的第一類“其”的墨迹較爲一致(陸·2436、4389),右半部分“其”的墨迹略寬且較爲平直與表4中的第二類“其”的墨迹較爲一致(陸·2431、2432)。此外,左半部分“見”字的墨迹窄於右半部分“見”字的墨迹,左半部分“見”字的“乚”比右半部分“見”字的對應筆劃水平傾斜角度大。據此,我們認爲左半部分三枚簡應是鄉吏劉平所書,右半部分的四枚簡應是主簿郭宋所書。

我們發現主簿郭宋後書的簡34(陸·2326)數值大於鄉吏劉平先記録的簡33(陸·2325)、簡36(陸·4369)數值:47.19>35.55>24.25,據此,我們判斷“其”類“餘米(禾)”“見米(禾)”簡應是以某一米名爲標準的結計簡,而不是以時間爲標準的結計簡(除“凡”簡後的“其”类“餘米(禾)”“見米(禾)”簡)。

“桑鄉守録人名本簿”中還有一枚“凡”簡:

39.□□桑鄉禾米合六十□斛□斗□升(陸·4373·44·282)

簡39“桑鄉”前未釋圖版爲“”,似僅有一個字符,應釋爲“凡”,將簡39補釋如下:

39°.凡桑鄉禾米合六十□斛□斗□升(陸·4373·44·282)

根據數值判斷簡 39°結計的不可能是已經給付的禾、米，較可能結計的是最後剩下的禾、米，簡 39°後應跟有"其"類簡：

其+數額+見(餘)米
其+數額+見(餘)禾

簡例見簡 31–38。

綜上，我們確定了"桑鄉守録人名本簿"的編制、收卷規則以及簿書内各類簡之間的結計關係。現將簿書整理時各類簡的抄列標準確定如下：

一、"今餘見米"簡列於簿書開頭。

二、"守録人名莂"以給付時間爲序排列。

三、鄉吏劉平所記的"右""其"類結計簡，可利用與"守録人名莂"關係排列的則按關係排列，不能利用加成關係排列的統一排列在簡 7 之前；主簿郭宋所記的"右""其"類簡皆無法確定與"守録人名莂"之間的關係，統一列在簡 6 之前。

四、鄉吏劉平所記的"其"類"餘米(禾)""見米(禾)"簡列在其所記"右""其"類簡後，簡 7 之前；主簿郭宋所記的"其"類"餘米(禾)""見米(禾)"簡及簡 36 列在其所記"右""其"類簡後，簡 6 之前。

五、"凡"類簡位於簡 6 之前，主簿郭宋所記"其"類"餘米(禾)""見米(禾)"簡後。

(三)簿書整理的概貌及基本格式

根據上文確定的整理綫索，將"桑鄉守録人名本簿"整理如下：

8. 今餘見米六百廿一斛四斗九升三合(陸·1677)

18. ☑鄉二年租米四斛五斗≡嘉禾二年四月六日，主簿郭宋付□丘大男潘□守録(陸·4374·44·283)

19. 右二年米四斛五斗……(陸·4382·44·291)

40. 出桑鄉嘉禾元年私學限米十一斛二斗五升其七石二斗五升□/米 其四石禾≡嘉禾二年四月七日，主簿郭宋付夫與丘大男黄干守録[①](陸·2306·27·10)

9. 入桑鄉嘉禾元年佃吏限米三斛≡嘉禾二年四月十三日，鄉吏劉平付桐丘男子李馬守録折咸馬自備(陸·4386·44·295)

10. 入桑鄉嘉禾元年佃吏限禾五斛≡嘉禾二年四月十六日，勸農掾□付掂丘男子

① 原釋爲"四石米"，據圖版改釋爲"四石禾"。

李馬守録折咸馬自備(陸·4376·44·285)

11.☐桑鄉嘉禾元年佃吏限米七斛≡嘉禾二年四月十六日,鄉吏劉平付度上丘男子鄧狗守(陸·2307·27·11)

16°.入桑鄉嘉禾元年佃吏限米三斛≡嘉禾二年四月十六日,鄉吏劉平付度上丘男子鄧狗守録折咸狗自備(陸·4385·44·294)

12°.右嘉禾元年佃吏限禾五斛米十三斛合十八斛付度上丘桐丘月伍鄧狗、大男李馬守録(陸·4388·44·297)

13.其三斛佃吏限米付桐丘大男李馬守録(陸·4381·44·290)

14.其五斛佃吏限禾付桐丘大男李馬守録(陸·4389·44·298)

15.十斛佃吏限米付度上丘大男鄧狗守録(陸·4380·44·289)

2.入桑鄉嘉禾元年租米六斛≡嘉禾二年四月十六日,鄉吏劉平付何丘男子由改守録折咸改自備(陸·2435·31·27)

20.其六斛租米付何丘大男由改守録(陸·2436·31·28)

21.入桑鄉嘉禾元年租禾十九斛≡嘉禾二年四月十六日,鄉吏劉平付夫與丘男子黄囷守録折咸囷自備(陸·4355·44·264)

22.其十九斛租禾付夫與丘大男黄囷守録(陸·4390·44·299)

3.出桑鄉嘉禾元年佃吏限米廿二斛五斗≡嘉禾二年四月十六日,主簿郭宋付音溲丘大男黄高守録(陸·4372·44·281)

41.出桑鄉嘉禾元年租米三斛其一石佃吏米其二石租米≡嘉禾二年四月十六日,鄉吏劉平付夫與丘男子黄囷守(陸·2299·27·3)

42.出桑鄉嘉禾元年租米四斛五斗其一石五斗佃吏米其三斛租米≡嘉禾二年四月十六日,鄉吏劉平付何丘男子由改守[①](陸·2302·27·6)

23.出桑鄉……米三斛五斗五升≡嘉禾二年四月十六日,鄉吏劉平付園丘男子文從守(陸·2429·31·21)

24.☐　其三斛五斗五升租米付園丘大男文從守録(柒·50)

43.出桑鄉嘉禾二年私學限米十三斛五斗≡嘉禾二年四月十七日,主簿郭宋付租下丘大男谷箸守録(陸·2430·31·22)

---

① 原釋爲"正",據圖版改釋爲"四",原釋文未釋,據圖版補釋"改"。

44.⧄七斛五斗≡嘉禾二年四月十七日，主簿郭宋付租下丘大男谷箸守録（陸·2446·31·38）

45.出桑鄉嘉禾元年税禾米六斛其三石五斗米 其二石五斗禾 ≡嘉禾二年四月十七日，主簿郭宋付夫與丘大男李猬守録（陸·2312·27·16）

1.出桑鄉嘉禾元年租禾米十六斛八斗五升其五斛八斗米 其十一斛五升 ≡[嘉禾二年四月]十八日，主簿郭宋付度上丘大男鄧狗守録（陸·2313·27·17）

46.出桑鄉嘉禾元年租禾米十二斛其五斛米 其七斛禾 ≡嘉禾二年四月十八日，主簿郭宋付區丘大男[潘]□[守録]（陸·2317·27·21）

47.出桑鄉□□□子弟限米十七斛其十四石五斗禾 其二石五斗米≡嘉禾二年四月十八日，主簿郭付□丘大男潘□守録（陸·2320·27·24）

48.……[二年]租米十五斛≡嘉禾二年四月十八日，主簿郭宋付平樂丘大男謝義守録（陸·2321·27·25）

49.出[桑]鄉二年租米十斛≡嘉禾[二]年四月十八日，主[簿郭宋付]□□[丘大男]谷[著]守録（陸·2322·27·26）

17.·右嘉禾元年[租]禾廿六斛米廿三斛五斗五升合卌九斛五斗五升付□[丘]歲伍文□[守録]（陸·4384·44·293）

50.其九斛租米付夫與[丘]大男黄囷[守録]（陸·4368·44·277）

51.其□斛新吏限米付何丘大男由改守録（陸·2438·31·30）

31.其[六]十六斛餘米（陸·2315·27·19）

33.其卅五斛五斗五升見[米]（陸·2325·27·29）

36.其[廿]四斛二斗五升見米（陸·4369·44·278）

37.[其]五十[七]斛□[斗見米]（陸·4371·44·280）

7.四月十八日鄉吏劉平白（陸·4391·44·300）

52.出[桑]鄉嘉禾元年租米四斛五斗≡嘉禾二年四月十九日，主簿郭宋[付]區丘大男[黄]□□□守録（陸·2316·27·20）

53.⧄限禾米卌斛五斗其十二斛禾 廿八斛五斗米 其≡嘉禾二年四月十九日，主簿郭宋付□□丘□郭□守録（陸·4356·44·265）

54.出桑鄉嘉禾元年佃吏限米卌斛□斗九升≡嘉禾二年四月廿日，鄉吏劉平付[度]

上丘鄧狗守[1]（陸·4378·44·287）

55.出桑鄉嘉禾元年……斛三斗其二石六斗二升禾 其一石佃吏限米□□二石六斗八升〓嘉禾二年四月廿日，鄉吏劉平付阿丘谷衆守（陸·4370·44·279）

56.出桑鄉嘉禾元年租米廿斛六斗〓嘉禾二年四月廿二日，主簿郭宋付何丘大男由改守録[2]（陸·4383·44·292）

57.出桑鄉……斛〓嘉禾二年四月廿二日，主簿郭宋付夫與丘大男黄囷[3]（陸·4377·44·286）

58.▨□斛二斗□〓嘉禾二年四月廿二日，主簿郭宋付浣丘大男吴客守録（陸·2437·31·29）

59.出桑鄉嘉禾元年租米六斛八斗〓嘉禾二年四月廿二日，主簿郭宋付上倿丘大男黄利守□（柒·139）

60.出桑鄉嘉禾元年子弟限米廿斛〓嘉禾二年四月廿八日，鄉吏劉平付……（陸·4367·44·276）

25.·右嘉禾元年……斛□斗（陸·4359·44·268）

26.其七斛八斗米（陸·2431·31·23）

27.其一百九十八斛三斗五升□（陸·2432·31·24）

28.其……斛八斗禾（陸·4357·44·266）

29.其五十二斛六斗米（陸·4362·44·271）

30.其……（陸·4363·44·272）

32.其十七斛八斗見米（陸·2323·27·27）

34.其卌七斛一斗九升見米（陸·2326·27·30）

35.其廿三斛見米（陸·4366·44·275）

38.其四斛見米（陸·4375·44·284）

39°.凡桑鄉禾米合六十□斛□斗□升（陸·4373·44·282）

6.四月廿八日主簿郭宋白（陸·4361·44·270）

61.出桑鄉嘉禾二年新吏限米廿二斛八斗其十石三斗禾 其十二石五斗米〓嘉禾二年四月廿九日，鄉吏劉

① 原釋爲“相”，據圖版改釋爲“狗”。
② 原釋爲“牧”，據圖版改釋爲“改”。
③ 原釋爲“入”，據圖版改釋爲“出”。

平付夫與丘□□守①(陸·4354·44·263)

62.出桑鄉嘉禾元年子弟限米□斛≡嘉禾二年四月卅日,鄉吏劉平付□丘男子衆盧□守(陸·4379·44·285)

63.出桑鄉嘉禾元年火種租米二斛≡嘉禾二年四月卅日,鄉吏劉平付租下丘□□守(陸·4358·44·267)

64.出□鄉嘉禾元年佃吏限米七斛五斗≡嘉禾二年四月□日,主簿郭宋付□丘殷□守録(陸·4360·44·269)

通過上述整理,我們發現鄉吏劉平可以結計主簿郭宋的給付記録,主簿郭宋也可結計鄉吏劉平的給付記録。將“桑鄉守録人名本簿”的簿書格式梳理如下:

今餘見米+數額

今餘見禾+數額

出(入)+桑鄉+米名+數額≡時間+鄉吏(主簿)+人名+付+丘名+大男(男子、歲伍、月五)+人名+守録+(折咸+人名+自備)

……

右+米名+數額+付+丘名+身份+人名+守録

其+數額+米名+付+丘名+身份+人名+守録

……

其+數額+見(餘)米

其+數額+見(餘)禾 ②

……

四月十八日鄉吏劉平白

出(入)+桑鄉+米名+數額≡時間+鄉吏(主簿)+人名+付+丘名+大男(男子、歲伍、月五)+人名+守録+(折咸+人名+自備)

……

右+米名+數額

其+數額+禾

其+數額+米

其+數額+見(餘)米

① 原釋文未釋,據圖版補釋“四”。

② 虛綫前爲一組完整的記録,下同。

其+數額+見(餘)禾

……

凡+桑鄉+禾米+合+數額

其+數額+見(餘)米

其+數額+見(餘)禾

四月廿八日主簿郭宋白

“桑鄉守録人名本簿”結構簡中的米名一致,鄉吏劉平、主簿郭宋遵循如下記賬規則:

1、“守録人名莂”數值之和等於對應“右”簡數值等於對應“其”簡數值之和;

2、全部“守録人名莂”數值與“凡”簡後“其”類“見(餘)米”“見(餘)禾”簡數值之和等於“今餘見禾、米”簡數值;

3、“凡”類總計簡數值等於後接“其”類分計簡數值之和。[1]

區别在於鄉吏劉平結計時每一枚“守録人名莂”對應一枚“其”簡,“其”簡記録給付數額及人名信息;主簿郭宋結計時數枚“守録人名莂”對應一枚“其”簡,“其”簡僅記録給付數額信息。

除桑鄉外,《竹簡[肆][伍]》中還刊布了一些平鄉的“守録人名莂”,兹舉例如下:

65.出平鄉元年見禾米十七斛五斗其二斛米五斛五斗禾 十≡嘉禾二年四月九日,主簿郭宋付鄉老當陽大男潘桐守[2](肆·4349)

66.出平鄉元年雜禾十八斛四斗≡嘉禾二年四月十八日,勸農掾蔡忠付舍田丘大男廖□守録(肆·4348)

67.出平鄉元年粢米四斛≡嘉禾二年五月六日,勸農掾蔡忠付東丘大男番獈守録若折咸☑(伍·96)

(四)“折咸某自備”的定損、備人主體

我們觀察“桑鄉守録人名本簿”發現給付米的執行人爲“鄉吏劉平”和“主簿郭宋”,他們將官府借貸給桑鄉貧民的多餘米糧交付給大男、男子等守録,出現損耗由守録者“自備”。前人提供了“備”的兩種解釋:一、侯旭東先生認爲“備”應作“償還”解,反映了孫吴政權對官吏

① 記賬規則2、3是我們基於“桑鄉守録人名本簿”的内容邏輯推知的,當前簿書中未發現可爲直接證據的加成關係組簡。

② 原釋爲“運”,據圖版改釋爲“守”。

過失的追究制度;[①]二、熊曲先生認爲“備”作動詞爲因不足數而補齊之意。[②] 兩種解釋背後都有補缺含義,區别在於前者强調“備”行爲主體的責任,後者强調“備”行爲結果的彌平作用。就“自備”而言,後者的解釋較爲合理,爲“自己補齊損耗”之意。“折咸某自備”説明“折咸米”定損與守録過程中是否産生損耗相關,具有隨機性,不存在固定的定損比例。

鄉吏劉平應爲勸農掾,簡 10 記“勸農掾□”爲分付米糧的主體,勸農掾的名字無法釋讀,但根據上文復原的第一組“守録人名莂”和“右”“其”簡之間的關係,我們判斷簡 10 中的勸農掾應是鄉吏劉平,“鄉吏”爲派駐各鄉縣吏的泛稱,包含“勸農掾”,身份爲縣吏。[③] 主簿爲縣廷文書行政的樞要,主要負責記録、檢閲文書簿籍。[④] “桑鄉守録人名本簿”和 3 枚“平鄉守録人名莂”提示兩鄉勸農掾(桑鄉劉平、平鄉蔡忠)對應一個主簿(郭宋),這一特徵説明主簿應是負責給付百姓“貧民貸食今餘禾米”的主體,各鄉勸農掾配合主簿共同處理這一政務,雙方是分付米糧的執行者。

“折咸某自備”是依據規定的文書套話,這一規定衹有在百姓還米的時候纔能發揮作用。我們分析“桑鄉守録人名本簿”所處的揭剥圖時,發現在陸・圖四十四、圖二十七中,“桑鄉守録人名莂”與“州中倉嘉禾二年九月至嘉禾三年五月受民還二年所貸米莂”位置鄰近。前者是將“貧民貸食今餘禾米”分付給百姓守録,應處於貧民貸米的階段,後者是貧民還米的記録,處於貧民還米的階段。此外,前者中的付授時間處在嘉禾二年四月,後者所還米又是嘉禾二年貧民貸米。據此,我們認爲兩份莂册應是同一政務在不同處理階段形成的簿書記録。[⑤]

“州中倉嘉禾二年九月至嘉禾三年五月受民還二年所貸米莂”提示貧民貸米需要歸還至州中倉,舉例如下:

68.入桑鄉還二年所貸嘉禾元年子弟限米九斛〓嘉禾二年十月四日模鄉□下丘男

① 侯旭東:《吴簡所見“折咸米”補釋——兼論倉米的轉運與吏的職務行爲過失補償》,187 頁。

② 熊曲:《吴簡折咸米、漬米、没溺米及相關問題》,222 頁。

③ 關於“鄉吏”與“勸農掾”的關係,侯旭東先生認爲“鄉吏”是專稱,與“勸農掾”并列(《長沙走馬樓三國吴簡所見“鄉”與“鄉吏”》,北京吴簡研討班編《吴簡研究》第 1 輯,武漢:崇文書局,2004,87-113 頁)。王子今先生認爲“鄉吏”是鄉一級機構吏人的通稱,包含“勸農掾”(《走馬樓吴簡所見“鄉”在城鄉聯繫中的特殊作用》,155-160、121 頁)。孫聞博、沈剛、凌文超、徐暢先生認爲“鄉吏”爲派駐各鄉縣吏的泛稱,包含“勸農掾”,身份爲縣吏(孫聞博:《走馬樓吴簡所見“鄉”再研究》,113-118 頁;沈剛:《試論長沙走馬樓吴簡中的“鄉吏”》,383-391 頁,收入其著《長沙走馬樓三國竹簡研究》第三篇“社會身份”第二章“鄉吏”,158-169 頁;凌文超:《走馬樓吴簡“隱核波田簿”復原整理與研究》,130-131 頁,收入其著《走馬樓吴簡采集簿書整理與研究》第八章“隱核波田簿與孫吴陂塘的治理”,442-443 頁;徐暢:《走馬樓簡所見孫吴“鄉勸農掾”的再研究——對漢晉之際鄉級政權的再思考》,23-50 頁)。

④ 凌文超:《走馬樓吴簡舉私學簿整理與研究——兼論孫吴的占募》,《文史》2014 年第 2 輯,58-59 頁,收入其著《吴簡與吴制》第一章“舉私學簿與占募”,54 頁;凌文超:《黄蓋治縣:從吴簡看〈吴書〉中的縣政》,《“中研院”歷史語言研究所集刊》第 91 本第 3 分,480 頁。

⑤ 見筆者未刊稿《“嘉禾二年貧民貸食米種領入所付授吏姓名及收息未畢斛數本事”復原與研究》。

子胡□關邸閣李嵩付倉吏黄諱潘慮(陸·4170)

簡68爲桑鄉還二年貧民貸食嘉禾元年子弟限米至州中倉的記録。此外,三州倉也有權接收貧民還米,舉例如下:

69.入桑鄉嘉禾二年還貸食嘉禾元年税米□百□二斛三斗胄畢≡嘉禾三年五月五日大溲丘谷勤關邸閣董基付倉吏鄭黑受[1](肆·4272)

簡69爲桑鄉還嘉禾二年貧民貸食嘉禾元年税米至三州倉的記録。根據簡68、69所示的"桑鄉貧民貸食禾米"需還至官倉的記録,我們推測給付百姓守録的"桑鄉貧民貸食今餘禾米"可能也要還至三州倉或州中倉。[2] 三州倉、州中倉倉吏會對比"守録人名本簿"所記的付授數額與"受米莂"所記的歸還數額,確定百姓守録"貧民貸食今餘禾米"的損耗情况。

綜上所述,各鄉勸農掾、主簿郭宋是分付"貧民貸食今餘禾米"的執行者,百姓還米時,官倉倉吏是"折咸某自備"規定的執行主體,定損比例與損耗數額相關,損耗由守録者承擔。"桑鄉守録人名本簿"爲勸農掾和主簿依時編制的、供倉吏定損使用的原始憑證。

二　"折咸米備入發遣簿"中的定損、備入情况

上節分析指出百姓守録"貧民貸食今餘禾米"的過程中會産生損耗,此外,百姓運輸米税至倉的過程中亦會産生"折咸米",這一損耗的定損、備入細節可從"掾趙羗謹列二、三年折咸米備入發遣簿"中獲悉。

(一)研究對象的選取與簿名確認

《竹簡[伍]》中集中刊布了格式爲"男子+人名+運(送)+米名+折咸+數額+已送畢"或類似格式的"折咸"簡,這些簡集中位於揭剥圖伍·圖二十三(Ⅰ-e-⑪簡牘揭剥位置示意圖)及揭剥位置緊鄰的散簡中。前揭格式簡在已刊《竹簡》中比較少見,伍·圖二十三及Ⅰ-e區散簡部分未發現與之匹配的標題簡,我們嘗試利用現有信息,爲前揭格式簡所處簿書擬定一個簿名。

上述格式中表示狀態的"已送畢"詞例與其他簿書中"已入畢"詞例内涵一致,"已入畢"簡所處簿書的簿名,或可爲前揭格式簡的簿名提供借鑒。將"已入畢"簡及對應簿名舉例如下:

---

① 竹簡殘斷,據其他簡例補釋"鄭黑受"。

② 《竹簡》中未見"貧民貸食今餘禾米"需要歸還至官倉的記録,囿於材料限制,文中結論還需在材料充分時進行驗證。

A 組：

70.領餘逋二年新吏限吴平斛米一百七十三斛七斗六升　已入畢(肆・4611)

【注】簡面有朱筆迹

71.右倉曹謹列嘉禾二年餘逋雜米已入付授簿(肆・4621)

B 組：

72.自首賊帥胡諸年卌九　出限米卌斛已入畢(玖・4511)

73.自首士唐杭年卅六　出限米卌斛未入(玖・5060)

74.臨湘謹列起黄武五年訖嘉禾三年自首士賊帥人名收米斛數簿(玖・5074)

觀察上述組簡,A 組中簡 70 爲細目簡,簡 71 爲標題簡,簡 70“已入畢”之前的内容與簡 71“右倉曹謹列”後的内容大體一致。B 組中簡 72、73 爲細目簡,簡 74 爲標題簡,簡 72、73“已入畢”之前的内容與簡 74“臨湘謹列”後的内容一致。可見,簿名是對細目簡信息的匯總,具體結構爲“某某+謹列+時間+細目簡信息+簿”。

基於以上分析,我們需要明確前揭格式簡所處簿書的編制者、編制時間纔能更爲合理地擬定簿名。

關於簿書的編制者我們找到了如下四枚竹簡：

75.掾趙羞詭□見革[1](伍・4524・23・36)

76.其一千六十七斛六斗七升,已送備□,詭□革[2](伍・4529・23・41)

77.魁黄訓送三年司馬馮晶限米折咸十斛,前已付,掾趙羞詭得收簿(伍・4591)

78.〼□陵送司馬陳義三年限米折咸□□斛……詭得收簿(伍・5471)

簡 75、76 位於伍・圖二十三中,簡 77、78 爲Ⅰ-e 區的散簡,四簡文本有一定的相似之處。簡 77、78 簡文上半部格式與前揭格式一致,區别在於前揭格式簡的下部内容多爲“已送畢”或類似表示狀態的詞例,簡 77、78 則爲“前已付,掾趙羞詭得收簿”,造成這種差異的原因是前揭格式簡中省略了“詭得收簿”,而在之後的結計簡中體現出來。簡 76 爲一枚“其”類結計簡,應是對前揭格式簡的結計,“詭□革”是對省略部分的補記,應與簡 75 中的“詭□見革”

① 原釋文僅釋“言”旁,據圖版補釋“詭”。

② 原釋文未釋,據圖版補釋“詭”“革”。

意涵一致。

簡75、76、77分别記爲“掾趙羞”詭得(□)“見莂”“莂”“收簿”。簡75、76中的“(見)莂”爲“已送備□”的憑證,簡77中的“收簿”爲“前已付”的憑證,“已送備□”與“前已付”皆可表示“折咸米”的完納狀態,“(見)莂”與“收簿”應指代一致。“莂”通“萠”,爲繳納米、錢、布的合同簿書,一式兩份,一份由倉吏或庫吏持有,一份由鄉吏保管,[1]可見,“見莂”與“收簿”應指繳納“折咸米”的合同記録。“掾趙羞”“詭□見莂”“詭□莂”“詭得收簿”説明“折咸米”送備主體在送畢“折咸米”後要將得到的“莂(萠)”交由掾趙羞統一管理。

觀察前揭格式簡圖版可知,標注“折咸米”運送狀態的“已送畢”等文本與同簡“男子+人名+運(送)+米名+折咸+數額”文本上下分欄書寫,應是分次寫就,先記録具體信息再依據“折咸米”運送的實際情況記録狀態信息,而記録狀態信息的依據就是“見莂”或“收簿”。

前揭格式簡所處簿書的編制者應是掾趙羞,吴簡涉米簿簿名“謹列”之前多爲機構名稱,[2]通檢《竹簡[壹—玖]》,未發現可佐證“掾趙羞”具體負責哪一鄉的記録。吴簡中的米名組合方式多包含年份信息,通覽前揭格式簡及相關簡發現米名前的時間集中在“二年、三年”,具體年號尚不明晰。

關於前揭細目簡的其他信息,可參看如下三枚結計簡:

79.……米折咸合五百五十五斛五斗七升(伍 · 4523 · 23 · 35)

80.☑其五百卅斛五斗七升已發遣詣漕所[3](伍 · 4525 · 23 · 37)

81.其廿五斛……備入……(伍 · 4526 · 23 · 38)

簡79數值等於簡80數值加簡81數值:555.57 = 530.57+25。簡79-81是對前揭格式細目簡的結計,簡79爲總計簡,簡80、81爲分計簡,分計簡中的信息涵蓋了“折咸米”細目簡中的普遍情況,所以“發遣詣漕所”與“……備入……”應可代表“折咸米”交納的兩種狀態。

綜合簿書編制者、時間、細目簡信息等因素,我們可將前揭格式簡所處簿書擬稱爲“掾趙羞謹列二、三年折咸米備入發遣簿”,下文簡稱“折咸米備入發遣簿”。

(二)揭剥圖分析與整理綫索確認

伍 · 圖二十三中所含的竹簡并非全屬於“折咸米備入發遣簿”,還有部分其他性質的竹簡。就内容而言:第1-9層所含竹簡主體爲户籍類簡,此外,還有涉及文書傳遞、布錢轉换内

① 中國簡牘集成編輯委員會編:《中國簡牘集成》,蘭州:敦煌文藝出版社,2005,第15册,495頁;陳明光:《走馬樓吴簡所見孫吴官府倉庫帳簿體系試探》,《中華文史論叢》2009年第1期,27-56頁。

② “月旦簿”簿名“謹列”之前存在倉名、倉吏名、倉名+倉吏名三種情況。

③ 原釋爲“廿”,據圖版改釋爲“卅”。

容的簡。第10-17層是"折咸米備入發遣簿"集中分布的區域。第18-21層所含竹簡性質多樣,涉及鹽錢(布錢)轉换、入米、逋欠等内容,此外還有一枚户籍類簡。就竹簡形制、編痕、字迹而言:第1-9層,簡長約24-25釐米,簡寬約0.7-1釐米,編痕間距約處於8.3-8.5釐米之間。第10-17層,簡長約23-24釐米,簡寬約1.1-1.4釐米,編痕間距約處於8.3-8.5釐米之間,第1-9層與第10-17層簡寬差異明顯。第18-21層,除一枚户籍簡外,其餘簡的形制與"折咸米"簡近似,但字迹差異明顯。由此可見,我們在復原"折咸米備入發遣簿"時要將伍·圖二十三中的其他内容簡剔除出去。以觀察之便,將伍·圖二十三轉録如下:

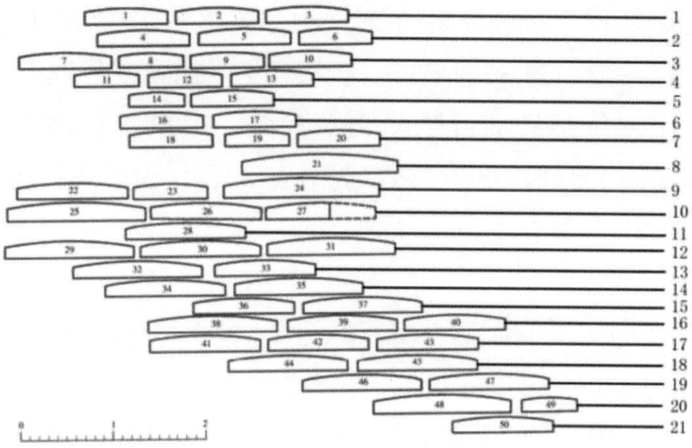

伍·圖二十三

簡79-81可以作爲判斷簿書收卷方式的依據。三簡在揭剥圖中分别位於第14、15、16層,三簡編於"折咸米備入發遣簿"的順序爲簡79早於簡80、81。竹簡簡面朝下,越靠下越接近簿書收卷的起點,"折咸米備入發遣簿"應是自末端向首端收卷。

根據簡79"……米折咸合"可以看出此簡是對某一米名"折咸"情況的匯總,是基於米名的結計。此外,"折咸米備入發遣簿"中還有基於人數進行結計的情況:

82.☒□禾三年折咸米……斛一斗五升,以過年十一月三日,遣□詣□所備入(伍·4515·23·27)

83.……封恪折咸三年税米七斛,以過十一月三日,遣□詣漕所備入①(伍·4702)

84.……折咸……二斛八斗五升,以過年十一月三日,發遣☒②(伍·5779)

85.右三人折咸米廿六斛,以過年十一月三日,遣吏詣漕所備入(伍·4519)

---

① 原釋爲"已",據其他簡例改釋爲"以",原釋文"遣"後原釋有三個字符,對比圖版應僅有一個字符。

② 原釋爲"五",據圖版改釋爲"八"。

上述四簡分布零散,但文本格式、竹簡形制、編痕一致,皆有“以過年十一月三日”詞例,此外,且簡 82-85“斗”“升”數值相加爲整數:X.15+7+Y.85=X+Y+8,簡 85 恰爲整數。可見原始狀態下,簡 82-85 應是一組加成關係簡,簡 85 是對簡 82-84 的結計。與簡 85 性質一致的簡還有如下一枚:

86.·右[二]人折咸米五[十四]斛二斗六升,已□(伍·4533)

對比簡 85、86,我們發現數值之後的文本并不一致。簡 85 記“以過年十一月三日,遣吏詣漕所備入”,與對應細目簡一致。簡 86 所記“已□”應也與對應細目簡一致。可見,以人數爲結計標準的“右”類簡會記録所結計細目簡的文本特徵。掾趙羞在編制“折咸米備入發遣簿”時,會階段性地依據米名、人數對“折咸”數額進行結計,并記録“折咸米”的送備狀態。

“折咸米備入發遣簿”中還有如下一枚簡:

87.□四月五日□運(?)者民折咸未得□米,一千三百卅七斛八斗五升(伍·4606)

簡 87 記録了運送“折咸未得米”的數額,具有結計簡屬性。根據數值判斷,簡 76 僅可位於簡 87 之後:

76.其一千六十七斛六斗七升已送備□,(詭)□(革)(伍·4529·23·41)

用來補充説明簡 87 中“折咸未得米”的送備情況。

“折咸米備入發遣簿”收卷方式提示在簿書復原過程中,需按照自上往下的順序梳理揭剥圖中的“折咸”簡。散簡整理的首要任務是確定哪些簡屬於“折咸米備入發遣簿”,進而按照整理號進行梳理。

現將簿書整理時各類簡的臚列標準確定如下:

一、將細目簡按收卷順序、格式特徵分類排列。

二、可確定結計範圍的結計簡排列在對應細目簡之後。

三、結計範圍不明的結計簡統一列在整理結果尾部。

(三)簿書整理的概貌及基本格式

按照確定的整理綫索,將伍·圖二十三與Ⅰ-e 區散簡中的“折咸米備入發遣簿”梳理如下:

第一類:

88.⧄□年稅米折□□斛……,已送畢(伍·4516·23·27)

89.男子□□運二年稅米折咸二斛,已送畢(伍·4517·23·28)

90.男子□仨運二年稅米折咸十七斛五斗,已送畢(伍·4518·23·29)

91.男子封宅運二年稅米折咸廿二斛一斗五升,已送□(伍·4520·23·32)

92.男子畢没運二年稅米折咸廿四斛,已送畢(伍·4522·23·34)

86.·右二人折咸米五十四斛二斗六升,已□(伍·4533)

第二類:

82.⧄□禾三年折咸米……斛一斗五升,以過年十一月三日,遣□詣□所備入(伍·4515·23·27)

83.……封恪折咸三年稅米七斛,以過十一月三日,遣□詣漕所備入(伍·4702)

84.……折咸……二斛八斗五升,以過年十一月三日,發遣⧄(伍·5779)

85.右三人折咸米廿六斛,以過年十一月三日,遣吏詣漕所備入(伍·4519)

第三類:

93.男子李車爲男子益馮債送三年稅折咸一百七斛……,已付男子彭南隨昌送(伍·4514·23·26)

94.男子區近爲男子湛南載元年稅米折咸十九斛一斗,近前□,已付屯田民丁度送備入,已送畢(伍·4527·23·39)

【注】"已送畢"以小字寫於"送備入"右側。

95.⧄□送元年稅米折咸七斛,以付屯田民丁度送備入(伍·4528·23·40)

96.男子伍成李錢爲男子湛南載元年稅米折咸一百卌斛,已送未還,以□倉吏劉達□□,已送畢(伍·4531·23·43)

【注】"已送畢"以小字寫於"以□倉吏劉達"之右側。

97.男子□光運三年稅米折咸□八斛,已付男子何囊送備,已送畢(伍·4598)

98.男子吕處運三年□□□税米折咸五斛,付男子畢没送備,已送畢(伍·4717)

第四類:

99.男子□客運二年税米折咸廿八斛六斗六升,……丘白,未還入……(伍·1440)
注:本簡下方"丘"字右側有一小"白"字。

100.男子封阿朱衮還三年税米折咸廿三斛,在已丘備入,米未還①(伍·4566)

101.男子劉佗爲魁薄袁債送三年税米折咸一百一十一斛□,就於已丘潘備,已得七十斛□(伍·4600)

102.……同運二年税米折咸一百一十四斛三斗五升,□已□備(伍·5484)

第五類:

103.男子沅桓運米折咸十四斛□□,遣男子黄邈賫米備入,未還,已得七斛□(伍·4572)

104.男子沔才債男子彭南送三年税米折咸卅斛,已遣南送備,已送畢②(伍·4715)

第六類:

77.魁黄訓送三年司馬馮晶限米折咸十斛,前已付,掾趙羞詭得收簿(伍·4591)

78.⧄□陵送司馬陳義三年限米折咸□□斛……詭得收簿(伍·5471)

其他:

105.男子吴江運元年租米折咸卅斛□□□　……(伍·4604)

106.男子潭喬運二年税米折咸廿三斛　⧄(伍·4653)

107.⧄年税米折咸六斛五斗⧄(伍·4665)

108.⧄□□折咸□⧄(伍·4822)

109.男子潭蕗運二年⧄(伍·5049)

---

① 原釋爲"債",據圖版改釋爲"備"。

② 原釋爲"男",據圖版改釋爲"南"。

結計簡：

79.……米折咸合五百五十五斛五斗七升(伍·4523·23·35)

80.□其五百卅斛五斗七升已發遣詣漕所(伍·4525·23·37)

81.其廿五斛……備入……(伍·4526·23·38)

87.□四月五日□運(?)者民折咸未得□米，一千三百卅七斛八斗五升(伍·4606)

76.其一千六十七斛六斗七升已送備□，詭□革(伍·4529·23·41)

75.掾趙羞詭□見革(伍·4524·23·36)

將"折咸米備入發遣簿"的簿書格式梳理如下：

第一、三、五類細目簡：

男子+人名+(債+男子+人名)+運(送)+米名+折咸+數額+[已付(遣)+(男子、屯田民)+人名+送備(備入)]+已送畢(未還、已得+數額)

……

第二類細目簡：

……+人名+折咸+米名(米名+折咸)+以過年十一月三日+遣吏詣漕所備入

……

第四類細目簡：

男子+人名+(爲+男子+人名+債)+運(送)+米名+折咸+數額+在(就於)已丘備入+未還(已得+數額)

……

第六類細目簡：

……+人名+運(送)+米名+折咸+數額+前已付(……)+掾趙羞詭得收簿

……

右+人數+折咸米+數額+細目簡特徵

右+米名+折咸+合+數額

其+數額+已發遣詣漕所

其+數額+……備入……

時間(五月四日)+運諸民折咸未得米+數額

其+數額+已送備+詭□見箪

該簿書的記賬規則如下：

1、細目簡數值之和等於對應結計簡(“右”簡)數值之和。

2、結計簡(“右”簡)數值等於對應“其”簡數值之和。

(四)百姓運米至倉損耗的定損、備入主體

“折咸米備入發遣簿”細目簡中的“男子+人名+運(送)+米名+折咸+數額”文本提示百姓運送米税的過程會産生“折咸米”,具體損耗與所送米税相關,具有隨機性。百姓輸納米税的記録見三州倉、州中倉“受米莂”,舉例如下：

110.入小武陵鄉嘉禾二年税米七斛胄畢𠄷嘉禾二年十一月四日石下丘烝衆關邸閣董基付三州倉吏鄭黑受(玖·3933)

111.入□鄉嘉禾□年限米卅五斛七斗𠄷嘉禾□年十一月廿七日湛丘區客關邸閣李嵩付倉吏黄諱潘慮受(捌·2792)

根據簡110、111可知,米税由百姓運至三州倉、州中倉,倉吏在接收米時,對比百姓應該輸納的數額和實交數額,完成定損工作。

“折咸米備入發遣簿”中的細目簡記録了“折咸米”“送備”的流程。百姓運送米税産生的“折咸米”一般情況下由本人“送備”(第一、二、四、六類細目簡及第五類簡中的簡104),也存在交付給他人“送備”的情況(第三類細目簡及第五類簡中的簡103)。上節已經明確了“備”爲因不足數而補齊之意,“送備”應指輸送損耗米糧以補缺的行爲。此外,細目簡中“折咸”數額最大值爲簡96中的“一百卌斛”,最小值爲簡89中的“二斛”,百姓承擔“折咸米”的數額應不至於如此懸殊。據此,我們推測細目簡中的百姓是運送“折咸米”的主體,而非納入“折咸米”的主體。

“折咸米”應由居住在丘中的百姓以鄉爲單位進行繳納。簡100中的“在己丘備入”、簡

101 中的"就於已丘潘備"提示百姓運送米税産生的"折咸米"由"已丘"中的百姓繳納。此外,我們在《竹簡[伍]》中找到了如下兩枚竹簡,是鄉中百姓交納"折咸米"的明確記録:

112.昌□當蒭、白石、□□備折咸米七斛(伍·1479)

113.□□鄉當蒭、白石、丁賢備□□咸米八斛(伍·1486)

簡 112、113 中"昌"爲鄉名,"當蒭、白石、丁賢"爲人名,三人以鄉爲單位補齊"折咸米"。

第二類細目簡中的"遣吏詣漕所備入"爲派遣吏民將"折咸米"輸送到漕所之意,簡 80 中的"已發遣詣漕所"可爲佐證,可見"折咸米備入發遣簿"中"折咸米"的"送備"目的地爲漕所。

漕所是納税者與倉、倉與倉之間的連通機構。"漕"與"倉"之間的聯繫由來已久,[①]《説文》記"漕,水轉穀也",[②]"漕所"爲負責水路轉運米糧的機構,揆諸常理,其應位於水路交通的交叉位置。《説文》釋"倉,穀藏也",[③]"倉"爲儲糧機構,孫吴是建立在長江流域的政權,爲了運輸的方便,吴國的糧倉大多建在兩江相匯的江口。[④] 由此可見,漕所與倉的選址原則一致。張曉東先生指出漕運系統中漕、倉分别爲交通站點和儲備點。[⑤] 據此,我們推測"送備"到漕所的"折咸米"需進一步由船師運送至倉。

通過上述梳理可知:百姓運送米税至官倉的過程中會産生"折咸米",這一損耗由接收米税的官倉倉吏確認;鄉丘中的百姓補齊損耗後,由吏民將"折咸米""送備"至漕所,之後再由船師輸送至倉。"掾趙羞"在"折咸米"備入的過程中并不直接承擔徵納工作,其主要發揮督責作用,[⑥]百姓運送米税至官倉後,"掾趙羞"需按"男子+人名+運(送)+米名+折咸+數額"的格式記録官倉倉吏的定損情況,"折咸米"備入後其依據"詭得"而來的"見莗""收簿"標注"折咸米"的備入狀態。

三 "受米莂册""月旦簿"中"折咸米"的定損、備入情況

上文我們梳理了百姓運米至倉過程中産生損耗的定損、備入程序,船師轉運三州倉出米至州中倉的過程也會産生的"折咸米"。《竹簡》中有格式爲"入+某鄉+船師+人名+(年份)+

① 張曉東:《漢唐漕運與軍事》,上海世紀出版社,2010,335-337 頁。
② [漢]許慎:《説文解字》,北京:中華書局,1963,237 頁下。
③ [漢]許慎:《説文解字》,104 頁上。
④ 戴衛紅:《長沙走馬樓吴簡所見孫吴時期的倉》,《史學月刊》2014 年第 11 期,94 頁。
⑤ 張曉東:《漢唐漕運與軍事》,338 頁。
⑥ 侯旭東:《長沙走馬樓三國吴簡所見"鄉"與"鄉吏"》,100 頁。

折咸米+數額𠄡時間+某丘+人名+付+倉吏+人名+受”的“受米莂”及與之匹配的格式爲“右+某鄉+船師+人名+(年份)+折咸米+數額”的結計簡。“月旦簿”中也有數量可觀的以“船師+人名+(年份)+折咸米”爲米名的“其”“入”簡。

(一)“受米莂册”中的“折咸米”定損主體

前揭格式的“受米莂”與結計簡以“船師+人名+(年份)+折咸米”爲米名,處於三州倉或州中倉“受米莂册”之中,僅是衆多米名中的一種。因此,在梳理“受米莂册”中的“折咸米”簡時,先按照竹簡整理號將相關“折咸米”簡從整個“受米莂册”中抽離出來,再依據周圍“受米莂”的内容確定“受折咸米莂”所屬倉的情况。梳理如下:

結計簡:

114.・右廣成鄉入船師梅朋建安廿六年折咸米五斛(貳・6960)

115.右平鄉入船師張蓋折咸米八斛　〼(叁・705)

116.〼東鄉入船師張蓋折咸米六斛(叁・2691)

117.・右平鄉入船師張蓋折咸米十四斛二斗(叁・3689)

118.右諸鄉入船師□□、張蓋折咸米一百一十三斛九斗九升四合(叁・3759)

受米莂:

119.入平鄉船師張蓋折咸米十四斛二斗𠄡嘉禾元年九月五日盡丘番池付倉吏谷漢受　中(叁・3710)

以上諸簡皆爲采集簡。簡 114 位於第 21 盆中,周圍竹簡簡文信息雜亂,無法確知其屬於哪一倉。簡 115 位於第 23 盆中,同盆中位置鄰近的“受米莂”皆有殘缺,可供參考的信息有限,不過簡 115 與簡 117 鄉名、米名一致,同屬一倉“莂册”的可能性較高。簡 117 與簡 119 數值一致,簡 117 應是對簡 119 情况的結計,嘉禾元年谷漢爲三州倉倉吏,可知簡 117、119 應屬於“三州倉嘉禾元年九月受米莂册”,簡 115 應也屬於“三州倉受米莂册”,具體時間不清。簡 116 位於第 26 盆中,同盆周圍的“受米莂”皆記爲“付三州倉吏谷漢受”,且接受時間集中在嘉禾元年十月至十二月,可見簡 116 應是“三州倉嘉禾元年十月至十二月受米莂册”中的一枚結計簡。簡 118 位於第 30 盆中,此盆所含竹簡主體爲“三州倉嘉禾元年十月至十二月受米莂册”,簡 118 應也屬於這一莂册。

“受米莂册”中的“船師+人名+(年份)+折咸米”固定爲一種税目名稱,完整簡文記録的情况發生在某丘百姓與倉吏之間。“𠄡”前的鄉名是米税繳納過程中的統計單位,鄉中有勸農掾負責催促百姓按時繳納米税,[1]"受米莂册"中的"折咸米"簡實際上完成了"折咸米"由百姓到倉的輸納,反映了"船師+人名+(年份)+折咸米"作爲一種固定税目徵收的一般流程:某鄉百姓在鄉勸農掾的督責下將"折咸米"交納到州中倉或三州倉。

倉爲儲糧機構,倉與倉之間的轉運任務由船師承擔。將《竹簡》中明確記録船師承擔轉運任務的簡舉例如下:

120.其廿九斛民先入付三州倉吏谷漢,出付船師車刀、趙益,運詣中倉,關邸閣李嵩[2](壹・3021)

121.㊀運三州倉吏谷漢嘉禾元年税米十三斛一斗☰嘉禾三年正月廿九日,船師毛五,關邸閣李嵩付倉吏黄諱、史番慮[3](貳・2713)

簡120所示某一米税先由百姓交付給三州倉倉吏,再由三州倉倉吏出付給船師車刀、趙益,之後由船師運到州中倉。簡121爲州中倉的一枚"受米莂",由船師毛五負責將"三州倉吏谷漢嘉禾元年税米"運送至州中倉。結合兩簡可知:現刊《竹簡》語境下,船師主要負責將三州倉的出米運抵州中倉。我們找到了一組三州倉出付"折咸米"至州中倉的記録:

122.出建安廿六年船師張蓋折咸吴平斛米一百一十斛五斗被縣嘉禾二年四月廿七日(陸・5533)

123.壬子書付大男□□運詣州中倉以其年六月三日關邸閣李[嵩](陸・5551)[4]

---

① 侯旭東先生根據百姓直接將口算錢、財用錢等多種錢直接繳納至縣庫的情况,指出鄉吏并不直接負責徵收錢,其主要發揮督責作用(《長沙走馬樓三國吴簡所見"鄉"與"鄉吏"》,第100頁)。鄧瑋光先生通過梳理"粢租米"的送繳流程,指出各鄉勸農掾要負責催促百姓送繳"粢租米",并編制相關簿書(《走馬樓吴簡粢田簡的復原與研究》,《出土文獻》2020年第1期,124-128、134頁)。凌文超先生注意到了"鄉官里(丘)吏"送繳"品布"的情况,并據此指出孫吴應安排了基層職吏(鄉勸農掾、鄉吏等)參與"品布"的徵繳,此外,凌先生還注意到了"品布入受簿"中存在一人多次納入調布的情况,他認爲這一情况與孫吴政府要求各鄉整匹繳納布有關,進而指出需要繳納布的民户出於節省開支的考慮,若干户聯合起來派遣一人或由勸農掾、歲伍等送繳調布入庫(凌文超:《孫吴嘉禾元年品市布入受簿綜合整理與研究》,中國文化遺産研究院編《出土文獻研究》第17輯,上海:中西書局,2018,347-355頁)。根據侯、鄧兩位先生的研究,可知"鄉吏""勸農掾"在鄉中主要負責督促百姓繳納賦税的工作,凌先生的研究提示鄉勸農掾送繳布匹的情况與官府對布匹的完整性要求有關,具有一定的特殊性。我們通覽《竹簡[壹—玖]》中的"受米莂",未見以"鄉吏""勸農掾""典田掾"等縣吏身份送繳米税至官倉的記録,由此可知,在米税徵納過程中縣吏主要發揮的仍是督責、絞促作用。

② 同類格式簡還有壹・3080、壹・3717。

③ 據其他簡例補釋,同類格式簡還有捌・2797、捌・2825。

④ 簡陸・5533所記"嘉禾二年四月廿七日"核對《魏蜀吴朔閏異同表》(陳垣:《二十史朔閏表》,北京:中華書局,1962,222-226頁)干支紀日應爲"丁巳",簡陸・5551中則記爲"壬子",上述抵牾參見連先用《走馬樓吴簡紀日干支錯亂問題試探》,楊振紅、鄔文玲主編《簡帛研究二〇一六(春夏卷)》,桂林:廣西師範大學出版社,2016,294-308頁。

由此可見,交納至三州倉的"折咸米"還需由船師運抵至州中倉,"月旦簿"中也有"入三州倉運+船師+人名+(年份)+折咸米+數額"的記録。

"船師+人名+(年份)+折咸米"作爲固定税目,産生於三州倉運米至州中倉的過程中。三州倉出米時會編制一份出米記録,州中倉入米時亦會編制一份與之對應的入米記録,參看簡 120–123,[①]兩份記録的數值差額即爲轉運過程中産生的損耗。揆諸常理,船師在運送米糧時應帶有三州倉的出米名細,州中倉倉吏在接收三州倉運米時會核對所收米糧與出米記録是否一致,所以,我們推測"受米莂册"中"折咸米"的定損工作應由州中倉倉吏完成。

(二)"月旦簿"中的"折咸米"備入主體

"月旦簿"爲逐月列出當月内各項米出、入及結餘情況的結計簿書,主體部分爲米名一致的"其""入"簡,遵循"其+入=其"或"其=其"的記賬規則,[②]因此,"月旦簿"中存在許多文本一致的"其"類"折咸米"簡。出於行文方便和提煉更多細節的考慮,我們傾向於利用"月旦簿"中"折咸米"簡之間的差異來挖掘和解釋相關問題。梳理《竹簡[壹—玖]》中符合"月旦簿"格式的"折咸米"簡後,我們發現差異集中在"船師+人名+(年份)+折咸米"前的"X備"上,X 有如下幾種情況:吏、吏民、吏某某、故吏番觀;還有一些"折咸米"簡"船師+人名+(年份)+折咸米"前有"民還"字樣;"年份+折咸米"前通常爲"船師+人名+備"。按照以上差異,各舉一組"月旦簿"簡,出現"其"簡一致的情況,列一簡文本,其餘僅録簡號:

吏備:

124.☐斛二斗一升吏所備船師栂朋、傅忠建安廿六折咸米(貳·7219)

125.☐·其卅四斛一升船師栂朋、傅忠建安廿六年折咸米(貳·7334)

126.·其卅六斛一升吏備船師栂朋、傅忠建安廿六年折咸米(柒·1509)

127.其卌一斛一升吏備船師栂朋、傅忠建安廿六年折咸米(柒·1549)

吏民備:

128.其卌三斛一升吏民備船師栂朋、傅忠建安廿六年折咸米(捌·3162)

① 鄧瑋光:《走馬樓吴簡三州倉出米簡的復原與研究——兼論"横向比較復原法"的可行性》,《文史》2013 年第 1 輯,231–254 頁。

② "月旦簿"相關研究參見王素《長沙吴簡中的"月旦簿"與"四時簿"》,《文物》2010 年第 2 期,63–68、95 頁;鄧瑋光《對三州倉"月旦簿"的復原嘗試——兼論"縱向比較復原法"的可行性》,《文史》2014 年第 2 輯,5–35 頁;鄧瑋光《對中倉黄龍三年十月旦簿的復原嘗試》,樓勁主編《魏晉南北朝史新探索:中國魏晉南北朝史學會第十一届年會暨國際學術研討會論文集》,北京:中國社會科學出版社,2015,645–677 頁;鄧瑋光《對中倉黄龍三年十一月旦簿的復原嘗試》,楊振紅、鄔文玲主編《簡帛研究二〇一五(秋冬卷)》,桂林:廣西師範大學出版社,2015,182–214 頁;侯旭東《湖南長沙走馬樓三國吴簡性質新探——從〈竹簡(肆)〉涉米簿書的復原説起》,59–97 頁。

與簡 128 一致的"其"簡還有:捌·3081、3328、3449,此三簡與簡 128 數值一致,但皆未記"吏民備"。"吏民"爲"吏"與"民"的組合。[①]

吏潘慮備:

129.其六斛三斗吏潘慮備船師黄廉、□春折咸米(肆·4132)

簡肆·4887 與簡 129 一致。

故吏番觀備:

130.☑其五斛八斗故吏番□備船師張蓋☑(貳·4345)

131.其一百五十斛九斗故吏番觀所備船師張蓋建安廿六年折咸米(柒·2078)

簡陸·6053 與 131 一致。[②]

民還:

132.其一斛民還船師梅朋折咸米(叁·4387)

與簡 132 一致的"其"簡還有:叁·4547、7960、7976。[③]

船師梅朋等備:

133.入運三州倉船師梅朋等備建安廿六年折咸米一百一十七斛九斗九升四合[④](叁·1836)

134.·其一百一十七斛九斗九升四合船師梅朋建安廿六年折咸米(貳·6882)

與簡 134 一致的"其"簡還有:叁·1267,玖·4528、4660、5194,[⑤]簡 130、134 數值一致,可知"船師梅朋等備建安廿六年折咸米"中的"備"字在實際記録過程中可省。

① 高敏:《〈吏民田家莂〉所見"餘力田""常限田"等名稱的含義試析——讀長沙走馬樓簡牘札記之三》,《鄭州大學學報(社會科學版)》2000 年第 5 期,101 頁;何立民:《湖南長沙走馬樓三國吳簡複音詞研究》,復旦大學博士學位論文,2012,31 頁。

② 簡陸·6053 與簡 131 數值一致、米名部分一致。

③ 簡叁·7976 需根據其他簡例補釋。

④ 原釋文未釋,據其他簡例補釋。

⑤ 簡叁·1267、玖·5194 需根據其他簡例補釋。

簡 124-134 顯示補齊“折咸米”的主體包括：吏、故吏、民、船師。吏、故吏補齊的是其工作職責内造成的已交“折咸米”損耗；[①]“民還”指百姓歸還借出的“折咸米”，“受米莂册”中的“折咸米”也來自於民；船師承擔一定比例的運輸損耗。[②] 據此，我們認爲一般情況下，船師運輸産生的損耗會按一定比例分配給鄉中百姓和船師承擔，具體比例尚不明晰。“吏備”“故吏備”和“民還”的對象是已交“折咸米”的損耗與出貸。

“月旦簿”中“折咸米”簡的差異還體現在“折咸米”名目的多樣性上。目前可見“擿折咸米”“擿折咸限米”“折咸鹽賈米”“折咸禾准米”四種，以上米名不與船師産生關聯，記録爲“重安倉吏”備“黄龍元年擿折咸米”；“故吏□□”備“黄武□年擿折咸限米”；“郡吏谷游”備“黄龍元(二)年折咸鹽賈米”；“民還所貸”“黄武七年折咸禾准米”。[③] 熊曲先生認爲以上米名體現了“折咸米”與其他性質米一起交納，進而促成了“折咸米”種類的多樣性，其説可從。[④] 備入上述“折咸米”的主體有倉吏、故吏、郡吏、民等。

結語

走馬樓吴簡提示了“折咸米”産生的三種情況：一、主簿、勸農掾將“貧民貸食今餘禾米”交付百姓守録的過程中會産生損耗；二、百姓運送米税的過程中會産生損耗；三、船師轉運三州倉出米至州中倉的過程中會産生損耗。三種情況勾勒出孫吴時期“折咸米”定損、備入的大體流程，圖示如下：

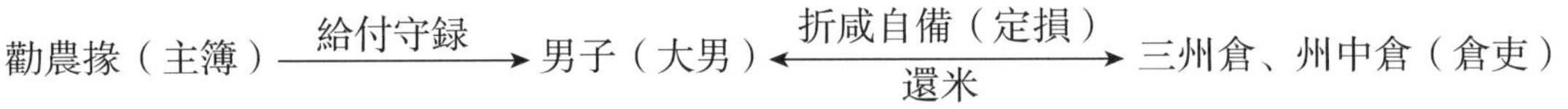

情況 1　“折咸米”定損、備入流程圖

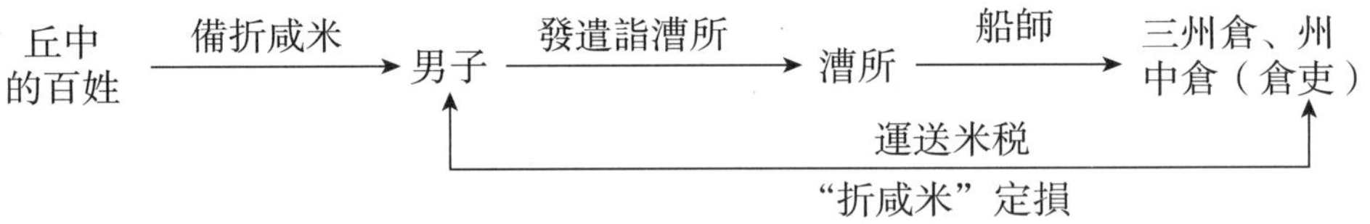

情況 2　“折咸米”定損、備入流程圖

① 熊曲：《吴簡折咸米、漬米、没溺米及相關問題》，223 頁。

② 侯旭東：《吴簡所見“折咸米”補釋——兼論倉米的轉運與吏的職務行爲過失補償》，185-187 頁；熊曲：《吴簡折咸米、漬米、没溺米及相關問題》，225 頁。

③ 擿折咸米：壹·2335；擿折咸限米：柒·2081；折咸鹽賈米：叁·4517、4785、4798、4889、4908、5005、5153、5137、5202、5367、8244；折咸禾准米：叁·4393、4522，肆·4985。

④ 熊曲：《吴簡折咸米、漬米、没溺米及相關問題》，213 頁。

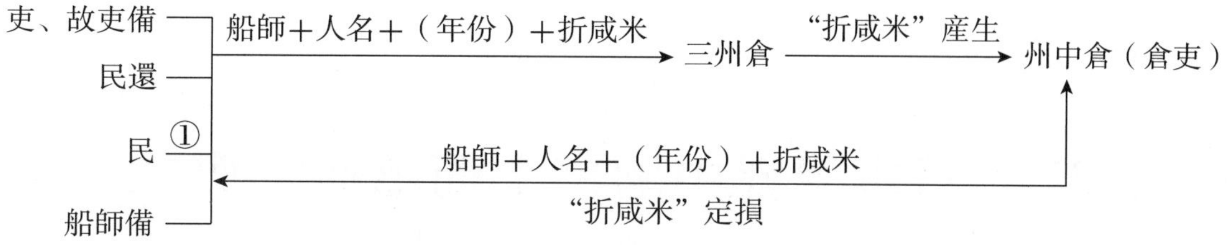

注：①时间＋丘名＋人名＋（關邸閣＋人名）付＋仓吏＋人名＋受

情况 3 "折咸米"定損、備入流程圖

三種情况下"折咸米"的定損主體皆爲官倉倉吏。情况 1 中"折咸米"的備入主體爲守録"貧民貸食今餘禾米"者；情况 2 中"折咸米"的備入主體爲鄉、丘中的百姓；情况 3 中"折咸米"的備入主體包括吏、故吏、民、船師等。

附記 本文是在沈剛師的悉心指導下完成的，匿名審稿專家也給出了很好的建議，亦蒙熊曲先生惠賜大作《〈嘉禾五年貧民貸食米斛數簿〉について》。文章在修改和校訂過程中，還先後得到了連先用師兄和好友李雋瑩的幫助，在此一并致以深深的謝意。

2018—2021 年日本學界中國出土簡牘研究概述

□ 早稻田大學文學研究科 劉德凱

内容提要 2018—2021 年,日本學界對中國出土簡牘的研究涉及楚簡、秦漢簡與魏晉簡牘的文字譯注、律令體系、行政體系、思想史等領域,在簡牘的編聯、古文書反映的時代背景等方面均提出了新觀點。

關鍵詞 日本 楚簡 秦漢簡 魏晉簡 概述

本文是對 2018—2021 年日本學界中國出土簡牘研究史的概述。梳理的對象爲這一期間日本國内出版的原創性論文與專著。所涉出土簡牘主要包括楚簡、秦漢簡、魏晉簡,下文將按照這一區分進行系統整理。涉及的簡牘名稱均使用略稱,如《上海博物館藏戰國楚竹書》按照學界習慣簡稱“上博楚簡”。

一 楚簡

(一) 文本整理

2018 年,福田哲之根據字迹、簡長、簡背字數對清華簡進行分類,其中《芮良夫》《祭公》等 10 篇 A 種文獻,與記載先王言辭的《尚書》性質不同,多爲臣下進諫的内容,認爲在戰國時期,屬於《尚書》類的文獻作爲基礎材料經歷了各種整理。[①] 竹田健二指出此前對清華簡《越公其事》的編排并没有注重簡背劃痕的連續性,重新分析可知,該篇的前半部和後半部的編排,出現遵循“逆次簡册背劃痕”與遵循連續性劃痕并存的現象。原因是在竹簡的編綴過程

① [日]福田哲之:《清華簡の字迹とその關係性:第 1 類 A・B・C 種を中心に》,《中國研究集刊》第 64 號,2018。

中,已有連續性劃痕的簡被上下顛倒等錯誤。① 同年,宫島和也對清華簡《趙簡子》進行了譯注。② 今田裕志對上博楚簡《君子爲禮》進行了翻譯注釋。③

2020年,小寺敦對清華簡《子犯子餘》《晉文公入於晉》進行譯注。④ 李筱婷對清華簡《赤鳩之集湯之屋》進行了譯注。⑤ 柏倉優一對包山楚簡中的文書簡進行了譯注。⑥ 平勢隆郎探討了與其所著《新編史記東周年表》相關的清華簡《繫年》《楚居》。⑦ 2021年,小寺敦對清華簡《越公其事》進行譯注。⑧

(二)古漢語

2018年,宫島和也考察了楚簡"之"與"於"的合音詞"諸"的用法。⑨ 首先根據《尚書·秦誓》序中"秦穆公伐鄭"的相關文字,認爲該詞作爲書面語出現於春秋戰國以後。其次,郭店楚簡、上博楚簡、清華楚簡中雖然出現"諸"的用法,但鑒於楚地出土簡牘未必完全是楚國語言,進一步與楚國内部所造并使用的新蔡簡、包山簡及上博簡典籍類進行比較研究,得出結論認爲這一合音詞并非楚國語言。再次,根據對戰國晚期至統一以後的睡虎地秦簡日書甲種、放馬灘秦簡、北大秦簡《魯久次問數于陳起》、周家臺楚簡、里耶秦簡中"諸"的用法及《詛楚文》等秦國資料,認爲合音詞"諸"的用法不符合秦國語言特徵。最後,根據馬王堆簡帛"諸"的分布特徵和《論語》等反映魯國方言的文獻資料,其認爲相當於"之於"的"諸"本是魯國方言,通過典籍的流傳在楚國與秦國内部具有了書面語色彩。

2019年,中村拓也對清華楚簡《保訓》的文字字形進行考證。⑩ 先行研究根據字迹樣式將清華簡分爲楚系文字、晉系文字、《保訓》篇三類。中村通過比較的方法,將《保訓》篇中的文字與楚系簡帛的字迹相對照,認爲清華簡《保訓》篇中使用的文字形態雖然與楚系文字不同,但屬於戰國晚期楚國通用的字體,且作爲正式字體而存在。同年,新井儀平考證了包山楚簡等戰國簡中大量出現的"㠯"(以)的字形,試圖解釋該字從戰國晚期的"㠯"在秦統一後突變爲"厶人"的原因。⑪ 其認爲一是由於戰國晚期該字在起筆時撇的筆畫變化較大,且該現

① [日]竹田健二:《清華簡〈越公其事〉の竹簡排列と劃痕》,《中國研究集刊》,第64號,2018。
② [日]宫島和也:《清華大學藏戰國竹簡(柒)〈趙簡子〉譯注》,《中國出土資料研究》,第22號,2018。
③ [日]今田裕志:《上博楚簡〈君子爲禮〉譯注》,收入谷中信一編《中國出土資料の多角的研究》,東京:汲古書院,2018,53-78頁。
④ [日]小寺敦:《清華簡〈子犯子餘〉譯注》,《東洋文化研究所紀要》,第177册,2020;[日]小寺敦:《清華簡〈晉文公入於晉〉譯注》,《東洋文化研究所紀要》,第177册,2020。
⑤ 李筱婷:《清華簡〈赤鳩之集湯之屋〉譯注》,《中國出土資料研究》,第24號,2020。
⑥ [日]柏倉優一:《包山文書簡譯注》,《中國出土資料研究》,第25號,2021。
⑦ [日]平勢隆郎:《春秋戰國〈年表〉與其後出土的文獻》,《東洋文化研究所紀要》,第176册,2020。
⑧ [日]小寺敦:《清華簡〈越公其事〉譯注》,《東洋文化研究所紀要》,第178册,2021。
⑨ [日]宫島和也:《試論合音詞"諸"在出土文獻中的分布及其含意》,《東洋文化》,第98號,2018。
⑩ [日]中村拓也:《清華大學藏戰國竹簡〈保訓〉文字字形考》,《大東書道研究》,第26號,2019。
⑪ [日]新井儀平:《包山楚簡文字字形考:戰國に出現した〈㠯〉(以)字"變形の字形"について》,《大東書道研究》,第26號,2019。

象即便在當時也無法以篆書的概念進行説明。二是因爲文字變化過程中書寫潦草所致。谷中信一從清華簡出發探討了《逸周書》的文獻價值。①

2020年，藪敏裕以郭店楚簡、上博楚簡的相關篇章爲中心，梳理了《毛詩》的形成過程。否認《毛詩》《毛傳》《毛序》在先秦以來便存在的説法，認爲戰國時期至漢代經歷了三層對《詩經》的理解過程。② 鳥羽加寿也介紹了安大簡《詩經》，以及此前出土衆多簡牘中《詩經》的相關文字。③ 片倉峻平以清華簡爲對象，考察了文字避複的若干現象及其原因。④

2021年，曹方向以戰國秦漢簡爲綫索，重新考證了傳世《墨子》所載"田野葆士"一語。⑤指出"田野葆士"應該是"田邑葆(寶)玉"的訛誤，指代田土、城邑、珍宝、珠玉。對於安大簡《詩經》，湯淺邦弘認爲與傳世《毛詩》相比存在較多的異文，以及同一章中句次順序上出現齟齬的"異章次"。⑥ 湯淺對異章次進行舉例分析，認爲描寫王朝誕生與歷史的《雅》是按照時間先後排列句子，從而不易顛倒次序。但是作爲古代歌謡的《風》，因其獨特的疊詠形式與句末押韻，同一篇中大致相似的句子在多次抄寫過程中容易出現錯亂。此外，安大簡《騶驖》《揚之水》等篇章可以佐證傳世《毛詩》的錯誤。要而言之，口頭相傳的歌謡在被采集成文字時就已經産生錯誤，更何况後來反覆的傳承與抄寫。重要的是對詩意的把握，即對詩歌主題的解説。安大簡《詩經》所見的異文與異章次，反映了《毛詩》定型以前《詩經》複雜的形成過程，但這些文本上的差異被限制在一定範圍内。

2021年，福田哲之通過對文字風格的分析，認爲清華簡《邦家之政》的書法與晉系文字吻合，也帶有楚系文字的特徵，書寫者應該是在楚國的晉人。⑦

(三)思想與行政

今田裕志根據上博楚簡《君子爲禮》的文字考釋，對簡文反映的思想史進行了研究。⑧通過與傳世文獻及楚地簡牘資料的比較，探討該文獻中對仁、禮、義等德行的認識，以及這些德行之間的關係。得出如下結論：一是與傳世《論語》中"賢哉回也"的形象相對立，上博楚簡中顔淵對孔子的主張比較消極。其次，傳世《論語》中最重視仁，而上博簡文中認爲仁并没有單獨的作用，衹是德行之一而已。這與《荀子》《禮記》及郭店楚簡《六德》篇相同。究其原因，或因上博楚簡《君子爲禮》的作者受到道家等思想影響，借顔淵的形象表達了對仁者至上這一主張的困惑。末永高康結合郭店楚簡《緇衣》篇，對《禮記》中的《坊記》篇體現的先秦禮

① [日]谷中信一:《清華簡からみた〈逸周書〉の文獻價値の檢討》,《中國出土資料研究》,第23號,2019。
② [日]藪敏裕:《〈毛詩〉の文獻學的研究:出土文獻との比較を中心に》,東京:汲古書院,2020。
③ [日]鳥羽加寿也:《安大簡〈詩經〉を讀むために:〈詩經〉關連文献提要(一)》,《中國研究集刊》,第66號,2020。
④ [日]片倉峻平:《清華簡を中心とした楚簡の用字避複についての考察》,《中國出土資料研究》,第24號,2020。
⑤ 曹方向:《〈墨子〉"田野葆士"の再解釋:戰國秦漢簡を手がかりに》,《中國研究集刊》,第67卷,2021。
⑥ [日]湯淺邦弘:《〈詩經〉形成史における安徽大學藏戰國竹簡の意義》,《中國研究集刊》,第67號,2021。
⑦ [日]福田哲之:《戰國竹書の用字・書法と書寫者:清華簡〈邦家之政〉を中心として》,《中國研究集刊》,第67號,2021。
⑧ [日]今田裕志:《上博楚簡〈君子爲禮〉における德目の分化》,《東洋文化》,第98號,2018。

學思想進行了初步分析。①

谷中信一着眼於“牧萬民”的語句,對清華簡《命訓》叙述的政治思想及其成立進行了考察,認爲其著作年代不早於傳世文獻《逸周書》命訓篇。② 清華簡《命訓》反映了戰國時期齊地管子學派的思想内容,以“恥”字代替齊地方言“醜”則説明該簡文不是齊地的抄寫本,而是以楚文字重新抄寫的從齊地傳來的文獻。另外,谷中信一對清華簡《管仲》進行譯注的基礎上,根據文本的構成及措辭,認爲成書地應該是楚國。③ 而且該篇不是《管子》的佚篇,而是作者假托桓公管仲的故事表達自己的君主觀念。

小寺敦對清華簡《鄭武夫人規孺子》的成書年代、所載故事的屬性及楚國的歷史認知等問題提出了新的認識。④ 其一,根據措辭用語,推斷該簡文的成篇年代爲戰國,而非春秋前期。其二,該簡係在楚地編纂或修改的中原地域文獻。其三,簡文所載武公、莊公時期的鄭國率先從西周末年的混亂中安定下來,這種歷史觀與傳世《左傳》《史記》等記載相齟齬。反映了楚國接受外來文獻時,在與中原地域共通的歷史認知上進行取捨選擇,構築了自己的歷史觀。

海老根量介以九店楚簡爲對象,探討了戰國時期楚國《日書》的使用。⑤ 其認爲秦國的《日書》使用者多是下層官吏,而楚國則爲處理國家事務層面的貴族與高官。出土簡牘的九店56號墓的墓主是專門從事軍務的下級官吏,而非從前所認爲的占卜者,且隨葬的《日書》應爲墓主自己所作。究其背景,隨着官僚制的進展與文書行政的滲透,戰國中期楚國的下級官吏受到上層貴族的濡染也開始使用《日書》,不僅占卜職務相關的事情,還占卜日常生活。西信康對郭店楚簡《太一生水》篇反映的稱謂、存在、處世等哲學思想做了基礎的整理。⑥ 草野友子以《詩》的引用爲中心,考察了清華簡《周馴》的思想史。⑦

2019年,草野友子對清華簡《封許之命》進行釋讀,提出西周時期的册命區别使用“易(賜)”“贈”二字,其背後或包含某種意圖。⑧

2020年,菊池孝太朗根據基於上博楚簡《凡物流形》篇對楚國的鬼神信仰進行了考察。認爲上博楚簡《鬼神之明》《凡物流形》二篇,反映了“無鬼”思想與顯著的地域性,即楚地的

---

① [日]末永高康:《坊記禮説攷》,收入谷中信一編《中國出土資料の多角的研究》,397-429頁。
② [日]谷中信一:《清華簡〈命訓〉の思想と成立について》,《東洋文化》,第98號,2018。
③ [日]谷中信一:《清華簡(六)〈管仲〉譯注並びに論考》,收入谷中信一編《中國出土資料の多角的研究》,239-279頁。
④ [日]小寺敦:《清華簡〈鄭武夫人規孺子〉の謙虚な君主像について》,收入谷中信一編《中國出土資料の多角的研究》,207-237頁;小寺敦:《清華簡〈鄭武夫人規孺子〉に關する初步的考察》,《東洋文化》,第98號,2018。
⑤ [日]海老根量介:《戰國期楚における〈日書〉の利用について》,《東洋文化》,第98號,2018。
⑥ [日]西信康:《稱謂・存在・處世:郭店楚簡〈太一生水〉下篇に關する覺え書き》,《中國哲學》,第45、46號,2018。
⑦ [日]草野友子:《北大漢簡〈周馴〉の思想史的研究:〈詩〉の引用を中心に》,《漢字學研究》,第6號,2018。
⑧ [日]草野友子:《清華簡〈封許之命〉の基礎的檢討》,《待兼山論叢(哲學篇)》,第53號,2019。

鬼神信仰存在既用且疑的兩面性。[①] 六車楓以清華簡爲對象，認爲記述時令説與擇日禁忌的《行稱》，與作爲處方集的《病方》出現於同一册，反映了西漢之前專門性的各類書籍處於尚未細分化的狀態。[②] 柏倉優一以包山楚簡爲中心，認爲此前學界關於楚國縣制的觀點有誤。戰國中期的楚國，縣有着較大的裁量權，但官制構造與權力結構較爲混亂，且具有地域性差異。春秋戰國時代楚國縣制的發展，也并非單純的中央集權化。[③] 熊奕淞對上博楚簡《凡物流形》篇中道家思想的生成論進行了考察，通過與今本《老子》的對比分析，討論了"無爲"的思想特徵。[④]

二　秦漢簡

（一）文本整理

在出土秦漢簡牘的譯注方面，2017 以來，"秦代出土文字史料の研究"班在《東方學報》上持續發表了對嶽麓書院秦簡《秦律令（壹）》的翻譯注釋。[⑤] 石井真美子等固定成員以《學林》爲平臺，2015-2018 年間不斷公開了對《銀雀山漢簡（貳）》的釋讀成果。[⑥] 工藤元男、池田敦志等對睡虎地秦簡《秦律十八種》《效律》《秦律雜抄》進行了譯注。[⑦]

2018 年，石井真美子對銀雀山漢簡《地典》等篇目做了譯注。[⑧] 小林文治對嶽麓書院秦簡《秦律令（壹）》的徭律進行了翻譯注釋。[⑨] 池澤優對北大秦簡《泰原有死者》進行考釋。[⑩] 在文本内容的屬性方面認爲該篇與放馬灘秦簡《丹》相同，是借死而復生之人的口述傳授祭祀死者的方法，反映了戰國末期的死生觀與祭祀。羅濤對北大漢簡《妄稽》篇進行了大量補釋，并對部分簡的編排次序予以調整，指出北大簡牘的每條劃痕大致包括 8 支簡。[⑪] 福田哲之以簡背劃痕的數據爲綫索，對北大漢簡《蒼頡篇》的編聯方式進行復原。[⑫] 爲了避免衹依

---

① ［日］菊池孝太朗：《上博楚簡〈凡物流形〉における"鬼神"》，《待兼山論叢（史學篇）》，第 54 號，2020；菊池孝太朗：《中國古代の楚地における鬼神觀の考察：上博楚簡〈鬼神之明〉〈凡物流形〉を手かかりにして》，《中國研究集刊》，第 66 號，2020。

② ［日］六車楓：《清華簡〈行稱〉〈病方〉から見る術数と方技の關係》，《中國研究集刊》，第 67 號，2021。

③ ［日］柏倉優一：《包山文書簡よりみる戰國中期楚國の縣制》，《中國出土資料研究》，第 24 號，2020。

④ 熊奕淞：《〈凡物流形〉における"一"の思想—"無爲"の根據として—》，《中國出土資料研究》，第 24 號，2020。

⑤ "秦代出土文字史料の研究"班：《嶽麓書院所藏簡〈秦律令（壹）〉譯注稿　その（一）》，《東方學報》，第 92 卷，2020；"秦代出土文字史料の研究"班：《嶽麓書院所藏簡〈秦律令（壹）〉譯注稿　その（二）》，《東方學報》，第 93 卷，2018；"秦代出土文字史料の研究"班：《嶽麓書院所藏簡〈秦律令（壹）〉譯注稿　その（三）》，《東方學報》，第 95 卷，2020；"秦代出土文字史料の研究"班：《嶽麓書院所藏簡〈秦律令（壹）〉譯注稿　その（四）》，《東方學報》，第 96 卷，2021。

⑥ ［日］石井真美子等：《〈銀雀山漢墓竹簡（貳）〉譯注（8）》，《學林》，第 67 號，2018。

⑦ ［日］工藤元男編：《睡虎地秦簡譯注：秦律十八種・效律・秦律雜抄》，東京：汲古書院，2018。

⑧ ［日］石井真美子：《銀雀山漢墓竹簡〈地典〉譯注補》，《學林》，第 67 號，2018。

⑨ ［日］小林文治：《嶽麓書院藏秦簡〈秦律令（壹）〉徭律譯注（1）》，《史滴》，第 40 號，2018。

⑩ ［日］池澤優：《北京大學藏秦牘〈泰原有死者〉考釋》，收入谷中信一編《中國出土資料の多角的研究》，281-309 頁。

⑪ 羅濤：《北大簡〈妄稽〉篇補釋及編聯問題》，《東洋文化》，第 98 號，2018。

⑫ ［日］福田哲之：《北京大學藏漢簡〈蒼頡篇〉の綴連復原》，《漢字學研究》，第 6 號，2018。

靠劃痕編聯所帶來的危險性,提出該簡復原的兩個指標,一是章内簡序與押韻位置之間的關係,二是根據字義的關聯性判斷編聯的妥當性。名和敏光對北大漢簡《揕輿》和馬王堆帛書《陰陽五行(甲篇)》中的《堪輿》《堪輿煞神表》進行對比研究。討論了前者的構造與編聯,對後者進行了圖版的復原、整理、釋文修正等工作。① 秋山陽一郎參考馬王堆漢墓等出土簡牘所見古文書版本,對劉向校正版《戰國策》進行了文獻學考察。②

2019年,楯身智志對嶽麓書院秦簡《秦律令(壹)》的尉卒律進行譯注。③ 2020年,户内俊介認爲海昏侯墓出土木牘《論語》與今本《論語》的原本不同。④ 陶安對嶽麓書院秦簡《爲獄等狀四種》第二類卷册的兩個案例進行注釋。參考反印文、揭取位置、簡背劃痕、簡文等,認爲竹簡編聯的復原衹能以簡文爲主、簡背劃痕爲輔。⑤ 草野友子對北大秦簡《教女》進行譯注。⑥

(二)古漢語

2019年,福田哲之對甘肅水泉子漢簡七言本《蒼頡篇》的成書背景、句式與押韻等方面進行了考證。⑦ 其認爲水泉子漢簡七言本《蒼頡篇》與《漢書・藝文志》所載"蒼頡傳一篇"具有相同樣式,是彼時對《蒼頡篇》的注釋。

2020年,横田恭三對嶽麓簡各篇的字體風格進行歸納總結,認爲不同篇目的簡文風格差異較大,與睡虎地秦簡相似,存在不同的抄寫者。⑧

2021年,福田哲之以2019年劉桓先生整理公布的漢牘《蒼頡篇》爲對象,與北大漢簡《蒼頡篇》進行比較研究。關於《蒼頡》《爰歷》《博學》三篇的押韻字提出假説,并對假説所導致的種種齟齬一一解釋。⑨ 此外,畑野吉則、新井儀平等對里耶秦簡出現的行書與草書現象進行了探討。⑩ 井田明宏對長沙五一廣場簡反映的東漢中期文字書寫風格進行了研究。⑪

---

① [日]名和敏光:《北京大學漢簡〈揕輿〉と馬王堆帛書〈陰陽五行〉甲篇〈堪輿〉の對比研究》,收入谷中信一編《中國出土資料の多角的研究》,281-309頁。

② [日]秋山陽一郎:《劉向本戰國策の文獻學的研究:二劉校書研究序説》,京都:朋友書店,2018。

③ [日]楯身智志:《嶽麓書院藏秦簡〈秦律令(壹)〉尉卒律譯注(1)》,《史滴》,第41號,2019。

④ [日]户内俊介:《海昏侯墓出土木牘〈論語〉初探》,《中國出土資料研究》,第24號,2020。

⑤ [德]陶安:《嶽麓書院秦簡〈爲獄等狀四種〉第三類、第四類卷册釋文、注釋及編聯商榷》,《中國出土資料研究》,第23號,2019;[德]陶安:《嶽麓書院秦簡〈爲獄等狀四種〉第二類卷册案例十二和十三釋文、注釋及編聯商榷》,《中國出土資料研究》,第24號,2020。

⑥ [日]草野友子:《北京大學藏秦簡牘〈教女〉譯注》,《學林》,第70號,2020。

⑦ [日]福田哲之:《水泉子漢簡七言本〈蒼頡篇〉再考:七言本成立の背景》,《中國研究集刊》,第65卷,2019。

⑧ [日]横田恭三:《嶽麓書院藏秦簡の形式とその書風》,《跡見學園女子大學文學部紀要》,第55號,2020。

⑨ [日]福田哲之:《〈蒼頡篇〉の押韻と章序》,《島根大學教育學部紀要》,第54號,2021。

⑩ [日]畑野吉則:《里耶秦簡にみえる行書空間》,《東アジア文化交渉研究》,第11號,2018;[日]新井儀平:《秦始皇帝時期に通行の草書的文字:里耶秦簡でわかった新事実》,《大東書道研究》,第27號,2020;[日]新井儀平:《秦始皇帝時期の草書的文字(2):里耶秦簡に出現した"草書化現象"》,《大東書道研究》,第28卷,2021。

⑪ [日]井田明宏:《後漢時代中期の新書風について:長沙五一廣場後漢簡牘に注目して》,《書藝術研究》,第11號,2018。

（三）法律與軍事

2018年，宫宅潔、陳偉、紀安諾、鷹取祐司、佐藤達郎等人，關於秦漢時期的"庫"、西北邊境防備郡的社會構造、長城戍卒的警備體制、軍事動員等軍事制度問題進行了探討。其中宫宅潔通過對里耶秦簡中穀物支給簡以及嶽麓書院秦簡的分析，認爲秦軍士兵是糧食自備或官方貸糧，而非居延漢簡、敦煌漢簡所見的由官方支給。宫宅潔援引各種秦簡，叙述秦在統一過程中的軍事、政治及法律制度。① 永田英正以居延漢簡與尹灣漢簡等爲對象，分析了漢代的邊境防備以及簿籍制度。②

2020年，高村武幸以公布的《長沙五一廣場東漢簡牘（壹）（貳）》約8000枚簡牘爲中心進行分析，認爲其性質主要是臨湘縣廷的左右賊曹或辭曹處理的上行文書。因簡牘未見秦代以降負責縣廷實務部門的官嗇夫、官有秩，所以提出兩種可能：一是左右賊曹的文書太多，不能據此窺測東漢中期縣廷行政全貌；二是掾史的職能取代了官嗇夫、官有秩。③

簡牘所見秦漢律令的研究較多，主要有水間大輔、楯身智志、鷹取祐司等。水間大輔在2019-2021年間，考察了秦漢律令所載不孝罪的具體行爲、案例與社會背景。④ 作爲不孝之罪成立的先決條件，是父母的告發或父母死後第三者的告發。⑤ 除了不孝之罪，還對"不敬""大不敬""惑衆"等罪名進行了考證。⑥ 認爲不敬之罪的定義與裁決與社會環境中的"禮"密切相關，"大不敬"可以處以"棄市"的刑罰，且根據客觀影響有以"不道"的名義治罪的可能。以嶽麓書院秦簡《秦律令》爲中心，水間大輔還分析了犯罪者父母的通報義務，考察了國家權力對家庭内部事務干涉的現象與背景。⑦

宫宅潔以《嶽麓書院秦簡（肆）》爲依據，分析了秦代徭役與兵役的種類、徵發的手續、服役日數的管理方法。認爲秦代規定每年有30日服徭役的義務，并且徭役管理的長期化與兵役化意味着中央集權的强化。漢初，以"踐更"的方式繼續推行徭役的兵役化，原原本本地繼

---

① ［日］宫宅潔編：《多民族社會の軍事統治：出土史料が語る中國古代》，京都大學學術出版會，2018；宫宅潔：《征服から占領統治へ里耶秦簡に見える穀物支給と駐屯軍》，收入宫宅潔編《多民族社會の軍事統治：出土史料が語る中國古代》，51-85頁；宫宅潔：《"中華帝國"の誕生》，收入南川高志編《B.C.220年帝國と世界史の誕生》，東京：山川出版社，2018，208-263頁。

② ［日］永田英正：《漢代史研究》，東京：汲古書院，2018。

③ ［日］高村武幸：《長沙五一廣場後漢簡牘の概觀》，收入伊藤敏雄、關尾史郎編《後漢・魏晉簡牘の世界》，東京：汲古書院，2020，119-144頁。

④ ［日］水間大輔：《秦漢律令において「不孝」とされる行爲》，《史滴》，第42號，2020。

⑤ ［日］水間大輔：《秦漢律における不孝罪の成立要件と父母の「告」》，《中央學院大學法學論叢》，第33卷第1號，2019。

⑥ ［日］水間大輔：《漢律令「大不敬」考》，《中央學院大學法學論叢》，第33卷第2號，2020；水間大輔：《漢律令「不敬」考》，《中央學院大學法學論叢》，第34卷第1號，2020；水間大輔：《嶽麓書院藏秦簡〈秦律令（貳）〉第二〇八簡と不孝罪》，《中央學院大學法學論叢》，第34卷第1號，2020；水間大輔：《漢律令における「惑衆」の成立要件》，《中央學院大學法學論叢》，第34卷第2號，2021。

⑦ ［日］水間大輔：《秦律令における犯罪と父母の通報義務—嶽麓書院藏秦簡〈秦律令〉より見た—》，《中央學院大學法學論叢》，第35卷第1號，2021。

承了秦代的徭役兵役制度。[①] 小林文治根據嶽麓書院秦簡《爲獄等狀四種》《奔敬(警)律》等篇章,對秦代捕捉盗賊的體制進行了探討。[②] 楯身智志以嶽麓書院秦簡《秦律令(壹)》尉卒律爲綫索,與既往研究的視點放在地方行政體系上不同,考察了律令條文形成的過程。[③]

鷹取祐司在2019-2020年間,基於對肩水金關出土通關名籍的考釋,復原了通行證的製作與申請手續。通過對通關名籍進行統計分析,可以得知有往返通關日期的紀録不足一成,甚至也存在去程都没有製作通關名籍的情况。通過金關的内地人大多爲河南郡出身者,或爲商隊。主要負責向居延輸送物資的并非居延本地人,而是張掖郡及酒泉郡人,也有洛陽及滎陽等河南郡人。通關檢查的目的,在於確認出關者是否確實歸還以及是否有違禁物帶出。[④] 2021年,鷹取祐司通過出土簡牘考證了漢代的兵役制度。[⑤] 在最近幾年,漢代肩水金關等遺址出土符傳的研究也較爲突出,例如莊卓燐對漢代的符節與通關制度進行了系統論述。[⑥]

(四)社會與行政

2018年,草野友子基於北大漢簡《周馴》篇引用的《詩經》,對其反映的思想傾向進行分析。[⑦] 草野認爲該篇或非《漢書・藝文志》所載的作爲黄老文獻的《周馴》,且援引詩經故事的特點與戰國西漢初年的行文風格相近,治國與爲君的思想主張更接近魯詩。末永高康圍繞放馬灘秦簡《日書》乙種"入八月四日己丑旦心"條進行考察,認爲"八月四日"當爲"八月五日"的誤記,該簡反映的星宿與擇日術系統和睡虎地秦簡《日書》相同。[⑧] 湯淺邦弘根據對北大漢簡《陰陽家言》、銀雀山漢簡《陰陽時令・占候之類》的分析,認爲這兩篇的撰寫年代是西漢初期,在《吕氏春秋・十二紀》篇成立之後。該時令説雖然被五行學説爲基礎的時令

① [日]宫宅潔:《秦代徵兵制度研究の現在—基本資料の解釋をめぐって—》,《歷史と地理》,第716卷,2018;[日]宫宅潔:《秦代徭役・兵役制度の再檢討》,《東方學報》,第94册,2019。

② [日]小林文治:《秦における盜賊捕縛と民の臨時徵發》,收入工藤元男先生退休記念論集編集委員會編《中國古代の法・政・俗》,東京:汲古書院,2019,147-174頁。

③ [日]楯身智志:《秦・漢律の条文形成過程に關する一考察—嶽麓書院藏秦簡〈秦律令(壹)〉尉卒律を手がかりに—》,《教育と研究》,第38號,2020。

④ [日]鷹取祐司:《漢代の民用通行證と通關名籍:肩水金關遺址出土通關名籍分析のための予備作業》,《立命館文學》,第664號,2019;鷹取祐司:《肩水金關を通った民とその檢察:漢代肩水金關遺址出土通關名籍の分析から》,《立命館文學》,第668號,2020。

⑤ [日]鷹取祐司:《漢代兵役考證》,《立命館東洋史學》,第44號,2021。

⑥ 莊卓燐:《符の政治的意義:專制權力と交通との關係に就いての考察》,《學習院史學(高埜利彦先生退任記念號)》,第56號,2018;莊卓燐:《出土文物から見る符節の實態:通關機能を持つ虎符と竹使符》,《東洋文化研究》,第21號,2019;莊卓燐:《扞關によって連結された秦漢帝國の南方交通:漢越外交に介在する符の役割》,《人文》,第17號,2019;莊卓燐:《漢初における符の下賜》,《史學雜誌》,第128卷第2號,2019。

⑦ [日]草野友子:《北大漢簡"周馴"の思想史的研究:"詩"の引用を中心に》,《漢字學研究》,第6號,2018。

⑧ [日]末永高康:《天水放馬灘秦簡〈日書〉乙種"入八月四日己丑旦心"をめぐる一考察》,《中國研究集刊》,第64卷,2018。

説所代替,但其思想傾向或被董仲舒災異説所繼承。[①] 廣瀨薰雄對老官山漢簡《敝昔診法》《逆順五色脈藏驗精神》記述的平脈與損至脈論,即依據脈搏跳動次數進行診斷疾病的文字進行譯注。[②] 推斷《逆順五色脈藏驗精神》是扁鵲學派中成書最早的,其次《敝昔診法》成書晚於前者,約在西漢前中期。椛島雅弘以銀雀山漢墓竹簡《天地八風五行客主五音之居》爲中心,探討了八風理論及其變遷。[③]

2019年,石井真美子對銀雀山漢簡《將義》篇所載内容進行分析,歸納了爲將之道的基本要求。[④] 2020年,飯田祥子詳細介紹了五一廣場東漢簡牘,并以編號爲2010CWJ1③:260-4的木牘所載内容爲對象,簡述了東漢中期普通人的交際、結婚、火葬等社會習俗。[⑤] 池内早紀子等對里耶秦簡医方中使用的"菌桂"這一藥物進行了考察,是近年來日本學界爲數不多的中醫研究文章。[⑥]

2020年,多田麻希子以秦漢簡牘爲基本材料,通過家庭這一視角考察秦及西漢前期的鄉里社會。認爲該時期家庭的存在形態,有作爲居住單位的"室""户",以及作爲經濟單位的"同居"。其中"同居"是後來豪族形成的先聲,兼有地緣與血緣關係的二重性。鄉里社會内部的各種共同體關係,與國家支配體制的變化緊密相關。[⑦] 李周炫以秦漢簡牘爲中心,探討了秦代、西漢、東漢各個時期國家所利用的運送體制以及被傭用的人。秦代輸送兵器物資時優先利用徒隸,徒隸不足時徵發徭役。漢文帝時期,國家減少徒隸,開始將官方物資部分委托給民間。例如在河西地區,當地的僦人、僦家、貲家被國家傭用,定期運送物資,并受到政府管理。東漢時期國家利用民間運送業,并對從業者不直接管理。[⑧] 關尾史郎認爲西漢時期私用的名刺,東漢以後被稱作畫刺,書寫格式也基本定型。魏晉時期記載墓主身份信息的明器簡,是從爵里刺直接發展而來,與墓誌的作用相似。[⑨] 渡邉英幸根據傳世文獻與出土文字

---

① [日]湯淺邦弘:《時令説の展開:北京大學竹簡"陰陽家言"、銀雀山漢墓竹簡〈陰陽時令・占候之類〉を中心として》,《漢字學研究》,第6號,2018。

② [日]廣瀨薰雄:《老官山漢簡醫書に見える診損至脈論について》,收入谷中信一編《中國出土資料の多角的研究》,431-461頁。

③ [日]椛島雅弘:《銀雀山漢墓竹簡〈天地八風五行客主五音之居〉における八風理論とその變遷—客主觀を中心として—》,《中國出土資料研究》,第22號,2018。

④ [日]石井真美子:《銀雀山漢簡〈將義〉篇に見る將の要件》,《立命館文學(芳村弘道教授退職記念論集)》,第664號,2019。

⑤ [日]飯田祥子:《長沙五一廣場東漢簡牘(壹)(貳):後二世紀初、中國長沙における火葬事例の紹介を兼ねて》,《龍谷史壇》,第150號,2020。

⑥ [日]池内早紀子等:《里耶秦簡の医方で用いられる藥物の一考察:菌桂を中心として》,《人文學論集》,第38集,2020。

⑦ [日]多田麻希子:《秦漢時代の家族と國家》,東京:專修大學出版局,2020。

⑧ [韓]李周炫:《漢簡からみた國家の物資輸送と雇用勞働》,收入伊藤敏雄、關尾史郎編《後漢・魏晉簡牘の世界》,239-261頁。

⑨ [日]關尾史郎:《名刺簡をめぐる諸問題》,收入伊藤敏雄、關尾史郎編《後漢・魏晉簡牘の世界》,239-261頁。

資料，試圖把握統一之前，秦在不同階段的自我認識與他者認識。[①] 通過對睡虎地秦簡、里耶秦簡的分析，認爲公元前4世紀中葉以後，秦在短時間内完成了以文書行政爲特徵的地方行政組織的構建。[②] 此外，2017-2019年間，從邊境的法律體系、戍卒體系、物資供應、行政文書等視角看秦漢帝國的論文大量涌現。[③] 張琦對里耶秦簡的題署格式與作用進行了考察，明確了縣廷文書工作中令史與列曹的關係。[④]

2021年，飯田祥子着眼於五一廣場東漢簡牘的19例文書樣式與形態，把握該時期上行文書的類型、格式、措辭、文書的收發等基本信息。[⑤] 佐藤達郎對於漢代的官吏的"教"進行整理，并將此前的諸多研究成果以著作形式一同出版。[⑥] 角谷常子以長沙五一廣場東漢簡牘中的"君教簡、牘"爲對象，宏觀地考察了東漢中期行政文書所反映的政務處理過程，及該過程中曹史、丞、掾等與屬吏之間的關係。[⑦] 此外，角谷還將五一廣場東漢簡牘"君教簡、牘"與居延漢簡、走馬樓吴簡中的"君教簡、牘"進行了比較研究。宫宅潔以湖北睡虎地11號秦墓的墓主"喜"的一生作爲主綫，依托於各種秦漢簡牘，詳細介紹了彼時的占卜、户籍制度、家族制度、鄉里制度、教育制度、地方行政與司法制度、婚姻制度、軍事制度、醫療與送葬習俗。[⑧]

三 魏晉簡

2019年，阿部幸信爲釐清布的課賦、徵收過程，以走馬樓吴簡"入布簡"布簿的内容和作成手續爲對象，考察了布市中對布的調配與課賦。[⑨] 對"市布"和"調布"的本質進一步做出推測，即是政府進行廣域的物流調整，抑或是僅在今長沙地區實行的小範圍課賦。門田誠一結合史書與走馬樓吴簡對"生口"（即異族俘虜）的記載，考證了漢代至三國時期"生口"的社會與經濟意義的變化。[⑩] 伊藤敏雄對比分析郴州晉簡與《晉書》中的五條詔書内容，認爲郴州晉簡沿襲了晉武帝泰始四年（268）所公布五條詔書的形式，反映了該時期中央政權敕戒郡

① ［日］渡邉英幸：《秦の自己意識と他者認識》，收入籾山明、ロータール・フォン・ファルケンハウゼン編《秦帝國の誕生：古代史研究のクロスロード》，東京：六一書房，2020，1-47頁。

② ［日］高村武幸：《文書行政のはじまり》，收入籾山明、ロータール・フォン・ファルケンハウゼン編《秦帝國の誕生：古代史研究のクロスロード》，69-86頁。

③ ［日］高村武幸編：《周縁領域からみた秦漢帝國》，東京：六一書房，2017；高村武幸、廣瀬薫雄、渡邉英幸編：《周縁領域からみた秦漢帝國2》，東京：六一書房，2019。

④ 張琦：《里耶秦簡題署攷略》，《中國出土資料研究》，第24號，2020。

⑤ ［日］飯田祥子：《五一廣場東漢簡牘の上行文書に關する基礎的整理》，《龍谷史壇》，第151、152號，2021。

⑥ ［日］佐藤達郎：《漢代の教について》，《漢六朝時代の制度と文化・社會》，京都大學學術出版會，2021。

⑦ ［日］角谷常子：《長沙五一廣場出土の君教簡、牘》，《奈良史學（寺崎保廣教授退職記念號）》，第38號，2021。

⑧ ［日］宫宅潔：《ある地方官吏の生涯：木簡が語る中國古代人の日常生活》，京都：臨川書店，2021。

⑨ ［日］阿部幸信：《長沙呉簡にみえる「市布」について》，《中央大學文學部紀要（史學）》，第64號，2019。

⑩ ［日］門田誠一：《魏志倭人傳にみえる生口の檢討》，《歷史學部論集（原田敬一先生退職記念號）》，第9號，2019。

國的定制。[①]

2020年,伊藤敏雄以"關、省""白""言"爲切入點,對比研究了樓蘭魏晉簡牘與走馬樓吴簡中行政文書的格式。[②] 一是樓蘭魏晉簡牘與走馬樓吴簡穀物納入簡中的"關"意思相同,爲報告之意。主簿是功曹的屬吏,有義務向上級報告。"省"是主簿自己調查核實之後簽發的,功曹是責任人,簽名後逐級上報。二是作爲上行文書,樓蘭魏晉簡牘未發現"敢言之"簡牘,而以"白""言"文書簡和干支發信日爲特徵。走馬樓吴簡至少出現27回生口買賣的記載,生口的所有者有私人和官府,且生口與奴婢在價格和用處上均有不同。針對《魏志》倭人傳中曹魏向邪馬臺國傳送檄的記載,門田誠一基於傳世文獻記載與居延漢簡中的檄,分析三國時期曹魏發檄文的作用與意義。[③]

町田隆吉整理了甘肅臨澤縣黄家灣23號西晉墓出土的《案册》全貌,并進行釋讀。復原《案册》中孫氏一族的譜系,以及族内原告被告的訴訟流程與相關文書。此外,還對孫氏一族的耕田、塢舍的歸屬、繼承、買賣做了相應考察。町田認爲:黄家灣23號墓的墓主爲孫氏一族的宗長孫丞,因擔心族内原告孫香與被告孫發死後在冥界起訴自己,所以特地把寫有現世訴訟經過的《案册》一并隨葬。[④] 伊藤敏雄將樓蘭魏晉簡分爲單獨簡與編綴簡兩大類。根據單獨簡的形狀,細分爲封檢、表示札(簽牌)、木牘(較寬的長方形木板,可單獨使用)、券、木簡、杮(剥離後被削掉的木屑)。編綴簡按材質分爲木簡、竹簡。其中木簡按文字内容細分爲公文書、簿籍。竹簡僅有2枚。樓蘭魏晉簡中的券,雖然與走馬樓吴簡的穀物納入簡書寫格式類似,但是背面功曹史、主簿、録事掾的確認署名較多。作者推測因爲樓蘭是氣候惡劣的邊境,所以對於穀物與絹製品格外重視。[⑤] 永田拓治重新整理了南京秦淮河南岸船板巷工地以及大光路薛秋墓出土的孫吴、西晉簡牘,分爲木簡、名刺、門符與封檢。認爲孫吴以降,航運急速發展,因而彼時作爲建業宫、西州城防衛據點以及物資轉運的秦淮河南岸,使用了各種木簡。[⑥]

2020年,關於走馬樓吴簡有較多論述。安部聰一郎梳理臨湘縣的地理環境以及周邊地名,認爲走馬樓吴簡所見"劉口""漻口"應該是指瀏陽河河口、"度卒"爲"渡卒",即負責操

---

① [日]伊藤敏雄:《西晉五条詔書等の傳達・頒布をめぐって》,收入角谷常子編《古代東アジアの文字文化と社會》,京都:臨川書店,2019,226-241頁。

② [日]伊藤敏雄:《樓蘭魏晉簡中の"關、省""白""言"文書簡について—長沙呉簡等の書式との比較を中心に—》,《歷史研究》,第57號,2020。

③ [日]門田誠一:《魏志倭人傳にみえる檄:文献と漢簡からの考察》,《歷史學部論集》,第10號,2020。

④ [日]町田隆吉:《甘肅・臨澤出土の西晉簡をめぐって—訴訟關係文書と"塢"・"塢舍"の理解を中心に—》,收入伊藤敏雄、關尾史郎編《後漢・魏晉簡牘の世界》,205-237頁。

⑤ [日]伊藤敏雄:《樓蘭魏晉簡の再檢討—樓蘭魏晉簡の分類と券の書式を中心に—》,收入伊藤敏雄、關尾史郎編《後漢・魏晉簡牘の世界》,東京:汲古書院,2020,175-204頁。

⑥ [日]永田拓治:《南京出土三國呉・西晉簡について》,收入伊藤敏雄、關尾史郎編《後漢・魏晉簡牘の世界》,145-173頁。

船或徵税的卒。[①] 鷲尾祐子認爲走馬樓吴簡吏民簿的編製時期有 3 月與 7-8 月兩種,後者是户口調查的案比,即檢查核對。[②] 蘇俊林考察了孫吴的官鹽管理機構、販賣方式、簿籍紀録與監督制度等,認爲孫吴政權對鹽政的管理比較嚴密。[③]

小結

2018-2021 年間,日本學界對中國出土簡牘的研究成果已逾百篇。相關研究集中於楚簡與秦漢簡牘,魏晉簡牘的探討相對較少。主要涉及的領域爲先秦思想史、秦漢法律與行政制度。關於簡牘的編聯、古文書反映的時代背景等方面均提出了新觀點。

後記 本文得到國家留學基金資助。初稿完成於 2022 年 3 月。

① [日]安部聰一郎:《臨湘縣の地理的環境と走馬樓呉簡》,收入伊藤敏雄、關尾史郎編《後漢・魏晉簡牘の世界》,5-26 頁。

② [日]鷲尾祐子:《走馬樓呉簡吏民簿の編製時期について》,收入伊藤敏雄、關尾史郎編《後漢・魏晉簡牘の世界》,69-97 頁。

③ 蘇俊林:《走馬樓呉簡から見た孫呉の鹽政》,收入伊藤敏雄、關尾史郎編《後漢・魏晉簡牘の世界》,99-116 頁。

中國秦漢史研究會第十六届國際學術研討會側記

□ 廣西師範大學出版社　黄婷婷

"古來新學問起,大都由於新發見"。① 在促成傳統文史之學轉變的諸多因素中,"新發見"與史學研究緊密相連,20 世紀初尤以許多前所未見的出土文獻新材料——簡帛爲重。自 1901 年漢晉簡牘的發現起,王國維等率先利用出土簡牘等新材料考釋古史,將地下出土之新材料與紙上傳世之舊文獻相結合。《流沙墜簡》的問世,是簡牘研究領域卓有成效的開創性探索,啓發了無數後學,至今已逾百年。此後,大批簡帛資料相繼被發現、整理和刊布,學界掀起了簡帛文獻的研究熱潮,大量研究人員相繼投入簡帛研究領域,人才隊伍的壯大直接推動了相關學術研究的進展。簡帛已由 20 世紀初的"新發見",逐漸發展爲獨具特色的簡帛學,成爲新時代之"新潮流"。學術進步離不開出版的推動,簡帛研究的發展不僅是學者們高度關注的問題,也是出版界一直關心的議題。參與學術會議,聆聽學者的討論,瞭解學術進展,推動學術出版,是出版編輯的必修課。筆者有幸得此機會"乘興而行,興盡而返",故以側記録之。

一　2022 年契機:學術研討會的召開

2022 年 10 月 22 日至 24 日,來自中國社會科學院、清華大學、中國人民大學、山東大學、南開大學、吉林大學、武漢大學等單位的百餘名專家學者會聚桂林。由中國秦漢史研究會主辦、廣西師範大學歷史文化與旅游學院承辦的"中國秦漢史研究會第十六届國際學術研討會"隆重舉行。研討會收到參會論文一百多篇,内容涉及秦漢政治史、經濟史、社會史、文化史、思想史、法律史、軍事史、民族史、中外關係史、歷史地理、考古文物、出土文獻與秦漢文獻研究等。其中,涉及簡帛研究的論文十分豐富,爲筆者觀察相關學術進展提供了一大窗口和契機。

---

① 王國維:《最近二三十年中中國新發見之學問》,傅傑編校《王國維論學集》,北京:中國社會科學出版社,1997,207 頁。

二 2022年動向:簡帛與出土文獻研究

2022年4月,中共中央辦公廳、國務院辦公廳印發《關於推進新時代古籍工作的意見》,2022年10月7日,全國古籍整理出版規劃領導小組印發《2021-2035年國家古籍工作規劃》,對新時代推進古籍事業高質量發展做出了新指導。出土文獻作爲古籍事業的重要組成部分,受到了前所未有的關注。文件均提及要大力推進出土文獻方面的工作,"加快出土文獻整理研究成果出版利用"。在這一難得的時間窗口,中國秦漢史研究會召開第十六届國際學術研討會可謂恰逢其時,無疑會推動學界對簡帛等出土文獻研究的關注。如何做好簡帛研究的推陳出新、與時俱進,無疑十分重要。故筆者以與簡帛研究相關的參會論文爲對象,以專題的形式對新的研究成果做一記録與觀察。

(一)新簡與舊簡的研究齊頭并進

1901年,英國人斯坦因在尼雅發掘出土漢晉簡牘,隨後法國人沙畹發表了《丹丹烏里克、尼雅、安迪爾發現的漢文文書》,其成果寫入了斯坦因的考古報告《古代和田》,開啓了外國人研究中國簡帛的先河。1930年西北科學考察團在額濟納河流域發掘出土了一萬多枚居延漢簡,震驚世界。隨後,勞榦、黄文弼、夏鼐等紛紛投入漢簡研究。新中國成立後,簡牘資料不斷被發現,如50年代發現的武威漢簡,70年代發現的銀雀山漢墓竹簡和馬王堆漢墓簡帛,80年代發現的張家山247號漢墓簡牘,90年代的郭店簡、上博簡、懸泉簡、周家臺竹簡、王家臺竹簡、尹灣漢簡、走馬樓三國吴簡等,以及嶽麓簡、清華簡、北大簡、安大簡,等等。簡牘資料也因發現時間的前後、刊布出版的先後,以及研究程度的不同,而有新、舊之别。有的簡牘資料或因出土時間早,或因出版迅速,或其相關研究較爲充分,而被視作舊簡,如居延漢簡、郭店簡、走馬樓吴簡、肩水金關漢簡、尹灣漢簡等。有一些簡牘資料發現的時間雖早但新近纔被相繼整理刊布出版,或是新近考古發掘的新簡牘資料,而被視作新簡,如胡家草場簡、清華簡、懸泉簡、安大簡等。以新舊之别看本次研討會的成果,可得出如下印象。

其一,新簡依舊是研究的熱門。

如利用新近出土的簡牘資料:臧知非《漢代事役結構及其實現方式——以堂邑〈要具簿〉〈逋簿〉爲中心》利用山東青島土山屯四號封土147號漢墓出土木牘中的M147:25-1號《堂邑元壽二年要具簿》《元壽二年十一月見錢及逋簿》考察漢代傜役;代國璽《從青島土山屯漢墓木牘看漢代的聚落面積統計》以青島土山屯漢墓出土的《堂邑元壽二年要具簿》的性質、内容爲主要研究對象,對堂邑縣"邑居""郡居""墾田"等土地信息進行統計分析,進而觀察漢代的聚落;曹旅寧《新出兔子山遺址漢律律名木牘和蕭何次律令的歷史功績》是對兔子山遺址新出簡牘的探究;李忠林《胡家草場漢簡〈日至〉試析》認爲胡家草場漢簡《日至》爲二十四節氣的形成研究提供了新的史料。

如利用新近出版的簡牘資料：趙寵亮《新莽簡牘所見數字特殊寫法起始時間補議》討論了西北地區出土的新莽時期五種簡牘所見數字特殊書寫變化的時間；馮玉《懸泉漢簡敦煌郡"厩置九所"辨析》對敦煌郡"厩置九所"的問題進行了辨析；張俊民《懸泉置漢簡"小浮屠里"簡探微》對"小浮屠里"簡的出土地點、年代、性質做了進一步思考，提出"小浮屠里"是敦煌里名的觀點；郭妙妙《懸泉漢簡所見漢代牛政》利用懸泉漢簡所載"官牛名籍"，對漢代西北地區的牛政進行了探究；羅晨《懸泉漢簡新見"御錢券"考釋》對《懸泉漢簡（貳）》中Ⅰ90DXT0210①：3號簡做了集中考察；王博凱《嶽麓簡"傳囚"令與秦代傳囚制度新研》對《嶽麓書院藏秦簡（柒）》的"傳囚"令做了編聯與釋讀；吴雪飛《秦代亡罪中的"與盜同法"》利用《嶽麓書院藏秦簡（柒）》進一步復原了《亡律》。

其二，舊簡的研究不斷被推進。

如對業已完整公布的肩水金關漢簡的研究：吴方浪《肩水金關漢簡"掌官"士吏考》探討了肩水金關漢簡中的"掌官"士吏，爲探究兩漢邊郡政務運行機制提供新視角。

如對西北漢簡文書的分析以及對西北漢簡所反映的地區經濟活動的探究：魏永康《西北漢簡田卒簿籍及相關問題研究》在前人研究的基礎上進一步對田卒名籍進行考訂；張顯成《西北屯戍漢簡所見"貰賣""貰買"綜論》綜合論述了西北屯戍漢簡所見貰賣、貰買的含義，貰賣、貰買文書和來源，從事相關經濟活動的人員主體，交易貨物品類、規模、性質、流通、時間以及軍内的行銷和官府態度等問題；馮西西《試析西北漢簡中的"偃檢"文書》對西北漢簡中的偃檢文書做了新的分析；高倩如、肖從禮《河西邊塞"倚陽書"蠡測》重點討論了居延漢簡中"倚陽書"的含義、形制、用途。

如利用銀雀山漢簡、里耶秦簡、睡虎地秦簡、走馬樓吴簡、五一廣場簡以及較早出版的嶽麓簡等，對秦漢經濟、文書行政、編户等方面繼續做深入細緻的研究：張榮强《長沙走馬樓吴簡與中古財政年度變革》利用走馬樓吴簡等材料，討論發生在中古時期的財政制度變革歷程；徐暢《從長沙出土"君教"簡牘看東漢三國縣級長吏的徭使》以"君教"簡爲研究對象，尤以長沙郡臨湘地方的個案爲主，探討了東漢至三國縣級行政長官從事外務、徭使的情形；王彬《東漢長沙郡臨湘縣的從掾位與待事掾：兼論散吏的工作及源頭》對五一廣場簡牘所見的從掾位、從史位、待事掾（史）等郡縣級的無固定執掌的縣級散吏進行了細緻分析；符奎《嶽麓秦簡"均輸"釋義——兼論少府榦官組織及職能》利用璽印封泥、簡牘和傳世文獻等資料，梳理了少府榦官組織及職責；石洋《"貣""貸"别義的形成——秦時期借貸關係史之一頁》以時間爲軸，探討了"貣""貸"二字在戰國秦文本、秦統一後官方頒布的文本和行政文書中的含義、特徵以及使用情况；楊怡、晉文《從里耶秦簡看遷陵縣剩餘祭品的買賣問題》從經濟關係的視角出發，深入探討了里耶秦簡中剩餘祭品的買賣問題；吴方基《里耶秦簡"以某印行事"與跨縣公文傳遞》利用里耶秦簡、睡虎地秦簡、嶽麓秦簡，考察了秦代公文動態傳遞與實際運行情况；齊繼偉《秦代官府中的"群下吏"——以"臣史隸臣""書史隸臣"爲例》從文化背景、職事等角度集中討論了秦代官府中的“郡下吏”群體;郭偉濤《秦漢簡牘所見“來復傳”含義辨析——兼論里耶秦簡“續食文書”即秦代傳信》,結合漢代傳信文書對里耶秦簡 5-1、8-1517 等八枚“續食”文書的關鍵詞“來復傳”的含義進行重新釋讀;鍾良燦《“新地”與“新黔首”——從出土秦簡看秦編户化進程》以出土秦簡中“新地”“新地吏”等爲研究切入點,集中探討了秦的編户化實踐;閻盛國《銀雀山漢簡〈分士〉篇名與釋文商榷》對銀雀山漢簡《分士》篇篇名和釋文做了新的釋讀。

其三,新簡與舊簡的聯合使用。

在簡牘資料中,有些簡牘公布時間比較早,影響比較大,有些簡牘公布的時間或者整理出版的時間較晚,而新簡和舊簡的聯合呈現,促使學者抓住簡牘資料的共性做連貫性考察。如沈剛《秦漢縣級諸官的流變:以簡牘爲中心的討論》利用里耶秦簡、懸泉漢簡、肩水金關漢簡、尹灣漢簡等,梳理了秦漢時期縣級諸官系統的流變,諸官職能與實際工作;黎明釗《帝國整合與管理:以蠻夷律與承用詔書爲中心》以荆州胡家草場、走馬樓西漢簡、五一廣場東漢簡等出土文獻爲基礎,從法律的角度探討“歸義的蠻夷”如何成爲漢帝國的編户齊民,并勾勒了漢帝國整合和管理湖南地區的部分過程和方法;同時,以詔書爲中心討論了長沙郡、臨湘縣等基層官員如何執行中央政令。

(二)簡帛研究多元化特點突出

傳統的古史研究,囿於史書記載的簡略,對上層建築的探討尚且難以展開,遑論探究下層民衆的社會生活。而簡牘材料的出土一定程度上緩解了這種尷尬,加之“簡牘學是一門綜合性、交叉性的學科”,①學科性質決定了其研究方法、研究對象、研究視野的多樣化,對簡帛資料做綴合、復原、分類、考釋,利用簡帛資料研究秦漢時期的社會生活、邊塞與防禦組織、郵傳制度、地方行政,等等,早已成爲學界共識。

(1)對簡牘的考釋。理解材料基本内容是簡帛研究的基礎性工作。通過對簡帛資料做進一步的考證和釋讀,有利於材料科學地應用於歷史研究中。李均明《秦漢時期的涉水通道——簡牘所見“㩳”與“梁”解析》從文字學角度出發,對《青川秦牘》16A、張家山漢簡《二年律令・田律》中涉及的“㩳”“津”“梁”“橋”等進行釋讀,認爲其皆指涉水通道,且通道有多種形式,歷代皆有沿用。鄔文玲《江蘇儀征胥浦 101 號西漢墓出土竹簡〈先令券書〉釋文補遺》認爲,《先令券書》1 號簡中向有爭議一度被釋作“戻”的字,應釋作“與”,讀作“輿”,意指“輿縣”,首句釋文應改作:“元始五年九月壬辰朔辛丑,與(輿)高都里朱夌,廬居新安里。”江蘇儀征胥浦在漢代曾爲輿縣之地,胥浦 101 號西漢墓所在地可以進一步確定爲輿縣都鄉高都里。曾磊《“童車”試解》分析了傳統史籍及西北漢簡中“重”“童”混用情況,認爲“童車”應即“幢車”,是一種使用幢蓋的軺車;從漢畫、文獻等資料看,幢蓋多以毛羽或帷裳製成。

① 李均明、陳民鎮:《簡牘學研究 70 年》,《中國文化研究》2019 年秋之卷。

（2）對簡牘律令的研究。出土簡牘中涉及秦漢法律方面的資料共同組成了簡牘律令的研究基礎，促進了相關研究。周海鋒《嶽麓秦簡〈廷卒令〉初探》對嶽麓秦簡《廷卒令》的性質和内容進行了分析；靳騰飛《秦漢簡牘所見官吏“賕罪”問題研究——秦漢官吏受賄及行賄研究》對秦漢簡牘中“賕罪”的法律規定，以及基層官吏行賄、受賄、索賄的記載進行了重點研究；涂盛高《漢初制“令”程式暨行政立法程式研究——以〈二年律令“津關令”〉爲視角》探討了漢初制書制令、詔書制令、制詔混合體制令等三種制令的立法程式及同種程式内的不同情形；劉太祥《簡牘所見秦漢行政監督形式》綜合分析了行政巡視監督、“上計”行政考核監督、行政“覆案”監督、行政“拘校”監督、行政“舉劾”監督等秦漢時期的行政監督模式，有助於我們全面瞭解簡牘所載秦漢時期的行政監督；文霞《秦及漢初成年人刑事責任年齡的界定》以秦簡爲中心，探討秦漢法律中刑事責任年齡界定的變遷過程。劉慶《秦漢司法中的診問程式與審判特點》立足於簡牘資料，探討了秦漢司法中的診問程式及審判特點；金鍾希《東漢時期縣官的結構與司法功能的擴大》以長沙五一廣場東漢簡牘爲基礎，分析了東漢臨湘縣的行政結構及司法功能。

（3）對簡牘文書學的探究。册書復原、分類向來是簡帛研究的基礎性工作，有助於瞭解秦漢時期的文書程式、文書種類，深化對簡帛基本内容的理解。楊博《簡牘典籍和律令的“序次”》以簡牘典籍和律令所見“序次”爲重點，對海昏西漢簡本《詩經》與《六博》、胡家草場漢簡醫書與《律典》等出土文獻所示的編撰、分類和目録問題做了細緻的分析和討論，有助於進一步復原秦漢文獻的面貌；琴載元《簡牘時代〈史記〉寫本的源流與傳承過程》以《史記》寫本源流和傳承過程發生的改變爲視角，總結了《史記》從簡牘時代向紙卷時代推移的路徑。小林文治《長沙五一廣場東漢簡所見楬的利用及其作用》從“簡牘形態論”的角度，對五一簡中“楬”的分類、形狀、文字、内容等做了全面的考察；莊小霞《漢晉名刺、名謁簡地名書寫範式考述——由〈長沙尚德街東漢簡牘〉184 號名刺簡説起》以《長沙尚德街東漢簡牘》184 號名刺簡爲引，探討漢晉時期名刺、名謁簡的地名書寫範式；焦天然《西漢邊郡基層官吏訓育考察——以肩水金關“爲吏”簡和居延“〈吏〉篇”木牘爲中心》對西漢邊郡基層官吏的訓育情況進行研討。

（4）對語言文字的研究。出土文獻對語言文字的研究有重要的價值，向來是學者考察的重點。朱紅林《嶽麓秦簡“姨夫”稱謂與宋元方言》認爲嶽麓秦簡中的“姨夫”一詞，是對婦女二婚丈夫的稱謂，與宋元戲曲中的“姨夫”有相通之處，可能是語言文化稱謂的流傳和繼承；孫兆華《里耶秦簡及秦印所見人名“敦狐”》對里耶秦簡及秦印中的“敦狐”人名進行了研究；李世持《漢簡人名“倩”及其流變考》從漢語詞彙史的角度，對漢簡人名“倩”及其詞義演變趨勢進行了考察；方國花《淺談里耶秦簡中的“籥”“牡”》從詞語用例的角度，對里耶秦簡中的“籥”“牡”“柯”做了進一步考證；李玥凝《秦漢出土文書中的“物色”》對秦漢簡牘中“物色”的含義、人的“物色”描述、動物的“物色”描述、“物色”語義的轉變等内容進行探究。

此外,近幾十年來,受西方史學的影響,利用簡牘資料對秦漢社會史、生活史的研究方興未艾,在研究視角、領域、深度等方面都有所拓展,提出了新的見解。姚磊《虎溪山漢簡〈食方〉的食物製作》重點討論了虎溪山漢簡中的飯方、炙方、胾方、鬻方四種漢代的糧食分類、加工方法,以及漢代的飲食風俗,提出要重視《食方》中作爲出土文獻首見的"酸羹方"的價值;韓華《肩水金關漢簡中的動植物資源利用》對肩水金關漢簡所見動植物資料進行分類統計和研究;薛洪波《〈先令券書〉所見漢代遺囑繼承》以江蘇儀征胥浦 101 號西漢墓出土的《先令券書》爲基礎,結合其他出土簡牘材料,從朱淩身份、"嫗"的婚姻、《二年律令》的"先令"、遺囑繼承與財産登記等方面,討論了漢代遺囑繼承情況。

三 2022 年側記:從研究到成果,編輯的觀察

"每個時代的價值不在於産生了什麽,而在於這個時代本身及其存在",[①]地不愛寶,大量簡牘文獻的出土作爲時代的客觀存在,不斷被學者們整理出版,直接影響了研究者們的研究旨趣和研究方法,催生了新問題,也給老問題帶來了新思考。新視域關照之下不同研究專題所面對的具體研究方法各有不同,研討會上與會專家各抒己見,學術研究因互動交流而散發出思想的活力。越來越多的研究者在選擇以傳世文獻爲主要依據的同時,更以簡帛等出土文獻爲研究切入點,或討論具體問題,或輔之以討論宏觀問題,研究成果或有突破,或有深入,正如熊鐵基先生所言"大量簡牘的出土,會有很多事情要做"。[②]

首先,從本次參會者提交的會議論文看,無論是新簡還是舊簡的研究都得到了關照。新近出土的和新近出版簡帛材料都受到了學者們的關注,推動學界從政治、經濟、文化等各個方面展開研究。可以推測,隨着資料的進一步公布,新簡仍會是學界關注的重點。尤其是"隨着近年絲綢之路研究的興起,可以想見懸泉漢簡的材料將愈加受到重視"。[③] 同時,對出土時間較早或整理出版時間較早的簡牘資料,如西北漢簡、銀雀山漢簡、睡虎地秦簡、尹灣漢簡等的研究仍在繼續,爲新時代考察"舊簡牘"提供新的視角。但利用新簡和舊簡做綜合性的研究和討論依舊有待加强。

其次,與傳統文獻的系統性相比,簡帛專題研究更具代表性。從參會者提交的會議論文看,對具體問題的考證研究仍然是簡帛研究的重要方向,研究成果呈現出"窄而深"的特點,即不再糾結於爲考據而考據,而是在考證的基礎上繼續做綜合層面的研究,力圖在問題研究的深度和廣度上有所拓展,提升論題的研究水準。這在研究的視角、研究的方法、研究的成

① [德]利奥波德·馮·蘭克著,斯特凡·約爾丹、耶爾恩·吕森編,楊培英譯:《歷史上的各個時代》,北京大學出版社,2010,7 頁。

② 熊鐵基等:《秦漢史研究的前沿與路徑(筆談)》,《華中師範大學學報(人文社會科學報)》2022 年第 5 期。

③ 李均明、陳民鎮:《簡牘學研究 70 年》。

果均有不同程度的體現。這也説明實證研究是研究持續深入發展的量的積累。2012年《近代史研究》以碎片化研究爲主題,刊登了一組史學理論的專題文章,對碎片化的研究方式做了深度討論,就筆者看來,也許碎片化研究指的不是問題本身,而是就研究内容無法與相關歷史問題做一連通,重大歷史問題與具體問題无法相結合。故而十年前的"非碎無以立通"這一史學討論,對簡帛研究有啓發意義,也與史學研究所强調的"廣博而專精"有異曲同工之效。

再次,由於"簡帛學具有明顯的交叉學科特性",[①]使得簡帛研究呈現多元化特點,會議論文無論是利用簡帛資料對秦漢時期政治、經濟、文化、社會等方面的探究,亦或是從語言學、文字學的角度去探究簡帛資料,都多有收穫。但從會議論文來看,輕理論重考證的問題不容忽視,加强簡帛學方面的理論建設依舊是一項迫在眉睫的工作。

最後,新發現與新材料催生的學術熱點如何轉换爲大衆所能閲讀的新成果、新作品,如何既有先見之明,又不曲高和寡,仍是簡帛研究十分重要的思考課題。以簡帛材料的特點和近百年積累的研究成果來看,以大衆爲目標群體書寫秦漢社會、吏員等的"日常"與生活,給大衆傳遞新視角或許成爲更多研究者的選擇。長久以來,學者們不斷深耕,力圖探索更多與前人不同的"世界",尤其是反映秦漢日常生活的簡牘資料,如虎溪山漢簡《食方》、北大簡的秦代酒令,以及出土簡牘中關於日常交往的書信等資料,已可勾勒出不一樣的秦漢"日常"風景。李均明和陳民鎮在討論簡牘學問題時曾提及"學界和公衆的對話有待加强……有必要讓公衆瞭解簡牘學的新進展,但目前的普及工作遠遠不够"。[②] 尤其是近年來,在新聞媒體推介的影響下,大衆閲讀市場對簡帛知識的需求呈現出快速增長的良好局面,這促使編輯思考在學者們的研究成果的基礎上對内容結構進行二次建構,將"先見之明"以更適合讀者的形式呈現,將研究成果以更適合大衆閲讀的方式傳遞,將歷史的"世界"復原爲無數人的世界,彰顯小人物的大歷史,體會歷史的多元維度。筆者相信,具備深厚學術知識而又兼具學術類普及本特點的研究成果經過時間的檢驗後,會不斷被大衆所接受,被學界所采納。

附記　感謝匿名審稿專家對本文提出的重要修改意見。有幸參加這次研討會,讓筆者獲益良多,於是以編輯的視角完成這篇側記;感謝師友的支持,使筆者有機會把研討會變成"幹編輯"的工作現場。囿於篇幅,本文未對參會論文一一徵引,實爲憾事。

① 蔡萬進、鄔文玲主編:《簡帛學理論與實踐》第1輯,桂林:廣西師範大學出版社,2021,16頁。
② 李均明、陳民鎮:《簡牘學研究70年》。

徵稿簡約

一、本刊作爲中國社會科學院簡帛研究中心的專業性學術刊物，歡迎與下述内容相關的論文投稿：

1. 出土簡帛的辨識、考證；2. 根據出土簡帛考辨史實，研究中國古代的各種制度、思想文化以及社會發展狀況；3. 有代表性的國外簡帛研究譯文；4. 簡帛研究綜述；5. 簡帛研究論著評論；6. 簡帛研究論著索引；7. 簡帛學理論與方法的總結、探討。

二、本刊提倡嚴謹的學風，堅持“百花齊放、百家爭鳴”的方針，堅持相互尊重的自由討論。本刊發表的文章均不代表本刊意見，由作者文責自負。

三、本刊衹接受首發投稿。已在正式出版物和網絡上刊發者，均不視爲首發。

四、來稿請提交一份文本稿，一份電子文稿（電子郵件或磁盤）。稿件請使用規範繁體字（引用文獻異體字、俗體字除外），避免以簡繁體轉换工具作簡單轉换；注釋采用本刊體例，詳見各期内文；引用文獻、版本信息均須核對無誤。

五、本刊實行雙向匿名專家審稿制度。稿件中請勿出現作者個人信息。有關作者姓名、單位、聯繫方式等，請另紙提供。

六、本刊對刊登的稿件擁有信息網絡傳播權、轉授權和爲期兩年的專有版權。作者如有異議和特殊要求，請於投稿時聲明。請勿一稿兩投。

七、本刊處理來稿期限爲60個法定工作日。逾期未接到通知，作者有權對自己的稿件另行安排。因本刊經費緊張，來稿一律不退，請作者自留底稿。

八、來稿請寫明作者真實姓名(發表時筆名聽便)、工作單位、職稱或職務、通訊地址、郵政編碼、電話號碼和電子郵箱，以便聯繫。

來函請寄：　北京市朝陽區國家體育場北路1號院2號樓
中國社會科學院古代史研究所秦漢史研究室
王天然、石洋　收　　　　郵編：100101
電子郵件：jbyj2005@126.com